B.O.M. (Carte faite)

Icy repose le corps
de Jean Aumont
dit de la Croix de Montmorency
agé de 80 ans 9 mois
decedé le 19 d'Avril
inhumé le 21 dud mois 1699
requiescat in p.a

aux filles penitentes de S. Magloire Rue S.t Denis
a paris p[remi]ere chapelle joignant la Sacristie du costé
de l'epistre

(Carte faite)

6360

L'OVVERTVRE INTERIEVRE DV ROYAVME DE L'AGNEAV OCCIS DANS NOS COEVRS.

AVEC LE TOTAL ASSVIETISSEMENT DE L'AME A SON DIVIN EMPIRE.

OV IL SERA BRIEFVEMENT TRAITTÉ

DE LA VRAYE ET SAINTE ORAISON ET RECOLLECTION INTERIEVRE.

Ensemble des choses les plus remarquables, & necessaires à la perfection Chrestienne ; y faisant voir premierement les SEPT SORTES DE CAPTIVITEZ, & enchaînemens du peché & du propre Amour, qui scellent & captiuent nostre Ame, la tiennent & retiennent à elle-mesme ; l'empeschent d'estre à Dieu, & la liurent au peché, & le peché à l'Enfer, & l'Enfer aux diables.

Auec l'addresse interieure, & les moyens necessaires pour chaque estat, & degré conuenable à la rupture de chacun de ces liens de tenebres ; & pour y leuer & dissoudre ces SEPT SORTES DE SCEAVX, & mettre l'ame en LIBERTÉ, & pleine capacité de receuoir interieurement les diuines infusions, & admirables influences d'Amour de ce beau Soleil Eternel de la region spirituelle & interieure, roulant sa Sphere par dedans.

Par vn **PAVVRE VILLAGEOIS**, *sans autre science ny estude que celle de* **IESVS CRVCIFIÉ**.

Apellé Jean Aumont vigneron à Montmorancy depuis retiré à Paris chez Mr Prevost marchand de fromage Rue des prestres a la halle et enterré aux filles Penitentes Rue Denis.

A PARIS,
Chez DENYS BECHET & LOVIS BILLAINE, ruë Saint Iacques, au Compas d'or, & à Saint Augustin. 1660.

AVEC PRIVILEGE ET APPROBATION.

DEDIÉ
A
IESVS-CHRIST

C'Est donc à vous ô Dieu de toutes les bontez, qui du throsne de vostre gloire, aussi bien que du centre de tous les Estres creez, esclairez, & redressez toutes lignes, & enuironnez toute circonference: vous esclairez, parce que vous estes le miroir eternel du Pere, aussi bien que le brillant de sa source lumineuse, & infinie, laquelle illumine, & clarifie toute lumiere d'vn regard fixe & immobile, & tout ce que vous daignez enuisager est purifié. Car vous estes le Soleil de iustice qui formée la sainteté dás le sein de vos creatures, par l'ardeur de vostre diuin Rayon, examinant jusques à la moüelle des os. Mais enfin vous vous plaisez infiniement plus d'esclairer, & illuminer par amour & bonté, que par iuste vengence contre les pauures pecheurs.

C'est, dis-je, vous, Ô DIVIN IESVS, mon Sauueur & mon Roy, lumiere de lumiere, parce que vous estes le Iour eternel du Pere, engendré de toute eternité de la fecondité de son sein lumineux; & comme humanisé, vous estes la belle Aurore & le point du jour de la nouuelle vie espanchée en nos cœurs, pour la conduire à son midy, afin que la terre deserte & sterile de nos ames estant ainsi disposée, rechauffée, & humectée de la saueur de vostre Grace, elle puisse supporter l'amoureuse violence des ardentes, & excessiues chaleurs de son plein midy pour les remplir, les combler, & les charger des excellents fruicts de cette riche Automne qui amasse les biens de l'eternité, nourris & rendus à pleine maturité par l'excellente radiation de ce beau *Soleil d'amour brillant au fond des cœurs.*

C'est à vous encore vne fois, ô mon tout, ô mon esperance, mon amour, & ma vie, que *i'offre, & presente ce petit ouurage, non comme chose mienne, mais comme vostre*, ô le diuin tout de mon ame; car vous m'aues apris qu'il faut rendre à Cæsar ce qui appartient à Cæsar, & à Dieu ce qui appartient à Dieu. O que de tout mon cœur, MON IESVS, *tres-humblement prosterné aux pieds du throsne imperial de vostre gloire*, je vous rends amoureusement tout ce qui est vostre en me rendant aussi tout à vous, corporel & spirituel: humain & diuin, temps & eternité, vie, mort, & salut, auec toute loüange, gloire, hommages, & adorations. Ouy, mon Saueur, je vous l'offre, & vous le dedie, & dans la mesme ardeur, la mesme lumiere, la mesme verité, la mesme vie d'amour & d'ardeur diuine, qui consomme mes entrailles: si bien que je vous rends ce qui est vostre auec le vostre, & vostre amour par vostre amour. Hé quoy, O tres-suaue & aymable Iesus, qu'est-ce donc que je vous rends, & que je vous offre, & que je vous donne? Puisque *le tout est à vous, le donneur, le don, & le bon vsage*: & que me peut-il donc rester à vous offrir La douceur de mon ame, ne sera-ce point peut-estre le neant? Helas le neant est encore à vous; car c'est l'heritage le fond, & l'objet inexistant de vostre puissance qui l'apelle à l'Estre quand vous voulez.

Mais mon Dieu, qui suis-je donc, & que puis-je auoir à vous rendre, & à vous offrir, puisque le neant mesme n'est point à moy & est deuenu plus que moy. Helas mal-heureux que je suis, j'apperçois que je n'estois rien lors que vous me fistes, non seulement quelque chose, mais mesme à vostre image, & ressemblance: mais mal-heur à moy, mal-heur à moy; vous m'auiez fait, & je me suis deffait; vous m'auiez fait semblable à vous, & je me suis fait semblable aux Diables par mes pechez, qui sont le neant du neant mesme. O immense benignité ! O patience patiente à me supporter dans mes ingratitudes ! O amour excessif & ineffable ! O bonté plus qu'immense. C'est trop peu pour vous que l'infinité, elle vous est inferieure. Car vous estes Dieu, la surexcellence duquel surnage toutes les expressions. Hé qui vous pourra loüer dignement, O suradorable grandeur ? O tres puissant en bonté, en clemence, & en misericordes, qui daignez flechir en tendresse, & en amour sur vn si miserable pecheur.

O tres-puissant, & tres-digne amour, qui daignez vous abbaisser vers la poussiere, & qui resueillez les morts du sommeil du peché, qui recouurez ce qui estoit perdu, & reuiuifiez ce qui n'auoit plus de vie. O mon Iesvs, gloire à vostre misericorde qui triomphe auec vostre charité. Voicy que mon ame reenflammée de nouuelle ardeur de vous voir *regner dans les cœurs humains*, s'est portée comme vne extrauagante, & vne folle, pour publier aux hommes vos immenses liberalitez, *par l'ouuerture de vostre regne interieur dans nos ames*. Toute fois, O mon Iesvs, vous sçauez bien que je me voullois taire lors que vous m'auez fait parler dans la ferueur de vostre esprit : & je me voulois taire à cause de mon ignorance : & vous auez rempli mon esprit de vostre diuine Sapience, de laquelle clef de vostre gloire vous nous auez ouuert la profondeur de vos diuins mysteres. Helas tres-cher amour, j'auois tous les suiets du monde de me taire, à cause de la grandeur de mes pechez, qui surpassent en nombre les estoilles du firmament, & leur laideur, & difformité est plus tenebreuse que celle des Demons. O mon Iesvs, vous sçauez qu'en ce-cy je rends tesmoignage à la verité, pour faire esclatter, & briller le beau lustre de vostre diuine clemence.

Hé quoy, cher amour, n'estes vous pas le Dieu des grandes misericordes ? & n'est-ce pas vous qui vous delectés à pardonner au cœur contrit & penitent ? & qui vous épanchés tout entier & si cordialement dans le cœur humble ? n'est-ce pas vous le tout puissant protecteur des simples &

la vraye & l'vnique consolation des cœurs? mais qui sera celuy qui ne celebrera vos loüanges? car à vostre diuine Majesté, toute gloire, tout honneur, tout amour & toute adoration. O immense hauteur éternelle, qui vous pourra dignement loüer que vous-mesme? & c'est la premiere raison pour laquelle vous vous plaisés *d'habiter le cœur de l'homme*, afin que vous y laissant viure & regner paisiblement, vous vous y glorifiés vous mesme, quoy que vostre diuine clemence nous en donne & attribuë le prix & la recompense, sont les diuins effets de la douceur de vostre nom & les ressorts admirables de vostre inscrutable sagesse auec laquelle vous daignés regarder du Throsne imperial de vostre suprême Majesté, vne pauure petite ame le nez dans la poussiere de son neant. O grand Monarque, qui ne vous loüera éternellemét & incessammét! & qui ne vous aimera & ne vous adorera, se rendant tout à vous & tout pour vous? car quiconque ne vous aime pas, montre euidamment qu'il ne vous connoist point, & ne vous point connoistre, c'est ignorer ce qu'il y a de bien.

Hé pourquoy ne vous pas *regarder dans nos cœurs*? vous qui estes la beauté essencielle qui embellit toutes choses? mais pourquoy ne point aimer la mesme bonté sans exemple, & qui fait toutes choses bonnes? D'où vient qu'à vray dire vous haïssés le peché & vous cherissez la Iustice, parce que toute la Iustice vient de vous, comme de son origine: mais sur toute chose, vous vous delectez à faire misericorde, aussi est il bien seeant à vostre infinie puissance, & à la haute noblesse de vostre imperialle grandeur.

Voyez donc Seigneur, s'il vous plaist la confession de nostre bouche, auec l'ardeur de nostre cœur, qui vous conuie par amour, & tendresse cordialle à fleschir vostre iustice par vostre diuine clemence accoustumée, & ordinaire sur les cœurs des pauures pecheurs contrits, & penitents & touchez puissamment les rebelles. Vous, ô diuin Amour qui ressuscitez les morts; qui guerissez lés malades; qui faites marcher droit les boiteux, & redressez tout ce qui est tortu,& qui faites oüir ceux qui oyent, & faites entendre ceux qui entendent, & qui deliure de toute *captiuitez* ceux qui vous craignent en vous aymant ; & qui illuminez les aueugles qui demandent humblement à voir, mais des yeux du cœur, qui vous font voir en cette solitude interieure. D'où vient que l'ame qui vous a veu, vous y a ragardé, & en vous y regardant elle vous y escoute & en vous escoutant elle vous y entend, & en vous entendant elle vous y connoit, & vous connoissant elle vous vous y ayme de tout ce qu'elle vous y est, & vous l'aimez aussi de tout ce que vous luy estes par reciproque amour

Or sus donc, mon diuin Iesus, escoutez, s'il vous plaist l'amour de nostre cœur qui vous parle dans le secret, & vous coniure tendrement par les entrailles de vostre diuine charité de reduire, & amener tous les pauures pecheurs à la componction d'vne amoureuse douleur, par le ministere de vostre saint esprit, qui leur rendra la vuë auec la lumiere, & la liberté de vous aymer, & de s'exercer en leurs cœurs enuers vous par ces diuins commerces amoureux, & interieurs A LA GLOIRE DV PERE, DV FILS, ET DV SAINT ESPRIT. *Ainsi soit-il*

AV LECTEVR
CHRESTIEN.

AMY LECTEVR,

CE Petit mot seruira pour vous donner aduis que *l'Intention de l'Autheur* n'estoit point de se presumer d'instruire, ny enseigner personne, mais seulemens pour offrir au prochain ses petits sentimens, ainsi qu'on luy a conseillé. Il a fait selon sa simplicité, & son Ignorance. Voyés donc Cher Lecteur, à suiure le sens de l'Esprit de Dieu: & si dans ce petit ouurage vous trouués de profiter à vostre ame, rendés en gloire à IESVS-CHRIST *qui en est l'Autheur*, & le maistre parfait, lequel s'est voulu seruir d'vn si vil instrument: toutes-fois ne vous surprenez pas, Cher Lecteur, puis que ce maistre parfait a autres-fois faict parler vn Asne à son Prophete pour le corriger.

Et c'est ainsi que ce *diuin Maistre interieur* prend sa complaisance à instruire, & faire parler les ignorants pour en tirer sa gloire. Mais ce qui me console, c'est que l'ame humble ne meprise iamais rien, & fait profit de tout. C'est ce que i'espere, Deuot Lecteur, de vostre pieté.

Et comme Ie sçay que *plusieurs personnes de pieté, & de merite ont esté mal informées de cette pratique, & voye interieure*, & à ce sujet en ont tesmoigné du dégout aux personnes qui la pratiquent, ou qui la voudroient pratiquer; I'ay crû estre obligé de preuenir leurs obiections, & de respondre humblement à leurs difficultés, *qui ne sont la plus part que des ouïdire mal raportés, & mal entendus*. Sur le pied desquels on a porté iugement sans examiner la chose à fond auec la sonde de la charité, qui fait voir les choses comme elles sont, & non comme on nous les rapporte, & ainsi sous vne mauuaise entente on entre en zele indiscret, & on intimide les foibles, &

on attriste & afflige les parfaits, qui gemissét jour & nuict sur cette Babylone de diuisiõ qui deserte le lieu saint, & font iniure aux Anges qui sont des ministres de paix & de concorde qui sont enuoyez de sa Majesté en la terre pour rallier les hõmes en vn corps, & en vn Esprit, c'est à dire, EN IESVS-CHRIST, Prince pacifique, & chef de nostre vnion: mais par ie ne sçay quel espouuãtable refroidissemét de charité, *l'Amour propre s'est campé dans les cœurs*, & fait que l'on s'interesse, que l'on se diuise, & l'on s'aheurte les vns contre les autres, & l'on se mesprise, & deschire d'honneur, & de reputation & *tout cela sous des pretextes tres-specieux*, qui nous font contester de certaines choses, pour lesquelles, si on estoit conuenus ensemble au sein de la diuine charité, on verroit clairement que la plus sanglante piece du procés ou different, seroit la principale & la meilleure piéce d'vn *bon accord*. Car, de grace, ne tendons nous pas tous à vn mesme Dieu Pere d'Vnion? & cependant pour y arriuer nous choisissons le chemin de la *diuision*, en nous deschirant, & mesprisant les vns les autres, quoy que le tres-debonnaire, & tres patient IESVS nous ait aymé iusques à cét excés infini de se donner tout à nous, pour nous faire vn, ainsi que le Pere, & luy sõt vn. Toutes-fois nous emploions nostre science, & energie à empescher de nos paroles, & tout nostre Estre pour trauerser & empescher ce bien *& sous ce beau pretexte de seruir à Dieu, nous seruons à nostre propre amour sans nous en aperceuoir*, & taxons souuent les autres de zele indiscret, & ne voyons pas cõme il est campé dans nous-mesmes, au moyen duquel nous donnons tous les jours de l'encens à l'idole du propre amour. Enfin nous en sommes venus iusques à telle extremité, qu'en punition de nos pechés, *l'on ne connoist plus la verité, tant elle est despouillée de simplicité, & reuestuë d'habits artificiels, & deguisements*, ce qui fait que les tenebres preualent sur la lumiere, par la mesme punition qui laisse les Sages & suffisants du siecle dans l'aueuglement.

D'où vient qu'ils se portent auec zele à arracher ce que les autres plantent, & à démolir ce que les autres édifient.

O grand Pontife eternel, regardés des yeux de voſtre clemence les ouuriers de voſtre ſainte Maiſon, & leur donnés

Deux lumiere bien differents

la concorde, & leur donnés la lumiere qui illumine, en leur oſtant celles qui les aueuglent: car vous ſçaués que dans le beau verger de voſtre ſainte Egliſe il y a pluſieurs iardiniers, leſquels pour n'auoir pas bien eſtudié l'agriculture de leur propre arbre interieur, ignorent par conſequent celles des autres bonnes plantes, qui y croiſſent, n'en cōnoiſſants ny le fond, ny l'origine, ny la vertu, les foulants aux pieds ils les meurtriſſent ſous le preſſoir du rebut, Dieu le permettāt ainſi pour en tirer l'huyle des miſericordes ſur ceux mêmes qui les perſecutent s'ils en veulent profiter, & *conuenir enſemble* pour arrouſer, & eſleuer le peu qu'il y reſte: & ainſi n'aller point auec extremité, cōme ſi nous auions pluſieurs Dieux, *nous figurant à ce ſujet des multitudes de voyes, n'ayant tous qu'vne ſeule fin.* Et comme de mon eſtoc ie ne ſuis que la même ignorance, ie ne conçois pas bien ces multiplicités de chemins, toutes-fois la foy m'apprend qu'il y a vn qui conduit au Ciel, & vn autre en enfer, & que ce chemin du Ciel, Noſtre Seigneur l'appelle le paſſage eſtroit, parceque les eſprits hauts & ſuffiſants n'y peuuent point entrer, s'ils ne s'abbaiſſent de la ſainte baſſeſſe de IESVS-CHRIST humilié: ce paſſage, ou cette porte eſtroitte c'eſt luy-meſme, & particulieremēt en ſa tres ſainte HVMANITÉ, laquelle il fait paſſer comme vn pauure ver de terre trauers vne vie de ſouffrances, de Croix, & de morts juſques à ce petit pertuis de miteſſe de cœur, totalement deſnué, meſeſtimé, aneanti, foulé ſur le preſſoir de la Croix, & tenu pour le neant du neant meſme. O exceſſiue bonté de Dieu à nous ſupporter. Que tous ceux qui deſchirent la bonne renommée de leurs prochains ſous quelque pretexte que ce ſoit, ſont eſloignés de cette porte eſtroitte: D'où vient qu'ils s'en forgent des multitudes penſants s'eſchaper de celle-cy, mais celuy qui ſera ſage d'vne ſageſſe Chreſtienne s'en croira au dire de noſtre Seigneur, qui ne nous ſignifie qu'vne *porte eſtroite* par où luy meſme a voulu paſſer, afin que nul n'en pretende cauſe d'ignorance, & vn autre *chemin spacieux* qui mene à perdition, c'est à dire en Enfer : & voila *les deux voyes que noſtre Seigneur nous enſeigne.* Or quant à ceux qui diſent, que *cette pratique d'oraiſon en* IESVS-CRVCIFIE *au fond du cœur eſt vne voye extraordinaire*; ils ſont humblement ſuppliés de rentrer vn peu en eux meſmes, & y calmer la Paſſion, & les effets du propre amour, afin de s'y voir & regarder dans la pureté d'vn Eſprit eſclairé de la lumiere, qui ne peut rien ſouffrir de feint : & puis ie leur demanderay, ſi pour viure Chreſtiennement il faut ſuiure IESVS CHRIT, ou bien Adam; car nous n'auons que ces deux hommes à imiter, dont l'vn nous engage à la vie des ſens & de la Chair, & à meſme temps à noſtre propre amour, & par noſtre propre amour aux Diables, & au peché, qui n'ont point d'autres lieux que l'Enfer. Et c'eſt de cette vie, & voye Charnelle qu'il eſt dit n'entrer iamais au Royaume de Dieu.

O ames Chreſtiennes, ſi vous eſtes ſages de la ſageſſe de S.te Magdel. vous choiſirés la part qu'elle a choiſi & vous ioüirés de l'amour qu'elle a ſauouré en s'abbaiſſant humblemẽt aux pieds de I.C. & pourquoy non? Puis qu'il eſt nôtre exemplaire humain & diuin tout enſemble, lequel deſcendu du Ciel tout exprés pour nous venir enſeigner *la voye, & la vie interieure, ſpirituelle, ſurnaturelle, & Chreſtienne*, & toute oppoſée à la vie beſtialle des ſens, c'eſt aujourd'huy vn deplorable malheur que *l'on iuge extraordinaire ce qui deuroit eſtre ordinaire aux chreſtiens* qui ne ſont à rien tant obligés qu'à reſpondre à leur nom par cette porte eſtroite, qui eſcorche, & deſpoüille toute la noire peau du viel homme, & nous renouuelle en I.C. Or ie ne crois pas que tout bon Chreſtien voulut conteſter cecy, parce que *tout le mal n'eſt qu'vne fauſſe entente.* D'où vient que nous n'aurons pas grande peine à nous accorder: car de dire qu'il y a pluſieurs voyes pour aller à Dieu c'eſt vn raiſonnemẽt quaſi ſans raiſon; car vn homme ne peut cheminer en tant de chemins tout à la fois, & arriuer à vne bonne fin; Mais ce ſera vne ſageſſe du Ciel à celuy qui eſcoutant IESVS-CHRIT l'appeller par luy meſme pour cheminer en luy mesme, & se couler par *la porte estroite de son precieux costé au sein de sa diuinité.* Mais ie m'aduise que peut-estre ils prennent, & *confondent les moyens auec les voyes, voulants que chaque moyen leur soit vne voye.* Or s'il est ainsi nous sommes d'accord; car ie sçay, & il est certain que tout ainsi que Dieu nous ayme d'vn amour infini, il nous a aussi donné, & presenté vne infinité de moyens pour y paruenir : mais si vous prenés garde de prés dans le miroir qui ne flate point, vous trouuerés que *tous ces moyens ne seruent que d'instruments spirituels pour nous conduire en la voye qui est Iesus Christ,* & ainsi cette voye *nous rendre à la verité, à la lumiere, & à la vie.* Ie dis donc que tous les moyens sont pour nous conduire à la voye, qui est IESVS, & cela parce qu'il est le commancement, & la fin de toute perfection.

Aussi le pere nous signifie que personne ne vient à luy que *par son fils*; il est donc la voye qui conduit au Pere, & enseignée par le Pere : & il l'est encore parce que luy même luy dit, ie la suis, & *si quelqu'vn entre par moy il sera sauué :* & il est encore la grande voye, & le chemin tout frayé dans sa tres-sainte mort, & passion, il est la voye qui passe le temps dans l'eternité, & le passible dans l'impassible ; & ainsi toutes les actions de sa tres-sainte vie mortelle n'ont esté que *des moyens* proportionnés à l'excellence de ce glorieux passage. Il est encore la voye, & le passage en figure des enfants d'Israël à trauers la Mer Rouge : car pourquoy trauerser vne Mer Rouge, & non pas vne autre, sinon qu'elle estoit plus figuratiue de la mort & sanglante passion de ce diuin Agneau, qu'il nous falloit trauerser pour arriuer en toute sureté en la terre promise de sa diuinité, *passant interieurement par la porte estroite de son cœur mort, qui fait le passage legitime de nos Ames au cœur viuant de sa diuinité outre nous-mêmes.* Partant cheres ames, *entendons nous, & les vns, & les autres;* afin que l'Eglise soit edifiée, en balançant le tout au iuste poids de la charité, laquelle nous fera voir que nous ne pouuons puiser la nouuelle vie que dans sa source ; & que IESVS-CHRIT est *l'homme nouueau, ce qu'estant ainsi, il est chef, porte, & entrée à toute renouation,* ce doit donc estre en dedans, que nous deuons renouueler nostre vie, & qu'à ce sujet nous disons *qu'il y faut conceuoir Iesus-Christ en esprit, & par foy, & y exercer cette foy par amour enuers luy*, pour y commencer, & poursuiure nostre despoüillement des vieux haillons d'Adam, pour nous reuestir chrestiennement des belles estofes, qu'il nous a rougies dans son sang, pour nous seruir de sauue garde à l'heure de la mort contre *l'Ange deserteur* tout en colere contre les premiers nés non plus d'Egypte, mais de la sainte famille de *Iesus-Christ* ; & partant ne vous estonnés pas, si nous employons tout nostre Estre auec ses puissances, & les moyens que la sagesse nous a fournis pour en arriuer là, & nous mettre en seureté dans cette *riche voye du cœur nauré de Iesus-Christ amoureusement nauré au fond des nostres* ; & non pas pourtant comme aucuns nous l'imposent, *à force, disent-ils d'imagination, ou representation forcée, & imaginaire de Iesus-Christ*, ce qui n'a iamais esté enseigné de la sorte: mais nous disōs qu'il faut s'essaier doucement: d'auoir, & conceuoir *Iesus* en nos cœurs en esprit, & par foy, & y exercer cette foy par amour vers luy dans toute la suauité, & liberté possible, *sans empressement* ny inquietude, ny chagrin, ce que nous recommandons sur toute chose, c'est de s'abstenir de l'empressement ou trop violents efforts de l'imagination, car icy nous deuons plus à la foy & à la grace qu'à la raison, & plus à l'amour qu'aux lumieres de l'entendement ; quoy qu'vn chacun en puisse vser selon sa discretion, & son ouuerture interieure.

Aussi ie proteste de tout mon cœur que s'il se rencontre aucune chose en ce Traité qui ne soit pas conforme à la croyance de nostre Mere la sainte Eglise, que tout presentement ie le renonce, & le desauouë : voulant absolument, & resolument viure, & mourir en la foy, & croiance tenuë, & confessée de la tres-sainte Eglise Catholique Apostolique, & Romaine. Et pour toutes les autres fautes qui me regardent le cher Lecteur ne s'en desgoutera pas, s'il luy plaist, en y reconnoissans mon insuffisance : mais il est tres-humblement conuié de s'appliquer, & s'arrester au sens de l'Esprit de Dieu. Ainsi soit-il.

PRIVILEGE DV ROY.

LOVIS, par la grace de Dieu Roy de France & de Nauarre, A nos amez & feaux Conseillers, les gens tenans nos Cours de Parlemens, Baillifs, Senechaux, Preuosts ou Lieutenans & tous autres nos Iusticiers & Officiers qu'il appartiendra. SALVT. Nostre cher & bien amé MAVRICE LE GALL, PRESTRE DE MORLAIX, nous a fait remonstrer qu'il a dessein de faire imprimer deux Liures, dont l'vn intitulé, *L'ouuerture interieure du Royaume de l'Agneau de Dieu, auec le total assuietissement de l'ame à son diuin Empire.* L'autre intitulé, *Pratique interieure, ou Abbregé d'Oraison*, tiré de l'œuure cy-dessus nommé, *L'ouuerture interieure du Royaume de l'Agneau de Dieu, en faueur des ames simples plus amoureuses de la pratique que curieuses de la lecture*; ce qu'il ne peut faire sans auoir nos lettres sur ce necessaires: lesquelles il nous a tres-humblement supplié luy vouloir accorder. A CES CAVSES auons permis & permettons de nostre grace specialle, pleine puissance & authorité Royalle audit Exposant, de faire imprimer lesdits Liures en telle volume & caractere qu'il auisera, & iceux faire vendre & distribuer par tout nostre Royaume & terre de nostre obeïssance pendant le temps & espace de cinq années accomplies, à commencer du iour & datte que lesdits Liures seront acheués d'imprimer. Faisant tres-expresses inhibitions & deffences à tous Imprimeurs & Libraires, & à tous autres de quelque qualité & condition qu'ils soient, d'imprimer ou faire imprimer, sous pretexte de changement ou augmentation ou autrement, vendre & distribuer lesdits Liures, sans la permission & consentement dudit exposant; à peine de trois mil liures d'amande, applicable, le tiers à nous; le tiers à l'Hostel-Dieu de nostre bonne ville de Paris : & l'autre tiers audit Exposant, & de tous dépens, dommages & interrests au profit d'iceluy, declarant dés à present tous priuileges que nous en pourrions cy-aprés octroyer nuls & de nul effet. Voulons en outre que si quelqu'vn desdits Imprimeurs, Libraires ou autres quels qu'ils soient, se trouuoient saisis d'aucuns desdits Liures contrefaits ou Extraits autres que ceux dudit Exposant, il soit contr'eux fait poursuitte; tout ainsi que s'ils les auoient imprimé ou fait imprimer, & les exemplaires saisis & mis en nos mains. *A la charge de mettre deux exemplaires dudit Liure en nostre Bibliotheque publicque, vn en celle de nostre Chasteau du Louure, & vn en celle de nostre tres-cher & feal, le S.* Seguyer, *Cheualier Chancelier de France*, ayant que de les exposer en vente, à peine d'estre decheu dudit priuilege. Si vous mandons & à chacun de vous, enioignons que du contenu en ces presentes, vous fassiez iouïr & vser ledit suppliant pleinement & paisiblement, &

à ce faire contraignez à obeïr tous ceux qui y contreuiendront. Et si voulons qu'en mettant au commencement ou à la fin desdits Liures, ces presentes ou extrait d'icelles, elles soient tenuës pour deuëment signifiées à qui il appartiendra & que la collation d'icelles faites par l'vn de nos amez & feaux Conseillers & Secretaires, foy y soit adioustée comme au present Original. Commandons au premier nostre Huissier ou Sergent sur ce requis faire pour l'execution des presentes tous exploits requis & necessaires, sans pour ce demander autre permission, visa, ny pareatis; nonobstant Clameur de Haro ou Charte-Normande prise à partie & Lettres à ce contraires car tel est nostre plaisir. Donné à Paris le huitiéme jour de Iuillet l'an de Grace mil six cens soixante, & de nostre regne le dix-huitiéme.

Par le Roy en son Conseil, DENIS

Les Exemplaires ont esté fournie.

APPROBATION DES DOCTEVRS.

NOVS sous-signez Docteurs en la Faculté de Theologie à Paris: auons veu & leu vn Liure intitulé *L'ouuerture interieure du Royaume de l'Agneau, auec le total assuiétissement de l'ame à son diuin Empire,* par I. A. Laïc: & dans lequel n'auons rien trouué contraire à la Foy Catholique, Apostolique & Romaine, ny aux bonnes mœurs; ainsi auons reconnu que Dieu reuelle souuent aux petits ce qu'il cache aux sages de ce Siecle. L'infusion de la grace du Saint Esprit y paroist, son abondance & fecondité merueilleuse, accompagnée d'vne douce éloquance, non moins que docte & profonde, & d'vne noblesse d'élocution qui n'a rien de foible & de rampant, ny aussi rien d'enflé ny d'affecté; éclairant les plus hautes & obscures veritez de l'oraison; & enseignant à enraciner la Croix dans le cœur & s'vnir à *Iesus-Christ souffrant*, comme la source de la vraye vie spirituelle. C'est pourquoy nous iugeons ce Liure deuoir estre vtile à ceux & celles qui s'appliqueront à le lire auec bonne affection: En foy dequoy, nous auons signé, ce 21. d'Octobre 1660.

LE BAIL,   M. GRANDIN,
Curé de Mont-Martre.

TABLE
DES TRAITEZ CHAPITRES,
ET SECTIONS CONTENVS EN CE Liure.

TRAITE' PREMIER.
CHAPITRE PREMIER.

L'AME CAPTIVE SOVS LE PREMIER SCEAV, Et la premiere captiuité, sçauoir du peché, qui dans le rien, & le neant de sa malice directement opposé à l'Estre diuin, en fait aussi par consequent la necessaire priuation & fournit de fond à toutes les autres captures du Diable. page 1.

CHAPITRE II.
L'Esprit de Mensonge Grand Secretaire du premier sceau, & de la premiere captiuité de l'ame sous le peché. page 5.

CHAPITRE III.
L'Ouuerture interieure du premier sceau, & la liberté de la premiere captiuité par la victoire du peché sous la milice, & les armes victorieuses de l'Agneau occis, le genereux Vainqueur, afin que l'ame vainquist. page 6.

Section 1. Comme il faut recourir à Iesus-Christ, & se caher en ses sacrées playes dans l'attaque des tentations. page 9.

Section 2. Des quatre conditions requises de la part de l'ame pour se perfectionner dans l'Oraison de recueillement Iesus-Crucifié conce par foy au fond du cœur. page 10.

TABLE.
CHAPITRE IV.

A l'ouuerture du premier sceau la premiere victoire, & son prix, qui est de manger de l'arbre de vie, pour estre nourrie de la mesme vie, & subs stantée de la mesme viande viuante. p. 17.

TRAITÉ SECOND.

l'Ame Captiue des biens terrestres Par l'amour propre qui l'y attachent, & la marquent à leurs coins, & impressions & figures.

CHAPITRE PREMIER.

Esprit d'Aueuglement Secretaire du deuxiesme sceau, & de la seconde captiuité, qui tient l'ame enueloppée, & scellée de la complaisance des choses mondaines. p. 20.

Section 1. *Comment l'ame par l'Oraison se doit retirer de la multiplicité à l'vnité dans son temple interieur, auec vne agreable comparaison du pain sur ce sujet.* p. 21.

Section 2. *De la reunion du temple exterieur à l'interieur, & des trois cieux de nostre Vniuers interieur, auec vne briefue description des trois entretiens d'Oraison.* p. 25.

Section 3. *L'Oraison de recueillement en Iesus-Christ au fond du cœur destache l'ame de la criminelle complaisance aux creatures, & luy fait sauourer les douceurs de la presence de Dieu en elle.* p. 32.

Section 4. *Le peché renuerse les desseins de Dieu dans la creation de l'homme, l'interieur duquel il auoit embelly pour estre vn lieu de plaisance à la tres-Sainte Trinité, & la glorieuse humanité de Iesus-Christ.* p. 37.

Section 5. *Iesus est crucifié & fait mourir plus outrageusement dans le cœur du Chrestien par le peché mortel, Qu'il ne fust sur le caluaire, Le priuant de la vie d'amour, & de grace qu'il y veut auoir.* p. 40.

Section 6. *Celuy qui peche mortellement admet dans son cœur vn triple enfer opposé aux trois diuines personnes & efface leur trine image grauée au fond de l'ame par le Baptesme.* p. 41.

Section 7. *De l'exercice interieur, & surnaturel de la foy vers Iesus-Crucifié au fond du cœur, dans cette methode d'Oraison.* p. 47.

TABLE.
CHAPITRE II.

L'ouuerture interieure du second sceau, & la liberté de la deuxième captiuité. p. 52.

Section 1. L'oraison de foy exercée par amour vers Dieu au fond du cœur propre à l'homme Chrestien, comme l'oraison de la teste exercée seulement à la naturelle est indigne du Chrestien. p. 54.

Section 2. Comment dans cette oraison cordiale l'ame passant par les playes de Iesus-Christ, se despouille de l'esprit du vieil homme, & de sa maniere d'agir à la naturelle, figuré par la couleuure se despouillant de sa vieille peau. p. 58.

Section 3. Delices interieures des ames simples addonnées à l'oraison de recüeillement, dont sont priués les sages du siecle s'arrestans à la suffisance de leurs esprits, & raisonnemens naturels. p. 60.

Section 4. Necessité de l'oraison pour viure chacun en son estat, selon la perfection & noblesse Chrestienne qui bannit d'entre les vrais nobles la pernicieuse & lache maxime du duel. p. 63.

Section 5. Les railleries des choses saintes, & du mot de mystique, viennent du defaut d'oraison, à laquelle les personnes consacrées à Dieu sont specialement obligées, comme tout le monde à la perfection, chacun suiuant sa grace. p. 67.

Section 6. Comme les Chrestiens sont obligez de respondre par la sainteté de leur vie, & fidelle exercice de l'oraison au neuf chœurs des Anges. p. 71.

CHAPITRE III.

Commèt l'ame doits'abandonner à l'attrait interieur de Iesus-Christ dans l'Oraison, pour l'y suiure & se conformer à luy dans tous ses estats de Croix & de souffrances. p. 74.

Section 1. L'ingratitude des Chrestiens est incomparablement plus criminelle & deplaisante à Dieu, que celle des Israëlites murmurateurs dans le desert, & des Iuifs qui crucifierent Iesus-Christ sur le Caluaire. p. 78.

Section 2. Pressants motifs de côuersion interieure à Iesus-Christ au fond du cœur cependant qu'il se fait appeller Agneau.

Section 3. Les prodiges de Moyse pour les Israëlites dans leur conduite, sont vne belle figure des miracles d'amour que Iesus-Christ fait en faueur de l'ame fidelle à le suiure dans l'Oraison par son desert interieur, jusques à la Terre promise de sa Diuinité. p. 85.

TABLE.

Section 4. *Que la vraye porte de l'oraison, l'entrée, la voye & le terme de la vie spirituelle, c'est Iesus-Christ qu'il n'y faut jamais quitter, figuré par les deux colomnes de nuée, & de feu, qui seruoient le jour, & la nuit au peuple d'Israël dans le desert, & par l'eschelle mystique de Iacob.* p. 89.

TRAITÉ TROISIESME

L'Ame Captiue des Plaisirs des sens exterieurs, qui la ferment à la grace de Dieu, & la sceellent à elle-mesme, & la marquent au coin des brutes.

CHAPITRE PREMIER.

Esprit de Rebellion Secretaire du troisiesme sceau, & de la troisième captiuité. p. 101.

Section 1. *Quelles sont les dispositions & examens necessaires à vne ame d'Oraison purifiée des sales plaisirs de ses sens exterieurs, pour sauourer interieurement la douce manne de la tres-sainte Communion.* p. 105.

CHAPITRE II.

L'ouuerture interieure du troisième sceau, & la liberté de la troisième captiuité, sçauoir de la victoire des sens exterieurs, & de leur sensualité. p. 114.

ESTAT, ET SON PRIX.

Section 1. *A quelle perfection & sainteté de vie sont obligez les Prestres, laquelle ils doiuent acquerir par l'exercice de la sainte oraison & vnion intime à Iesus-Christ, declaré par le Prophete Ezechias.* p. 116.

Section 2. *Les ames sensuelles & exterieures, & les ames simples & adonnées à l'oraison interieure, figurées par le Corbeau & la Colombe que Noé fit sortir de l'Arche à la fin du deluge.* p. 118.

Section 3. *La sortie d'Abraham de sa terre, & vne belle figure de la sortie du Verbe du sein de son Pere, dans son Incarnation, & de la terre du vieil Adam pour aller interieurement dans la terre misterieuse que Iesus-Christ nous y monstre dans l'oraison.* p. 120.

Section 4. *Explication de ces mots de recollection & abstraction, où l'on décrit les sept degrez de recollection interieure, par lesquels sont leuez les sept sceaux qui tenoient l'ame captiue sous l'attache & complaisance à sept sortes d'objets.* p. 122.

TABLE.

Section 5. *Le langage de ceux qui disent que l'exercice de l'oraison est bon pour les Hermites & les Religieux, est semblable à celuy des Israëlites contre Moyse.* p. 129.

Section 6. *Que l'ame ne doit jamais quitter Iesus-Christ son vnique & tout-puissant Mediateur, Conducteur & Protecteur dans la voye & vie interieure de la sainte Oraison.* p. 131.

TRAITÉ QVATRIESME

L'ame captiue de ses Passions, & sens interieurs, qui la sceellent & la ferment à la Grace, & l'ouurent aux choses creées, & couurant la face de l'ame de leurs figures, caracteres & images, l'empechent de participer aux diuines illustrations de ce beau Soleil interieur d'amour.

CHAPITRE PREMIER.

Esprit d'obstination Secretaire du quatrième sceau, & de la quatrième captiuité. page. 137.

Section 1. *Que Iesus-Christ s'estant caché & fait present reellement dans nos cœurs par la sainte communion, & spirituellement par le rayon de la Foy & de la Grace, y veut estre cherché, trouué & possedé par l'oraison cordiale.* page 142.

Section 2. *Que l'esprit recolligé en l'oraison, aborde & touche spirituellement les sacrées playes de Iesus en l'interieur bien plus noblement, que saint Thomas ne les toucha corporellement à l'exterieur, & quels sont les cœurs qui ne peuuent toucher Iesus-Christ dans l'interieur, ny en estre touchez par amour.* page 147.

Section 3. *Que Iesus-Christ dans le cœur du Chrestien est le Maistre, & le Principe de toutes les Sciences, qui nous y apprend à traitter auec Dieu en l'oraison, pour receuoir interieurement l'infusion de ses lumieres, & les influences de son diuin amour vnissant.* page 153

Section 4. *Explication de ce mot de centre de l'ame, de l'vnité de son essence, de la distinction de ses puissances, & operations: de la santé & maladie spirituelle de l'ame.* p. 156.

Section 5. *Combat perpetuel de l'amour propre captiuant l'ame sous les sept sceaux ou attaches à sept sortes de biens creés, & de l'Amour diuin, la déthachant & déliurant de cette septuple captiuité, pour l'v-*

TABLE.

nir à Dieu son vnique & souuerain bien increé, par les armes victorieuses de l'Agneau occis. p. 160.

CHAPITRE II.

L'ouuerture interieure du quatriéme sceau, & la liberté de la quatriéme
captiuité. Dans laquelle ouuerture il s'y voit vn cheual passe, & celuy
qui est assis dessus a nom la Mort, l'Enfer le suit, & puissance luy est
donnée sur les quatre parties de la Terre, pour y tuer par glaiue, par
famine, par peste, & par bestes feroces. p. 167.

Section 1. Maniere de pratiquer l'entretien actif & passif en l'oraison,
auec l'explication du mot pur passif, & du temps auquel l'ame se doit
tenir purement passiue par simple adherence à l'attrait & motion interieure du diuin amour de l'Agneau present, & operant au fond cœur.
page. 168.

Section 2. De l'vnion hypostatique du Verbe auec l'Humanité de Iesus-Christ, de laquelle il a fait la Mediatrice necessaire dans l'estat
de sa sainte Mort & passion, pour faire passer interieurement nostre ame par le cœur mort de cette sacrée Humanité dans le cœur viuant de sa Diuinité : & comme l'oraison cordiale est le plus court che-
chemin pour aller de nous à Iesus-Christ present par la foy au fond
du cœur. p. 173.

TRAITE' CINQVIESME.

l'Ame captiue de l'employ proprietaire & naturel de ses puissances, qui
luy font ignorer les voyes de Dieu, la tiennent & la retiennent à elle-
mesme dans leurs actes limitez, & l'enreuestent, l'y captiuent sous eux,
& la marquent à leur coin, impressions & figures.

CHAPITRE PREMIER.

Esprit d'ignorance Secretaire du cinquiéme sceau. p. 176.

Section 1. De la necessité & maniere de se comporter en l'entretien purement passif dans ce cinquiéme estat du progrez interieur de l'ame dans
la sainte oraison. p. 178.

Section 2. Response à ce que quelques-vns objectent ou demandent, sçauoir, s'il n'est pas bon de s'efforcer de ne penser à rien pendant l'oraison,

TABLE.

sous pretexte de nudité & dépoüillement d'actes, par laquelle l'ame marche en foy nuë, estant dégagée de toutes formes, images & especes pour n'auoir en visée que Dieu seul, où il est enseigné quand & comment l'ame doit produire ou suspendre ses actes pendant l'oraison. p. 181.

Section 3. *Quelle est la violence qui rauit le Ciel, & que la prudence & discretion sont requises dans l'amortissement des propres actes pour passer de l'estat actif au passif, aussi-bien que dans l'vsage des formes, especes ou images pendant l'oraison.* page 189.

Section 4. *Comment l'ame tantée de mauuaises pensées se doit refugier confidemment à Iesus-Christ au fond de son cœur, où elle est protegée en paix, & reçoit force pour vaincre facilement toutes sortes de tentations.* page 193.

Sect. 5. *La qualité de membres viuans de Iesus-Christ nostre Chef, habitant par foy dans nos cœurs; & celle d'Enfans de Dieu, obligent les Chrestiens à vne perfection non commune, tant en la vie contemplatiue par l'oraison; que dans la vie actiue par la pratique des bonnes œuures vers le prochain.* page 195.

CHAPITRE II.

Que le Chrestien se doit abandonner à tous les estats d'épreuues, de priuations & de dénuëmens par conformité interieure & exterieure à la vie crucifiée de Iesus-Christ. page 201.

Section 1. *Comment l'ame se doit comporter dans les delices & consolations interieures qu'elle reçoit, tant dans l'oraison que par la sainte Communion, & du discernement qu'elle doit faire des vrayes & fausses consolations.* page 202.

Section 2. *Que le Diable ne tire aucun plaisir ou aduantage de son pouuoir à tenter les hommes par ses ruses & malices, & que le défaut d'amour a esté la source originaire de son mal-heur éternel, auquel l'homme a participé par son peché.* p. 205.

Section 3. *Des grandeurs de l'ame Chrestienne operées par l'amortissement de ses propres actes de sa part & les operations immenses de l'Amour diuin de la part, de Dieu qui en veut faire sa maison de Plaisance.* p. 208.

Section 4. *Comment l'ame vnie à Iesus-Christ & interieurement cachée dans ses sacrées playes arriue à la cosomatio par ses coportemes passifs en l'oraiso sous les vehemences embrasées de l'Amour diuin.* p. 212.

TABLE.

Section 5. *Par quel moyen on peut facilement connoistre les tromperies, fourbes, & illusions de l'Ange de tenebres transfiguré en Ange de lumiere.* p. 216.

Section 6. *Que l'exercice interieur de la Foy viuifiée, d'amour est necessaire dans cét estat passif pour acquerir la perfection de cette nouuelle vie interieure & diuine par l'Oraison.* p. 218.

CHAPITRE II.

L'ouuerture interieure du cinquième seau, & liberté de la cinquième captiuité, par la rupture des liens naturels qui arrestoient l'ame à l'employ proprietaire de ses actes, & par eux au seruage du propre Amour, lequel enerué dans sa vigueur par les armes victorieuses de l'Agneau de Dieu, a esté contraint de lâcher le pied, & souffrir l'ouuerture triomphante & liberté diuine de cette captiuité, laquelle auoit jusqu'icy retenu l'ame au seruage du propre Amour, qui a esté vaincu par l'Agneau victorieux. p. 220.

TRAITÉ SIXIESME.

L'Ame captiue d'Elle-mesme, & de sa propre vie, qui la scelle, & la tient renfermée dans la propre capacité de son finy, & qui la rend proprietaire d'elle-mesme, qui la fait appuyer sur elle-mesme, & la marque à son coin, selon ses propres impressions & figures naturelles.

CHAPITRE PREMIER.

Esprit d'impieté Secretaire du sixiésme Sceau. p. 224.

Section 1. *Construction & restauration spirituelle du Temple viuant de la tres-sainte Trinité dans nos ames par l'operation diuine de l'Esprit de Iesus-Christ.* p. 225.

Section 2. *Comment l'ame recolligée & passiue en l'Oraison laisse dissoudre le lien intime & l'attache secrette à sa propre vie par les imperieux efforts de l'Amour diuin, pour en faire un parfait sacrifice à Dieu sur l'Autel viuant de son cœur, en union de Iesus immolé, & sacrifié sur l'Autel de la Croix, & à l'exemple de la sainte Vierge & saint Ioseph & les autres Saints.* p. 228.

Section 3. *Que sous pretexte de foy nuë on ne doit pas quitter la sainte Humanité de I. C. l'Oraison, dôt l'image interieure & exterieur non plus*

TABLE.

terieure, non plus que la representation de sa tres-sainte Mort & Passion, n'est aucunement nuisible aux ames vrayement spirituelles & interieures, & qu'il est tres-dangereux de trop spiritualiser, r-jettant toutes formes & images. p. 234.

Section 4. Ecstatique & diuin éloge des grandeurs de la sainte Vierge Marie, pour exciter toutes les ames Chrestiennes à l'amoureuse deuotion & parfaite imitation de cette tres-digne Mere de Iesus-Christ, auec ses admirables raports aux neuf Chœurs Angeliques. p. 224.

Section 5. Comment l'ame interieurement recolligée & vnie à Iesus-Christ dans son cœur, pratique eminemment toutes les deuotions & oraisons; & quel doit estre l'estat d'abbaissement interieur de l'ame dans son Oraison, sous les cœurs de tous les saints Mediateurs entre Dieu & elle. p. 253.

Section 5. De la deuotion speciale que doiuent auoir tous les Chrestiens à vn ternaire de saints Vierges, Saint Ioseph, saint Iean Baptiste, & saint Iean l'Euangeliste, & à vn ternaire de saints Penitens; saint Pierre, saint Paul, & sainte Magdelaine: auec la particuliere veneration du grand saint Michel Protecteur general de l'Eglise. p. 258.

Section 6. Des progrez de la vraye & parfaite Oraison, des empeschemens à la consommation, & du rauissement. p. 266.

Section 7. Vtilité des consolations & faueurs diuines, pour encourager les lasches & les infirmes, & dépouiller l'esprit de son actiuité naturelle, afin de s'abandonner à l'attrait & motion interieure du diuin amour, & passer à l'estat purement passif. p. 269.

CHAPITRE II.

La patience & constance requise aux Ames d'Oraison dans tous les Estats de Croix, de Morts, de priuations & d'épreuues, pour suiure fidellement Iesus-Christ dans l'interieur, & l'y posseder en sa maniere diuine. p. 273.

Section 1. De l'importance d'auoir & de conceuoir par la foy Iesus-Christ dans nos cœurs, où il est le thresor & pretieux talent que nous deuons faire valloir par l'Oraison cordiale. p. 245.

Section 2. Trois differens regards de l'Amour diuin sur la face interieure de l'ame couuerte de six voiles de tenebres, selon ses trois differens estats dans les trois entretiens d'Oraison. p. 277.

Section 3. L'ame parfaitement conuertie, dégagée de propre recherche,

TABLE.

& patiente dans toutes les espreuues & pauuretez spirituelles, honore & contente pleinement Dieu dans l'oraison, s'vnissant interieurement à Iesus crucifié en tous les estats de sa tres-sainte Mort & Passion. p. 281.

Section 4. Des charitables motifs de Iesus-Christ dans l'institution du tres-saint Sacrement de l'autel, & des infinies douceurs que sauoure l'ame interieurement recolligée dans les sacrées playes de Iesus, & enfermée auec ce diuin Espoux dans le Cabinet secret de son cœur, apres la sainte Communion. p. 288.

Section 5. De la prudence & discretion requise à vne ame fauorisée de graces extraordinaires dans ses iubilations & saillies d'amour, & dans les carresses interieures de son diuin Espoux. p. 294.

Section 6. L'ame dans ses trois differens estats de commencement, de progrés & de perfection en la sainte Oraison, agreablement comparée à l'arbre fruitier, selon trois differentes saisons de son fruit, en fleur, en verdeur, & en maturité, & planté en differens terroirs sous differents climats. p. 297.

CHAPITRE III.

Aduis importans pour la bonne conduitte & direction d'vne ame dans tous ses estats d'abandon, de secheresses, & de distitution dans l'amortissement à l'attache de sa propre vie, representez par Iob, abandonné sur son fumier, & conformes à l'estat d'abandon de Iesus delaissé, & expirant en Croix pour enfin arriuer à sa derniere consommation apres ce dur Enfer d'épreuue, ou plustost ce Purgatoire amoureux. p. 305.

Section 1. De l'origine de la foy, de son essence, de sa souueraineté & de ses autres proprietez & effets dans l'ame habituée à l'Oraison de recueillement interieur en Iesus-Christ conceu par foy au fond du cœur. p. 315.

Section 2. Que la Communion spirituelle faite par l'Oraison cordiale est la plus digne & plus vtile preparation pour profiter de la Communion Sacramentalle au precieux Corps & Sang de Nostre Seigneur Iesus-Christ. p. 323.

Section 3. Que tous les Creatures chacune en sa maniere nous representent les admirables veritez operées dans l'interieur de l'homme recolligé par le moyen de la sainte Oraison, entre lesquelles l'arbre & la

TABLE.

vigne tiendront le premier rang. p. 326.

Section 4. *Des qualitez & conditions requises aux Directeurs, auec quelques aduis importans pour discerner les vrais spirituels des faux & imaginaires; & pour conduire les ames qui sont en des voyes qu'on appelle extraordinaires.* p. 337.

Section 5. *De la maniere de viure selon la vieille & la nouuelle Creature antée en Iesus-Christ par le Baptesme, & du concours volontaire & libre de l'ame passiue sous les imperieuses operations de l'Amour diuin, pour acquerir la facilité de demeurer continuellement en Oraison interieure à la presence de Dieu dans l'Oratoire viuant de son cœur.* p. 341.

Section 6. *Des torrens de delices, & de lumieres & notions sublimes des trois Diuines Personnes en vnité d'essence, communiquées aux Ames d'Oraison recolligées dans l'interieur auec Iesus-Christ apres la sainte Communion.* p. 346.

Section 7. *Comme l'ame passiue doit laisser leuer le sixième sceau, & rompre le filet d'attache à sa propre vie pour arriuer à l'vnion consommée auec son diuin Espoux, & assister au delicieux festin qu'il luy a preparé dans la salle interieure de son cœur.* p. 348.

CHAPITRE IV.

Que l'amour propre caché au fond du cœur, & déguisé à l'exterieur sous le beau manteau de pieté, & sous le specieux pretexte de la gloire de Dieu, & de reformer l'Eglise, est l'autheur, le fauteur, & le passionné propagateur de toute fausse doctrine. p. 352.

Section 1. *Que les objets corporels n'empeschent pas la vraye spiritualité & la parfaite contemplation, mais seulement les attaches qu'on y peut auoir par le dereglement de l'amour propre, qui s'approprie & s'attache à tout, duquel il se faut défaire, & non pas quitter l'humanité sainte de Iesus-Christ, autant necessaire pour les parfaits, que pour les commençants dans l'Oraison.* p. 365.

Section 2. *Desseins admirables de Dieu sur l'Homme dans sa Creation, ruinez par le Peché & l'Amour propre, & aduantageusement reparez par Iesus-Christ operant par Amour dans nos ames, auec vne digression au sujet de certains Spirituels qui medisent de tout, & nommement de la decortion des Eglises, sous pretexte de simplicité & de pauureté Euangelique.* p. 374.

TABLE.

Section 3. Comme l'ame recolligée dans son interieur par l'Oraison cordiale s'y doit exposer passiuement aux ardentes, & embrasées irradiations de la Charité de Iesus-Christ, pour y laisser dissoudre toutes les attaches, & purifier toutes les soüillures du peché, & de ses vitieuses habitudes, qui empeschent la consommation, & parfaite vnion auec Dieu. p. 382.

Section 4. Comme l'ame par l'oraison cordialle doit moderer & accoiser l'actiuité de son esprit trop empressé, & agissant naturellement dans sa teste, pour l'abbaisser, & recolliger doucement à Iesus-Christ dans son interieur qui l'y veut attirer par la secrette & interieure motion, & attrait de sa grace. p. 388.

Section 5. De l'vnion & conformité que doiuent auoir nos Oraisons dans les estats de Croix, de destitutions, de priuations, & d'abandon, de souffrances, à l'Oraison de Iesus-Christ agonisant dans le Iardin des Oliues. p. 392.

Section 6. Comment l'ame tendante interieurement à Dieu par Iesus-Christ dans l'oraison exercée par la foy au fond du cœur y sauoure les auant-gousts de l'Eternité bien-heureuse, aprés y auoir souffert des operations tres-crucifiantes dans le gibet Amoureux. p. 397.

CHAPITRE V.

De la souueraineté de la Foy sur toutes les lumieres infuses les plus sublimes: les aduantages infinis communiquez à nos ames par l'Humanité souffrante & glorieuse de Iesus-Christ: & quels seront les regards differens de ses cinq glorieuses playes sur les Esleus & les Reprouuez au jour du Iugement. p. 402.

Section 1. Comme Ionas dans le ventre de la Baleine estoit le signe des Iuifs, de-mesme Iesus Crucifié enfermé dans le tombeau viuant de nostre cœur est le signe des Chrestiens, qui est fait, & nommé Agneau Occis pour effacer le peché de nos ames, & iustifier nostre Iustice dans la sienne, source de toute Iustice & sainteté. p. 410.

Section 2. Que la plus belle, la plus profitable, & la plus excellente priere que nous puissions faire en entendant la Sainte Messe, est de nous appliquer interieurement, & spirituellement à ce que ce saint Mystere nous represente, qui est la tres-sainte Mort & Passion de Iesus-Christ, pour nous en appliquer le merite. p. 413.

Section 3. La semence de la Grace & le grain du pur froment des Elûs

TABLE.

differemment receus en quatre sortes de cœurs, representez par les quatre sortes de terre dont parle nostre Seigneur dans la Parabole de l'Euangile, auec quelques dispositions requises à l'ame par conformité à l'estat passif de Iesus-Christ pour arriuer à la transformation & vnion parfaite. p. 418.

Section 4. *Plusieurs beaux aduis & moyens asseurez aux ames d'Oraison, pour connoistre les ruses du Demon, & surmonter facilement ses tentations, qui toutes ne tendent qu'à destourner l'ame de sa recollection interieure auec Iesus-Christ en Dieu au fond de son cœur, pour la distraire à l'exterieur, & ainsi la mettre en estat de suiure ses malignes suggestions sous de specieux pretextes de pieté, & de la charité du prochain.* p. 425.

Section 5. *Que les personnes d'Oraison doiuent beaucoup mortifier les appetits dereglez de trop lire, trop parler, & discourir des choses spirituelles, comme aussi des appetits & desirs d'auoir des ecstases, rauissemens, reuelations, visions, & autres dons & graces qu'on appelle extraordinaires, pour euiter les illusions & tromperies du Demon, & pour trauailler serieusement à se conformer à Iesus crucifié par l'oraison cordiale, & la pratique des solides vertus.* p. 438.

Section 6. *De l'intelligence de quelques termes mystiques, & des operations de Dieu en l'ame par Iesus-Christ, lequel faisant à l'ame monter son Ascension interieure, la rauit enfin iusqu'à son troisiéme Ciel, qui est la consommation du troisiéme entretien d'Oraison purement passif, & là se fait interieurement sa derniere & parfaite vnion intime auec Iesus son diuin Espoux.* p. 450.

Section 7. *Plusieurs belles veritez & raisonnemens confirmez par l'Escriture sainte, pour prouuer que c'est au fond du cœur centre interieur & spirituel de l'ame, que l'esprit se doit recolliger pour y chercher Dieu par Iesus Christ, pour s'y vnir toûjours presente à luy, tant dans l'Oraison que hors l'Oraison.* p. 463.

Section 8. *De la souueraine liberté de l'ame passiue sous les operations imperieuses de l'amour diuin, & de l'intelligence de ce mot d'inaction pour expliquer le merite de l'ame en cét estat passif.* p. 475.

Section 9. *Que le cœur du Chrestien est la maison d'Oraison, où l'ame recolligée doit prier & demander de Dieu pour obtenir infailliblement par vnion à Iesus crucifié son homme interieur, son vnique & tres-intime Espoux.* p. 478.

TABLE.
CHAPITRE VI.

L'ouuerture interieure du sixiéme sceau, & la liberté de la sixiéme captiuité de la propre vie de l'ame amortie & crucifiée à elle-mesme, & reuiuifiée de la vie de l'Agneau victorieux. p. 482.
Estat, & son prix. p. 483.

Section 1. Prerogatiues admirables de l'ame en estat de grace pour loger en soy Dieu auec Iesus-Christ, & participer à toutes leurs richesses par les commerces interieurs & familliers en l'oraison de recueillement. p. 487.

Section 2. Mariage, & nopces spirituelles, & diuines de l'Espoux Iesus auec l'ame solemnisez dans la salle Royalle de son cœur : auec vne digression sur le peché, & l'amour propre representé comme vn arbre de mort enraciné dans le plus intime de la substance de l'ame. p. 490.

Section 3. La curiosité enragée du Demon à tenter les ames recolligées & renfermées auec Iesus crucifié dans la solitude de leurs cœurs, laquelle le porta à tenter nostre Seigneur dans le Desert ; & quel est la cuirasse ou bouclier impenetrable à ses atteintes, dont l'ame se doit seruir dans l'attaque de ses tentations. p. 498.

Section 4. Du témoignage de quelques Saints & Saintes, qui declarent que c'est au fond du cœur qu'il faut chercher, trouuer & posseder Dieu en Iesus-Christ par la recollection interieure en l'Oraison, auec quelques menaces de Iesus Agneau contre les negligens à se recolliger en luy dans leurs cœurs pour y solemniser le Sabath d'vin. p. 502.

Section 5. L'ame auec sa propre vie naturelle & imparfaite, est le grain de froment qui doit mourir mystiquement pour fructifier en vie surnaturelle & diuine : comme aussi c'est vn talent, & vn heritage qu'il faut faire valloir au Seigneur par l'oraison de recueillement interieur en Iesus Crucifié, receu en cét estat, & pour cette fin dans nos cœurs à la Sainte Communion. p. 508.

Section 6. De la docilité, simplicité & attention interieure à Iesus parlant dans le desert de nos cœurs, requises tant aux Predicateurs qu'aux Auditeurs, pour profiter de la Parole de Dieu, à l'imitation de l'Apostre saint Paul. p. 512.

CHAPITRE VII.

Comme Marie & Marthe, la vie contemplatiue & actiue doiuent estre

TABLE.

inseparables dans vne ame d'Oraison, & Espouse du diuin Iesus, laquelle en quelque estat de jouyssances & d'éleuations qu'elle puisse arriuer, doit preferer la conformité à Iesus humilié & crucifié, à toutes les delices interieures, lumieres & ecstases, à l'exemple de la sainte Vierge sa desolée Mere. p. 515

Section 1. *Que Iesus-Christ est l'vnique voye qui nous conduit à Dieu, la verité qui nous esclaire, & la vie, dont nous joüissons spirituellement dans le plus intime de nostre ame par l'oraison cordialle, & reellement par la manducation de son precieux corps & Sang au tres-Saint Sacrement de l'Autel.* p. 520

Section 2. *Que le meilleur moyen de surmonter facilement toutes sortes de tentations, est de recourir confidemment à Iesus crucifié, conceu & regardé par foy au fond du cœur, auec quelques aduis pour la consolation des ames qui les sentent sans y consentir.* p. 527

Section 3. *Response à quelques spirituels, qui sous pretexte de Foy nuë, disent que la Grace estant insensible, il ne faut rien sentir ny experimenter des dons de Dieu; où il est monstré que l'Amour Diuin se faisant sentir à l'ame en des manieres bien differentes, elle a besoin d'vne genereuse esgalité d'esprit dans tous les estats de consolations sensibles & de desolations, de secheresses, d'abondance & de pauureté spirituelle, par vnion intime à Iesus Souffrant.* p. 530

Section 4. *Eslans d'amour, transports & gemissemens ecstatiques de l'ame blessée & languissante d'amour, conuiant & appellant le saint Esprit pour venir acheuer & consommer l'œuure de la vie diuine du diuin Iesus en elles* p. 539

TRAITÉ SEPTIESME

L'ame captiue du septiesme & dernier Sceau; mais la plus haute & la moins captiuante captiuité que toutes les precedentes, l'ame y participant vne vie eminente & toute diuine; mais finie n'en jouyssant que dans elle-mesme, & non encore dans Dieu en sa maniere infinie.

p. 545.

TABLE.
CHAPITRE PREMIER.

Esprit d'Audace Secretaire du septiéme Sceau, qui fait l'attache aux dons finis de Dieu dans l'ame, qu'elle doit laisser rompre par les operations amoureuses de l'Agneau occis qui la veut conduire interieurement, & eleuer outre soy-mesme jusques au throne de l'Essence diuine.
P. 545.

Section 1. *Structure spirituelle de nostre maison interieure pour y contempler la diuinité par la Foy, qui fait la vision de Dieu dans l'Eglise Militante, ainsi que la gloire fait la vision intuitiue & beatifique des Anges & des Saints dans l'Eglise triomphante.* P. 552.

Section 2. *Que cette methode d'oraison interieure pour chercher, trouuer, & s'entretenir auec Dieu & Iesus crucifié au fond du cœur, n'est pas vne methode nouuelle, mais tres-ancienne, & authorisée par la pratique des plus grands Saints, à laquelle les Prêtres & Directeurs doiuent instruire & exciter les ames Chrestiennes.* P. 555.

Section 3. *Des thresors infinis de Grace, de Charité, de Vertus & de lumieres que la tres-sainte Trinité communique à l'ame abstraitte, & interieurement recolligée en Iesus-Christ, dont sont priuées les ames distraittes & effuses à l'exterieur.* P. 560.

Section 4. *Comment l'ame acheue sa consommation, son eleuation & son ascension interieure en Dieu dans son troisiéme Ciel outre elle-mesme, après s'estre interieurement abbaissée en esprit au fond du cœur pour y laisser leuer les sept Sceaux qui la tenoient captiue, par les armes victorieuses de l'Agneau occis, & de son diuin Amour.* p. 564.

CHAPITRE II.

A l'ouuerture du septéme sceau, silence se fait au Ciel comme de demy-heure, le temple de la diuinité s'y ouure, & l'Arche d'alliance s'y voit.
p. 567.

Section 1. *Comment le cercle intelligible, où le retour parfait de toutes les creatures à leur principe se doit faire par l'homme recolligé en Iesus-Christ au fond de son cœur, lequel les ayant sanctifiez & perfectionnées dans son Estre humain & diuin, les rend au sein de la diuinité par l'ouuerture centralle de l'ame. Laquelle aussi se sacrifiant auec les Creatures reunies à Iesus immolé sur l'Autel intime, & viuant de son cœur, y rend le culte & l'hommage le plus parfait dû à l'Estre souuerain de la Majesté diuine; ce qui est sanctifier le nom de Dieu de la maniere plus parfaite.*
p. 570.

TABLE.

Section 2. *Comme l'Agneau occis Reparateur du Genre humain ayant ouuert le septiéme Sceau, & rompu tous les liens qui tenoient l'ame captiue & attachée aux sept differens objets hors de Dieu, la conduit enfin par cette voye interieure trauers l'ouuerture tres-intime & spirituelle du cœur dans la Terre promise de la Diuinité, où se fait la plus parfaite vnion & insinuation de l'ame en Dieu.* p. 578.

Section 3. *Sommaire de cette pratique d'oraison interieure en Iesus-Christ, dont l'Humanité sainte est l'vnique Mediatrice qui nous donne accés à la Diuinité, concentrée au fond & plus intime du cœur, pour y viure d'vne vie cachée auec Iesus Christ en Dieu.* p. 582.

Section 4. *Comme il faut marier la sainte oraison auec la frequente Communion sacramentalle, par laquelle se rememorent & se solemnisent interieurement les quatre principaux mysteres de Iesus-Christ dans l'ame, son Incarnation, sa Mort, sa Resurrection, & sa glorieuse Ascension.* p. 586.

Section 5. *Cette oraison de l'esprit recolligé dans le cœur; & les sept jours mysterieux de la Grace produits dans l'ame par l'amour de l'Agneau occis faisant ouuerture des sept sceaux qui la tenoient fermée à l'infusiõ de la lumiere diuine, descrits par le Prophte Ezechiel.* p. 588.

Section 6. *Que le deffaut de la vraye & bonne oraison est la source des scrupules, comme le remede & l'aneantissement de tout scrupule, c'est la recollection interieure de l'esprit en Iesus-Christ au fond du cœur, qui y donne force & lumiere pour les connoistre & dissiper.* p. 592.

SEPTIESME ET DERNIERE SECTION

Conclusion de cét œuure enseignant la pratique de recollection interieure de l'esprit en Dieu par Iesus-Christ au fond du cœur : ou par la visiõ que le Prophete Ezechiel eust des quatre abominations commises par les Iuifs dans le Temple de Ierusalem, sont representées les quatres sortes de profanations, que commettent journellement les Chrestiens dans les Eglises, & dans les Temples viuants de leurs cœurs consacrez à la diuinité pour y faire sa résidance, & y receuoir de nous le culte parfait, & l'adoration interieure en esprit & verité. p. 595.

ction : tout de mesme & à proportion nous venant ainsi du dehors au dedans par le *tres-Saint Sacrement de l'Autel*, il y remonte outre nous-mesmes à son Pere : & y fait en faueur de l'ame vne autre espece *d'ascension spirituelle & interieure*, non moins glorieuse à sa Diuinité : menant l'ame auec soy en luy, & outre elle-mesme (si toutefois il la rencontre libre de toute attache) & en estat pour l'abysmer heureusement dans la glorieuse immensité de sa Diuinité.

Ce mystere vous est aussi representé sous la figure de *Saint Iean pleurant* amerement de ce qu'il ne voit aucun digne d'ouurir le liure fermé de nos cœurs : lequel vous voyez representé d'vn costé, & de l'autre *les Saints Vieillards* assistans deuant le throne de Dieu & de l'Agneau : où le consolans luy dirent, *Ne pleure plus : Car voicy venir l'Agneau Occis qui a vaincu, & qui est digne d'ouurir le Liure, & deffermer les sept sortes de sceaux.* C'est, cheres ames, ce que nous auons essayé de vous representer, autant que les choses interieures & spirituelles peuuent estre figurées ou signifiées par les choses sensibles & corporelles pour le soulagement des simples.

Considerez donc finalement, que nostre dessein n'estant pas de traiter des veritez purement speculatiues, ny des plus sublimes esleuations de l'ame, sinon comme en passant, mais auec dessein de monstrer simplement le commencement de l'oraison, & la pratique de la recollection interieure, nous disons qu'il faut *au commencement de l'oraison interieure prendre Iesus-Christ crucifié pour objet* de nostre Entretien, de nos considerations, & affections au fond du cœur, tant pour arrester, par vn si riche, si aymable & si diuin objet, nostre esprit recueilli dans l'interieur, le détournant de toutes ses extrauagances qui ne sont que tres-ordinaires dans l'oraison, que pour *demander* au Saint Esprit dans nos cœurs, par le merite du precieux Sang, de la Mort & Passion, de ce diuin *Agneau occis*, la dissolution de toutes ces attaches, & obstacles à nostre approche interieure à Dieu au plus intime de nostre cœur : où nous deuons mener cette vie que Saint Paul appelle cachée auec Iesus-Christ en Dieu ce que represente ce Crucifix posé au commencement & à la premiere ouuerture du cœur pour y estre le premier objet vers lequel l'esprit recolligé doit prendre sa premiere visée interieure, & par ainsi qu'on ne considere pas tant la sublimité de cet estat où l'on desespere d'atteindre, comme de *bien commencer à se receueillir interieurement en Iesus Crucifié dans les oraisons*, sans violence, ny efforts d'imagination, mais par vne simple, douce, tranquille, & suaue attention d'esprit, & de foy à ce diuin objet s'y exerçant doucement par amour enuers luy dans les mysteres de sa tres-sainte Mort & Passion. Et faisant ainsi ce que vous pourrez de vostre part, esperez auec toute confiance de sa bonté, qu'il vous attirera à luy dans cette solitude interieure ; & qu'il fera peu à peu *ouuerture de tous ces obstacles interieures, pour vous introduire auec luy en triomphe dans le sein de sa diuinité, par cette ouuerture intime de vostre fond spirituel*. Ce que je vous prie de ne pas croire estre vne chose inuentée de nostre esprit, mais vne verité connuë, & confirmée, & declarée des saints Peres de l'Eglise entre lesquels on s'est contenté pour la satisfaction des doctes, d'apporter l'authorité du grand saint Augustin s'il est autheur du liure de l'Esprit, & de l'ame inseré au 3. tome parmy les œuures de ce saint Docteur. C'est au liure troisiesme de l'esprit, & de l'ame. C. 14. Et l'on a jugé à propos de vous le donner en latin comme il m'a esté donné.

Ab hoc mundo ad Deum reuertentes, & quasi ab imo sursum ascendentes per nosmetipsos transire debemus. Ascendere enim ad deum, est intrare ad semetipsum, & non solùm ad se intrare, sed ineffabili quodammodo introitu in intimis seipsum transire, qui enim interiùs intrans, & intrinsecus penetrans, seipsum transcendit: Ille veraciter ad deum transcendit ab huius ergo mundi distractionibus cor nostrum colligamus; ad interna gaudia reuocemus &c.

Vous trouuerez ce passage dans le Milleloquium de saint Augustin sur le mot de *cor*. Et plusieurs autres confirmants cette pratique.

Mais remarquez enfin que quoy que la diuinité soit l'intime de nostre intime ; *intimior intimo meo*, dit saint Augustin ; si est-ce qu'elle y est inaccessible que par le fils. Et c'est pour cette raison que nous representons Iesus-Christ Crucifié à l'ouuerture du cœur (sa sainte Humanité ainsi abordée par foy & recollection interieure au fond du cœur, estant comme la porte, & la mediatrice necessaire par laquelle l'esprit recueilli doit passer interieurement en Dieu pour s'y delecter, & reposer comme dans son souuerain bien, & le terme de son repos, ou Sabath diuin.) & saint Bonnauenture descrit la necessité de se seruir de ce mediateur intime dans l'oraison par ces paroles. *Quantumcumque sit illuminatus quis lumine naturæ, & scientiæ acquisitæ non potest intrare in se, vt in seipso delectetur in domino, nisi mediante christo, qui dicit. Ego sum ostium per me, si quis per me intrauerit saluabitur.* Car le vray salut est l'vnion eternelle auec Dieu que nous n'auons que par Iesus-Christ de cette maniere de foy viue exercée en l'interieur en cette vie, & d'vne façon plus parfaite par la gloire dans la bienheureuse Eternité. Il ne reste qu'à croire, & faire auec simplicité d'esprit, & humilité de cœur, car c'est à ces petits qu'appartient d'entrer en ce Royaume interieur de Dieu, qui est en nous, dont la porte estant estroite, les seuls esprits enflez de leur propre suffisance, sont exclus, & le seront eternellement, s'ils ne deuiennent petits, semblables à cet enfant de l'Euangile que nostre Seigneur nous propose.

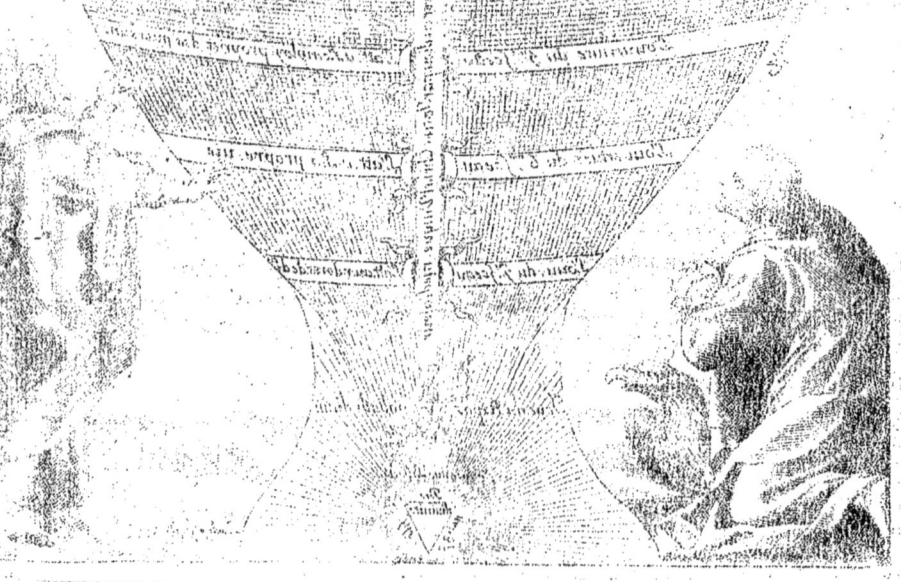

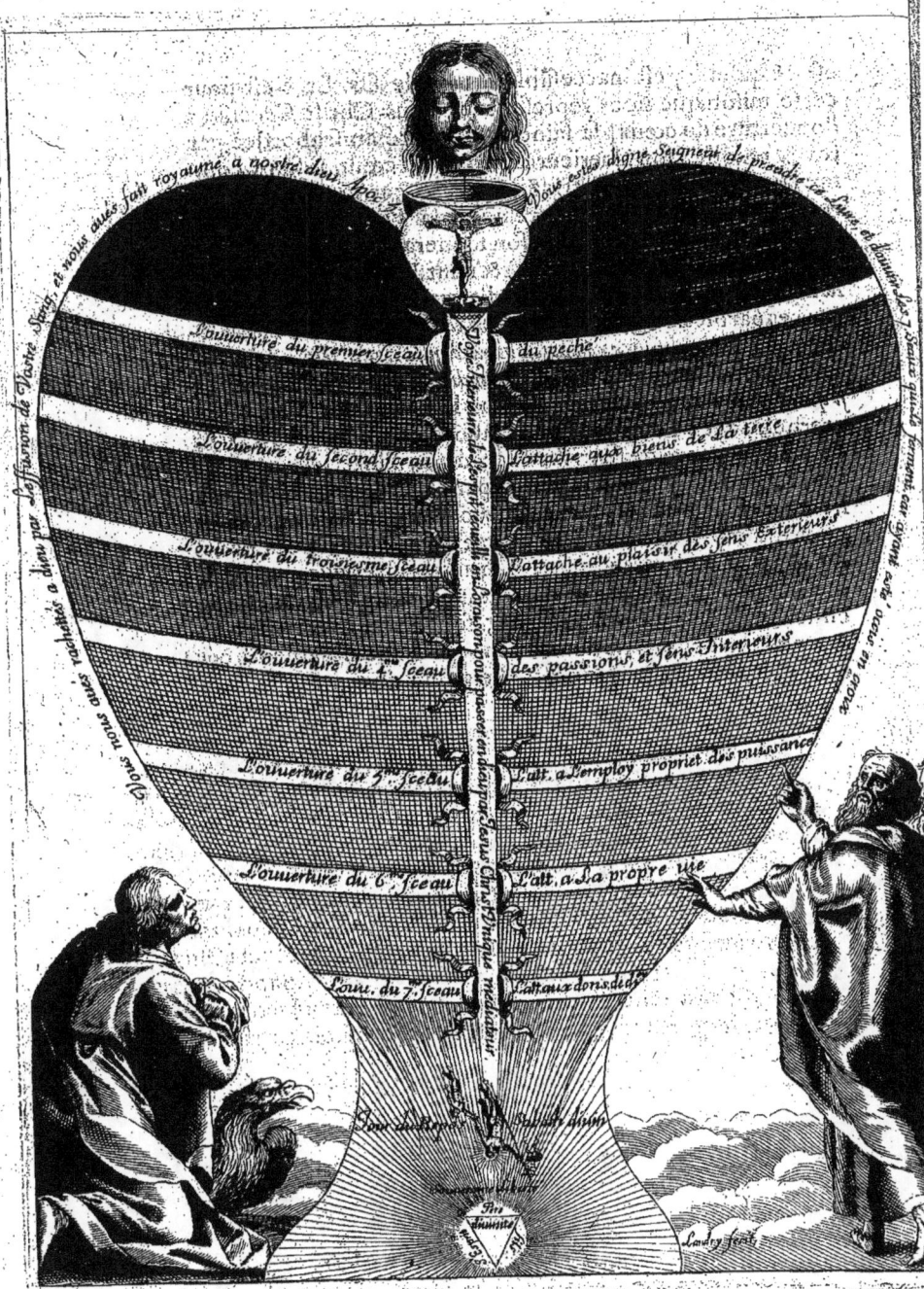

BRIEVE EXPLICATION DE L'IMAGE SVIVANTE

SVr le haut de la forme du cœur vous voyez cette *face* modestement recueillie, & intérieurement appliquée & tendante en dedans vers son chef objet crucifié, lequel seul peut ouurir & deffermer les sept sortes de sceaux, qui captiuent l'ame, afin que par là il y reconduise en ce fond, & par cette voye recueillie & intérieure *l'esprit recolligé*, & retiré du dehors au dedans, jusques à la *diuinité du fond de nostre ame, & outre nostre ame*: rappellant ainsi nostre propre vie humaine & naturelle *de la circonférence au centre*; & pour là établir le repos de l'ame en sa vraye origine, qui est Dieu, plus intimement concentré dans elle qu'elle mesme. C'est ce qui vous est representé en ces sept estages differents en forme des sept sceaux ouuerts, qui nous marquent le passage de nous à Dieu.

D'où vient que nous auons fait paroistre *la Diuinité* au fond, & outre ce cœur: non qu'elle ne soit par tout ailleurs selon son *immensité*, de laquelle toute chose est diuinement remplie & inuestie necessairement, mais seulement à dessein de vous la faire voir le centre incrée du centre créé de l'homme, & pour l'homme: *& où là en ce fond il se veut communiquer à luy par grace, par amour*, & par vnion au moyen de son verbe humanisé, de la sainte Humanité, duquel il a fait la *mediatrice necessaire entre Dieu & nous*: ainsi que vous le voyez signifié par ce *crucifix posé à cet effet à l'entrée de ce cœur*, comme celuy qui nous en fait la porte de grace, & le passage ouuert pour entrer de nous à luy, & par luy en sa diuinité.

Et à cette occasion vous voyez *au fond de ce cœur ouuert à l'endroit où il est escrit, Iour de repos ou Sabath diuin*: Iesus ressuscité en cette ame apres *l'ouuerture interieure des sept sceaux,* où il paroist là en ce fond tout victorieux : & passant outre l'ame qu'il mene en triomphe, & comme par vne espece d'ascension interieure & glorieuse en sa diuinité. Et ie dis outre l'ame, parce que l'homme ayant donné entrée au peché par la sortie de soy-mesme, & son effusion au dehors, pour s'y complaire dans la jouïssance des creatures, s'est separé de son Dieu par l'esloignement de son centre : & par ainsi venant à se retirer de son Paradis *interieur* pour pecher, Dieu le chassa ainsi de son Paradis terrestre & *exterieur*.

Si bien que par là il demeura ainsi ferme *& captif du peché*, & par le peché il fut esclaue des creatures. Tellement qu'il n'est point à son possible de reparer cette perte, mais il luy faut les merites & l'assistance de son *diuin & humain mediateur*, portant auec soy *la clef de Dauid*, laquelle ferme & ouure ce que nul ne peut ny fermer, ny ouurir. Or tout ainsi que l'homme s'est volontairement & interieurement fermé à Dieu, en s'ouurant exterieurement par complaisance au monde & aux mondanitez, nous disons aussi qu'il se doit retirer en dedans, où volontairement s'esloignant du peché, & puis des choses mondaines, il s'approche de Dieu, & à mesure qu'il s'approche de son centre, il s'ouure à Dieu son diuin repos, en se fermant exterieurement au monde son ennemy, offrant à Dieu le pur sacrifice de sa propre vie, sur l'autel de son cœur interieurement recueilly sous les pieds de son diuin & humain Liberateur.

De sorte qu'il nous faut icy apprendre à *monter en descendât* du haut de nostre propre esprit naturel, jusques au fond des prodigieux abbaissemens du diuin Iesus : & *par luy & en luy remonter outre nous-mesmes, en sa diuinité*. D'autant que l'ame descent tousjours jusques à ce qu'elle soit arriuée à son *centre*, y suiuant amoureusement son tres-humble Iesus. Mais *l'ame estant arriuée & passee outre elle-mesme, ce n'est plus descendre, mais c'est monter* & remonter glorieusement apres son diuin Iesus, tout glorieux, tout triomphant & ressuscité. Car tout ainsi qu'il fit son ascension, & remonta au Ciel par les espaces de l'Vniuers exterieur, pour certifier aux hommes sa Resurre-

L'OVVERTVRE INTERIEVRE
DV ROYAVME DE
L'AGNEAV OCCIS
DANS NOS COEVRS.
AVEC LE TOTAL ASSVIETISSMENT DE L'AME
A SON DIVIN EMPIRE.

OV IL SERA BRIEFVEMENT TRAITTÉ
DE LA VRAYE ET SAINTE ORAISON
ET RECOLLECTION INTERIEVRE.

Ensemble des choses les plus remarquables, & necessaires à la perfection Chrestienne ; y faisant voir premierement les SEPT SORTES DE CAPTIVITEZ, & enchaînemens du peché & du propre Amour, qui scellent & captiuent nostre Ame ; la tiennent & retiennent à elle-mesme ; l'empeschent d'estre à Dieu, & la liurent au peché, & le peché à l'Enfer, & l'Enfer aux diables.

Auec l'addresse interieure, & les moyens necessaires pour chaque estat, & degré conuenable à la rupture de chacun de ces liens de tenebres ; & pour y leuer & dissoudre ces SEPT SORTES DE SCEAVX, & mettre l'ame en LIBERTÉ, & pleine capacité de receuoir interieurement les diuines infusions, & admirables influences d'Amour de ce beau Soleil Eternel de la region spirituelle & interieure, roulant sa Sphere par dedans.

Par un PAVVRE VILLAGEOIS, sans autre science ny estude que celle de IESVS CRVCIFIÉ.

IESVS NOVS SOIT EN TOVT temps, & eternité. CROIX, ET GLOIRE Ainsi soit-il.

AVANT-PROPOS

Il n'appartient qu'à la seule Diuinité de donner l'Estre aux choses qui ne l'ont point, & de le conseruer & accroistre à celles qui l'ont desia. Moyse a esté dans l'Ancien Testament le premier seruiteur fidelle, & tesmoin irreprochable de la souueraine verité de cette Majesté redoutable ; & comme le grand Herault de ses Commandements, & Loix diuines.

2. Mais voicy le premier Moyse diuin, le grand maistre de la loy de Grace, & la mesme Verité ; sçauoir Iesus-Christ, Fils vnique du Pere, & grand Seigneur de la mesme Maison éternelle ; *lequel a pris plaisir de faire de l'interieur de nos cœurs sa mesme demeure & maison de plaisance*, de grace & de gloire, de victoire & de triomphe ; si nous voulons entendre, & escouter son amour auec perseuerance. Preparons donc, cheres ames, la capacité de nos cœurs, & nous donnons de garde de l'infidelité, laquelle a endurci le cœur des Iuifs, & les a remplis du poison de l'ingratitude ; laquelle a par consequent irrité le iuste courroux de sa diuine Majesté sur cette nation peruerse, quoy que choisie. D'où vient *qu'il a iuré en son ire. Si jamais ils entrent en son repos.* Et cela par ce qu'il auoient toûjours erré en leurs cœurs & n'auoient aucunement reconnu les voyes du Seigneur,

Iesus-Christ moyse diuin.

Effets de l'infidelité.

AVANT-PROPOS.

3. Belle leçon pour toutes les Ames Chrestiennes; non seulement choisies du Pere pour seruiteurs; mais pour enfants tres-chers, & diuinement legitimes dans le Sang precieux de son propre Fils. Car si cette sublime Majesté a voulu obliger la nation Iuifue, qui n'estoient pourtant marquez que pour serfs, à luy estre *cordiaux*. Et diligemment credules: que ne demandera-il point aux Ames Chrestiennes? ausquelles il a donné vn fond de grace par sa diuine loy, & le riche ministere des Sacrements diuinement establis en son Eglise, qui les rendent legitimes enfants d'vn Pere si saint, le plus fidelle, le plus aymable, & le plus aimant de tous les peres; & partant *le plus cordial amy, & le plus parfait amoureux des cœurs, & de leur interieure societé*. Ce qui a fait dire à saint Paul parlant aux peuples. Mes freres, prenez garde qu'il n'y aye en quelqu'vn de vous *vn mauuais cœur*. C'est à dire, vn cœur incredule, vn cœur fermé, aueugle, & libertin; sans soûmission ny charité: & partant reuolté contre la benignité de Dieu contre la raison, & la candeur du prochain; puis qu'il n'a de cœur ny pour l'vn, ny pour l'autre; l'ayant liuré au peché, au Demon & à l'enfer. Aussi la malediction iustement fulminée sur ce peuple incredule de ne point entrer au repos de Dieu, vient de ce qu'ils ont refusé de croire en Iesus-Christ. Et par consequent ils n'ont pû atteindre *le septiéme iour, qui fait le repos eternel*, & le sejour lumineux de la vie diuine; puis qu'ils se sont obstinément & volontairement arrestez, & reposez au bas estage de la nature, & dans l'aueuglement de leur propre suffisance aueuglée.

AVANT-PROPOS.

4. Depuis que Iesus-Christ à esté declaré du Ciel, & de la terre pour le parfait obeissant, quoy qu'il pût commander comme Dieu, il n'a cependant cessé d'obeïr, & de souffrir comme homme. Aussi nous a-il engagé par droit d'imitation, & de conuenance à espouser les glorieux appanages de sa Croix, pour nous apprendre à le suiure par tous les estroits sentiers de ses humiliations; puisque nous auions mesprisé, & dedaigné les beaux aduantages de l'estat d'innocence qui estoient de commander sur toutes les choses creées d'audessous de nous, & sur nous-mesmes; auec la participation de sa grace, & diuine ressemblance, qui faisoit de nos corps, de nos cœurs, & de nos ames vn double *sanctuaire interieur*, & exterieur à la diuinité concentrée plus intimement dans nous-mesmes que nous-mesmes. *Iesus-Christ parfait obeissant. Aduantages de l'estat d'innocence. Sanctuaire à la diuinité.*

5. Mais voicy le mal-heur deplorable, ô ame ingrate, ô homme perfide, & méconnoissant ; meurtrier de toy-mesme, & abuseur des dons de Dieu, & de sa grace : c'est que pechant malicieusement, tu és déchû de ton innocence & liberté, en te retirant de ton fond, & en te separant de ton Dieu, & de ton repos eternel. Tu és mal-heureusement tombé à la renuerse sen-dessus-dessous dans l'abysme sans fond de la priuation de Dieu, & de la tyrannique captiuité des Diables. O damnable peché ! ô neant mal-heureux directement opposé à l'Estre diuin, comme neant du neant mesme. Hé bien, mal-heureuse ame, te voila estrangement déchuë, & bouluersée sous l'empire de sathan, & la captiuité de ses fers ; assuiettie à ses loix, & sous le poids, & la domination de tous les

ã ij

AVANT-PROPOS.

Estres creez, la terre, l'eau, l'air, le feu, l'œther, & les cieux, & tous les genres d'animaux, qui te deuoient obeïr, & estre soumis; & que tu deuois dominer, & commander dans la iustice, & l'empire de ta grace, & de ton innocence; lesquels maintenant te dénient leurs reconnoissances, puisque tu l'as desnié à leur Createur, & au tien, & font de ton Estre, & auec raison, le marchepied de leurs pieds: si bien qu'en ce mal-heureux estat tous les Estres creez te sont comme autant de corps opaques entre Dieu & toy, & qui t'en cachent & rauissent l'infinie beauté, toute enseuelie que tu és dans la laideur de ton crime, & l'obscurité de toy-mesme; ayant fait de ton cœur corrompu vn double enfer à la paix, & comme vn mur d'airain aux diuines semonces de la grace: & par là reduit dans l'impuissance de t'en jamais réleuer, sinon par les armes victorieuses de l'Agneau.

6. Mais auparauant que d'entrer plus auant en matiere, voyons, s'il vous plaist, les conditions requises à l'ame Chrestienne pour entreprendre auec cœur & generosité vne affaire si importante à la gloire de Dieu, & si auantageuse à l'ame, comme est sa totalle liberté: & disons auec respect, que le parler de Dieu estant la mesme parole de Dieu, c'est à dire son verbe, lequel humanisé veut operer en nos ames outre l'ouuerture des sept sceaux sept sortes de purgations, seruant de throsnes, & de fond aux sept dons du Saint Esprit, qui doiuent affermir nos ames pour les durées eternelles. Nous posons donc quatre conditions requises & necessaires à l'ame fidelle qui veut entreprendre sa liberté Chrestienne, &

AVANT-PROPOS.

s'affranchir des feruages tenebreux, & noires captiuitez qui la fcellent, qui la ferment, & la defrobent à Dieu, & à elle-mefme, pour la liurer à la mort, & à l'enfer.

7. La premiere condition doit eftre *la pureté de cœur*, car il eft dit qu'ils voiront Dieu, & mefme dés cette vie auec les yeux de la foy exercée interieurement, & par amour au fond du cœur. Et ce premier efpurement fe doit faire au moyen d'vne *bonne confeſsion* (fuppofé qu'il en fuft befoin) je dis qu'elle la doit faire; afin de nettoier fon cœur de l'ordure du peché, & ce par le moyen ordonné de Dieu, & pratiqué dans la Sainte Eglife pour faire de ce cœur recolligé vn vaiffeau de graces & de benedictions, en y dreffant vn throfne à la paix, & vn fanctuaire à l'amour de l'Agneau, fous les benignes influences duquel il croiftra de jour en jour en lumiere, & pureté cordialle.

8. La feconde eft de dreffer noftre *intention*, en telle forte, que ce que nous allons entreprendre foit purement pour contenter le diuin, & tres-pur amour, & fans aucune recherche de nous mefmes : mais en tout bon ordre ruinants l'amour propre, & eftabliffants la vertu, & le Royaume de l'Agneau dans tout l'Eftre de l'ame.

9. La troifiefme eft vne fimple, & naifue docilité, & foûmiſsion d'efprit, tout ainfi qu'vn petit enfant. C'eft la mefme demande de Iefus-Chrift difant; *fi vous ne deuenez comme ce petit enfant vous n'entrerez point au royaume des Cieux; & ce regne eft dans vous-mefme*, dit la mefme verité, & ce royaume des Cieux c'eft noftre ame qui doit

AVANT-PROPOS

regner dans les Cieux, & sur les Cieux dans le regne de Dieu mesme. Celuy qui vaincra je le feray seoir en mon throsne, dit la sagesse incarnée. C'est donc là, cheres ames, ce regne de foy, ce regne de grace, ce regne de paix interieure, establi par amour, & en la vertu de l'Agneau, c'est ce regne de sagesse encore vne fois, lequel nous deuons rechercher dans nous-mesmes, & auquel il nous faut entrer en toute docilité & interne soûmission, pour y captiuer nos esprits au seruage de la foy, & à l'exercice de l'amour, en y retranchant nostre propre suffisance, & le superflu de nos saillies naturelles.

10. La quatriesme, est de remarquer que cette sainte entreprise de la victoire de nous-mesmes, ne depend pas seulement de Dieu, mais du concours mutuel de luy & de nous; de luy comme actifs, & de nous comme passifs, & partant nous deuons faire estat de regarder nostre ame comme *le miroir viuant de Iesus-Christ souffrant*, pour en tourner le poly en dedans vers luy au fond du cœur, pour y receuoir interieurement l'amoureuse impression de ses diuines, & humaines especes : & en vertu & en l'aspect de ces diuines & humaines impressions, nous y exercer ainsi spirituellement, interieurement, & amoureusement vers luy comme vers l'origine de la vraye lumiere, & vers *le plus digne objet de tous nos amours & complaisances, emplois & entretiens, spirituels, & interieurs.*

11. Mais peut estre que *l'ame deuote demandera si Nostre Seigneur Iesus-Christ est dans nous-mesmes?* Ou bien, s'il y est, comme il y peut estre? puis qu'il n'est qu'à la dextre

AVANT-PROPOS

du Pere, & au tres-Saint Sacrement de l'Autel. A cela il faut respondre en toute humilité, qu'encore bien que Iesus-Christ ne soit pas réellement, & substanciellement dans nos cœurs, comme il est au tres-Saint Sacrement; sinon lors que nous l'auons receu par la sainte communion, il ne laisse pourtant pas d'y estre & *d'y habitter d'vne presence admirable par son rayon de foy, par vnion de sa grace, par lien d'amour, par vnité d'esprit, & par conionction de membres à leur chef*, sans conter toutes les autres manieres, & *passe-droits d'amour*, que les ames fidelles experimentent, selon qu'il luy plaist se manifester, & aussi comme chose deuë & bien-seante à sa Toute-Puissance, qui se peut rendre par tout où il veut estre : outre que ce n'est pas estre par tout que d'estre dans le cœur chrestien, là où sa sainte presence est requise comme chef, & comme diuin Mediateur. Et là où enfin il doit aussi exercer sa diuine & humaine mission de *Redempteur*, en fait de laquelle il n'espargne pas les miracles enuers ceux qui recourrent cordiallement à luy, comme estant celuy qui peut plus operer, que les hommes ne sçauroient entendre, ny penser : & possible nous vous ferons remarquer cette verité par quelque petite comparaison des choses naturelles, & materielles mesmes.

12. Car quoy que *le Soleil corporel* ne soit pas luy-mesme réellement & substanciellement au lieu où il frappe de son rayon, toute-fois son rayon y est réellement : & si vn homme venoit à sortir d'vn cachot, & se mettre, & exposer sous ce rayon, il seroit vrayement, & réellement au Soleil present, & le soleil à luy d'vne presence réelle,

AVANT-PROPOS

& corporelle tout ensemble.

13. Et tout ainsi nostre ame sortant du noir cachot de ses sens & ramassant ses puissances au fond de son cœur, elle s'y met en vne presence spirituelle à son diuin Soleil Iesus-Christ: & comme si l'on presentoit au soleil corporel vn miroir, il en receuroit par son rayon 1. Sa lumiere. 2. Sa chaleur. 3. Son image ainsi nostre ame miroir spirituel de ce diuin soleil, se recueillant au fond de son cœur, & s'y presentant à luy en esprit, & par foy, reçoit infailliblement de luy par son rayon de grace, sa lumiere, & notion dans sa memoire, son image dans son entendement, & sa diuine chaleur dans sa volonté : & partant ces trois puissances le prenant, & l'abordant là pour objet de leurs emplois, & exercice de leurs entretiens & complaisances s'y doiuent exercer là toutes trois par indiuis *enuers luy selon quelques mysteres de ses saintes souffrances* ; luy faisant là interieurement en esprit, & auec foy ce que nous luy ferons à l'exterieur, l'ayant encore trouué en cét estat de douleurs, & de souffrances : cela pouuroit bien suffire pour des ames simples, mais ce n'est pas assez pour ceux qui raisonnent trop.

TRAITTÉ I.

TRAITÉ PREMIER.

CHAPITRE PREMIER.

L'AME CAPTIVE SOVS LE PREMIER SCEAV, Et la premiere captiuité, sçauoir du peché, qui dans le rien, & le neant de sa malice directement opposé à l'Estre diuin, en fait aussi par consequent la necessaire priuation, & fournit de fond à toutes les autres captures du Diable.

1. IL faut bien dire que le peché soit estrangement abominable deuant Dieu, puis qu'il cause en celuy qui le pratique vne si horrible, & si espouuentable laideur, & defformité, car tout aussi-tost que le plus beau, le plus excellent, & le plus lumineux de tous les Anges, y eut consenti vne seule fois, il fut tout à l'heure changé en Diable, & dans ce moment funeste, il trébucha du haut des cieux dans le plus profond abisme de l'enfer, où il fut tellement englouti dans le cloaque affreux de ces tenebres, qu'il ne luy resta aucune marque, ny qualité Angelique, sinon dans vn esprit peruerti, & changé de verité en mensonge, de beauté en laideur, de bonté en malice, de splendeur en obscurité, d'amour en haine, & de douceur en forcené, passioné, enragé, & tout desesperer : Enfin voila vne partie du mal-heureux ouurage de l'amour de soy-mesme, & auquel la creature humaine a participé, se rendant compli-

Laideur de l'ame, & de l'Ange changé en diable par le peché.

Mal-heureux ouurage de l'amour propre.

ce de l'Ange preuaricateur par son peché : au moyen duquel elle a tellement ressemblé au Diable, que nostre Seigneur parlant de Iudas dit à ses Disciples, l'vn d'entre vous est Diable : pour nous apprendre qu'en pechant le Diable entre en l'homme, & l'homme deuient Diable, puisqu'il en pratique tout les traits, les qualités, & ressemblances.

Eternité malheureuse.

2. Or sus donc voila vn bel estat, & vne belle condition d'homme : d'estre eternellement priué de son Dieu, eternellement mal-heureux & abandonné, eternellement enragé, eternellement desesperé, & enfin eternellement damné. ô bonté Diuine que dirons nous de cecy ? Mais qu'en penserons-nous ? faut-il le dire ? Mais est-il bien possible que ce mal-heureux estat de sa priuation de Dieu, que nous venons de citer soit le plus curieusement, & auidemment recherché de la plus grande partie des hommes ? ouy il le faut dire, & on le peut dire, mais auec regret, & douleur, que non seulement la pluspart des hommes y cheminent tellement quellement ; mais qu'ils y courent tant qu'ils peuuent par le grand chemin de l'interest, par la grande voye de la diuision, & par la grande coullice des faux plaisirs, & sensualités des voluptés charnelles : sans compter vne infinité de routtes, & mal-heureux sentiers compris sous ces trois chefs rapportés par saint Iean, à sçauoir, les conuoitises des yeux, & de la chair, & la superbe de la vie, qui entraisnent la plus grande partie des hommes aux enfers.

Le grand chemin d'enfer.

3. Car où trouuerons-nous vn homme qui vueille laisser estre, & regner IESVS-CHRIST paisiblement dans son cœur? Mais combien en trouuerons-nous de milliers, qui y laissent regner le peché, & par le peché les Diables, & cependant ils mangent, boiuent, & dorment, & se reposent, chantent, & se resioüissent sur le bord de l'abisme, & du precipice, que l'aueuglement ne leur permet pas de voir, ny d'apprehender bien souuent iusques à l'heure de la mort & de la funeste separation de leurs corps d'auec cette pau-

ure captiue, & miserable ame chargée des chaines du peché, & laquelle en ce moment horrible, le rideau d'aueuglement luy estant tiré, elle n'aperçoit à l'entour d'elle, & *Affreux esta*
dans elle-mesme que les cruels bourreaux d'Enfer, qui luy *de l'ame pe-*
monstrent d'vne seule veuë, & en vn clin d'œil son affreuse *cheresse à*
difformité, & dissemblance à L'AGNEAV ne trouuant en *l'heure de la*
tout son fond qu'vn Enfer espouuantable, plein de desef- *mort.*
poir, & de rage, d'horreur, & de tenebres, & cela pour
vne eternité.

4. O eternité de mal-heur, & de priuation de Dieu, est-
il donc bien possible que tu sois tant poursuiuie, & recher- *Vanité mas-*
chée des hommes? ô vanité des vanités, combien entrais- *quée de fausses*
ne-tu apres toy dans les Enfers? masquée que és de tes *felicités.*
fausses felicités; par lesquelles tu te fais adorer de tous les
mondains? O encore vne fois mal-heureuse eternité, tu
nous as desia tant, & tant de fois trompée, & cependant
les mortels aueuglés n'ont encore pas bien pensé à tes
fausses menées.

5. O eternité desesperée, trompeusement plastrée, que tu
és d'vne chetiue prosperité pendant la vie, tu te fais seulement reconnoistre à l'heure de la mort, & puis en voila *C'est trop*
pour vne eternité. O pecheur endurci ne resiste plus main- *tard de diffe-*
tenant, ne tarde plus ta conuersion deteste ton peché, & *rer la conuer-*
fais penitence: car peut-estre aujourd'huy Dieu te deman- *sion à la mort.*
dera compte de ton ame, & partant pense à l'eternité.

6. O eternité d'horreur, & d'auersion de Dieu, de tenebres
& de confusion? ô espouuantable heure de la mort, pour
l'ame en peché mortel, il te faudra tout à l'heure parestre deuant ton Iuge entre les mains des Demons, accusée d'eux,
& de ta propre conscience, toute noircie de crimes mortels,
qui ne te permettront point de demander autre chose que
l'enfer, dont tu as bien voulu faire ta portion à ta confusion eternelle, en continuant tes pechés, & remettant ta
penitēce au lendemain. Mais ô insensé voicy le funeste lendemain arriué, & dans lequel il ny a plus de remise, ny de
misericorde, mais seulement vn affreux desespoir excité

A ij

l'Ame captiue sous le premier sçeau

par les Diables qui t'enuironnent de leurs frayeurs, & hurlements espouuantables en te rendant le loyer dû à tes crimes, qui est tourment eternel, reproche eternel, & confusion eternelle de la priuation de Dieu.

Affreux desespoir à la mort pour ceux qui different leur conuersion à cette derniere heure.

7. O homme perdu combien grande est ta misere, & desolation extreme? ce vers de conscience qui ne meurt iamais. Eternellement priué d'amour. Eternellement rempli de haine. ô heure funeste! ô moment espouuentable, dans lequel l'Enfer ouure sa gueule pour t'engloutir eternellement, si tu ne fais de bonn'heure penitence.

Le vers de conscience.

8. Mais est-il donc bien possible que l'on puisse rencontrer vn homme qui voulust consentir d'estre enfermé toute sa vie dans vn cachot obscur tout plein de serpents, & de crapaux: & là priué de toute lumiere naturelle, & surnaturelle, les fers aux pieds, & aux mains auec vne once de pain par iour, & vn verre d'eau. Pour moy ie ne puis croire, qu'il s'en trouue vn seul, lequel de son choix, voulust subir cette misere toute sa vie.

9. Et cependant, ô aueuglement estrange de l'homme sensuel! qui ne voudroit pas choisir le moins, recherche auidemment le plus, & sans crainte. Car helas qu'est-ce que de toutes ces miseres humaines en cōparaison de la damnation eternelle, & des horribles tenebres de la priuation de Dieu. O ame Chrestienne reueillés vous diligemment de cét assoupissement tres dangereux dans lequel vous viués comme s'il ne falloit point mourir: Et en vous abbaissant, vous approcher tres-humblement de la porte des grandes misericordes, i'entends de la precieuse PLAYE DV COSTE' DE IESVS-CHRIST par ou son chaste Cœur Ouvert fait le passage au vostre pour y espancher son amour, & l'y congratuler de la victoire du *sceau du Peché* lequel y fait le plus tenebreux ostacle à son diuin Empire dans nos cœurs.

Aueuglement, & folie estrange de l'homme sensuel.

Pratique de recollection interieure dans les playes de Iesus-Christ au fond du cœur, où il leue le premier sceau du peché qui tenoit l'ame captiue & luy donne la premiere liberté.

CHAPITRE II.

L'ESPRIT DE MENSONGE GRAND Secretaire du premier sceau, & de la premiere captiuité de l'ame sous le peché.

1. CE miserable esprit est posé pour Secretaire, & garde du sceau, parce que l'opposé de la Verité c'est le mensonge, tout ainsi que la Verité de Dieu, sçauoir son *Verbe-humanisé*, est opposé au reigne du diable, pere de mensonge, & en mensonge tout ensemble : & ce fut en deuenant d'Ange diable, qu'il est passé de la Verité au mensonge, & de l'amour à la haine par son peché. Et à vray dire le peché n'est autre chose de soy que menteur, & mensonge tout à la fois, car en son espece il dit, & publie hautement qu'il ne soit point de Dieu, & par l'acte, & les effets de son insolence il ne veut point absolument qu'il en soit, & cependant il en est vn eternellement malgré sa rage & son enuie, & partant il est menteur, & demeurera mensonge, & menteur à toute eternité. *Le peché pere des Athées ne voulant pas qu'il soit de Dieu.*

2. Si nous sommes contraints d'aoüer qu'il ne s'est trouué personne ny homme, ny Ange qui pût opperer nostre redemption, ny nous delliurer de la tenebreuse captiuité du peché, sinon L'AGNEAV OCCIS, lequel seul a esté trouué digne d'ouurir le liure fermé de nostre cœur, & d'attaquer la mort dans sa source, i'entends le peché, & renuerser la Babylone de nostre orgueil fille aisnée de Lucifer auec le simple instrument de sa Croix, de ses souffrances, de sa mort, & de sa prodigieuse humilité ; nous pouuons dire aussi qu'il n'a pas daigné employer sa puissance pour foudroier la superbe des enfers, & de tous ses partisants, mais seulement de la pauureté, de son HVMANITÉ toute abandonnée, & delaissée qu'elle estoit iusques à la *Mort de la Croix*. Et ce fust *l'Agneau occis est seul trouué digne d'ouurir le liure fermé de nostre cœur où il leue le premier sceau du peché. l'Orgueil fille aisnée de Lucifer. Puissance de l'humilité souffrante de Iesus.*

Chrift contre la fuberbe du Demon, & l'horrible monftre du peché. là en ce deftroit de mort où il puifa fa fouueraine force dans les apparences de fa plus grande foibleffe pour attaquer, deftruire, & triompher du peché, comme du plus villain monftre, le plus tenebreux, le plus horrible, le plus defplaifant à Dieu, & odieux à la nature, puis que l'ame qui en eft peruertie s'en fert côtre elle mefme comme d'vn glaiue affligeant, & tenebreux, en fa main de fa volonté peruertie pour fe feparer de Dieu, & de fa diuine Lumiere, & de fa precieufe Vie, quoy que toute plaine de douceur, & d'amour, de gloire, & de delices.

l'Ouuerture du premier fçeau fe fait par la fuite du peché. 3. Ainfi l'ame Chreftienne fe difpofera à l'ouuerture du premier fçeau par la fuite du peché, en fe feruant des armes victorieufes de l'Agneau, & en s'effaiant doucement de rapeller, & recueillir fon efprit du dehors au dedans, *luy donner pour* OBIET IESVS SOVFFRANT *en quelque myftere de fa tres-fainte Mort, & paffion*, comme l'objet tout puiffant, contre les pechés, & l'vnique confolation des paures pecheurs, & le feul azyle de leurs efperances, & l'origine de leur Foy.

CHAPITRE III.

l'Ouuerture interieure du premier fçeau, & la liberté de la premiere captiuité par la victoire du peché fous la malice, & les armes victorieufes de l'Agneau occis le genereux Vainqueur, affin que l'ame vainquaft.

Quatre difpofitions, comme quatre clefs dont l'ame affiftée de fa main toute puiffan- 1. LA premiere clef dont il nous conuient feruir pour leuer, & ouurir le mal-heureux fçeau du peché qui fceelle noftre ame, & ferme fi eftroitement noftre cœur à toutes les graces Diuines, c'eft *la Contrition*. La feconde c'eft *la Confeffion*; & la troifiefme c'eft la fidelle *Perfeuerance*. La quatriefme c'eft

du peché. Tr. I. C. III.

l'Oraison cordialle, c'est à dire l'attention interieure à IESVS-CHRIST au fond de noſtre cœur, dans le centre duquel il faut manier toutes ces clefs auec le ſecours, & la puiſſance de l'Agneau, employant interieurement ſes merites, & ſa vertu pour nettoier nos cœurs, & y eſtablir ſa Iuſtice, pour y dreſſer vn throſne à ſes Victoires, vn autel à ſa Souueraineté, vn digne ſujet à ſon Empire, & vn lieu de repos à ſa Paix, & vn ſanctuaire à ſon Amour.

te de l'agneau occis ſe ſert pour ouurir le ſceau du peché

2. Et en quoy faiſant, ames Chreſtiennes, ſeulement en nous eſſaiants doucement, & ſuauement à retirer peu à peu noſtre eſprit de la vaine complaiſance des objets exterieurs en le tournants en dedans vers ſon centre tout ouuert, & tendu aux pieds de ſon diuin IESVS, qu'il s'eſſayera d'auoir preſent au fond de ſon cœur, l'y conceuant en eſprit, & par foy, & y exerceant cette foy par amour, & en y produiſant là en eſprit tous les actes d'amour, de foy, d'humilité, de compaſſion, & de ſoulagement enuers luy interieurement, tout ainſi qu'elle les y voudroit exercer à l'exterieur, ſi elle l'auoit encore rencontré dans l'eſtat pitoiable de ſes douleurs, & ſouffrances; comme ſeroit de ſe proſterner là en eſprit à ſes pieds, & y baiſer ſes benites playes, en ſuccer le ſang precieux, ſpirituel, & miraculeux qui en deſcoule par amour; & y tenir noſtre bouche ſpirituelle collée, pretendant par là cependant, que la vertu, les merites, & l'efficace de ce SANG PRECIEVX daigne nettoier, & lauer noſtre cœur, & s'y rendre victorieux, pour en bannir, & chaſſer tout ce qui luy déplaiſt pour y loger, & admettre tout ce qu'il luy plaiſt, & par ainſi perſeuerant d'vn eſprit attentif, & tourné en dedans AV FOND DV COEVR à ces abords humains, & diuins de IESVS, & tout enſemble auec amour, & cordialité, s'abbouchant à ces diuines fontaines de delices qui deſcoulent la vie dans nos cœurs, & vne boiſſon ſalutaire de diuine onction dans nos ames, qui les affermit dans l'eſperance de viure plus chreſtiennemēt qu'elles n'auoient fait par le paſſé, & employer, & paſſer ainſi en ces petits ſeruices, & exercices interieurs

La pratique

temps de demy heure enuiron à deux ou trois repriſes par iour maque pour

8 *l'Ame captiue sous le premier sçeau*

les commen-
çants

enuers IESVS SOVFFRANT enuiron *demy heure* ou plus, deux, ou trois fois le iour, tant, ou plus, chacun selon son état, son employ, & sa condition.

Il faut conti-
nuer cette at-
tention in-
terieur à IESVS
CHRIST *de*
temps en tem-
ps hors l'orai-
son mais sans
inquietude ny
empressement.

3. Il faudra pour bien faire *continuer* encore cette attention interieure au fond de son cœur, aussi bien hors de l'oraison que dans l'oraison, affin de s'habituer peu à peu à y demeurer continuellement; mais cette attention hors de l'oraison se doit faire simplement, suauement, sans inquietude, ny *empressement*, ainsi auec douceur y reconduire nostre esprit autant de fois qu'il en sortira sans se troubler, ny s'inquieter de ses extrauagances, car en ce *commencement* plus l'esprit a esté distrait, & respandu, & attaché aux objets de dehors, plus aussi il a de difficulté à s'en retirer, & se ramasser au dedans, mais il faut en cecy agir prudemment, & discretement, affin que peu à peu l'on puisse rapeller, & appriuoiser son esprit sans le captiuer trop, ny l'effaroucher, & enfin s'il se monstroit trop rebelle, & distrait & diuagué en ce commencement il faut auoir patience, & recourir souuent à IESVS-CHRIST par quelques petits motifs d'amour sur sa *sacrée passion*, ainsi que vous en trouuerez à la fin de l'abbregé, car tout ce-cy se doit faire, & exercer dans la paix du cœur, & la tranquillité de l'esprit autant que faire se peut, & y apporter amoureusement toutte la douceur, & l'industrie, ou la prudence qu'il faudroit à reprendre, & rattrapper vn ieune cheual eschappé dans la campagne: parceque nostre esprit estant ainsi dans les habitudes de roder au dehors, & d'y picorer les obiets visibles par complaisances, il ne se faut pas surprendre si d'abord il se trouue vn peu estonné quand on le veut ainsi contraindre de changer de posture: C'est pourquoy, *il ne faut pas trop presser d'abord*, iusques à qu'il ne soit vn peu appriuoisé, & qu'il aye gousté, & sauouré la douceur de la Manne, & quelque petit reiaillissement des delices de la vie interieure, & qu'ainsi ces diuins, & spirituels appas l'ayent vn peu deterré de la region du sens où il auoit bestiallement pasturé les herbes deffenduës, & dangereuses à la mort

mort iufques à prefent, & l'heure qu'il fe trouuera efpris de l'amour de la vertu, & de l'excellence d'vne autre nourriture de vie plus fpirituelle, plus pacifique, plus recueillie, plus fimple, plus interieure, plus noble, & conforme à fa profeffion Chreftienne, & aux deffeins eternels de Dieu fur luy.

SECTION PREMIERE.

Comme il faut recourir à Iefus-Chrift, & fe cacher en fes facrées playes dans l'attaque des tentations.

L'Ame fidelle fera auffi dilligence dans les attaques des tentations de recourir à IESVS-CHRIST au fond de fon cœur en toute humilité fe deffiant tout à fait d'elle-mefme, fe confiant toute en IESVS CHRIST *fe cachant dans fes* PLAYES SACREES pour éuiter la tyrannie de ce Pharaon cornu, qui pourfuit la pauure Ifraëlite pour luy couper & empefcher le paffage de la terre Promife. Ainfi l'ame doit fe rendre diligemment dés l'abord de la tentation fous la protection de fon diuin Moyfe, affin de l'y faire vaincre dãs elle ce dequoi il eft defia victorieux en fa propre perfonne comme chef dont nous fommes les membres : Car tout ainfi que perfonne ne nous peut ofter le peché que la puiffance de L A- GNEAV OCCIS vainqueur, de mefme il n'y a auffi perfonne que luy qui en puiffe arracher les malignes habitudes ; en forte que c'eft en vain tous nos efforts fans cela, & nos plus belles refolutions s'en vont en fumée, fi elles n'ont leurs racines dans la Charité de IESVS-CHRIST : Ainfi l'ame fidelle s'accouftumant peu à peu à recourir à IESVS-CHRIST au fond de fon cœur dans toutes les occurrences, elle goufte vne paix qui n'eft pas conceuable, parce que l'ame dans ce retour à fon cœur, & cét abandon à IESVS-CHRIST demeure abftraite de fes fens, & fecouruë de la vertu du diuin Agneau. D'où vient que le Demon s'en fuit voyant la demiffion de l'ame fous la protection du fort armé, & du victorieux, ne pouuant par où attaindre l'ame recolligée

l'Agneau occis victorieux du peché, & de fes malignes habitudes.

Le demon s'en fuit voyant l'ame fe fauu[er]

dans l'interieur, & voyant aussi que les attaques qu'il luy liure, luy seruent comme de motifs pour recourir à IESVS au fond de son cœur, il cesse cette batterie, & s'essaie de nuire à vne telle ame par les creatures: de sorte qu'autant de fois qu'il nous attaque de quoy que ce soit, au lieu de *s'amuser à faire des actes de renoncement, il faut se recolliger promptement au fond de son cœur sous les pieds de Iesus-Christ en esprit, & auec foy.* Appliquant nostre bouche spirituelle sur l'vne des playes de IESVS-CHRIST, & l'y tenir là comme collée iusques à ce que la tentation soit dissipée, ce qui sera en vn moment; car il n'a rien tant à contre-cœur que d'estre mené là, parce que le superbe craint l'humiliation, & il ne s'en soucie pas aussi que l'ame face pourueu qu'elle ne le mène pas interieurement à *Iesus humilié* de la seule presence, & approche duquel il est confondu.

uer interieurement entre les bras de I.C. pour en estre protegé.

SECTION SECONDE.

Des quatre conditions requises de la part de l'ame pour se perfectionner dans l'Oraison de recueillement en Iesus Crucifié conçû par foy au font du cœur.

1. I'Ay desia commencé de dire, que la *Contrition* est la premiere clef, & le premier instrument, dont le DIVIN AGNEAV se sert pour ouurir le cadenas du peché, tant parce qu'il faut vn consentement & vn retour volontaire de l'ame à Dieu, qu'aussi cette douleur est necessaire pour accomplir la reconciliation de l'ame auec Dieu, laquelle auec vn bon ie le veux, & cette premiere touche interieure qui la frape par dedans pour resueiller son cœur de son assoupissement, doit aussi s'y rendre attentiue, & au lieu où elle est frappée, c'est à dire au cœur. C'est enfin vn bien interieur qui nous a esté merité de I. C. & qui nous est administré par le bon office de son saint Amour, c'est vn diuin composé d'vne amoureuse douleur, & d'vne douleur amoureuse versée tres-misericordieusement dans le cœur du Penitent, c'est vn subtil escoulement douloureusement amoureux du *cœur nauré*, angoissé, & penetré du souffrant,

La contrition est vn diuin composé d'vn amour douloureux, & d'vne douleur amoureuse.

du peché, *Tr. I. C. III*

& humilié IESVS, c'est ce beaume admirable, & infaillible, *Belle descrip-*
qui a la vertu de l'Agneau pour guerir les playes pourries, *tion de la con-*
& toutes gangrenées du pecheur repentant, c'est vn reme- *trition.*
de puissant tiré de la fournaise ardente du SACRÉ COEVR
DE IESVS interieurement appliqué au nostre, par la clemence du Saint Esprit : sa vertu propre est d'annoblir le cœur
Chrestien, & d'en faire en peu de temps d'vne cauerne à
larrons vn throsne lumineux, & tout preparé au diuin
Amour. C'est enfin le bien que nous n'auons pû meriter,
mais qui nous a esté acquis par l'obeïssance, & *l'occision de
l'Agneau.* C'a esté dans l'amoureuse amertume de son
cœur, qu'il a esté petri, & preparé pour le departir aux nostres. Et partant c'est donc à luy qu'il faut aller pour en
iouïr, & le participer à la mesure de nos crimes, & le lieu,
où il faut heurter, & chercher ce Thesor, c'est *le cœur affligé, & engoissé de Iesus souffrant* conçu par foy au fond du cœur, &
concentré dans nos ames par la vertu des Sacrements, par *Conceuoir la*
ardents desirs, par grace, & lien d'amour à IESVS, compa- *vraye contri-*
tisants interieurement à ses douleurs par exercice d'amour. *tion dans le*
 cœur angoi-
2. I'ay dit de plus que la seconde clef estoit la *Confession sé de Iesus*
naifue, & sincere, entiere, & non simulée, & qui est aussi *souffrant.*
necessaire au pecheur que la premiere. Voire c'est elle qui
acheue la perfection, car si l'ame contrite se pouuant confesser venoit à negliger le recit de ses pechés par sa propre
confession, sa contrition n'auroit pas son effet deuant Dieu;
parce que la contrition n'opere que dans l'impuissance de
se pouuoir confesser, ou auec la confession mesme. Et de
plus i'ay desia dit, la contrion estant la propre operation
de l'esprit de IESVS-CHRIST lequel *touchant* le pecheur sensiblement par dedans, & d'vn air surnaturel, demande aussi
absolument sa fidelle correspondance de l'ame interieurement touchée, qui bien souuent en demeure là faute de
l'entendre, & de n'y *respondre* par attention interieure, ou *D'où vient*
si elle y respond ce n'est pas là où le Maistre l'appelle. Car *que plusieurs*
peu de personnes decouurent *ce secret* pour n'auoir pas assés *ames touchees*
de simplicité pour croire : d'où vient que peu de personnes *conuertissent*
 pas.

B ij

proffitent, ny de leurs contritions, ny de leurs confessions, pour n'estre pas dans l'habitude de *vraye recollection interieure*, pour s'enfoncer dans l'amertume de son cœur iusques au lieu où l'on est frappé, & là s'y laisser confire en secret, & en vnion des amertumes douloureuses, & amoureuses de IESVS-CHRIST dans sa sainte mort, & Passion. Enfin c'est icy le secret, & qui lira tasche de le bien entendre, car tout ce que nous y pouuons faire, c'est de vous dire où est *la porte*, & reste à vous d'y voulloir entrer sous la conduite du diuin Moyse qui en est le fidelle introducteur, & protecteur.

3. Mais on nous pourroit dire que tout le monde sçait cela, que la contrition, & la confession sont absolument necessaires aux Penitents pour rentrer en grace, apres le peché : Et il est vray, & c'est aussi ma consolation que tout le monde le sçache bien, mais ie voudrois aussi que tous les pauures pecheurs en sçussent bien vser, car nous sçauons par experience que plusieurs sont puissamment *touchés en l'interieur*, & dans l'acte mesme de leurs pechés ; & cependant au lieu d'y répondre par vne fidelle attention ils s'en diuertissent, & font injure au saint Esprit s'enfuiants au dehors, lorsqu'il les *appelle au dedans*, & cela faute d'y estre addressés, & d'en sçauoir l'importance, & cependant il est vray de dire que nous ne sommes qu'autant chrestiens que nous sçauons conuerser dans nostre *homme interieur* auec IESVS-CHRIST nostre cher exemplaire, & par ainsi faute de respondre, & de se rendre attentifs au lieu, & à l'endroit où l'on se sent frappé, l'Esprit d'amour s'estant retiré apres vne longue attente, vne telle ame est priuée des excellents fruicts, & premices de ce grand bien.

Nous ne sommes qu'autant Chrestiens que nous sçauons conuerser dãs nostre homme interieur auec Iesus-Christ.

4. D'autres y ayants esté instruits, & addressés ont quitté laschement par le mauuais conseil de quelques personnes inconsiderées, & enfin apres vne longue digression de leur interieur, s'auisants d'y retourner, la porte leur en a esté interdite, aussi bien qu'aux folles Vierges de l'Euangile, non sans de tres-grandes peines d'esprit, & remords de conscience, qui leurs feront achetter bien cher vne telle

Mauuais conseil de ceux qui destournent les ames de l'Oraison.

infidelité. Mais le moyen qu'vne ame chrestienne fust distraitte de son Dieu, & demeurer en repos ; car en quoy que se soit que l'ame chrestienne soit occupée, elle doit auoir, & veoir Dieu de *l'œil interieur* tousiours present au fond de son cœur par Iesvs-Christ & en Iesvs-Christ : Et que tout chrestien sçache qu'il a perdu tout le temps durant lequel il n'a point esté appliqué à Dieu, puisqu'il le porte au centre de son ame tout exprés pour cela.

Le regard interieur de la presence de Dieu dans l'ame.

5. Mais dite moy de grace si quelqu'vn enfermé en vôtre caue, & frappant à la porte pour se faire ouurir, vous alliés cependant au plus haut, & dernier estage de la maison demander qui est là, vous n'auriés sans doute aucune bonne responce, car la grande distance du grenier à la caue ne permettroit pas que vostre qui vâ-là fust entendu. Mais peut-estre que cette personne là n'ayant pas encore bien apprise tous les lieux, & endroits de la maison pourroit bien estre excusée d'aller responder au grenier quand on frappe à la porte de la caue ; & ignorant principalement ces bas estages, & lieux sousterrains : c'est pourtant d'ordinaire où l'on a de coustume de loger le meilleur, & le plus excellent vin ; mais assés souuent l'on se contente d'y enuoyer la seruante sans se donner la peine d'y descendre soy-mesme, pour en puiser à son aise, & s'en rassasier. Ie veux dire que Dieu estant *l'intime de nostre intime*, il frappe à la porte de ce fond, & plus profond estage de nos ames, & que partant il y faut descendre en esprit, & par foy pour y escouter en toute humilité ce qu'il plaira à sa diuine Majesté de nous y ordonner pour son contentement, & ne nous pas contenter d'y enuoyer la seruante de quelque chetiue consideration, laquelle ne peut descendre iusque au caueau de l'Espoux ; mais seulement sans s'abbaisser elle demande du faiste de la maison qui est là. C'est en verité trop mespriser son Prince, d'enuoyer à la porte vn chetif vallet qui n'a ny parolle ny ciuilité pour le receuoir : Mais il faut que l'ame descende elle-mesme par dedans elle-mesme pour y chercher son Dieu, & l'y trouuer, & en jouir tout à son aise *seule à seul*

Le fond du cœur est le caueau de l'Espoux où se boit le vin delicieux de la diuine Onction dans l'Oraison de recueillement.

B iij

l'Ame captiue sous le premier sçeau

dans la chere solitude de son cœur, dans cette maison de vraye Oraison, où il l'introduira en personne dans le caueau des cheres delices du pur amour de son Sein : Et si enfin des l'abord elle n'y treuue pas autant qu'il y peut-estre trouué, qu'elle perseuere constamment ; car à mesme qu'elle continuera vne telle recherche interieure, & cordialle, elle y

Necessité de la perseuerance dans l'Oraison cordialle.

croistra dans la decouuerte de ce tres digne Objet cherché, & par cette interieure recherche, elle y croistra en sa lumiere, & par la lumiere en la connoissance d'elle-mesme, & de la connoissance d'elle-mesme à la recherche intime de son Souuerain bien, de son amour, & de son esperance, & elle commenceant à se desgouster de ses sens, & de leurs sensualités, elle commencera d'entrer dans le goust de Dieu, & l'ayant sauouré, il luy sera donné de Dieu, de se dégouster d'elle-mesme ; & à mesure qu'elle s'en deprendra, elle entrera en la possession de son Dieu, où elle sera toute comblée de delices : & enfin la *perseuerance fidelle* en ces interieurs commerces l'y fera trouuer luy mesme dans luy mesme, par dessus tout le comprehensible, où elle le goustera aussi par dessus tout goust, & toute chose goustée, autant qu'il se peut en cette vie, pour enfin l'aller gouster à voile osté dans sa glorieuse Eternité.

6. Voicy donc, ames chrestiennes, que tout le secret, & l'importance de l'affaire de nostre salut, est qu'il faut bien apprendre, & bien sçauoir vne bonne fois pour toute nostre vie, que *toute la beauté, le thresor, & les richesses de l'a-*

Toute la beauté, thresor, & les richesses de l'ame Chrestienne sont par dedans elle mesme.

me chrestienne sont par dedans elle mesme, & que c'est par ce dedans que Dieu nous frape, & nous appelle d'vne voix de pere, & de cordial amy, & qu'il faut par consequent aprendre à nous y retirer en esprit, & par foy, & là en ce fond solitaire, esloigné & separé d'affection des choses exterieures, des sens, & de leurs sensualités, y espancher nostre cœur aux pieds du throsne de L'AGNEAV, inclinants nostre oreille cordialle & interieure aux diuines notions qui en iaillissent, y sauourants les diuines verités qui en escoulent, & les diuines volontés qui en esmanent *du peché*, *Tr. I. Chap. III.* 15

dans nos ames, y abaissants nostre propre esprit auec demission volontaire par hommage à sa souueraineté, pour y adorer sa grandeur d'vn culte parfait, & nous y sacrifier à la diuine loy d'amour, afin d'y recueillir, & moissonner interieurement le prix des larmes cordialles accordé à la vraye & sincere penitence tres-abondante en toutes ses parties, tant par le prix infini des merites de la passion de Iesvs-Christ, que de l'estroite liaison de son cœur à nos cœurs, qui commencent aussi d'estre siens par l'abondante participation des grandes, & sublimes richesses de cet aymable crucifié largement employées pour nostre iustification.

7. En telle sorte que ce Lyon de Iuda, ce maistre de la mort, & de la vie, venant interieurement à toucher nostre ame, & exercer en sa faueur l'infinie vertu de son baston pastoral, & de sa prestrise eternelle, en puissance de laquelle il la touche au cœur en luy criant à haute voix, ainsi qu'il fit autrefois au paure Lazare mort, sors dehors paure ame rachetée de mon sang, & te retire de ce sale, & villain cachot tout puant, & tenebreux du peché, & te leue habilement d'entre les morts, car il t'est encore donné de viure sur la terre: Mais tout ainsi que le Lazare sortant du sepulchre, & eschapé de la mort resta encore lié, ainsi l'ame eschapée des chaisnes de la mort eternelle, & du sçeau du peché, reste encore liée aux choses mondaines, & scellée des autres sçeaux, & habitudes cy mentionnés; pour la poursuite, & la victoire desquels il faut absolument la sainte perseuerance, que nous deuons demander à Dieu, & l'atendre en toute confiance de son diuin amour. *Les liens des mauuaises habitudes.*

8. Et partant si cette belle, & tant digne vertu *de perseuerance* est encore accordée à l'ame penitente, la voila dans l'estat d'estre conduite par tous *les degrés de la sainte Oraison* dans tous les estages de sa propre maison interieure, descendant ainsi de degré en degré depuis le toict iusques à la profondeur des fondemens, depuis le sommet de son pro-

L'ame recolligée dans son interieur y abouche Dieu le principe d'estre, & de vie. pre esprit naturel iusques au centre le plus interieur de son estre, au fond duquel elle abbouche *le principe d'estre, & de vie* dans lequel elle laisse, anneantir la sienne pour n'estre, & ne viure plus que de son pur amour, dont elle reçoit les nobles effets, & en participe intimement les diuines, & aymables qualités, qui la font entrer en feruemr de poursuiure pied à pied tout ce qu'elle apperçoit n'estre pas Dieu en elle, pour en faire les trophées, & les glorieuses victoires du triomphant, & diuin Agneau; en faueur duquel elle est introduite dans le secret caueau du bon vin de l'espoux, où elle se rafraischit, & se delecte beuuant, & s'enyurant de cette diuine saueur ineffablement estreinte, & delicieusement foullée sous le pressoir ardent de son diuin amour: & pour lors l'ame suffisamment instruite, & mieux aduisée ne s'en veut plus rapporter, ny confier aux vallets, ou seruantes de sa maison, qui iusques à là l'auoient tousiours trompée, luy faisant aualler la piquette des faux plaisirs sensuels pour le bon vin cordial du pur amour.

9. Enfin il est constant, & asseuré que le moyen le plus proche & le plus court, & qui plaist danantage à Dieu, & qui est aussi le plus parfaitement esclairé de ses diuines lumieres, & des notions amoureuses de son saint Esprit, & *Aduantages de cette facille methode d'Oraison interioeure.* pour iouyr facilement de ce thresor diuin dés cette vie, autant qu'il se peut, c'est de s'habituer à se tenir tousiours retiré, & interieurement *recolligé au fond de son cœur à la face de Dieu que nous deuons auoir present par* Iesvs-Christ en la foy, & l'interieur exercice de son amour: & quoy que nous puissions faire à l'exterieur chacun dans sa condition, & de quelqu'affaire que nous puissions estre embarassés, ne se destourner iamais de ce diuin objet, en y regardant, *Le plus court chemin à la côtemplation de la Diuinité.* recherchants en tout, & par tout sa pure gloire; C'est le plus court, le meilleur, & *asseuré chemin* pour contempler la diuinité, & la trouuer par tout, & en toute chose; & en iouyr amoureusement, que l'ame se recollige, & entre toute entiere dans son cœur, & de dedans en dedans iusques au plus intime, & que là y rencontrant le *cœur de son diuin Iesus,*

Iesus, dans le cœur duquel, comme dans vn diuin fourneau embrasé, elle s'y laisse espurer, & dissoudre d'elle mesme, & s'y resoudre toute en Dieu ; & si d'auenture elle s'en trouuoit destournée de ce tant digne objet qui y habite en quelque lieu que ce fust, elle vse de toute diligence pour y retourner promptement & s'y reappliquer tres-humblement, iusques à ce que par vne genereuse *habitude*, & cordiale facilité elle aye aquise la grace de n'en plus sortir.

CHAPITRE IV.

A l'ouuerture du premier sçeau la premiere victoire, & son prix, qui est de manger de l'arbre de vie, pour estre norrie de la mesme vie, & substantée de la mesme viande viuante.

1. LE vainqueur est vû assis sur vn cheual blanc, & luy est donné vne couronne, & est sorty en vainquant afin qu'il vainquit. Ce vainqueur c'est L'AGNEAV DE DIEV OCCIS, lequel est sorti victorieux du tombeau, & a esté nommé maistre de la mort, & principe de la vie nouuelle, spirituelle, & interieure, pour triompher aussi de nous mesmes dans nous mesmes, pour acheuer dans nos cœurs ce qui estoit desia tout complet, & consommé dans le sien par les diuines ardeurs de son tout puissant amour pour nous en deliurer le prix, le merite, la couronne ; & la gloire eternelle de mesme vie.

Premiere victoire de l'Agneau occis sur le peché.

2. Ainsi l'ame se voyant eschapée, & retirée de l'abisme des tenebres, & de la priuation de Dieu, & de l'Enfer lequel a esté obligé de la reuomir sur la terre par la puissance, & les armes victorieuses de l'Agneau de Dieu, à dessein pourtant, & dans l'attente de la remanger, si elle n'est vigilante, & aduisée pour se tenir interieurement recolligée, & attentiue à IESVS-CHRIST au fond de son cœur:

C

car encore bien que le *sceau du peché* soit desia levé, & rompu, cependant il reste encore les *habitudes* toutes fraisches, qui ne cessent de solliciter l'ame, & la tirer comme par la robbe, de son appetit sensitif. Afin de luy faire regarder derriere elle ce qu'elle y a laissé, qui sont ses damnables complaisances au peché, ses divertissemens criminels, qui l'appellent, & s'essayent de la retirer de son attention interieure, en luy monstrant les *objets delectables* où elle s'estoit divertie, & occupée mollement, & sensuellement, & les y monstrant luy en rafreschit le plaisir, & les vaines, & charnelles complaisances; Ou bien si le *tentateur* voit l'ame resoluë de renoncer à toutes ces vanités pour l'amour de son Dieu, il se servira d'vne autre adresse, luy coulant doucement vne certaine apprehension de ne se pouvoir detacher d'elle mesme pour *perseuerer* dans ce genre de vie recolligée, & abstraite, qu'elle s'estoit resoluë d'embrasser, & laquelle il luy monstre si difficile, & affreuse, & d'vne si longue, & penible estenduë; ou bien il luy suscitera quelqu'vn qui l'en desgoustera, luy disant que cela n'est pas pour tout le monde, *& qu'il y a plusieurs voyes d'aller à Dieu*, quoy que toute autre voye que IESVS-CHRIST crucifié soit inutile à l'ame Chrestienne, puisque c'est à luy qu'elle se doit conformer pour s'y laisser transformer, & vnir, pour en estre iugée selon son degré d'imitation, ou de sa tiedeur, & lacheté.

3. Ainsi cet ange deserteur, ce pere de l'enuie, ce grand ministre de la division coule ses fines atteintes dans l'esprit distrait. Quoy, toute la vie renoncer aux choses mondaines, aux dignités & honneurs, & à tous les plaisirs de la vie humaine, & à soy mesme, auec toute l'agreable douceur & charmante conuersation des creatures; Quoy, tousiours dans la mortification & la garde de son cœur, tousiours dans la crainte, & la penitence? ô il n'est pas possible d'y perseuerer, & pour n'y pas perseuerer il vaut mieux tout quitter, & marcher *dans la voye commune*. Ouy, mais quelle voye commune? celle qui a de coustume de conduire les hom-

---

L'ame doit tousiours veiller, & se recolliger interieurement en Iesus-Chr. & pourquoy.

Efforts du Demon par les suggestions & mauuais coseillers pour empescher l'ame de perseuerer dans ce saint exercice d'Oraison.

Forte tentation de retourner à la voye commune.

du peché Tr. I. Chap. IV.

mes aux Enfers. O ame chrestienne defiés-vous d'vn tel langage, tant dans la bouche des hommes qu'en celle des Diables, qui se reiouyssent quand ils entendent les hommes s'appeller ainsi par la grande voye, parce que c'est sur ce chemin, & dans son coulant, où il pesche, & attrape dequoy peupler ces cauernes de tenebres.

4. Et ainsi de telle, & autre pensée, que le Diable fournist à nostre pauure esprit distrait, & esgaré, il s'efforce tant qu'il peut, ou de soy, ou par autruy de nous attirer, & allecher aux plaisirs de cette vie, & nous rapeller le passé, & par leurs veuës spirituelles, ou corporelles nous en delecter; & tout à propos il se rencontrera quelqu'vn qui nous dira qu'il n'y a point de mal à cela, & qu'il faut bien se resiouyr, & que la vraye deuotion est tousiours ioyeuse; Defiés vous de tout cela si vous estes sages, la vraye ioye n'est pas conuë des mondains, parce que son regne n'est pas du dehors mais du dedans, & toute la ioye de l'ame chrestienne doit estre, & consister en son anneantissement parfait, dans lequel elle se despouille de toutes les ioyes creées, pour se re-creer par dedans de la vraye ioye increée, qui pourtant iubile, & se manifeste aucune fois au dehors par refluance du dedans. Enfin ce hybou de la cage d'Enfer poursuit tousiours ses atteintes enuers les pauures penitents, & principalement ceux dont il trouue les sens ouuerts aux objets du dehors, & l'esprit à la picorée des chetiues complaisances: & si d'autre part il s'en mortifient, il tasche de leurs en faire comme regretter la douceur pour les conduire au repentir de l'entreprise d'vne vie si rigoureuse, si penible à la nature, si contraire à la santé, & au bien-estre, & à l'embonpoint, & si mortifiée, & dans laquelle on n'ose pas prendre ses plaisirs, comme le reste du monde, & mille autres choses dont ce pipeur s'aduise: D'où vient que l'ame a besoin d'estre icy fort aduisée, & retenuë, & sobre, & sur toutes choses tres-vigilante sur la garde de ses sens, & de son cœur, gourmandant ses appetis, & ses passions, auec zele discret, mais ardent dans les rencontres, & d'vn courage heroïque.

La vraye ioye de l'ame Chrestienne est au dedans, & en quoy elle consiste.

Les soins que doit auoir l'ame dans ces tentations dangereuses.

C ij

TRAITÉ SECOND

L'AME CAPTIVE DES BIENS TERRESTRES
Par l'amour propre qui l'y attache, & la marquent à leurs coins, impressions & figures.

CHAPITRE PREMIER.

ESPRIT D'AVEVGLEMENT SECRETAIRE
du deuxiesme sçeau, & de la seconde captiuité, qui tient l'Ame enueloppée, & scellée de la complaisance des choses mondaines.

1. Il faut bien dire que l'ame mondaine soit bien aueuglée en ce miserable estat d'attache aux biens de la terre, puis qu'ils luy font preferer le temps à l'Eternité, la corruption à l'incorruption, la boüe au chrystal, & le plomb des faux plaisirs, à l'or de la charité ; Car ce *second sçeau terrestre* estant de soy le plus tenebreux, & oppaque apres le peché entre Dieu, & nous, nous taillant autant d'Idoles qu'il y a de creatures, fait de nostre cœur vne taupiere, là où la taupe aueuglée d'auarice ne cesse de foüiller, & amasser terre sur terre, & sous cette terre comme dans vne obscure cauerne s'y loge le grand preneur de taupes de Lucifer qui est *l'esprit d'aueuglement* lequel est si subtil en son mestier, qu'à peine luy en eschape-il vne des mains : Et ce galant se cache, & se musse dans la terre mouuante du *propre amour*, où il se fait donner de l'encens par toutes ces pauures taupes aueuglées d'auarice, ses captiues qu'il tient en ses filets, & enlacées de ses liens, & marquées à son coin, & toutes remplies de ses figures terrestres, & toutes desfigurées de ses

Aueuglement des auares dans leurs choix dans leurs soins & occupations comparés à des Taupes.

l'attache aux biens de la terre, Tr. *II*. Chap. *I*. 21

auares impressions, & partant priuées de la vie, & de la veuë, & du nom chrestien, quoy qu'elles en ayent *le principe au fond de l'ame* ; Mais cét aueuglement estrange ne leur permet pas de le voir, ny partant de l'apprehender, estans plus viuātes aux creatures qu'à elles mesmes, & plus viuantes à elles mesmes qu'à Dieu leur createur, qu'elles ne connoissent point, parce qu'elles se sont faites *vassaux du Dieu des richesses*, & par ainsi se tenāt tout attachées, & respandues au dehors à la picorée des creatures, elles en attirent toutes les vaines impressions, qui les occupent, & les possedent, & les esloignent de leur Createur, & ainsi elles sont tres-iustement priuées de ses interieures, & diuines complaisances, & l'ame selon la mesure de son esloignement de son *centre interieur*, elle est à proportion reculée de la verité, & approchée du mensonge, estant plus aux creatures, & au peché qu'à elle mesme ; D'où elle tend de tout point à l'Enfer, le Diable s'estant fortifié, & rendu puissant en elle, ayāt fait de son *fond* comme vn *bureau d'addresse*, & de recepte à tous ses Partisans. En telle sorte qu'il y est seruy, & obey promptement, cependant que cette pauure taupe aueuglée rampe sur le bord de sa perte éternelle sans discontinuer son mal-heureux chemin iusques au piege de la mort, où elle tombe toute rongée de la morsure des Serpents cachés sous les fueillages des appas trompeurs de ces fausses, & criminelles complaisances, qu'elle a auallée iusques à la lie, & le plus souuent iusques à la mort sans auoir pensé à faire penitence. O plus qu'espouuentable aueuglement!

Les auares vassaux du Dieu des richesses qu'ils encensent en Idolatres.

La trop grande occupation aux creatures esloigne du createur, & scelle l'ame du second sceau.

Le cœur de l'auare est vn bureau d'addresse auec tous les partisans d'Enfer.

SECTION PREMIERE.

Comment l'ame par l'Oraison se doit retirer de la multiplicité à l'unité dans son temple interieur, auec vne agreable comparaison du pain sur ce sujet.

1. Dieu se donnant tout entier à nous, il faut aussi nous donner tout entier à luy, car il est tellement bon, &

C iij

22 L'Ame captiue sous le second sçeau,

Dieu se donne plus volōtiers à l'ame que toute autre chose pour l'obliger au reciproque.

liberal, qu'il se donne plus volontiers *luy mesme* que toute autre chose que nous luy puissions demāder; D'où viēt que nostre ame, afin de luy respondre en sa façon, se doit tenir nette, & bien ornée en ses menaces, & preparée en l'interieure simplicité, & la riche odeur du baume precieux des vrayes vertus, afin de recreer, & delecter le *saint Espoux.*

Où se mene la bien-heureuse vie cachée auec Iesu-Chr. en Dieu.

Car au sortir de ce beau jardin de fleurs du Paradis terrestre, il le faudra introduire dans *le lict de nostre cœur,* pour y reposer sous le frais de ses diuines influences, & la en iouyr doresnauant à nostre commodité, & plaisir; car deslors qu'vne ame est assés fidelle pour appliquer tous ses petits soins, & tout son estre pour y iouyr de luy en cette *solitude interieure,* aussi luy par reciproque amour applique tous les siens au besoin de l'ame, & la fait entrer plus auant dans le *desert de son interieur* où elle vit inconnuë au monde, & familiere, & connuë de Dieu, qui est la bien-heureuse vie cachée.

2. Enfin s'il est vray que l'ame se peut *multiplier,* respandre, & dissiper par son effusion naturelle au dehors parmy les *objets visibles,* comme chacun de nous l'experimente tous les iours; Pourquoy ne se doit elle pas aussi rapeller, & *recueillir au dedans de son estre,* pour y conuerser par amour auec son Dieu son centre, & son repos: car quoy que l'ame soit vne en son essence, cependant elle a des puissances qui la font voir distincte en ses operations, en ses organes, & en leurs situations, parce que tout ce que Dieu a fait il l'a fait en bon ordre, & pour des fins, qui tendent à son honneur, & à sa gloire; & comme il a pris plaisir à creer, orner, & embellir l'ame de l'homme, il en a fait au regard des autres creatures comme vne *petite diuinité* sur terre, & vn *temple viuant* à sa Majesté. Et ainsi cette ame ayant esté si noblement choisie pour temple spirituel de la Diuinité, il luy imprima son image, & ressemblance au fond de son estre, afin que l'ame *s'y retirant en esprit,* elle y pût exercer sa foy, & son amour enuers luy, & à toute heure, & en tous lieux commodement, & humblement comme enuers sa fin

Comment l'ame se multiplie, & se retire de la multiplicité par l'Oraison de recueillemēt.

L'ame est vne en son essence, & distincte en ses puissances, & operations.

Preuue de la necessité de se recolliger dans son interieur.

L'attache aux biens de la terre, *Tr. II. Chap. I.* 23

derniere: & s'il est ainsi que nostre ame soit le temple du saint Esprit, & le vase mouuant de l'immobilité diuine, n'est elle pas aussi incomparablement plus consacrée à Dieu que tous les temples materiels.

3. Et si l'ame est vn temple, n'y doit-il pas y auoir vn Autel, vn Prestre, vn sacrifice, vn chœur, vne nef, vne sacristie, & des ornemens, & vn encensoir, afin d'y celebrer les saints mysteres: Et si les saints mysteres s'y celebrent, n'y doit-il pas y auoir des paroissiens spirituels, dont les plus nobles sont la memoire, l'entendement, & la volonté, & les roturiers sont les sens exterieurs, & les passions immortifiées, les marchans sont les appetits, & les sens interieurs dereglés, & ainsi nostre esprit doit descendre de son organe spirituel dans le fond de son estre pour y estre consacré Prestre par le grand Pontife éternel, & y offrir & sacrifier priere, & celebrer comme assistant du grand Prestre & Patriarche de nostre republique interieure IESVS-CHRIST, & partant pour y rendre vn culte parfait à la Diuinité, il faut que nostre esprit soit ordonné, & approuué de ce Pontife éternel, pour exercer son ministere interieur, & qu'à ce sujet il vienne aux ordres qui se tiennent au fond du cœur, & y reçoiue l'imposition des mains de son diuin Euesque, & estant ainsi approuué, & chargé du soin de la republique, il appellera tous les paroissiens au *temple de son cœur*, auec la cloche de la crainte de Dieu qui retirera tous les sens, & puissances, les appetits, & passions dans l'Eglise interieure du cœur, afin d'y estre catechisés, & instruits dans le *sanctuaire de l'ame* par le grand & ineffable missionaire, sçauoir le saint Esprit, lequel apres vne suffisante exhortation les laissera retourner chacun à leurs fonctions naturelles, mais perfectionnés iusqu'au premier mandement.

L'ame est vn temple viuãt consacré au culte interieur de la Diuinité dans lequel il se faut retirer pour prier.

4. Et partant, ames chrestiennes, pour celebrer les saints mysteres au fond de nostre cœur, ne faut-il pas que nostre esprit, comme agent naturel de l'ame, & ordonné, & admis du grand Pontife se rende à sa charge, & auec diligen-

L'esprit est l'agent de l'ame.

ce, & zele pour les paroiſſiens, les inuitant le plus ſouuent qu'il pourra de deſcendre au *temple interieur*, & d'y celebrer, & ſe rendre à l'Autel reueſtu des habits ſacerdotaux, la foy, l'eſperance, & la charité, & qu'à l'exemple de ſon ſaint Eueſque, il s'y face *Preſtre, & hoſtie, ſacrificateur, & ſacrifice*; Et que le grand General de la miſſion Vniuerſelle luy fourniſſe de glaiue, & de feu, pour immoler, & conſommer tous les plaiſirs des ſens, & de la chair; Le murmure des paſſions, les complaiſances des choſes mondaines, & l'attache aux propres actes des puiſſances de l'ame. Et qu'ainſi toutes les puiſſances ramaſſées, & *recueillies au fond du cœur* y acquerent leur nobleſſe, & perfection par l'infuſion amoureuſe du ſaint Eſprit verſée dans le *tabernacle de la volonté*, où elle ſe ſont renduës au recueillement & reunion d'elles-meſmes pour y receuoir chacune ſa plenitude, & ſon illuſtration à proportion de leurs vuides : pour ſe retirer ainſi en ſuite chargées des biens de l'Eternité, chacune à leur ſituation, & organe naturel pour y exercer leurs fonctions; ainſi qu'elles ont receuës d'amour & de lumiere dans le *fourneau de la volonté*: en telle ſorte que le moyen de plaire à Dieu, c'eſt de s'aprocher de Dieu, & comme il eſt plus intimement dans nous meſmes que nous meſmes, & qu'il y aime *l'vnité*, il faut par conſequent rapeller noſtre ame de la *multiplicité* & la recüeillir interieurement dans le point central de ſon vnion, pour s'aprocher, & la rendre *vne auec Dieu*.

Le glaiue, & le feu de l'amour diuin coupe & diſſout toutes les attaches qui ſcellent l'ame, & la tiennent fermée interieurement aux communications diuines.

Raiſon de ſe recueillir dãs l'interieur.

5. Et partant, ames chreſtiennes, toutes les choſes faites, & à faire, tant ſpirituelles, que corporelles, viſibles, ou inuiſibles, vegetantes, ou ſenſitiues, humaines, ou diuines, naturelles, ou ſurnaturelles : Enfin toute creature brute & raiſonnable nous ſignifient, & font voir l'importance de la recollection, & reunion de l'ame à ſon centre ; car chacun ne ſeme que pour moiſſonner, & ne veut eſpendre qu'à deſſein de recüeillir, & ramaſſer au centuple; on ne peut faire le pain qu'en vniſſant pluſieurs grains de bled enſemble, & meſlant l'eau auec la farine, & mettant la paſte en eſtat,

Toutes les creatures enſeignent l'importance de la recolleƈtiõ & reunion des puiſſances de l'ame dans le centre interieur.

L'attache aux biens de la terre, Tr. II. Ch. I. 25

estat, & le feu au four, & enfin l'enfourner; si bien qu'il faut amasser le bled, la farine, l'eau, le bois, le feu, & le four, & le boulanger tout ensemble, ou bien il est impossible d'y bien reüssir; car si le four estoit en Espagne, & la farine en Angleterre, le bois en Pologne, l'eau en basse Bretagne, & le boulenger à Paris, il faudroit de necessité rappeller toutes ces choses, & les approcher du boulēger, ou bien le pain ne seroit iamais fait. Ainsi ame chrestienne vous auez à cuire le pain de vostre éternité dans le fourneau embrasé du fond de vostre volonté, & partant vostre esprit en estant comme le boulenger, doit par consequent s'approcher de son four & y disposer sa paste, & y demeurer attentif iusques à l'heure d'enfourner son pain, afin qu'estant bien cuit, il puisse estre seruy sur la table du grand Roy, car ny le bled, ny la farine, ny la paste ne se seruent point sur la table des grands, mais seulement le pain cuit de la parole incarnée seruy sur la table Diuine de nostre *troisiesme ciel interieur*, fait la tres-solide nourriture des Anges incarnez.

SECTION SECONDE.

De la reunion du temple interieur à l'exterieur; & des trois cieux de nostre Vniuers interieur, auec vne briefue description des trois entretiens d'Oraison.

1. TOut le but, & l'intention de ce petit œuure, ame Chrestienne, est de vous descouurir, & ouurir la porte estroite de la vie, & vous donner les moyens de vous eschapper de la mort des tenebres, en vous monstrant comme il se faut retirer, & recueillir dans vostre *temple interieur*, & comme nous sommes corporels, & spirituels, la loy de Dieu nous a basty des temples corporels pour nous y retirer, & y rendre vn culte visible à la diuinité pour le bō exemple, & l'edification du simple peuple; mais lors que nous entrons

Tout le but & l'intention de cét œuure est de monstrer le commencement de l'Oraison interieure à Iesus crucifié pris pour objet interieur au fond du cœur.

D

dans cette Eglise exterieure, il nous faut souuenir que Dieu par sa bonté s'en est basty vne interieure dans le fond de nostre ame, où il veut estre aussi seruy d'vn culte interieur & spirituel : & partant qu'il nous conuient de passer en esprit de cette Eglise visible & materielle, dans *l'Eglise interieure*, & spirituelle de nostre ame, & de ces deux Eglises n'en faire plus *qu'vne l'vne dans l'autre* ; Là où vous remarquerez trois estages, la nef, le chœur, & le sanctuaire diuin qui ont raport aux trois estages de l'Oraison, sçauoir vn entretien actif ; vn entretien actif & passif ensemble, & vn entretien purement passif : lesquels s'exercent & se doiuent exercer au fond du cœur chrestien par trois sortes d'emplois de l'amour diuin interieurement exercé dans les trois cieux de l'ame, par ces trois moyens susdits, & partant il faut que nostre esprit comme le ministre spirituel de ce temple interieur, entre, & s'aduance iusques au sanctuaire par dedans ces trois estages, qui fondent les trois cieux de nostre vniuers interieur, & par consequent le troisiesme est nommé *le ciel des cieux*.

Reunion spirituelle du temple interieur dans l'interieur.

Trois cieux mystiques de l'ame.

2. Et pour commencer à nous introduire, & à nous approcher par ce *premier ciel*, nous dirons qu'il a pour *soleil* IESVS-CHRIST CRVCIFIE', *& pour Lune la tres-*SAINTE VIERGE, *& pour Estoilles nos saints patrons, & nos bons Anges*. Ie dis donc que ce premier estage du ciel de nostre cœur a pour Soleil IESVS-CHRIST, par ce que IESVS-CHRIST signifie Sauueur oingt de Dieu, & que le propre des influences de ce premier Soleil IESVS-CHRIST CRVCIFIE' est de chasser les tenebres & l'obscurité du peché, car le propre, la vertu, & l'efficace de son nom est de nettoyer ce premier firmament, & l'espurer de ses nuages tenebreux du peché: car aussi est-ce l'employ propre, & conforme à la mission de L'AGNEAV d'oster, de chasser, & dissiper les pechez du monde en general, & du *monde interieur*, & particulier de chaque ame ; C'est pourquoy nous disons d'abord, qu'il faut s'essayer de l'auoir, & de l'admettre au fond de nos cœurs, afin d'y exercer nostre foy par amour enuers luy,

Iesus crucifié Soleil du premier ciel interieur, la tres-sainte Vierge en est la lune.

Monde interieur.

& nous enrooller fous la genereufe, & tres-puiffante conduite de ce Moyfe humain, & diuin pour nous conduire, & nous proteger parmy la trauerfe de cét affreux *defert de noftre interieur* tout heriffé d'efpines, tout fterile, & habité de beftes fauuages qu'il y a à dompter & appriuoifer: D'où vient qu'elle s'approche de l'Agneau, comme de la douceur, qui calme toute ferocité, parce que Dieu eft craint de l'ame en ce premier degré, & pour recompenfe d'auoir cherché, & trouué L'AGNEAV dans fon cœur comme OCCIS, il luy eft donné de fe deftacher du peché & des chofes mondaines, qui font les deux captiuités les plus tenebreufes & obfcures, & qui nous efloignent le plus de Dieu, & partant qui luy defplaifent dauantage comme les plus opaques, & oppofées à fon amour, qui nous veut introduire dans la nef de noftre temple interieur, & y acquerir le premier degré d'vnion, & y iouyr de la douceur des benignes influences de l'Agneau de Dieu.

3. Ie dis de plus, que la tres-SAINTE VIERGE en eft *la lune*, & la feconde lumiere, qui nous efclaire parmy les difficultés, & les miferes de cette vie par le bon exemple qu'elle nous y donne par fa conftance en la fuite d'Egypte, & à y fupporter les incommodités d'vne grande pauureté, & l'ignominie d'y paffer pour vne pauure eftrangere, auec tout le rebut, & les autres incommodités qu'elle a fouffertes toute fa vie, paffant mefme parmy ceux de fa nation pour vne pauure femme comme les autres, quoy qu'elle fuft la mere des Vierges, & de toute pureté. Elle eft encore noftre lune, parce qu'elle a contribué auec fon fils à noftre rachapt, confentant à la mort de fon fils à noftre faueur, par laquelle mort a efté tuée la mort du peché, & donné entrée à la vie. Elle y eft encore vne autre fois noftre lune, comme aduocate des pauures pecheurs intercedant pour eux enuers fon fils, Et elle y eft encore noftre lumiere exemplaire dans les affiftances aux fouffrances de fon fils d'vne conftance inuincible au pied de fa croix, y compatiffant à fa mort, & s'y laiffant amortir, & diffoudre

Comment la Vierge & par l'Exemple de fa vie, & fouffrances nous efclairent en qualité de Lune.

D ij

dans sa mort pour y reuiure de la vie ressucitée son fils.
4. J'ay dit aussi que le second ciel de nostre temple intérieur a pour *soleil le* SAINT ESPRIT, *& pour lune l'I-*

Le Soleil, & la Lune mysterieuse du second Ciel.
mitation de la vie souffrante de Iesus-Christ, & de sa tres-sainte mere, par ce que le S. Esprit a esté enuoyé, & donné à nos cœurs, & à nos ames pour les esclairer en la vie surnaturelle, spirituelle, interieure, & diuine, & pour leur ouurir les thresors des diuins mysteres, apres que Iesus par sa *mort* en eust chassé les obscurités & la nuit du peché, & a eu disposé les ames pour entrer plus auant dans le desert de leur cœur, & *d'y operer de cœur*, c'est à dire faire cesser l'actiuité du propre intellect, & l'esprit ainsi retiré au dedans laisser parler la bouche du cœur, & entendre de l'en-

Bouche, entendement, & oreille spirituelle du cœur.
tendement du cœur, & ouyr de l'oreille du cœur ce que l'amour diuin dit au cœur. Or l'ame a en ce *second ciel intorieur* IESVS-CHRIST pour conseiller, aussi bien que pour imitateur, & il luy est donné d'aymer ses conseils, & luy est descouuert la necessité de les pratiquer, & de s'y exercer tout au moins d'vne franche volonté, à peine de tomber dans la transgression des deux premiers commandements, sçauoir aymer Dieu de tout son cœur, & son prochain comme soy mesme, parce que pour aymer Dieu de tout son cœur, il faut vn cœur simple, vn cœur net, vn cœur vuide, vn cœur ouuert à Dieu, & fermé à toutes com-

Il faut auoir vu cœur vn, pour aymer vn Dieu vn de tout son cœur.
plaisances creées. Il faut *vn cœur, vn cœur vn c'est à dire vn cœur recueily, & reuny & non dissipé*; Il faut vn cœur pour loger le pur amour despoüillé, & parfaitement desgagé de tout amour profane, & de soy mesme ; enfin il faut vn cœur, libre, & sans aucun engagement pour le liurer tout entier au diuin amour, qui veut tout, ou rien, & partant il n'est pas facile d'acomplir ce diuin commandement sans la pratique des conseils ; veu qu'il faut estre entierement desgagé de tout propre amour, & de tout propre interest. D'où vient qu'il est icy donné à l'ame de les aymer, & de les pratiquer, & d'estre aussi destachée par ce moyen, de ses sens exterieurs & interieurs, ou passions du cœur, & partant d'estre

introduite dans le second ciel de son temple interieur, là où ce diuin soleil spirituel roule sa Sphere dans l'horison de ce second estage du temple de Dieu, y descoullant les ardentes & tres-gracieuses influences, pour y purifier, & nettoyer nos cœurs & nos ames de toute humidité par la diuine chaleur embrazée, & viuement penetrante de l'ardeur de ses rayons, afin que ce second ciel tout essentié, & suressentié soit tout disposé pour l'embrasement.

5. I'ay dit aussi, *qu'il y auoit pour Lune en ce second ciel l'I*mitation de la vie souffrante de IESVS, & de MARIE, parce que les rayons ardents, lumineux, & embrasants de ce diuin esprit n'atteignent, ny ne penetrent à leurs plaisirs, & selon l'estenduë de sa diuine & infinie liberalité, que sur des sujets passifs, fixes, & arrestés, stables, & abandonnés à toutes ses immenses diffusions, car il n'est pas possible de tirer l'essence d'vne chose mobile, & qui s'actuë & se remuë sans cesse, ou change de situation, ou estant euantée de quelque façon que ce soit; mais il faut que la matiere demeure dans l'alambic, & ainsi ramassée, & renfermée, qu'elle y demeure immobille, & qu'elle y souffre toutes les atteintes & les ardeurs du feu selon tous les degrés de chaleur necessaire pour en tirer la suressence. Ainsi, cheres ames, si nous voulons conduire nostre ame au diuin fourneau pour y estre reduite en feu, & en essences diuinisées, il faut de necessité la ramasser, la recüeillir, & enfermer dans l'alambic de nos cœurs, & dans le *fourneau allumé de nostre volonté* pour y estre exposée aux ardentes atteintes de ce Soleil d'amour, & en estre embrasée, essentiée, & triple essentiée : pour estre enfin engloutie, & abismée dans l'immense brazier de ces diuines flammes, dont l'ame est amoureusement penetrée du dehors & du dedans, & tellement inuestie, remplie, & enuironnée, qu'elle ne voit plus qu'amour & diuinité.

6. Nous y auons aussi *l'Imitation de la glorieuse Vierge Marie* dans sa constance immobile au pied de la *croix*, où elle

Necessité de l'estat passif de l'ame interieurement exposée aux rayons ardés du Soleil d'amour.

L'Ame captiue sous le second sceau,

se laissa impitoyablement & interieurement crucifier & immoller sur l'Autel de son cœur, où elle se tenoit toute passiue & voire surpassiue, & dans vne admirable immobilité, ie dis admirable nō seulement aux hōmes, mais aux Anges, la regardans, & cōsiderans en ce destroit toute & totallement amortie en son propre estre, pour y supporter hautement, noblement, & constamment toute l'embrazée vehemence, & l'infinie ardeur de son saint espoux le saint Esprit, toute langoureuse, & mortellement amortie, & toute confite dans le fourneau de son amoureuse douleur, où elle mourust à sa vie propre, quoy que sainte, pure, & innocente, pour commencer de viure de la vie ressucitée & glorieuse de son fils, & par là entrer dans la vie de Dieu d'vne maniere ineffable, & qui n'a iamais esté accordée à aucune creature,

Estat passif de la tres-sainte Vierge.

7. Enfin nous y auons *en ce troisiesme ciel le ciel des cieux & pour Soleil*, & diuine lumiere la TRES-SAINTE, ET SVR-ADORABLE TRINITE', lumiere ineffable, inattegnable, improfondable, & immense, parce que IESVS-CHRIST ayant selon sa mission personnelle purifié ce premier firmament par *l'effusion de son sang*, & la perte de sa propre vie, auec le fruit, & les merites infinies de sa tres-*sainte mort & passion*, sur lequel fond s'est attaché le saint Esprit Soleil amoureux, & ardent du second ciel & du second estage de nostre temple interieur, & là où son ardente, & infinie penetration a atteint, & penetré la substance de l'ame, & l'a purifiée, & espurée ; & triplement essentiée pour seruir de throsne aux trois diuines personnes, qui s'y delectent, & qui s'y reposent, comme elles firent au septiesme iour de la creation du monde,

Le Soleil du troisiesme ciel, c'est la tres-sainte, & adorable Trinité.

8. Il faut enfin entrer, & se retirer en esprit, en foy, & en amour dans nostre Eglise interieure, d'estage en estage, de degré en degré, & de dedans en dedans iusques dans *le sanctuaire diuin* ; Et là l'ame toute ramassée, & reunie en elle mesme, & toute reduite à son point central, & toute passiue, & abandonnée aux imperieux debords du diuin

Estat passif de l'ame interieurement abandonnée aux impe-

L'attache aux biens de la terre, Tr. *II.* Chap. I 31

amour, qui la penetrent au dedans, & qui la reueſtent, & inueſtiſſent *de diuinité*, & ainſi, l'ame croiſſant en amour, croit auſſi en lumiere, & en lumiere d'amour reiallie de la tres-ſainte HVMANITE' GLORIEVSE DE IESVS, laquelle lumiere d'amour interieurement participée, eſt la vraye manne, & la vray nourriture de l'ame ; C'eſt vne onction diuine laquelle opere dans l'ame tout ce qu'elle y notifie, y deſtruiſant, & aneantiſſant le regne du propre amour, & y deſtache l'ame de l'employ proprietaire de ſes puiſſances, & puis de ſa propre vie, & mourant ainſi à l'employ propre de ſes puiſſances, & à ſa propre vie pour s'y tenir toute paſſiue, & pour y abandonner, & l'vn, & l'autre à la clemence du ſaint Eſprit, pour n'eſtre plus meuë, ny agie, ny viuante, ou viuifiée, que de luy, pour ne viure qu'à luy, de luy, & pour luy. Et enfin il eſt donné à l'ame de ſe deſtacher du plaiſir de la poſſeſſion de Dieu dans elle meſme, & de la participation finie de l'infinité diuine, & de tous les dons de Dieu, & des plus hautes faueurs pour le pur amour de luy meſme, & pour lors *il eſt vû de l'ame dans luy meſme, & poſſedé de l'ame dans luy meſme, & de ſa maniere infinie* apres y auoir laiſſé mourir le propre amour, & arracher de ſa ſubſtance les dernieres racines, & donné lieu par conſequent au ſaint Eſprit de deſployer ſon infinie ardeur pour conſommer l'hoſtie, & faire viure, & ſubſiſter l'ame de meſme vie & de meſme amour.

rieux debords du diuin amour.

La manne de l'Oraiſon.

Mort myſtique & reſurrection de l'ame à vne vie nouuelle, & diuine par l'operation embraſé de l'amour perſonel en elle.

9. Enfin nous y auons auſſi *l'Aſſomption de la tres-glorieuſe Vierge pour lune,* & lumiere toute reſſuſcitée dans ſon fils, & glorifiée en corps & en ame dans ſon fils, & ſon fils dans le ſein du pere eternel, comme *l'arche de la belle alliance* qui deſcoule les torrents de charité, & de gloire de toutes parts dans l'ame, & le corps de la tres-ſainte Vierge, & d'elle ſur toute l'Egliſe triomphante, & militante. Ainſi cette glorieuſe Princeſſe eſt vne throſnée dans cette Arche toute enrichie du plus pur or de la charité, & toute penetrée de gloire immenſe, & poſée & repoſée dans le temple ſurineffable de la glorieuſe immenſité de la *diuinité en Trinité, & de la Trinité en vnité.*

Lune myſterieuſe du troiſieſme ciel de l'ame.

SECTION TROISIESME.

L'Oraison de receuëillement en Iesus-Christ au fond du cœur destache l'ame de la criminelle complaisance aux creatures, & luy fait sauourer les douceurs de la presence de Dieu en elle.

1.

<small>Iesus-Christ vnique mediateur pour aller dans l'Oraison de recueillemēt à Dieu concentré au fond de nostre ame.</small>

CELVY là peut dire auoir trouué la veritable voye d'aller à Dieu, de l'auoir trouué dans son cœur par IESVS-CHRIST nostre diuin Moyse & parfait mediateur. ô qu'elle faueur à l'ame qui peut sans cesse, & à tout moment s'y retirer à luy au fond de son cœur, & là luy rendre vn vray culte interieur, & spirituel, tel qu'il demande d'vne ame chrestienne, laquelle doit tousiours marcher en esprit dans son cœur, & y disposer des marches, & des degrés interieurs d'amour ; Où il se fait des ascensions celestes qui montent iusques à Dieu y thrōsnant, & y esleuant l'ame par tous ces degrés au dessus de tout ce qui n'estpoint Dieu, & le tout par la sage conduite de nostre *diuin Moyse, & la manne cachée de la sainte Oraison* qu'il nous fait pleuuoir en abondance parmy la trauerse de nostre *desert interieur*, & au moyen de laquelle conduite de diuine sagesse, & nourriture angelique de la sainte Oraison, l'ame vient enfin à moissonner l'Eternité pour le temps, le diuin pour l'humain, le surnaturel pour le naturel, & le tout pour le rien.

<small>Raison de la necessité de recolliger en esprit aufond du cœur dans l'Oraison.</small>

2. Et parce que Dieu est esprit, *Il faut que l'ame le cherche en esprit*, & qu'elle l'atteigne par la foy, & le possede par l'amour: De laquelle lumiere de grace & d'Onction l'ame est spiritualisée, c'est à dire retirée, & separée d'affection de ses sens, de la chair, de propre esprit attaché à ses emplois naturels, & effus au dehors, mais d'vn esprit rapellé du dehors au dedans, & tendant à la demission de toute proprieté par l'homage à L'AGNEAV DE DIEV *cherché au*

au fond du cœur en esprit : mais en bon esprit gardé de la foy pure viuifiée d'amour, en esprit chrestien, en esprit surnaturalisé par le don infus *en esprit interieur*, & spiritualisé par l'operation de l'esprit d'amour, & diuinisé tout ce qu'il atteint, & qui est exposé, & abandonné à son *Diuin attrait* qui fait dans elle chercher & rechercher la face de Dieu, & en sauourer aussi sans cesse l'infinie douceur de son *amoureuse presence* qui fait la tranquillité du cœur.

3. C'est enfin là, ame Chrestienne, & il le faut dire, & redire iusqu'à l'importunité, & iusqu'à la mort, que c'est là au fond du cœur, là où l'ame se doit conuertir à Dieu son centre & son repos, & que l'y ayant vne bonne fois trouué, gousté & sauouré, elle aymeroit mieux souffrir toutes les tortures de l'enfer pour vn temps, que s'en priuer vn seul moment par sa faute. Enfin il faut aduoüer que Dieu ayme infiniment le cœur humain, au fond duquel est la capacité amatiue propre à Receuoir ce Dieu d'amour dans le fourneau de sa volonté : car comme il est infiniment aymant, *il cherche des cœurs qui se veulent donner tous entiers en proye à son diuin amour* afin que les en ayant tous remplis iusques à en regorger, ils le puissent aymer en sa maniere infinie auec son mesme amour ; & c'est pour cela qu'il nous commande de l'aymer de tout nostre cœur, & qu'il ne demande que nostre cœur retourné à luy, tout ouuert à luy, & à son amour, & pour ce sujet il le faut tousiours tenir net par pure confession, & par assiduë oraison, afin d'y voir tousiours Dieu, & d'y gouster sans cesse la suauité de son amour, & luy garder ce lieu cherement & l'orner de charité, & luy offrir, luy donner, luy redonner, & consacrer sans cesse *en pur sacrifice* à sa bonté. Hé, cheres ames, il le veut auoir pour y viure, pour regner, pour s'y reposer, s'y delecter, s'y glorifier, & s'y aymer soy-mesme. O malheureuse, & ingratte creature enuers ton createur, de luy refuser ce contentement, apres qu'il n'a jamais cessé de t'aymer vn seul moment ! tu as la dureté de luy refuser ton cœur, & tu ayme mieux *l'engager à quelqu'infame creature*

La conuersion à dieu se doit faire au fond du cœur tant dans le temps que hors le temps de l'oraison.

Pourquoy il nous est commandé d'aymer dieu de tout nostre cœur, & le moyen de satisfaire à ce precepte.

engagements funestes de l'ame par le peché

E

pour quelque faux plaisir imaginé, & par là l'engager au peché, & par le peché au diable, & par le diable à vne eternité d'enfer & de supplices eternels. O aueuglement étrange! ô ingratitude espouuantable insolemment exercée contre le Dieu d'amour.

4. Il faut bien dire que l'homme chrestien soit bien peruerti & desnaturé enuers son Dieu, lequel ne peut estre mieux nommé que bon par excellence, parce qu'il est à vray dire l'vnique bon, & le seul sage en bonté bien-faisante de toute eternité, aussi bien que la vraye bonté eternelle, ne cessant de bien faire, parce qu'il ne se peut non plus empescher de bien faire, que d'estre eternellement, & essentiellement, & infiniement bon. O bonté ! ô sagesse ! ô plus qu'infinie bonté tres-sage ! ô suressentielle & plus qu'ineffable bonté ! vous ne cessez d'espandre largement vos infinies liberalités aux hommes ; & les hommes chetifs ne cessent de vous traiter auec ingratitude, emploiant iournellement tout l'Estre que vous leur auez donné pour maltraiter vostre bonté bien-faisante & la contraindre & l'obliger de se *retirer au dedans de vous-mesme, comme à sa source & origine*, & par consequent abandonner la terre, & les hommes de terre, & tout terrestrifiez & charnels, d'où ils sont tombez en tel aueuglement, qu'ils crient & recrient sans cesse par la continuation de leurs crimes, que vostre fureur descende, que vostre iustice irritée & vengeresse, & toute armée de foudres infiniment foudroiantes d'vne iuste cholere montée à son comble descende sur eux, & sur leurs enfants, ainsi que fit autre fois ce peuple ingrat de la Iudée disant, & criant, que son sang vienne sur nos enfants. Enfin mon Dieu c'est vne chose estonnante, que les hommes vous mesconnoissent iusques à ce point de rebutter vostre bonté. Helas c'est parce qu'ils se mesconnoissent aussi eux mesmes dans l'aueuglement de leur malice mesprisans vostre patience en continuant leurs pechez.

Ingratitude de l'ame effuse aux objets de hors, & negligeante à se retirer en dedans à dieu habitant au fond de son cœur.

SECTION QVATRIESME,

Le peché renuerse les desseins de Dieu dans la creation de l'homme, l'interieur duquel il auoit embelli pour estre vn lieu de plaisance à la tres-Sainte Trinité, & la glorieuse humanité de Iesus-Christ.

1. O Dieu de toute bonté, vous auiez dés le commancement du monde creé toute chose bonne pour le contentement de l'homme : & puis vous auiez creé l'homme tellement bon, que vous y preniez vostre complaisance ; vous l'auiez fait bon, raisonnable, & puissant sur toutes les creatures de la terre qui le regardoient comme leur fin : mais à dessein, ô mon Dieu, que cette creature humaine, raisonnable, & capable de vous connoistre, de vous aymer, de vous adorer, & *conuerser auec vous interieurement au fond de son estre, en foy & amour* vous raportant toutes ces bontez creées auec soy-mesme, en adoration, en hommage, & gratitude amoureuse à vostre souueraineté imperiale ; afin que par là elle vous pût agréer & contenter, vous rendant le culte interieur & exterieur dû à vostre sureminente Majesté. Enfin vous auiez pris plaisir d'embellir l'ame de l'homme, & *l'auez aussi assorty de trois puissances capables de vous regarder TRIN, & VN*: Vous luy auiez donné vne capacité spirituelle qui le faisoit admirer de toutes les autres creatures de la terre, qui le regardoient comme leur seigneur. Mais, ô mon Dieu, quel étrange changement? cét homme que vous auiez fait si bon, si beau, si innocent, si diuin, il s'est deffait de bonté, de beauté, d'innocence, & soüillé ce qu'il auoit *de plus diuin au fond de son ame*, en y laissant entrer *le peché*, la malice, & l'ingratitude ; en vous quittant, vous abandonnant, & se destournant de vous qui estiez son centre, sa bonté, son innocence, son amour &

E ij

L'ame captiue sous le second sceau

sa vie, & le comble de son repos, pour se destourner aueuglement, & *aymer les creatures desordonnément*, s'en seruant pour vous desplaire, & *se les appropriant*, & s'en voulant faire le seigneur indépendant. D'où vient que son insolence est arriuée & paruenuë à l'excéz iusques à vous declarer la guerre, & attaquer & assieger le ciel, le croyant escalader par vne tour bastie à ce dessein, pretendant y entrer par force, & vous en chasser, & dethrosner s'ils eussent pû, & souiller ainsi *le saint lieu* de leurs pechez & abominations.

2. D'où vient, ô mon Dieu, qu'apres vne longue patience, voyant tout ce bas monde inondé de pechez & de crimes, vous enuoiastes le deluge vniuersel, en sorte qu'il ne resta sur toute la face de la terre qu'vne seule famille, de laquelle generation sauuée dans l'Arche, vous auiez tiré vn peuple eslû, afin qu'il fust vostre peuple, & que vous fussiez aussi son Dieu: vous luy auiez donné vne Loy, des Prophetes, des Prêtres, des Roys, & vostre toute visible assistâce, & pour tout cela, ô bonté infinie, ils ne vous ont payé que d'ingratitude, & l'ont enfin côduite iusques à l'insolence & à l'attentat. O malice inueterée des hommes cruels à eux mesmes, & insolents enuers Dieu transgressants ses loix, murmurans contre Moyse qui leur auoit esté donné pour conducteur, & de plus ils ont tué ses Prophetes, & masacré tous ses seruiteurs: & pour tout dire en vn mot, ô diuine bonté ce qu'ont fait les hommes, helas ce qu'ils font encore tous les iours; mais que font-ils? helas on ne le peust dire qu'auec des larmes de Sang, ils deffont & souillent tous les biens que vous leur faites autant qu'ils le peuuent, & non seulement ils deffont tout le bien & les graces que vous leur faites par contradiction de leurs mauuaises œuures; mais encore par vn dernier effort de leur damnable ingratitude, ils voudroient encore vous deffaire vous-mesme, s'ils pouuoient, en continuant leurs pechez & l'enormité de leurs crimes. *Car le peché ne veut point de Dieu, & Dieu aussi ne veut point le peché, estant sa necessaire priuation* : Parce que Dieu est de soy beauté, & lumiere d'amour, & le peché est la

Ingratitude des hommes vers dieu dans la loy de nature, & dans la loy escritte.

l'attache aux biens de la terre, *Tr. II. Chap. I.* 37

mefme laideur qui a changé les Anges en diables & en tenebres de haine de Dieu : Enfin le peché eſt le pere de la haine, le pere de l'enfer, & le pere des diables, & l'ennemy Iuré de Dieu, & l'infolent & vniuerſel meurtrier des ames, & le bourreau de la vertu, & le deſerteur de la grace, & *la priuation de Dieu. Quand Dieu entre dans vn cœur, il y porte auec foy ſon Paradis, & le peché dans vn cœur y met l'enfer & les diables*, & ainfi les contraires ſe chaſſent, & le peché vous pourchaſſe, & vous le pourchaſſez auſſi, ô bonté diuine, parce qu'il vous déplaiſt, & que vous le haïſſez dans les cœurs que vous aymez, & qui n'ont point eſté faits pour luy, ny pour y loger ſa haine, mais pour vous, ô bon IESVS, & pour y loger voſtre amour, Car vous les choiſiſſez pour *voſtre demeure*, pour voſtre repos & lieſſe, comme lieux conſacrez à voſtre honneur.

SECTION CINQVIESME.

Ieſus eſt crucifié & fait mourir plus outrageuſement dans le cœur du Chreſtien par le peché mortel, Qu'il ne le fuſt ſur le caluaire, Le priuant de la vie d'amour, & de grace qu'il y veut auoir.

1. LE cœur Chreſtien eſtant vn lieu Saint, & conſacré à voſtre honneur. ô mon aymable IESVS, mal-heur à l'homme qui le profane, & vous en chaſſe par vn peché mortel, qui ſe fait approuuer de la mauuaiſe volonté de l'homme. O encore vne fois, mal-heur à l'homme, qui s'oppoſe ainſi à vos deſſeins eternels, par la plus ſanglante iniure, qu'il vous puiſſe jamais faire. *Hé quoy, cher amour, n'auez vous pas choiſi nos cœurs, pour les throſnes de vos diuines complaiſances : pour les repoſoirs de voſtre amour :* Pour nous y combler de vos graces, pour vous y delecter, & nous y teſmoigner voſtre amitié, & y *familiariſer auec nous interieurement*, & cor-

E iij

L'Ame captiue sous le second sceau

Le cœur chreſtien palais des diuines complaiſances de IESVS-CHRIST.

diallement, & infiniment. Hé mal-heureux que nous ſommes qu'en faiſons nous ? Helas eſt-il poſſible de le dire ſans ſecher de regret ? quoy ! dans le cœur Chreſtien le palais de vos diuines complaiſances, vous en faire vn lieu de ſupplice incomparablement plus outrageux que ne fuſt jamais *le Caluaire*. O bonté infinie à nous ſupporter, vous y fuſtes Crucifié auec des clous de fer bien durs : Il eſt vray, mais le peché eſt vn damnable cloû fiché dans le cœur Chreſtien, & impitoiablement frappé, & enfoncé auec le marteau de la volonté, & qui eſt infiniment plus dur & plus outrageux au *tendre cœur de Ieſus*, que ne furent iamais ceux qui luy percerent les pieds & les mains, parce que ces clous de fer eſtoient doux & mols à l'amour de IESVS : mais cét abominable cloud du peché eſt infiniment oppoſé & outrageux à ſon tendre amour. Il fut vendu trente deniers, & le peché le liure pour vn chetif plaiſir imaginé : il y fuſt liuré à des bourreaux de la terre qui ne toucherent qu'à ſon corps, & le pecheur le liure autant qu'il peut, aux bourreaux des pechez, qui attentent & offenſent ſon amour & ſa diuinité. Les bourreaux du Caluaire ne ſçauoient pas ce qu'ils faiſoient, mais ceux-cy le font par malice. Il fuſt enfin attaché en Croix entre deux voleurs, helas dans le cœur Chreſtien en peché mortel, ne vous y met-on pas entre les deux plus infames, les plus villains, & abominables larrons qui puiſſent jamais eſtre, ſçauoir le peché & le diable, car jamais le peché mortel n'eſt ſans enfer ny ſans diable, ils ſont larrons non des choſes corporelles, mais des choſes ſpirituelles, non d'or ny d'argent, mais des ames racheptées du precieux ſang de l'agneau, & ſi toſt que l'ame conſent au peché mortel elle aualle le poiſon du peché auec le diable, & l'enfer tout enſemble, & *fait ainſi du Paradis corporel de ſon cœur, & du ſpirituel de ſon ame, vn double enfer à l'amour de* IESVS.

2. Mais, ô mon Dieu, quelle iniure, quel outrage que l'ame Chreſtienne vous fait ſouffrir dans ſon cœur par le peché ? c'eſt ce qui ne ſe peut pleurer qu'auec des larmes de

l'Attache aux biens de la terre, Tr. *II. Chap. I.* 39

fang. O impitoiable & defnaturée creature, d'aymer ce qui defplaift à Dieu, mais d'aymer la haine mefme, & ceffer pour cela d'aymer le mefme amour, & *l'vnique aymable.* Faire cela, c'eft le meftier des diables, & la pratique de l'enfer, c'eft adorer la befte, c'eft receuoir fa marque, & trafiquer auec fes abominables marchands la malheureufe danrée d'vne horrible eternité, de rage, de defefpoir, de feux, de flammes, & de cette affreufe infinité de priuation de Dieu, laquelle en verité nous deuroit faire mourir dans la douleur parfaite d'vne entiere contritiõ. Enfin cõfentir à vn peché mortel, c'eft la derniere ignominie que le Chreftien puiffe faire fouffrir à Iesvs-Christ. *Iefus l'vnique aymable.*

motifs d'vne parfaite contrition.

3. Mais enfin le dernier & le plus fanglant outrage fait à l'amour de L'Agneav dans nos cœurs, c'eft qu'y *logeants le peché mortel*, nous l'y tuons autant cruellement que la vie qu'il nous auoit donnée par fa mort eft precieufe & diuine deuant fon Pere eternel, & ainfi chaffant indignement & honteufement de ce cœur chreftien fa grace & fon amour, fa fageffe & fa lumiere, pour y throfner en fa place vn tyran, vn bourreau ennemy de la paix, ennemy de l'amour, ennemy de la grace, ennemy de la lumiere, ennemy du repos, ennemy de Dieu & de fa gloire : pour toutes lefquelles chofes nous acquerir Iesvs-Christ a fué le fang, a fouffert la mort tres-ignominieufe de la croix, auec la perte de tout fon fang, de fa propre vie, & de fon honneur, & de la gloire de fes victoires comme aneantie par le regne du peché.

4. O ame Chreftienne, eft-il bien poffible que voftre cœur foit tellement endurcy, qu'il ne fe laiffe point toucher ny attendrir de compaffiõ fur fa propre defolation, ny fur l'iniure la plus infame, la plus cruelle, & faite enuers le plus royal, le plus debonnaire, le plus amoureux, le plus aymant & fidele amy, voire l'vnique amy de tous les amis que vous puiffiez auoir. O dureté! ô cruauté! ô aueuglement & infenfibilité de la creature humaine enuers ce diuin Agneau, & fi au moins vous ne voulez flêchir à l'amour,

il vous faudra bien-toſt flêchir à la iuſtice. Helas voyez voſtre aueuglement, vous auriez bien pitié d'vn chien que vous voiriez outragé à la porte de voſtre maiſon: *Helas demeurerez-vous inſenſible, ſi ſans compaſſion en veuë des ſouffrances de* IESVS CE PAVVRE AGNEAV OCCIS, *& eſtendu de ſon long à la porte de voſtre cœur qui vous y attend, pour y eſtre ſoulagé de vous, & conſolé, & aſſiſté de voſtre attention interieure*: Il demande là vos affections, la deteſtation de vos pechez, & que vous le laiſſiez entrer dans voſtre cœur: Mais comme il eſt ſi outragé dans la plus grande partie des cœurs chreſtiens, aidez-luy à y entrer, eſtendez luy la main d'vne bonne volonté, & l'embraſſez de vos ardens deſirs, & l'y attirez le mieux qu'il vous ſera poſſible, & vous iettant humblement à ſes pieds teſmoignez-luy là tous les actes d'amour, d'humilité, & de ſoulagement, de compaſſion & de ſeruices. Mais afin de ne vous pas contenter d'en auoir ſeulement compaſſion, comme fit autrefois le Leuite de l'Euangile au regard de ce pauure bleſſé ſur la voye de Hiericò, ie deſire que vous imitiez ce charitable Samaritain, lequel fut ſi cordial & ſi bon prochain à ce pauure homme outragé & couuert de playes, qu'il l'eſtuua auec de l'huile & du vin, & le chargeant ſur ſa monture le conduit à ſon hoſtelerie, en luy procurant ſon entiere gueriſon. Ainſi, ame chreſtienne, ſi vous ne voulez pas renoncer à voſtre nom chreſtien, il faut que vous advoüiez que ce tendre & tres-debonnaire AGNEAV eſt voſtre premier prochain, puiſque vous faites vne partie de ſon corps myſtique; & vous n'ignorez pas combien il eſt tous les iours bleſſé à mort, & cruellement outragé dans les cœurs des pecheurs. Hé bien, cheres ames, ne luy voulez-vous point ſeruir de prochain en cette occaſion *l'attirants ainſi tout bleſſé, & tout maſſacré au fond de voſtre cœur auec la main d'vne bonne volonté, & les ardens deſirs de voſtre cœur*, & là luy eſtuuer toutes ſes playes de la langue de voſtre eſprit & de l'huile d'vne vraye componction, & du meilleur vin cordial de voſtre amitié. Voyez comme il ſaigne de toutes parts, enueloppez-luy

toutes

toutes ses playes du linge blanc d'vne bonne conscience, auec le precieux baume des vertus, & le guarissez ainsi au fond de vostre cœur, tant des blessures que vous luy auez fait par vos pechez, que de celles qu'il reçoit encore tous les iours de tous les autres pecheurs. O pecheur, qui que tu sois, prens garde que si tu mesprise la douceur & la tendresse de ce doux Agneau, le iour viendra qu'il sera ton iuge tout flamboyant de cholere, & ces playes que tes pechez luy ont faites saigneront contre toy des foudres d'vne damnation eternelle, si tout maintenant tu ne le gueris cependant qu'il se laisse approcher, & demande que tu luy ouure ton cœur par vne vraye repentence. Helas, comment peus-tu estre si cruel enuers cét Agneau ? c'est la douceur mesme. Mais le moyen de haïr l'amour, & de tuer la vie, & d'obscurcir la lumiere dans ton cœur, & demeurer cependant en repos.

SECTION SIXIESME.

Celuy qui peche mortellement admet dans son cœur vn triple enfer opposé aux trois diuines personnes, & en efface la trine image grauée au fond de l'ame par le Baptesme.

1. LE peché est la mesme infamie incomparablement plus rauallée, & plus abominable que l'enfer, & les diables ensemble, car *le peché c'est l'enfer de l'enfer, & le double enfer des diables*, & partant celuy qui peche mortellement admet dans son cœur *vn triple enfer*, sçauoir l'enfer du peché, l'enfer du pecheur, & l'enfer des diables, & ces trois enfers dans le cœur Chrestien y offensent insolamment les *trois diuines personnes*, soüillans de leur trine impression leur trine image grauée au fond de l'ame par le baptesme administré au nom du Pere, du Fils, & du Saint Esprit.

2. Car si les Diables haïssent Dieu, Lumiere de lumiere, c'est parce qu'ils ont logé en eux le peché, tenebre des tenebres; & ils ont commencé de le haïr en cessant de de l'aymer. O ames Chrestiennes, que faisons-nous quand nous cessons d'aymer Dieu, ou que nous le negligeons! O ingratitude diaboliquement exercée en haïssant l'amour mesme: si les Diables sont deuenus si laids, si hideux, si horribles & épouuentables à toute la Nature, tout cela n'est en eux que *l'ouurage du peché*. O neant du neant mesme, n'est-ce pas donc toy qui es l'abomination de la desolation, puis que tu as deserté les lieux Saints, les sieges vuides des Anges dans le Ciel, & les pecheurs obstinez & impenitens sur la Terre auec la confusion des Enfers, n'en sont-ils pas les marques asseurées? Et cependant, chose étrange, qu'vne ame Chrestienne choisisse de volonté deliberée la derniere infamie, l'abomination de toutes les abominations, & *la prefere à Iesus-Christ*, à son Amour, à sa Sainteté, & à sa Diuinité, & à toutes ses graces. O sans doute c'est auoir perdu tout sens & raison, ou estre plus cruel à soy-mesme que tous les Diables ensemble.

Horreur du peché.

3. I'ay dit que *le Chrestien qui peche mortellement admet dans son cœur trois genres d'Enfer opposez aux trois diuines Personnes*, selon leurs proprietez distinctes, & personnelles, qui est injurier la Diuinité dans tout son Estre, & dans toutes ses productions au dehors; sçauoir, dans l'œuure de sa Puissance, dans l'œuure de la Sagesse, & dans l'œuure de son Amour, & commençant par *l'Enfer des Diables* qui a pour support le peché, nous disons qu'il est *opposé à la puissance du Pere*, à laquelle est attribuée la creation, parce qu'ayant appellé tous les Estres du neant, elle les jugea bons, parce qu'ils estoient tous capables de loüer & de manifester la bonté & l'amour de leur Createur chacun en sa façon, genre, ou espece, & particulierement l'homme fait & accomply comme le plus rare & excellent chef-d'œuure de la Toute-puissance Creatrice par l'assortissement ad-

Premier Enfer des Diables dans l'ame qui peche mortellement opposé à la puissance du Pere.

L'attaché aux biens de la terre, **Tr. II. Ch. I.** 43

mirable, & de son ame, & de son corps, *entrant en composition auec tous les ordres de l'Vniuers, sçauoir, les six spirituels, & les six corporels*, & ainsi constitué dans l'innocence, *son ame estoit vn agreable Paradis à la tres-sainte & sur-adorable Trinité.* Mais helas, quel mal-heur ? Mais quel épouuentable renuersement si-tost que cét affreux monstre du peché fut entré dans le cœur de l'homme, il fut degradé de son innocence, degradé de la grace, degradé de la fin de sa creation, & degradé de l'œuure de Dieu, degradé du Paradis, degradé de la compagnie des Anges, degradé de son authorité sur les autres creatures, & enfin degradé de l'humain, & déchû de la raison en pechant, & se faisant Esclaue du peché : & ainsi raualé & auily au dessous de toutes les autres Creatures, au dessous de l'Enfer des Diables, & au dessous de l'Enfer du peché, & dans l'Enfer du pecheur, qui est son propre lieu, & la derniere place le plus infame, le plus raualé, & auily, & abysmé dans la plus noire, la plus obscure, & *la plus éloignée priuation de Dieu*, & partant submergé dans l'abomination de toutes les abominations, dans l'extremité de tous les mal-heurs, & le dernier raualement là où peut arriuer la creature humaine ; & partant dans le neant du neant mesme ; ce qui va détruisant, & renuersant l'ordre de Dieu dans l'homme, & la fin de sa creation, voulant faire subsister le neant du peché par dessus les œuures de Dieu, & par dessus la creature humaine, qui s'en est lâchement renduë l'Esclaue en le faisant. C'est en verité la plus sanglante injure que la creature puisse faire à son Createur, & partant attirer sur soy toute son indignation personnelle, & enfin offenser à toute outrance la Puissance Creatrice. O damnable ingratitude de l'homme aueuglé de soy-mesme jusqu'à se faire son propre bourreau.

Effets étranges du peché mortel sur l'homme.

Le dernier raualement où peut arriuer la Creature humaine.

4. I'ay dit de plus que *l'Enfer du pecheur est opposé à la seconde Personne*, & va l'offensant infiniment plus qu'on ne sçauroit penser. Car premierement, comme Verbe de Dieu, il est la Lumiere qui illumine tout homme venant

Second Enfer du pecheur dans l'ame opposé à la seconde personne de la sainte Trinité.

F ij

en ce monde de la Grace, & l'ame qui peche mortellement oppofe à fa lumiere l'abyfme des plus noires tenebres qu'elle a logé dans fon cœur, pour y faire obftacle à fa lumiere, & y refifter obftinément à fon illumination, & de la maniere la plus offenfante, & la plus outrageufe, & la plus indigne qu'il fe peut, & tout ainfi que ce feroit faire vne fanglante injure au *Soleil corporel* de le mafquer d'vn cloaque de bouë, falle, & fort épais, & obfcur, en telle forte qu'il ne pût verfer fes influences, ny la beauté de fes gracieux regards, ny la clarté lumineufe de la pureté de fon rayon fur la face de la terre, de mefme le peché dans le cœur eft le fale, le puant, & l'abominable obftacle qu'vne mal-heureufe ame expofe, & interpofe aux chaftes regards, & aux tres-pures lumieres de ce *diuin Soleil Eternel*, lequel s'eft fi tendrement engagé & fi amoureufement obligé d'éclairer nos cœurs des rayons de la Grace, & de la clarté lumineufe de fon diuin Amour : & cependant qu'elle infolence de luy prefenter vne fi horrible, & difforme laideur, comme le peché, & l'oppofer, en injuriant ainfi la clarté infinie de la fplendeur éternelle.

L'Enfer du peché oppofé à l'œuure de la redemption dans l'ame.

5. De plus cét *Enfer du peché* eft encore infiniment oppofé, & outrageufement contredifant à l'œuure de la Redemption dans l'ame qui y confent, d'autant que par le peché elle admet en elle d'vne volonté deliberée, *le regne du Diable par le regne du Peché*, & y détruifant la Grace achetée fi cherement du diuin AGNEAV au prix ineftimable de tout fon fang, & de fa propre vie, qui eft le plus honteux affront que l'on puiffe faire à la miffion perfonnelle du Fils incarné. Mais, ô tout diuin, & fuaue IESVS, que fera-il dit? & que fera-il fait de l'ame impure, qui fouille, & prophane fa chair vnie à la pureté, & fainteté de la voftre l'employant fi indignement au feruage du peché, & à fouiller des membres dont *Iefus-Chrift* fe dit eftre le Chef: c'eft deshonorer & outrager impudemment la tres-fainte HVMANITÉ DE IESVS, de le retrancher d'elle auec vn glaiue fi infame.

L'attache aux biens de la terre, Tr. II. Chap. I. 45

6. J'ay dit aussi, que *l'Enfer du peché est opposé au* SAINT ESPRIT *comme Sanctificateur*, parce que le saint Esprit est l'Amour mutuel du Pere, & du Fils personnellement Dieu; il est l'amour clarifiant les diuines Personnes, & l'amour illuminant les Cœurs: il est le don, & l'onction du Pere, & du Fils enuoyée en Terre à la mesure des merites de IESVS, pour sanctifier, pour espurer, & *clarifier les cœurs, leur manifestant interieurement* IESVS-CHRIST CRVCIFIE', & leur ouurant tous les saints mysteres qui concernent la pureté Euangelique, & tous les dons, & graces infuses, que l'ame Chrestienne peut estre capable de receuoir. C'est luy qui apprend à adorer en esprit, & en verité, & qui conduit l'ame à la perfection, & consommation par des purgations amoureuses, & noblement exercées, & conformes aux degrez de l'ame, & à l'excellence de son ministere personnel; Et enfin apres auoir épuré la substance de l'ame, & ardemment penetré tout son Estre, il amene auec luy les deux autres Personnes diuines & tout le Paradis, *& font de cette ame le throne de leurs personnelles complaisances, & la font entrer dans leurs plus intimes communications, & là leur est ouuert le Temple de la Diuinité, &* L'ARCHE D'ALLIANCE DE LA SACRE'E HVMANITE' GLORIEVSE DE IESVS dans laquelle toutes les saintes ames se sont sauuées du Deluge des pechez, & là toutes choses sont veuës dans leur pureté, & connuës dans la verité de Dieu qui est son VERBE, en qui toutes choses sont plus parfaitement que dans elles-mesmes.

Troisième Enfer du peché opposé au S. Esprit, comme Sanctificateur de nos ames.

7. Mais, ô mon Dieu, chose épouuentable! vn seul *peché mortel* admis dans le cœur Chrestien s'oppose *à ce Paradis de delices*, deserte le regne de la grace, offusque la lumiere, établit les tenebres, apporte l'aueuglement, & abrutit la raison, & fait en cette ame *vn triple Enfer opposé aux trois diuines Personnes*, & à tous leurs emplois personnels, à la puissance du Pere renuersant l'ordre de la *Creation*, en donnant vne autre fin à la Creature humaine, laquelle estant creée pour le Ciel luy fait choisir l'Enfer, qu'elle aualle auec le peché.

Desordres qu'vn seul peché cause dans l'ame.

F iij

Il s'oppose aussi à la Grace du Fils, ruinant ses conseils, & aneantissant l'œuure de la *Redemption*, faisant obstacle à sa lumiere, & méprisant son domaine, & par vne derniere ingratitude fait reuolter l'ame contre son Bien-faicteur, épousant le party de son ennemy, il offense sa Puissance, outrage sa Majesté, ruine ses desseins autant qu'il le peut, & que le peché le voudroit, s'il en auoit le pouuoir, & ainsi la volonté luy est reputée pour le fait, & partant il en merite le chastiment.

8. Enfin admettre vn peché dans vn cœur chrestien, c'est offenser à toute outrance la lumiere d'amour, la lumiere de grace, la lumiere clarifiante, la lumiere d'onction, & la bonté mesme attribuée *à la personne du Saint Esprit*; parce que le peché est en soy tenebres & haine de Dieu, laquelle va s'opposant à la lumiere d'amour par sa haine, & à la clarification lumineuse par l'obscurité de ses tenebres. C'est de là que s'engendrent les pechez que l'on appelle contre le Saint Esprit, & qui sont de si difficile remise en ce monde & en l'autre, parce qu'ils sont pratiqués nonobstant cette lumiere de clarification, qui est la derniere iniure faite à la diuinité, parce que cette lumiere est la plus haute, la plus noble, & la plus expressiue & manifestante la diuinité dans ses creatures, & tres-illuminante pour discerner la verité d'auec le mensonge; d'où vient qu'vne telle ame peche auec plus de malice, ayant plus de connoissance; & aussi parce que les graces de la mission personnelle du Saint Esprit sont les dernieres de nostre *sanctification*; car le Pere nous a fait grace en nous enuoyant son Fils, lequel Fils s'est employé à nous manifester le Pere, & le Pere & le Fils par vn dernier excés de leur amour nous ont enuoyé le Saint Esprit; & sa mission propre est de clarifier les cœurs, & de leur manifester tout ce qui est du Pere & du Fils, & c'est le dernier effort, & le dernier enuoy, & la derniere manifestation de la diuinité, il n'en faut plus attendre d'autre, apres auoir mesprisé celle-là, il n'y a plus à attendre qu'vn Iuge seuere, & iustement rigoureux pour rendre

Les operations notionelles des trois persones diuines dans nos ames.

L'attache aux biens de la terre, Tr. II. Chap. I. 47

à vn chacun selon ses œuures : & ce Iuge est la seconde personne, laquelle s'est incarnée pour operer nostre redemption, & nous meriter cette derniere grace de clarification par l'enuoy du Saint Esprit, lequel témoignera contre nous au iour du grand Iugement toutes les resistances obstinées, & rebutantes son amour, ses lumieres & inspirations ; & comme auec toutes ces connoissances, & à leur plus grand mespris nous auons suiuy l'opposé de son pur amour, & preferé les tenebres à la lumiere, à la veuë de laquelle nous auons laissé regner le propre amour & suiuy ses maximes ; & en tout cela nous rendre ennemis de Dieu, en iniuriant sa bonté par la derniere insolence.

SECTION SEPTIESME.

De l'exercice interieur, & surnaturel de la foy vers Iesus crucifié au fond du cœur, dans cette methode d'oraison.

1. Voyez serieusement, ame Chrestienne, ce que vous auez receu de Dieu, & vous trouuerez qu'il vous a donné tout ce qu'il vous pouuoit donner, & qu'il a enuoyé tout ce qu'il vous pouuoit enuoyer pour vostre sanctification par la loy de grace qui enferme tous les biens, & qui doit consommer le siecle. Vous y auez la grace de regeneration, voyez à quoy il tient que vous ne iouïssiez de ce thresor, vous y auez receu la lumiere de la foy, voyez comme quoy vous l'exercez, si c'est à l'exterieur, où à l'interieur ; si c'est dans vostre teste, ou dans vostre cœur ; car il y a bien de la difference de l'vn à l'autre, car si vous exercez seulement vostre foy dans vostre teste, dans vostre propre esprit naturel, c'est *bastir la tour Babel*, c'est à dire, confusion : car on n'affile point vn razoir afin de s'en seruir par le dos, il le faut tourner du costé qu'il est affilé, & qui couppe, ou autrement vous ne serez jamais satisfait de son ou-

urage ; ainsi, cheres ames, la foy ne vous a point esté donnée de Dieu pour les choses exterieures, car c'est le dos de vostre razoir, mais pour les interieures qui sont du costé du taillant : & c'est par là qu'il en faut coupper. La foy ne vous a pas esté non plus donnée pour les choses visibles, car cela c'est vouloir coupper auec le manche, mais les inuisibles qui sont les vrayes matieres de ce noble instrument. La foy enfin ne vous a pas esté donnée pour vous en seruir à la naturelle, parce que la foy n'est pas des choses qui se voyent ny qui s'atteignent auec le propre raisonnement, mais seulement ce naturel n'est que matiere de Philosophe; la foy est donc pour les choses inuisibles, & inatteignables au meilleur Philosophe; elle est cachée souuent aux grands esprits qui la veulent atteindre par où elle est inatteignable. Mais quoy, *il est rare qu'vn grand esprit s'abbaisse iusques à la petitesse d'vn enfant* ; car chacun s'appropie son Estre dont on ne veut point desister.

quel est l'obiet de la foy.

2. Mais *les ames simples, elles ayment à descendre, & à s'abbaisser au fond du cœur en esprit*, & auec le peu de foy qu'elles ont elles desirent, elles veulent, elles s'essaient doucement & suauement d'y *conceuoir* IESVS-CHRIST *crucifié Pere de la foy*, & maistre de la loy ; & là à ses pieds le propre esprit abbaissé surnaturellement au fond du cœur se sacrifie, & se despouille de toutes ses excellences & proprietez naturelles par vne demission volontaire, qui est vray acte de foy surnaturellement operé, parce que c'est dans le cœur ; ce qui rend l'ame capable du don infus qui fait la foy illuminée de lumiere d'amour, laquelle fait aussi sa vie, & partant qui la rend capable d'estre mise en œuure ; car les choses qui viuent sont capables d'operation, & parce que la foy doit operer sur les choses inuisibles, elle doit aussi par consequent estre viuifiée d'amour, & partant affranchie de la seruitude du visible & du naturel, cõme chose tout à fait repugnante à sa noblesse, estant de son extraction vn present surnaturel, que Dieu nous a fait, & nous a mis en la main de nostre volonté pour l'y exercer surnaturellement, comme

Noblesse de la foy.

L'attache aux biens de la terre, Tr. II. Chap. II.

vn noble instrument viuant de la vie d'amour, afin qu'il se puisse exercer interieurement selon les motifs d'amour proportionnez & conuenables à son office.

3. Car le propre office surnaturel de la foy est de nous conduire & faire atteindre en croyant la sublime verité d'vn Dieu, & non seulement nous y faire atteindre, mais encore nous le faire gouster & sauourer pleinement par le precieux canal du saint amour, dont elle a fait sa vie & sa lumiere : & partant, ame chrestienne, *c'est au fond du cœur qu'il faut chercher & exercer sa foy, & non seulement dans le propre esprit à la naturelle* : car encore bien que nous puissions auoir la foy dans le propre esprit, elle n'y pourroit cependant operer que selon sa portée finie ; car les choses qui viuent, elles viuent proprement de l'esprit qui les anime, & par consequent le propre esprit naturel ne peut point donner d'autre vie au corps de la foy, que celle qu'il possede à la naturelle, & vouloir cela, c'est proprement se moquer de la foy, & de sa noblesse, voulât qu'vn corps surnaturel & dôné de Dieu, viue d'vne vie qui luy est infiniment inferieure. Enfin, cheres ames, croiez *si vous pouuez ceux qui vous parlent d'experience, & vous disent que c'est dans l'interieur du cœur, dans le fond de la volonté là où la foy reçoit la vie d'amour, & non dans la teste, parce que l'organe amatiue n'y est pas, mais dans le fond de la volonté* là où reside la vie surnaturelle, la vie conforme à ses nobles & interieures operations de charité de Dieu, de iouïssance de Dieu, & de ses dons sublimes, auec la parfaite esperance par dessus toute esperance. Et parce que c'est le fond de la volonté qui reçoit de Dieu tous les presents & dons infus, aussi est-ce le Dieu d'amour qui les donne ; & partant ils doiuent aussi estre receus par *le canal central du diuin amour, qui est le fond de la volonté*, & par ainsi c'est la lumiere d'amour, qui est la vraye lumiere clarifiante & que l'ange de tenebres ne peut point *contrefaire*, tant parce qu'il n'est jamais entré iusques à la source d'où elle jaillit, que parce qu'il ne peut donner ce qu'il n'a point ; car il peut bien contrefaire le lumineux, & tromper par là

G

L'office de la foy.

Maniere d'exercer la foy surnaturellement.

remarqués icy que quand on parle du fond du cœur, on entend le fond spirituel & interieur de la volonté, & que c'est dans ce fond spirituel que reside & habite spirituellement Iesus Christ par grace, par amour, & par le rayon de foy, qui l'y côstitue present de la façon qu'il a deja esté expliqué, à sçauoir spirituellement, & nô d'vne presence reelle, & charnelle dans le cœur de chair, qui n'est que l'organe central de la volonté, où l'esprit se doit abbaisser pour y conçeuoir Iesus Christ crucifié par la foy.

vivifiée d'a-
mour, & par-
tant il y est un
objet de foy,
vers lequel les-
prit recolligé
s'exerce par a-
ctes d'amour,
de desir, de
compassion &c
Et non un ob-
jet charnel
grossierement
imaginé dans
le cœur de
chair, car on
doit user icy
discrettement
de l'imagina-
tion, pour se
representer ce
divin obiet
crucifié au fõd
de l'ame, &
donner beau-
coup de lieu à
la foy, à l'a-
mour, & aux
desirs qui sont
comme les
pieds spiri-
tuels, dont l'a-
me recolligée
se sert pour
approcher inte-
rieurement de
Iesus-Christ
habitant par
foy dans son
cœur, où elle
le trouue, le
possede, & en
iouït auec des
delices ineffa-
bles qui ne sont
connus qu'à
l'Epoux, &
à l'Epouse.

Frequente
communion
recommandée

ceux qui ne rampent que dans le propre esprit naturel, mais pour l'ame concentrée dans sa region interne & surnaturelle es-clairée de la lumiere d'amour qui porte onction, & laisse l'a-me dans la joüissance du fruit de l'operation, c'est ce que tout l'enfer ne sçauroit faire, ny *contrefaire*.

4. Mais, cheres ames, voyés dõc à quoy il tient que vous ne soyez toutes à Dieu, & vous seruez des instrumẽs spirituels & surnaturels que Dieu vous a presenté, & mettez vostre foy en vsage surnaturel, & ne la profanez point par l'vsage & la propre lumiere de vostre teste: voyez à faire valoir la la lumiere de l'*Euangile* non seulement en ce qu'elle *esclaire*, mais en tout ce qu'elle vous monstre *à faire pour plaire à Dieu:* seruez-vous aussi de la lumiere des Sacremens, mais encore plus de leur vertu, que vous receurez & *gousterez au fond du cœur, & non dans vostre teste.* Donnez-vous bien de garde d'oublier ou de negliger les lumieres & bons enseignemens de nostre mere la sainte Eglise, car ce sont aussi les mesmes lumieres du saint Esprit, lesquelles chassent toute heresie, dissipent toutes tenebres, esclaircissent toute obscurité, re-leuent tous les doutes, & pacifient toute diuision; parce que ce beau Soleil d'amour qui l'éclaire, & de qui elle les reçoit, est le pere de toute vnion & concorde, pere de clarification, pere de lumiere infuse, & pere de lumiere d'amour, & partant aduisez de ne plus pecher apres tant de connoissances, apres tant de lumieres & d'illuminations, n'endurcissez pas vos cœurs en continuant vos pechez ob-stinement comme des impenitents, apres tant de connois-sances, apres tant de veritez manifestées, & clairement verifiées dans la loy de grace, dans la Sainte Esglise par les Sacrements & tous les Saints Mysteres qui s'y celebrent. Particulierement *ne vous oubliez pas à vous exposer souuent sous les gracieux regards de ce beau Soleil de tous les Sacremens sçauoir, le tres-Saint & suradorable Sacrement de l'Autel,* Pere de tous les Sacremens, lumiere de toutes les veritez euangeliques, la vraye clarification du diuin Agneau, la solide nourriture des enfants du Royaume; le riche thresor de toutes les lu-

l'attache aux biens de la terre, Tr. II. Chap. II.   51

mieres d'onction, l'vnique objet de l'amour des fideles, la *Les excellences*
consommation du Saint Euangille, la colomne de l'Eglise, *du tres-Saint,*
la gloire des Prestres, le pain viuant de la table du Tres- *& suradora-*
Haut, l'admiration des Anges, la vie eternelle des Chre- *ble Sacrement*
stiens, le fleau tout puissant contre les heresies, & le Iuge *de l'Autel.*
souuerain changé en Agneau pour les ames contrites &
vrayement penitentes.

5. O mon Dieu apres tant de veritez connuës apres tant
de connoissances esclairées, & de la lumiere clarifiante du *Le peché mor-*
Saint Esprit, & veoir d'vn œil Chrestien, que le peché *tel chasse hon-*
mortel va destruisant, & aneantissant tous ces thresors & *teusement Ie-*
richesses du Ciel dans vn cœur où il est entré par le consen- *sus-Christ du*
tement d'vne mauuaise volonté, & qu'il vous chasse ainsi *cœur Chrestien*
de ce *double Paradis corporel, & spirituel*, pour y loger vostre
ennemy. O malice espouuentable de l'homme ingrat, lequel contre tout droit & raison veut *loger l'enfer dans le*
Paradis.

6. O tres-adorable & infiniment aymable Iesus, humblement prosterné à vos pieds ie deteste tous mes pechez "
& ceux de tout le monde, de la mesme detestation, que "
vous les auez detesté en la Croix à la face de vostre Pere "
Eternel; voicy aussi, ô Pere de diuine misericorde, qu'à "
la face du Ciel & de la Terre, des hommes & de Anges, "
ie confesse que ie suis le plus criminel de tous les pecheurs "
& le plus indigne de vos misericordes, & partant, ô tres- "
diuin & plus qu'infiniment aymable Iesvs, si vous daignez "
me regarder d'vn œil fauorable, ce sera tousiours le pur "
effet de vos grandes & infinies misericordes, apres m'estre "
si malicieusement opposé à vostre amour, par toutes les "
resistances & les esloignemens possibles: cependant, mon "
Dieu, i'espere en vous par dessus toute esperance, car si "
ie suis infiniment meschant, vous estes aussi infiniment "
bon, infiniment bien-faisant, infiniment riche, infini- "
ment liberal, mais aussi infiniment iuste, & pour tout cela "
O *aymable Iesus*, voicy que tres-humblement prosterné à "
vos pieds ie vous abandonne mon corps, ma santé, ma "

G ij

L'Ame captiue sous le second sceau,

„maladie, ma mort, mon salut & mon eternité. Deux cho-
„ses seulement ie vous supplie de m'accorder, la premiere,
„que ie vous ayme de tout mon cœur, de tout vostre cœur,
„& que ie ne vous offense point le peu qui me reste en cet-
„te miserable vie : & du reste, ô mon diuin IESVS, ie vous
„l'abandonne ; car si vne fois ie vous ayme, & que vous me
„mettiez en enfer comme ie le merite, ie le conuertiray en
„Paradis, & tous ses tourmens me seront des delices, pour-
„ueu que ie vous ayme, ô l'vnique aymable de nos cœurs.
„ Ainsi soit-il.

L'amour diuin est capable de conuertir l'enfer en Paradis.

Le plus puissant moyen contre le peché.

7. Enfin, cheres ames, *le plus puissant moyen contre les pechés c'est l'application interieure de nostre esprit à Iesus-Christ au fond de nostre cœur* employans ses merites & sa vertu par amour, & humilité, comme victorieux des tenebres y auoir recours à luy en toutes occurrences.

CHAPITRE II.

L'ouuerture interieure du second sceau, & la liberté de la deuxiéme captiuité.

1. IL s'y void vn *Cheual roux, & à celuy qui est assis dessus, il est donné d'oster la paix de la terre, & faire que l'on se tuast l'vn l'autre, & luy est donné vn grand glaiue.*

2. Ce triomphant, & victorieux AGNEAV ayant déja surmonté *le peché* & tué son infame complaisance dans cette pauure ame, vient encore victorieusement d'y ter-rasser, & fouler aux pieds la vanité insolente d'vne mondanité déreglée, & de *la vaine complaisance des creatures, pour y leuer le second sceau,* & la liberer, & affranchir de cette deuxiéme captiuité des attaches, & engagemens criminels aux biens de la terre ; & partant luy en donner le prix, & la liberale recompense, tout sortable, & conuenable à cét Estat, d'où vient que l'ame y paroist comme vn cheual

L'Agneau occis leue le second sceau de la complaisance, & attache aux creatures.

L'attache aux biens de la terre, *Tr. II. Ch. II.*

roux, parce que le diuin, & interieur attrait l'ayant arrachée de l'amour sensuel des creatures, & retirée plus en dedans parmy les flammes de l'amour diuin, qui l'ont ainsi roussie de leurs diuines ardeurs, toute humide, & fraische qu'elle estoit de l'amour des choses sensuelles, & terrestres, & nouuellement échapée de cette mondaine captiuité.

3. Celuy qui est assis dessus c'est l'AGNEAV VAINQVEVR, *& assis signifie repos* apres de si grandes, & signalées victoires, comme celle du peché, & des complaisances mondaines, & il luy est donné d'oster la paix de la terre, parce qu'elle a volontairement consentie à son attrait interieur, & cordial, & s'est laissée dépoüiller de vaines, & criminelles complaisances des creatures, & de toute mondanité, pour entrer victorieusement sous la conduite de son diuin, & tout triomphant Agneau dans le *regne de la paix*, & les delices infinis des biens de l'Eternité, & là la fausse paix de la terre luy est ostée, s'en estant dégagée d'affection, & luy déniant ses complaisances, pour suiure son doux Agneau, & se laisser attirer à luy plus auant *dans le desert interieur*. Et ce grand *glaiue* c'est la crainte de Dieu, laquelle s'est interieurement emparée de l'ame, pour y tuer, & égorger toutes les criminelles sollicitations du vain amour, pour entrer plus auant, & s'élancer plus courageusement dans le pur amour de l'Eternité. *Le repos de Iesus victorieux dans l'ame.*

La destruction de la fausse paix.

ESTAT, ET SON PRIX.

Ie sçay ta tribulation, & ta pauureté, & le cœur de ma Charité en a esté touché en ce que tu as quitté volontairement, & pour l'amour de moy *l'affection desordonnée des choses terrestres, & mondaines*. Mais va, j'ay entendu ta voix, & écouté les soûpirs de ton cœur, & je te dis, prends courage, car en cela mesme tu es faite *riche des biens de ma grace*: Ie sçay aussi que tu es blasphemée, & mocquée pour mon Nom; il est vray, mais ta consolation, pauure ame, doit estre en moy, & en ce que ce n'est que des méchans Esco- *Quels sont les Escoliers de Sathan.*

liers de Sathan, lesquels te portent enuie, à cause que quittant l'amour desordonné, & idolâtre des creatures tu as commencé de m'aymer, & ils t'en veulent, parce tu as quitté le train de leurs mauuaises & pernicieuses maximes. Mais va, ne crains point toutes les choses que tu as à souffrir, car *je seray auec toy, si tu veux aussi bien estre auec moy dans mes souffrances au fond de ton cœur*, & je te promets, que si tu es fidelle jusqu'à la mort, je te donneray la couronne de Vie, & partant ne seras point lezée de la mort seconde.

Protection de Iesus sur l'ame recueillie dans son cœur auec luy.

SECTION PREMIERE.

L'oraison de foy exercée par amour vers Dieu au fond du cœur propre à l'homme Chrestien, comme l'oraison de la teste exercée seulement à la naturelle est indigne du Chrestien.

1. POSE' que l'ame ait esté jusques icy diligente & perseuerante à poursuiure son *interieure attention vers son objet diuin & humain*, sçauoir, Iesus-Christ residant par foy, par grace, & par amour au fond de son cœur, & de sa volonté, elle y doit aussi auoir appris que ce mesme *cœur a esté fait de la diuine Sagesse pour vn Vaisseau propre*, & tout preparé à receuoir *la diuine nourriture du precieux Sang de l'Agneau*, & que par consequent il luy doit estre ouuert *sans intermission en dedans, & fermé en dehors* à toutes les choses vaines, & curieuses; car luy seul y veut habiter, & y conferer des affaires de sa Gloire, & de son regne interieur, & de vostre salut, & perfection. Et cependant la pluspart des Chrestiens, voire mesme vne bonne partie de ceux qui conduisent les autres, *au lieu de tendre ainsi de droit fil à Dieu au fond de leurs cœurs à l'exemple de Iesus-Christ, de sa tres-sainte Mere, de son chaste Espoux saint Ioseph, & de tous les Saints qui ont entré par ce court chemin de la porte estroite du fonds*

L'Oraison de recueillement pratiquée de Iesus-Christ & des Saints.

L'attache aux biens de la Terre, Tr. II. Ch. II. 55

du cœur, de demiſſion de propre eſprit, de dénuëment de propres puiſſances, & d'y employer ces moyens ſurnaturels de foy, d'eſperance, & d'amour diuin ; les y employant, dis-je, ſurnaturellement en dedans vers leur centre, qui ſont les moyens proches, faciles, efficaces, & vniquement neceſſaires à telle fin, d'arriuer à ſon *Dieu interieurement concentré au fond de noſtre Eſtre.* Cependant la pluſpart s'en tiennent à je ne ſçay qu'elle pratique de propre eſprit, & de *Politique prudente*, qui les retient dans l'étage de la nature, & de l'humain, raiſonnans dans leurs teſtes, & auec la capacité du propre Eſprit, & ainſi ont dit exercer la foy eſt vn don ſurnaturel de Dieu, auec de foibles inſtrumens naturels, & humains, tel qu'eſt la qualité du propre eſprit, & le raiſonnement humain qui ne peut faire que l'homme, & le naturel humain, lequel ne ſe peut point ſurpaſſer : & cependant il ne nous ſuffit pas d'eſtre hommes raiſonnables, mais il faut encore eſtre hommes Chreſtiens, & pour eſtre, & *viure en homme Chreſtien*, il faut apprendre à agir, & à operer ſurnaturellement.

L'exercice de la Foy n'excluë pas le raiſonnemēt, mais l'eſprit ſe doit abbaiſſer ſous la foy dans l'interieur pour s'en ſeruir ſurnaturellement, il excluḋ ſeulement l'actiuité trop empreſſée dās la teſte, laquelle il faut aneantir, & non le raiſonnemēt, qui eſt bon ſi on en vſe moderément, & non ſeulement à la naturelle.

2. Et on ne peut pas operer ſurnaturellement dans ſa teſte, parce que *la teſte eſt le lieu, & le propre ſiege des organes naturels*, qui font l'homme raiſonnable, & le conſtituent ſeulement dans ſon étage finy, humain, & borné de la loy naturelle du propre eſprit, lequel on doit *aneantir* pour participer, & donner lieu à l'Eſprit diuin ſous la Loy ſurnaturelle qui fait l'homme Chreſtien regeneré, ou tendant à la parfaite regeneration. D'où vient que Noſtre Seigneur nous donnant ſes preceptes dans la Loy de Grace ne nous a parlé que d'aymer, par ce qu'il nous auoit acquis, & merité le ſaint Eſprit, le pur & l'vnique amour perſonnel de la tres-ſainte Trinité, & ce tres-digne, ce tres-riche enuoy perſonnel d'ineffable Amour a pour propre employ de ſa diuine, amoureuſe, & embraſée miſſion de purifier nos cœurs, & y établir la Loy d'amour, qui fait ainſi *regner le ſurnaturel*, & l'onction Chreſtienne verſée dans l'ame des Fidelles, & par dedans *le Vaſe central du fond de la volonté.*

D'où vient que Noſtre Seigneur nous commandant de l'aymer, ne dit pas de toute noſtre teſte, mais premierement de tout noſtre cœur : parce que le cœur eſt le ſiege de la capacité amatiue dans laquelle ſe découure l'organe central de la volonté maiſtreſſe puiſſance qui reçoit immediatement l'infuſion amoureuſe du ſaint Eſprit, & partant qui *doit appeller les autres puiſſances par ſon attrait ſurnaturel au recueillement interieur*, & y receuoir par elle le fruit de leur demiſſion, & abbaiſſement.

3. Et partant dés l'entrée & commencement de cette *voye interieure* de mort, de dénuëment de propre'eſprit, de priuations de l'humain, & de l'amortiſſement de l'ame, & de ſes facultez ſe laiſſant attirer & abyſmer au fond de ſon cœur & de ſon neant par le puiſſant attrait de la volonté embraſée, entrant ainſi dans ce *vaſte deſert ſpirituel & interieur*, elle y rencontre dés l'abord des richeſſes de la vie ſurnaturelle, & la vraye ſaueur du pain ſolide mangé auec les dents d'vne foy pure & viuifiée, & partant exercée ſurnaturellement, & qui fait ſauourer la *manne du Ciel* que Dieu ſe plaiſt d'y verſer autant que l'ame en eſt capable, & tres-abondamment & infailliblement plus ou moins ſur tous ceux qui entrent dans cette *ſolitude interieure* à ſa ſuitte, & là où il les nourrit & raſſaſie à pleine meſure ſans en reſtraindre l'étenduë, mais ſelon la liberalité de ſon amour.

Pain ſpirituel de l'Oraiſon. Enfin, ce *Pain ſauoureux*, ce *Pain noble & pur de la vraye Oraiſon exercée dãs l'interieur* eſt vn Pain ſolide petry à la ſurnaturelle, & biē cuit dãs le fourneau de la Charité, & diſtribué à l'ame par l'operation du S. Eſprit, c'eſt vn Pain entier & qui n'eſt point frelatté par l'impureté des ſens ny du propre eſprit, ny de la nature, ny de la baſſeſſe du raiſonnement humain, vn Pain fort & moulu auec les dents d'vne foy viue, & bien digeré par le diuin eſtomach de la Charité verſée dans le plus intime de l'ame. D'où vient qu'elle en eſt ſolidement & ſurnaturellement repuë & diuinement nourrie, mais

Le Pain ſubſtanciel du S. Sacrement de l'Autel. tres-ardamment & dans la force entierement vigoureuſe de ce tres-moilleux & tres-ſubſtanciel aliment ſauoureux,

& nourriture de vie furnaturelle, au moyen dequoy l'ame peut arriuer jufques à *la grande montagne de la Diuinité*, ainfi que le doit faire vn bon Chreftien genereufement animé de répondre à fon nom, & à tous fes effets.

4. Mais au lieu de cela, la plufpart des hommes s'arreftent à l'humain & à la nature du propre efprit, ce qui n'eft pas mauuais pour eftre homme raifonnable, mais ce n'eft pas affez pour eftre Chreftien; c'eft la maladie naturelle de l'homme de vouloir eftre homme raifonnant, & à foy fans demiffion, & roulant dans fa tefte le chariot naturel de fes penfées, il fe figure vne *foy plus imaginée qu'infufe, & partant plus acquife que donnée*, & ainfi auec certaine pratique fpirituelle, & non interieure, puis qu'il ne tend pas en dedans au fond du cœur, mais demeurant feulement dans la nature du propre efprit bien policé, & prudemment exercé par les temps, les lieux, les motifs, les actes, les fujets & les raifonnemens fur tout cela, & cependant on ne s'aduife pas que l'on tient continuellement le dos tourné à Dieu & à ce *diuin Soleil interieur qui luit au fond de nos ames*, & dont ils ne font point éclairez, parce qu'ils fe tiennent la face de l'ame tournée en dehors fur leurs *actes*, fur les points, & motifs des fujets, & objets de leur meditation auec la rouë du raifonnement, tout ainfi qu'vn Ecurieu enfermé dans vne cage en forme de rouë qui court fans ceffe à l'entour de foy-mefme, & n'entre jamais dedans, & ne ceffant de tournoyer fans rien aduancer, ny bouger d'vn pas, ny fortir de fa place, ny mefme changer de pofture; ainfi fait *l'homme qui cherche Dieu à la naturelle* ne ceffant de roder, & tournoyer à l'entour de la rouë de fes propres raifonnemens, qu'il tourne & retourne dans fa *tefte*, & tout à l'entour de foy-mefme par fes penfées multipliées & diftraittes, fans jamais fe laiffer tirer ny recolliger interieurement en verité dans cette voye & ouuerture cordialle à fon Dieu, ny s'aduancer d'vn pas vers luy, ny pas mefme *y donner lieu à l'attrait de la grace de l'y attirer*, & cela par faute de tourner fon attention & affection en dedans vers fon centre & fon repos.

Oraifon politique fpirituelle & non interieure, où l'on blâme feulement l'excés & le mauuais ufage des actes trop multipliez & empreffez fans leur donner Dieu pour objet interieur au fond du cœur vers lequel ils doiuent eftre doucement exercez par l'efprit recolligé, & abaiffé fous la foy dans l'interieur.

SECTION SECONDE.

Comment dans cette oraison cordiale l'ame passant par les playes de Iesus Christ, se despoüille de l'esprit du vieil homme, & de sa maniere d'agir à la naturelle, figuré par la couleuure se despoüillant de sa vieille peau.

ON dit qu'il y a vne saison en l'année en laquelle *les couleuures* se dépoüillent de leur vieille peau, & pour ce faire elles choisissent *vn lieu estroit & fort serré*, comme entre deux pierres de roche, ou entre deux fortes espines en quelque buisson, & passant ainsi à force, elles commencent à se despoüiller, premierement *la teste*, & coulans peu à peu, à mesure leur peau se dépoüille, & enfin acheuans de passer la queuë, elles laissẽt leur *vieille peau* derriere elles, & demeurẽt ainsi renouuellées, & beaucoup plus agiles qu'elles n'estoient auparauant, & courrent d'vne telle vitesse, se voyans ainsi dépoüillées, qu'à peine vn cheual les pourroit suiure, & dit on que la raisõ pourlaquelle la couleuure court si viste & si loin de ce lieu, que c'est pour l'oublier & ne iamais plus repasser en ce lieu, de la peur qu'elle a que venant à y passer elle ne trouua sa vieille peau, & qu'elle ne fut obligée de la reprendre, tant elle est aise d'en estre deliurée. C'est en verité vne naïue figure de ce qui se passe dans l'ame abstraite : car il faut sçauoir que *l'homme a receu le souffle de vie par le plus intime de son Estre*, comme le plus voisin & la plus centralle embouchure, enuisageant l'Estre viuant de Dieu, duquel elle reçoit la vie & la vertu naturelle d'animer son corps, laquelle vigueur de vie naturelle de l'ame montée à son Estre prend ses assises dans le cœur, au fond duquel est l'embouchure centralle de son *organe amatiue, qui s'appelle la volonté*, que les hommes appellent puissance aueugle, à cause qu'elle re-

Le cœur siege & organe central de la volonté.

l'Attache aux biens de la terre, Tr. II. Chap. II. 59

garde en dedans, & y est ouuerte vers son objet viuant & increé qu'elle enuisage, & dont elle est comme éblouïe de cette diuine splendeur qui en jallit sur son poly par reuerberation. Mais ô heureux aueuglement, dans lequel se forme l'esclat de tout le lustre de la *vraye lumiere infuse, & qui ne peut estre contrefaite par l'Ange de tenebres*, en quelque figure de transformation de lumiere, ou de lumineux qu'il se puisse mettre, parce que c'est vne lumiere clarifiante qui porte onction par tout l'Estre de l'ame, & qui va destruisant & aneantissant toute fausse lumiere. *La volonté est dite vne puissance aueugle, & pourquoy.*

Lumiere qui ne peut estre contrefaite par l'Ange de tenebres.

2. Et ainsi les deux autres puissances, memoire & entendement ont leur situation organique dans la teste, & où elles operent à la naturelle & à l'humain raisonnable. Et pour l'ordinaire l'homme s'oubliant de son origine se contente de cet estage naturel, d'où vient que tenant ainsi ses puissances ouuertes vers le dehors, il s'y répend, & y employe toute la vigueur actiue de sa vertu animante, par la roüe du raisonnement & l'habitude de l'extrouersion on vient obscurcir son fond, & à tout donner à l'entendement de la teste, parce qu'on a oublié celuy du cœur. Et ainsi le propre esprit estant comme la saillie actiue de l'ame, s'en va picorer à la campagne d'arbre en arbre, de buisson en buisson, & par mer & par terre: Enfin *il s'oublie de reuenir ainsi que le corbeau de l'arche s'arrestant à la curée infame des creatures*, desquelles il repaist sa bestialité, quoy qu'il sçache cette sentence de Nostre Seigneur qui dit, que qui ne renaistra n'entrera point au Royaume des Cieux, & pour faire creature nouuelle il faut dépoüiller la vieille peau, pour estre, & viure en Chrestien, & mettre nostre foy en vsage surnaturel, pour laquelle chose faire, *le Chrestien doit rappeller son Estre naturel au dedans, & le conduire vers son origine, & commencer son despoüillement*; premierement par la teste, retirant son esprit effus, respandu & multiplié dans les objets du dehors, & le faire tendre & passer trauers le buisson serré de son cœur, & du fond de ce passage estroit, le faire passer par le pertuis de la pierre viue, qui est IESVS-CHRIST, & passant ainsi à l'estroit de cette porte inte-

L'entendemẽt & la memoire ont leur siege organique dans la teste.

Entendement du cœur.

Comment l'ame recolligée se despoüille de la peau du vieil homme.

H ij

rieure & centrale, il y escorche & despoüille la peau noire du *vieil homme*, apres quoy l'ame se trouue si déchargée & allaigre pour lés choses de vertu, qu'elle fait plus de chemin en vn iour de la vie nouuelle, qu'en cinquante ans dans la vieille, mais l'ame chrestienne ne doit pas estre moins prudente que la couleuure, afin de ne iamais retourner à sa vieille peau ; & pour ce faire elle se doit *habituer à la recolleEtion continuelle*, qui est le propre chemin de retourner à l'origine de son Estre en dedans, & s'y surnaturaliser & diuiniser par aneantissement parfait, & conformité à l'Agneau de Dieu.

SECTION TROISIESME.

Delices interieures des ames simples addonnées à l'oraison de recueillement, dont sont priués les sages du siecle s'arrestans à la suffisance de leurs esprits, & raisonnemens naturels.

O Que bien-heureuse est l'ame desnuée, & interieurement preparée à la tres digne demeure de ce tres innocent Agneau, deuant lequel tous les Saints flechissent dans le Ciel, & son cœur parle à eux le langage d'amour, & eux ne font autre chose qu'estre attentifs à luy, & respondre le mesme langage par vnion de leurs cœurs au sien ; & partant *il veut ainsi habiter dans nos cœurs en la mesme vnion, & en faire son Ciel de misericordes*, pour y estre interieurement à la face du Pere la tres-bonne & toute-puissante priere, aussi bien que la tres-digne loüange à nostre faueur, pour meriter à nos cœurs *l'vnion de sa diuinité*. Car qu'vne ame proprietaire d'elle-mesme pousse au dehors & à l'exterieur tant de fueïlles & de fleurs qu'elle voudra, si elle n'apprend *à se recolliger interieurement au fond de son cœur sous les pieds de* IESVS-CHRIST son diuin & humain suppost, elle ne portera jamais ses fruits jusques à pleine maturité, parce qu'il

Pourquoy Iesus-Christ habite dans nos cœurs.

n'appartient qu'à ce *diuin & humain Soleil de nostre ame* d'exercer sa diuine chaleur sur la fraischeur de nostre *arbre interieur*, & en faire tomber par sa vertu feconde les abondances de ses excellens fruits meurs du jardin de ses fidelles creatures dans la main bien faisante de la Diuinité, pour estre amassez & serrez par son bon soin & diligence dans les hauts greniers de sa Gloire.

2. O inscrutable Sagesse, ô clemence Paternelle : vous estes la toute-puissante protection des simples, & l'vnique consolation des cœurs : mais pour *les mondains & les enfans du siecle, les sages & grands discoureurs*, les prudens & Philosophes se contentent de parler de vous, & ne veulent point entrer en d'autre connoissance de vostre *Estat humilié & humiliant* : en telle sorte qu'ils ne vous connoissent que pour les autres, car s'ils vous vouloient connoistre pour eux-mesmes, ils se depoüilleroient sans doute de toute sagesse mondaine & de toute sagesse affectée, sçachans que vous l'abhorrez comme vne peste de la vraye vie Chrestienne, qui deserte la simplicité & la candeur de l'Euangile; lors qu'ils s'en contentent, & qu'ils ne veulent point sauourer la vraye & diuine Sapience experimentale, qui éclaire interieurement & surnaturellement dans le fonds de l'ame recolligée en soy-mesme, & exposée à ce *Soleil diuin*, pour en receuoir les lumieres ardamment & suauement infuses. D'où vient qu'ils n'entreront jamais, ny ne pourront penetrer le *glorieux mystere de la riche pauureté du diuin Agneau*; parce que la hauteur enflée de leurs grands esprits ne se peut point abbaisser jusques à la *basse porte* de la profonde mitesse de son cœur, laquelle ils ne daignent seulement pas regarder pour en ignorer le prix & en méconnoistre l'estime : & croyans estre au dessus de tout cela, ils se mocquent souuent des simples pratiques, & en détournent les foibles, & en dégoustent ceux qui commencent, pour auoir dauantage de compagnons de leur aueuglement & misere. Telles gens sont à la verité dignes de tres-grande compassion ; car *la felicité d'vn bon Chrestien consiste à se con-*

Les esprits suffisans méprisent les simples.

Quelle est la felicité du Chrestien.

former interieurement & exterieurement à Iesus-Christ, comme diuin Moyse de la Loy nouuelle, qui doit le conduire par ce desert interieur là où tombe la douceur de la manne, qui nous fortifie dans ces amoureux commerces d'humilité cordiale, & nous apprend à l'exterieur à aymer la mortification & participation visible aux opprobres de sa Croix. Il faut donc entrer en verité dans nostre desert interieur, puis que la figure en est passée, *& le droit passage c'est le fond du cœur, & le passage estroit, c'est la precieuse playe du costé de Iesus-Christ: & de là entrer par la playe de son cœur mort au cœur viuant de sa Diuinité.* C'est là, Ames Chrestiennes, & non ailleurs, où il faut tous les jours manger son pain quotidien; mais pour y auancer il faut tendre, & pour y tendre il le faut vouloir, & pour le vouloir il le faut connoistre, & pour le connoistre il le faut entendre, & pour l'entendre il le faut écouter, & pour l'écouter il y faut incliner l'oreille du cœur, & par le fond du cœur entrer par la porte étroite, par où il vous faut passer, & pour y passer il se faut abbaisser, appetisser & s'implifier jusqu'à son neant.

Passage de l'ame recolligée en Dieu.

3. Helas! *combien de Chrestiens laissent Iesus-Christ tout seul dans leurs cœurs, où il habite par foy & par grace,* mais il y veut estre cherché, demandé & desiré dans le cœur par *l'vsage surnaturel de la foy, & la pluspart se contentent du naturel,* & ne regardent jamais en leur interieur pour s'y retirer & y exercer l'instrument de la foy à la surnaturelle, ainsi qu'il appartient à vn bon Chrestien qui veut estre *membre de Iesus-Christ*: & partant qui le demande, & l'appelle dans son cœur pour luy estre non seulement comme soûtien d'estre, ainsi qu'il est dans les reprouuez: mais il l'y demande & l'y attire par amour pour leur y estre comme vne forme viuifiante, laquelle les anime de sa vie, afin que viuans de cette vie d'amour dans l'interieur, ils en puissent aussi éclairer & clarifier leurs operations surnaturellement exercée à la veuë & sous l'aspect du riche brillant de ce diuin & humain Firmament étoillé & sureminemment émaillé du beau luisant de *ses precieuses playes*, qui ne laissent pas d'éclairer

Quels sont les Astres du firmament interieur de l'ame.

parmy la *nuit de ses souffrances*, comme autant de beaux Astres de gloire attachez par amour au *Ciel de nos ames*, où il roule autant de corps lumineux, qu'il y a de playes infligées sur cette *adorable humanité*, dont les amoureux regards, & les influences diuines liberalement épanchez dans les cœurs fidelles, font abondamment rejallir de la source interieure & intarissable de ce precieux pertuis de la nouuelle mazure, & de toutes ces fentes dorées de la pierre viue, des torrens de grace & ruisseaux de gloire, qui amandent & fertilisent ces pauures *terres ingrattes de nos cœurs* de la riche abondance d'vne moisson éternelle : pourueu que de leur part ils y vueillent adherer & y répondre en toute simplicité d'esprit & humilité de cœur, car les seuls suffisans sont priuez de ces biens de l'Eternité.

SECTION QVATRIESME.

Necessité de l'Oraison pour viure chacun en son estat, selon la perfection & noblesse Chrestienne qui bannit d'entre les vrais nobles la pernicieuse & lâche maxime du duel.

1. IL est impossible à l'ame Chrestienne de cultiuer ses vertus, ny reformer son esprit, ny corriger ses mœurs que par le moyen de *la sainte Oraison*. Mais quoy, l'on dit que l'Oraison est vn don de Dieu, & qu'il est le Maistre de ses dons & le Dispensateur de ses richesses, & partant qu'il ne les donne pas à tout le monde. Voila grand cas, que *les paresseux* ne manqueront jamais d'excuse; car tout aussi-tost qu'on leur parle, au lieu de se recolliger & ouurir les cœurs à la semence de la parole diuine & prendre pour eux ce qu'on leur dit, voila qu'ils s'en vont & vous rejettent à tout le monde. Mais ne soyez pas de ce mal-heureux monde qui refuse d'écouter IESVS-CHRIST, ou bien s'il l'écoute, ce n'est que pour murmurer & syndicquer ses actions. Ce

Langage & maxime des ames paresseuses à l'exercice de l'Oraison.

sont gens qui ont trop d'esprit, & n'ont pas assez d'humilité ny de docilité pour se laisser instruire. Hé, cheres Ames, si vous sentez estre de ce monde-là, sortez-en au plûtost, & vous rangez parmy les oüailles de Iesvs-Christ, qui entendent sa voix, & la mettent en pratique en toute simplicité & humilité ; car croyez-vous échaper de la main de Dieu par vos belles excuses ? Ne voit-il pas vos cœurs ? Oüy-da, mais le mal, c'est que vos cœurs peut-estre ne le voyent pas, & ne le voyans pas, ils ne le connoissent pas, & ne le connoissans, ils ne le voyent pas ; car on se contente de regarder des yeux de la teste, parce qu'on ne veut pas apprendre que c'est des *yeux du cœur* qu'il faut voir & regarder la vie & la lumiere d'amour. On ouure bien-tost les oreilles de la teste au bruit importun & au tintamarre du siecle, & cependant on ferme celles du cœur, de peur, peut-estre, d'entendre la voix du souuerain Pasteur qui les rappelle à l'interieure recollection. On ne manque point ny d'esprit ny d'entendement de la teste pour les choses humaines, politiques & exterieures, mais on n'a peut-estre jamais appris ny sceu si l'on a vn *entendement cordial* ; & mesme si l'on a vne ame, sinon peut-estre pour l'auoir oüy dire. Helas! c'est trop negliger vn si grand bien-fait, pour lequel faire valoir, nous n'auons que le temps present, & la mort incertaine qu'elle ne nous priue de vie au premier moment.

2. Enfin, cheres Ames, on ne nous a point baptisez pour viure vagabonds comme des Payens : Ie n'ay pas affaire de vous representer ny les Hermites ny les Religieux, mais voyez l'Original de vostre copie d'vn œil Chrestien ; & le voyant de l'œil épuré d'vne foy viue, voyez ce que vous luy auez promis au Baptesme, & puis apres excusez-vous, si vous pouuez, de viure de la vie parfaite, de la vie de l'Euangile : car *de quelque estat & condition que vous soyez, vous deuez premierement faire cas de vostre nom Chrestien, veu qu'estans baptisez & faits Chrestiens, voila vostre noblesse.* Noblesse

De la vraye noblesse Chrestienne.

que vous tirez de la Royauté Eternelle de Iesvs-Christ;
Noblesse

L'attache aux biens de la terre, Tr. II. Chap. II. 65

Nobleſſe qui a pour antiquité l'éternité d'vn Dieu, & pour extraction les trois diuines Perſonnes, dont nous ſommes extraits, & receuons le collier de l'Ordre diuin au Bapteſme, au Nom du Pere, & du Fils, & du S. Eſprit, auec leur *trine impreſſion au fond de nos ames* ; & ainſi lauez & rougis du precieux ſang de L'Agneav, vous auez renoncé à la *nobleſſe du vieil Adam*, & à toutes ſes maximes : vous auez renoncé au Diable & à toutes ſes ſuggeſtions : vous auez renoncé aux pompes & à toutes leurs vanitez & ſuperflu : & vous eſtes obligez de viure de la vie Nouuelle, de la vie de l'Agneau, de la vie de Chreſtien & d'Oingt de Dieu, & de la vie de l'Euangile : De ſorte que ſi vous eſtiez ſi mal aduiſez de reprendre cette vieille nobleſſe toute pourrie, corrompuë & gangrenée du peché du vieil Adam. Helas, quel mal-heur ! Mais quel aueuglement ! de quitter, abandonner & faire banqueroute à *la poupre Royale du precieux ſang de l'Agneau* pour ſe roturer ſi vilement & r'aualler par le peché au deſſous de la moindre creature, au deſſous des Enfers & des Demons, & du peché meſme s'en eſtans fait les Eſclaues.

3. D'où vient qu'il ne ſe faut pas étonner ſi les *Gentilshommes* s'égorgent les vns les autres par je ne ſçay quelle pernicieuſe & damnable maxime qu'ils appellent *duel*. Helas dueil ſont-ils, puis qu'ils cauſent la mort éternelle à ceux qui les pratiquent : C'eſt vn terrible & épouuentable duel de ſang, de feu, de flamme, de rage, de deſeſpoir & de priuation de Dieu, pour luitter éternellement contre les tourmẽs & les diables. Enfin, c'eſt vn duel qui tire ſon origine de ce qu'ils ſont retournez à la roture du peché, rendans leur foy & hommage au vieil Adam & à ſa nature corrompuë, d'où vient qu'ils renoncent ſi mal-heureuſement à leur Bapteſme, & à *la pureté de l'Euangile*, laquelle nous dit qu'il faut *aymer nos ennemis, & que ſi l'on nous donne ſur vne jouë qu'il faut tendre l'autre.* Mais ces Meſſieurs nous diront qu'il faudroit eſtre lâche & n'auoir point de cœur ny de courage pour ſouffrir, & qu'il s'en faut venger. Et moy je vous dis que

La pernicieuſe & lâche maxime du duel eſt oppoſée à la vraye nobleſſe & generoſité Chreſtienne.

I

la vraye vengeance du Chrestien est de rendre le bien pour le mal, & que ce n'est pas le courage qui se venge, mais la passion immortifiée : & que le propre d'vn genereux courage est de sçauoir endurer : & voila les saintes maximes de l'Euangile, lesquelles vous rejettez, parce que vous n'auez jamais eu le courage de vous vaincre vous mesme, & faute d'auoir bien estudié en cette classe, vous n'auez point appris *ce que c'est d'vn homme de cœur;* D'où vient que vous transmuez le vice en vertu, & donnez à la passion brutale le nom de genereuse. Sçachez donc que la vraye generosité consiste à bien souffrir, & non pas à se venger ; & que le premier exercice d'vn homme de cœur, c'est de se dompter soy-mesme, & faire ainsi, voila la vraye noblesse, la vraye vertu : ou autrement, voyez ces gens qui se vantent glorieusement d'estre de grande naissance & d'ancienne noblesse, & cependant n'ont pas la vertu ny le courage de souffrir vne petite injure sans s'en venger : Mais que dis-je? *Ils ont raison de se vanter de l'antiquité de leur maison, puis qu'ils suiuent en tout & par tout le vieil homme, & ses pernicieuses pratiques.*

Les plus signalez en noblesse & dignité seculiere ou Ecclesiastique sont les plus obligez à la perfection Chrestienne & à estre exemplaires.

4. Personne donc n'a droit d'excuse legitime pour éuiter de viure chrestiennement, mais bien dauantage les *plus signalez en noblesse doiuent preceder le tiers estat en vertu, & il est tres-constant que la pieté chrestienne dans vn Prince ou grand Monarque le releue doublement, & deuant Dieu, & deuant les hommes: & plus vn homme est éleué en dignité, plus il a d'obligation d'estre exemplaire*, ainsi que l'on peut voir parmy les Ecclesiastiques, lors que quelqu'vn est éleué sur le throsne de la preeminence, & qu'il est vrayement pieux, combien il tire de bons Prestres apres luy. Il en est ainsi des Superieurs de Religion qui font vn fruit notable par leur bon exemple. Mais pour estre tel il faut aymer la vertu ; & pour aymer la vertu il faut haïr le vice, & pour auoir vne veritable horreur du vice, il faut aymer Dieu de tout son cœur; & pour aymer Dieu il faut estre simple, silencieux & recueilly, & interieurement abstrait, separé & dénué, solitaire & humble,

& comme tous les hommes ne peuuent pas estre également solitaires à l'exterieur, au moins se doiuent-ils procurer la solitude interieure par l'oraison, afin que partout où ils aillent, & là où leur office les appelle, ils puissent estre recueillis dans leur cellule interieure auec amour & humilité.

SECTION CINQVIESME.

Les railleries des choses saintes & du mot de mystique, viennent du défaut d'oraison, à laquelle les personnes consacrées à Dieu sont specialement obligées, comme tout le monde à la perfection chacun suiuant sa grace.

1. Toutes les personnes consacrées à Dieu ne se peuuent pas dispenser de la sainte Oraison, dans laquelle il leur est fait ouuerture des dons de Dieu si necessaires à la pureté & sainteté de leur ministere : chacun pourra penser à soy, & voir son besoin, & qui aura oreille entende : mais qu'il s'essaye d'entendre de cœur, ouurant interieurement sa volonté à Dieu; car il se rencontre des personnes, quoy que doctes, qui raillent sur toutes choses les plus saintes; c'est en bonne verité s'oublier étrangement; & la cause est, qu'ils n'ont que la teste, & n'agissent que de leur teste & de la nature du propre esprit, qu'ils ne communiquent jamais interieurement auec le cœur : quoy pourtant que ce qui se trouue en la bouche de deux soit mieux certifié qu'en vne. Ainsi l'esprit doit répondre au cœur, & à la volonté, à quoy ils manquent beaucoup en cecy, *portans jugemens de ce qu'ils n'entendent pas*, & sous pretexte qu'ils n'ont jamais sorty de l'Egypte, ils n'ont jamais vû ny connu ce qui se passe en la Terre promise. Et ils sont si aueuglez d'eux-mesmes, qu'ils raillent mesme ce qui a esté estimé & pratiqué des plus grands Saints canonisez, voire mesme de la sainte Escriture, puis qu'ils ont entrepris de diffamer *le mot de mystique si vniuersel dans l'Escriture sainte, & si commun parmy les Saints*, ainsi qu'il

Entendre de cœur.

L'Ame captiue sous le second sceau,

appert par les mesmes paroles de Nostre Seigneur, lequel disant à ses Disciples : *Si vous ne deuenez comme ce petit enfant, vous n'entrerez point au Royaume des Cieux.* Hé bien, Messieurs les Railleurs, entendez-vous cela au pied de la lettre ? Est-ce point vn mot caché ? Oüy bien pour vous certainement, puis que vous enflans ainsi de vostre suffisance, vous n'auez pas encore appris la naïue *simplicité* des enfans du Royaume.

Railler le mot de mystique, c'est railler nostre Seigneur & tous les Saints, auec la sainte Escriture, & le saint Esprit qui l'a dictée.

2. Ne vous souuient-il pas de ce Docteur de la Loy, lequel feignant de vouloir apprendre de Nostre Seigneur, luy demanda ce qu'il falloit faire, & *Nostre Seigneur luy dit qu'il falloit renaistre :* Ce mot fut si mystique à ce suffisant, qu'il demanda s'il falloit rentrer au ventre de sa mere pour en renaistre vne seconde fois. Hé, pauure suffisant qui vous estes épuisé dans la Bibliotheque de vostre teste, & n'auez-vous encore jamais *entendu de cœur* ? D'où vient que tout vous est si mystique à cause de vostre ignorance & aueuglement. Cecy soit seulement dit en passant. Que ceux qui s'adonnent à de telles extrauagances prennent garde *que raillans le mot mystique, ils raillent toute la sainte Escriture, & le saint Esprit qui l'a dictée*; & que jamais homme sage n'a raillé de son maistre, mais cela est assez commun aux *aueugles de cœur*, qui n'ont jamais sauouré la moëlle ny la diuine Onction de l'Escriture sainte, & ne la sauoureront jamais tandis qu'ils railleront ce qui leur est inconnu en punition de leur aueuglement.

Quelle est la bonne estude.

3. Et cela vient de ce que ceux qui sont les plus obligez, voire mesme comme indispensables de la sainte Oraison, s'arrestent aux *sciences curieuses* qui les enflent de suffisance, & les éloignent de la vraye humilité : & retirans & ramassans toute leur substance dans leur teste, ils demeurent secs & arides de cœur : car la bonne & profitable estude doit estre entremeslée d'oraison : mais quoy, ils n'en veulent rien faire de peur de deuenir mystiques, & ce sont pour l'ordinaire ceux-là qui disent, que ce n'est pas pour tout le monde. Mais de grace, à qui est-ce que Nostre Seigneur l'a refusé, sinon aux *paresseux*, qui n'ont pas le courage de se baisser pour boire. Car

L'attache aux biens de la terre, Tr. *II. Ch. II.*

depuis que Noſtre Seigneur nous a par ſes merites rendus *ſociables à ſa Diuinité par ſon Humanité*, & qu'il a fait grace à nos cœurs pour ſeruir de Ciboires viuans à ſon éternelle complaiſance; il n'a tenu qu'à nous de l'y aborder en eſprit & par foy, & de nous y rendre & abandonner tout à luy pour y eſtre faits les dignes ſujets de ſa Puiſſance, & les glorieuſes victimes de ſon tres-pur Amour; & quoy bien que ce *don precieux de la vraye oraiſon* ſoit entierement dépendant de la liberalité diuine; ſi eſt-ce pourtant que Dieu n'a de rien tant enuie que de nous le donner: car depuis que IESVS-CHRIST, la gloire des Chreſtiens nous l'a acquis & merité par le prix & l'effuſion de tout ſon ſang ſi abondamment & ſi liberalement épanché en noſtre faueur, & qu'au milieu d'vn feſtin celebre il la loüa en *la ſainte penitente Magdelaine*, & nous apprit qu'il ne tenoit qu'à nous, diſant, Marie a choiſi la meilleure part qui ne luy ſera point oſtée. Il y a donc par conſequent vne meilleure part, & vne moindre qui peuuent eſtre choiſies de l'ame deuote, mais particulierement des *Preſtres & Religieux*, *& de toutes perſonnes conſacrées à Dieu*, *& qui ne ſe doiuent point diſpenſer de l'oraiſon s'il eſt poſſible*. Car non ſeulement ils ſe doiuent maintenir dans l'integrité de leur miniſtere; mais ils doiuët croiſtre en vertu, en ſcience, en ſageſſe, en exemple & *experience de leur propre fond*. Parce que chacun eſt obligé de répondre à ſon degré ſelon l'ordre de la diuine Sageſſe & la ſituation marquée par ſa preſcience éternelle, & cõduite à ſa fin par le miniſtere perſonnel de ſon S. Eſprit, au ſujet de quoy perſonne ne doit negliger ſa grace, ny ſe repoſer dans la vie humaine, ciuile & honneſte, naturelle & raiſonnable; mais chacun doit corriger ſes mœurs, mortifier ſes paſſions, retrencher le ſuperflu en tous ſes ſens, afin *de donner lieu à la vie ſurnaturelle, qui fait la vie Chreſtienne; laquelle nous auons profeſſé au Baptéſme*, par l'application duquel Sacrement, nous auons renoncé aux tenebres de la vie d'Adam, & *nous ſommes engagez à ſuiure* IESVS-CHRIST *crucifié*, *& par conſequent à répondre aux lumieres infuſes du ſaint Eſprit*.

Le deſir que noſtre Seignr a de communiquer le don d'oraiſon à ceux qui le luy demandent humblement.

Obligation ſpeciale des perſonnes conſacrées à Dieu à l'exercice de l'Oraiſon.

70 *L'Ame captiue sous le second sceau,*

4. Et comme les *lumieres infuses ne nous sont communiquées qu'autant que nous auons d'attention interieure à nostre diuin objet, il s'enfuit de là que personne ne doit negliger l'oraison, ou tout du moins vn esprit recueïlly à soy pour auoir attention à ses prieres vocales.* Car sans attention la priere vocale est presque inutile à l'ame Chrestienne; & partant chacun est obligé d'agir selon sa lumiere & le degré de sa connoissance. Et de plus il faut estre soigneux de se faire instruire des choses principalles de sa Religion & pieté Chrestienne, & ne se pas reposer dans l'ignorance, ainsi que font quelques-vns, croyans n'estre pas *obligez à la perfection.* Parce qu'ils ne la veulent sçauoir, de peur d'estre obligez de la faire & reduire en pratique. Enfin *il faut estre Saint, ou diable, il n'y a point de demy Paradis, ny aussi de demy Enfer: mais vn enfer & vn Paradis seulement.* Vous me direz peut-estre qu'il y a *vn Purgatoire:* Et il est vray; mais sçachez que ce lieu n'est que pour les Saints, & qu'il le faut estre pour y entrer: & que pour y entrer il faut auoir combatu toute sa vie; & que les ames les plus parfaites ne s'en estiment pas dignes, voyans tant d'imperfections, mesme dans leurs meilleures œuures; & cependant vne ame qui viura dans l'attache de toutes choses, dans l'immortification, dans la molesse, lascheté, ou tiedeur d'vne vie humaine, sous pretexte de ne faire mal à personne, espere d'y aller: on va à l'Eglise, , on se confesse, on Communie, & partant *on croit estre deuot; tout cela est bon, mais ce n'est pas assez pour vn Chrestien* à moins de ioindre l'interieur à toutes ces bonnes pratiques exterieu-

attention interieure requise en la priere vocalle·

SECTION SIXIESME.

Comme les Chrestiens sont obligez de respondre par la sainteté de leur vie, & fidelle exercice de l'oraison aux neuf chœurs des Anges.

1. LEs moindres Chrestiens doiuent respondre *aux Anges*, & pour respondre à vn Ange, il faut estre pur, simple, modeste, & vigilant: il faut estre leger, & agile, c'est à dire n'auoir aucune attache des choses icy bas pour voler librement à Dieu dans la pratique de l'Euangile.

2. Ceux qui doiuent respondre *aux Archanges*, qui sont messagers de double nouuelle, nous apprenans qu'vne Vierge a conceuë par l'operation du Saint Esprit, & que cette Mere Vierge a enfanté son Createur, & son Fils tout ensemble. De telles ames dis-ie sont obligées d'estre parfaitement instruites de tous les saints Mysteres, & *ne se doiuent pas contenter de vaquer saintement à l'exterieur, mais ils doiuent aussi s'exercer en l'interieur: & d'autant plus parfaitement, s'ils sont Prestres, ou Religieux: & leur vertu propre*, c'est d'estre agiles à l'excution des mouuemens & inspirations du Saint Esprit, & veritables en toutes leurs œuures, & *porteurs de bonne nouuelle*, c'est à dire Iesvs-Christ *au fond de leur cœur*, & *en faire part aux autres pour le pur amour de Dieu*; c'est à dire, sans aucun interest, ny temporel, ny spirituel. Ils doiuent se sçauoir eux mesmes pour s'humilier deuant Dieu, & sçauoir Dieu en eux-mesmes pour l'y laisser operer en souuerain les vertus surnaturelles.

3. Ceux qui doiuent respondre *aux principautez* doiuent estre en tout exemplaires excellens en vertus deuant Dieu, & deuant les hommes; choisissans tousiours ce qui est de plus parfait, & de plus glorieux à Dieu: & s'ils sont esleuez en charges, dignitez, ou offices, il ne doiuent commander que dans l'esprit du vray obeïssant, sçauoir Iesvs-Christ,

qui a sceu faire en toute humilité ce qu'il nous commandoit auec amour & Charité ; ou bien estant sous l'obeïssance, l'executer parfaitement par pur motif diuin.

4. Et pour respondre *aux dominations*, il faut estre sur toutes choses cordiallement humble, victorieux des demons, maistre de soy-mesme ; & parfaitement sujet à Dieu & *homme de silence, & d'oraison infuse*, & partant continuellement ramassé, & introuerty & abstrait de tout ce qui n'est point Dieu, autant que vostre grace vous le permettra.

5. Quant à ceux qui doiuent respondre *aux sieges des vertus*, ils ne doiuent auoir que *le corps en terre, & l'esprit au Ciel*. Ils doiuent exceller en foy d'vne generosité efficace, en quoy est attaché le don de miracles ; ils doiuent auoir vn *interieur esclairé* & soustenu de la vertu de l'Agneau ; ils doiuent estre triomphans du propre amour, & victorieux de sa propre vie ; & maistre de la mort.

6. Ceux qui doiuent respondre *aux puissances* doiuent estre *les coppies de* L'AGNEAV OCCIS, *& d'vne oraison intime* & tres passiue, exercée imperieusement jusques à l'aneantissement du passible & de l'attache à tout le creé, & tous transformez dans les puissances de IESVS, par l'aneantissement de leurs propres puissances, & partāt ressuscités & viuans de la vie de Dieu en IESVS le tout puissant en victoires.

7. Si bien que ceux qui doiuent respondre *aux throsnes* doiuent estre affermis en foy, en esperance, & en charité, & inesbranlables en tout euenement. D'où vient qu'ils sont faits les colomnes de la Sainte Cité, & les *sieges de l'Agneau, sur lesquels il se repose* : ce sont eux qui s'offrent à souffrir pour les pechez du monde, & pour appaiser l'ire de Dieu: ils supportent le poids insupportable des pechez, & empéchent, & arrestent la diuine Iustice.

8. Ceux qui doiuent respondre *aux Cherubins* sont remplis de sublimes connoissances par illustration sauoureuse du miroir diuin transformant l'ame dans l'amour clarifiant, purifiant, & lumineux ; & *leur propre vertu* c'est l'exercice de la Charité, mourans à toute chose, receuans,

&

l'attache aux biens de la terre, *Tr. II. Chap. II.* 73
& supportans l'infinie irradiation de l'amour consommant.

9. Quant à ceux qui doiuent répondre *aux Seraphins*, ils sont tous embrasez & flamboyans d'ardeur, tous penetrez & consommez de l'amour imperieux; & il leur est donné de toucher les cœurs, & de penetrer les consciences, & de répondre diuinement à la trine illustration des diuines Personnes inondantes l'ame de leurs glorieux debords; & leurs vertus sont toutes diuinisées & pleines de vie, de charité & de lumiere clarifiante.

10. D'où vient la necessité de *l'oraison cordiale* & *de son application interieure* & *tres-intime* & *plus que tres-intime*, & outre l'ame en Dieu *d'vne conuersation toute surnaturelle* & *diuine*; toute conforme & tres-sortable à ses desseins; puis qu'il ne nous demande que le cœur & l'amour auec aneantissement de propre esprit & demission de puissance: parce que *ce Dieu d'amour qui nous commande d'aymer*, *est plus desireux d'amour cordial que d'intelligence*; & *incomparablement plus amateur d'humilité que de lumieres acquises*; parce que l'interieure capacité du cœur humble & dénué, est beaucoup plus excellente & glorieuse à Dieu, que toutes les plus hautes lumieres, & sourcilleuses pensées des plus beaux & rares esprits. D'où vient que les plus sçauans & doctes nous disent que Dieu est la sublime lumiere, & clarté lumineuse *assise sur les Cherubins*; C'est à dire, que toute lumiere & connoissance, telle qu'elle puisse estre, doit s'abbaisser & s'humilier deuant Dieu, & la clarté de l'Agneau.

K

CHAPITRE III.

Comment l'ame doit s'abandonner à l'attrait interieur de Iesus-Christ dans l'Oraison, pour l'y suiure & se conformer à luy dans tous ses estats de Croix & de souffrances.

1. IEsvs est le seul vainqueur & l'vnique amateur des cœurs ; *c'est l'Agneau occis mediant, conjoignant & vnissant les cœurs fidelles à Dieu :* c'est l'Agneau hostie sacrifiant, sacrifié, humble & cordialement humilié à la face du Pere, où il efface les pechez du monde : *c'est l'Agneau lumineux, & principe de lumiere portant la clarté veritable dans les cœurs des vrais Amans* ; c'est luy qui fait toute leur noblesse & l'agreable saueur de leur interieure deuotion ; c'est l'Agneau victorieux triomphant des tenebres, & *ralliant & reünissant les ames multipliées*; c'est l'Agneau puissant & puissamment operant la Iustice, la misericorde, l'amour, & la vie dans les cœurs. L'ame qui le cherche dans son cœur le cherche bien ; & celle qui l'y a rencontré a trouué le thresor de tous biens, foy, esperance, charité, simplicité & humilité silencieuse ; c'est le don du Pere, & le riche prix de son amour personnel : c'est luy qui a ouuert le champ vniuersel de la mission du S. Esprit ; c'est luy qui nous a acheté pour nous rendre au Pere par le ministere de son saint Amour, auquel il a esté donné de marquer les places & degrez d'amour, & de gloire du grand festin Eternel, comme Esprit d'amour purifiant & sanctifiant la nouuelle creature : Et cela ne se peut faire qu'en *desistant d'estre à nous, pour nous abandonner tout à luy en l'interieur*. Et c'est aussi nostre repos qu'il opere en nous, & c'est cette dépendance & déference libre & volontaire à l'amour qui fait nostre sublime liberté.

L'attache aux biens de la terre, *Tr. II.Ch. III.* 75

2. Car ceux qui recherchent la possession de Dieu & de son diuin Amour par leurs propres lumieres & intelligence de propre esprit, sont d'ordinaire *inquiets dans leurs pratiques,* & *arides dans leurs lumieres.* Ils vont tournoyans pleins de doutes & de secheresses : car c'est le fruit commun de la nature du propre esprit, & cela arriue parce qu'ils n'ont point recherché ny rencontré interieurement la cause fonciere & vnique des vrayes lumieres dans le sein du pur Amour, *qui porte onction rayonnante en l'ame abstraite par infusion intime de la verité incarnée*; *car tel amour lie, conjoint & tient le cœur de l'amant à l'ame d'vn lien secret d'intime dilection,* & qui n'est jamais sans saueur sensible, mais d'operation diuine suiuie *d'attrait surnaturel,* qui rend l'esprit interieur, docile, attentif & appliqué à son diuin objet.

D'où viennēt les inquietudes & seicheresses dans l'Oraison.

3. En telle sorte que *toute ame Chrestienne se doit rendre interieurement à Iesus-Christ* pour affermir sa vocation, & apprendre de luy & auec luy la vie nouuelle de *l'homme interieur*; laquelle s'exerce par dedans auec la pratique des vrayes vertus exercées en charité, & selon la conformité interieure & exterieure à l'Agneau, pour enfin en venir à la transformation: car il faut tenir pour certain que toute operation estimée surnaturelle, ou quel degré d'vnion que ce puisse estre, qui ne produit point ces effets dans l'ame, & *ces desirs ardens de se conformer en tout* & *par tout à Iesus souffrant,* n'est qu'vne chose imaginée, ou vn éuanoüissement de belle pensée, & partant vne pure tromperie : Car les diuines communications interieures sont toûjours efficaces, & ne sont jamais sans leurs fruits, & leurs fruits produisent en l'ame l'aneantissement du propre esprit sous les pieds de celuy qui *s'est humilié jusques à la mort de sa propre vie, pour nous meriter la vie nouuelle,* & *renouuellée en Iesus-Christ* qui nous a engendrez & regenerez, & nous a faits enfans de croix & de mort à nous-mesme pour nous donner la vie nouuelle, qui a vaincu & tué la mort. *Vie renouuellée de l'homme interieur,* vie de grace, vie surnaturelle, vie de foy, vie d'esperance, vie d'amour, vie de lumiere infuse, vie Chrestienne, qui

Aneantissement interieur de l'Esprit, & *de la vieille vie d'Adam pour viure de la vie renouuellée de l'homme interieur en Iesus-Christ.*

K ij

nous donne les arrhes de la vie de gloire, & l'auant-goust de la diuine possession éternelle. Comme cette pure vie Chrestienne & Euangelique demande l'amortissement total de la vie d'Adam ; voicy que nostre Seigneur nous appelle pour le suiure, nous disant : Si quelqu'vn veut venir apres moy, qu'il se renonce soy-mesme, & se charge de sa Croix, *qui est la mortification du propre Esprit & du propre Amour.* Et c'est par là qu'il me faut suiure ; si bien que celuy qui voudra aller par vn autre chemin, il faut bien dire qu'il n'aye pas entendu la voix de la verité, ou bien qu'il aye enuie de deuancer IESVS-CHRIST ; puis qu'il prefere ses belles pensées à la verité infaillible, à la parole éternelle ; laquelle *nous appelle seulement pour le suiure par le chemin Royal d'vne foy exercée dans l'interieur surnaturellement*, qui fait les croix de mort & de dénuëment de toute la suffisance naturelle du propre esprit pour viure de la vie ressuscitée de IESVS.

4. Mais quoy tout le monde, voire mesme les plus determinez veulent bien la Diuinité, auec l'agreable effusion de ses diuines douceurs, *mais il y en a peu qui veulent & qui choisissent Iesus-Christ au fond de leurs cœurs auec ses saintes souffrances & sa vie crucifiée* ; quoy qu'elle soit le fond & le vray patrimoine de la vie, sans laquelle il n'y peut auoir que mort & que peché : car *sa vie crucifiée fait & sert de fond à toute la Sainteté* ; & par elle toutes les richesses diuines nous sont liberalement données. Le Pere nous y a donné tout ce qu'il nous y pouuoit donner ; le Fils nous y a merité tout ce qu'il nous y a pû meriter, & acquis tres-cherement tout ce qu'il nous y pouuoit acquerir, qui est l'heritage éternel de la possession bien-heureuse de sa Diuinité. Et partant, Ames Chrestiênes, nous n'auons plus rien à demander ny au Pere ny au Fils ; mais *nous auons à faire valloir l'heritage rouge de son sang, marqué à son coin auec l'instrument surnaturel de la foy, exercée en principe d'amour dans l'interieur du cœur Chrestien.* Enfin, apres cét incomparable amour de la part du Pere & le thresor infiny des merites du Fils, & le don precieux de l'effu-

sion essentielle de leur pur amour ; Helas, que pouuons-nous demander ny desirer, apres nous estre si mal seruy de tous ces grands biens de la Redemption ? Car il est descendu luy-mesme en personne parmy nous, où il s'est fait sensible à nous, afin que nous puissions nous conformer à luy : il s'est appetissé, abbaissé & assujetty à toutes les souffrances & les miseres de la vie humaine, d'vne vie auilie, trauersée, méprisée & accablée d'opprobres, de douleurs & de morts tres-cruelles. Enfin, il a pleuré, il a prié, il a enseigné d'exemple & instruit de paroles, il a sué le sang & aualé l'amertume d'vne mort tres-sanglante pour nous affranchir de la mort éternelle ; & cependant apres tout cela, ô ingratitude desnaturée des hommes ! La plus grande partie l'ont méconnu & le méconnoissent, l'ont rebuté & le rebutent encore tous les jours, *le chassans de leurs cœurs par le peché* : & d'autres qui n'en ont point voulu & n'en veulent point encore qu'à leur mode execrable, comme sont les Heretiques Preuaricateurs de la pureté de l'Euangile, & Profanateurs publics des Sacremens, & grands Deserteurs de la verité des saintes Escritures.

De la conformité que le Chrestien doit auoir à Iesus-Christ souffrant.

5. Et quoy que ce diuin Agneau eust veu & preueu tout cela, il n'a pas cessé ny arresté le cours des torrens de sa charité, coulans auec ardeur, & se débordans par amour cordial de Pere, de Frere & d'Amy dans nos ames, & de tout cela il en a fait *vn seul sacrifice* épouuentable à la nature, lequel il a tout consommé sur *le bûcher de la Croix*. Et apres tant de bien-faits pour toute recompense ; pour tous ses amours, pour tous ses merites & gratitudes infinies, il n'est payé que de refus, que de mépris & d'ingratitudes de la pluspart des hommes. Et partant, Ames Chrestiennes, que luy voulons-nous encore demander, apres auoir si mal vsé de tous les bien-faits ? Voulez-vous qu'il reuienne encore vne fois en la terre ? Croyez-vous estre meilleurs que les Iuifs qui l'ont crucifié par enuie ? Helas ! vous seriez peut-estre encore pires, puis qu'il est ainsi *crucifié dans les cœurs des Chrestiens pecheurs*, & si outrageusement méprisé & offensé,

L'ame captiue sous le second sceau,
quoy que leur vie se deût conformer à luy par la foy, & s'y vnir par amour & gratitude d'amy. S'abandonnans interieurement à luy pour y estre amoureusement crucifiez, & ressusciter enfin à sa vie nouuelle & diuine.

SECTION PREMIERE.

L'ingratitude des Chrestiens est incomparablement plus criminelle & déplaisante à Dieu, que celle des Israëlites murmurateurs dans le desert, & des Iuifs qui crucifierent Iesus-Christ sur le Caluaire.

1. O Excessiue bonté de Dieu, qui auez supporté l'insolence des hommes depuis le commencement du monde; vous auiez dans la Loy écrite choisi vn peuple qui vous rendist le culte dû à vostre diuine Majesté; & cependant, ô ingratitude épouuentable! Ce peuple fauorisé de vostre bien-veillance, ce peuple gratifié de vostre amitié, vous a tourné le dos; & s'est luy-mesme engagé à vostre ennemy par ses pechez. D'où vient, mon Dieu, que le voyant ainsi abuser de vostre charitable bonté, de vostre patience infinie en continuans leurs pechez & ingratitudes insupportables; vous en permistes la captiuité corporelle, ayant déja choisi eux-mesme leur *seruitude spirituelle* sous la cruelle tyrannie du Prince des tenebres & de la mort. Vous les laissastes aussi en proye à la captiué exterieure & seruitude Egyptienne, leurs corps auec leurs biens, & toutes leurs riches possessions.

Pharaon endurcit son cœur resistant à la grace.

2. Et enfin, apres vn long-temps qu'ils se furent saoulez & reposez sur les grasses marmites d'Egypte; vous eustes pitié d'eux, & leur enuoyastes *vn Liberateur*, lequel fit plusieurs prodiges en presence de *Pharaon*; duquel le cœur fut endurcy à cause de ses resistances & obstinées rebellions aux graces de Dieu; *Moyse* executant l'ordre de Dieu, luy arracha le peuple & le conduit vers *le desert* sous la prote-

ction du Seigneur, & Pharaon les suiuant de prés auec son armée tout bouffy de colere, Dieu commanda à Moyse d'étendre sa verge sur la mer rouge, laquelle obeïssant promptement, s'ouurit en deux là où Moyse & le peuple passerent à pied sec; & voicy incontinent que Pharaon auec toute son armée poursuiuant les Israëlites, fut impitoyablement enseuely, luy & toute son armée dans les ondes orgueilleuses de la mer rouge; & ainsi le peuple de Dieu en fut deliuré, & entra dans le desert sous la conduite de Moyse, & Dieu en prit vn soin tout particulier selon son infinie bonté cordiale de vray Amy ; & fit en leur faueur plusieurs prodiges & miracles, & leur fit pleuuoir la manne par quarante ans; & sans en receuoir à la fin d'autre payement que la fausse monnoye de l'ingratitude, ne cessans de murmurer & de retourner en esprit vers les marmites & les oignons d'Egypte ; & enfin jusques à passer de l'ingratitude à l'infidelité & à l'idolâtrie & brutalité indignes de l'humain ; & comme boucs puans de leurs pechez, ils danserent à l'entour d'vn Veau d'or, dont ils firent leur Deïté bestiale ; excitans par ce moyen le juste courroux de vostre Iustice contre leur insolence, & en croissans en tenebres & aueuglemens, continuans leurs pernicieuses maximes d'infidelité & d'insolence, ils contraignirent vostre Bonté de ceder à vostre Iustice, & d'en mettre à mort vn grand nombre, & *ceux qui restoient pour l'entrée de la Terre promise furent en tres petit nombre.* Enfin, ce peuple insensé alloit conuertissant la douceur de cette solitude en vn lieu aspre & tout remply de montagnes, de murmure & de dissention : & Dieu par chastiment leur enuoya des *Serpens*, qui les mordans les faisoient mourir, jusques à ce que sa diuine bonté leur fournit le remede, qui fut *le Serpent d'airain, éleué dans le desert, auec ordre de l'enuisager incontinent apres la picqueure des serpens de feu.* Enfin, ce peuple aueuglé des tenebres obscures de son ingratitude perit, & peu resterent pour la jouïssance tres-fertile de cette Terre promise qui découloit le laict & le miel.

La bonté & la fauorable protection & conduite de Dieu sur son peuple Iuif, passant par la mer rouge dans le desert, payée d'ingratitude, murmure & idolatrie.

3. Apres que l'ame Chrestienne aura meurement consideré la dureté, l'insensibilité & l'idolâtrie, l'infidelité & la malice de ce Peuple élû & choisi ; Sera-il bien possible qu'elle ne s'élance pas vers le Ciel, poussant de son sein vne pitoyable clameur en veuë de l'infinie bôté de Dieu si mal-traitée de ses creatures? & encore de celles pour qui il a tant fait? O plus qu'infinie bonté de Dieu, reflechissant premierement sur ma vie passée ; Ie confesse aux pieds du thrône de vostre souueraine Majesté, & à la face des hommes & des Anges, que je suis le plus ingrat, le plus infidelle à vostre Bonté de tous les hommes ensemble. O Dieu de toutes les bontez, que dirons-nous, *apres nous auoir fait naistre Chrestiens, & viure comme nous viuons, & faire ce que nous faisons ; c'est ce qui fait pleurer les Anges du Ciel, voire mesme les Démons s'en étonnent.* Mais si nous croyons que *tout ce qui est passé dans l'ancienne Loy soit la figure figurante de la Loy nouuelle que nous professons* ; Helas, paures mal-heureux que nous sommes! Comment pouuons-nous penser à nostre façon de vie toute opposée à la pureté du saint Euangile sans secher & mourir de regret? Hé quoy, paures insensez que nous sommes ; nous crions contre ce paure peuple aueuglé ; nous disons mal de *Iudas* qui a vendu l'Innocent ; nous crions apres *le faux Iuge* qui l'a condamné ; nous en voulons aux *Bourreaux* qui l'ont si cruellement traitté, jusques à l'attacher en Croix entre deux voleurs.

L'ingratitude & les pechez des Chrestiens sont bien plus énormes que ceux des Iuifs, & pourquoy.

4. Mais, ô Ames Chrestiennes, reflechissons premierement sur nous-mesmes d'vn œil Chrestien, plûtost que sur eux ; & nous verrons clairement qu'ils n'ont agy en toutes ces cruautez sur l'innocent AGNEAV, & n'y eussent pû agir qu'auec les armes que nous leur auons fournies, qui sont nos propres *pechez* ; & partant *nostre ingratitude est incomparablement plus criminelle, plus abominable que celle des Iuifs.* Car, helas, ils ne connoissoient pas ce que nous connoissons, & *ils n'ont point crucifié Iesus-Christ pour Iesus-Christ* ; mais pour vn homme qui leur sembloit estre contraire à leur Loy : mais *les Chrestiens qui tombent en peché mortel, ils crucifient derechef*

derechef dans leurs cœurs celuy qu'ils confeſſent de bouche eſtre Ieſus-Chriſt leur Seigneur & leur Dieu. O patience infiniment patiante à nous ſupporter dans nos damnables ingratitudes, qui ſe ſont engendrées de l'aueuglement, & l'aueuglement s'engendre de l'abus des dons & graces de Dieu, & ce mauuais vſage des graces de Dieu cauſe l'endurciſſement, & l'endurciſſement enfante l'infidelité, & l'infidelité engendre toutes les erreurs, le libertinage, la gourmandiſe, la luxure, & la luxure conçoit le menſonge, & le larcin l'enfante, & cauſe les debats & les meurtres ; & les meurtres font viure l'homme ſans Loy, ny ſans Dieu. Enfin, c'eſt là la derniere extremité de l'homme peruerty, apres quoy ſon *ame eſt poſſedée du Diable*, & ſon cœur de la rage des Enfers ; & ainſi remply de furie & de deſeſpoir, il *ſe void dans l'Enfer tout viuant, qu'il porte par aduance au dedans de ſoy*, juſqu'à ce que par la mort il tombe dans le gouffre de l'abyſme éternel, ſi par miracle il ne ſe conuertit.

Effets étranges cauſez par l'abus des dons & graces de Dieu.

5. O tres-cheres *Ames Chreſtiennes, ſi cherement rachetées du precieux ſang de Ieſus-Chriſt*, de prix ineſtimable & infiny, ne nous flattons pas, s'il vous plaiſt ; mais regardons-nous d'vn œil ſerain, d'vn œil Chreſtien ; mais *tout ſerieuſement recolligez en l'interieur*. Voyons-nous & nous regardons clairement dans le miroir qui ne flatte point, & nous trouuerons que nous ſommes criminels & conuaincus de ces pechez chacun en ſon genre, ſinon corporellement, au moins ſpirituellement ; Car n'eſt-ce pas *gourmandiſe ſpirituelle*, que d'épancher ſon cœur dans la complaiſance & ſenſualité d'eſprit préueuë ? Et n'eſt-ce pas eſtre *luxurieux ſpirituels*, que de fauſſer la foy & la promeſſe à IESVS-CHRIST, pour aymer les creatures d'vn amour profane & idolâtre ? Et n'eſt-ce pas eſtre tout à fait *menteur* à la verité de l'Euangile, à la profeſſion Chreſtienne que de viure lâchement d'vne vie molle, pareſſeuſe, faineante & tiede ? Et n'eſt-ce pas encore eſtre *meurtriers de nous-meſmes, & de l'innocent Agneau*, quand volontairement l'on conſent à vn peché mortel. Oüy, ô mon Ieſus, c'eſt en verité vous outrager plus dure-

L

82　　*L'ame captiue sous le second sceau,*

ment & sensiblement en vostre amour, & estre tout à fait cruel à la douceur de vostre cœur, & incomparablement plus inhumains à égorger la vie que vous nous auez acquise au prix de la vostre, que n'ont jamais esté les Iuifs sur le Caluaire.

6. Car enfin, vous n'auiez donné *qu'vn homme* à vostre Peuple éleû pour Conducteur, parce qu'il n'estoit que sous la Loy de seruitude ; mais à vostre peuple Chrestien, vous luy auez choisi *vn saint Liberateur diuin & humain*, vn Moyse éternel selon vostre cœur, voire vostre cœur mesme, puis qu'il est Dieu auec vous. Mais de dire aussi que ce bien-fait inestimable soit le plus outragé, c'est ce qui fait fremir le Ciel & secher les hommes de bien sur la Terre, l'Enfer mesme en tremousse d'horreur, & *les seuls ingrats* en demeurent dans l'insensibilité. Enfin, personne ne se doit flatter en ce rencontre, puis que *tous les hommes sont pecheurs : les vns par infirmité, & les autres par malice : les vns dans l'ignorance, & les autres dans la lumiere : & chacun en son genre est coupable du precieux sang de l'Agneau à proportion de sa malice ou de sa lumiere, de son ignorance ou infirmité ;* c'est à dire plus ou moins. Et partant, Ames Chrestiennes, ne mettons point le peché sur celuy-cy, ny sur celuy-là ; mais accusons-nous ponctuellement tous ensemble du crime de leze-Majesté, afin que le fort soulage le foible ; & qu'ainsi vnis en la charité nous recourions à la misericorde. Nous, Chrestiens, qui auons le remede efficace dans le thresor de la sainte Eglise, ayons pitié des paures aueugles. Vous qui auez la lumiere, considerez comme *ces pauures miserables Iuifs n'auoient qu'en ombre ce que nous possedons en verité,* & ainsi dans cét aueuglement ils concoururent tous à la mort de Iesus-Christ, & firent retentir l'air de leurs clameurs, disans & crians, que son sang vienne sur nous & sur nos enfans, & il est à remarquer icy que *les plus coupables ce furent les plus éclairez,* & partant les plus malicieux & temeraires contre IESVS.

7. Et premierement les Anciens d'entre le peuple, les Pontifes, les Princes des Prestres, les Pharisiens, & enfin

Tous les hommes estans pecheurs sont coupables de la mort de Iesus-Christ

Quels ont esté les plus coupables en la mort de Iesus-Christ

L'attache aux biens de la terre, Tr. II. Ch. III. 83

tout ce qu'il y auoit de plus saint, de plus religieux, de plus juste & de plus lumineux dans cette Loy. Ce furent aussi ceux qui effectiuement poursuiuirent plus cruellement, plus iniquement, auec des cœurs doubles, simulez, audacieux & enuieux IESVS à la mort de la Croix. Cela estant ainsi, chacun peut mettre la main à la conscience, & *voir dans sa lumiere ce qu'il a contribué à la mort de Iesus dans son cœur en y logeant le peché*; & qu'il s'essaye desormais de ne luy estre plus si cruel ny à son amour, se retirant en esprit & auec foy au fond de son cœur, y exerçant cette foy par amour enuers Iesus, le détachant de cette dure Croix de la rebellion de nostre cœur; Croix qui luy est infiniment plus dure & plus outrageuse, que ne luy fut jamais celle de sa Passion sanglante, & luy en faire vn lieu de paix, de victoire & de complaisance.

Amoureux exercice interieur dans l'oraison vers Iesus crucifié conceu & regardé par foy au fond du cœur.

SECTION SECONDE.

Pressans motifs de conuersion interieure à Iesus-Christ au fond du cœur cependant qu'il se fait appeller Agneau.

O Ame Chrestienne, qui croupissez dans le peché mortel; *ne negligez plus vostre conuersion*: & s'il vous reste encore quelque peu de raison pour voir le pitoyable estat là où vous estes; au moins ayez pitié de vous-mesme, & voyez comme le temps s'échappe & s'écoule auec nostre vie vers le moment de la mort qui fait nostre éternité. Helas, tres-cheres Ames, dépeschez-vous de secouer cette miserable seruitude du peché; seruez-vous du remede *cependant que Iesus se fait appeller Agneau*. Venez, de grace, à la Misericorde, & preuenez le temps de sa Iustice. Choisissez la liberté plûtost que l'esclauage. *Prenez le party de la Charité, & laissez les Incurables.* Car autrement si vous negligez jusques au jour de son ire, lors qu'il enuoyera ses Anges auec son de trompettes le proclamer *le Iuge inexorable des viuans & des morts:*

L ij

84 L'Ame captine sous le premier sceau,

Il faut estre éternellement ou damné ou sauué.

Ie dis *inexorable*, parce qu'en ce grand jour de Dieu la porte de la Misericorde sera close & fermée, & celle de la diuine Iustice ouuerte, & chacun sera jugé selon ses œuures sans remise ny faueur, mais éternellement ou damné ou sauué.

O encore vne fois, cheres Ames Chrestiennes, reflechissez sur vostre nom *Chrestien*, & tâchez de l'entendre de cœur ; c'est vn nom d'onction, c'est vn nom de grace, c'est vn nom acquis & donné par l'amour, c'est vn nom lumineux, c'est vn nom Euangilique plain d'esprit de Dieu ; Mais enfin, pauure ame, vostre cœur n'est-il point amolly ? Hé quoy ! la douceur, la tendresse, la benignité tant aymable de cét AGNEAV ne blessera-elle point la qualité amatiue de vostre cœur? Mais quoy, n'en sera-il point outré des fléches amoureuses de ce digne objet de delices & de vie ? Car, que vous seruira-il de resister, de refuser & ne pas fléchir à son amour la bonté mesme ? Helas, pauures insensez que nous sommes, de resister à la douceur & à la clemence d'vn Dieu tout-puissant, mais fait Agneau pour nous faire misericorde ; car aussi-bien vous faudra-il, tost ou tard, fléchir à son ire & à la rigueur vengeresse des foudres infiniment foudroyantes de sa juste colere exercée à l'extremité. Voyez donc, que ce soit *tout à l'heure pendant le temps de misericorde*; car si vous attendez à demain, il sera peut-estre trop tard, possible sera-ce le moment qui disputera vostre Eternité : que si vous estes pris auec le peché, dans le peché se trouuera le desespoir, & dans le desespoir la damnation éternelle; & cela pour auoir obstinément refusé d'aymer l'Agneau de Dieu.

SECTION TROISIESME.

Les prodiges de Moyse pour les Israëlites dans leur conduite, sont vne belle figure des miracles d'amour que Iesus-Christ fait en faueur de l'ame fidelle à le suiure dans l'Oraison par son desert interieur, jusques à la Terre promise de sa Diuinité.

1. TOut ainsi que Dieu enuoya Moyse pour déliurer son Peuple de la tyrannique captiuité de Pharaon, il a aussi enuoyé dans la Loy de grace le *Moyse diuin son propre Fils pour retirer nostre ame de l'Egypte seruile de nos corps.* Laquelle comme vne pauure Israëlite engagée sous les fers & la captiuité du peché & du propre amour, est par eux liurée *au Pharaon d'Enfer* qui se la tient asseruie, enchaisnée & captiue de ses *sept sortes de liens de tenebres*, qui l'arrestent & l'attachent à la sale marmite de l'Egypte de ses sens & de sa chair, & l'empeschent d'aller & de *suiure allaigrement son Moyse diuin & humain dans l'intime de son cœur.* Laquelle enfin y consentant, il l'arrache de cette Egypte de peché, de sensualité & charnalité sensuelle & criminelle : de cette sale marmite de son corps, c'est à dire *de toute attache à son bien estre humain, pour la faire passer trauers la mer rouge de son sang;* qu'il a fait ouurir auec la verge de *la Croix pour l'insinuer dans le creux desert de son interieur* où il attire l'ame, & l'ame s'y laisse attirer & conduire à luy trauers ce passage étroit du fond de son cœur, & de la mer rouge de son sang, où elle y laisse perir & enseuelir le Pharaon & tous les Pharaonites des pechez, de ses sens & de sa chair : & ainsi échapée, elle entre en son desert y suiuant son diuin & humain Conducteur, sous la protection duquel l'ame est en asseurance, *pourueu qu'elle ne le quitte point de veuë ny d'affection par quelque détour de complaisance hors de luy; & par ainsi le suiuant à la piste de son sang, l'ame y experimente de grands miracles, non pas visibles,* &

Il ne faut jamais quitter d'vne veuë de foy Iesus-Christ conduisant l'ame l'exterieur, mais interieurement entre l'amie & l'amy. Et je dis que ce diuin Moyse fait au fond de cette ame des prodiges & des miracles sans nombre ; & bien plus grands que si plusieurs morts ressuscitoient. Que si Moyse a fait pleuuoir & saillir des fleuues d'Egypte vn nombre de *Grenoüilles* dans la maison de Pharaon ; nostre diuin Moyse ne change-il pas icy dans l'interieur de l'ame, & à la face du Pharaon infernal les grenoüilles & les puans crapaux des pechez en tres-nobles vertus ? Et si Aaron a aussi changé sa Verge en Serpent, IESVS-CHRIST ne change-il pas icy le superbe Serpent de l'amour propre en humble & simple Colombe.

2. D'où vient que la verge d'Aaron changée en serpent deuora celle des Magiciens ; pour signifier que *la Croix* & *son Mystere doiuent deuorer toute la magie des enfers*. Et s'il est dit que Pharaon endurcit son cœur ; ne vous en estonnez pas ; parce qu'il est la figure de *Lucifer le Pharaon infernal*; lequel dés le commecement du monde voit toutes les merueilles, & les prodiges infinis des ames conuerties à Dieu, sans en estre touché ; ains au contraire il s'endurcit en la haine de Dieu, & ne veut point relascher les ames des pauures pecheurs qu'il tient captiues, si *le diuin, & humain Moyse ne les luy arrache des griffes, l'ame y consentant*. Et si vous voyez que Pharaon refusa à diuerses reprises de laisser aller libre le peuple de Dieu à la priere de Moyse, ne vous découragez pas aussi, si ne pouuant tout d'vn coup vous échapper de la seruitude du peché, vous estes contraint de vous retirer interieurement aux pieds de vostre diuin, & humain Conducteur; pour vous y mettre sous sa protectiõ, & n'endurcissez pas vos cœurs à la voix de Dieu, n'abusez pas de sa patience, *laissez luy aller son israëlite, vostre ame, qu'il demande, afin qu'elle luy sacrifie en esprit & verité dans le creux desert de vostre cœur*, là où vous apprendrez que la sapience de Dieu c'est Iesus-Christ : car il est le grand thresor caché de la diuine science du Pere, c'est le secret de son cœur manifesté dans le temps, c'est le beau jour lumineux de sa diuine habitation, aussi bien que le point du jour de sa lumiere eter-

---

dans l'oraison par le desert de son cœur, en quelque sublime estat d'éleuation & de lumiere qu'on puisse estre ; afin d'euiter toute tromperie & illusion, se tenant ainsi par les bras de la foy à la Verité incarnée qui bannit tout mensonge & fausse lumiere de l'ame, qui luy est intimement vnie par foy, par amour & attention interieure.

Belles veritéz & excellences de Iesus-Christ.

nelle dans l'interieur des cœurs. D'où vient qu'il nous est expedient de commencer la grande journée de nostre vie mortelle à la lueur de cette *Estoille matinalle leuée de l'orient du sein du Pere dans nos cœurs*, pour arriuer heureusement au midy de son Saint Esprit, qui est l'excessiue chaleur du jour diuin qui fait croistre nos cœurs; les fortifiant de ses dons, & les nourrissant de ses graces, pour acheuer & poursuiure le reste du jour combattant de nostre mortelle vie; & enfin atteindre le soir du repos eternel dans la gloire pour payement & recompense eternelle de nos petits trauaux à combatre dans le desert interieur sous la conduitte de nostre Moyse & Iosué diuin, qui nous introduira enfin dans la terre promise de sa diuinité, qui coule le laict & le miel de la sauoureuse onction de grace d'amour, & de gloire.

3. Car *la loy de grace* est vne loy de milice continuelle, c'est vne loy d'espreuues, de combats, & de victoires, dans laquelle les paresseux & les faineants n'ont point de rang ny de voix: c'est vne loy spirituelle, interieure, surnaturelle, & diuine, qui n'appartient qu'aux ames genereuses: c'est vne loy cachée aux pecheurs impenitens, mais ouuerte, tres-claire, & lumineuse à l'ame humble, amoureuse de la vertu, & *defiante d'elle-mesme, & toute confiante en Iesus-Christ lequel seul a esté trouué digne deuant le Pere pour leuer le cachet de nos tenebres*, & nous ouurir la voye d'amour pour y voir & contempler la gloire de Dieu par ses brillentes lumieres. Cette diuine loy spirituelle & surnaturelle, estant cachée à l'entendement humain purement naturel, elle a besoin d'estre ouuerte à l'ame Chrestienne, laquelle dans son oubly de Dieu s'est laissé *sceller, & fermer des sept sceaux* susdits de la tyrannie du propre amour, exercée dans l'ame par l'instigation de Sathan son affidé correspondant; & dont l'ame ne se peut d'elle mesme affranchir, ny par la force, ny par l'industrie de toutes les creatures; mais par la seule assistance victorieuse de ce benit AGNEAV DE DIEV, exerceant misericorde & *establissant son Royaume interieur dans les cœurs, qui le veulent d'vn bon ie le veux*, suiui de l'effet par

La loy de grace.

Iesus seul peut leuer les sept sceaux pour establir son Royaume interieur dans l'ame auec sa cooperation.

88 *L'ame captiue sous le second sceau,*
la pratique de la sainte oraison cordiale : munie de l'amour des vertus, & de la fidelle perseuerance.

4. Car quiconque ne sçait pas *se contenter de* IESVS-CHRIST, monstre euidemment qu'il n'en connoit ny la puissance, ny la valeur, ny le merite; & partant, il ne sçait ce qu'il demande, ny ce qu'il luy faut: car *ne se point confier en sa conduite interieure, c'est luy desnier le droit de sa mission en terre*; c'est participer au murmure des Israëlites contre Moyse leur conducteur, & d'autant plus malicieusement que leurs *missions* sont éloignées, & inesgales en perfection, l'vne n'estant que l'ombre tenebreux de la verité lumineuse de IESVS vray Moyse diuin, & humain de la loy de grace, esclairée de ce bel astre duquel saint Iean dit, que la lumiere luit aux tenebres, mais que les tenebres ne l'ont point comprise. Ce n'est pas merueille, vû qu'ils ne la comprendront jamais, tandis qu'elles demeureront tenebres, & elles demeureront tousiours tenebres, & en tenebres pour le secret de ce beau Soleil diuin, *tandis qu'elles ne seront esclairées, que de leur propre lumiere, & suffisance*; dont, l'œil obscur ne peut atteindre que les choses naturelles, visibles, & conuenables à l'entendement humain, sous la loy du propre esprit & de la raison humaine, qui veut toûjours faire l'homme raisonnable, & l'attache à vne petite bougie de lueur, qui ne peut manifester que la superficie des saints Mysteres.

Iesus Mediateur & conducteur interieur de l'ame en Dieu, par le droit de sa mission en terre. D'où paroist la necessité de se seruir de luy dans l'oraison de recueillement pour nous rendre, & vnir à Dieu au fond du cœur

Foiblesse bornée de la seule lumiere naturelle de l'esprit.

SECTION IV.

SECTION QVATRIESME.

Que la vraye porte de l'oraison ; l'entrée, la voye, & le terme de la vie spirituelle, c'est Iesus-Christ qu'il n'y faut jamais quiter, figuré par les deux colomnes de nuée, & de feu, qui seruoient le jour, & la nuit au peuple d'Israël dans le desert ; & par l'eschelle mystique de Iacob.

Q Voy qu'il se trouue plusieurs *maistres Spirituels* dans ces temps pour conduire les ames par les vastes solitudes de l'oraison, cependant il semble qu'il y en aye peu, qui fassent fort d'en bien enseigner *la porte*, & la veritable entrée pour y passer, & s'y insinuer seurement, habilement, & solidement. Car l'experience fait voir journellement, que plusieurs de ceux qui l'enseignent, commancent leur premiere leçon par les plus hauts principes de toutes les sciences, lesquels à peine sont-ils connus des plus parfaits. Mais, cheres ames, qui ne voit que c'est commencer son édifice spirituel par le toict, & vouloir atteindre le plus haut de l'édifice auparauant que d'auoir creusé les fondemens ? Mais qui ne verra que c'est agir contre la symetrie, & l'ordre étably dans tous les Arts & Sciences ? D'où vient qu'ayant conduit ces ames par dessus les murailles & les toicts du bastiment, elles n'y cheminent la pluspart du temps qu'en crainte & apprehension : & ce n'est pas merueille ; car celuy qui est trouué montant par dessus les murs est tenu pour larron, & le maistre de la maison a sujet de s'en défier.

2. Au sujet dequoy tout les épouuante, & ne sont jamais en repos d'esprit : & principalement les esprits timides & inquiets. Car au sortir d'vn doute ils entrent dans vn autre, & plus ils conferent auec les ames spirituelles, plus ils s'embrouillent de vaines terreurs & de *scrupules*, & ne se lassent *Importunitez inutiles de quelques ames vers leurs Directeurs.*

jamais de dire & de redire leurs peines sans aucun fondement, ne cessans de harceler & rompre la teste à leurs Confesseurs de leurs dittes & redites ; en sorte que le plus souuent *ils les changent de Confesseurs en Martyrs ; & tout cela pour n'auoir pas bien commencé.* Il faut donc entrer par la porte comme font les amis de la maison, & comme des enfans de paix qui cheminent en la presence de leur Pere, dont ils sont éclairez & conduits en l'interieur sans rôder à l'entour ny tâtonner la voye. D'où vient qu'ils seront bien-tost arriuez à la quietude, & reduits comme enfans paisibles, & non comme serfs inquiets & craintifs : *Il faut donc ouurir vne porte à nostre foy*, & donner vn objet interieur à nostre amour pour entrer dans *la voye* de l'Esperance qui conduit à la Charité, vraye maison interieure où sont annoblies toutes les Vertus.

Recollection interieure en Iesus-Christ, moyen facile, prompt & efficace pour acquerir la paix & quietude d'esprit.

3. Et partant, Ames Chrestiennes, nous dirons que *la vraye porte de la vie spirituelle, interieure, surnaturelle & diuine*, c'est celle que *Iesus-Christ nous a luy-mesme enseignée*, comme grand Maistre & premier Docteur licentié pour les Sciences surnaturelles, lequel nous a dit, *Ie la suis, & si quelqu'vn entre par moy il sera sauué.* Mais ie preuois déja que l'on me va dire, que ie n'apporte rien de nouueau ; Et il est vray, car je ne pretens pas aussi apporter des nouueautez ; Ie desire seulement vous rapporter la verité, laquelle ne sera pas nouuelle à ceux qui l'auront déja *experimentée par la fidelle pratique.* Mais il faudra pourtant confesser que *cette entrée est peu connuë pour ce qu'elle est* : parce qu'elle est estimée trop *basse* pour la subtilité des grands esprits, qui sont d'ordinaire *curieux, & recherchans la multitude des belles pensees* pour s'en repaistre & s'y complaire. Elle est encore trop *étroitte* pour les *suffisans* bons amis du siecle ; & fort *cachée* aux aueugles, car il est dit que si vn aueugle conduit l'autre, ils tomberont tous deux dans la fosse : Et *qu'est-ce que d'estre aueugle ?* c'est viure de la vie des sens ; c'est ne voir qu'auec son propre esprit naturel, & le plus souuent affoibly & obscurcy sous la Loy des appetits dereglez : Et quand bien mesme la pure

Necessité de la lumiere interieure & surnaturelle de la foy pour penetrer les

lumiere naturelle ne feroit point obfcurcie, elle ne pourroit toûjours eftre qu'vn noir tenebre pour les matieres de foy & la découuerte des faints Myfteres. Il faut donc de neceffité la lumiere furnaturelle & Chreftienne pour penetrer & découurir les chofes diuines; & pour auoir & participer la lumiere furnaturelle, il en faudroit aufli participer la vie en foy-mefme, il faut tendre en dedans la face de fon efprit tournée vers fon centre fous les pieds de *Iefus-Chrift Soleil viuant* lumineux & éclairant les cœurs par dedans, ou autrement fi vous laiffez répandre voftre efprit en dehors la face tenduë vers les objets exterieurs. O c'eft pour lors que la lumiere luit aux tenebres, & que les tenebres n'en font point illuminées, ny qu'elles ne la cóprendront point. Et partant celuy qui n'a point la lumiere ne peut point la communiquer; & s'il ne vit pas de la vie nouuelle & furnaturelle, il n'en poffedera non plus ny la lumiere ny la verité, ny pour foy ny pour les autres. *Saints myfteres, laquelle Iefus-Chrift feul communique dans le fond du cœur, où il habite par la foy viuifiée d'amour*

4. Mais quelques-vns difent qu'il faut *aller par la foy nuë*. Ce mot quoy que bon a befoin d'eftre expliqué & bien entendu: Car la foy eft vn don furnaturel de Dieu, & partant qui demande à eftre furnaturellement exercé de l'ame Chreftienne. Donc, il ne fuffit pas de le demander, ny mefme de le receuoir, mais il en faut venir à la pratique: Car c'eft beaucoup de la croire vn don de Dieu, mais il faut encore apprendre que ce don diuin eft infus dans nos cœurs comme *vn heritage fpirituel*, furnaturel, & refidant en l'interieur; & qui doit eftre journellement *cultiué* par amour dans nos cœurs fous la Loy de la Charité, ou autrement on aura tres-grand fujet de l'appeller foy nuë, puis qu'elle n'aura dequoy couurir fa honte au jour du Iugement. C'eft vn heritage que nous tenons de Dieu, comme vn inftrument furnaturel duquel IESVS-CHRIST eft jaloux & defireux de le rencontrer dans les cœurs Chreftiens; où il fe plaift de verfer la femence des nobles vertus qui doiuent pouffer leurs branches & leurs rameaux jufques en vie eternelle trauers tous les eftats, emplois & degrez de la tres- *L'exercice furnaturel de la foy fe doit faire dans l'interieur.*

noble Charité. Ce qui ne peut estre accomply ny executé, auec les foibles instrumens de *la pure nature du propre esprit*, ny mesme auec toutes les Sciences acquises sans le rayon de la lumiere surnaturelle ; car *prise toute seule* elle est toûjours bornée de la simple capacité du propre esprit, qui ne se peut naturellement surpasser ; Mais que faut-il donc faire pour entrer dans la vraye porte.

5. Il faut premierement pour nostre instruction voir ce que fit la Sagesse, diuine voulant retirer son peuple de l'Egypte & de la seruitude de Pharaon, où il est dit, que Dieu détourna les Israëlites pour ne les pas conduire par la terre des Philistins qui est tout proche l'Egypte ; mais il les retourna du costé du desert par la voye qui conduit à la mer rouge, par dedans laquelle ils se deuoient sauuer : & *le Seigneur alloit deuant eux de jour en colomne de nuée pour les conduire par la voye & de nuit en colomne de feu*, pour estre leurs Conducteur par ce chemin & de jour & de nuit. Et ainsi la colomne de nuée pour le jour, ny la colomne de feu pour la nuit ne défaillit jamais deuant le Peuple.

Pratique de cette oraison de recueillement dans les playes de Iesus-Christ conceu regardé, & abordé par soy dans le fond du cœur.

6. Pour nous apprendre que l'ame Chrestienne desireuse de se sauuer de la tyrannie du Pharaon d'Enfer, & de dessous les Loix de son Partisan le propre amour ; *Il faut premierement regarder & écouter les Ordonnances de son diuin & humain Moyse habitant dans nos cœurs par la Foy* ; & lequel nous y rappelle de l'Egypte de nos sens & de nostre chair nostre Esprit deuers ces Egyptiens, & le faire tendre en dedans vers son centre & trauers la mer rouge du precieux sang de l'Agneau, & non pas à nostre teste par la terre des Philistins, qui sont les appetits habisans de la nature du propre Esprit, & tout proches voisins de la terre d'Egypte des sens exterieurs, auec lesquels ils trafiquent & ont commerce ; mais il faut retourner nostre esprit & luy faire faire face vers la mer rouge des playes de Iesus-Christ pour nous y sauuer de la cruelle tyrannie du Pharaon d'Enfer, & de la rusée finesse de nostre propre amour, & de la sale Egypte de nostre chair & de nos sens, & de leur tyrannique seruage, *passer enfin dans le desert interieur de nostre cœur*, nous y lais-

L'attache aux biens de la terre, *Tr*. II. *Chap*. III.

sans à la conduite de nostre diuin & humain Moyse, lequel nous y rappelle pour y sacrifier à Dieu, & non plus aux faux Dieux de l'Egypte de nostre chair.

7. Car ce diuin Moyse de la diuine generation nous y veut seruir de conducteur, de protection, de lumiere, de mer rouge, & de manne distilée par son amour dans *le desert sterile de nos cœurs*; & nous y estre nourriture, vie & lumiere, nous y éclairans en forme de *nuée* pendant le jour, c'est à dire lors que nous aurons vaincu le peché; car cette forme de nuée represente la tres-sainte Humanité de Iesus-Christ; laquelle est comme vne nuée qui couure la gloire de sa Diuinité, & qui éclaire pareillement la nuit de nos tenebres en forme de *colomne de feu*, dissipant l'obscurité de nostre ignorance. Et comme la clarté de ces deux colomnes estoit pour la seure conduite de ce peuple, tant de nuit que de jour par ce chemin perilleux: *Il faut aussi aller à Dieu par Iesus-Christ, qui est le chemin asseuré du Paradis, en passant trauers la mer rouge de son sang pour entrer dans le profond desert de nostre interieur, qu'il faut trauerser pour arriuer heureusement à la Terre promise de sa Diuinité, outre nous-mesmes, l'intime de nostre intime, & la vie de nostre vie*; Et la raison pourquoy ces paures Israëlites furent si long-temps à tournoyer dans les deserts, & qu'il en entra si peu en la Terre promise; Ce fut parce qu'ils ne cesserent de murmurer & de desobeïr à Moyse leur Conducteur. Ainsi en fait l'ame Chrestienne qui croit à sa teste, & ne veut point se soûmettre à Iesus-Christ Moyse de la Loy nouuelle & Conducteur general & particulier de chaque ame, pour arriuer à la grande journée du Pere, & sans lequel personne n'y peut arriuer; mais *au lieu, dis-je, de suiure leur diuin & humain Conducteur interieur, ils se forment eux-mesmes vn interieur imaginaire dans le creux de leur teste, & le fond de leurs pensées*; dans lequel ils ne suiuent non seulement point leur diuin & humain Protecteur; mais mesme ils n'en veulent seulement pas auoir la pensée, & disent que cela leur nuit. Mais ils se trompent, ce n'est pas à eux que la memoire de l'Agneau de Dieu nuit; mais c'est à leur propre amour

Pratique de l'oraison de recueillement interieure dans les playes de Iesus-Christ. Voyés la 4. Image.

La pensée de la sainte Humanité de I. Christ dans l'oraison bien loin de nuire, est vtile, & mesme necessaire.

immortifié, qui ne veut point souffrir de Maiſtre, & qui eſt aſſez ruſé pour accuſer toute choſe en ſe couurant du manteau de pieté : & meſme il n'eſt pas facile de le découurir, ſinon par la clarté interieure de la lumiere ſurnaturelle, ainſi qu'il ſe pourra remarquer dans la ſuitte de cét œuure.

8. Ce n'eſt donc pas merueille ſi ne faiſans que roder & tournoyer dans ce deſert imaginé de leur teſte, ils y meurent de faim & de ſoif, n'y pouuans goûter ny ſauourer *la manne de l'oraiſon, qui ne tombe que dans le deſert où l'on a Ieſus-Chriſt pour Conducteur interieur*, comme Moyſe diuin & humain de la Loy nouuelle; dans laquelle il ne ſe contente pas ſeulement de faire pleuuoir la manne ſpirituelle dans l'oraiſon, mais par excés d'amour il eſt encore luy-meſme fait noſtre manne diuine & humaine dans la manducation de ſon precieux *Corps & Sang*; c'eſt vne nourriture de vie eternelle, puis que nous y mangeons ce beau *grain de froment* tiré par amour du ſein du Pere, & ſemé par le ſaint Eſprit dans le champ virginal de Marie, où il s'eſt reueſtu de l'écorce de mortalité pour la terre des viuans, & a paſſé ſous le fleau des afflictions, & par le van & le crible des bourreaux qui en ont fait ſortir le ſang au lieu de poudre. Et enfin moulu & froiſſé ſur la meule de la Croix, où il a eſté dépoüillé de l'écorce de mortalité, & reduit en farine d'immortalité pour eſtre fait le pain blanc de la gloire du Pere, cuit en la diuine fournaiſe du ſaint Eſprit pour nous eſtre diſtribué *par la main des Preſtres*, & donné à manger à nos ames pour la nourriture de vie eternelle.

Myſtere de l'Incarnation du Verbe dans le ſein tres-pur de la ſainte Vierge.

9. Et comme il eſt dit que ces *deux Colomnes* Conductrices du peuple de Dieu ne défaillirent jamais de deuant le peuple ny de jour ny de nuict; de meſme *il ne faut jamais quitter de veuë Ieſus-Chriſt qui fait toutes les deux colomnes enſemble en ſon Humanité & ſa Diuinité*. C'eſt le havre aſſeuré où doit aborder noſtre nacelle pour trauerſer la mer rouge de ſon ſang, paſſant *par la porte ouuerte de ſon precieux coſté*; Car c'eſt la porte étroite par où il faut paſſer pour éuiter le Pharaon d'Enfer & ſon affidé Partiſan le propre amour : C'eſt enfin

Il ne faut jamais quitter Ieſus-Chriſt de veuë de foy & attention interieure à luy dans l'oraiſon cordiale.

L'attache aux biens de la Terre, *Tr. II. Ch. III.* 95

par dedans cette playe sacrée qu'il faut entrer ; c'est cette mer rouge qu'il faut trauerser pour nous sauuer ; car il y a de l'eau qui fait le Baptesme de Penitence & du sang qui fait le Baptesme de salut & de vie, de grace, d'amour & de gloire. C'est par là qu'il faut passer pour entrer heureusement, habilement, seurement & solidement dans le desert interieur de nostre cœur pour y sacrifier à Dieu, & n'y jamais abandonner nostre diuin & humain Moyse, & ne point murmurer contre luy dans sa conduite ; bien que toute chose ne nous reüssisse pas comme nous l'auions pensé. Mais faisons en sorte que nostre ame luy soit vne bonne Israëlite de la Tribu de Benjamin ; c'est à dire, qu'elle luy soit soûmise, obeïssante, & tout à fait confiante ; & qu'elle ne regarde plus jamais du costé de l'Egypte de ses sens & de sa chair, mais qu'elle y suiue de plus auant en plus auant jusques dans le plus profond de nostre desert interieur apres nostre diuin Moyse, qui nous y appelle & nous y attire si nous l'y voulons suiure.

10. Et pour ce faire *il faut premierement retirer nostre esprit de tous les objets de dehors, & luy en donner vn interieur, & cét interieur objet c'est Iesus-Christ crucifié, ou en quelqu' autre mystere de sa tres-sainte Mort & Passion* ; puis qu'il y a vne mer rouge à trauerser, par laquelle nous nous deuons sauuer & y faire perir tous nos ennemis visibles & inuisibles, & entrer dans le desert de nostre cœur en esprit & par foy, & y exercer cette foy par amour enuers Iesus, nous y prosternans à ses pieds, les luy baiser de la bouche de nostre esprit, & en succer le sang precieux, & y tenir nostre bouche spirituelle collée quelque temps pour en receuoir l'efficace & la vertu, & y recourir à luy en toutes nos necessitez & besoins, tentations & afflictions ; ne nous confians jamais en nous-mesmes dans la moindre attaque de tentation ; mais nous y retirer à luy au fond de nostre cœur ; luy demandans secours comme à nostre diuin & humain Protecteur, lequel en vn moment détruira tous nos ennemis, & nous mettra en liberté de le loüer, de l'adorer & de le glorifier ; & partant luy donner ainsi lieu de victoire pour estre, viure & re-

Toute la pratique de cette Oraison.

L'Ame captiue sous le second sceau,

gner en nos cœurs par amour, par justice, & par misericorde. *Et voila la vraye porte, la vraye voye pour entrer habilement dans le fond de nostre cœur à luy par la porte de son costé ouuert, par l'ouuerture de son cœur mort au cœur viuant de la Diuinité, en donnant lieu à la foy, & à la motion interieure toute recolligée & retirée au fond du cœur par exercice surnaturel de foy.* Car la foy estant vn bien surnaturel son propre est de resider au dedans, comme premier instrument de la Loy de grace, & principale colomne de la Loy interieure dont Iesus-Christ est le principe, la vie, le soûtien & le repos, faisant là du *fond de l'ame son Temple de paix*, de victoire & de vie dans lequel il se plaist d'exercer son *Sacerdoce eternel, interieur & diuin* par ministere d'amour, de justice & de verité ; y estant tellement le Prestre, qu'il est aussi l'Autel, le Sacrifice & le Sacrificateur tout ensemble, son amour luy seruant de glaiue & sa tres-sainte Humanité d'Hostie.

Voyez la quatrième Image.

Cette oraison est vne oraison de foy exercée surnaturellement par amour dans l'interieur en Iesus-Christ son principal objet en sa Diuinité & Humanité.

11. C'est donc *au fond de nos cœurs qu'il faut conuerser auec Iesus-Christ* fait Agneau, fait Hostie consommée d'amour pour nous affranchir de tout seruage, & nous introduire en la Loy des enfans de Dieu. C'est ce que saint Paul appelle *l'Homme interieur* par excellence, dans lequel il nous faut retirer en seureté, y faisant nostre sejour ordinaire pour nous garentir de l'aueuglement des choses sensuelles & de la morsure des bestes venimeuses qui se tiennent & se nourrissent par les bayes de nostre *jardin interieur*; & partant elles ne peuuent point blesser ny mordre que ceux qui rôdent à l'entour par le dehors, & qui n'ont point encore trouué la clef ny l'industrie surnaturelle de ce diuin & *interieur commerce d'amour*, de lumiere & de vie, qui nous conduit & fait participer aux estats surnaturels, en attendant que le diuin & humain Iesus nous liure à son saint Esprit *Conducteur fidelle*; *nous tirant & attirant en l'interieur par le tres-delicieux chemin d'amour*, qui nous fait exercer la mortification des vains plaisirs & nous déliure des faux appas des creatures pour nous encourager à la victoire de nos sens, en y suiuant nostre Moyse diuin en toute humilité de cœur & feruer d'esprit ; & lors

L'Homme interieur.

que

que ce *miroir du fond de nostre cœur* commencera d'estre nettoyé auec diligence, foy & amour; & que l'ame instruite en cette pratique aura apprise *de se tourner en dedans vers Dieu qui y habite*; elle y apperçoit bien-tost vne certaine clarté d'infusion de sa diuine lumiere, laquelle commençant d'y entre-luire comme vne nouuelle Aurore, & aussi en y croissant, elle y apparoist aux *yeux interieurs de l'ame*: & par ainsi y montant à son Midy, elle y répand vn rayon immense de lumiere, lequel va de plus en plus éclairant cét étage surnaturel, parmy lequel *la veuë nette du cœur* commence d'y voir & regarder la beauté des richesses interieures, & la valeur infinie des dons superieurs: qui font aymer Dieu, & adherer à luy continuellement; car *ce n'est pas assez de retourner dans la Solitude de son cœur, & de s'y arrester seulement quelques fois*, mais si vous voulez contenter Dieu, il faut apprendre & vous accoûtumer à y demeurer & y faire vne continuelle residence: Et si quelquefois on vient à en estre distrait par les obligations que chacun peut auoir à l'exterieur, il faut en toute diligence *se haster d'y retourner* humblement & confidemment; & la peine de ce petit soin se changera bien-tost en tant de delices, que ce sera vn tres-grand supplice à l'ame de s'arrester ailleurs, voire pour vn seul moment: & commencera à estre si abstraite, & à tant aymer l'abstraction, qu'elle aura peine de s'en retirer pour vacquer aux choses les plus necessaires, mesme de la vie actiue.

12. D'où il faut conclure que l'ame qui se répand & se tient esciemment répanduë & *distraitte de son cœur*, en y laissant son cœur, elle y laisse aussi son Dieu, & l'y oublie dans soy pour quelque sujet que ce puisse estre, qu'elle s'asseure que cette negligence luy causera vne grande perte. Mais si ce n'est point par negligence y retournant aussi-tost que l'on s'en apperçoit, Dieu supplée à la *foiblesse* humaine; mais il punit la *malice*, & il chastie ceux qu'il ayme en bon Pere, & en cordial Amy. Mais enfin, il n'en faut pas encore demeurer là en ce fond du cœur dont nous auons parlé, *mais il faut encore entrer plus auant, & tendre toûjours de plus auant en plus auant*, jus-

Apres vn peu de pratique & d'habitude en cette recollection interieure, l'ame fidelle doit esperer la grace de demeurer toûjours recueillie à la presence de Dieu en Iesus-Christ, mesme dans les fonctions de la vie actiue, laquelle sera auec grande liberté d'esprit sans empressement, mais profondement recueillie dans l'interieur.

Oubly de Dieu habitant dans le cœur causé par la distraction exterieure fort nuisible à l'ame.

Voyez la quatriéme image à la fin du Liure, & vous concevrez bien cecy, en y considerant le premier recueillement de l'ame en Iesus crucifié qui la liure au saint Esprit, lequel la rend à Iesus glorifié, qui l'insinuë enfin en triomphe dans le sein de la tres-auguste & adorable Trinité, où se fait la consommation de l'ame en Dieu par Iesus-Christ le principe & la fin, par lequel l'ame doit commencer & finir son Oraison, s'abandonnant toute à luy pour se laisser conduire interieurement iusques à son troisiéme Ciel, en Dieu representé dans l'image.

ques à sortir outre nous-mesmes en Dieu, là où l'ame est éleuée par le trait de l'amour des choses diuines à Dieu, ce qui fait son contentement : & par ainsi nostre cœur & le fond de nostre cœur est le passage & la porte pour passer au cœur de Iesus-Christ, & du cœur de Iesus-Christ au sein de sa Diuinité. C'est cette *Eschelle mystique de Iacob* qui touche par en bas la terre de nostre neant, & par le haut le Ciel de la Diuinité ; c'est la montée mysterieuse des choses exterieures aux interieures, & des interieures aux plus interieures, & des plus interieures aux intimes, & des intimes aux suprêmes, & des suprêmes à Dieu par Iesus. Parce que Dieu se fait chercher par la solitude & les lieux secrets qu'il choisit toûjours pour son habitation ; & pour se communiquer & entretenir auec les ames, lesquelles doiuent aussi pour ce sujet éuiter l'entretien & la conuersation des hommes autant que faire se peut, pour joüir plus pleinement de leur Dieu, qui s'est fait Hostie pour nous, & s'est placé au fond de nos cœurs en secret : car en verité il y est *le Dieu caché* pour y estre cherché, écouté, aimé & seruy.

13. Et qu'enfin pour cela l'ame doit sur toute chose s'accoûtumer à telle conuersation interieure, & s'appliquer à ce fond intime à la suitte de son diuin Moïse qui l'y attire, qui l'y aime & qui l'y conuie d'y demeurer. Mais quoy, chacun n'est-il pas obligé de sçauoir qu'il est vne maison spirituelle à Dieu, si toutesfois il marche en esprit, en foy & en amour dans son cœur, & non pas dans la chair & le sang : car tout Temple de Dieu est pur & saint ; & partant l'homme spirituel doit incessamment trauailler à la pureté de son cœur, puis que le Dieu de pureté y daigne bien venir & y établir sa demeure, & y éleuer son thrône comme dans son *Ciel portatif*, viuant, corporel & spirituel, où il habite par grace, par bonté, par misericorde, par justice & par amour, par empire & regne legitime ; & partant l'homme Chrestien rememorant serieusement toutes ces veritez, qu'il voye, qu'il lise, qu'il tâche de croire & d'y acquiescer. Se portant à la pratique simplement en foy, en amour, en esperance, en confiance en Dieu, & défiance de soi-mesme en simplicité d'esprit,

L'attache aux biens de la terre, Tr. II. Ch. III. 99

en droiture d'intention, en humilité de cœur : & non plus errant, distrait & vagabond par les espaces imaginaires, où l'on cherche Dieu sans l'y pouuoir jamais rencontrer, puis que c'est *l'œil interieur* qui nous a esté donné pour l'y voir, pour l'y chercher & écouter en foy, & les choses diuines qui s'y operent. Et quoy que ce diuin Maistre & Conducteur interieur nous y appelle & rappelle sans cesse pour s'y manifester à nous, pour s'y faire connoistre, goûter, posseder & aimer en verité, seureté, realité par son mesme amour regnant dans l'ame : & resister à tout cela, n'est-ce pas vne étrange dureté de nos cœurs à son cœur ?

14. Enfin, voila de la part de Dieu les moyens surnaturels de le chercher & trouuer au fond de nos cœurs par la foy, l'esperance & l'amour, auec toutes les autres graces, & moyens naturels que nous y deuons contribuer de nostre part, qui sont la demission de propre esprit, le renoncement & demission de nous-mesmes, & de toute la suffisance de nostre Estre propre, auec *la conuersion interne de la face de nostre ame en dedans vers le fond du cœur à son Iesus, & à son Dieu, auec la soûmission à son diuin attrait pour s'en laisser tirer & attirer en dedans en simplicité de cœur.* Voila l'*Egypte* de nostre chair & de nos sens, là où cette pauure Israëlite nostre ame est en esclauage ; voila la *terre promise de la Diuinité*, où elle doit tendre & aspirer ; voila le *desert interieur*, le fond de nostre cœur & de son neant où il faut entrer, & par où il faut passer pour y aller à Dieu, par les moyens tout-puissans qu'il nous y donne de sa part, & ceux que nous y deuons pratiquer de la nostre sous la faueur & protection du diuin & humain Moïse qui nous y est enuoyé vers cette pauure Israëlite pour la déliurer de cette Egypte, & de la seruitude & tyrannie de ceux qui y dominent auec *le Pharaon d'amour propre* qui y commande & y regne tyranniquement. Voila enfin comme *il faut retirer nostre Esprit des objets du dehors, de sa chair, de ses sens, & de leurs criminelles complaisances, & le faire rentrer dans son cœur, dans soy-mesme & outre soy-mesme* ; & s'y laisser conduire & attirer à son diuin &

Les moyens requis de la part de Dieu, & de la part de l'ame pour arriuer à la perfection de l'Oraison cordiale.

Voyez la quatriéme image.

L'ame captiue sous le second sceau,

humain Moïse qui l'y mene & conduit comme par la main trauers ce desert interieur, & à l'aspect & à la veuë de la *colomne* flamboyante de la foy, & la clarté clarifiante & lumineuse du Soleil d'amour, qui purifie les yeux interieurs de l'ame recueillie, & la fait *adorer & sacrifier à son Dieu en esprit & verité sur l'Autel interieur de son cœur*, & d'vn continuel sacrifice de tout ce qu'elle a & de tout ce qu'elle est pour entrer d'vn estat de perfection en vn autre plus parfait, & d'vn degré de grace à vn plus superieur, & ainsi arriuer heureusement jusques à Dieu mesme, & l'y faire entrer en possession, & pour cette entrée le diuin AGNEAV s'en fait son Iosué & son Mediateur fidelle.

Voyez la quatriéme Image.

TRAITÉ TROISIESME

L'AME CAPTIVE DES PLAISIRS DES sens exterieurs, qui la ferment à la grace de Dieu, & la scéellent à elle-mesme, & la marquent au coin des brutes.

CHAPITRE PREMIER.

ESPRIT DE REBELLION SECRETAIRE du troisiesme sceau, & de la troisiesme captiuité.

L'Ame estant ainsi captiue, & embourbée dans la complaisance criminelle de ses sens exterieurs se fait vn puissant *obstacle à la spiritualité*, car elle s'engage de plus en plus en la *chair d'Adam*; & s'esloigne par consequent de la precieuse *chair de Iesus-Christ*; & s'en rendant indigne demeure separée, & esloignée de son Dieu; & approchée & vnie à son propre amour, ennemye de Dieu, sous les tyranniques loix duquel elle pert souuent, & la raison, & la qualité d'homme raisonnable; se conduisant, & se repaissant à la maniere des bestes; & souuent plus brutalement. D'où vient qu'en ce mal-heureux estat, elle suit tous les vicieux appas de la chair, qui obscurcissent son esprit, & l'enterrent dans les choses immondes, & la reduisent en vne lâche coüardise en tout ce qui est de vertu & mesme de bien-seance à la raison; & partant aussi chancelante & variable à la foy, que vaine en toutes ses esperances; & ne se repaissant ainsi que des ombres, elle deuient sterile à toutes les bonnes œu-

La complaisance dans les sens exterieurs est vn grand obstacle à la spiritualité.

N iij

ures, ignorant tout ce qui est de verité & de religion ; puis qu'*elle adore ses complaisances sensuelles, qui regnent en elle comme vne fausse Diuinité, à laquelle elle offre l'encens de son propre amour ; & que par ce moyen elle fait ouuerture en elle à tous les desordres*. Enfin, tous ses sens ainsi ouuerts vers les complaisances du dehors, se ferment aussi par consequent à tous les biens du dedans ; & viure en cét estat, c'est tenir la porte cochere ouuerte à tous les pechez. Et voila en gros, à peu prés, vne partie de toutes les miseres ineuitables à *l'ame attachée* au sale bourbier de ses sens, où cét esprit de rebellion tâche de la tenir toûjours captiue, pour l'empescher de se rendre interieurement à Iesus-Christ, qui veut leuer dans son cœur le mal-heureux sceau de la complaisance aux plaisirs des sens exterieurs.

Cependant, Ame Chrestienne, qui serez desireuse de vous conuertir à Dieu, ne vous decouragez pas de tout cela, mais plûtost exposez-vous tres-humblement & confidemment au *Soleil interieur de la verité concentré au fond de vostre cœur*. Car c'est le propre & la vertu naturelle des rayons du Soleil de desseicher la boüe & de la purifier. Et tout ainsi que vous voyez que le Soleil corporel ne se soüille pas pour épandre la pureté de son rayon sur les charognes puantes ny sur les cloaques de boüe ; ainsi le diuin & tres-pur rayon d'amour du *Soleil interieur* ne se soüille pas pour toucher nos ames, quoy qu'embourbées dans le sale étage de sa chair, & salie par l'ordure de ses sens. Cependant ne *perdez pas courage, mais tenez-vous diligemment & fidellement attentiue & ouuerte à son diuin rayon interieur au fond de vostre cœur* sous les diuines influences de ses amoureux regards ; vous y tenant toute étenduë & exposée sous son aspect : il y desseichera l'humide, & y purifiera la boüe de vostre chair, & en éuacuëra la puanteur de ses ordures sensuelles par degrez de chaleur & de pureté. Et enfin ayant ainsi reformé tous vos sens, & leur ayant appris à *se fermer aux objets illicites du dehors, & à les ouurir à l'objet tres-pur & legitime du dedans*, ils auront bien-tost recouuré leur vertu &

Raison pour regarder interieurement des yeux de la foy Iesus crucifié nostre diuin exemplaire au fond de nostre ame.

l'Attache aux plaisirs des sens exterieurs, *Tr.III.Ch.I.* 103
vn degré de spiritualité plus noble par les interieures habitudes de recollection, & *l'enuisagement de l'œil surnaturel de la foy vers ce diuin & humain Soleil* IESVS-CHRIST. Car il n'est pas possible au plus excellent Peintre de perfectionner vn beau Tableau sans jetter la veuë sur son Original ; ainsi l'ame Chrestienne desireuse de se perfectionner *ne doit jamais écarter sa veuë spirituelle & interieure de Iesus-Christ son diuin & humain modelle, & son exemplaire tres-parfait*, y ramassant toute son attention à Dieu & aux diuines operations de son saint amour par les charmans attraits de sa grace, & les lumieres infuses d'vne foy viue & operante.

Mais, cheres Ames, si vous auez jamais remarqué que *trois Rois* ont pris la peine de venir de si loin & auec tant d'appareil & de diligence pour chercher, trouuer, adorer & posseder ce tres-benist *enfant Iesus dans la crèche de Bethleem* ; & seulement au brillant d'vne chetiue étoile, tous Payens qu'ils estoient : jugez vous-mesme quelle honte à l'ame Chrestienne de n'auoir pas encore *assemblé ses trois puissances*, ny ramassé les sens, les appetits, inclinations naturelles, passions & pensées, & toute la multitude de ses desirs temporels & spirituels, interieurs & exterieurs, *representant la suite tres-deuote de ces trois Rois pour adorer, seruir & aymer le diuin Iesus dans la crèche interieure de son cœur, la memoire luy offrant tres-deuotement la myrrhe de contrition par la detestation & douleur parfaite de ses pechez : & son entendement l'encens de gratitude en veuë des grands benefices de la diuine liberalité, & la volonté luy offrant l'or tres-pur de la Charité precedée interieurement par l'étoille de la foy, & confirmée à l'exterieur par les bonnes œuures & amandement de vie*, par hommages à la diuine Bonté ; car l'ame Chrestienne est de tout point obligée d'aimer Iesus-Christ ne pouuant entrer en compassion de ses souffrances, ny pour y compâtir cordialement, qu'autant qu'elle aura d'amour pour luy. Car quel moyen de ressentir dans nos cœurs les precieuses navreures du sien, si les nostres n'y sont jamais *entrez* pour y sauourer l'amoureuse amertume de ses douloureux sentimens? & y participer à sa Croix, à sa Mort,

Ce qu'vne ame tombée en faute & imperfection doit promptement faire pour se releuer & conseruer sa paix & attention interieure à Iesus-Christ.

L'Ame captiue sous le troisiéme sceau, & à sa Vie ressuscitée, pour enfin entrer vn jour en la bien-heureuse possession de la Gloire. Et s'il arriue que par foiblesse ou infirmité vous veniez à tomber en quelque *imperfection*, gardez-vous bien de vous en décourager *ny troubler*; car vostre aduersaire ne demanderoit pas mieux, mais plûtost *retournez confidemment & humblement à Iesus-Christ au fond de vostre cœur, & vous prosternant là à ses pieds, implorez de luy le pardon*, tout ainsi qu'vn mauuais apprentif, lequel a gasté l'ouurage de son Maistre, pour laquelle chose il demeure tout craintif, attendant auec douleur la reprimende & correction de son Maistre; & cependant asseuré sur l'esperance qu'il fera mieux à l'aduenir, il ne s'enfuit pas de la boutique, mais il se résoût d'emporter la honte & la confusion.

Ainsi en doit faire l'ame Chrestienne tombée en faute dans les commencemens, & de laquelle elle ne se doit point troubler, mais en s'humiliant profondement en attendre confidemment le pardon, *recourant à Iesus au fond de son cœur; car ce bon Maistre interieur a pitié de nos foiblesses, mais il a en horreur la malice & la duplicité de cœur*. Dequoy il se faut absolument garder; car il est tres-difficile qu'vn *cœur double* puisse estre sauué, tant à cause qu'auec ses mauuais *instrumens*, il démolit la simplicité & la candeur Chrestienne: qu'aussi il édifie & bâtit par là sur le patrimoine du Diable, & par consequent se fait son vassal & mal-heureux tributaire. Mais allons confidemment, simplement, sincerement à Iesus-Christ, le meilleur, le plus riche, le plus saint, le plus parfait, le plus sçauant, le plus charitable; & enfin *le plus pitoyable de tous les Maistres, toûjours prest à pardonner, pourueu qu'il nous voye vrayement repentans*, & resolument disposez à nous corriger, cessans de nous rebeller contre les tendresses de son diuin Amour: c'est le plus seur & le meilleur moyen de conseruer la paix interieure dans nos chûtes & imperfections.

Malignité d'vn cœur double.

SECTION I.

SECTION PREMIERE.

Quelles sont les dispositions & examens necessaires à une ame d'Oraison purifiée des sales plaisirs de ses sens exterieurs pour savourer interieurement la douce manne de la tres-sainte Communion.

1. POVR vous tenir toûjours en estat de participer & savourer les diuines Misericordes, c'est de vous examiner souuent sur les Commandemens enuers Dieu, enuers le prochain, & enuers vous-mesme : qui sont comme les trois lignes droites qui nous reglent, & nous font tendre à Dieu au centre interieur de nos ames, en desirans incessamment nous appliquer les infinis merites de Iesus-Christ, pour establir de plus en plus dans nos ames ce fond interieur de pureté & de tres-noble residence au saint Amour.

2. En telle sorte, Ame deuote, que les jours destinez à vostre pieté Chrestienne pour y manger, goûter & savourer *la manne de la tres-sainte Communion* ; *estant tres-humblement ramassée en vostre Sanctuaire interieur*, voyez-y sans vous flatter au brillant & à la clarté lumineuse de la diuine Charité vos comportemens interieurs & exterieurs enuers le Pere comme Createur & Principe donnant; enuers le Fils comme Redempteur receuant & patissant; & enuers le saint Esprit comme Sanctificateur & Remunerateur des bonnes œuures retribuées par amour au sein de la diuine Essence. Car trois choses doiuent estre inseparables de nostre deuotion & religion pieuse & Chrestienne. La premiere, la garde étroite & inuiolable de la Loy de Dieu; La seconde, la frequentation des Sacremens; Et la troisiéme, la sainte Oraison par laquelle le saint Nom de Dieu est sanctifié en nos ames en faisans sa volonté. Et par ainsi ces trois choses renferment en abbregé & en substance tout ce que nous pouuons demander à Dieu, & tout ce que nous en pouuons esperer,

Examen de nos comportemens interieurs, & exterieurs enuers les trois diuines personnes.

Trois choses composent la parfaite deuotion.

O

Car la garde de ses diuines Loix nous maintiennent en la grace; & la nourriture substantielle des Sacremens nous engage en la Charité, & nous y fournit la Manne éternelle de la vie de Dieu : & *la sainte Oraison* nous y fait suiure ce Moïse ineffable de diuine generation qui sanctifie le Nom de Dieu en nos cœurs en l'accomplissement de sa tres-sainte volonté.

3. Voyez donc au regard du Pere si vous luy auez rendu le culte d'adoration en Esprit & Verité, tel qu'il est dû à la tres-haute Majesté de sa diuine Grandeur, auec les gratitudes & actions de grace relatifs à la souueraineté de sa puissance Creatrice, auec toutes les autres reconnoissances de son amour Paternel; & particulierement du don precieux & sur-ineffable qu'il nous a fait en la personne de son propre Fils fait Prestre & Hostie pour nous meriter les immenses richesses du Pere; les lumieres du Fils; & l'amour & la bonté du saint Esprit. Et partant, si vous remarquez auoir manqué à tous ces deuoirs de Religion, humiliez-vous profondement, & luy en demandez pardon au fond de vostre cœur.

Examen des comportemens enuers le Pere.

4. Vous verrez ensuite vos comportemens interieurs au regard du Fils : si vous auez esté assez diligent à écouter sa voix dans le desert interieur de vostre cœur auec humilité, foy & amour, comme estant la Parole substantielle du Pere, & le diuin parler tout ensemble, *Parole toute-puissante & seule digne d'estre parlée, & bien écoutée de l'oreille interieure du cœur.* D'où vient que pour bien écouter il nous est expedient de reprimer nostre langue, & faire cesser le bruit de nos passions exactement. Car le Pere le parle de toute Eternité, & le profere au fond de sa substance vn autre soy-mesme; pour nous parler de sa part, & *se parler luy-mesme dans le fond de nos cœurs; nous enjoignans de l'y écouter; & partant, silence soit fait au Ciel & en la terre pour laisser parler la Parole.* Que toute Creature se taise, & qu'aucune ne parle, sinon celles qui auront apprises le langage d'amour, qui charme son Oreille diuine & centralle; & ainsi recréez-le dans vostre ame de

Examen de vos comportemens interieurs vers le Fils.

L'attache aux plaisirs des sens exterieurs, Tr. III. Ch. I. 107

la saueur delectable de ce mets precieux de la diuine Charité, de soûmission à la Foy, de l'amour des Vertus, & du doux fruit de l'Esperance.

5. Voyez, Ame Chrestienne, si vous ne l'auez pas aymé, seruy, suiuy par tout ; si vous n'auez point eu de compassion de ses souffrances, auec desir ardent de l'y soulager dans le cœur des pecheurs, en luy ouurant le vostre pour s'y reposer & recréer. *Si vous l'y auez déja conceu en Esprit & par Foy dans le sein de son Amour.* Et si ensuite vous l'y auez laissé naistre & donné lieu d'y viure : & si y viuant vous ne l'y auez point tué par vn coup de glaiue de vostre propre volonté ouuerte au consentement du peché mortel, qu'ainsi n'aduienne, mais plûtost la mort ; si vous ne l'y auez point injurié, moqué, craché, souffletté & flagellé, couronné d'espines par tous les genres de pechez veniels, particulierement ceux d'attache, dont il se faut défaire auec autant de soin & de diligence que l'on employeroit au dégagement du mortel.

6. Voyez encore si vous ne l'y auez point vendu, trahy ou postposé à Barrabas pour la vanité & sensualité de quelque chetif plaisir en peinture ; & sur toutes choses si vous luy auez sceu gré du prix inestimable de vostre Redemption ; & si son sang precieux n'a point esté épanché en vain pour vous par les continuelles oppositions & dissemblance à son Estat souffrant & humilié : par *la negligence de son imitation tant à l'exterieur qu'à l'interieur. Si vous auez manqué de respect en la presence du tres-saint Sacrement de l'Autel ; & si par negligence ou froideur vous auez laissé de communier, ou si vous n'auez point communié negligemment & sans deuë preparation :* Si vous n'auez point douté ou chancelé sur la réalité de ce diuin & sur-adorable Mystere ; & si le receuant vous luy auez ouuert vostre cœur par amour ; *& si vous l'y auez suiuy en esprit, & auec foy, confiance & esperance :* & si vous luy auez rendu le vray culte de Religion, d'adoration, de sacrifice, d'abandonnement de vous-mesme : d'offrande, d'hommage, d'actions de grace ; de toutes les autres gratitudes & recon-

Suiure Iesus-Christ en esprit par la recollection interieure au fond du cœur apres la Communion, pour y considerer cette diuine Hostie, c'est

108　*L'Ame captiue sous le troisiéme sceau,*

à dire Iesus crucifié, car c'est là son propre estat au saint Sacrement.

noissances qui luy sont deuës comme *Verbe*, comme *Humansé & souffrant pour nous retirer des peines d'Enfer; mort pour nous rendre la vie, ressuscité pour nous glorifier; & môté au Ciel pour nous y attirer & y faire joüir de la felicité de sa Diuinité.* Voir si vous n'auez point manqué d'honorer & respecter les Prestres, les Pasteurs de son Eglise. Si vous n'auez point molesté ou méprisé les Clercs & tous autres Officiers employez & seruans au saint Ministere de l'Autel; si vous auez eu soin d'honorer tous les lieux saints & consacrez au culte diuin; ou si vous ne les auez point profanez par quelque action indigne de ces saints lieux. Enfin, voyez au fond de vostre cœur si vous auez esté bonne oüaille de ce tres-grand & souuerain Pasteur Eternel, & si vous y auez entendu sa voix, & si il y a aussi entendu la vostre; que si vous l'y auez connu, & qu'il vous y aye aussi connu, vous entrerez auec sa grace dans le bercail intime de son Amour infinie, pour y estre éternellement nourry & repû de luy-mesme.

La reuerence deuë aux Prestres & aux lieux saints.

Examen des pechez contre le saint Esprit.

7. Vous verrez aussi au fond de vostre cœur les manquemens au regard du *saint Esprit* Pere & Sanctificateur selon la diuine Loy d'amour du Pere & du Fils, & le grand Dépositaire des dons sublimes & surnaturels; & luy-mesme le don des dons enuoyé du Ciel, & presenté aux hommes par la diuine Liberalité & du Pere & du Fils. *Lequel Fils nous l'a merité par sa mort.* Et partant, voyez si vous auez adheré ou resisté à ses graces, ou empesché le fruit inestimable de *sa mission interieure,* surnaturelle & diuine; & si vous auez répondu promptement & auec diligence à ses Paternelles *admonitions interieures;* ou si vous auez suiuy ses inspirations ou non; si vous n'auez pas negligé la recollection interieure, & partant étouffé ses mouuemens.

Vous verrez aussi si vous n'auez point commis quelqu'vn des pechez qui se disent contre le saint Esprit.

Comme *de haïr,* qui est le mestier des Diables & des damnez, opposé au saint Amour de Dieu, en suiuant la Loy du peché & le pere de la haine.

Presumer d'estre sauué sans merite, ou d'obtenir pardon sans peni-

L'attache aux plaisirs des sens exterieurs, Tr. III. Ch. I. 109

tente, c'est mépriser & démentir insolemment la mission interieure du saint Esprit, laquelle nous a esté donnée & enuoyée pour former dans nos cœurs les eaux de componction & de penitence, & nous y appliquer les merites infinis de la tres-sainte Mort & Passion de IESVS-CHRIST.

Desesperer de la Misericorde de Dieu: c'est faire affront à sa diuine Clemence : c'est méconnoistre & outrager *sa Bonté*: c'est injurier sa Puissance & le confesser cruel, luy qui est la mesme Benignité.

Resister contre la Verité connuë pour pecher plus librement: c'est vouloir bander les yeux au Clair-voyant; c'est diffamer la Lumiere increée auec le masque tenebreux du mensonge; c'est deffendre à la Lumiere d'éclairer; c'est jetter de la bouë à l'œil droit de la Diuinité.

Estre marry du bien spirituel d'autruy & l'empescher; c'est outrager le saint Esprit dans son principe de Charité; c'est luy reprocher ses bien-faits; c'est s'y opposer formellement; c'est luy vouloir lier les mains pour l'empescher de bien faire; c'est attaquer son honneur & son Estre mesme; c'est démentir la seconde partie du premier Commandement d'aimer le prochain comme nous-mesme.

S'obstiner dans son peché nonobstant toutes les admonitions & inspirations contraires, tant de la part du Confesseur, que du saint Esprit dans les mouuemens interieurs, & secrets qu'il luy inspire de s'en défaire : & contre tout cela, se déterminer de le commettre autant que faire se pourra, auec le peril éuident d'y mourir sans penitence : c'est vn peché de Diable, qui attaque le Ciel & dénie la Diuinité; & refuse formellement de la reconnoistre, prenant *la marque de Lucifer*: & partant il outrage la Creation, il veut rendre vains & inutiles tous les merites de Iesus-Christ : & fait tout ce qu'il peut pour aneantir toutes les lumieres du S. Esprit.

Estouffer continuellement dans son cœur tous les mouuemens & inspirations de l'Amour diuin, par l'amour excessif, vain, & idolâtre des Creatures, en les aymant desordonnément, & les estimant faussement plus que Dieu: c'est vouloir tuër & anean-

O iij

tir le saint Esprit: c'est luy disputer la vie, puis qu'on luy étouffe le mouuement. C'est le dernier mépris fait à sa Mission personnelle: c'est le crucifier cruellement que de s'opposer à la vertu de son Nom, luy empeschant les nobles effets. C'est le vouloir empescher d'estre, que de luy vouloir empescher d'aymer, luy qui est l'Amour personnel.

9. Si nous auons negligé de produire souuent des actes d'amour de Dieu: si l'on s'est resigné entierement à la sainte Prouidence dans tous les éuenemens: & si l'on s'y est confié, & *si l'on s'est disposé autant qu'on l'a pû*, & *qu'on l'a dû faire à receuoir les sept dons du saint Esprit, de Sagesse, d'Intelligence, de Conseil, de Force, de Science, de Pieté & de Crainte de Dieu.* Et si nous auons aussi soigneusement cultiué dans nos cœurs *les douze fruits du mesme saint Esprit, Charité, Ioye, Paix, Patience, Longanimité, Bonté, Benignité, Mansuetude, Foy, Modestie, Continence & Chasteté.* Et au contraire, si on les y a aneantis par de noires inclinations toutes contraires, écriuant sans cesse contre la Clemence du saint Esprit, ou negligeans les diuines inspirations dans nos cœurs.

10. Et parce que cette diuine & tres-sublime Essence, Source originaire de Bonté infinie, s'est amoureusement constituée sur nous par ces *trois excellens titres & sur-adorables de Createur, de Redempteur & de Sanctificateur*: nous luy deuons aussi & par amour & par justice, & par deuoir de sujet enuers son Souuerain, vne diuersité d'hommages & de cultes Religieux conuenables à leur distinction personnelle. En telle sorte que l'opposite de ces deuoirs nous fassent clairement remarquer la diuersité des deffauts & manquemens qui nous rendent coupables enuers elle. Car *comme Pere & Createur* tout-puissant, nous deuons adorer & seruir d'vn culte parfait: Et *comme Redempteur* & bon Maistre, nous le deuons imiter & le suiure dans l'interieur de nos cœurs par conformité de conduite & transformation, d'œuures & de puissances: Et *comme amoureux Sanctificateur*, nous le deuons aymer totalement, & ne faire de toutes nos volontez que son vnique vouloir.

11. Or le tiltre ou la puissante qualité de Createur estant accordée au Pere, & celle de Redempteur attribuée à la personne du Fils, comme celuy de Sanctificateur approprié au saint Esprit ; il s'ensuit de là qu'*au Pere est deuë l'adoration, au Fils l'imitation, au saint Esprit l'adherence ou l'acquiescement à l'amour* ; sans que pour tout cela, dans cette distinction d'attributs & deuoirs personnels, il faille entendre que nous deussions vser de partage ; comme si hommager à l'vne des Personnes diuines que nous adorons, n'estoit pas adorer & hommager à l'autre. Car *ces trois Objets distincts, ces trois diuines Personnes ne constituent qu'vn seul Objet essentiel, sçauoir,* Dieu ; & cette Essence vnique a ses proprietez personnelles dans laquelle chaque Personne y reçoit conjointement les vœux & les hommages que l'on rend aux deux autres ; parce que leurs emplois sont indiuis quoy que distincts, & ne laissent pas d'estre distincts quoy qu'indiuis : d'autant que chaque Personne garde inuiolablement dans l'actif & commun exercice de toutes Trois, la propre distinction de sa Personnalité indiuise, *parce que toutes Trois n'operent que d'vne mesme Puissance, que d'vne mesme Essence & Sainteté* : Et partant, nous leur pouuons & deuons rendre les deuoirs vniques & personnels, & les personnels & vniques, & d'vn culte diuin & souuerain.

12. Quant à *nos comportemens enuers le prochain*, voir si nous n'y auons point blessé la Charité, ou si nous ne l'auons point mal édifié par nostre faute : si on l'a supporté dans ses foiblesses : si on l'a admonesté cordialement de ses deffauts ou consolé dans son affliction : si on ne l'a point attristé par quelques paroles piquantes : si on ne l'a point assisté dans le besoin, de conseil, de vestement ou de nourriture corporelle ou spirituelle : Et ainsi de tous les autres deffauts & *manquemens que la diuine Lumiere interieure nous y pourra découurir chacun selon son propre estat & condition*: & de tout cela s'humilier profondement aux pieds de Iesus-Christ, luy en demandant pardon auec resolution de nous en corriger à l'aduenir ; car *la meilleure partie de Penitence, c'est s'amender & che-*

Examen sur nos comportemens enuers le prochain.

La bonne Penitence & sa vraye marque.

miner en vertu contraire à nos vices, c'est la marque asseurée du vray Penitent.

Examen sur nos comportemens enuers nous-mesmes.

15. Ensuite dequoy vous examinerez *vos comportemens enuers vous-mesme*. Voir en la maniere que vous y traittez. Si vous auez bien appris à vous traitter vous-mesme comme vostre plus dangereux ennemy, & si vous n'auez point *negligé dans l'occasion de vous conformer à vostre diuin & humain exemplaire Iesus-Christ*; imitant ses vertus, suiuant ses conseils, aymant la pauureté de la Croix & la verité du saint Euangile; si vous n'auez point esté paresseux de vous leuer à bonne heure pour prier Dieu; si vous estes immortifié, difficile au boire, au manger, ou trop delicat, ou friand, ou gourmand; si on a esté patient, obeïssant à pere, mere, maistre ou maistresse, ou le Superieur, ou Loix de propre Estat; si on a manqué à l'humilité cordiale, ou jusqu'à scandaliser le prochain; si on a aimé le propre estime; si on s'est preferé ou presumé au desauantage du prochain, ou d'estre plus habile, plus parfait, plus adroit, plus sçauant, plus homme de bien que les autres; si on ne s'est point vanté de son addresse en méprisant autruy, ou de plus grande capacité d'esprit & de jugement: parce que *toutes ces choses nourrissent le propre Amour, & le font croistre dans nous au détriment du pur Amour de Dieu*; il les faut soigneusement mortifier, & voir en gros & en détail si nous auons bien & deuëment cultiué la sainte haine de nous-mesmes contre nous-mesmes en toutes ses occurrences.

L'ame doit faire ces examens susdits estant recolligée & retirée interieurement au fond du cœur aux pieds de Iesus-Christ crucifié pour y implorer le merite de son sang, de sa sainte Mort.

14. Ainsi l'ame Chrestienne se pourra examiner de cette sorte, ou d'vne autre selon son ouuerture ou lumiere; mais *sur toute chose retirée & recolligée au fond de son cœur*: car c'est là que toutes choses se pesent au poids du Sanctuaire, & que l'ame se rend à son diuin Iesus: & où elle participe & peut participer continuellement à ses merites infinie: & où elle les employe, ou plûtost sont employez par luy-mesme contre le peché, contre les choses mondaines & déreglées, contre la sensualité criminelle de ses sens. Qu'il faut sans cesse reprimer & mortifier si nous voulons auoir la paix dans nostre

Republique

L'attache aux plaisirs des sens exterieurs, Tr.III.Ch.I.

République interieure. Car si nous laissons nos sens ouuerts au dehors vers les objets creez, toutes leurs impressions & figures entreront facilement dans nostre ame, & le peché & le diable auec eux. Puis que nos sens ouuerts vers le dehors sont comme les portes d'vne Ville frontiere du Royaume que l'on negligeroit de fermer pendant le temps de la guerre declarée. Car nostre aduersaire le Diable est toûjours aux aguets & en embuscade à la porte de nos sens pour les épier, & les surprendre à la picorée des faux plaisirs terrestres: & comme il est esprit subtil, fin & rusé, il n'est point apperçû des ames molles & sensuelles; car il se cache, il se musse dans ce vain plaisir, que nos sens vont picorans au dehors, & font sauourer à nostre esprit, qui fait aualler à nostre volonté cette vaine & fausse complaisance, & le Diable tout ensemble: lequel se va camper dans le donjon de nostre appetit sensitif, & en fait contre nous son fort de rebellion, & n'en sortira jamais que contraint par le siege royal du victorieux Agneau de Dieu. Car c'est vn obstiné, vn reuolté, vn enragé & vn desesperé ennemy; qui se laissera plûtost brûler jusqu'à la racine que de se rendre, s'il est vne fois habitué & enseuely là dedans. C'est pourquoy, cheres Ames, nous deuons reueiller nos sentinelles ayans affaire à vn si cruel ennemy, si rusé, si enuieilly dans sa malice, si cauteleux dans ses entreprises, & si traistre dans ses suggestions. Et partant il faut faire bonne garde, & veiller sur nos sens qu'ils n'aillent au déreglement, reformans nos appetits & les captiuans sous la Loy de la juste temperance, & sur toutes choses recourir à Iesus-Christ au fond de nostre cœur dans toutes les occasions de combattre & de vaincre, nous rendans tout à luy, nous défians tout à fait de nous-mesmes, nous confier tout en luy, c'est le moyen d'estre toûjours victorieux, & de n'estre jamais vaincu. Car lors que le Diable nous trouue seuls à nous défendre, la victoire luy est infaillible: mais quand l'ame bien aduisée luy met en teste la vertu & l'humilité de l'*Agneau de Dieu*, il s'enfuit tout desesperé, & l'ame demeure libre, encouragée & en estat d'auancer en vn degré plus parfait, & de pretendre au prix & à la recompense promise par *le victorieux Agneau*

Passion en remission de tous les pechés commis enuers Dieu, le prochain & soy-mesme.

Supposé pourtant qu'elle soit arriuée à cét estat de facile recollection dans son interieur.

Comme il faut veiller sur la garder des sens, & moderer la sensualité.

Le moyen de vaincre facilement toutes les tentations du Diable.

P

114　　*L'ame captiue sous le troisiéme sceau*,
occis, triomphant & vainqueur, pour liberer l'ame & luy faire participer aux fruits de ses victoires, & luy en faire sauourer la paix, la quietude & le repos.

CHAPITRE II.

L'ouuerture interieure du troisiéme sceau, & la liberté de la troisiéme captiuité, sçauoir de la victoire des sens exterieurs, & de leur sensualité.

ESTAT, ET SON PRIX.

JE sçay où tu habites maintenant que tu t'es efforcé moyennant ma Grace, de *corriger exactement le superflu de tes sens*. Mais je sçay aussi là où habite Sathan aux aguets de la porte de tes sens pour y rentrer cauteleusement, & te surprendre si tu n'es vigilant & sur tes gardes. Il est vray que tu tiens maintenant mon Nom, & l'as en grande veneration: puis qu'à ton respect tu t'es déja retiré de la damnable complaisance du peché, & de la vaine complaisance des choses mondaines, *rompant pour l'amour de moy toutes les attaches que tu y auois*; *& t'es aussi ensuite sagement retiré du bourbier sale & fangeux de la brutale complaisance de tes sens*. Et que jusques icy depuis ta conuersion, tu n'as pas renié ma foy; estant assez fidelle à proportion de ta lumiere: mais pourtant il faut que tu sçache que j'ay quelque chose contre toy. Et quoy Seigneur? c'est que tu en as là qui tiennent *la doctrine de Balaam qui enseigne à manger & paillarder*.

2. Ce Balaam c'est *nostre amour propre, & sa doctrine c'est l'appetit inferieur dans lequel le Diable s'est cantonné* pour s'y deffendre auec les mesmes armes que nous luy auons fournies & que nous luy fournissons par nostre *immortification*; Et comme il rencontre encore *dans nostre appetit* inferieur les restes d'habitudes du peché, le coulant de la nature aux choses

L'attache aux plaisirs des sens exterieurs, Tr. III. Ch. II. 115
mondaines, & le chemin frayé du consentement ; & que nous auons autrefois pris à la complaisance dereglée de nos sens & de toutes les choses sensuelles ; & par lequel chemin frayé le Diable se coule en nos sens par le filet & la racine des habitudes, & les sollicite importunément de retourner à la fausse complaisance, en *excitant les appetits, reueille les habitudes,* en monstre la facilité en temps opportun, & sous des pretextes specieux & raisonnables ; Et *voila la mauuaise doctrine de nostre Balaam, qui sollicite à boire, à manger, & à paillarder, à boire & à manger outre le repas, sous pretexte de compagnie ou de necessité ou d'infirmité ; & mesme d'y ajoûter quelque petit ragoust qui pique l'appetit, disant : Que ce n'est que pour cette fois là, & qu'apres on se mortifiera ; & cependant il arriue que l'on nourrit les habitudes, & que plus elles regnent, plus elles s'enforcissent & s'enracinent dans l'ame.* En telle sorte qu'il n'est pas possible de les décamper, à moins que de conduire l'ame dans l'alambic interieur de son centre, pour y estre dissoute des ardeurs purifiantes du diuin Amour ; car autrement, supposé nos miseres & la foiblesse de nostre vertu, le coulant des habitudes, la corruption de la nature, il est bien difficile d'en échaper sans en estre blessé. Et *si par mal-heur & negligence vne ame venoit à déchoir par quelque peché notable ; n'est-ce pas paillarder, puis qu'estant si déloyale en sa foy, faussant sa promesse de fidelité à l'Agneau son bon Amy & son Espoux* ; elle auroit impudemment retourné à son vomissement sous la seruitude du peché, du diable, & du propre amour ses ennemis jurez.

Il faut mortifier les mauuaises habitudes, & pourquoy.

LE PRIX.

A qui vaincra je donneray la manne cachée & vn caillou blanc, & au caillou blanc vn nom nouueau écrit, lequel nul ne sçait que celuy qui le reçoit.

Cette *manne cachée est l'onction sauoureuse de l'esprit* en l'entrée de ce degré, là où victorieux de la chair & du sang qu'il a méprisé pour l'amour de Dieu ; ce mesme Amour diuin

P ij

fait sauourer à l'ame les delices de la vie spirituelle *épanchées dans l'interieur de son cœur* tout renouuellé à la grace. D'où vient qu'il est appellé *caillou blanc* à cause de sa fermeté causée de la vertu de l'Agneau & du merite de sa victoire, par laquelle est écrit *le nom nouueau de nouuelle Creature, que nul ne sçait que celuy qui le reçoit, parce que ce bien fait est operé dans l'interieur entre Dieu & l'ame*; c'est vne manne cachée, parce qu'elle vient du dedans, & d'outre le fond de l'ame, là où ny Ange ny Diable ny aucune Creature, ne peut entrer ny voir, mais seulement *Dieu, l'Ame & l'Agneau.*

Pour conceuoir le fond, & outre fond de l'ame, voyez la quatriéme image.

SECTION PREMIERE.

A quelle perfection & sainteté de vie sont obligez les Prestres, laquelle ils doiuent acquerir par l'exercice de sa sainte oraison & vnion intime à Iesus-Christ, declaré par le Prophete Ezechias.

1. LE Roy Ezechias parlant aux Prestres & aux Leuites du Seigneur, leur dit, écoutez-moy: *Nos Peres ont peché, & ont mal fait en la presence du Seigneur en le delaissant: ils ont détourné leur face du Tabernacle du Seigneur, & luy ont tourné le dos.*

2. Et derechef il leur dit: *Escoutez-moy, Leuites, & vous sanctifiez, nettoyez la maison du Seigneur le Dieu de vos Peres, & ostez toute l'ordure du Sanctuaire.*

3. Si les paroles de ce Roy s'adressent aux Prestres & Leuites de l'Ancien Testament, & que *l'Ancien Testament soit la figure du Nouueau*; il s'ensuit de là que les Prestres de la nouuelle Loy ne sont pas moins obligez de les écouter, de les apprendre & de les entendre ; & *pour les bien entendre il les faut bien écouter dans l'interieur & de l'oreille du cœur*, & ces paroles disent, que c'est mal fait en la presence du Seigneur, que de le laisser, & en détourner vostre face interieure de son Tabernacle, qui est le fond de vos ames ; & elles disent que c'est luy tourner le

L'attache aux plaisirs des sens exterieurs, Tr. III. Ch. II. 117
dos que de se tenir esciemment tendu & ouuert vers les objets du dehors, & tout à l'exterieur ; mais que c'est luy tourner face que de rappeller & retirer nostre esprit en dedans vers son Tabernacle viuant ; là où Dieu habite, & là où il vous appelle & vous attend pour sacrifier ; Et comme sacrifier est le propre des Prestres, ils sont par consequent obligez d'estre Hosties ; & pour estre Hostie, il faut estre libre, dénué de toute attache & tout amorty à sa propre vie ; & par consequent pour en venir là, il faut apprendre la recollection interieure, tant pour y participer les graces & les lumieres conuenables à l'estat du Sacerdoce, que pour *imiter de plus prés Iesus-Christ, & apprendre de luy dans l'interieur de vos cœurs à estre à son exemple Prestre & Hostie, Sacrifice & Sacrificateur.* Car c'est là tout le contentement & les delices de Dieu, que d'auoir des Prestres pour luy offrir des Sacrifices d'vn cœur pur & saint ; des Hosties diuines & humaines, & consommez de l'Amour diuin. Car encore bien qu'ils ayent l'honneur d'offrir tous les jours *la tres-digne & ineffable victime de l'Agneau occis.* Cependant le Pere Eternel n'est pas entierement satisfait de l'offre de son Fils tout seul ; mais il veut encore auoir le Prestre, qui offre : en telle sorte, que celuy qui offre à l'Autel, doit estre autant qu'il se peut conjoint & vny à la diuine Hostie par amour, par justice, par imitation, par conformité & ressemblance de charité, d'humilité, de mansuetude, de *dénuëment de tout ce qui n'est point Dieu.* Et enfin, tout transformé en la pureté & sainteté de l'Agneau de Dieu qu'il offre tous les jours au Pere Eternel. Mais s'il vouloit interieurement écouter son Amour, il y apprendroit que *le Pere possede son Fils de toute Eternité, & que si il leur commande de le luy offrir, ce n'est que pour les auoir auec luy :* C'est l'hameçon éternel du sein du Pere, auec lequel il tire à soy tous les poissons de la mer de sa grace, parce que si vous luy offrez son Fils, c'est parce qu'il vous l'a déja donné pour vous le redemander, & vous conjointement auec luy.

Le Prestre vny interieurement à Iesus crucifié, doit estre Prestre & Hostie, Sacrificateur & Sacrifice tout ensemble.

Pourquoy Dieu nous a donné son Fils.

4. Mais enfin, *s'il vous demande, c'est à condition de conformité*

& de ressemblance à l'Agneau: & pour ce faire il vous exhorte de sanctifier & nettoyer vos cœurs, comme estans la maison & le palais de plaisance, là où vous mettez tous les jours le Seigneur le Dieu de vos Peres, & leur Prestre & le vostre; & il vous dit derechef d'oster toute l'ordure du Sanctuaire, qui est le fond de vostre ame, afin que Dieu y reçoiue vos Sacrifices, & l'Hostie pure de l'amortissement de vostre propre vie que vous luy deuez immoler sur l'Autel interieur de vostre cœur, à mesme temps que vous accomplissez le saint Sacrifice de l'Autel exterieur, & ne faire à vostre égard qu'vn Autel de ces deux Autels, retirant l'exterieur dans l'interieur en esprit, foy, amour & vnion à l'Agneau. Car c'est le Sacrifice parfait quand le Prestre est fait Hostie, & qu'il ne fait plus de luy & de Iesus qu'vne seule Hostie, qu'vn seul Sacrifice dans la transformation des deux Amans viuans de mesme vie, repûs de mesme nourriture diuine, & subsistans en mesme Amour, & *pour lors vn tel Prestre sera Prestre & Hostie digne de Dieu.*

Le parfait Sacrifice.

SECTION SECONDE.

Les ames sensuelles & exterieures, & les ames simples & adonnées à l'oraison interieure figurées par le Corbeau & la Colombe que Noé fit sortir de l'Arche sur la fin du Deluge.

1. LE *Corbeau sort de l'Arche & ne reuient point, mais la Colombe estant sortie, reuient vn rameau d'Oliuier en son bec; c'est vne mauuaise sortie que de ne point reuenir;* Ce Corbeau represente les ames charnelles & sensuelles qui s'arrestent apres *la charogne des faux plaisirs,* & ne reuiennent jamais dans *l'Arche du Seigneur qui est leur cœur.* D'où vient qu'ils se perdent parmy le Deluge des pechez. Et *la Colombe* represente les ames chastes & fidelles, lesquelles quoy qu'elles sortent aucune fois elles reuiennent toûjours auec *le rameau de la Charité en leur bec*; parce qu'elles ne conuersent jamais

L'attache aux plaisirs des sens exterieurs, *Tr.III.Ch.II.* 119
que le necessaire, & ne s'arrestent que pour la gloire de
Dieu & l'vtilité du prochain; mais pour estre colombe il
faut estre sans fiel pour aucune injure que ce soit; *& sçauoir
gemir du gemissement interieur du Saint Esprit*, tant pour ses propres pechez, que pour ceux de tout le monde, il faut sçauoir *sortir &
retourner dans l'Arche du Seigneur*, sans perdre le rameau de la
diuine charité, non plus que celuy de la *paix interieure*: car
vne telle ame sçait entrer dans l'interieur secret de son
cœur, pour y voir, gouster & posseder *dans cette Arche viuante* le bien infiny de la fruition immense du Dieu d'a-
mour, pour y plaire & aggreer au Saint Esprit, lequel y
parle à l'ame en aymant, car *son parler est amour*, & son insinuation est verité, la verité fait la vie, le mouuement, &
l'operation; & son operation est reelle, car Dieu est verité, lequel reside là dedans au plus que tres-intime secret
de son cabinet nuptial, d'où il fait entendre sa voix à son
oüaille, & son oüaille l'entend, *retirée qu'elle est en ce parfait
silence dans le fond interieur de son cœur*, car il donne vn cœur
nouueau à l'ame recolligée, & luy renouuelle l'esprit par
vn effet de sa genereuse liberalité, & la place dans son cœur
par des passedroits ineffables. O que bien-heureuse est l'a-
me, qui sçait incliner l'oreille de son cœur à la voix secrette
du bien-aimé auec vne attention passiue & interieure, destournée du tintammare exterieur, & ouuerte aux interieures inspirations du saint Esprit, où elle s'exerce amoureusement aux choses diuines: car *s'appliquer à l'interieur, c'est s'appliquer au repos de Dieu*, & à son salut, c'est s'appliquer à sa
vie par les attraits de son amour, & non seulement il y faut
entrer serieusement & y demeurer, mais il faut tousiours *voyez la qua-*
entrer plus auant, iusques à quitter tout le creé, & soy- *trième Image.*
mesme *pour outre soy-mesme entrer en Dieu*.

SECTION TROISIESME.

La sortie d'Abraham de sa terre, est vne belle figure de la sortie du Verbe du sein de son Pere, dans son Incarnation, & de la sortie de l'ame de la terre du vieil Adam pour aller interieurement dans la terre mysterieuse que Iesus-Christ nous y monstre dans l'oraison.

Dieu fit sortir *Abraham de sa terre & de tout son parentage, pour aller en la terre que le Seigneur luy monstra, & où il fut beny.* Abraham estoit apellé le pere des Croyans parce qu'il estoit la figure de tout ce qui s'est passé en Iesus-Christ & en tous ses descendans; car il a pleu à Dieu dans sa foy, dans son obeïssance, & dans la sincerité de son sacrifice: & Iesus-Christ a infiniment pleu à son Pere confirmant sa foy du cachet de son propre sang dans vne obeïssance, & vn sacrifice parfait de soy-mesme. Il est venu de la terre diuine du sein du Pere, dans la terre vierge du sein de Marie par son incarnation; pour nous faire passer de la terre humaine de son precieux corps, dans le champ fertile de sa diuinité, là où abondent toutes les moissons de vie eternelle; & cela par la porte douloureuse de sa tres-sainte mort & passion, en vertu de laquelle nous auons esté faits les benits du *Pere qui est és Cieux.*

Car personne ne peut reuoquer en doute que Iesus-Christ ne soit le fils vnique du Pere, & le fils vnique de la tres-sainte Vierge Marie, & qu'en cette qualité d'homme Dieu il ne soit le saint liberateur promis à *Abraham*, & à sa foy, & à sa semence; promis & donné en la loy de Grace, & lequel deliure de la captiuité du peché, de la tyrannie & seruage du diable & du propre amour tous ceux, qui d'vne foy viue & operante en charité croiront, & espereront à telle promesse, & se fieront & confieront à Iesus-Christ de leur
salut

L'attache aux plaisirs des sens exterieurs, *Tr. III. Ch. II.* 121
salut ; esperants de luy & par luy cette deliurance, & la sainte liberté promise : car Iesus-Christ s'est fait le vray *Agneau*, & la tres-digne Hostie de reconciliation, effaçant les pechez des hommes : ainsi qu'il nous a donné à connoistre par la lumiere interieure du saint Esprit; le fruit duquel & son propre esprit dans nos cœurs, est de nous faire exercer nostre foy surnaturellement en dedans, pour en verité adorer le Dieu de verité, & son Fils *Iesus-Christ* la mesme verité operante interieurement dans nos cœurs : & cela parce qu'il est le grand *Euesque Vniuersel*, le *souuerain & le Prêtre Eternel de nos ames*, exerçant son ministere par dedans de vray mediateur reconciliant les hommes auec Dieu: sans que l'on doiue attendre ny esperer vn autre ; car toute misericorde est venue sur nous par luy, & n'en deuons esperer par ailleurs : il est seul venu pour faire misericorde, & il viendra desormais pour iuger sur ses misericordes les hommes preuaricateurs sans aucune remise.

Et pour ce faire, *Iesus-Christ* n'a pas seulement abandonné *son parentage*, mais il y laissa sa propre vie & son sang; pour nous apprendre à plus forte raison à y quitter & abandonner la maudite terre *d'Adam*, & nous retirer en diligence dans la nouuelle region de nostre desert interieur à la suitte de nostre diuin & humain *Moyse*, & par consequent passer de cette terre exterieure, maudite, soüillée du peché, en la terre interieure & benite, que le Seigneur nous a monstré au fond & outre le fond de nostre cœur, pour enfin nous y seruant de *Iosué* & d'introducteur tout-puissant en la terre promise de sa diuinité, il y soit aussi le principe, & la cause de nostre felicité eternelle.

Voyez la quatriesme image qui vous fera conceuoir que la diuinité est outre le fonds de l'ame qu'est appellée souuent la terre promise dans laquelle l'ame raccollegée dans son desert interieur est introduite glorieusement par Iesus-Christ son Iosué diuin, ainsi qu'il est representé en l'image.

Mais tout ainsi que nostre Seigneur n'est point monté au faiste de la grande montaigne de sa triomphante resurrection, qu'en descendant par tous les estages & degrez de sa mort, s'abbaissant iusques dans le tombeau. Et comme au dessous de l'Estre & de la Vie *dans vn aneantissement tresparfait* : voire sa tres-sainte ame s'abaissa par pitié & misericorde jusques dans les abysmes soûterrains pour y consoler & retirer les ames justes enseuelies *dans le sein d'Abra-*

Q

ham; où elles estoient descenduës pour y attendre leur saint Liberateur, & estre introduits par luy sur la riche montagne de son Eternité,
mais nottez qu'elles estoient descenduës, & que c'est en descendant que l'on monte au Ciel, & qu'ainsi nous ayans à monter
à luy comme à la vraye terre des viuans ce doit estre en descendant au fond de nous-mesmes par les sept degrez de recollection &
La quatriéme image vous fera voir com-me en descen-dant par la re-collection de l'esprit au fond du cœur l'ame monte & est éleuée à Dieu par Ie-sus-Christ, qu'il ne faut iamais quit-ter, mais tou-iours suiure interieure-ment. Il est important de connoistre ce principe pour pratiquer l'o-raison de re-cueillement. de retirement au dedans de plus auant en plus auant, jusques à la mort de nous-mesmes, outre nous-mesmes dans
la vie de Dieu; commençans nostre retirement en dedans
par la mort du peché, comme par le plus éloigné de Dieu;
& continuans à nous retirer & mourir aux creatures; & de
là descendre plus auant par la mort de nos sens exterieurs,
s'entend du superflû; & puis par celle des sens interieurs encore plus profonde & spirituelle, poursuiuant la mort &
& destitution des propres actes des puissances encore plus
interieure; & jusques à la mort de propre vie tres-intime
& profonde, & de là passer outre soy-mesme en Dieu la grande
montagne Eternelle que l'on ne peut monter qu'en descendant.

SECTION QVATRIESME.

Explication de ces mots de recollection & abstraction, où l'on décrit les sept degrez de recollection interieure, par lesquels sont leuez les sept sceaux qui tenoient l'ame captiue sous l'attache & complaisance à sept sortes d'objets.

1. PArce que nous parlons souuent en ce petit œuure de se recolliger, s'abstraire, se retirer, se ramasser en dedans interieurement: I'ay pensé qu'il estoit à propos de nous en éclaircir
autant qu'il se pourra exprimer selon le peu de lumiere de
mon petit jugement; afin que les simples puissent estre instruits,
& que les doctes soient en quelque façon satisfaits conceuans nostre
façon d'entendre interieure & cordiale, & qu'ils en puissent par consequent porter jugement, ainsi qu'il leur appartient, & ausquels je

L'attache aux plaisirs des sens exterieurs, Tr. III. Ch. II. 123

vie soûmets tres-humblement ; ne voulant rien dans mon cœur, ny dans mon ame ; que tout ce qui est approuué, tenu & confessé de la tres-sainte Eglise Catholique, Apostolique & Romaine, voulant viure & mourir en cette croyance & tres-humble soûmission à Dieu & à l'Eglise.

2. Ce mot de *recollection*, d'*abstraction* est de soy fort expressif, & vsité parmy toutes les bonnes ames qui vacquent à l'oraison & à la vie interieure : mais comme ce sont des mots d'vn grand sens & d'vn sens caché au simple peuple, & voire mesme assez caché à ceux qui n'en sont pas dans l'actuelle pratique ; quoy que d'ailleurs ils ayent beaucoup de connoissances & de lumieres des saints mysteres ; I'ay esté d'aduis de me donner à entendre le mieux & le plus clairement qu'il me sera possible, en *faisant voir les principes, les moyens & les fins* ; afin que les ames Chrestiennes s'en puissent seruir auec plus de seureté à la gloire de Dieu, & au salut de leurs ames : & c'est là tout ce que nous en pretendons, en y *faisant voir le commencement, le progrez, & la fin comme en abbregé selon le dessein de l'œuure.*

3. Ie dis donc que *la recollection interieure signifie le rappel de l'effusion, & saillie exterieure de nostre propre esprit au dehors, en le retirant peu à peu des objets visibles*; où il se répand & s'attache, & se soüille passant par les sens, & y picorant les choses sensuelles ; & se repaissant ainsi des choses exterieures ; & par les choses exterieures des sensuelles & charnelles. D'où il s'ensuit *qu'il deuient tel que la nourriture qu'il prend en ce bestial pasturage, sçauoir sensuel & charnel*. Et pour le retirer de ce sale pasturage exterieur, sensuel & charnel d'Adam, rappellant l'esprit distrait de l'application aux objets exterieurs & visibles, on luy doit donner vn objet dans l'interieur par la recollection de l'esprit au fond du cœur, pour l'y arrester : & le plus aymable & le plus riche objet qu'on luy peut donner c'est Iesus crucifié nostre vnique exemplaire qu'il faut toûjours regarder dans l'interieur pour nous y conformer, *on le rappelle au dedans au fond du cœur, pour le faire passer dans le patrimoine de la nouuelle creature.*

Ce que signifie ce mot de recollection interieure.

Q ij

L'ame captive sous le troisième sceau, qui est Iesus-Christ, le vray Pasteur des ames Chrestiennes; mais vn Pasteur nourrissant ses oüailles de sa propre vie, & les abbreuuant de son propre sang. Car il ne veut point que les ames baptisées & admises dans son bercail interieur en sortent pour aller paistre ailleurs les herbes défenduës, & qui croissent sur la terre maudite du vieil Homme, & dont la dangereuse nourriture n'est que de mort. Car il n'est point Pasteur mercenaire, & tirant la graisse de la brebis; mais vn Pasteur fidelle nourrissant & repaissant son oüaille de vie diuine. Et partant, *l'ame Chrestienne doit suiure son diuin & humain Pasteur en descendant par les sept degrez de recollection interieure*, sans s'écarter de dessous la protection de son baston Pastoral, qui est sa Croix & le Sceptre de son Empire interieur, *l'ame Chrestienne doit auoir pour objet interieur Iesus-Christ crucifié*, qui la rappelle de l'Egypte de sa chair & de ses sens, pour l'introduire dans le fond spirituel du fond de son cœur.

Premier degré de recollection interieure dans lequel se fait l'ouuerture & la leuée du premier sceau du peché par l'Agneau occis.

4. Et ce *premier pas ou degré d'abaissement consiste à rappeller & retirer nostre esprit de son effusion exterieure, & le faire tendre en dedans, & cela est seulement rappeller l'esprit à soy*, qui est déja vn bon commencement. Car l'esprit estant à soy il se possede, & se possedant il se peut liurer à Dieu, puis qu'il ne suffit pas d'estre à nous, ny pour nous; mais qu'il faut estre à Dieu & pour Dieu, & partant *victorieux du peché*. D'où il s'ensuit que la distance de nous à Dieu estant aussi infinie que le neant l'est de l'Estre; & qu'il y a des espaces infinies entre Dieu & nous, que nous ne pouuons trauerser tous seuls; parce que l'infinité n'est aucunement possible au finy, d'autant qu'il y a, entre l'vn & l'autre, outre l'éloignement infiny, des hautes montagnes de difficultez à descendre, qui demandent l'assistance d'vn bon guide tres-clair-voyant pour les obstacles du chemin, & tres-puissant & victorieux contre les difficultez de ce *chemin interieur, dans lequel la seule raison ne voit goutte, si elle n'est surnaturellement illuminée de ce bon guide & Soleil interieur Iesus-Christ*, ainsi que nous l'auons déja fait voir *Mediateur* entre le Pere & nous.

L'attache aux plaisirs des sens exterieurs, Tr. III. Ch. II. 125

5. *Le second degré de recollection ou de retirement de nostre esprit en dedans est plus parfait & plus en dedans que le premier*; parce que le peché est la circonference la plus exterieure & la plus éloignée de Dieu *centre increé de nostre centre creé, & par consequent la mort aux complaisances mondaines est celle qui suit.* Et parce que l'ame en cét estat ne se contente pas seulement de s'estre rappellée des choses les plus exterieures à soy-mesme, mais encore en ce degré, elle se retire en soy-mesme plus auant, elle s'arrache des attaches qu'elle auoit au dehors dans le peché, & les choses mondaines, & en s'éloignant ainsi peu à peu *de l'exterieur elle entre dans l'interieur sous le joug de la foy surnaturellement exercée enuers son diuin & humain objet Iesus-Christ,* qui la renouuelle de la mort du peché à la vie de la grace : & du terrestre & mondain au spirituel & au celeste; & cela en tendant plus en dedans vers son centre de degré en degré jusques au fond de nostre Estre : & outre nostre Estre en Dieu nostre fin & nostre principe interieurement atteint *par le moyen de la sainte Humanité de Iesus.*

Le second degré de recollection interieure, où se fait la leuée & l'ouuerture du second sceau, l'attache aux biens de la terre.

6. *Le troisième degré de descente & de retirement de nostre esprit est encore plus auant en dedans, & plus interieur que les deux precedens*; parce que l'esprit se retirant & se détachant de la complaisance que nous auons commune auec les bestes; sçauoir de nos sens exterieurs; & s'insinuant & tendant vers son centre interieur; elle se dépouille de l'infame Loy des sens & de la chair, & se reuest d'vn degré plus pur, plus spirituel & plus Chrestien que les deux autres incomparablement. Et partant, qui plaist dauantage à Dieu, d'autant qu'il commence d'auoir plus de conformité à l'Agneau. Car s'estant déja dégagé de la criminelle complaisance du peché, & de la terrestre & charnelle des choses mondaines, auec la complaisance déreglée de ses sens exterieurs : il s'ensuit de là que *l'ame a acquise trois degrez de spiritualité en le retirant ainsi de ces trois sortes d'attaches & complaisances criminelles, terrestres & charnelles*; car à mesure que nostre esprit se vuide de l'imparfait, il se remplit du plus parfait : & tout à mesure que

Le troisième degré de recollection interieure où se fait la leuée & l'ouuerture du troisième sceau, l'attache au plaisir des sens exterieurs.

Q iij

la lumiere du nouueau jour de la grace y entre, elle en chasse les tenebres de la vieille Creature : & partant l'esprit demeure plus purifié & plus disposé aux degrez plus interieurs.

Le quatriéme degré de recollection interieure, où se fait l'ouuerture & la leuée du quatriéme sceau, l'attache au plaisir des sens interieurs.

7. Le quatriéme degré d'enfoncement de nostre recollection interieure est encore plus auant en dedans, & plus parfait : en ce que *nostre esprit descendant ce degré plus interieur se dépouille de l'attache & de la complaisance de ses sens interieurs*, & de la rusticité brutale de ses passions ; & par ainsi commence à sauourer la douceur & l'integrité de la vraye vie de l'esprit interieur, & d'vne maniere plus noble, plus pure, plus abstraite, plus parfaite, plus interieure & plus lumineuse que toutes les precedentes ensemble ; puis que maintenant les puissances de l'ame ont dépouillé & rejetté tous les *voiles de tenebres* qui leur cachoit la lumiere du nouueau jour de la grace.

Le cinquiéme degré de recollection interieure, où se fait la leuée du cinquiéme sceau, l'attache à l'employ proprietaire des puissances.

8. *Le cinquiéme degré* d'abaissement est encore plus profond, plus spirituel, plus interieur que les autres ; & d'autant plus noble que la victoire qu'il emporte sur *l'attache & la complaisance proprietaire des actes de ses puissances*, leur suspension est plus releuée ; & d'autant plus noble que les puissances de l'ame sont superieures aux passions du cœur & aux sens interieurs. Car *ce degré de recollection va accoisant peu à peu, & de degré en degré les propres actes des puissances*, les détachant & les dénuant l'vn apres l'autre de la vigueur actiue de leurs propres emplois naturels : & *soutient trop empressez non pas tout d'vn coup, mais peu à peu paisiblement & suauement, sans empressement faisant interieurement des offres de Iesus-Christ crucifié au Pere Eternel, nous y tenans là à cœur ouuert par des pauses & attentes passiues* ; afin de donner lieu à la Loy de Grace dans nos cœurs par la diuine motion de son saint Esprit, laquelle motion interieure venant à s'emparer de l'ame tout *à mesure qu'elle se retire plus en dedans*, elle y dégrade l'amour propre de ce qu'il s'estoit emparé pendant la nuit du peché, & *à mesure que l'amour propre quitte vn poste*, le pur amour y entre & s'en empare, & y rétablit ses forces, & d'autant

L'attache aux plaisirs des sens exterieurs, Tr. III. Ch. II 127
plus que le propre amour s'y affoiblit, l'Amour diuin s'y enforce, & prend empire ; & l'ame deuient vigoureuse, & l'Amour diuin genereux, victorieux & triomphant, & ainsi l'ame demeure preparée à *la pourſuite, tant du bon progrez, que de la fin auec les moyens ſurnaturels* de la Foy & de l'Eſperance, de la Grace & de l'Amour, qui la font marcher à voiles déployées vers son Orient éternel, pour arriuer heureuſement au Midy ardent de la noble Charité, épurant l'ame de toute ſoüilleure.

9. *Le ſixième degré d'abſtraction interieure conduit iuſqu'à ſon centre* ; & y fait ſauourer à l'ame vn repos tout diuin, tout ſpirituel, & centralement & également amoureux & lumineux : & d'autant plus pur & parfait que la vie de l'ame eſt noble dans son integrité ſpirituelle, & ſelon ſon operation imperieuſe meuë du diuin Amour, il luy eſt donné pouuoir sur toutes les choſes au deſſous d'elle, & l'empire ſur ellemeſme, puis qu'*elle a icy le courage heroïque de ſacrifier & immoler à Dieu au fond de ſon Eſtre, ce qu'elle a de plus cher, ce qu'elle ayme dauantage, qui eſt l'attache à ſa propre vie* ; & pour lors l'ame ceſſant de viure à elle & pour elle, commence à viure de Dieu & pour Dieu, & ſelon la maniere de Dieu ; & partant l'ame fait icy le parfait ſacrifice d'elle-meſme, donnant à Dieu tout ce qu'elle a, & ce qu'elle eſt en elle-meſme ; & Dieu la reçoit, & luy eſt agreable ; mais il n'eſt pas encore content que l'ame ſe donne à luy, & que luy ſe donne à elle dans elle-meſme auec tous les dons : mais elle veut encore qu'elle ſe deſapproprie de tout cela, & qu'elle meure à cette complaiſance, à cette joüiſſance de luy dans elle-meſme, pour l'aller poſſeder dans luy-meſme dans l'Eternité.

Le ſixième degré de recollection interieure, où ſe fait l'ouuerture & la leuée du ſixième ſceau, l'attache à la propre vie.

10. Et c'eſt ce qui fait *le ſeptième & le dernier degré plus qu'intime, puis qu'il eſt outre l'ame en Dieu* ; & par lequel enfoncement central l'ame demeure *détachée*, libre & affranchie de tout ſeruage, entrant humblement & librement à Dieu *ſans milieu, ny entre deux, ſans voile, ny ſans figure*, luy rendant *par amour & hommage ſouuerain tous les dons auec elle-meſme* ; & par ainſi demeure dégagée de tout ce qui n'eſt point Dieu

Le ſeptième degré de recollection interieure, où ſe fait l'ouuerture & la leuée du ſeptième ſceau, l'attache aux dons de Dieu.

luy-mesme, qui est le plus grand sacrifice que l'ame puisse faire ny en cette vie ny en l'autre : & partant qui contente Dieu autant qu'il peut estre contenté d'vne pure Creature humaine, si bien que ce recueillement deuient ainsi de degré en degré si profond qu'il atteint *jusques dans Dieu mesme*, qui est le dernier degré qui fait la jouïssance du souuerain bien, sans entre-deux ny milieu ; car *l'ame n'est pas icy seulement spirituelle ou interieure, mais elle est si interieure & tres-intime qu'elle ne repose plus en elle-mesme, mais en Dieu*, parce qu'elle est sortie d'elle-mesme par dedans elle-mesme, & outre elle-mesme, où elle s'est perduë à elle-mesme & retrouuee toute diuinisee en Dieu mesme. Ie dis qu'elle s'est perduë à elle-mesme, parce qu'elle a quitté & despoüillé toute attache, tant d'elle-mesme, que hors d'elle-mesme, & jusques à la participation finie des dons de Dieu dans elle pour n'auoir plus en tout & par tout que Dieu, & Diuinité dans Dieu mesme, par l'amour embrasé, & imperieux qui la domine & luy donne rang dans les commerces ineffables des Personnes diuines.

L'ame perduë comment se doit entendre.

La consommation de l'oraison, & recollection interieure.

11. Et partant, Ames Chrestiennes, vous pourrez voir clairement & distinctement comme *la recollection, l'abstraction & l'introuersion centrale doit estre conduite à sa fin qui est Dieu au septième iour qui est le Sabath diuin*, le jour de liesse, le jour de Dieu & de la jouïssance de ses diuines richesses. Et partant l'ame qui s'arreste & se contente du premier degré est encore bien éloignée de Dieu, puis qu'entre luy & nous il y a vne espace infinie, qui ne peut estre trauersée par les *propres forces humaines* : mais estant dépoüillées de leurs propre foiblesse, & *reuestuës de la force infinie des puissances de Iesus* nostre diuin & humain Conducteur, pour trauerser ce tres-grand & affreux desert du neant à l'Estre ; Il faut par consequent auoir recours à luy au fond de nos cœurs, afin qu'il nous conduise jusques au lieu du sacrifice, *là où on adore Dieu en esprit & verité*, & là où se peut offrir le tres-digne sacrifice. Car Moïse nous apprend qu'il ne voulut point sacrifier sur la terre des Egyptiens ; Parce que, dit-il, je ne veux pas sacrifier les abominations des Egyptiens, & que si

La fin où tend l'ame par la recollection & l'oraison interieure.

L'attache aux plaisirs des sens exterieurs, Tr. III. Ch. II. 129
je venois à sacrifier ce que les Egyptiens adorent, ils me lapideroient. Ainsi l'ame Chrestienne ne peut point sacrifier à Dieu sacrifice agreable, lors qu'elle est sous la seruitude de l'Egypte de ses sens & de sa chair ; mais *il faut qu'elle chemine & aduance trois journées dans le desert de son interieur, & ces trois jours nous representent les trois moyens ou entretiens interieurs d'oraison* sus mentionnez au commencement de cet œuure ; c'est à sçauoir le jour actif, qui contient la victoire du peché & des choses mondaines : & le jour actif & passif qui fait la victoire des sens exterieurs & interieurs : & le jour pur passif qui descend le degré victorieux des propres actes des puissances de l'ame : & celuy de l'amortissement de propre vie, qui est le lieu du pur sacrifice, qui *donne lieu aux trois emplois de l'Amour diuin dans l'ame.* Par les moyens de ces trois entretiens, elle est conduite à trois sortes d'vnions conuenables, à ses trois fins & moyens interieurs qui la font entrer dans les trois Cieux, outre lesquels est la Diuinité ; & là où s'opere le grand & parfait sacrifice des dons de Dieu pour la plus grande gloire & hommage à la Diuinité, à laquelle soit honneur & loüange par tous les siecles des siecles. *Ainsi soit-il.*

Les trois entretiens d'oraison ; voyez le petit abbregé pratiqué à la fin du Liure.

SECTION CINQVIESME.

Le langage de ceux qui disent que l'exercice de l'oraison est bon pour les Hermites & les Religieux, est semblable à celuy des Israëlites contre Moïse.

1. MOyse ayant entendu le murmure & l'épouuente du Peuple d'Israël, voyant accourir apres eux Pharaon & toute sa Gendarmerie, ils s'écrierent au Seigneur, & dirent aussi à Moyse comme par reproche, Il n'y auoit point par aduanture de sepulchres en Egypte, pourquoy nous as-tu amenez, afin que mourions dans le desert? Qu'est-ce que tu nous as voulu faire en nous retirant d'E-

R

130 *L'ame captiue sous le troisiéme sceau*,
gypte? N'est-ce pas ce que nous te disions en Egypte? en disans: Déporte-toy de nous, & nous seruirons aux Egyptiens, beaucoup nous valloit mieux seruir à eux que mourir au desert.

2. O qu'il est encore de ces Israëlites murmurateurs contre le Moyse diuin & humain, auquel ils ne se veulent point laisser conduire sous pretexte de seruir aux Egyptiens de leurs sens dans l'Egypte de leur chair: là où regne *le propre Amour Lieutenant du Pharaon infernal*. Ils sont tellement attachez à cette Egypte charnelle, qu'ils n'en veulent point sortir; ou s'ils font mine d'en sortir, ce n'est que pour *murmurer contre ceux qui se presentent pour les ayder & seruir en ce passage de l'Egypte de leur chair dans le desert interieur de leurs cœurs*, par l'exercice de l'oraison cordiale; & la seule pensée de ce desert interieur les épouuente: & Dieu le permet ainsi pour la trop grande attache qu'ils ont à cette Egypte sensuelle où ils se sont reposez dans vn faux repos d'oisiueté & d'infidelité, n'estans pas assez credules ny confians à leur diuin & humain Moyse IESVS-CHRIST. Si on vient à leur parler d'oraison ou de recollection interieure, c'est vn affreux desert pour eux, dans lequel ils ont peur de mourir; quoy qu'en y mourant c'est viure de la vie renouuellée, de laquelle nous faisons profession. Mais j'entends les plus beaux esprits qui répondront en secoüant la teste; que pour eux ils ne veulent point estre mystiques. Demeurez donc à vous-mesmes, & laissez le desert interieur pour les petits, pour les credules & les simples; mais cependant la Charité m'oblige de vous dire vn petit mot là-dessus, que vous preniez garde à vous sauuer, & considerez que pour se sauuer & s'échapper du Pharaon infernal & de son Lieutenant le propre amour, qui tient & occupe par vsurpation le siege de justice dans vos cœurs; non pas pour vous faire justice, mais souuent pour faire injustice au prochain. Voyez donc que pour vous échapper il faut passer la mer rouge, & que pour n'y estre pas submergé, il faut estre fidelle Israëlite. Car pour les Egyptiens il n'en échappe pas vn, c'est pourquoy je vous

Les dispositiōs de docilité & simplicité d'esprit requises pour s'adonner à l'oraison interieure.

L'attache aux plaisirs des sens exterieurs, *Tr.III.Ch.II.* 131
conuie d'ouurir l'oreille du cœur, & peser ce mot de conseil au poids du Sanctuaire. Car c'est vne chose étrange qu'il y aye des ames Chrestiennes, pour je ne sçay quelle apprehension, qui aiment mieux se laisser enseuelir tous viuans dans le sepulchre puant de la chair & du sens, se recreans parmy les fleurs apparentes des faux plaisirs, & y mourir en ce mal-heureux estat, que de tourner face vers leurs cœurs pour y rechercher vne *vraye conuersion*.

3. Mais plûtost s'y opposent formellement, & disent à ceux qui leur parlent de retourner la teste deuers la mer rouge du precieux sang de l'Agneau, & de passer en sa faueur dans le desert interieur de leurs cœurs. Déportez-vous de nous & de vostre entreprise, car nonobstant tout ce que vous nous pourrez dire, nous seruirons aux Egyptiens dans l'Egypte de nostre chair; car de quitter la marmite & les potées de chair, auprés desquelles nous nous reposons en cette terre d'Egypte pour aller mourir de faim dans vn desert sterile, *cela est bon pour des Hermites & pour des Religieux*; mais quant à nous, nous auons nos familles, nos interests à deffendre, & nous n'auons pas le loisir de tant prier Dieu; & ainsi il faut tenir pour grand miracle quand vne telle ame se conuertit; mais il est bien plus à craindre que de plus en plus elle n'attire sur elle l'indignation de Dieu continuant ses pechez.

Faux pretextes de quelques-vns pour se dispenser de l'oraison.

SECTION SIXIESME.

Que l'ame ne doit jamais quitter Iesus-Christ son vnique & tout-puissant Mediateur, Conducteur & Protecteur dans la voye & vie interieure de la sainte Oraison.

1. Moyse ayant entendu & veu l'épouuente du Peuple de Dieu, il le conforte, & luy dit, Ne craignez point; arrestez-vous, & voyez les merueilles du Seigneur qu'il fera aujourd'huy en vostre faueur. Car toute cette

L'Ame captiue sous le troisiéme sceau,
grande multitude d'Egyptiens que vous voyez à present, & qui vous épouuentent de leurs armes & tintamarres de chariots, vous ne les verrez plus jamais ; car le Seigneur bataillera pour vous, & vous vous tiendrez coyes. Et puis Dieu dit à Moyse, éleue ta verge, & étends ta main sur la mer, & la diuise afin que les enfans d'Israël marchent par le milieu de la mer rouge à pied sec.

2. Il y a des ames fort *craintiues*, lesquelles ont besoin de confort & d'assistance dans leurs tentations & afflictions. Car il est de la Charité de suppléer à la foiblesse ; & *c'est proprement ce que fait nostre diuin & humain Moyse Iesus-Christ enuers les ames qui se rangent sous sa conduite interieure au fond de leurs cœurs, où elles s'enfuyent & se retirent* pour y crier à luy de la bouche de leurs cœurs, lors qu'elles se voyent poursuiuies du *Pharaon infernal*, & de tous ses Partisans, assistez de l'armée de leur Egypte exterieure, qui les poursuit pour leur couper chemin, & leur *empescher le passage de la mer rouge du precieux sang de l'Agneau.* Car la chair auec tous les sens exterieurs, les appetits sensuels, les appetits, les honneurs mondains, & toute cette *nombreuse armée d'attaches aux objets exterieurs*, nous poursuiuent & nous molestent si nous ne sommes diligens à nous retirer interieurement au fond de nos cœurs sous la protection de nostre diuin & humain Conducteur ; nous y tenās là tous coyes à ses pieds en toute humilité, *cependant que le Seigneur bataillera pour nous* tout étendu sur la verge de sa Croix, là où leuant la main de la Iustice, il diuise son Sang d'auec son Corps pour sauuer au trauers la *pauure Israëlite nostre ame*, & la déliurer de la gueule beante de tous ces Egyptiens. Car tout ainsi que Dieu n'a fait dans l'Egypte aucun prodige en faueur de son Peuple que par Moyse: *Ainsi n'esperez point, Ames Chrestiennes, aucune faueur ny protection dans la Loy de Grace, que par Iesus-Christ qui en est le premier Principe* ; car pour cela il s'est incarné, *& a fait de son Humanité la Mediatrice necessaire de nous à sa Diuinité ; & par sa Mort il nous a ouuert la mer rouge de son sāg precieux, & nous a attirez à luy dans le desert interieur de nos cœurs*, pour y

L'ame qui se refugie dans l'attaque des tentations aux pieds de Iesus crucifié au fond de son cœur, y est protegée en paix, & Iesus prend le soin de la deffendre des tentateurs ses ennemis.

L'attache aux plaisirs des sens exterieurs, Tr. III. Ch. II. 133
sacrifier à Dieu sacrifice agreable, c'est à dire nostre propre vie ; la mort de laquelle nous ouure la vie de Dieu, & cette vie diuine nous le met en possession ; & partant en quittans le creé nous recouurons l'increé ; & pour vne chetiue vie humaine nous en gagnons vne diuine par les merites infinis de Iesus-Christ nostre diuin & humain Conducteur trauers tous les deserts des afflictions & souffrances jusqu'à *la Terre promise de sa Diuinité*.

3. Mais n'est-ce pas vne chose superfluë de prouuer en tant de manieres ces veritez si certifiées & si visibles à des Ames Chrestiennes. Il se pourront bien faire en quelques-vnes ; mais cependant l'on voit tous les jours par experience, que pour la faute de n'auoir bien pensé ny bien *étudié leur nom Chrestien*, plusieurs sont demeurez & demeurent assez aueuglez dans ces matieres de foy ; lesquelles cependant nous ouurent les richesses infinies d'vn Dieu. Si j'auois la science de l'Escriture sainte, je ferois voir que tout ce qu'elle dit, que tout ce qu'elle demande de l'ame Chrestienne ; & tout ce qu'elle luy recommande n'est & ne tend à autre chose qu'à *perfectionner nostre homme interieur*. Mais je n'auois ny les Liures ny la permission de la lire, lors que je commençay ce petit Traitté il y a enuiron deux ou trois mois ; car Dieu m'a fait la grace de l'auoir en tel respect que je n'osois pas y lire jusques à ce que celuy à qui j'estois obligé d'obeïr m'a témoigné cela necessaire pour plus grand éclaircissement de ce petit Oeuure : Mais tout le monde sçait que le moyen tout-puissant d'aller à Dieu, c'est Iesus-Christ, c'est par luy & en luy que le Pere accorde nos requestes, *& qu'il pacifie auec nous*. Et je suis certain que tous les Saints Peres de l'Eglise ont vêcu & sont morts en cette Foy, & que tous leurs écrits sont pleins de telles lumieres, & connoissances du *regne interieur de Iesus-Christ* ; mais comme je n'en ay jamais eu la lecture, le pouuoir m'est osté de les citer ; c'est enfin toute la tres-pure doctrine Chrestienne enseignée dans l'Eglise de Dieu par Iesus-Christ nostre Seigneur.

Humble respect de l'Autheur pour l'Escriture sainte.

4. Enfin, il faut conclure par là, & en demeurer d'ac-

L'ame captiue sous le troisiéme sceau,

cord, que *ce n'est point dans nostre teste, ny par nostre teste, ny aussi consequemment par l'vsage de ses organes, ny de leur vigueur naturelle, ny de leur propre suffisance acquise, qu'il nous faut chercher & trouuer Dieu* ; mais que c'est dans le fond interieur de nostre cœur, & par l'vsage surnaturel des puissances de nostre ame, & par l'exercice de la Foy pure que nous deuons y tendre à Dieu par Iesus-Christ, trauers la mer rouge de son sang, & entrer par là dans nostre desert interieur, jusqu'à l'aneantissement volontaire de nostre volonté & de son propre amour, que nous y deuons sacrifier par hommage & soumission à sa diuine Majesté : & que nous entrons dans ces droits *par Iesus-Christ* ; & que c'est en luy que nous osons paroistre à la face du Pere. Car il est le Conducteur de nos ames, & le Moyse diuin de la Loy de Grace, pour nous guider & proteger dans ce si long voyage du neant à l'Estre ; & que c'est *par sa vie mortelle & par sa mort*, qu'il sert de Moyse à la pauure Israëlite nostre ame, pour la retirer de l'Egypte de son corps & de sa chair, & la faire passer à pied sec trauers la mer rouge de son sang dans le desert interieur de son cœur ; où il la déliure des tyrans qui y dominent, & l'affranchit de toute seruitude ; & la fait passer à son imitation *trauers tout ce desert jusqu'à la Diuinité. Et par ainsi luy-mesme par sa Resurrection, il s'en fait l'Introducteur & le diuin Iosué*, & l'en met en possession ; & qu'à cette fin il reside par Foy & par Grace dans nos cœurs, & que c'est là en ce fond, & de ce fond central qu'il parle à nostre ame, & qu'il luy enseigne son langage d'amour ; y annoblissant sa Foy, il y fortifie l'Esperance, & y accroist la Charité, y établissant la paix par tout l'estre de l'ame. Mais enfin, *si les hommes Chrestiens ont de la peine à se persuader ces veritez de foy ; comment est-ce qu'ils pourroient croire aux ineffables communications que Dieu fait de soy aux ames fidelles ?* C'est à bon droit que saint Paul s'en voulut taire, & se contenta seulement de nous parler de Iesus-Christ crucifié, & de sa grande charité, & de la conformité que nous deuons auoir à luy, qui est seulement l'vtile & le necessaire.

5. Moy, dit le Seigneur, j'endurciray les cœur des Egy-

ptiens, afin qu'ils vous poursuiuent, & je seray glorifié en Pharaon & en toute son armée & en tout son attirail. Et pour ce faire, l'Ange du Seigneur qui alloit deuant l'Ost d'Israël le partit, & s'en alla derriere, & quant & luy la Colombe de nuée, & laissant le deuant & le passage ouuert, le mit à leur dos, & le planta entre l'Ost des Egyptiens & l'Ost d'Israël, & estoit cette nuée la tenebreuse, & illuminoit la nuit; en sorte qu'ils se pouuoient voir & approcher les vns des autres toute la nuit.

6. Les ames attaquées du Demon, ou de leurs tentations, ne se doiuent point ébranler voyans la malice & la rage de ces Pharaons d'enfer, qui ont le cœur rendurcy, à cause de la haine qu'ils portent à Dieu, & à l'homme son Image, mais toutes les ames Chrestiennes doiuent auoir vne tres-singuliere deuotion à saint Michel l'Ange du Seigneur, & le Protecteur general de toute l'Eglise, & de chaque ame en particulier contre ces Pharaonites infernaux. Mais sur toutes choses dans de telles occasions, il se faut approcher confidemment, & humblement dans l'interieur de cette colomne de nuée qui represente la sacrée Humanité souffrante de Iesus-Christ; laquelle éclaire les ames dans la nuit du peché pour les en faire sortir. D'où vient qu'elle est appellée icy la tenebreuse, laquelle cependant ne laisse point d'éclairer la nuit parmy les tenebres de ses souffrances, qui sont les vrayes lumieres des paures pecheurs, dont ils se doiuent éclairer pour sortir de la nuit obscure de leurs pechez. Et quant aux ames fidelles lesquelles sont aucunes fois, par permission diuine, molestées de ces laides bestes, *elles les surmontent facilement en leur opposant l'Humanité douloureuse & humiliée de Iesus pour les faire enrager.* Car le plus sanglant affront que l'on peut faire à vn orgueilleux, c'est de le laisser fumer de colere, & de demeurer paisible & sans rien dire dans vne posture humble; tout ainsi que si ce n'estoit pas à nous qu'il parlast. *Ainsi, l'ame se doit comporter enuers les attaques orgueilleuses de ses presomptueux esprits, leur opposant l'Humanité souffrante & humiliée de Iesus; voire mesme dans*

son estat de mort ; & nous tenans là à ses pieds tout humiliez & amortis au fond de nos cœurs, sans faire semblant que c'est à nous qu'ils en veulent. Mais cependant qu'ils feront fumer la montagne de leur orgueil, tenez-vous, & vous occupez au fond de vostre cœur tres-humblement abbaissé, & essuyez les playes sanglantes de ce doux Agneau, auec vostre langue spirituelle : & y tenez vostre bouche spirituelle collée cependant que vous ressentirez les attaques, *sans vous mettre en peine de rien faire autre chose sinon que de vous confier à Iesus, & vous tenir à luy :* c'est faire enrager les Diables : c'est ce qu'ils ne sçauroient supporter, il faut qu'ils s'enfuyent, car ils ne peuuent demeurer en la presence de ce spectacle d'humiliation sans se rememorer *qu'ils ont esté vaincus par elle*, & que cette mort fait son plus cruel Enfer, & cette presence de l'humilité de Iesus-Christ est la plus incompatible à son orgueil : & pour faire voir la protection de ce diuin & humain Iesus, il est dit icy que cette colomne de nuée se mit derriere le dos des Israëlites pour arrester ceux qui les poursuiuoient, & les défendre de cette canaille d'Egyptiens.

7. C'est ce que doit faire vne ame poursuiuie des Egyptiens de l'Egypte de sa chair, *leur exposant dans l'interieur ce digne objet crucifié pour arrester leur insolence se retirant au fond de son cœur sous sa protection*, où il luy ouurira le passage de la mer rouge de son sang, & la sauuera dans son desert, cependant que luy détruira cette multitude de charnels Egyptiens, qui ne font que roder à l'entour de ces marmites grasses pour en souiller l'ame, & l'empescher de se nourrir de la manne du desert interieur qui change les hommes en Anges, *d'où vous pouuez connoistre la necessité de ne jamais quitter de veuë interieure ce diuin & humain Moyse dans l'oraison de recueillement.*

TRAITE' IV.

TRAITÉ QVATRIESME.

L'AME CAPTIVE DE SES PASSIONS, & sens interieurs, qui la sceellent & la ferment à la Grace, & l'ouurent aux choses creées, & couurant la face de l'ame de leurs figures, caracteres & images, l'empeschent de participer aux diuines illustrations de ce beau Soleil interieur d'amour.

CHAPITRE PREMIER.

Esprit d'obstination Secretaire du quatriéme sceau, & de la quatrieme captiuité.

1. CEtte quatriéme captiuité fait vn puissant obstacle à nostre recollection interieure, tant à cause de l'aigreur & de la rusticité des passions, que de *l'insolence du propre amour*, dans lequel le Diable a fait son fort d'obstination, & se voyant poursuiuy pied à pied des armes victorieuses de l'Agneau, qui la contraint de quitter & d'abandonner toutes les *Places fortes qu'il tenoit sur les frontieres*, sçauoir, cette Egyptienne Republique de nos sens & de nostre chair, & de la capture des choses mondaines, & ayant esté poursuiuy & contraint de sortir de *l'appetit sensitif* où il s'estoit défendu jusqu'icy en retraite tout fâché, & courocé de si notables pertes, il s'est rangé maintenant dans *l'appetit irascible & concupiscible*, où il fait là du fort & de l'obstiné ainsi qu'vn demoniacle, soûtenu qu'il est d'vne multitude de canailles & de reuoltez Partisans qu'il y a soûleuez; car *les*

S

passions qui de leur nature sont fort violentes, se voyans attaquées & poursuiuies de la diuine Iustice jusques dans leur *fort d'obstination*, *qui est le cœur humain non encore circoncis*, & s'estans émuës & souleuées, elles s'y défendent comme des enragées & des bestes féroces: Car le Diable s'en est comme emparé & reuestu, ainsi que d'vne cuirasse à l'épreuue pour parer les coups de la Grace, & resister tant qu'il pourra aux presentes attaques du tout-puissant Agneau, lequel a déja planté son camp deuant ce fort d'obstination & preparé les forces de ses diuines Artilleries allumées du feu de son amour pour l'abbattre en ruine, & y mettre tout à feu & à sang. Car vne telle place remplie de canailles & de reuoltez, laquelle cependant est si osée de soûtenir vn siege Royal ne merite aucun quartier; & quoy qu'elle soit munie de viures, elle ne pourra long-temps subsister; car elle n'a qu'vn frippon & *vn vsurpateur pour Gouuerneur*, *sçauoir*, *son amour propre*. Et partant, vn tel galand ne doit esperer de misericorde, ny ses gens de quartier: mais la Place sera rasée, démolie & ruinée, ou par feu ou par glaiue, ou par famine, & le Gouuerneur fait prisonnier; & enfin portera sa teste sur vn échaffaut en punition de son insolence.

2. Mais cependant, quoy que des mutins & reuoltez n'ayent point de conduite, ils ne laissent pas pourtant de bien donner de la peine. Car *les passions animées* sont mauuaises bestes furieuses & carnacieres, & ausquelles il n'y a point de fiatte, leur coup est bien-tost donné: & *les sens interieurs* estant d'inclination ardente sont entreprenans dans les émotions d'vne reuolte; & quoy qu'enchaisnez de leurs vicieuses habitudes, sont cependant les vaillans pour défendre leur party, se voulans qualifier spirituels pour estre vn peu plus déterrées, que *les sens exterieurs*, qu'ils voyent déja reduits au recueillement; & qui leur sont comme des *portes fermées*, qui les empeschent de s'éuaporer au dehors. Et se voyant ainsi reduites & captiuées, ne peuuent plus prendre leur essort vers les creatures: & s'estant mutinées

ne se veulent pas aussi rendre en dedans; & pour cela elles menent du bruit, & font des insolens, elles ne font que mutiner & gronder *dans leurs appetits irascible & concupiscible*.

3. D'où vient que *les puissances de l'ame, memoire, entendement & volonté*, estant encore icy toutes neufues & couardes à la bataille; & toutes offusquées & obtenebrées de la fumée des passions, parmy lesquelles elles voyent & regardent ce spectacle, sont toutes étonnées de voir ainsi toute leur *Republique interieure* dans le remuement & le desordre, en sorte qu'elles ne sçauent ce qui en arriuera: Car *l'insolence des passions* éteint les yeux de *la memoire*; & obscurcit *l'entendement*: & la diuersité d'inclinations suruenantes du regne des sens interieurs affoiblissent *la volonté*: blessent la simplicité, auilissent la foy, & rendent l'ame inconstante & paresseuse en ce qui est de vertu: ce qui fortifie *le propre amour*, que l'ame apperçoit dans son fond cóme *vn larron domestique*, ou *vn fin renard*, tandis qu'il est dans sa tanniere, d'où il ne montre que le bout de son museau, & encore adroitement pour ne pas estre découuert. Et de plus, *les sens interieurs* luy faisans escorte en toutes ses entreprises pour luy seruir comme de voile & de couuerture, dont sa malice & son infection *remplit l'ame de vermines comme vaines tristesses, vaines joyes*, vains honneurs, vaine estime, vaines esperances, vaines craintes, vains desirs, vaines recherches, vaines curiositez, amour de paroistre, de voir ou estre veu, de connoistre ou estre connu; d'estre tenu pour homme de bien ou pour Saint ou pour Sçauant: S'estimer pour quelque addresse de son corps ou d'esprit, & *vne infinité d'autres vanitez qui n'ont point Dieu purement pour objet*. Et partant, qui défigurent l'ame, & *obscurcissent ce premier Ciel*; y renuersent les saisons, & empeschent que les fruits n'y viennent à maturité.

4. Et par ainsi *le remede* à toutes ces miseres, c'est de se rendre fidelle à l'operation du saint Amour, & cette *fidelité consiste à estre interieurement attentif à luy*, & à tout ce qu'il

Effets des passions immortifiées, & de l'amour propre dans l'ame.

Attention interieure à Iesus-Christ vnique moyē

pour laisser étouffer les passions par les operations de son amour divin.

opere & veut operer dans nos ames, qui est la ruine totale de nos passions, & de toutes les insolences de leur revolte, qui ont introduit le Diable pere de la haine, & partant son ennemy: qui a pris pied dans nos cœurs, où il a logé le mensonge sur *le patrimoine de l'Agneau de Dieu*, comme vn maudit *vsurpateur*, qui s'est emparé par son audace & nostre malice du lieu seigneurial de l'Empire de Iesus-Christ par les intrigues des passions & sens interieurs, déreglez & corrompus par leur *immortification*, par leur precipitation obstinée, & dans l'aueuglement de leur conduite, & déreglée inconstance; & dans leurs maximes extrauagantes, leur impudence est montée à son comble dans le choix qu'ils ont fait d'vn *Gouuerneur tyran, tel qu'est l'amour propre* le vray bourreau de la vertu, qu'ils ont fait impudemment asseoir dans le siege Royal de *l'Agneau de Dieu*, & luy ont offert leur Encens. O abomination étrange, & insolemment exercée au mépris de son Prince legitime; choisissant en sa place vn larron, vn frippon, vn malotru, vn banny du Paradis, vn esclaue des flammes éternelles, le pere de la haine, & le meurtrier de l'amour: & d'vn tel galand en faire leur associé, leur Gouuerneur & leur Maistre; c'est vn orgueil qu'il faut abbaisser necessairement attaquant cette Place mutinée, la ruinant de fond en comble, ou par feu, ou par glaiue. Mais, helas, ô bon Iesus, *il ne tient qu'à nous*; car de vostre costé, diuin Iesus, vous estes tout prest, & la victoire est déja à vous, pourueu que nos espions ne vous trahissent point, qui sont nos sens exterieurs placez sur la frontiere, & tout prés des ennemis qui les guettent au dehors de la forteresse, picorans *les faux plaisirs dont ils se doiuent mortifier*, se tenans interieurement & humblement recolligez d'vne tendence paisible & perseuerante à vos pieds en toute reuerence & soûmission d'esprit. Cela estant ainsi, la victoire sera bien-tost à nous; mais il faut estre tellement courageux, que ny la peste, ny la guerre, ny la famine ne soient capables de nous faire relâcher tant soit peu, *il faut estre exacts à la garde de nos sens, diligens à l'oraison*, tres-silentieux, & sobres en paroles

La mortification des sens, & l'exercice de l'oraison necessaire à l'ame pour son auancement spirituel.

Des passions & sens interieurs, Tr. IV. Ch. I. 141
en desirs, en curiositez, au dormir, au boire & manger, & à la conuersation. Et si enfin l'office ou le propre estat nous engage à parler, tâchons de trencher court, & de ne dire que le necessaire, parce que *le superflu en toutes choses nuit grandement à nostre auancement spirituel*; Car vne personne qui parle trop n'a pas le loisir d'écouter les mouuemens du saint Esprit dans son cœur; outre que le trop parler luy déplaist, & le contraint de se retirer, & de suspendre ses operations.

5. D'où vient que *le Diable* employe icy tout son credit, *fournissant de toutes sortes d'occasions pour retirer l'ame de son silence interieur*; & l'empescher par ce moyen de poursuiure cette victoire, par laquelle l'ame deuient plus spirituelle & spiritualisée, plus éclairée en la connoissance d'elle-mesme, plus aduisée dans les attaques, plus forte à resister à ses fausses suggestions, & enfin plus fidelle, *plus interieure*, & tout à fait disposée au regne imperieux du saint Amour: & partant plus religieuse à la Loy de Dieu, qu'elle n'auoit esté jusques-là. Car si *la vie Chrestienne est vne religion*; elle nous oblige par consequent à *nous relier en charité, & à nous rallier en Iesus-Christ nostre Chef, nostre Principe, & Exemplaire*; c'est à dire rappeller tout ce qui s'estoit effus de nostre Estre au dehors en dedans; tout ce qui s'estoit separé & éloigné de nostre centre, & *de nostre origine essentielle & increée, qui est Dieu, pour y retourner par son Verbe humanisé*, lequel pour ce sujet nous a imposée l'agreable Loy d'Amour pleine d'Onction & de Grace: laquelle nous apprend à adorer en sa lumiere la souueraineté Paternelle de nostre Createur, & à luy rendre le culte Religieux qui n'appartient, & n'est dû qu'à cette diuine Essence. Et comme son Vnité fait le fond de sa Verité, & l'immutabilité de sa Diuinité: l'Estre personnel du Verbe est aussi l'vnique de son Amour; & c'est delà qu'il s'est associé l'Estre possible en le regardant; le fond & la baze duquel est la tres-sainte *Humanité de Iesus*.

L'ame recollée en son interieur dans l'oraison retourne, & s'vnit à Dieu son origine par Iesus-Christ.

SECTION PREMIERE.

Que Iesus-Christ s'estant caché & fait present réellement dans nos cœurs par la sainte Communion, & spirituellement par le rayon de la Foy & de la Grace, y veut estre cherché, trouué & possedé par l'oraison cordiale.

1. LE Sang & la tres-pure Chair diuinisée de IESVS-CHRIST *fait la substance de nos Sacremens*, & toute la sainteté de nostre Religion, & la vie & la nourriture de nos cœurs repûs & rassasiez de ce pur froment du sein du Pere, & amoureusement abbreuuez de cette diuine Vendange du Pressoir de sa Croix.

2. C'est enfin sous ces accidens de pain & de vin qu'il se cache & rend *réellement present dans nos cœurs*, lors que nous le receuons de la main du Prestre comme le Viuant de la vie par excellence, *y estant déja tout formé spirituellement par le rayon de la Foy & de la Grace*, auec l'intelligence surnaturelle de nous y exercer enuers luy par Amour, là où il est *l'aymable Dieu caché de nostre cœur*, & pour y participer sa Vie ressuscitée; d'où resultent toutes les victoires operées par la force de *l'vnion aux puissances de l'Agneau de Dieu*, qui publie paix generale; apres auoir vaincu le fort interieur, & renuersé les murailles de cette superbe Ierico au son de la trompette du souffle du saint Esprit, qui recrée en grande jubilation toute la petite République de l'ame apres y auoir détruit tous les rebelles, *elle est conduite en son interieur tabernacle par le recueillement*, pour y offrir & estre faite victime de l'Amour de l'Agneau.

3. Mais comme cette victoire icy des passions & sens interieurs est si importante à l'ame deuote pour estre le passage, & *la grande porte ouuerte à toute spiritualité*; il faut aussi

Des passions & sens interieurs, Tr. IV. Ch. I.   143

qu'elle commence d'apprendre à se traiter & se comporter en vraye spirituelle & interieure, se desgageant de toute attache, quelqu'innocente qu'elle nous puisse paroistre. Ie dis vraye spirituelle, non seulement parce qu'il y en peut auoir de fausses spiritualitez, mais aussi parce qu'il ne faut pas trop exceder dans la bonne voulant *trop spiritualiser ce qui doit estre humain & diuin tout ensemble*, de peur de s'éuanouir dans ses belles pensées: mais il faut estre *assez spirituel* pour croire les saints mysteres, & viure de la vie de l'Euangile, laquelle nous fait aimer Dieu & son amour, par l'amour mesme ; car à aimer Dieu il n'y a point de bornes ; mais à croire & à spiritualiser il faut estre discret assez ; c'est assez puisque *le trop* fait nuisance en toute chose, ainsi que l'on voit en *Calvin*, lequel voulut estre si spirituel, qu'il a mangé son pain en fumée, & beû son vin en broüillards ; d'où vient que n'estant pas substanté en l'interieur, il est mort en la mort pour n'auoir mangé qu'en esprit.

Mal-heur de Caluin, pour auoir voulu trop spiritualiser.

3. Et partant ne parlons point tant de reformer l'Eglise, car elle est tres-sainte & tres-pure en elle-mesme, mais *parlons hardiment de nous reformer nous-mesmes, nous retirans dans nostre cloistre interieur,* où nous apprendrons à nous comporter en vrays Chrestiens *aussi bien en la maison qu'en l'Eglise,* car Dieu nous voit par tout, & nous oblige d'estre tous les jours saints, & d'estre plus saints ; & n'a jamais donné le jour pour pecher, mais pour nous apprendre *qu'il est plus intimement dans nous-mesmes que nous-mesmes, où il nous conuie de nous retirer :* Si donc, ame Chrestienne, vostre deuoir vous oblige d'assister à *l'Eglise*, n'oubliez pas que c'est la maison de Dieu, la maison d'oraison ; & le Palais imperial, là où repose le tres-saint *Sacrement de l'Autel* ; & là où l'on confere les ordres, là où l'on administre les Sacremens, & là où nous sommes faits enfans de Dieu, & marquez à son coin, au cachet de sa diuine vertu ; & là où on offre le sacrifice des sacrifices. Enfin là où l'on chante les loüanges diuines, & là où tous les Chrestiens s'assemblent à certaines heures du jour ; pour y offrir à Dieu en vnité, & de corps & d'esprit.

144　　*L'ame captiue sous le quatriéme sceau,*

Car comme les prieres de l'Eglise sont prieres publiques, elles sont aussi appliquées aux absents ; & mesme elles ne s'arrestent seulement en la terre, mais elles descendent aussi en *Purgatoire* pour y rafraischir & adoucir l'ardeur des flammes impitoiables qui bruslent, & qui purifient toutes les bonnes ames qui y sont detenuées, jusques à ce que leurs debtes ne soient entierement payées. Il est donc vray que les Eglises ne sont faites que pour y prier Dieu, & luy offrir vn sacrifice en vnité de cœur & d'esprit, & partant qu'il y faut estre en tres-grand respect, à cause de la presence reelle & substantielle du precieux Corps & Sang de IESVS CHRIST.

Du respect auec lequel on doit assister au seruice diuin dans les Eglises.

4. Mais il ne faut pas oublier que Nostre Seigneur estant interrogé de *la femme Samaritaine* du lieu où il falloit adorer & prier, si c'estoit au Temple de Ierusalem, ou bien en la montagne : il luy fist responce, que le temps viendroit que les hommes adoreroient le Pere en esprit & en verité ; ce qui nous doit apprendre que *la sainte oraison, ny l'adoration du vray Dieu ne sont point tellement attachées à l'Eglise, qu'il ne faille aussi adorer & prier dans son cœur en esprit, foy, & amour, & verité*, comme dans *le temple viuant, mouuant & interieur* que nous portons par tout auec nous, auec la facilité d'y prier, & adorer en tout lieu le Dieu de verité qui y habite : d'autant que le composé des Eglises visibles & exterieures que nous voyons peut bien arrester les corps, mais il ne peut pas arrester les esprits, si on ne les enferme dans le sanctuaire interieur, & partant quand nous sommes dans les Eglises, il se faut souuenir que la Majesté diuine nous ayant creez à son image & ressemblance, a fait à mesme temps de nos *cœurs & de nos ames son temple viuant,* pour plus commodément & en tout lieu y vaquer à luy, nous y retirans en esprit & par foy viuifiée d'amour, & passer ainsi de l'exterieur en l'interieur de nos ames par la recollection & l'oraison interieure, là où l'amour diuin a dressé vn *Autel viuant* pour y sacrifier à la dignité de l'Agneau, lequel y veut estre immolé luy-mesme à la face du Pere non seulement, mais aussi Dieu & homme tout ensemble, par le ministere

Comment par la recollection & oraison cordiale on doit entrer du Temple exterieur dans le Temple interieur de nos cœurs, pour y prier & adorer en esprit & verité.

Des passions & sens interieurs, Tr. IV. Ch. I. 145

ministere adorable de son diuin & suradorable Sacrement, faisant par là de nos corps, de nos cœurs, & de nos ames son tabernacle viuant pour le temps & l'eternité.

5. D'où nous deuons conclure qu'il ne se faut pas tant attacher à l'exterieur de l'Eglise, que nous n'entrions aussi dans la verité de son interieur, & l'integrité de sa vertu, & l'efficace de sa puissance ; car son composé exterieur n'est que le signe visible de la vertu inuisible de sa verité qui doit resider en nos cœurs. *Cét exterieur visible est pourtant necessaire, parce que nous sommes corporels & spirituels* ; & afin que le simple peuple soit instruit, & puisse estre excité par la pieté des bons Chrestiens, & par les loüanges diuines qui s'y chantent, & les sacrifices qui s'y celebrent. Cependant *tout cela tend à nous conduire en l'interieur* ; car tout ce que nous voyons de l'Eglise, n'est pas le princpal de l'Eglise : puis que sa vertu & sa substance est interieure. D'où vient que des Sacremens qui s'y administrent, nous n'en voyons que les signes exterieurs, & leur vertu interieure est reseruée à la foy ; de mesme de tous les saints Sacrifices qui s'y offrent, nous n'en voyons seulement que l'exterieur, & la ceremonie ; mais nous en croyons l'efficace & la sainteté ; & tout cela parce que *Dieu a toûjours pris plaisir de se faire chercher au dedans*.

Pourquoy il est necessaire d'auoir des Temples exterieurs.

6. Les enfans d'Israël estans entrez dans le desert, murmuroient contre Moyse & Aaron, leur disans, à la nostre volonté que nous fussions morts de la main du Seigneur au païs d'Egypte quand nous estions assis auprés des potées de chair, & quand nous mangions nostre saoul de pain ; pourquoy nous auez-vous amenez en ce desert pour faire mourir toute la multitude ?

7. Ainsi en fait le propre esprit dans cét estat de combat spirituel contre les passions & sens interieurs ; car se voyant obligez au dénuëment total de toutes les choses du dehors, & de l'Egypte de sa chair, & des Egyptiens de ses sens ; & poussé & conduit dans *le desert interieur* pour y faire perir, *& mourir toute la multitude de ses desirs*, de ses pensées,

T

146 *L'ame captiue sous le quatriéme sceau,*
de ses inclinations & de toutes ses complaisances à la chair & au sang : Il regrette la sortie de son Egypte, se souuenant des appas & faux plaisirs sensuels, ausquels il s'estoit delecté & répandu; se voyant sevré de tout cela, & laissé dans le desert interieur tout sterile; parce que *la manne du Seigneur* n'y est point encore tombée; elle n'y a point encore esté apperceuë *en ce degré*, & en cette entrée d'vn vray desert, où elle élance ses complaintes à son diuin & humain Moyse, pleurant & larmoyant la mort de toute la multitude de ses faux plaisirs, & se voyant mourir de faim dans vn desert.

8. Mais enfin, le Seigneur oyant ce murmure contre Moyse, luy dit, voicy, *Ie feray pleuuoir du pain du Ciel, & le Peuple sortira & le recueillera de jour tant qu'il luy suffira, afin que je le tente, voir s'il chemine en ma voye, ou non, mais que le sixiéme jour il amasse le double pour garder de ce qu'il sauloit recueillir de jour en jour.*

9. Ainsi ce grand Dieu de toutes bontez plein d'amour & de charité pour son peuple, quoy que murmurateur, cependant il ne peut pas retenir son cœur bien-faisant, mais il fait tomber du pain du Ciel à ceux qui sont affamez dans le desert, & n'épargne pas mesme sa puissance pour y produire vn si grand miracle, pour appaiser les plaintes de ce peuple; mais il ordonne que le peuple le recueillera *de jour*, c'est à dire dans la lumiere de la Grace, & non pas dans la *nuit du peché*. Il dit aussi que ce peuple sortira pour recueillir la manne, parce que *la manne signifie nourriture spirituelle, & nourriture réelle* : nourriture spirituelle dans la manne de l'*oraison* par les graces d'Onction qui en sont infuses dans l'ame; par l'esprit de Iesus-Christ qui y habite spirituellement par foy & par grace, *& nourriture réelle dans la manducation du precieux Corps & Sang de Iesus-Christ*; Il dit qu'il faut sortir, mais c'est pour chercher la manne, & où? là où elle se tient cachée, mesme dans ces Temples materiels & exterieurs. Car pour la chercher & pour la trouuer, nous entrons premierement dans la Nef, & puis dans le Chœur, &

Presence spirituelle de Iesus-Christ par foy, & réelle par le saint Sacrement dans nos cœurs pour y estre la nourriture spirituelle & réelle de nos ames.

du Chœur à l'Autel, & de l'Autel au Tabernacle, puis dans le Ciboire, & du Ciboire dans l'Hostie, & *sous les especes du pain est ce Dieu caché*, & cette diuine manne que nous croyons & deuons croire, sans demander pourquoy, parce que la foy ne veut point estre interrogée.

10. C'est enfin ce que nous adorons sans le vouloir comprendre, tant il est vray que ce Dieu d'amour prend sa complaisance de *venir de l'intime exterieur de l'Eglise dans l'intime interieur de nos ames*; & tout ainsi que toute *la substance de la forme est cachée dans l'intime de sa matiere*; De mesme, Dieu estant la substance des substances, la substance increée & infinie, il se plaist aussi de se venir loger dans le fond de la nostre pour nous y faire sauourer les delices de la sienne, & dans luy-mesme.

Iesus-Christ vient de l'intime exterieur de l'Eglise, dãs l'intime interieur de nos cœurs.

SECTION SECONDE.

Que l'esprit recolligé en l'oraison aborde & touche spirituellement les sacrées playes de Iesus en l'interieur bien plus noblement que saint Thomas ne les toucha corporellement à l'exterieur, & quels sont les cœurs qui ne peuuent toucher Iesus-Christ dans l'interieur, ny en estre touchez par amour.

1. Nous sçauons que saint Thomas demeurant attaché à son sens, ne voulut point croire simplement à la parole des autres Disciples, jusques à ce que luy-mesme eust *touché les playes sacrées de Iesus-Christ*, duquel pourtant il fut doucement reprimendé, mais il faut *remarquer que cette reprimende ne fut pas pour auoir veu ou touché la sainte Humanité de Iesus-Christ*, mais seulement *pour auoir esté incredule*, & refusé de croire la Resurrection de la bouche des autres Apostres ; & ausquels il auoit mesme montré ses playes sacrées, afin de les affermir & confirmer en la foy de

T ij

la Resurrection: non pas qu'ils en fussent en doute pour lors: mais parce qu'ils en deuoient témoigner deuant tous les peuples de la terre, leur disans, nous l'auons veu de nos yeux, nous l'auons touché de nos mains, nous auons conuersé & mangé auec luy, celuy là que nous vous preschons estre Fils de Dieu ressuscité des morts, afin que tous ceux qui viendroient apres eux puissent croire ce qu'ils n'ont jamais veu, parce que *Dieu demande la Foy*, & veut que nous croyons à la parole des Disciples, qui est la sienne mesme, tres-connuë, & certifiée par le ministere du saint Euangile.

2. D'où vient que nostre Seigneur estant ressuscité n'a pas voulu estre touché palpablement en sa chair glorieuse auec les mains des hommes mortels, parce que dans le regne de la Loy de Grace, il leur vouloit apprendre à le *toucher du rayon de la foy & de l'esprit recolligé par amour au fond du cœur: où residant par la foy, ils s'y laisse toucher spirituellement, & par amour dans l'oraison de recueillement*: & c'est proprement ce qui fait voir *la difference* qu'il y a entre les desirs de saint Thomas & les nostres; car il vouloit toucher & porter ses doigts dans les playes sacrées de Iesus-Christ *par incredulité*, & nous autres Chrestiens le desirons toucher par la foy, & l'amour, non auec les mains de nos corps *pour les croire*, mais auec celle de l'esprit recolligé en les croyans; & nous exerçans enuers elles interieurement en esprit, foy & amour; & c'est, ame Chrestienne, de cette noble façon qu'il veut & desire d'estre touché de l'ame fidelle spirituellement, humblement & interieurement *au fond du cœur où il fait sa diuine habitation*.

La difference qu'il y a de toucher les playes sacrées de Iesus à l'exterieur par incredulité côme saint Thomas, & de les toucher spirituellemēt en esprit recolligé & par la foy dans l'oraison de recueillement.

3. Et ce fut *le sujet pourquoy il dit à sainte Magdelaine, femme ne me touche pas*; car je ne me suis pas encore montré à mon Pere. Mais, ô mon Seigneur, il me souuient qu'autre fois vous nous auez dit, que le Pere est en vous, & que vous estes en vostre Pere, & nous le croyons ainsi que vous nous l'auez dit. D'où vient donc, ô aymable Iesus, que vous dites maintenant à cette sainte Penitente; Ie ne me suis pas encore montré à mon Pere? Et puis qu'il est en vous,

Des passions & sens interieurs, Tr. IV. Ch. I. 149

ne vous voit-il pas toûjours ? Mais où pourrez-vous estre qu'il ne vous voye ? Est il quelque lieu qui luy soit caché ? Non ? Mais *Nostre Seigneur voulut parler de la sorte pour nostre plus grande instruction* ; Premierement pour nous notifier dauantage le prix de nostre Redemption operée par le Fils, & pour nous certifier d'autant plus la verité de sa Resurrection, & la fin de sa mission personnelle dans l'Incarnation, par laquelle il a esté fait réellement Homme, & Dieu tout ensemble, & qu'encore bien que le Pere fust en luy, & qu'il fust en son Pere, il *a voulu faire icy cette distinction des commerces de la Diuinité dans elle-mesme, d'auec ceux de dehors appropriez à chaque personne : comme au Pere la Creation, au Fils la Redemption, & au saint Esprit la Sanctification.* Et tout ainsi que c'est le Fils qui s'est incarné, & non pas le Pere ; il est dit aussi que ç'a esté par l'operation du saint Esprit, & n'est pas dit par celle du Pere, mais seulement qu'il a esté donné & enuoyé du Pere dans le sein d'vne Vierge, & que ce Fils l'a voulu, & s'y est offert, & que *le saint Esprit a operé cette Alliance ineffable & inoüye de la creature auec son Createur* ; & partant le Fils s'estant incarné, c'est luy qui a souffert, & non pas le saint Esprit, ny le Pere, *quoy qu'ils soient vn en Essence, ils gardent cependant cette distinction Personnelle, & d'appropriation dans les operations externes.* Et par ainsi nostre Seigneur pouuoit dire ne s'estre pas encore montré à son Pere, *parlant en terme de Redempteur* ; laquelle Redemption acheuée, il deuoit effectiuement, réellement, & de fait *monter au Ciel, afin d'y montrer au Pere cette glorieuse Humanité victorieuse*, & la faire voir à toute la Cour celeste, pour y estre approuuée & receuë du Pere, du Verbe, & du saint Amour, & en estre diuinement *congratulée & recompensée* selon ses œuures & ses merites infinis, & ainsi *colloquée* & glorieusement *assise* à la dextre du Pere, où il luy fust *donné la qualité souueraine de Iuge des viuans & des morts*, comme au triomphant des tenebres, & au victorieux des Demons tuant la mort du peché, qui auoit jusques-là fermé les cœurs à Dieu, & le Ciel aux ames.

Pourquoy il falloit que l'Humanité glorieuse & ressuscitée de Iesus-Christ montast au Ciel, & se montrast à son Pere, auant l'ennoy personnel du S. Esprit.

T iij

150 *L'Ame captiue sous le quatriéme sceau.*

4. Ie dis donc que nostre Seigneur deuoit monter au Ciel, & y estre glorieusement receu & recompensé selon sa dignité; & qu'ainsi *dans la jubilation generale de toute la Cour celeste, & la mutuelle conjouyssance des diuines Personnes, se fit ce tout-puissant enuoy du sein du Pere, & du Fils, le saint Esprit* cœur vnique de leur Amour personnellement enuoyé en la Terre sur l'Eglise pour lors assemblée dans la solitude d'vne salle interieure, & fermée à tout autre jusqu'à la Predication des Apostres. D'où vient qu'il leur dit; Il est expedient que je m'en aille, car si je ne m'en vas, l'Esprit Consolateur ne viendra point; & si je m'en vas, je vous l'enuoyeray. Ce qu'il disoit pour nous apprendre que l'enuoy du saint Esprit estoit le prix de ses merites & la valeur infinie de ses victoires; duquel prix nous ne pouuions jouïr qu'il ne fust reellement monté au Ciel; ce qui luy fit dire à la sainte femme Penitente, *Ne me touche pas*, c'est à dire, *de cette façon manuelle, & à l'exterieur, ainsi que tu faisois au temps de ma sainte Mort & Passion*; Mais attends vn peu, & je t'apprendray le secret, qui est, que tout ainsi qu'il t'estoit permis autrefois de me toucher à l'exterieur pendant ma vie mortelle & paisible, *tu apprenne maintenant sous le regne de ma vie glorieuse*, à me toucher spirituellement en esprit recolligé, & par foy, dans l'interieur, & à exercer cette foy par amour & humilité enuers moy *au fond de ton cœur*; Parce aussi, comme dit saint Bonauenture auec plusieurs autres saints Peres, que Iesus-Christ estant tel dans le cœur de Magdeleine, qu'il se montroit à elle au dehors, il ne luy voulut point permettre de le toucher à l'exterieur, mais qu'elle eust à se recolliger en esprit & par foy pour le toucher & l'embrasser spirituellement au fond de cœur. Et saint Augustin confirme cecy, disant, que Iesus-Christ s'estant dérobé à nos yeux par son Ascension au Ciel, nous deuons retourner dans nos cœurs pour l'y trouuer. C'est donc pourquoy Iesus-Christ dit à sainte Magdeleine, il faut auparauant que je monte au Ciel, & que je me montre à mon Pere, & à vostre Pere, pour vous enrichir au prix de mes merites, de ce diuin & amou-

Saint Bonauenture dans les Meditatiōs sur la Vie de Iesus-Christ. chap. 89. de l'Apparition aux trois Maries.
S. Augustin l. 4. de ses Confessions, chap. 14.

Des passions & sens interieurs, Tr. IV. Ch. I.

reux enuoy de nostre sein lequel manifestera à vos cœurs, & le pere, & moy & vous apprendra à cheminer en l'interieur en vray spirituel, pour vous y conformer à moy, & vous y laisser transformer en son amour, qui est nostre amour, autant ou plus que répondrez fidellement à ma grace en participant à mes merites infinis.

5. Et de ce chapitre nous pouuons tirer cette *consequence instructiue*, qui est que Nostre Seigneur n'abandonne jamais vne ame sincere, pour quelque faute où elle *tombe par infirmité* ou foiblesse humaine ainsi qu'il appert en *saint Pierre tombé jusques à trois fois* plus par infirmité que par malice. D'où vient que Iesus en a pitié, & ne fait que le regarder, & son cœur s'attendrit d'vne sainte componction qui le fait fondre tout en larmes, desquelles il noya ses pechez, marque d'vn bon cœur ouuert à la penitence d'vn seul regard. Nous voyons encore en *saint Thomas tombé dans l'infidelité*, par laquelle il refuse de croire vne fois, deux fois, & enfin *Iesus s'apparoit tout exprez, & luy descouure ses playes sacrées,* & luy commande de les toucher, & tout à l'instant les tenebres de son infidelité s'euanoüissent, & croyant, il confesse que Iesus est son Seigneur, & son Dieu : & ainsi nous voyons comme nostre Seigneur va suportant la foiblesse humaine, la corrige & la releue misericordieusement & charitablement en vray pere & amy cordial, *pourueu qu'il n'y ayt point de malice inueterée, ou duplicité de cœur,* c'est à dire vne ame viciée de longue main, & laquelle cependant fait en sorte de dissimuler son vice & se cacher, *& paroistre à l'exterieur,* & en l'interieur aux yeux de Dieu y estre semblable au diable, *ainsi que l'on peut voir en Iudas,* lequel estoit Apostre aussi bien que saint Pierre & saint Thomas, il tombe enfin comme eux, & il n'est point releué ny conuerty, parce qu'il auoit vn mauuais fond inueteré, auec malice preueuë & concertée de longue main, il estoit cauteleux, & portoit vn fond enuieilli dans le crime, & partant impenetrable aux traits & attraits de la charité de Iesus-Christ.

La veuë soit exterieure soit interieure des sacrées playes de Iesus Christ annoblit la foy d'vne ame recueillie en son cœur dans l'Oraison comme il paroit en S. Thomas

Quels sont les cœurs impenetrables qui ne se laissent toucher au tendre amour de Iesus.

6. D'où vient qu'il resiste à la grace, nonobstant tout

le soin que Nostre seigneur y apporta pour le toucher, en espiant toutes les occasions si son cœur eut esté tant soit peu disposé aux fléches amoureuses dont il fut si souuent attaqué, sans iamais l'attendrir ny fléchir tant soit peu; ainsi qu'il appert par tant de reprises, par lesquelles Nostre seigneur luy mettoit la parole en la bouche pour confesser & aduoüer son peché, il l'aduertit à table, L'vn d'entre vous me trahira: mais ce perfide dissimula son peché ainsi qu'il auoit coustume de faire *auec l'effronterie de demander*, Sera-ce moy Maistre? lequel luy respond, Tu l'as dit: sans que tout cela l'ébranle, tant sa mauuaise volonté est peruertie; & quoy qu'il entende que Nostre seigneur connoisse son peché, & qu'il le touche par sa parole, il endurcit son cœur à la voix de ce benit Agneau, & enfin il se determine de ne le point declarer: il vit de plus l'exemple de Iesus-Christ dans son humilité & mitesse de cœur incomparable, qui le firent abbaisser à ses miserables pieds pour les lauer: ces pieds abominables, qui doiuent aller vendre leur Maistre & bien-facteur, & tout cela n'a aucune efficace pour esbranler ce cœur perfide. Enfin Iesus se leue de son oraison, s'en va au deuant de luy à la porte du jardin, *luy disant si cordialement*, Amy, pourquoy es-tu venu icy? O mal-heureux Apostat, quelle plus belle occasion pour te sauuer en confessant sincerement ton peché; car tu n'auois qu'à respondre: Hé mon bon Maistre, je suis venu pour vous trahir, & vous liurer entre les mains de vos ennemis: c'estoit proprement ce que la charité de Iesus vouloit arracher de ce cœur endurcy, fermé, & inesbranlable à la touche de l'amour; & partant impenitent, quoy que Iesus eust adjousté à tout cela vn baiser. Iesus ne fait que dire aux Iuifs, C'est moy qui suis, & aussi-tost ils tombent à la renuerse, & ce perfide n'est point ébranlé, & cela parce qu'il couuoit dans son cœur sa damnable trahison, sous apparence de bien & de vertu exerçant la charge de l'Apostolat, & enfin paroissant à l'exterieur Disciple de Iesus-Christ, il estoit en son cœur le partisan affidé de son ennemy.

Resistences inoüies du cœur perfide, & endurcy de Iudas aux semonces amoureuses du tendre cœur de Iesus pour le conuertir.

O bon

O bon Iesus, vray Dieu & vray Homme, Parole éternelle du Pere; qui vous estes fait connoistre & entendre parmy nous, auec les organes d'vn corps humain que vous auez pris pour nostre amour, afin que nous puissions donner place arrestée au vostre dans nos cœurs, pour y participer aux diuins aduis du Pere Celeste, qui nous a donné à croire celúy qu'il nous a enuoyé; sçauoir vous, ô tres-diuin Agneau, qui connoissez & aimez nos cœurs, & y voyez en vn chacun le besoin qu'ils ont de vostre secours pour y garder vostre humilité en toute humilité & candeur Chrestienne. Ayez pour agreable, ô tres-diuin Amour, de *preseruer nos cœurs de mensonge, de duplicité, de finesse & de suffisance*, afin qu'ils puissent estre éternellement les dignes sujets de vostre diuin Empire.

SECTION TROISIESME.

Que Iesus-Christ dans le cœur du Chrestien est le Maistre, & le Principe de toutes les Sciences, qui nous y apprend à traitter auec Dieu en l'oraison, pour receuoir interieurement l'infusion de ses lumieres, & les influences de son diuin amour vnissant.

1. SI les hommes sages & studieux font estat des *saintes Escritures*, comme du thresor des veritez Euangeliques, ainsi qu'il est juste & vtile à la foy pour leur donner creance dans les esprits; n'en oubliez pas le *Principe, qui est* IESVS-CHRIST *dans l'interieur de vostre cœur*, puis qu'il en est le commencement & la fin : car si vous n'étudiez Iesus-Christ, vostre science sera vaine, & c'est bien étudier Iesus-Christ que de l'imiter à l'interieur & à l'exterieur, autant que la foiblesse humaine nous le permet. Mais si nous apprenons les Sciences seulement pour les pouuoir redire aux autres, & passer pour sçauans; difficilement peut-on éuiter la *curio-*

sité & la vanité. Mais le plus grand mal-heur, c'est qu'on en profite peu ny pour soy ny pour les autres ; car la Charité doit donner le branle à toutes nos actions, & elle est requise particulierement en la lecture de l'Escriture sainte, laquelle est *appellée Sainte, parce qu'elle est dictée du saint Esprit*; & partant d'vn sens tres-profond, & qui demande vne *lumiere toute celeste & infuse* dans le cœur du Lecteur, où elle doit premierement faire son operation, & y verser l'onction de la vertu, & y corriger ses mœurs, afin qu'elle serue de témoin à Iesus-Christ deuant les hommes, les voyant *pratiquer ce qu'ils preschent*, & les voyant viure conformément à leurs paroles ; & si nous faisons autrement, ce ne sera pas merueille si nous tombons dans l'incredulité ; car ce qui obscurcit le rayon de la foy en nos cœurs, c'est la vie lâche dans la recherche des honneurs mondains ; c'est preferer la vanité du siecle à la pauureté & à la pureté du saint Euangile ; c'est enfin *negliger son interieur*, se contenter soy-mesme, & mépriser l'influence de nostre chef, sans laquelle nous ne pouuons que le peché.

2. C'est porter le nom Chrestien en vain que de n'auoir point de *conformité à l'Agneau de Dieu*, & ne point s'approcher interieurement de luy par amour ; c'est ne le pas connoistre ny aymer. Si nous sçauons que *ses precieuses playes sont les portes & les passages de nos cœurs à son cœur*. Pourquoy negligeons-nous d'y entrer en esprit dans ces solitaires cauernes embrasées, là où l'ame apprend à parler à Dieu auec la bouche interieure du cœur. c'est *l'employ propre des Seraphims, de dire incessamment en leur langage d'amour, Sainct, Sainct, Sainct*; c'est la belle Oraison de leur Eternité, mais la grande Oraison éternelle, *c'est Iesus-Christ*: Le Saint de Dieu, la parole substancielle du Pere, qui fait & fonde toutes les benedictions du temps & de l'éternité, comme dans le temps son diuin & humain cœur est le throne des bonnes œuures, & la source originaire des bonnes pensées & de toutes les actions qui meritent d'estre offertes au Pere ; & dans l'Eternité il fait la felicité & des Hommes & des

Où, & comment l'ame peut & doit parler à Dieu.

Des passions & sens interieurs, Tr. IV. Ch. I. 155

Anges. Et afin de faire voir que les ames ont besoin de l'assistance de Dieu dans le chemin de leur salut, voyons ce que Moïse nous en dira comme Conducteur du Peuple de Dieu.

3. Dieu voulant enuoyer Moyse à la conqueste de la Terre promise, voicy ce qu'il luy répond ; Seigneur, si donc j'ay trouué grace deuāt tes yeux, regarde ton Peuple: Le Seigneur luy dit ; Ma face te precedera, & je te donneray repos. Et Moyse luy dit ; Si toy-mesme ne marches deuant nous, ne nous enuoye point hors d'icy : Car en quoy pourrons-nous connoistre moy & ton peuple qu'ayons trouué grace deuant ta face si tu ne chemine auec nous, afin que nous soyons glorifiez de tout le peuple qui habite en la Terre ; & Dieu dit, Moyse, je feray ainsi cette chose que tu as dit ; car tu as trouué grace deuant moy, & je t'ay connu par ton nom.

4. Nous pouuons icy remarquer & considerer *la brieueté de la priere de Moyse, & cependant si efficace*, que disant seulement à Dieu, regarde ton Peuple ; Dieu luy répond aussi-tost, ma face te precedera, & je te donneray repos ; Paroles tout à fait consolantes à la misere humaine de l'ame Chrestienne interieurement soûmise à Iesus-Christ son diuin & humain Moyse, pour la conduire trauers le grand desert qu'il y a entre Dieu & nous, comme est celuy du neant à l'Estre. Mais ce qui est encore de plus considerable, c'est que non seulement Moyse prie pour le Peuple, mais il demande encore qu'il marche deuant luy, & le Peuple ; ou autrement qu'il ne l'enuoye pas hors le desert : ce qui nous fait bien voir l'expresse *importance que Iesus-Christ marche deuant nostre esprit trauers le fond de nostre cœur, & par le desert de nostre interieur jusqu'à la terre de sa Diuinité* ; ou autrement à quoy connoistrons-nous auoir trouué grace deuant sa face si tout le peuple ne glorifie Dieu, nous voyant viure de la vie de l'Euangile. Mais de grace, quelle consolation pour nous, que Iesus-Christ nostre diuin & humain Liberateur peut tout obtenir du Pere Eternel en nostre faueur,

Voyez l'image au commencement du Liure.

V ij.

parce qu'il a trouué grace deuant son Pere qui l'a connu par son *Nom sur tous les noms*, sçauoir IESVS, & par son Nom personnel de Verbe qu'il engendre éternellement.

5. Et partant, Ames Chrestiennes, *Prenons peine de l'auoir, & de le loger dans nos cœurs*, afin que tout nostre interieur tressaille de joye ayant en soy, & pour soy *le Principe de tous les biens de l'Eternité comme Verbe humanisé*, produisant son *Amour dans les cœurs par le canal de la sainte oraison*: mais bien plus particulierement par l'amoureuse reception de son *precieux Corps & Sang*, comme par le plus diuin réel, & delicieux repas de l'ame Chrestienne ; & duquel elle est nourrie de vie diuine & substantée diuinement parmy l'exil de cette mortelle vie, *seruant de fond, de baze & de soutien à la sainte oraison, & à toutes les autres communications diuines.* C'est enfin le sacré organe primitif des secrettes inspirations, & des *intimes attouchemens diuins qui purifient & sanctifient l'ame*; & qui l'excitent à plus grande perfection par de nobles motifs qui la font courir en viuacité de foy à toutes les vertus Chrestiennes qui établissent en elle vn Temple Royal à la Loy interieure de Dieu, par laquelle se distribuent les plus sublimes faueurs & onctions diuines du *regne glorieux de Iesus-Christ; lequel viuant & regnant en l'ame*, la dispose de plus en plus à ces diuines & intimes operations & penetrations centrales tresdelicates & excellentes, & qui *vnissent l'ame* plus étroitement & plus parfaitement à sa Diuinité.

SECTION QVATRIESME.

Explication de ce mot de centre de l'ame, de l'vnité de son essence, de la distinction de ses puissances, & operations: de la santé & maladie spirituelle de l'ame.

1. COmme nous parlons icy souuent du *centre de l'ame*, & *de ses facultez*: il sera bien à propos d'en dire vn mot pour satisfaire les esprits ; & voir comme nous sommes

Des passions & sens interieurs, Tr. IV. Ch. I. 157

composez de deux parties differentes, l'vne exterieure & materielle, telle qu'est *le corps*; & l'autre interieure & spirituelle, sçauoir, *l'ame*: & que chacune de ces deux parties tient dans soy, comme deux étages subordonnez; & qu'ainsi *le corps* tient les sens exterieurs & interieurs, & *l'ame* tient aussi ses puissances spirituelles, & la vie de sa substance; & que Dieu estant *le centre du centre de la substance*, les sens du corps en sont par consequent les plus éloignez de Dieu, estant la *circonference superficielle & la plus distante par dissemblance de ce centre diuin*. Et quoy que quelques-vns ne veulent pas que l'on donne des puissances à l'ame, ny vn centre; disans qu'elle est vne *substance simple, & vn point indiuisible*: ce qui est vray, & nous le croyons ainsi. Mais cependant je demande si c'est assez dire de l'ame qu'elle est vn point indiuisible? & comment on pourra s'exprimer pour parler de ses operations. Car dire vn point indiuisible, c'est seulement notifier sa substance; & cela pourroit suffire à vn *homme docte*, mais *les simples* n'en seront aucunement instruits. Car ce n'est pas assez dire qu'elle est, & qu'elle vit; mais il faut encore sçauoir qu'elle a ses *saillies actuelles dedans & dehors son corps*. Dans son corps par sa vertu informante, animante & organique, & en dehors par les choses qu'elle y opere au moyen de ses sens exterieurs. Et partant ce n'est point contreuenir à l'vnité de l'ame, ny à sa simplicité, ny à son point indiuisible que de luy donner des *puissances*, afin d'en mieux remarquer les effets & les proprietez naturelles de sa vertu informante & organique, qu'on ne pourroit jamais faire entendre par le seul mot de point indiuisible, qui ne peut rien exprimer de l'ame que son existence naturelle, sans en notifier aux simples les actions, les saillies & diuers mouuemens des passions, de desir, d'amour ou de haine.

Pourquoy la distinction des puissances de l'ame est necessaire.

2. Nous luy donnons *vn centre*, ce qui n'est non plus opposé à son point indiuisible; veu que l'ame estant viuante, mouuante & informante actuellement son corps, doit par consequent estre appuyée de principe. Car elle ne s'est pas faite elle-mesme, mais elle a esté faite à la ressemblance de

V iij

L'ame captiue sous le quatriéme sceau,

Dieu seul opere de la simplicité de sa substance.

Dieu, dont elle est creature dépendante du *souuerain Createur centre de son centre & vie de sa vie*; & si l'ame n'auoit point de puissances, elle ne pourroit pas operer; *Dieu seul peut operer de la simplicité de sa substance*: & cela parce qu'il est Dieu, & l'Estre indépendant; mais l'ame ne peut pas operer de la simplicité de sa substance, parce qu'elle est vn Estre creé & dependant qui n'a pas la vie de soy, mais qui l'a receuë d'vn *Principe* qui la luy conserue autant qu'il veut, & la retire quand il veut; d'où vient *la separation d'auec son corps*: & quoy que l'ame soit immortelle, on dit pourtant qu'*elle meurt par le peché*, comme il est vray, *non pas d'vne mort physique*, mais *accidentelle*: pour nous faire entendre que quiconque ne vit de la vie de Dieu, tant pour sa conseruation, que pour y croistre en sa grace, peut estre estimé veritablement mort. Et pour qu'vne plante viue & s'accroisse, il faut qu'elle soit plantée dans la terre qui est sa mere; si bien que *la racine* de la plante n'est pas exterieure, mais interieure dans la terre, d'où elle tire son suc, & se conserue la vie vegetante: & tout ainsi l'ame de l'homme qui est *la plante des plantes*, *venuë de Dieu pour retourner à Dieu*; elle doit toûjours tenir à Dieu par sa racine cependant qu'elle informe & qu'elle viuifie, & actuë son corps autant qu'il plaist à Dieu, Mais parce qu'elle se doit vn jour separer de son corps & retourner à Dieu, où sous l'effort de sa Iustice comme les *damnez*, ou bien sous la clemence de son Amour comme les *Eleûs*. Nous disons aussi que pour cela, il faut que l'homme pendant sa vie retire son ame, & la détache peu à peu de la complaisance criminelle de ses sens, & la fasse tendre vers sa racine fontalle, que nous appellons *centre pour ramasser toute l'ame à son point*; c'est à dire toutes les facultez, tous les sens, pensées & desirs, pour en faire là le *sacrifice* continuel à sa Majesté, en attendant celuy de la mort. Et partant *sans donner des puissances à l'ame*, *& quelque espece de distinction*; comment en pourroit-on parler? Car pour dire vne ame, c'est à la verité tout dire quant à sa substance. Mais dites-moy de grace, si vn Predicateur qui monte en Chaire disoit seulement, DIEV, & non autre chose, encore bien que ce nom de Majesté dise tout, cependant le peuple n'en seroit point instruit; mais si on vient à ajoûter Dieu puissant, bon, immense, inaccessible, saint, & sanctifiant les cœurs: ha, pour lors l'ame se porte à aymer ce qu'elle entend, ou autrement elle ne seroit point émuë; & souuent *l'ame entend Dieu en le goûtant*, sans le voir, ny sans desirer de le voir, qu'autant que la foy & la lumiere nous le decouure, ainsi qu'il appert dans *la manducation du precieux Corps & Sang de Iesus*, lequel nous ne voyons point, ny ne deuons desirer de le voir, mais il nous est necessaire de le croire d'vne ferme foy, & ne nous est pas défendu de le goûter ny de le sauourer. C'est ce que la sainte Eglise nous laisse en liberté, puis qu'elle nous le donne à manger; car *manger* c'est autant que goûter & sauourer ce que l'on mange, à moins que d'estre malade & tout à fait dégousté, ainsi que l'on peut voir dans vne ame Chrestienne qui ne communie jamais qu'vne fois l'an, marque qu'elle n'a point d'appetit de cette diuine nourriture, ny mesme la foy requise pour croire la necessité de cette diuine manducation si necessaire pour conseruer & accroistre la vie de Dieu dans nos ames.

Communier rarement défaut d'appetit & de santé spirituelle.

3. Donc, il est certain que ce dégoust ne peut prouenir que de son contraire; car *l'estat de la grace, c'est la santé de l'ame*. Or la santé n'est jamais priuée du goust ny de la saueur des choses spirituelles, mais *l'estat du peché amortit l'ame à toutes les saueurs des choses diuines*, d'autant que l'ame perdant la grace de son innocence, elle perd aussi en mesme temps l'amour de Dieu, & en perdant l'amour de Dieu, elle retrouue son propre amour.

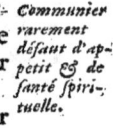

SECTION CINQVIESME.

Combat perpetuel de l'amour propre captiuant l'ame sous les sept sceaux ou attaches à sept sortes de biens créez, & de l'Amour diuin, la détachant & déliurant de cette septuple captiuité, pour l'vnir à Dieu son vnique & souuerain bien increé, par les armes victorieuses de l'Agneau occis.

1. L'Amour propre est assez insolent pour vsurper dans l'ame le thrône de l'Amour diuin, & y regner en sa place, d'où viennent tous les desordres dans l'ame. Car *ces deux Amours estans directement opposez*, ils ont aussi des qualitez & des inclinations contraires, l'vn regnant pour le peché, & l'autre pour la grace, & ces deux regnes contraires s'éleuans l'vn contre l'autre, ne cessent de se guerroyer & combattre; & *la victoire panche du costé que s'incline la volonté*, laquelle si elle est bien aduisée, prendra le party de l'Amour de Dieu.

2. Car *l'Amour diuin* est saint & sanctifiant; il est pur, il est noble, genereux & tres liberal, & toûjours bien-faisant, & il fait mesme son souuerain plaisir de communiquer tous ses biens aux ames qui luy *adherent interieurement*, sans y épargner les infinies profusions de sa mission personnelle; & il semble que tous ses soins ne visent qu'à *tourner & à conduire les ames au souuerain bien, au fond, & outre le fond central de leurs cœurs*, les rendant capables de joüir des merueilleux effets de sa diuine bonté, de sa diuine liberalité, & de son immense liberté. Mais *tout au contraire l'amour propre est impur*; il est lache, froid, vil & raualé, & si auare qu'il s'approprie tous les biens qu'il peut, & il n'en veut iamais donner que pour en r'auoir dauantage, & n'a du contentement qu'à retenir tout à soy; & est tout à fait déplaisant dans la moindre

Effects & proprietez bien differentes de l'amour diuin, & de l'amour propre dans l'ame.

moindre perte, parce qu'*il fait sa souueraine felicité d'estre possesseur & proprietaire de soy-mesme*; auec la vanité & l'insolence d'attirer mesme toutes les choses qui ne luy appartiennent pas: parce que ce maudit proprietaire se fait maistre de ses mouuemens, & ne vise qu'à *destourner*, à retirer, & à éloigner toutes les Creatures humaines soumises à son esclauage *du souuerain bien*; & à les tourner & *attacher* à des biens estrangers dangereux & raualez; & souuent mesme il les engage au *souuerain mal* sous l'esclauage du peché, & par quelque appas des faux biens, il les y captiue & asseruit.

3. Et partant *le propre amour ne tendant qu'à destourner & destacher* l'ame du *souuerain bien*, il s'attache à *tous les autres biens apparents*, ou veritables qu'il peut apperceuoir, & l'en rend *esclaue*; car c'est vn marchand droguiste qui se mesle de tout, & se fourre partout; & comme il sçait & apperçoit *sept sortes de biens de sept differents estages*, il y attache l'ame, & la rend *sept fois esclaue*, & la lie d'vne chaisne de sept chaines, & la captiue & asseruit d'vn joug de sept jougs; & l'y attache si puissamment, qu'il faut vne main toute-puissante pour l'en deliurer, & qu'à ce sujet *l'amour diuin* employe l'ardeur de ses flammes à dissoudre & à consommer tous les liens de cette *septuple seruitude*. Or l'attache de ces biens captiue l'ame de l'horrible priuation de Dieu. Le bien de la terre possedé par attache criminelle & desordonnée, rend l'ame captiue du terrestre. Par les œuures mondaines & la jouyssance de leurs faux plaisirs. Les biens des sens exterieurs employez dereglément font l'ame captiue de leur molle charnalité. Et les biens des sens exterieurs ou passions du cœur captiuēt l'ame de leurs saillies brutales & tenebreuses. Les puissances de l'ame par leurs actes souuent trop precipitez & proprietaires, attachans l'ame à ses propres emplois, l'arrestent à son finy. Le bien de la vie & substance de l'ame qui l'attache à elle-mesme, & borne sa liberté l'attache au bien finy, ou surnaturelle participation finie & immediate de l'infinité de Dieu qui fait *le septiéme objet*, quoy que diuin, mais participé selon le finy de l'ame,

Comment il faut entendre les sept sceaux ou attaches à sept sortes de biens creés, qu'il faut que l'Agneau ouure pour faire passage libre dans l'interieur à l'esprit recolligé pour jouir du vray & souuerain qui est Dieu mesme, outre le fond central de sa volonté. Voyez l'image au commencement du liure.

X

& non encore selon Dieu, & en sa maniere en quelque façon infinie.

4. Et par ainsi *le propre amour* répend le poison de son venin mortifere dans tous ces *sept étages de biens*, dans tous ces *sept objets* s'entend *dans l'ame qui s'attache dereglément à ces sept sortes de biens* à la sollicitation de l'amour propre; lequel les fait regner sur elle *au préjudice de l'Empire absolu du saint Esprit, & de son immense liberté*, dont il veut jouïr dans elle. Et encore bien que ce venin ne soit pas toûjours *mortel*, sinon dans le faux bien pretendu du peché, il ne laisse pas toutefois de rendre & de tenir l'ame toûjours *imparfaite*, & fort malade dans tous & vn chacun des autres étages de *biens participez dereglément* : & d'autant plus perilleusement que *l'objet* qui la captiue encore est plus vil & raualé, & plus voisin de celuy du peché. Or ces *sortes d'attachemens d'objets*, & ces *sept differentes captiuitez de l'ame*, qu'elle subit sous les fers & enchaisnemens de leurs esclauages sont appellez par tout cét œuure, tantost *les sept étages*, ou estats de l'ame qui la captiuent, ou bien *les sept liens de tenebres*, ou *les sept sceaux fermez & ouuerts par l'Agneau*. Parce que ces sept étages de biens & d'objets captiuent l'ame chacun en sa façon, & selon son rang *plus ou moins criminel*, & qu'ils tiennent l'ame raualée & renfermée sous leurs loix captiuantes ; & l'y tenans liée par toutes ses *inclinations volages & déreglées*, qui y fabriquent & la marquent à leur coin, chacun selon le style de son domaine & empire : obscurcissant & *effaçant dans l'ame l'image de Dieu* & le diuin caractere des trois diuines & sur-adorables personnes de la tres-sainte Trinité dont la reparation n'est donnée qu'à l'Agneau de Dieu.

5. Ainsi que nous l'apprend *le miroir de patience de Iob* en nous disant ; Combien plus seront consommez comme la tigne ceux qui demeurent és maisons de terre, & qui ont le fondement terrien, ils seront coupez du matin jusques aux Vespres; & parce que personne ne l'entend, ils periront éternellement ; mais ceux qui resteront seront hors d'eux, & ils mourront, & non pas en sapience.

Quoy que toute attache ne soit pas mortelle, elle ne laisse pas de captiuer l'ame, & l'empescher d'aller interieurement jouyr de la souueraine liberté en Dieu.

6. O tres-cheres Ames Chrestiennes, *voyez donc de l'œil interieur* la belle leçon, qui nous est aujourd'huy enseignée de l'eloquence exemplaire de ce miroir d'election ; ce grand prodige de patience, ce miracle de force, victorieux de la pauureté parmy les riches thresors de ses plus dures afflictions : du milieu desquels il nous crie, & nous dit selon les sentimens interieurs de son cœur ; Que ceux-là, dit-il, seront consommez comme la tigne, qui font leurs demeures és maisons de terre, & qui ont le fondement terrien; c'est à dire, *ceux-là qui demeurent attachez dereglément & volontairement à la terre & aux choses terrestres*. D'où vient, dit-il, qu'ils ont le fondement terrien, ce qui les aueugle parmy les complaisances des choses mondaines en jouyssance desquelles ils se reposent és *maisons de terre de leurs corps* mollement vestus, & delicatement nourris dans l'abondance de toute sorte de sensualitez. Il ajoute à ce propos qu'ils seront aussi couppez depuis le matin jusqu'au Vespres ; Et pource, dit-il, que personne ne l'entend, ils periront eternellement. Paroles épouuentables prononcées par la bouche de ce grand Oracle du saint Esprit : Iob, lequel reposoit *son ame sur le lit interieur de la diuine Charité*, cependant qu'à l'exterieur il estalloit son corps sur *vn fumier*, d'où il amassoit & thesaurisoit les perles des plus belles & rares vertus, plus celestes que terrestres, & plus diuines qu'humaines, lesquelles vont condamnant toutes nos delicatesses, & nous font voir & remarquer la vanité de nostre vie fondée sur le mensonge, puis que *nous n'auons rien de Chrestien que le nom* ; D'où s'ensuit que depuis *le matin de nostre vie jusques au Vespres de nostre mort, & au soir de nostre Eternité*, nous serons couppez & retranchez comme le sarment de la vigne, pour estre jettez & donnez en proye eternelle à toutes les rigueurs des flammes vengeresses de l'enfer, & d'vne horrible priuation de Dieu. Mais quand il vient à parler de *ceux qui font penitence*, & qui resteront fidelles jusqu'à la mort, ils seront par ce moyen hors d'eux-mesmes ; c'est à dire outre eux-mesmes par la mort de propre vie ; Car, dit-

il, ils mourront, mais non pas en sapience ; parce que *la Sapience diuine* ne meurt point, mais plûtost elle fait entrer & croistre en la vie ceux qui la caressent & en jouyssent jusqu'à la mort.

7. Car, dit ce grand Prophete, l'homme sera-il justifié en la comparaison de Dieu ? Sera-il plus pur que son Facteur ? Non. Car voicy, ceux qui le seruent ne sont point stables, & il a trouué malice en ses Anges ; Mais Bien-heureux est l'homme qui est corrigé de Dieu. Ne déprise donc pas la correction du Seigneur ; car c'est luy qui blesse & qui guerit celuy qu'il frappe, & ses mains rendront la santé. D'où vient, dit-il, qu'*il te déliurera en six tribulations, & en la septiéme le mal ne te touchera point.*

8. Ce sont, Ames Chrestiennes, les sentimens interieurs de ce grand Prophete, lequel demande si l'homme sera justifié en la comparaison de Dieu. Or, il est à croire, premierement, que *l'homme par excellence c'est Iesus-Christ, vray Homme & vray Dieu*, & la vraye Iustice humaine & diuine & partant qui n'a point estimé rapine, selon la science de saint Paul, d'estre égal à son Pere ; Et partant il est *l'Homme juste & justifiant* ; juste en la comparaison de sa Diuinité, & justifiant les paures pecheurs repentans ; & les épurant comme l'or, pour les rendre à leur Bien-facteur & Createur. Mais voicy que parlant de *l'Homme* & de *l'Ange Preuaricateur*, il dit que l'homme n'est pas stable, & que le Seigneur a trouué malice en ses Anges, d'autant qu'ils sont purs esprits, qui ne peuuent tomber par foiblesse ; Mais quant aux hommes, leur instabilité vient de leur ignorance, & leur foiblesse fait qu'ils ne sont pas stables au seruice de Dieu, à cause de leur seruitude chez les Egyptiens où ils se sont faits *captifs & esclaues de ces sept objets qui les retirent hors de Dieu*, & les mettent dans l'impuissance de tout bien ; mais il ajoûte que c'est vn bon-heur à l'homme que d'estre corrigé de Dieu, dont il est à croire, parce qu'il en parle par experience ; & *jusques à vn tel estat d'abandon de soy-mesme, que son ame a éleu d'estre pendüe, & ces os la mort :* ce qu'il disoit

Iesus-Christ est l'homme par excellence & l'vnique Iuste par soy-mesme.

L'Ange peche par malice, & l'homme par ignorance & infirmité.

dans la douleur de son cœur & l'amertume interieure de son ame, où il portoit vne *telle agonie & dénuëment* si general que son ame s'estoit abandonnée à ce supplice amoureux, quoy que dur & affligeant, dénuant & épurant, & *amortissant la propre vie de l'ame*. En telle sorte, que l'estat interieur que portoit son ame pour lors, ne peut pas estre mieux exprimé que par la peine d'vn homme attaché pendu à vn gibet, & à demy étranglé, & qui n'acheue point de mourir. Mais quoy, n'est-ce pas vn delice à l'ame Chrestienne d'estre corrigée de Dieu, comme Pere & vray Amy, chastiant ceux qu'il ayme, ainsi que nous apprend ce saint Homme; Nous disant, comme il est vray, que c'est luy qui blesse, & que c'est aussi luy qui guerit tous ceux qu'il frappe, car ses mains bien-faisantes ne manquent jamais de rendre la santé. D'où s'ensuit que cette diuine Bonté promet à l'ame de la déliurer en *six tribulations*, mais qu'en *la septiéme* le mal ne la touchera point; nous apprenant par là le *desir infiny qu'il a de nous conduire par ces six étages interieurs, & en dissoudre les liens & en rompre les attaches*, & nous retirer de seruitude Egyptienne, & nous renger sous la conduite interieure du diuin Agneau, la victoire duquel nous conduit à la mort de propre vie, & partant à la *liberté intime pour passer outre nous-mesme dans la septiéme*, là où le mal ne touche point, c'est à dire le *peché mortel, quoy que l'ame ne soit point impeccable*, quant aux *imperfections* attachées à la foiblesse humaine, ou bien laissées à l'ame pour contre-poids d'humiliation à son orgueil. Car Dieu permet les attaques, mais il preserue de la chûte ceux qui le craignent dans la défiance d'eux-mesmes & la confiance en luy. Et partant, l'ame s'estant renduë fidelle selon son estat, & *perseuerante en son attention interieure*, a par ce moyen acquis auec les armes victorieuses du diuin Agneau, la victoire du peché, des complaisances criminelles des choses mondaines, des sens interieurs & exterieurs nonobstant les oppositions de l'amour propre, elle pourra poursuiure son progrés & ses approches de Dieu au centre de son ame, en la maniere qu'il s'ensuiura cy-apres.

Voyez l'image au commencement du Liure.

L'Ame captiue sous le quatriéme sceau,

9. Car cette *quatriéme victoire des sens interieurs, ou passions du cœur établissent l'ame en liberté*, laquelle commençant à voler par la region surnaturelle comme Oyseau du Ciel, échapée du terrestre & du mondain, prend son vol vers le desert interieur, en y viuant elle y vole parmy cette chere solitude auec tous les auantages & prerogatiues d'vne vie surnaturelle & spirituelle dont elle se voit auantagée d'vn estat incomparablement plus noble, & épurée des complaisances de ce *quatriéme sceau, qui fait ouuerture au cinquiéme*; & ainsi *liberée* & affranchie, elle doit aller toûjours croissant & se détachant de tout ce qui la captiue & la rauale en ce quatriéme sceau, & s'y dépoüiller des qualitez sensitiues de sa vie animale, pour entrer dans le cinquiéme étage, toute reuestuë des qualitez d'vne vraye spiritualité : afin d'en mener la vie & en pratiquer les œuures, cessant de viure à ses passions pour commencer à viure d'vne vie raisonnable surnaturalisée; *Non qu'il faille entendre n'auoir plus de passions, mais seulement en quitter l'imparfait & le déreglé, & l'entendre ainsi de tous les autres estats* & degrez que l'ame a à monter, comme dans celuy qui suit, y quitter tant l'imparfait des propres actes des puissances de l'ame, *non pas en détruisant ses actes*, mais en les reduisant au plus parfait, & *au grand acte de l'vnion aux puissances de Iesus*, en ostant toutes les qualitez incompâtibles.

Voyez la premiere image.

CHAPITRE II.

L'ouuerture interieure du quatriéme sceau, & la liberté de la quatriéme captiuité. Dans laquelle ouuerture il s'y voit vn cheual pasle; & celuy qui est assis dessus a nom la Mort; l'Enfer le suit, & puissance luy est donnée sur les quatre parties de la Terre, pour y tuer par glaiue, par famine, par peste, & par bestes feroces.

1. D'Autant que cette *quatriesme liberté de l'ame* ne se peut point acquerir que par vn grand & sanglant combat, ainsi que nous voirons cy-apres : c'est pourquoy *le cheual y paroist pasle*, se voyant à tout momēt dans les allarmes & l'apprehension de la mort, & d'vne *mort tres-sensible*, puis qu'elle est de tous les sens & sensualitez pour *passer en la region du desert spirituel*, en faueur duquel l'ame reconnoist icy que pour se maintenir & auancer dans son *progrez*, il faut qu'elle porte la sueur de la mort, & que desormais *elle meure à toutes choses*; pour lequel sujet *l'Enfer la suit*; parce qu'icy tous les Demons sont en alarme pour s'opposer, & empescher vne si sanglante deffaite, & si éloignée de leurs pretentions : & quoy qu'interieurement il soit icy donné à l'ame vn pouuoir assez reglé par vn effet signalé de la puissance victorieuse de l'Agneau *sur les quatre parties de la terrre,* c'est à dire sur *le monde*, sur *son propre corps*, sur *ses sens exterieurs*, & sur *les interieurs*, cependant *elle doit veiller tousiours le glaiue* en la main de sa volonté, éguisé sur la pierre ferme qui est IESVS CHRIST, & affilé par la suauité de son saint amour, pour tuer toutes *les vaines inclinations*, curiositez, & affections des choses terrestres & mondaines qui germent sans cesse dans nos cœurs, *tant du mauuais fond de nostre*

L'ame doit tousiours veiller à la mortification de ses sens & à la garde de son cœur s'y tenāt recueillie

corruption qui n'est point encore tout à fait reduit, que de *l'instigation malicieuse des Demons*, qui nous y solicitent sans cesse. Il est encore donné à vne telle ame de tuer par *famine* tous les appetits & delicatesses de son corps, en le priuant de toutes les molles tendresses de ses charnelles affections, pour le reuestir de la robbe épineuse d'vne *seuere mortification* ; & de tuer aussi par *peste* l'insatiable dereglement de nos sens exterieurs & interieurs, en leur déniant le concours de leurs sensuelles complaisances par des actions contraires, & exercées *sans remission*, ce qui est leur vraye peste, & contrepoison pour les faire bien-tost mourir : car l'ame ne peut pas jouir ny sauourer le saint amour, & la brutale complaisance de ses sens tout ensemble, il faut de necessité que l'vn cede à l'autre. Et en quatriéme lieu il luy est encore donné de tuer par *bestes feroces*, parce que l'ame fidelle pour lors sauorisée du diuin & *interieur attrait*, & ainsi toute abstraitte & retirée en dedans paroist icy au monde, à son propre corps, à ses sens exterieurs & interieurs comme vne beste feroce sans misericorde, sans amitié ny tendresse pour eux ; mais toute disposée par son zele interieur à deuorer tout ce qui la veut empécher *d'estre vniquement à Dieu*. D'où vient qu'elle ne se veut rien pardonner à elle-mesme dans la seuerité de son appetit spirituel.

Necessité de mortifier les delices, & sensualités exterieures pour sauourer les interieures au fond du cœur.

SECTION PREMIERE.

Maniere de pratiquer l'entretien actif & passif en l'oraison, auec l'explication du mot pur passif, & du temps auquel l'ame se doit tenir purement passiue par simple adherence à l'attrait & motion interieure du diuin amour de l'Agneau present, & operant au fond du cœur.

1. L'Ame s'estant mise en ardeur de poursuiure interieurement & exterieurement tous les fatals ennemis de
sa

Des passions & sens interieurs, *Tr. IV. Ch. II.* 169

sa paix, & les facheux obstacles de sa solitude interieure, qui sont *en ce degré les empeschemens actifs de ses propres puissances*, qu'elle exerce *par elle-mesme*, selon son Estre naturel & limité; ce qu'elle doit cependant *amortir passiuement & interieurement*, pour donner place & lieu conuenable aux puissances de L'Aigneav de Dieu dans son cœur, & la faire ainsi *passer du naturel au surnaturel, de l'actif au passif, & de l'humain au diuin*, pour marquer & signaler dans son cœur les victoires asseurées de l'Agneau, en luy laissant le libre employ de ses puissances, pour en faire vn glorieux instrument de ses diuines & victorieuses conquestes, & vn sujet magnifique de son empire, pour estre tres-paisible & amoureux *possesseur de l'ame*, & de toutes ses appartenances & dependances naturelles & surnaturelles, corporelles & spirituelles, comme *premier moteur* du temps & de l'eternité.

Disposition de l'ame en l'oraison pour suiure dans son cœur l'attrait de Iesus-Christ qui l'y attire & pour passer & de l'actif au passif.

2. Et partant comme il est icy question de *passer de l'actif au passif*, il me semble à propos que le deuot Lecteur sçache faire le discernement de ce mot, pour ne pas *prendre l'oisif pour le passif*; car ce mot de passif ne doit pas seulement estre pris pour vne *cessation d'actes*; mais aussi il comprend *l'attrait, l'attouchement interieur* ou *motion du saint Esprit*; lequel trouuant les propres actes des puissances *accoisées*, s'en empare & y verse sa vertu & les merites de Iesus-Christ, par *l'adherence interieure de l'ame*, laquelle pendant cette *suspension proprietaire* de ses actes, elle donne lieu & temps à *l'acte souuerain* qui la veut mouuoir par luy-mesme, & *sans laquelle motion* l'ame ne doit point demeurer à la baye, sans de temps en temps produire quelque *acte interieur*, comme de prononcer quelques paroles du *Pater* ou du *Credo*, ou de quelqu'autre motif d'amour pour ce sujet selon vostre deuotion, mais non seulement de bouche & à l'exterieur, mais aussi de la *bouche interieure*; parce que l'ame se doit seruir de ses puissances & de leurs actes, jusqu'à ce que l'amour diuin se soit rendu imperieux dans l'ame : & *le moyen de l'y rendre operant & imperieux*, c'est de *cesser ses propres actes par des pauses & attentes passiues enuiron l'espace d'vn Pater & vn Aue, pour*

Remarquez la pratique pour produire & cesser les actes.

Y

le commencement, afin que dans ces pauses & attentes interieures l'ame puisse donner temps & lieu à l'attrait & à la diuine motion du saint Esprit ; & si l'ame ainsi attentiue en son interieur n'experimente aucun mouuement surnaturel dans son cœur ny dans son ame, elle doit s'ayder de ses puissances, & en produire quelques *actes interieurs*, comme pour *entretenir son esprit enuers son diuin & humain objet au fond de son cœur.*

3. Mais cela se doit faire fort posément en silence & de loin à loin, afin que dans *ces interualles & suspensions de propres actes*, l'Esprit de Dieu puisse s'emparer de nos puissances, & les faire mouuoir & remuer par luy-mesme, & pour lors il faudra *demeurer purement passif jusques à ce que l'operation soit acheuée* ; apres quoy l'ame estant laissée libre, & à elle-mesme, & qu'il ne suruienne pas vne autre operation suiuante, apres auoir attendu l'espace d'vn *Aue*, vous pourrez *proferer quelqu'autre parole interieure pour exciter le diuin attrait* ; & faire toûjours ainsi jusqu'à ce que le diuin Amour s'estant rendu le Maistre de vos puissances, il les manie à son plaisir imperieusement par la demission totale de l'ame *volontairement soûmise à ses diuins emplois*, luy *adherant seulement par reciproque amour, toute abstraite & retirée au fond de son cœur*; parce que la consequence & la *vraye expression de ce mot de passif*, est de laisser le libre employ de nos puissances au saint Esprit ; car il nous doit enseigner la science d'amour dans l'interieur, & cette science secrette ne s'apprend que par l'infusion du mesme amour. D'où vient que l'ame y doit estre interieurement attentiue & vuide de ses propres actes ; parce qu'ayant à aymer Dieu, & ne le pouuant dignement aymer par son propre amour ; il s'ensuit que *l'amour mesme en doit estre le don & le donneur & le directeur* ; & partant il faut de nostre part luy accorder & donner lieu dans nos cœurs, l'y laissans imprimer sa vertu dans nostre volonté, & sa vie dans nostre substance pour y viure & regner comme *premier moteur de nos actions que nous nous estions appropriées*; & tellement auilies par cette appropriation qu'elles

Pratique de l'ame en l'oraison dans l'estat actif & passif, & purpassif.

n'eſtoient *d'elles-meſmes* meritoires que du chaſtiment.

4. Mais l'ame venant à *ſe deſapproprier en adherant à Dieu, & ſuiuant ſon attrait interieur,* & s'ouurant à ſa diuine motion, elle la reçoit & *la pâtit,* & *la ſupporte paſſiuement* ; car *celuy qui eſt, c'eſt celuy qui meüt,* celuy qui donne, celuy qui opere, celuy qui vit, celuy qui regne, & donne le merite à l'ame de tout cela *pour ſon ſeul conſentement,* & abandon à ſes diuins & amoureux emplois, ſurnaturels & interieurs operez par amour *au fond de l'ame* ; & par ainſi *le mot paſſif* ne ſe doit pas prendre au pied de la lettre ſeulement ; mais il faut entrer dans le bon ſens, & pour y bien entrer, il en faut auoir experimenté l'excellence : Car, comme j'ay déja dit, *il n'eſt pas ſeulement vne ſimple ceſſation d'actes* laquelle ne pourroit eſtre qu'vne *pure oyſiueté,* ſi elle n'eſtoit *accompagnée de l'attrait & de l'operation interieure qui ſemond* & appelle les puiſſances au recueillement intime. En telle ſorte, que *dans l'eſtat paſſif il n'y a point toûjours ceſſation d'acte,* mais ſeulement *ceſſation proprietaire de noſtre part,* afin que nos puiſſances ainſi deſappropriées & vuides puiſſent eſtre remplies & actuées des puiſſances de Ieſus par la motion interieure de ſon ſaint Eſprit, par l'attrait duquel nos propres actes ſont ſuſpendües *pendant le temps de l'operation,* pour y laiſſer libres nos puiſſances à ſon diuin miniſtere interieur.

Comme on doit entendre l'eſtat paſſif, & la façon de ſ'y comporter dans l'exercice & ſuſpenſion d'actes.

5. Car Dieu ayant creé le *cœur humain* tout exprés comme le *temple mouuant & viuant* de ſes grandes miſericordes, de ſes loüanges, de ſes hommages & adorations pour en faire *le Sanctuaire viuant de ſa Sainteté,* & comme le chariot d'or de ces precieux & amoureux mouuemens dans ſon immobilité meſme, auſſi bien que *le double Paradis corporel & ſpirituel* de ſes contentemens & delices ; & cela eſtant ainſi, qui ſera l'homme qui ne l'y voudra chercher, & en l'y cherchant l'y rencontrer par amour *au fond du cœur* ? n'eſtant point trouué ailleurs pour nous qu'autant que nous l'aurons trouué là en cette ſolitude interieure. Enfin, c'eſt l'endroit, c'eſt le lieu de rendez-vous où il ſe plaiſt d'eſtre cherché, d'eſtre rencontré, gouſté, ſauouré, poſſedé & *aymé vniquement* ; & s'il

Pourquoy dãs l'oraiſon Ieſus-Chriſt veut eſtre cherché au plus intime de la ſolitude de noſtre cœur.

L'âme captiue sous le quatriéme sceau, reside au dehors de l'homme en quelqu'autre lieu réellement, ce n'est que sous les especes sacramentales, & où encore il y est comme en sacré dépost, en attendant patiemment l'ouuerture du cœur Chrestien, afin d'y venir par amour de ce *throne sacramental & exterieur* dans le throne *interieur, viuant & animé du cœur Chrestien*, où il veut estre aymé, adoré & seruy d'vn culte souuerain & religieux conuenable à sa diuine Majesté, laquelle infond sa Sapience dans nos cœurs pour nous y apprendre à mourir à la mort, pour y reuiure à la vie ; & en *s'approchant ainsi de luy au fond de nos cœurs*, s'y conformer comme en l'y sauourant, s'y transformer ; & pour enfin s'y laisser engloutir intimement à mesure que l'ame fidelle se retire, & *se détourne de tout le dehors* ; puis de ses sens, & de soy-mesme, *retirant de tout cela peu à peu son attention*, son affection, sa complaisance ou propre amour, en tournant comme le dos à tout cela à l'exterieur, & à mesme temps *tourner face en dedans par attention spirituelle & interieure :* tout son vouloir, ses desirs, ses affections *vers le fond de son cœur à son Iesus qui l'y attend* par amour, pour luy prodiguer ses graces auec vne amoureuse cordialité pleine d'ardeur diuine écoulée au centre interieur de l'ame, *y suiuant le rayon de la foy qui en vient, & qui y mene*, & qui y conduit pour s'en laisser tirer & attirer, concentrer & engloutir par le *trait* interieur de la grace, & *l'attrait intime de l'amour* qui s'y exerce souuerainement enuers *les sept objets qui captiuent l'ame*, & par où son propre amour la tient asseruie.

Iesus-Christ n'est au saint Sacrement que pour venir dans les tabernacles viuans de nos cœurs pour y estre cherché, trouué, goûté, possedé, adoré, &c.

SECTION SECONDE.

De l'vnion hypostatique du Verbe auec l'Humanité de Iesus-Christ, de laquelle il a fait la Mediatrice necessaire dans l'estat de sa sainte Mort & Passion, pour faire passer interieurement nostre ame par le cœur mort de cette sacrée Humanité dans le cœur viuant de sa Diuinité: & comme l'oraison cordiale est le plus court chemin pour aller de nous à Iesus-Christ present par la foy au fond du cœur.

1. Comme la diuine Substance s'est reuestuë toute & totalement de la substance humaine, spirituelle & corporelle de Iesus, en se l'approchant de si prés qu'elle la fait dans soy personnellement Dieu dans la personne de son Verbe ; par consequent *cette substance humaine de Iesus est la Mediatrice necessaire*, en se milieu positif entre la substance diuine, & toutes les autres substances creées, faisant de necessité absoluë l'vnique passage de l'vne à l'autre; *& la premiere porte ouuerte pour aborder son cœur au fond des nostres:* Et pour y entrer par elle dans le Temple sacré de la Diuinité, afin que ce benist Agneau de Dieu puisse rendre & restituer nos ames au sein du Pere Eternel selon ses merites, & par dessus tout le finy. Si bien que *l'vnion hypostatique du Verbe auec la substance humaine de Iesus*, operée selon la puissance obedientielle, qui de soy est infinie & immense; Elle y a aussi déployé & employé, exercé & épuisé tout, & totalement en excellence l'infinie actiuité de son Estre, à actuer, clarifier & diuiniser cette adorable substance de l'Humanité de Iesus par delà tout ce qui s'en peut conceuoir. *Excellence de l'Humanité sainte de Iesus par l'Vnion hypostatique.*

2. Et cela afin que cette puissance & capacité passiue de la Nature Humaine peût *autant pâtir & receuoir* que la toute-

L'Ame captiue sous le quatriéme sceau,

La toute-puissance actiue de Dieu, & toute la puissance obedientale & passiue de la creature épuisées par l'vnion hypostatique en l'Incarnation du Verbe.

puissance de Dieu *peut agir & donner:* De maniere que ces deux Puissances toutes-puissantes, *l'actiue & passiue sont toutes, & totalement épuisées & occupées en ces approchemens de l'Humanité sacrée de Iesus à la Diuinité*, & ces deux Toute-puissances estant immenses chacune en sa façon, l'vne à donner, & l'autre à receuoir, & s'entr'abordans & s'entredonnans, & s'entr'insinuans l'vne dans l'autre dans les operations reciproques, & dans toute l'étenduë de leur immensité; Il s'ensuit delà qu'*aucune autre substance humaine ne peut aborder à la Diuine, ne commercer auec elle, que par la substance humaine de Iesus*; ny mesme aucun abord n'y peut estre plus grand ny plus vaste que le sien; car *c'est infiny à infiny sous mesme tiltre*, rien ne pouuant estre plus puissant, ny plus grand que d'estre personnellement Dieu.

Raison pourquoy l'Humanité de Iesus est la Mediatrice necessaire & interieure entre l'essence de l'ame & l'essence diuine.

3. Et partant comme la Sagesse diuine ne fait rien de superflu, faisant déja, ou pouuant faire *par cette vnion hypostatique à l'Humanité de Iesus*, tout ce que sa toute-puissance pourroit à jamais executer *par cent mille autres vnions*, elle n'en fera jamais d'autre. De façon que *cette adorable Humanité de Iesus est non seulement la mediatrice necessaire, le milieu positif, le passage, la porte & l'entrée toute au large pour passer de nos cœurs au cœur de la Diuinité, mais encore elle seule sera encore cette voye, cette vnique porte & passage ouuert de nous à Dieu.* Et partant n'en deuons point chercher d'autre dans nos cœurs si nous y voulons faire nostre entrée amoureuse au cœur de la Diuinité, parce que la mesme substance de Iesus constituée sous les loix de nostre mortalité, n'a point voulu chercher d'autre voye ny d'autre chemin pour entrer elle-mesme glorieusement dans le sein de la Diuinité par dessus tous les ordres creez, que *le chemin de ses souffrances & de sa mort*, ne nous ayant laissé par consequent aucun autre passage pour nous rendre *accessible dans nos cœurs les inaccessibles* lumieres de Dieu, *que les ombres de sa mort.* Non pour le certain,

Pesez ces raisons.

Pourquoy considerant Iesus Christ present au fond du cœur, nous l'y

ce benist Agneau de Dieu n'a point fait à nos ames d'autre entrée ny d'autre porte ouuerte à la fontaine de la vie que *l'ouuerture de son cœur mort*, par lequel nos ames doiuent passer

& entrer au cœur viuant de la Diuinité sous l'étendart victorieux de ce diuin Agneau.

deuons regarder comme mort, & crucifié pour passer interieurement en Dieu.

4. Et quoy bien que cét adorable Iesus ne soit pas ny ne peut estre souffrant dans nos cœurs en la façon qu'il a esté sur le Caluaire ; sçauoir, en y receuant des playes par la violence d'autruy, si est-ce pourtant qu'il y souffre encore d'vne façon tres-angoisseuse à son cœur, *lors que par nos pechez nous y empeschons, & y arrestons les immenses emplois de son diuin Amour* ; Si bien qu'il y souffre encore infiniment, non en y receuant aucune violence étrangere ; mais en y *empeschant & y retenant son amour auec les bras d'vne mauuaise volonté rebelle à cét amour.* Car estant de soy immense en son actiuité & ardeur diuine, & venant à estre arresté dans vn cœur, qui empesche son exercice amoureux, les pressures & angoisses qu'il y souffre en son tendre cœur sont inexplicables. Parce qu'estant l'humain & le diuin instrument de cét Amour immense en son actiuité infinie, & lequel voudroit rencontrer son étenduë dans nos cœurs en sa maniere & selon son infinité ; Cependant les debords de son amour sont *arrestés par le consentement d'vne volonté dereglée. Et comme le temps ne peut auoir d'empire sur les veritez éternelles, nostre esprit le peut voir souffrant au fond de nos cœurs, tout glorieux qu'il y est* par dessus tous les ordres qui composent nostre Essence. Et parce que *Dieu a veu, voit & voira* éternellement ce benist Agneau immolé & sacrifié par ses souffrances pour les pechez du monde (car le futur & le passé luy estans presens, il voit tout ce qui a esté veu & se verra éternellement) il nous est aussi expedient de *nous associer à sa veuë diuine & à sa lumiere* si nous voulons particper à sa verité & à sa vie dans luy-mesme pour regarder cét Agneau autrefois immolé en Ierusalem, maintenant crucifié sur le Caluaire de nos cœurs.

5. C'est donc ce *cœur souffrant* & amoureux de Iesus qui doit estre cherché, aymé & consolé au *plus intime de nos cœurs*, & duquel nous deuons faire *l'vnique objet* de nos puissances, afin d'y apprendre efficacement en sa veuë & en son

objet, à *conformer* interieurement & exterieurement toutes nos œuures aux siennes, nos souffrances à ses souffrances, & par sa vertu & son merite luy laisser informer nos puissances, & y captiuer nos esprits sous ce prodige d'humiliation humain & diuin, pour y laisser transformer nos ames dans sa mort, & y entrer dans sa vie cachée en sa Diuinité au plus intime de nostre cœur.

Necessité de l'imitation interieure & exterieure de Iesus-Christ.

6. Et partant nostre ame estant resoluë d'y *suiure le diuin Iesus, & aller interieurement apres luy par cette voye, & dans cette vie interieure* : elle doit aussi se resoudre d'y *cheminer à l'exterieur apres sa vie d'imitation* & de souffrances : en simplicité d'esprit & humilité de cœur, & d'vne volonté éclairée s'y plonger en esprit & par foy au fond de son cœur dans l'abysme de son neant sous les pieds de ce benist Agneau de Dieu ; s'y offrir à luy, & s'y sacrifier entierement auec luy, & comme luy en holocauste éternel, interieur & exterieur, s'y abandonnant à sa diuine volonté & aux ardentes flammes embrasées & purifiantes de son saint Amour, pour s'en laisser épurer, nettoyer, purifier & blanchir dans *le bain sacré de son precieux Sang*, en nous en appliquant les merites infinis, s'y laisser manier au diuin attrait, & s'en laisser tirer & attirer, mouuoir & rauir, enleuer & *introduire par la porte ouuerte par le chemin frayé, & le passage libre de son costé ouuert, de son diuin cœur nauré, de sa tres-sainte ame angoissée* ; & en y entrant ainsi, passant & repassant, s'y laisser à mesure crucifier & mourir auec son propre amour & toutes ses appartenances en holocauste éternel.

7. Comme aussi si vous voulez sçauoir *la voye la plus courte, la plus seure pour aller de nous à Iesus-Christ, c'est l'oraison cordiale* ; c'est la recollection interieure, intime, centralle & diuine : c'est l'oraison que la *tres-sainte Vierge* a si excellemment pratiquée pendant toute sa vie mortelle qu'elle a si amoureusement consacrée & victimée à la tres-digne volonté du Pere Eternel, en s'exerçant enuers luy continuellement à luy offrir & interposer à sa Paternelle Clemence sur *l'Autel interieur de son cœur* le tres-digne objet de sa

diuine

Des passions & sens interieurs, *Tr.IV.Ch.II.* 175

diuine maternité toute attentiue qu'elle y estoit dans ce *fond virginal*, dans ce tres-pur *Monastere naturel & surnaturel*, & dans ce diuin *Cloistre de liesse*, angeliquement orné de sa tres-rare & incomparable pureté virginale, & tellement annoblie & dilattée du pur amour, que toute la grandeur des Cieux a trouué lieu de s'y loger, & d'y faire par amour en cette *solitude virginale* vne retraitte asseurée de six mois pour y ménager à loisir la riche pauureté de sa Croix, en descendant les premieres marches de cette *grotte d'humilité* sur le fumier d'vne pauure étable. D'où il a continué à *descendre par tous les degrez d'humiliation, jusqu'à la mort de la Croix*, & du dernier mépris qui l'ont enfin enseueli dans le *tombeau*; voire mesme il est descendu par amour & charité jusques aux *Enfers*, pour y arborer ses victoires, & y triompher de ses ennemis & des nostres, apres auoir si misericordieusement signé nostre alliance de l'épanchement de tout son sang, & cachetée du sceau de sa propre vie, qu'il n'a point épargnée pour nostre salut, y fournissant abondamment ses graces & ses merites auec vne charité infinie. Aussi saint Bonauenture dit amoureusement à la tres-sainte Vierge, vous faites vostre aymable & continuel sejour interieur dans les playes de Iesus-Christ; car tout Iesus crucifié est dans le plus intime de vostre cœur.

S. Bonauenture, part. 1. chap. 3. de l'éguillon de l'Amour diuin.

8. Si bien que *la perfection de l'ame Chrestienne consiste* à tendre en esprit & par foy au fond de son cœur, pour y ménager vne *demeure paisible à Iesus-Christ*, le seul amy fidelle & l'vnique amateur des cœurs, qui s'est amoureusement consommé soy-mesme pour en contracter *l'Alliance diuine* & l'éternelle amitié; au sujet dequoy toute puissance luy a esté donnée du Pere, pour les gagner & retirer par amour, & les posseder à son plaisir.

Z

TRAITÉ CINQVIESME.

L'AME CAPTIVE DE L'EMPLOY proprietaire & naturel de ses puissances, qui luy font ignorer les voyes de Dieu, la tiennent & la retiennent à elle-mesme dans leurs actes limitez, & l'en reuestent, & l'y captiuent sous eux, & la marquent à leur coin, impressions & figures.

CHAPITRE PREMIER.

Esprit d'ignorance Secretaire du cinquiéme sceau.

1. CE cinquiéme Sceau captiue nostre ame par *la complaisance qu'elle prend en ses propres actes indiscrets ou indiscrettement repetez auec empressement* : (ce qui l'atache & la retient à elle-mesme, & la borne des limites de son étage naturel, & qui la rend prisonniere d'elle-mesme, & toute reuestuë des propres qualitez de la nature, laquelle dans sa malignité vitiée n'en peut pas demeurer là sans la grace de Dieu ; mais le plus souuent elle s'en va au déreglement ; & quand bien elle demeureroit dans les bornes de pure nature ; cela ne pourroit *suffire qu'à vn Philosophe*. Mais vn tel estat est fort indigne à vn Chrestien qui doit entrer dans les droits de son nom, & tendre, pretendre, & atteindre au patrimoine de *son Pere qui est aux Cieux* ; par l'échelle surnaturelle de la foy & de la grace au dessus de soy-mesme, *outre soy-mesme* ; pour y particper la diuine illustration par infusion intime jaillissante du principe surnaturel diuinement constitué sous le regne d'vne foy solide

L'attache à l'employ propr. de ses puissances, *Tr.V.Ch.I.* 177
exercée par amour, & *humilité au fond du cœur sous les pieds du vray humble & humilié Iesus*, par la diuine administration du grand Chancelier des veritez & lumieres diuines, sçauoir, l'Amour personnel & Eternel; lequel a pour *propre employ* de purifier & exercer les ames jusques à l'vnité consommée; & duquel ministere amoureux l'ame se trouue dilatée, approfondie & oüuerte en capacité, ayant laissé écouler sa petitesse naturelle dans la grandeur des puissances de Iesus par l'instrument de la foy, & de la grace exercée surnaturellement *en l'interieur*.

2. D'où vient que ce Maistre diuin nous appellant pour le suiure, son premier aduis est de nous *renoncer nous-mesmes continuellement & jusques à la mort*; d'autant que l'ame Chrestienne qui ne s'exerce point en cette vertu, manque infailliblement à toutes les autres; parce que les Croix journalieres ne peuuent estre portées *auec quietude* & douceur, que des ames parfaitement renoncées, & tout à fait quittes d'elles-mesmes. C'est en ce mal-heureux *jardin de propre amour* & de propre interest que germent & croissent toutes les mauuaises herbes des appetits de la nature qui déreglent nos mœurs & seduisent nos facultez, & les inclinent à la rebellion & *déformité de volonté au diuin & humain obeissant*. Parce que l'ame ainsi viuante à elle, vit d'ordinaire pour elle, *& non pour son Iesus*. Et par ainsi se maintenant obstinément *& par attache* dans son Estre limité, s'y nourrit, elle s'y éleue; & s'y complaisant à elle, elle déplaist à Dieu; & demeurant ainsi enueloppée & prise dans le filet de propre interest & les tenebres de sa propre ignorance; elle s'y fait *vn fort de rebellion* aux diuines semonces du pur amour, & en cét estat elle s'éloigne de sa fin: & mesme elle desnie par ses actions autant qu'elle peut la *souueraineté de l'Estre diuin en elle*, puis qu'elle y renuerse l'ordre de la diuine Sagesse de Iesus, lequel a fait gloire de liurer & abandonner sa sainte ame, & sa propre vie pour le total & parfait accomplissement de la volonté du Pere; en telle sorte que *le droit chemin d'aller au Pere, c'est Iesus-Christ*

Z ij

178　*L'Ame captiue sous le cinquième sceau,*
le fils vnique du Pere, & *l'exemplaire viuant des hommes* &
des Anges.

SECTION PREMIERE.

De la necessité & *maniere de se comporter en l'entretien*
purement passif dans ce cinquième estat du progrez
interieur de l'ame dans la sainte oraison.

IL a esté permis à l'ame fidelle dans les entretiens precedents *de s'exercer dans les actes*, pour chercher, trouuer & posseder son diuin Iesus au fond de son cœur *selon l'effort de ses puissances*, & de sa propre industrie ; mais maintenant *il faut quitter sa naturelle actiuité*, pour la *despoüiller de propriété*, & la faire mourir à tout ce qui est purement humain, ou occuppant l'ame humainement.

2. Et partant il faut qu'elle apprenne, non plus à s'exercer *par elle-mesme*, ny *comme d'elle-mesme*, mais à *se laisser interieurement exercer* & mouuoir au diuin amour, auec l'instrument surnaturel de son *diuin attrait interieur*, pour en se deffaisant de sa petitesse & de son imperfection, se remplir & se reuestir de sa grandeur infinie, & de la pureté de son saint amour, pour entrer en sa diuine maniere d'operer sortable aux admirables emplois d'vn *Dieu amoureux du cœur humain*, qu'il veut perfectionner, *spiritualiser, surnaturaliser,* & *diuiniser par luy-mesme,* & *pour luy-mesme en luy-mesme* ; & par tous les degrez de charité excellens, qui ouurent les merueilleux *commerces occultes, intimes,* & *plus qu'intimes* de Dieu auec les hommes, & des hommes auec Dieu, par ce chemin royal, interieur & diuin de l'ame à luy au fond de son *Estre* : En suitte de quoy *la conuersation* d'vne telle ame est presque tousiours en recollection interieure au fond de son cœur auec son cher *objet Iesus crucifié*, pour s'y occupper & s'y entretenir tres-amoureusement, & tres-auantageusement en sa presence & sous sa protection, mais *non plus des actes continus,*

Voyez la premiere image.

ainsi que nous auons dés-ja dit, *mais par des pauses & offrandes de cét Agneau occis* à la clemence du Pere, pendant lesquelles offres & exhibitions, l'ame se doit tenir silencieuse, paisible & ouuerte en dedans sous les debords diuins du Pere par les abords du Fils, en luy presentant seulement toutes ces *bouches sanglantes de ses playes* & meurtrisseures, pour attendrir par leur moyen sur nous son diuin cœur paternel, en veuë de ce tres-digne & tres-pitoyable objet de douleur.

3. Car ces *bouches sacrées sont tres-puissantes, tres-eloquentes*, & qui crient & parlent puissamment au cœur du Pere, & comme auec autant de langues d'amour, qui prononcent la reconciliation de l'ame auec le pere des misericordes infinies, qui ne peut rien refuser à ces amoureuses clameurs, ny retenir sa compassion sur nos miseres en veuë de ce *prodige d'amour & de douleur*, si bien que *tout l'employ & l'industrie de l'ame Chrestienne* consiste à se sçauoir seruir de ce moyen tout-puissant & tout victorieux, tant pour flêchir l'amour paternel, que pour vaincre les mauuaises habitudes, & cela par les merites de cette *sainte victime offerte au fond du cœur*, en nous y retirans à elle, & nous y conformans en pur sacrifice, pour en laisser consommer la victime à son diuin amour : car autrement nous ne trouuerons jamais la paix parmy la guerre, ny ne pourrons sauourer la *manne cachée*, pour n'auoir l'appuy solide de la *pierre angulaire*, sçauoir Iesus-Christ, lumiere eternelle, & flambeau éclairant & découurant dans l'ame fidelle les diuines veritez des mysteres sacrez.

Iesus-Christ dans l'interieur y sert de lumiere pour découurir les veritez cachées dans les mysteres que les efforts & l'étude de l'esprit naturel ne pourroient découurir.

4. D'où vient que l'ame qui n'est point ouuerte en dedans *profite peu de son oraison*; voire mesme de la frequentation des Sacremens, parce que n'estant pas ainsi *reduite en son fond*, d'où elle doit tirer sa vertu & sa vigueur surnaturelle, elle est priuée de la saueur des diuins mysteres; cependant qu'elle gouste les choses exterieures, & demeure rodant dans l'estage de pure nature; là où les soldats du propre amour sont toûjours à la picorée du propre interest,

Z iij

L'ame captiue sous le cinquième sceau, obscurcissans les facultez de l'ame, & les *attachans* de plus en plus à la conseruation de son propre Estre; duquel elle vient à se rendre tellement jalouse, qu'elle ayme mieux en souffrir les desordres à son grand desauantage, que d'en desister, voire pour vn seul moment; & cela parce que l'aueuglement de cét estat de pure nature dans lequel elle se repose, ne luy permet pas encore d'en découurir *l'importance*.

4. Enfin, toute ame fidelle qui voudra poursuiure son progrés, & en venir à la *victoire de propres actes de ses puissances*, il faut qu'elle apprenne à ses dépens que ses propres puissances sont impuissantes à aymer par elles-mesmes vn si grand Dieu, si infiniment aymable; n'ayant de soy, ny ne pouuant auoir que des puissances bornées des limites de la nature; auec lesquelles elle ne peut ny ne doit esperer *d'atteindre vn tel objet infiny*. Et partant apres auoir fait éclorre, & tiré plusieurs sanglots de son cœur navré d'amour; Il faut enfin pour comble de sa douleur, qu'elle succombe & se confesse vaincuë & *impuissante à aymer comme d'elle-mesme*; mais qu'ainsi *aneantie au fond de son Estre*, elle y laisse passiuement à son saint Amour, toutes & totalement ses puissances dans leurs impuissances, & *purement passiues*, tout ainsi que nostre Seigneur IESVS CHRIST y laissa les siennes dans sa mort, pour passer de cét estat mortel en l'estat impassible de son immortalité. Afin que dans cette impuissance ou *paralysie amoureuse de nos propres puissances*, les personnes diuines ne trouuant plus rien dans nous de nos *propres actes, comme prouenant de nous*, qui puisse empescher leurs diuines operations: mais plûtost *vn accoisement total*; pour lors trouuans nos puissances vuides de proprieté, elles y employent & déployent diuinement tous les glorieux debords du sein de leur immensité pour y operer selon l'excellence de leur *trine & vnique vertu*, & pour lors la foy & l'amour marchans dans leur noblesse, découurent à l'ame dans l'interieur cette *trine & vnique face* plus éclatante, & incomparablement gracieuse & clarifiante qu'auparauant, qu'elle ne la voyoit

L'attache à l'employ propr. de ses puissances, Tr. V. Ch. I. 181
qu'à trauers des formes grossieres qu'elle s'en formoit elle-mesme
dans ses propres puissances bornées de ses limites naturels.

SECTION SECONDE.

Response à ce que quelques-vns objectent ou demandent;
sçauoir, s'il n'est pas bon de s'efforcer de ne penser à
rien pendant l'oraison, sous pretexte de nudité &
dépoüillement d'actes, par laquelle l'ame marche en
foy nuë, estant dégagée de toutes formes, images &
especes pour n'auoir en visée que Dieu seul, où il est
enseigné quand & comment l'ame doit produire ou
suspendre les actes pendant l'oraison.

1. LA Charité me presse de faire icy vne petite digression pour satisfaire à la pieté de quelques personnes deuotes qui font cette objection. Sçauoir, *s'il n'est pas bon de s'efforcer de ne penser à rien pendant l'oraison, sous pretexte de certaine nudité & dépoüillement d'actes, par lesquels l'ame marche en foy, estant dégagée de toutes formes & de toutes especes, pour n'auoir en visée que Dieu seul*; dont nous parlerons en son lieu, & comme cela se doit entendre.

2. Pour répondre auec toute soûmission, & rendre témoignage à la verité, cela a besoin d'éclaircissement; & quoy que ces paroles & cette façon de parler soit bonne en elle mesme. Cependant je dis qu'elles ont besoin *d'estre entenduës* & données à entendre plus clairement; & pour ce il faut dire, qu'*il est bon pendant le temps de l'oraison de faire son possible pour ne rien penser de mauuais ou d'indecent à la presence de Dieu*; mais aussi qu'*il est bon, voire vtile & necessaire de penser à Dieu, ou aux choses de Dieu, ou à ce qui nous peut porter à Dieu pendant l'oraison.* Posé que l'ame soit libre & qu'elle ne soit point occupée dans l'interieur par quelque mouuement surnaturel : Car en ce cas l'ame s'y doit *abandonner & y suiure*

l'attrait de Dieu ; mais *hors delà*, elle ne doit point demeurer oyfiue. J'entends parler des *ames qui commencent* de faire progrés ; car pour les ames parfaites ne sont plus en peine de cela.

3. Or comme nous auons déja parlé cy-deuant de *l'estat passif*, & en quoy il consiste, & que *ce n'est pas seulement vne simple cessation d'acte*, mais qu'il comprend aussi *vn attrait imperieux agissant sur l'ame*, & que l'ame supporte aussi passiuement son operation. Ce qui faisoit dire au saint homme Iob, quelqu'vn peut-il gouster les choses qui donnent la mort ? Ce que mon ame ne vouloit point toucher à cause de l'angoisse, maintenant sont mes viandes ; qui fera que ma demande vienne, & que Dieu me donne ce que j'attends ? Et continuant il ajoûte, & que celuy qui a commencé vienne à me briser, & qu'il étende sa main, & qu'il me retranche ? Ainsi ce saint Prophete alloit exprimant *les angoisses interieures de son ame dans l'amortissement proprietaire des actes de ses puissances* ; & demande si quelqu'vn peut gouster les choses qui donnent la mort, & que *ce retranchement de propre action est vne angoisse & espece de mort pour l'ame*, mais vne mort cependant necessaire pour conduire nos ames à la *vie surnaturalisée* dans les puissances de la tres-sainte ame de Iesus. Car il ajoûte, ce que mon ame ne vouloit point toucher, qui estoit *cette priuation de propre action* ; Maintenant, dit il, à cause de l'angoisse interieure de mon ame, & dans l'impuissance dans laquelle estoient mes puissances préoccupées d'vne angoisse amoureuse. Cela mesme, dit-il, fait ma viande, parce qu'en effet *le vuide de l'imparfait* de nos puissances naturelles est aussi-tost *remply du parfait surnaturel* de la vertu diuine du saint Esprit.

4. D'où vient que ce saint homme interieurement excité de poursuiure *son progrés*, s'écrie, qui fera que ma demande vienne, & que Dieu me donne ce que j'attends ? c'est à dire *la deliurance de la captiuité de cét employ proprietaire des actes de mes puissances*. Car en continuant, il ajoûte, & que celuy qui a commencé vienne à me briser ; donnant à entendre par là,

L'attache à l'employ prop. de ses puissances, *Tr. V. Ch. I.* 183
par là, qu'il s'estoit commencé quelque chose en son ame dont il desiroit & attendoit la fin; pour à laquelle paruenir il demande que cette *chaisne d'attachement soit brisée*, & qu'elle soit ainsi retranchée de cette seruitude; Et voicy, dit il en s'écriant, qu'il n'y a point d'ayde en moy pour moy, & ceux qui m'estoient amis necessaires se sont retirez de moy; c'est à dire, qu'il ressentoit dans son ame *l'impuissance de ses puissances arrestées*, *& comme suspenduës par l'operation du saint Esprit*; laquelle suspension leur ostoit le concours naturel à la propre action, ce qu'il appelle ses *amis necessaires* pour les fonctions de pure nature dont il se sentoit priué *pour lors*; ce qui ne peut passer en l'ame sans vne angoisse tres-sensible.

4. Mais enfin, voicy ce qu'il dit en poursuiuant à s'exprimer. Ceux, dit-il, qui craignent la gelée, la neige les surprendra, ils periront au temps auquel ils seront dissipez; & apres qu'il fera chaud, ils seront déliez de leur lieu; c'est à dire, que ceux qui craignent ce *dépoüillement proprietaire*, *il les compare à la gelée*, parce que la gelée resserre & restraint, & endurcit toutes les choses qu'elle atteint: voire mesme les plus liquides comme est l'eau, dans laquelle elle y enferme toutes les choses qu'elle y rencontre, soit paille, soit bois, soit fer, & auec tant de dureté & de force, qu'il est impossible de l'en separer, ny arracher par toutes les violences possibles, mais seulement par *la chaleur des rayons du Soleil*; lequel venant à fondre cette glace peu à peu, en separe facilement toutes les choses qu'elle y auoit enserrées, que l'on en peut tirer auec grande facilité.

5. Ainsi en est de *l'ame proprietaire & captiue de ses propres emplois limitez*. Car elle est premierement faite semblable à la glace *en froideur*; d'autant qu'elle n'a que la chaleur de pure nature, qui n'est proprement que glace au regard des choses diuines, elle luy est encore fait semblable en *dureté*; parce que les attaches de l'ame hors de Dieu retressissent sa capacité amatiue, & ostent la liberté au saint Amour, luy donnant des bornes par les limites de son finy; & resi-

Aa

stant ainsi à l'amour divin & à la douceur de sa tres-suave liberté ; c'est vne dureté exercée contre l'infinie tendresse du cœur de Dieu. Il dit donc que ceux qui craindront de se défaire de cette *glace d'attache proprietaire*, laquelle fait dans l'ame *vn pesle-mesle de la nature & de la grace* ; & qui s'attache aux vns & aux autres auec vn tel resserrement des proprietez de la nature, qu'il est impossible de l'en retirer ny de la dissoudre, qu'en l'exposant sous *les ardeurs du saint Esprit* ; les operations duquel ont la proprieté d'amollir & de *dissoudre toute attache*. Il dit de plus, que la *neige* le surprendra, & qu'ils periront au temps auquel ils seront dissipez ; c'est à dire, que l'ame demeurant attaché à elle-mesme, & à ses propres emplois limitez des bornes de pure nature, est ditte *semblable à la terre couuerte de neige*, pendant tout lequel temps elle ne communique aucune nourriture aux plantes, ny d'humeur à aucun grain pour le faire germer, ou produire son tuyau ; mais le tout estant resserré dans son individu, elle ne produit ny ne donne croissance à aucune chose. Ainsi en est de l'ame proprietaire conseruant *le grain de propre vie naturelle* par l'employ propre de ses puissances dans le sein de sa substance, il y est comme enfermé sous la *glace* de la Loy naturelle, & dans la *terre morfonduë de propre amour* ; où il n'est produit aucune vertu meritoire, ny donné aucune croissance, ny de foy, ny de grace, ny d'amour.

6. Mais voicy, dit cét Oracle spirituel, qu'apres qu'il *fera chaud*, ils seront déliez de leur lieu ; c'est à dire, que tout ainsi que les rayons & la chaleur rayonnante du *Soleil corporel*, venant à faire fondre la glace & à rechauffer la terre ; elle donne son humeur aux plantes, & sa nourriture aux arbres, & les remplit de fleurs & de fruits : De mesme l'ardeur rayonnante, lumineuse & enflammée de la vertu du *saint Esprit*, venant à lancer sa diuine chaleur sur la terre glacée de nostre propre substance toute sterile par la neige morfonduë de propre amour qui l'occupe & la domine. Ce saint Amour venant, dis-je, à lancer la pureté de son

L'attache à l'employ propr. de ses puissances, *Tr. V. Ch. I* 185

rayon sur la substance de l'ame qui luy est interposée, & s'y tenant l'a-exhibée toute passiue, & accoisée en ses propres actes ; il la penetre jusqu'à la racine, & la purifie & la rechauffe & l'enflamme, & la dissout, & *la détache de son lieu* ; c'est à dire, *de sa propre captiuité* ; & la fait entrer dans *la liberté* de son domaine surnaturel : & luy apprend à *se soûmettre interieurement à son attrait*, & *imperieuse motion*, qui la fait fructifier au centuple dans le tres-fertile terroir de la Charité : dans lequel toutes les vertus sont verdoyantes, arrousées de la source d'eau viue, & toutes chargées de fleurs & de fruits ; nourries de la saueur d'amour sous cét agreable Printemps des ardeurs du saint Esprit.

7. Mais il me souuient que nous auions à répondre à deux points en cette objection ; & qu'ayant déja dit quelque chose du premier ; qui est de sçauoir s'il est bon de s'efforcer de ne penser à rien *pendant le temps de l'oraison sous pretexte de nudité*, & *de rejeter toute pensée, toute forme pour ne voir & n'auoir que Dieu seul*. C'est la methode de quelques spirituels, laquelle consiste seulement à arrester la pensée & à rejetter les formes & tout le creé pour deuenir *tout esprit*. Mais de mille personnes qui commenceront par là ; c'est merueille si vne seule y reüssit. Parce qu'il est impossible de mettre le pied sur *le dernier eschelon d'vne eschelle* sans l'auoir auparauant posé sur *le premier*, non plus que d'édifier vne maison sans fondemens. Il ne faut jamais apprendre ny monstrer à entrer en vne maison par les fenestres ; mais il faut toûjours enseigner *la porte*. Car c'est par la porte qu'il conuient d'entrer ; c'est pourquoy de *dire qu'il ne faut point auoir de forme ny de pensée pour entrer en l'oraison* ; c'est demander la perfection de l'œuure auparauant que de l'auoir commencé. Car l'ame de telle bonne disposition naturelle qu'elle puisse auoir, ne peut pas d'elle-mesme se despoüiller de quoy que ce soit ; il faut de necessité *le concours surnaturel* pour nous détacher de quoy que ce soit. Et c'est pour cela que le saint Esprit nous a esté donné & du Pere & du Fils, afin de dissoudre nos ames de toutes *les attaches hors de Dieu*.

Aa ij

8. On nous dira peut-estre qu'il y a eu des Philosophes si dégagez de toutes les choses du monde, qu'ils n'en vouloient posseder aucune chose. En cela mesme, je dis qu'ils estoient *les plus attachez* suiuant leur propre esprit naturel, lequel tenoit à mépris les choses qu'ils regardoient sur la face de la terre destinées pour la complaisance de l'homme, mais ils *s'attachoient à toutes les sciences de l'esprit*, auec beaucoup de vanité & de curiosité, & auec beaucoup d'amour propre, & de complaisance dans leurs belles lumieres naturelles ; & partant *leur détachement corporel n'ayant pour fin que la complaisance de leur esprit* ; c'estoit proprement se lauer en apparence d'vn costé pour se mieux crotter de l'autre. Car nous sçauons combien la Loy Chrestienne est pure, & comme il faut que toutes nos œuures soient faites en Charité pour estre meritoires. Or la Charité nous a esté meritée & acquise de *Iesus-Christ*, & *nous est appliquée par le saint Esprit* ; lequel doit conduire nostre ame au *desert* pour y estre éprouuée, purifiée, & *dissoûte de toute attache* ; C'est pourquoy il faut apprendre à nous *retirer en l'interieur* sous les Loix de son attrait & le regne de son amour.

9. Nous disons donc que la *nudité de l'ame ne consiste pas à n'auoir point de pensée* ; mais à *ne s'y pas attacher de complaisance*, & mesme les actes interieurs faits dans leur temps n'empeschent non plus la nudité, car *le dégagement n'est que de l'imparfait*. Et partant, ce ne sont pas proprement *les objets* qui nous captiuent & nous empeschent nostre perfection, mais seulement *l'vsage déreglé* que nous en faisons. Or ce déreglement naturel vient du fond de nostre corruption & du regne de nostre propre amour, lequel n'est point encore dominé de la grace ny de l'Amour diuin. Et partant, tout le secret est d'attaquer nostre amour propre dans son fort ; parce qu'estant le Gouuerneur & le Chef de toute reuolte, s'il est vne fois vaincu, la paix generale sera publiée par toute *la petite Republique de nostre ame* : & sans son ayde, aucun de nos ennemis ne nous pourra nuire ; Et partant, mettons peine de le renuerser de son thrône pour y placer

Le faux & apparent détachement des Philosophes.

L'exercice des actes interieurs fait auec discretiõ dans le temps n'empeschent pas la nudité de l'ame, mais seulement l'attache & la complaisance à cet employ proprietaire, dont il se faut dépoüiller.

L'attache à l'employ propr. de ses puissances, Tr.V.Ch.I.187
celuy qui en est le legitime Roy, & cét amoureux Monarque, quoy que tout-puissant demande cependant *le concours libre de la main de nostre volonté*, pour se rendre triomphant & victorieux dans nos ames contre son ennemy juré. Et à ce sujet nous disons, qu'*il faut retirer nostre esprit au fond de nostre cœur & de nostre volonté*, pour estre les spectateurs fidelles de ce combat du saint Amour de Dieu, contre ce profane vsurpateur de nostre amour propre; car *du costé & du party que se mettra la volonté, la victoire est infaillible.* Si bien qu'il ne faut rien accuser que ce tyran domestique, car de luy prouient tout le desordre; il est la cause fonciere de toutes les attaches & la source de tout déreglement; il est enfin la cause vniuerselle de toute reuolte, & le seul perturbateur de la paix interieure.

Preprisez de l'amour propre.

10. Et partant, disons que *l'ame ne doit jamais estre oysiue, mais qu'elle doit produire ses actes interieurs jusques à ce que le diuin attrait se soit rendu imperieux & maistre des puissances de l'ame à force de les tirer au recueillement*: mais comme l'oraison parfaite est composée de ces trois pieces; sçauoir, d'vn commencement, d'vn progrés & d'vne fin. Il faut aussi que l'ame fidelle se comporte discrettement dans chacun de ces estats dans la production de ses actes. Comme dans le premier, lequel est dit *purement actif*, parce que l'ame y employe toutes ses puissances pour chercher, trouuer & posseder son Dieu *au fond de son cœur.* Et en ce cas il luy est permis de produire de *toute sorte d'actes interieurs & exterieurs*; & non seulement il est permis, mais mesme il est tres-vtile & necessaire *en ce commencement.* Mais dans le *second* que nous appellons *progrés*; l'ame doit commencer à exercer sa prudence, & à quitter vn peu de son exterieur pour donner temps & lieu à son interieur; reglant ses actes en sorte *qu'ils ne soient pas si continus ny successifs*, mais qu'il faut faire des *pauses entre deux d'enuiron vn* Pater *& vn* Aue, comme *pour donner lieu à l'attrait interieur, auquel l'ame doit estre attentiue l'espace de temps qu'elle fait sa pause,* ainsi que nous venons de dire; apres quoy l'ame ne ressentant point ses puissances meuës d'aucun attrait

Il faut produire les actes conformément à son estat de commençant, profitant ou parfait.

A a iij

ny mouuement interieur, peut encore produire quelques actes ou motifs d'amour jusqu'à ce que l'amour diuin se soit rendu imperieux dans vos puissances, & sur vos puissances pour en dissoudre le parfait pour entrer dans le *troisiéme entretien pur passif*, dans lequel estat nous ne pouuons entrer de *nous-mesmes*, mais *nous y sommes introduits par l'operation du saint Esprit*, comme grand Maistre du festin Eternel, & par ainsi vne telle ame assujettie au pur amour entre aussi en sa liberté, parce que l'Esprit d'Amour n'est jamais oysif en elle.

11. D'où vient qu'il n'y a *point de regle à leur donner pour l'oraison*, parce qu'elle dépend de la motion interieure du saint Esprit, qui seul sçait ce qu'il y a à faire dans cette ame, ou à arracher ou à planter. Et partant, tout ce que l'ame y doit faire est *de s'y tenir tres-passiue ; & interieurement attentiue & soumise à l'empire du diuin attrait, pour s'en laisser manier, mouuoir & remuer en sa façon, & non plus en la nostre*. Mais pour les ames qui n'en sont point arriuées là, se doiuent doucement occuper de quelque motif d'amour, *ou paroles interieures*, comme *pour exciter l'attrait diuin* ; mais que ce soit *parole à parole posément*, & proferée de la bouche interieure du cœur jusques à ce que l'attrait surnaturel suruienne ; & perseuerant ainsi *recueilly au fond du cœur*. Vous experimenterez bien-tost dans toutes vos puissances les delices infinies de ces *interieurs commerces & communications du diuin Amour* ; lequel s'estant rendu imperieux sur l'ame passiue, sçait bien quand il luy plaist, & comme il luy plaist, suspendre les puissances pour se faire sauourer à l'ame à son plaisir dans le plus intime de son cœur. Car ces torrens de dilection du Paradis d'amour ne se font goûter & sauourer que dans *la paix & la tranquilité du cœur, & le recueillement des puissances de l'ame*. Et cependant il est à notter icy, que ces admirables commerces interieurs ne se découurent point en l'ame par aucun artifice humain, ny ne s'acquierent non plus ny par force ny auec empressement, ny par violence naturelle, *mais par vn recueillement tres-paisible*, & vne amoureuse tranquilité, & accoisement

L'attache à l'employ propr. de ses puissances, Tr.V.Ch.I. 189
de propres actes au moyen de la suspension imperieuse du
saint Esprit operée au fond de l'ame.

SECTION TROISIESME.

Quelle est la violence qui rauit le Ciel, & que la prudence & discretion sont requises dans l'amortissement des propres actes pour passer de l'estat actif au passif, aussi-bien que dans l'vsage des formes, especes ou images pendant l'oraison.

1. IL y a des personnes spirituelles lesquelles croyans bien faire, enseignent à *fomenter le regne des propres puissances, plutost qu'à les dénuer de l'imparfait,* & les conduire peu à peu à l'amortissement de leur proprieté naturelle, en les soûmettans interieurement à l'Empire de l'Amour diuin : & sous pretexte de ces paroles de nostre Seigneur, qui dit, que *les violens rauissent le Ciel*; ils s'imaginent qu'en *se tourmentans beaucoup la teste*, ils y auanceront bien : Mais cette explication au pied de la lettre est contraire à la doctrine de saint Paul, qui dit, que *la lettre tuë, & que l'Esprit viuifie*. Car cét Esprit viuifiant, c'est le saint Esprit, parfait Operateur de Sainteté, & grand Maistre de la science d'aymer, laquelle science fait la Sainteté. Or *cette science amoureuse & sauoureuse de Dieu* n'est point de la fabrique de nostre esprit, mais elle est *infuse dans l'homme par le saint Esprit*. Et partant cette *violence* à laquelle est promis le rauissement du Ciel, n'est pas *nostre*, mais *le propre effet du saint Amour* regnant dans l'ame d'vne violence amoureuse & imperieuse par laquelle il enseigne à nos ames *le secret & l'exercice interieur du dénuëment* & de separation, pour tout quitter & tout cesser les violences naturelles de nostre propre esprit, auec l'amortissement proprietaire des actes des puissances, pour tenir nostre ame *interieurement attentiue, tres-silencieuse & purement passiue*, & en

estat de se laisser mouuoir, violenter, dissoudre, *rauir* & enleuer aux voluptueux torrents d'amour *par vne simple adherence interieure à Dieu au plus intime de nostre cœur*. Et que l'ame ainsi reduite s'y laisse violenter passiuement aux operations diuines & imperieuses du saint Esprit, sans se mesler d'y rien apporter du nostre, *sinon vn total accoisement & amortissement de toute proprieté*. Et partant ce n'est pas l'ame qui violente, mais c'est elle qui souffre, qui pâtit, qui porte & supporte les violens assauts de cét Amour diuin par patience, par soûmission aux ordres de Dieu, en receuant, *en pâtissant tres-passiuement toutes les violences & agreables efforts du saint Amour*. En telle sorte que toute la *violence de nostre part consiste à souffrir*, porter & supporter, en receuans & pâtissans le don de Dieu, & cela d'vn courage heroïque, d'vne perseuerance constante, & d'vne constance patiente, & d'vne patience inuincible. Et voila, Ame Chrestienne, la douce, la tranquile & tres-agreable violence qui rauit amoureusement le Ciel, laquelle n'est aucunement opposée à la liberté de l'ame, puis qu'elle se met librement dans la disposition requise pour receuoir ces amoureuses violences du saint Esprit, qui n'opere rien dans l'ame si elle n'y consent par vne adherence libre à ses diuins attraits, & motions interieures.

2. Et comme il est bon & tres-vtile de se porter en toutes choses auec *prudence & discretion*, l'ame fidelle sera aussi aduertie qu'elle ne se doit non plus empresser ny vouloir amortir ses propres puissances *tout d'vn coup*, mais seulement que *peu à peu*, & tres-suauement elle s'essaye de les dénuer, & amortir, affoiblir, & *non pas forcer par empressement*, ny dans elle-mesme, ny dans leurs propres actes, mais que le tout se doit faire paisiblement, simplement, & amoureusement, & librement dans toute la quietude & suauité possible, afin *de donner plus à la grace & à l'amour, qu'à nostre propre esprit & jugement, & en faire ainsi pour le desnuement de toute autre forme ou espece importune* qui peuuent saillir de l'imagination non encore purifiée. Mais enfin *il est bon,*

Adherence de l'ame à l'attrait interieur, est sa disposition & sa cooperation pour rauir le Ciel, & en estre rauie.

La douce & libre violence qui rauit le Ciel.

L'attache à l'employ propr. de ses puissances, Tr. V. Ch. I. 191
& voire mesme à propos pour ceux qui commencent de se seruir, & s'aider de formes ou images, & particulierement de celle de la rançon de nostre salut, *laquelle est bonne en toute aage, & en tout estat d'oraison*, quoy bien que quelques spirituels veillent le contraire, & disent qu'elle est empeschement, voulans que l'ame la quitte pour voler tout d'vn coup à la diuinité : ce qui ne se peut faire *que par imagination ou esuanoüissement de pensée*, & non pas en verité ; puis que l'immensité de la diuine nature est inaccessible à la pure creature, & partant qu'elle n'en peut esperer les diuins abords, *que par ce milieu positif de la sainte humanité de Iesus*, comme par son diuin instrument propre à reconcilier, & destinée à pacifier la juste cholere du Pere contre les pechez du monde.

Necessité de l'humanité de Iesus en tout estat d'oraison.

3. Si bien que toutes *formes, especes, & images ne peuuent point nuire à l'ame, qu'autant qu'elle s'y attache de complaisance*, & les attaches de complaisance preueuë ne sont propres qu'à ceux qui roulent leur deuotion sur le chariot du raisonnement & de la politique humaine, dont ils s'embarassent & se tendent eux-mesmes des pieges creusés dans l'estage d'vne spiritualité supposée & sans fondement, qui les *fait murmurer de tout, & s'estonner de tout* ; parce qu'ils s'arrestent à juger des choses diuines auec vne petite bougie de raison non éclairée de la lumiere surnaturelle. C'est auec la lumiere du *Soleil de justice* que nous deuons estre éclairez, pour marcher dans la route asseurée de la foy, à trauers ce grand vniuers corporel & spirituel, interieur & diuin, & partant la premiere chose qu'il faut faire, c'est de creuser les fondemens de nostre bastiment spirituel, & l'asseoir *sur la pierre ferme, qui est Iesus-Christ*, & non pas s'en tenir à la superficie de la nature du propre esprit, qui ne connoit jamais les choses pour ce qu'elles sont. D'où vient que ce n'est pas merueille si de telles ames *ignorent toutes les richesses & les beautez interieures de leur propre maison*, puis qu'elles n'y sont encore jamais entrées pour en reconnoistre l'vtilité, & en sauourer la douceur ; & pour y participer les torrens lumineux de la grace & de l'amour ; & pour en estre diuinement

Bb

éclairées & furnaturellement alimentées, rechauffées & embrafées des ardeurs flamboyantes & lumineufes de ce beau *Soleil d'amour* qui éclaire, qui illumine, & qui purifie & les hommes, & les Anges.

4. Et partant l'ame fidelle aura feulement le *foin de fe tenir fimplement & interieurement attentiue à Iefus-Chrift au fond de fon cœur*, toute recolligée & attirée au dedans, & s'y tenant par ce moyen fufceptible du diuin & *interieur attrait*, & s'y laiffant tirer & attirer à luy ; s'y abandonner *pendant tout le temps de fon operation* & de fon debord amoureux. Ou bien, fi l'ame n'en eftoit encore arriuée là, & qu'elle n'experimentaft aucun mouuement furnaturel dans fon interieur, elle fe doit recueillir elle-mefme par quelque motif d'amour, & par l'offrande diuine & humaine de *Iefus*, offerte au Pere fur l'*Autel de fon cœur*: ou par quelque parole interieure de l'Oraifon Dominicale, non pour la vouloir acheuer tout d'vne fuite, mais pour y faire de petites paufes & attentions l'efpace d'vn *Aue*, pour en tirer la vertu & l'efficace, & en fauourer la diuine & agreable douceur dans le champ interieur de voftre cœur. Et s'il arriue cependant que le diuin amour y *interuienne* felon la fubtilité de fon attrait à la bonne heure ; Car *pour lors il faudra ceffer toute action*, & vous en laiffer mouuoir, tirer & attirer & remuer comme il voudra, & autant qu'il voudra, vous rendant paffiuement à fon operation. Et partant, lors qu'elle vous aura laiffez libres, & à vous-mefmes, & apres auoir demeuré attentifs vne *petite paufe*, comme *pour donner lieu à l'attrait diuin* ; s'il ne fe fait point fentir derechef en l'interieur, *il faudra retourner à prononcer les autres paroles qui fuiuent de ladite Oraifon*, jufques à ce qu'vne autre operation furuienne ; & faifant ainfi fidellement, c'eft le moyen de fauourer les fruits de fon trauail. A quoy perfeuerans conftamment, le temps viendra habilement, que vous fçaurez *adorer en efprit & verité*, & bien-toft n'aurez plus befoin de vous baiffer pour boire. Car les torrents d'amour jalliffans du fond de l'ame la rempliront, & y feront déborder la fource d'eau viue par tout fon Eftre, &

Ce que l'ame doit faire durant l'operation de l'attrait interieur & apres l'operation.

L'attache à l'employ propr. de ses puissances, Tr. V. Ch. I. 193
jusqu'à l'entraisner imperieusement dans les immenses vastitudes de ce diuin Ocean pour y estre amoureusement submergée.

SECTION QVATRIESME.

Comment l'ame tentée de mauuaises pensées se doit refugier confidemment à Iesus-Christ au fond de son cœur, où elle est protegée en paix, & reçoit force pour vaincre facilement toutes sortes de tentations.

1. COmme il arriue que pendant cette miserable vie nous changeons plus souuent & plus facilement d'esprit que de mœurs, il se rencontre plusieurs bonnes ames tres-simples, & cependant fort *attaquées de tentations*, lesquelles assez souuent n'entendent ny ne penetrent pas bien *les veritez operées dans l'interieur*; & ne sçauent non plus faire distinction des puissances superieures d'auec les saillies de l'imagination qui seruent souuent de *joüet au Diable*, quand on s'y *arreste* ou que l'on s'en *inquiette plus que de raison*. Et quoy bien que dans *l'abord* il n'y eust point grand mal; cependant si l'ame vient à luy donner prise jusqu'à s'en *troubler*, c'est merueille si elle ne tombe en quelque dechet. Car delà viennent *les tristesses, le chagrin, la melancholie & l'ennuy, ou les dégouts de l'oraison*; *& qui la font abbreger*, *ou aucunes fois tout quitter*. Et tout cela *faute de conduite*; & pour s'épouuenter de son ombre, croyans que toutes *leurs pensées sont offenses de Dieu, & ne distinguent pas le sentir d'auec le consentir*. Et d'autres, parce que peut-estre elles auront déja experimenté quelque étincelle de consolation sensible, ou de douceur de deuotion; elles s'imaginent dés là, que c'est vn grand crime d'auoir quelque mauuaise pensée, dans la croyance qu'elles ont de n'en deuoir plus auoir que de belles; D'où vient qu'elles se troublent quand il leur en arriue de mauuaises, & ne cessent de s'en plaindre & se décou-

Bb ij

rager de ce qui les deuroit le plus affermir. Car c'est bon signe quand le Diable frappe à la porte, & pour luy faire plus de dépit, c'est qu'il ne luy faut rien répondre. Mais cependant il *se faut enfermer au fond de son cœur sous les pieds de Iesus-Christ*, & luy en demander tres-humblement la victoire. Car le moyen de faire detester vn orgueilleux, c'est de ne luy rien répondre; mais quand il trouue la porte du cœur ouuerte, & qu'il n'y a point de sentinelle, c'est pour lors qu'il entre sans faire aucun bruit, ainsi qu'il fait dans *les ames lâches & negligeantes à la garde de leurs cœurs* : mais pour les ames fidelles & courageuses, elles se doiuent réjouyr parmy les épreuues ; car sans doute *il y a plus à profiter* pour elles que parmy les extases & plus grandes consolations.

La tentation sert plus qu'elle ne nuit quand on sçait recourir à Iesus crucifié, & se cacher dans ses playes au fond du cœur.

2. Mais quoy, c'est qu'il y a peu de personnes qui mettent peine d'étudier comme se fait le cours surnaturel de la *region interieure*, laquelle a ses diuers étages aussi bien que l'Vniuers exterieur, sur lesquels les tempestes des *tentations* roulent, grondant à guise de tonnerres, ainsi qu'il se voit pour l'ordinaire sur les plus hauts édifices, où ils emportent & endommagent les extremitez du toict, mais ils n'ébranlent pas les fondemens quand ils sont bons ; & partant la reparation se fait à peu de frais : De mesme en doit estre *vne ame bien affermie sur la pierre angulaire qui est Iesus-Christ*, laquelle pour sentir & entendre gronder ces tempestes de tentations & confusions de *mauuaises pensées dans la partie inferieure*, elle ne s'en doit aucunement troubler : car si le fond est solide & *interieurement attentif à Dieu*, l'ame n'en sera point endommagée ; mais au contraire, *elle en tirera beaucoup plus de profit que de perte*, & particulierement si elle est *humble*.

Les plus parfaits ne sont point exempts de tentations ny de mauuaises pensées.

Car c'est vne espece de presomption à l'ame qui croit ne deuoir point auoir de mauuaise pensée, apres que ce miracle de sainteté, saint Paul dit de luy-mesme estre soufflette de l'Ange de Satan, & qu'il ressentoit vne Loy dans ses membres qui repugnoit à la Loy de Dieu; & qu'apres auoir prié par trois fois pour en demander la déliurance, il luy est dit, *Paul, ma grace te suffit*. Et partant, sous pretexte

L'attache à l'employ propr. de ses puissances, Tr. V. Ch. I. 195

de deuotion à demy morfonduë, ne croyons pas en deuoir estre exempts ; mais preparons-y nos cœurs munis de Foy, de Grace & d'Amour, & *appuyez sur la pierre viue*, & soûtenus en l'interieur par l'Esprit de son Amour.

3. Et nous étudions cependant à *la parfaite connoissance de nous-mesmes*, auec le flambeau éclairant de la lumiere surnaturelle, ainsi qu'ont fait les Saints, qui s'y sont rendus si bons Maistres. Lesquels cependant se sont souuent trouuez dans les attaques des tentations, & à plus forte raison de *mauuaises pensées*, desquelles il ne faut non plus faire d'estat que des mouches de la campagne, & encore moins ; Car nous ne pouuons pas empescher ces petites bestes de nous picquer ; mais nous pouuons auec la grace de Dieu nous détourner, & *ne pas consentir* à de telles sottes & importunes pensées *en les méprisant*, & *nous humiliant profondement aux pieds de Iesus-Christ* tous défians de nous-mesmes, & tout confians en luy, c'est faire affront à l'orgueil du tentateur, & luy faire tomber les armes des mains pour *ouurir la porte de nos cœurs* aux diuines liberalitez de l'Agneau de Dieu, & aux lumieres diuines accompagnées de tous les admirables effets du *saint Amour de Dieu, qui recrée l'ame apres la tempeste*, luy apportant le calme, il la refectionne de ses plus tendres consolations & familiaritez d'amy.

Comment l'ame surmonte la tentation des mauuaises pensées.

SECTION CINQVIESME.

La qualité de membres viuans de Iesus-Christ nostre Chef, habitant par foy dans nos cœurs, & celle d'Enfans de Dieu, obligent les Chrestiens à vne perfection non commune, tant en la vie contemplatiue par l'oraison, que dans la vie actiue par la pratique des bonnes œuures vers le prochain.

1. O Ames Chrestiennes, *quel bon-heur d'auoir logé chez soy vn si bon Hoste ?* Mais mal-heur arriuera sur celuy

196 *L'Ame captiue sous le cinquiéme sceau*,

qui ne voudra point *admettre Iesus-Christ dans son cœur*: lequel reuestu de nostre nature, fait & fera éternellement tout le bon-heur, & toute la gloire des hommes & des Anges. Car c'est tout dire que *le saint Esprit* soit l'Amoureux & le diuin Operateur de cette merueille inoüye qui étonne les Anges & rauit les hommes. D'autant que c'est ce fidelle Amoureux & diuin Ouurier des grandes œuures operées par excés à nostre égard qui opere nostre sanctification ; parce que cét Amour saint estant personnellement Dieu, il est aussi naturellement bon, & porté à aymer & à bien faire aux hommes, jusques à *les associer & vnir à Dieu.*

2. Car ce Verbe diuin estant vny à nostre chair, a esté nommé par excellence *le Dieu incarné* ; c'est à dire deux natures en vn mesme suppost, afin de pouuoir porter en soy le prix infiny de redemption. Et au sujet dequoy il est appellé *Iesus-Christ*, Homme-Dieu, l'Oingt de Dieu, le Fils Vnique du Pere né d'vne Vierge ; lequel ayant amené & preparé les temps, il luy a plû *associer les hommes à mesme Paternité*. Et suiuant l'excés & la liberalité infinie de son diuin Amour, il a voulu *habiter en nos cœurs, pour y estre toûjours present à toutes nos afflictions & souffrances, les regardant comme siennes*, & les sanctifiant ainsi qu'il nous apprend dans *la Conuersion de saint Paul*, lors qu'il luy dit, apres l'auoir terrassé: *Ie suis Iesus de Nazareth que tu persecute.* Hé quoy, mon Iesus, qui vous peut persecuter ainsi triomphant & glorieux, & à la dextre du Trés haut, où vous estes assis en voſtre repos Eternel ; Peut-on, dis-je, vous y atteindre & vous y faire souffrir ?

Comme Iesus souffre en ses membres.

3. Oüy, en cette façon je souffre & ressens la persecution, non en ma propre Personne, *mais en mes membres viuans*, qui me sont plus chers que ma propre vie, puis que je ne l'ay pas épargnée pour les tirer de la souffrance éternelle ; Et afin qu'ils puissent estre là où je suis, & que je les ayme du mesme Amour que le Pere m'a aymé. Estant & voulant *estre en eux & eux en moy*, pour comble de leur infiny bon-heur. Ie leur ay de plus enuoyé mon saint Esprit pour par-

L'attache à l'employ propr.de ses puissances, Tr.V.Ch.I. 197
faire leur sanctification, *en les attirant au recueillement interieur.*
Oüy, ô tres-diuin Esprit d'Amour, c'est vous qui nous appliquez les merites infinis du *precieux sang de Iesus-Christ, comme vn siman sacré de la diuine Alliance*: C'est aussi par vostre moyen qu'il est rendu present dans nos cœurs; là où nous exerçans en foy, nous y conuersons par amour auec luy & par luy. D'où vient que vous y preparez vn thrône à ses plus cheres complaisances pour y épancher la dignité de l'y admettre sacramentalement & efficacement dans l'infinité de son Amour. Parce que *l'ame interieurement exercée à se recolliger & retirer en son cœur vers ce diuin & humain objet, y acquiert vne tres-grande familiarité d'amy auec ce diuin Agneau de Dieu*, qui s'est laissé à nous pour aliment sacré & spirituel, humain & diuin; afin que venant à entrer sacramentalement dans vn *cœur recolligé*, & interieurement disposé par l'operation du saint Esprit, & les fruits sauoureux de son Amour, épanchez largement & misericordieusement dans *la sainte Oraison*; il y trouue aussi dans ce cœur dequoy s'y prendre digne de luy, & de sa demeure amoureuse & obligeante, gracieuse & bien-faisante, pour y viure & y regner *dans nos ames, & nos ames de luy dans luy*, pour y auoir encore vne vie plus abondante. Car il est dit, que celuy qui aura déja, il luy sera encore donné & plus abondamment; & d'autant plus qu'elle sera interieurement ouuerte à toutes les richesses diuines, qu'elle aura perseueré constamment en son abstraction & recueillement interieur.

4. D'où vient que *les Chrestiens* ne sont pas seulement obligez de viure de la *vie commune*, ny pour eux, ny pour le monde; mais particulierement *pour Dieu, qui les a qualifiez ses Enfans*: & doiuent auoir incomparablement plus de soin de *profiter en esprit interieur* que de corps, & de toutes sortes de *grandeurs humaines*, vaines & friuoles, & qui s'écoulẽt dans les Enfers auec la vie mondaine comme les broüillards sur les marests & lieux fangeux. Car la *vie Chrestienne* doit estre vne vie éloignée du siecle, vne vie surnaturelle, vne vie de Dieu fait Homme pour l'Homme, & *plus interieur à l'homme*

L'obligation de viure selon la perfection de la vieChrestienne qui est, &c.

que l'homme mesme, comme principe de tous les mouuemens de grace operez dans nos cœurs, parce qu'il est la *souche*, le tronc & la racine dont nous sommes *les pampres*; de laquelle souche tout ce qui est *retranché* ne vaut rien qu'à mettre au feu éternel. Et partant, Ames Chrestiennes, apprenons à *viure plus d'oraison que de pain*; Car de manger seulement vne fois ou deux le jour, c'est vn supplice à l'ame abstraite, & ne fait cela que comme par penitence & soûmission aux ordres de Dieu, ausquels elle s'abandonne.

5. Mais pour *la table de l'Oraison*, les jours & les nuits sont trop courts, & l'ame fidelle ne voit jamais lieu d'en sortir. C'est ce grand & tres-*delicieux repas*, qui commence dés le temps pour continuer dans toute l'Eternité : c'est vn *diuin employ Angelique* & humain tout ensemble, qui remplit l'ame de graces, l'esprit de lumieres, & l'entendement de connoissances, & la volonté d'ardeurs & de flammes. D'où vient que la Foy est releuée, l'Esperance annoblie, & la Charité victorieuse & *vnissant l'ame à Dieu*. Cheres Ames, l'Oraison & la diuine Vnion ne consistent pas seulement à demeurer toûjours au *lieu d'Oraison*, ou enfermé en quelque solitude ; Mais il est permis de la porter par tout auec soy, & *d'estre solitaire au milieu des plus grandes Villes*, pourueu que l'on se soit preparé vn *Oratoire interieur*. Car *tout Chrestien est obligé de vacquer chacun selon son estat & sa condition aux bonnes œuures, & en tout ce qui regarde la charité du prochain*, Mais aussi comme il doit tout faire en charité, il doit estre étroitement *vny à Dieu* par le lien d'amour qui embrasse la dilection du prochain ; Et partant, le Chrestien ne doit rien tant fuir que *l'oysiueté & la negligence* qui sont comme les deux fontaines de tous les pechez. D'où vient *l'obligation* de se recolliger interieurement, & *de se conuertir à Dieu de tout son cœur au fond de son cœur*. Et afin d'éuiter diligemment toute oysiueté, il faut faire en sorte que tout ainsi que *Marthe & Magdeleine demeuroient ensemble* en vne mesme maison, nous puissions aussi loger en nos cœurs *la sainte oraison, & l'amour des bonnes œuures*, qui doiuent sortir du cœur en nos mains,

pour

La vraye & parfaite Oraison est indépendante des lieux quãd on fait vne Oratoire interieur & portatif dans le cœur.

L'oysiueté & la negligence sources de tous pechez.

Il faut vnir la vie actiue à la contemplatiue.

L'attache à l'employ propr. de ses puissances, Tr. V. Ch. I. 199
pour eſtre exercées enuers le prochain. Car ſi la vertu &
les bonnes œuures ne ſuiuent noſtre oraiſon, elle n'eſt pas
veritable ny appuyée de l'Euangile, mais vaine ou trom-
peuſe: Car *la vraye oraiſon jallit* toûjours à ſes effets, leſquels ſe manifeſtent *au dehors par des actes de Charité noblement
exercée enuers le prochain*, & qui redondent à la gloire de
Dieu & au ſalut de l'ame qui les pratique; car les bonnes
œuures exercées en charité font du *cœur Chreſtien comme vn
Encenſoir d'or* qui exhale ſa bonne odeur vers le thrône du
Tres-haut.

6. *Le feu* de ſa nature monte en haut, s'il ne ſe rencontre
quelque corps oppaque qui l'arreſte & contraigne de re-
brouſſer en bas contre ſa nature. D'où vient qu'il s'excite
& en deuient *plus actif*, plus violant & deuorant: Ainſi *la
ſainte Oraiſon* toute allumée d'ardeur par les flammes deuorantes du ſaint Amour, de ſa nature monte en haut comme
l'Encens, (ſi pourtant elle ne vient à rencontrer au milieu de
ſa ſolitude, l'occaſion des bonnes œuures qui l'arreſtent
quelque peu icy bas en terre;) d'où incontinent elle ſe releue & *remonte à Dieu* auec plus d'ardeur & de viteſſe, auec
vn amour ſincere & filial qui laiſſe l'ame beaucoup plus
embraſée & *plus étroitement vnie*, & plus familierement ai-
mée, & diuinement conſolée de ſon vnique Amour. Enfin,
la ſainte Oraiſon eſt la porte de la Sageſſe, par où découlent les
torrents de la diuine dilection dans tout l'Eſtre de l'ame.

7. D'où vient que le ſaint Homme Iob s'écriant de deſſus ſon fumier, plus honoré que tous les thrônes des Empe-
reurs; nous dit, Vous tous donc, conuertiſſez-vous, &
venez; car je ne trouueray pas vn entre vous qui ſoit ſage.
Voyez donc, Ames Chreſtiennes, comme ce ſaint Homme
nous appelle, & nous conuie de nous conuertir à Dieu dans
l'interieur de noſtre cœur, ſi nous voulons eſtre trouuez
ſages deuant Dieu. Car il dit n'en trouuer aucun *ſans con-* Moyen d'ac-
uerſion qui ſoit ſage: parce que *la Sageſſe* conſiſte à faire choix, querir la Sa-
& de deux choſes prendre la plus certaine. Or il eſt tout geſſe diuine.
conſtant que ce *mot de conuerſion ſuppoſe extrouerſion*; & par-

Cc

tant que cét estat de dissipation exterieure n'est pas seur, puis que la Sagesse ne s'y rencontre pas, & que la mesme Sagesse nous appelle à *nous conuertir*, & de tout nostre cœur, de toute nostre ame & de toutes nos forces à *Dieu Cœur de nostre cœur, & Centre de nostre centre*, d'où il nous communique sa Sagesse; & il est dit aussi que nous deuenons tels que ceux auec lesquels nous conuersons: Et si en conuersant auec l'homme sage on peut deuenir sage, à plus forte raison en conuersant interieurement auec la mesme sagesse, laquelle donne abondamment & éminemment tout ce qu'elle donne.

8. Il dit de plus que le Iuste tiendra sa voye, & que le net des mains augmentera sa force ; Par lesquelles paroles nous pouuons entendre *la bonne part que Marie a choisie*, & celle qui est demeurée à sa bonne *sœur Marthe*. Il dit donc que le Iuste tiendra *sa voye*, laquelle voye est celle de la sagesse enseignée par dedans en l'interieur du cœur auec la Iustice de *Iesus-Christ*, qui ouure la voye de la Charité, & fraye le chemin aux écoulemens de son saint Amour, qui font valloir les œuures de Marie au poids du Sanctuaire, parce qu'elle les a operées en aymant ardamment, & demeurant paisible & patiemment *passiue aux pieds de Iesus-Christ, sans luy parler qu'auec la bouche du cœur*, & son interieure contrition : Ce qui l'a renduë *si sage, qu'elle n'a jamais voulu quitter Iesus-Christ*, ny mort, ny viuant, ny dans la Croix, ny dans le tombeau. O femme forte, que vous auez bien choisi, mais aussi excellemment feruante & perseuerante dans vos diuins transports d'amour à *suiure Iesus par tout*, & non seulement auec les pieds, mais aussi *auec le cœur & l'esprit recolligé*. Il dit aussi que le net des mains augmentera sa force. Par cette netteté des mains s'entend l'exercice des bonnes œuures & la pratique des saintes actions qui nourrissent & entretiennent la Charité auec le prochain. C'est proprement ce qui est échû en partage à la bonne *sainte Marthe*, si feruente pour les necessitez corporelles de *Iesus-Christ*, pour lesquelles elle employoit tous ses soins & ses affections, cependant

L'attache à l'employ propr. de ses puissances, Tr.V.Ch.I 201
que Marie delectoit l'interieur de son ame dans l'ardente
ferueur de son amour. Mais enfin, quoy que Marthe ait
esté appellée *l'Empressée*. Cependant par la candeur de ses
actions, elle n'a pas laissé de *se sanctifier*, parce qu'elle auoit
le cœur droit & *l'esprit sincere*: d'où vient que Iesus-Christ
luy augmenta sa force en soûtenant ses puissances sous le
faix de ses actions.

CHAPITRE II.

Que le Chrestien se doit abandonner à tous les estats d'épreuues, de priuations & de dénuëmens par conformité interieure & exterieure à la vie crucifiée de Iesus-Christ.

I. COMME *il faut tost ou tard passer par l'épreuue*, il se faut resoudre & déterminer à tous les estats de priuations & de dénuëment, selon qu'il plaira au saint Amour, soit en Marthe ou en Magdeleine; il en faut souffrir l'exercice; car *aujourd'huy dans la consolation*, & *demain dans la desolation*; aucune fois dans la joye, & autre fois dans la tristesse & amertume; aujourd'huy tres-riche en ferueur, & demain infiniment pauure; tantost receuant, & autre fois pâtissant le don de Dieu, *pour enfin luy rendre le tout par amour en pur sacrifice*. Et ainsi la pauure ame dégoûtée & raualée dans les miseres de sa propre vie, se voit tantost *attirée de Dieu*, ou caressée *des Anges*, & autre fois rebutée du saint Amour, & molestée des *Diables*. Si bien qu'il faut conclurre que pour se posseder dans ce general renoncement, *il faut estre interieurement muny d'vne genereuse patience, & constance Angelique*, pour porter nuëment, & courageusement soûtenir la diuersité innombrable de tous ces estats & degrés qui exercent l'ame fidelle, & laquelle parmy tout cela doit se

Fidelité requise dans la diuersité de tant d'estats differents d'épreuues.

rendre fidellement à la motion interieure, nonobstant tous les dégousts & les trauerses, & sans se relâcher. C'est le fait d'vne ame vrayement interieure.

2. D'où vient qu'il est à propos & tres-conuenable à l'ame Chrestienne de se *conformer interieurement & exterieurement à la vie crucifiée de l'Agneau de Dieu,* laquelle doit estre nostre pain quotidien ; car la *mission personnelle du saint Esprit ne nous a esté meritée que par la Passion de Iesus-Christ,* Maistre de la verité, & la lumiere qui chasse toutes tenebres, & fait éclorre dans l'ame le beau jour de la Grace, de la Foy & de l'amour ; *C'est le secret du mystere de la Croix* qui nous est interieurement manifesté par la clemence du saint Esprit: lequel nous enseigne comme il nous conuient souffrir, & aualler les amertumes jusques à la lie : C'est *la doctrine tout à fait inconnuë à l'homme charnel*, & assez difficile à pratiquer aux *ames delicates* ; mais qui a esté tres-éuidente & tres-delicieuse à tous *les Saints,* lesquels ont appris de Iesus-Christ à faire leur *petit faisseau*; c'est à dire, vn certain assemblage d'épines & de roses, de joye & de tristesse, d'abondance & de pauureté, de consolations & d'amertumes, de fiel & de vinaigre, dont la vie Chrestienne est si bien tissuë. Car toutes les graces du Christianisme ne tendent qu'à nous conformer au pauure crucifié, lequel s'est volontairement denié toutes les douceurs, & l'aggrément de la vie pour embrasser les souffrances, la Croix & la Mort.

SECTION PREMIERE.

Comment l'ame se doit comporter dans les delices & consolations interieures qu'elle reçoit tant dans l'oraison que par la sainte Communion, & du discernement qu'elle doit faire des vrayes & fausses consolations.

1. IESVS CHRIST nous a laissé pour *nourriture interieure* l'effusion spirituelle de son precieux Sang, dans l'Orai-

L'attache à l'employ prop. de ses puissances, Tr. V. Ch. II. 205

son & *la realité* de tout ce saint Mystere dans son diuin *Sacrement*; par le moyen duquel il renaist dans nos cœurs, & en fait *vn Paradis d'amour*: il y nourrit, il y blanchit & purifie nos ames, & les fait chastes dans l'innondation des torrents de sa charité debordée de l'Esprit d'Amour, & puisées par l'attrait de son rayon dans les sources intarissables des playes sacrées de Iesus-Christ, jaillissantes de la nuée de son Humanité glorieuse, & versant en abondance le Sang precieux de l'Agneau, que nous deuons *boire spirituellement dans l'Oraison* pour en estre repûs & rassasiez comme d'vn breuuage de delices rempli de toutes les diuines & amoureuses operations de nostre salut.

Les playes sacrées de l'Humanité glorieuse de Iesus sources intarissables de delices diuines émanez dans l'ame recueillie en l'oraison.

2. Mais quant à son tres-diuin & *adorable Sacrement*, c'est le salut mesme, c'est le donneur de vie éternelle, c'est la vraye felicité de l'homme Chrestien, c'est le throne glorieux du souuerain Amour, voire l'Amour mesme, selon tous ses diuins effets operez dans les cœurs. *O Dieu caché* pour les incredules & les doubles de cœur, mais tres-clairement *manifesté aux ames simples* & pures sous la faueur du flambeau interieur de la foy viuante & embrasée de Charité. O tres-bel instrument d'Amour, & tout miraculeux, qui deuez acheuer & consommer l'ouurage de Dieu en nous, comme vray *Aliment substanciel de nos ames*, & le bel ornement diuin & humain de leur gloire. Et partant, il n'y a pas sujet de s'étonner, si estant *entré & amoureusement approché dans l'interieur* d'vne ame fidelle, il luy communique de si grandes faueurs & dons surnaturels dignes de sa magnificence.

Belles conceptions du tres-saint Sacrement, & ses effets miraculeux dans les cœurs purs, simples & recueillis qui le reçoiuent.

3. Et quoy que *l'on crie contre les gousts, faueurs & consolations diuines*; ce n'est pas en tant qu'elles viennent de Dieu, car en ce sens elles sont tres-bonnes & tres-saintement données, mais c'est en ce que souuent elles sont *indignement receuës*, ou lâchement traitées de la personne qui les reçoit, en s'y attachant & s'en seruant pour d'autres fins que Dieu ne les donne. Et partant, il n'y a pas de danger de les receuoir, Il ne les faut pas *desirer* auec empressement, mais il les faut

Du bon & mauuais vsage des gousts, faueurs & consolations interieures.

Cc iij

accepter humblement & auec actions de grace. Car elles sont d'elles-mesmes tres-innocentes: mais cependant l'ame doit veiller à en mortifier la complaisance, craignant *l'attache* & la sensualité spirituelle reueillée par ces innondations d'amour, afin qu'vne telle ame par son imprudence ne vienne à *faire de son remede son poison*. Car il est certain que Dieu n'épargne point les graces aux ames interieurement recolligées *& portées à la sainte Oraison* ; & mesme *il est souuent à propos, voire necessaire & vtile à l'ame d'en receuoir* pour l'encourager dans l'estat de grandes priuations, & pour reueiller sa lâcheté en la poursuite de la vertu. Car l'homme estant vne *creature sociable*, se gagne par amour ; ainsi Dieu le nourrit & l'éleue au commencement parmy *le lait de deuotion*, & de diuine carresse & tendresse cordiale comme vn enfant dans le sein de sa mere qu'elle mignarde, jusqu'à ce qu'il ne soit deuenu grand, & qu'elle luy ait appris à manger *le pain d'angoisse* à la sueur de son visage. Ainsi Dieu infiniment meilleur que toutes les meres, se plaist d'éleuer les petits parmy les carresses de son Amour, jusqu'à ce qu'intérieurement fortifiez & robustes, ils soient capables de manger les viandes solides, & faire leurs lits d'épines ; les apprenant à se retirer de leur propre interest, & exclure de leurs appetits spirituels *la complaisance dereglée qui les pourroit attacher à la saueur de ces douceurs diuines*, dont on se doit mortifier pour rendre gloire à Dieu, & nous humilier deuant luy en *nous conformans au diuin Agneau* ; d'autant que c'est la fin pour laquelle Dieu nous les donne.

4. Mais comme il y en peut auoir de *deux sortes, de fausses & de vrayes*, & que nous sçauons comme l'esprit d'erreur seme la zyzannie parmy le bon grain, il ne sera pas hors de propos de nous en instruire ; & dire premierement, que les *consolations* ou *gousts spirituels qui rejaillissent du fond interieur de l'ame*, en laquelle ils produisent leurs effets *ne peuuent estre que de Dieu* ; parce qu'aucune Creature, ny Ange, ny Diable ne peuuent entrer dans la substance de l'ame, estant vn pouuoir reserué à *la seule Diuinité* de penetrer les

L'attache à l'employ prop. de ses puissances, Tr. V. Ch. II. 205
substances qu'elle a creé, & visiter les plus secrettes pensées de l'homme, & en profonder le plus occulte; & tout ce que la parole n'a point encore manifesté; toute chose estant claire deuant sa diuine Majesté.

SECTION SECONDE.

Que le Diable ne tire aucun plaisir ou aduantage de son pouuoir à tenter les hommes par ses ruses & malices, & que le défaut d'amour a esté la source originaire de son mal-heur éternel, auquel l'homme à participé par son peché.

1. LE *Diable ne connoist pas ce qui se passe dans le fond de l'ame passiue*, si Dieu ne luy découure, comme il fait aucunes fois pour sa plus grande gloire. Mais pour de sa part il n'en peut rien connoistre si l'homme mesme ne vient à exprimer sa pensée par paroles ou signes sensibles, tant à l'exterieur, que dans la partie inferieure par quelque mouuement de passions. Mais pour *la pensée au dedans gardée dans le cabinet du cœur*; il ne la sçait ny connoist nullement. Tout ce qu'il peut faire à l'entour de l'homme silencieux, c'est d'étudier ses comportemens, ses gestes, ses inclinations, ses œuures ou mouuemens exterieurs; & par là il peut conjecturer de la pensée qui nous occupe; & enfin, il y dresse les *tentations*, & y liure les attaques par où il nous voit plus enclins.

2. Comme lors qu'il a suggeré à vn homme *la gourmandise*, il ne manque pas de bien remarquer & de bien étudier ses comportemens exterieurs, ses paroles; voir ce qu'il dit du disner, s'il s'ennuye de l'heure, s'il s'inquiete pour l'apprest, s'il s'enqueste de ce qu'il y aura de bon, ou de la qualité, ou de la quantité des viandes. Et par là dans la suitte *il conjecture* s'il a receu ou consenty à sa suggestion. Et ainsi

dans toutes les autres occurrences, il prend garde aux paroles, aux gestes du corps, aux inclinations, aux plaintes, aux murmures, à l'indignation, ou chagrin d'esprit. Et par ainsi subtilement il remarque le penchant des *habitudes*, les inclinations des pechez; & par là, il juge & remarque la pante de nos delectations, soit dans le propre esprit ou dans le sentiment & dans les gestes du corps, car *il est bon Philosophe & Naturaliste*, & se comporte ainsi enuers tous ceux qui ne *sont point abstraits au dedans*, ny retirez dans le centre interieur de leurs cœurs; d'autant que *l'esprit distrait* fournit de matiere à son ambition, & donne lieu à sa malice, & nourrit son enuie & reueille ses ruses, & luy donne sujet de venir de jour en jour plus auisé, plus subtil & plus sçauant par la negligence, par la tiedeur, par la lâcheté criminelle des hommes enterrez dans leurs sens; & mesme il y en a de si grossiers, de si peu instruits & si mal informez des puissances spirituelles, qu'*ils croyent que les Diables reçoiuent quelque aduantage en ce qu'ils ont pouuoir de tenter* & *de seduire les hommes*, quoy qu'ils ne le peuuent sans permission diuine, laquelle n'excede point nos forces. Mais ce qui les rend puissans à tenter, c'est le dereglement d'vne mauuaise volonté; c'est *l'excessif amour de nous-mesmes*, qui estend & accroist le regne du Diable, & se fait voir par les vices continuez, qui rendent le mal si general, que les moins éclairez disent qu'il y en aura plus de damnez que de sauuez: & quelques vns mesme pensent que ces mal-heureux esprits ayent en cela quelque *plaisir ou delectation*, *profit ou allegement*; ce qui ne peut auoir de lieu en eux, parce qu'ayant quitté *la qualité d'aymer*, il ne leur est resté en partage que la haine, le desespoir & la rage; car s'ils pouuoient auoir quelque plaisir, ils ne seroient pas mal-heureux ny damnez: veu que la damnation excluë tout bien, & tout plaisir; & ne sçait ce que c'est que d'aymer; & tout leur plaisir & amitié consiste à *enrager*, desesperer & blasphemer éternellement; tout penetrez d'excessiues douleurs, de peines & d'enuie irreconciliable; & *cela parce q'uils sont priuez d'amour*, & obscurcis

en

L'attache à l'employ prop. de ses puissances, Tr. V. Ch. II. 207
en leur fond plein de pechez. Et quant à la substance de leur nature, elle a perdu tout droit d'illumination, estant deuenuë comme la cauerne des tenebres, & l'Enfer de leur Enfer.

3. Mais pour plus grande & plus sanglante punition, Dieu leur a laissé la lumiere d'intelligence, *la science de l'esprit, & la connoissance des choses exterieures*; & les a ainsi laissez dans la capacité de toutes penetrations naturelles de leur propre esprit pour en faire éternellement le bûcher inexorable de leur supplice éternel; parce qu'auec cette lumiere d'intelligence ils penetrent & profondent dauantage leur mal-heur, qui est si grand, que s'ils estoient susceptibles de la mort, ils n'y pourroient penser vne seule fois sans mourir, mais ils meurent sans pouuoir mourir; quoy que leur substance regorge de cét horrible torrent d'angoisse de *la priuation éternelle de Dieu*, qui fait le dur supplice, & tous les supplices; car *l'Enfer seroit doux s'il y pouuoit entrer vne étincelle du pur Amour*. Mais comme les Diables en ont esté priuez, ils ont commencé à haïr & à ignorer le Principe de tout bien & de toute science pour se vouloir sçauoir eux-mesmes; d'où ils sont tombez dans toutes sortes de tenebres, & d'erreurs, & d'aueuglement; & pour comble de tout leur malheur dans la haine irreconciliable de Dieu qui les separe de soy pour vne horrible éternité. Or, *estre separé Dieu, c'est la chose horrible des plus horribles*. Et si cette pensée pouuoit entrer dans l'esprit humain en la façon qu'elle est, il n'y a point si hardy qu'il ne sechast sur les pieds, tout ainsi qu'vn arbre priué de sa seve, & exposé aux ardeurs du Soleil; car celuy qui est separé de Dieu, il est separé de la vie de grace & de la lumiere d'amour, & exposé à l'enflammée, & deuorante colere de la diuine Iustice, & cela éternellement.

4. Mais enfin l'homme ayant aussi voulu étudier en cette dangereuse Classe, en a aussi participé le peché, & les tenebres en se retirant & en s'éloignant de son Dieu Centre de son centre pour viure à soy-mesme. D'où vient qu'il a tué

D 4

son ame, quoy qu'immortelle en l'abandonnant aux faux plaisirs & delectations des sens & de la chair, où elle s'est abbrutie se repaissant de tous ses faux appas, & se diuertissant & rependant dans tous *les objets exterieurs*, par laquelle *voye* elle se détourne & s'éloigne de son Dieu, son centre, son repos, son estre & sa vie, dont elle se recule d'vne distance infinie. Parce que l'homme extrouerty épanche & diuise la capacité de son ame dans les choses du dehors parmy toutes les Creatures, en y suiuant le desordre de la nature & la corruption, & s'opposant à *l'ordre surnaturel de Dieu*, qui nous enseigne & nous conuie de l'exercer en dedans vers nostre repos, *vers nostre fond & la Diuinité qui y habite* pour y consommer son œuure, auec l'instrument diuin de son Amour.

SECTION CINQVIESME.

Des grandeurs de l'ame Chrestienne operées par l'amortissement de ses propres actes de sa part, & par les operations immenses de l'Amour diuin de la part de Dieu qui en veut faire sa Maison de Plaisance.

1. L'Ame sensuelle se fait captiue & prisonniere sous les Loix de la nature, & sous la tyranie de la chair; ce qui l'aueugle & l'empesche de connoistre l'excellence, le prix, la grandeur & la noblesse de son Estre. Car *celuy-là qui ignore Dieu, est aussi tres-ignorant de soy-mesme*. Et quoy que les plus habiles Philosophes ayent penetrez quelque chose de la nature par la force & subtilité de leur esprit naturel. Cependant ils ont encore laissé des secrets cachez pour l'experience, par laquelle il se découure tous les jours choses inconnues.

2. Et quoy qu'ils ayent autre fois appellé *l'homme petit Monde*; c'est pour ne l'auoir atteint ny connu qu'auec la *lumiere naturelle* bornée de son finy, qui leur en cache l'ex-

cellence ; parce qu'il n'appartient de juger du dedans de la maison qu'à celuy qui y est entré. Car l'homme ne peut atteindre au dessus de soy-mesme qu'auec la lumiere surnaturelle ; & pour en auoir la lumiere, il en faut auoir la vie, laquelle vie interieure remplit l'ame Chrestienne de toute sorte de diuines richesses tirées du bon thresor de son diuin Amour, qui dilatte l'ame en capacité, & luy découure la profondeur de son Estre, qui a *Dieu pour centre & origine*, auec les admirables desseins de cette diuine Essence sur l'Estre creé de l'homme, qui sont si grands & si remplis de diuines faueurs, que l'homme qui en est inuesty & dilatté par dedans peut estre appellé *grand Monde*, puis que sa capacité interieure est plus vaste que tout ce grand Vniuers, laquelle Dieu prepare par son Amour pour sa *Maison de Plaisance*; d'où vient qu'il a aussi produit, & *ordonné toutes choses pour l'homme, le soûmettant à l'Empire du diuin Amour*, sous la protection de l'humble & sainte pauureté, de l'obeïssance & de la chasteté, dont son fond interieur est appuyé comme *de trois donjons* à l'épreuue ; qui disposent de plus en plus aux diuines influences du saint Esprit ; lequel se delecte à operer sans cesse dans les cœurs, & de les *agrandir* à l'infiny.

3. D'où vient que l'ame qui en a sauouré la diuine operation, doit prendre garde à n'en pas interrompre le cours amoureux de sa diuine illustration, en voulant encore *agir & suiure le mouuement naturel de son propre esprit* ; mais *en s'y tenant attentiue & passiue, y répondre à son attrait*. Car dans l'ame constante, resoluë de poursuiure sa perfection, il ne cesse d'y operer ; & l'ame ne fait que tendre son vaisseau & receuoir, & *pâtir cette touche sauoureuse du dedans* ; laquelle attaque les racines & le tronc des *vieilles habitudes endurcies* : & comme elles sont entrées aussi auant dans l'ame que le peché, il faut de necessité vn accoisement total de toutes les puissances, afin de donner lieu à l'operation du saint Esprit, pour atteindre, penetrer & dissoudre sa substance, & la conduire à *la consommation* par tous les degrez de la diuine Charité.

Dd ij

4. Et partant, l'ame ayant appris que le *diuin Amour* doit estre icy le premier & le *principal Agent*, qui la doit exercer, purifier, diriger & conduire interieurement par le desert de sa solitude, où elle ne pourroit point passer sans risque: il est icy question de répondre aux operations surnaturelles, qui ne restent en existence que par *l'amortissement des propres actes, & l'operation immense du diuin Amour*; lequel apprend à l'ame à tout faire en se taisant, & *tout operer en aymant*. Car *tout ce que l'ame doit faire en cét estat*, c'est de demeurer paisible, & *recueillie en son fond*, & abandonner la barque à ce diuin & amoureux Pilote dispensateur des diuines richesses interieurement ministrées selon sa magnificence. *Pendant laquelle operation l'ame se doit tenir toute attentiue, & passiuement reduite* pour se laisser manier ainsi que la cire molle entre les mains de l'ouurier. Et partant, ce fort Amour anticipe l'ame par dons infus de celuy que le Pere nous a donné, & que le Fils nous merite & nous enuoye pour *établir en nos cœurs le regne de la paix*, le regne de la grace, le regne de la foy & de l'amour; & tout cela merité & acquis par la valeur de l'*Agneau de Dieu*.

5. C'est vous, ô tres-diuin & aymable IESVS, qui nous auez épanchez tant de thresors en vous incarnant; ô Dieu des grandes misericordes; lumiere du monde de la grace; parole substancielle du Pere; grand Moyse de la diuine generation, qui attirez & gagnez les hommes par Loix d'amour, là où vous vous les enchaisnez des plus douces liberalitez de vostre diuine Charité, laquelle en guise d'vn glaiue flamboyant, penetre jusques à *la diuision de l'ame & de l'esprit*; atteignant la substance comme d'vn glaiue embrasé qui purifie jusques à la moëlle des os; & redondant sur la nature, il l'énerue & l'ébranle à diuerses reprises & operations, par lesquelles *ce glaiue de feu purifiant*, agissant d'vne maniere comme impitoyable (pour cependant nous y estre plus pitoyable) va poursuiuant tout ce qui est d'imparfait dans l'ame du *Iuste*, pour la rendre encore plus juste & plus parfaite. Il va ainsi pourchassant *les habitudes du peché*

L'attache à l'employ propr. de ses puissances, Tr. V. Ch. II. 211
dans les pecheurs penitens, quoy que differemment, en les chassant du Paradis terrestre de leurs fausses delices, où ils auoient mangé le fruit défendu, pour les réueiller de cét assoupissement en les excitant à trauailler parmy les halliers épineux du desert de la sainte Penitence. O Ame Chrestienne, pourquoy retardez-vous vostre conuersion? La honte de vostre obscure nudité ne vous a-elle point encore couuert la face de vergogne? Comment voulez-vous qu'on ait bonne estime de vous, veu que vous en auez si peu de vostre ame? la laissant croupir dans le peché par negligence; pouuant vous enrichir dans ce riche & inestimable thresor des infinis merites de *Iesus-Christ*? Et quoy, ne sçauez-vous pas que c'est *le puits intarissable des eaux viues & salutaires*, tout propre pour arrouser *le parterre interieur de vostre ame*: & lesquelles eaux viuantes se terminent toutes en amour & diuines lumieres. O mille & mille fois heureuses les ames qui en sont journellement abbreuuées, éclairées, rassasiées, & diuinement repeuës dés cette vie, en attendant l'Eternité bien-heureuse.

6. Mais le *plus important* d'vne ame desireuse de sa perfection, est d'apprendre à *ceder à l'amour & à son attrait imperieux par vn parfait silence, & profond recueillement*; amortissant paisiblement, & *peu à peu* toute actiuité propre ou naturelle vigueur, par laquelle est fomenté, nourry & conserué le germe de propre vie par la complaisance du propre Estre naturel interessé qu'elle doit cependant abandonner & *liurer à l'attrait interieur pour s'y laisser amortir*, mourir, dissoudre & penetrer passiuement sous l'imperieux exercice de la Loy d'amour, si l'ame desire participer à la noblesse de *la vie cachée en Dieu auec Iesus-Christ*, & sa Charité. D'où vient que l'ame sollicitée & appellée en l'interieur estant celle qui souffre & qui reçoit passiuement *la touche interieure de Dieu*, doit aussi seulement tendre son vaisseau dans vn total *accoisement* sous le débord amoureux de ce diuin Agent, comme estant le legitime Distributeur des grandes richesses de l'Eternité, & de toute sorte de biens

Dd iij

L'Ame captiue sous le cinquiéme sceau, spirituels; ainsi qu'il est l'vnique Amour & le souuerain Donneur de vie & de verité. Et partant, l'ame s'y doit tenir tres-*attentiue*, & amoureusement inclinée vers Dieu *au plus intime de son Estre; sans y multiplier ny specifier d'autres actes que ceux qui l'occupent*, & l'inclinent aux simples abords & débords de l'Amour diuin, conformément à l'estat pacifique de l'Agneau: lequel *traitte pour lors en motion amoureuse auec l'ame tres-intime* & *tres-simple*; abstraite & approfondie pour receuoir interieurement le don comme on luy donne; c'est à dire auec l'accoisement & la paix du cœur, conforme à la suauité de l'operation d'amour; lequel receu dans l'ame, l'épure, l'éprouue & l'exerce en sa diuine maniere, & la conduit jusques à la perfection de ses diuines grandeurs.

SECTION QVATRIESME.

Comment l'ame vnie à Iesus-Christ & interieurement cachée dans ses sacrées playes, arriue à la consommation par ses comportemens passifs en l'oraison sous les vehemences embrasées de l'Amour diuin.

1. TOut ainsi que les *trois estats de l'Oraison*, appuyez sur les *trois genres d'épuremens amoureux* & *diuins*, composent interieurement, & éleuent ce chef-d'œuure du bastiment spirituel de l'ame passiue; ainsi ses *comportemens passifs enuers l'amour operent sa consommation*: Si bien que dans le premier estat & sous le premier genre d'épurement, l'ame demande *la victoire du peché*, & elle luy est donnée. Dans le second l'ame demande *la Grace*, & elle reçoit le don de Dieu. Mais dans le troisiéme elle apprend à *rendre par amour le don de Dieu auec elle-mesme*; & *pour plus parfait sacrifice*, elle rend *Dieu à Dieu mesme.* Si bien que ce n'est pas assez pour la perfection de receuoir de Dieu, mais il faut tout rendre à Dieu, & soy-mesme, & amour pour amour *par Iesus-Christ*, & en

L'attache à l'employ prop. de ses puissances, Tr.V.Ch.II. 213

Iesus-Christ; ne pouuans de nous-mesmes rien meriter, ny atteindre, ny participer de la Diuinité que par luy & en luy. D'où vient qu'il s'est amoureusement abandonné à nous pour estre mangé en *forme d'aliment*, afin que la substance d'vne si sublime & diuine nourriture pust produire en nous vn fond de vie propre, & capable de *soutenir l'effort tout-puissant de la vehemence embrasée du diuin Amour*, & de pouuoir aussi excellemment par ce tant digne sacrifice rendre Dieu à Dieu ; l'Homme, la Grace & l'Amour à l'vnique Amant pour payement de ses diuines gratitudes si noblement exercées enuers nous.

2. D'où vient que Dieu voulant montrer à Moyse son Essence enuironnée d'immenses lumieres & d'éclats lumineux bruyans comme torrents échapez, ne l'eust jamais pû supporter, & ne s'y fust non plus jamais hazardé, si la mesme Diuinité ne luy eust promis de *le cacher dans le pertuis de la pierre*; sous la faueur de laquelle il deuoit estre protegé & mis à couuert de *sa droite, c'est à dire son Verbe fait Chair*; la seule vertu duquel peut produire en nous l'effet de l'Amour & de la puissance du Pere par son ministere de *Redemption* : en faueur de laquelle puissance luy a esté donnée pour appanage glorieux de ses merites infinis ; laquelle puissance redonde en l'ame passiue & profondement abstraitte, & toute penetrée de diuines ardeurs, mais *cachée en Iesus*, où il luy est donné vne capacité sublime propre à soutenir la diuine operation pleine de ces brillans débords de gloire, *nichée qu'elle est, & fauorisée dans l'amoureuse cauerne de son precieux costé*, en laquelle faueur & protection luy est conseruée la vie du corps en mourant mesme à la propre vie de son ame. Parce que ces torrents d'amour débordans auec impetuosité luy *rauiroient* la vie du corps par leurs rapides écoulemens embrasez ; à la force & vehemence desquels elle ne pourroit pas subsister en son corps, sans la faueur agreable & rafraichissante de ce *diuin & humain parasol, dont elle s'est mis au couuert*, & comme reuestuë d'vne cuirasse à l'épreuue de ces débords enflammez du diuin Amour, rendu

puissant & imperieux sur l'ame. Car la *vertu* interieure de souffrir & *pâtir le don de Dieu* nous a esté infuse & *meritée* de Iesus-Christ, & *appliquée* à nos ames par le ministere personnel de son saint Esprit, *operant sur le fond du sanglant sacrifice de la vie mortelle & paisible de Iesus-Christ*: duquel abbaissement infiny il est passé à l'estat de son immortalité glorieuse sur le char triomphant de ses signalées & tres-sublimes victoires.

3. Et partant pour en venir là, & y poursuiure la *route interieure de nostre consommation*, selon toutes les infinies largesses de l'amour: *il faut faire estat de trauerser vn Enfer de toutes sortes d'épreuues*, *de priuations, de morts, d'agonies, d'angoisses, de rebuts, de mépris, de persecutions du monde*, *du diable*, *de nous-mesmes*, & *de l'Amour diuin* qui nous y doit exercer jusqu'à la triple quintessence, par les trois differens genres d'amour éclairans & purifians l'essence de l'ame; c'est pourquoy il faut vne ame vigoureuse & robuste d'esprit, ferme en la foy & *amoureuse du silence interieur*; par lequel luy est infus la simplicité auec vn cœur paisible, & *attentif interieurement au souffle diuin*, lequel éuacuë de cette ame tout ombrage ou espece de tenebres qui ternissoient l'agreable serenité de son *Ciel interieur*, pour derechef la reéclairer des beaux regards lumineux & enflammez de ce diuin *Soleil d'amour* purifiant, & repurifiant selon sa clarté embrasée.

4. Ainsi opere ce Soleil diuin, Pere engendrant & réengendrãt ces nouuelles plantes du beau Printemps de la Loy de Grace toutes arrousées & penetrées de ses *onctions diuines* si intimement épanchées en l'ame jusques dans le fond de sa substance; là où toute soûmise, tres-silencieuse & attentiue aux messagers d'amour qui en partent & qui y reconduisent l'ame pour y écouter seulement, & y *adherer simplement* à la pureté & delicatesse de ces diuins écoulemens selon la dignité de ses sublimes operations ou *notions intimes de la Parole incarnée* produisant l'amour & la vie dans l'ame, auec vn saint oubly de toutes les choses creées se rendant à *l'attrait interieur*, en y épanchant & inclinant l'oreille du cœur, y ouurant son organe

Ces messagers d'amour sont les attraits & touches intimes de l'amour diuin, sollicitant l'ame à se rendre à son diuin Espoux en la couche nuptiale & intime de son cœur.

L'attache à l'employ prop. de ses puissances, Tr.V.Ch.II. 215
organe central pour y écouter germer la paix & la sainte liberté.

5. Et partant l'ame estant ainsi sans sollicitation propre, souffre & supporte tout ce qu'il plaist à l'amour d'operer en elle sans aucun appuy de la creature, pour *laisser libre le domaine interieur de l'ame à la diuine Prouidence de Iesus-Christ,* lequel y épanche tres-silencieusement les diuines entrailles d'amour de son saint Esprit, toutes pleines & regorgeantes de diuines richesses immenses & incomprehensibles en grace & en dons surnaturels; qui comblent & surcomblent vne telle ame de toutes sortes de *veritables biens* versez abondamment dans son *thresor interieur,* auec vne mer de paix & diuine tranquilité; sans y oublier le riche magazin des plus belles & nobles vertus appuyées & soûtenuës de la delicieuse saueur de sa diuine Charité. Mais comme Iesus-Christ s'est fait luy-mesme la tres-digne portion de nostre heritage éternel; *il a fait aussi que son cœur pur soit nostre Paradis, & la source diuine de nostre sainteté,* pour nous conduire aussi dans le sein de la Diuinité pour y glorifier son Pere.

6. D'où vient qu'il nous étend la main tres-misericordieuse de sa diuine clemence, *par l'vnion étroitte de diuine societé de son Humanité;* auec laquelle Charité il entre en compassion de tous nos trauaux, afflictions & souffrances qu'il porte auec nous & pour nous en la chere *solitude de son cœur, où il nous appelle & nous y attend* pour nous y combler de paix & de liesse, s'il nous y rencontre auec la foy & l'amour en simplicité d'enfans; ausquels petits il découure les grands mysteres de sa diuine Loy, auec les moyens & la pratique de nostre salut. D'autant que *la Foy estant viuifiée de l'Esprit d'Amour,* verse en l'ame plus de veritez & de lumieres infuses que tous les hommes ensemble; voire mesme les Anges ne luy pourroient annoncer par toute leur industrie. Parce que la Foy est le propre don de la Loy de Grace, proportionné à la Nature Humaine; lequel don est épanché en nos cœurs par la mission personnelle de Iesus-

Iesus-Christ communique interieurement aux petits, aux simples & humbles de cœur la connoissance infuse des diuins mysteres par la foy viuifiée d'amour.

E e

Chrift, qui l'a auſſi fait publier par ſes Apoſtres, pour *le premier fondement* ſur lequel eſt appuyé noſtre ſalut ; d'où vient qu'en nous adminiſtrant le ſaint *Bapteſme* on nous fait dire *Credo*.

7. Mais enfin, veu *la Foy* eſtre vn inſtrument ſurnaturel & diuin, ſi noble, ſi auantageux à l'ame, N'eſt-ce pas vne choſe étonnante de voir tant d'ames Chreſtiennes en faire ſi peu d'eſtat ; attachées & arreſtées qu'elles ſont au bas étage de *pure nature* ; où elles ne peuuent participer qu'à leur propre intelligence, ne donnans aucun lieu à la Foy d'operer en eux à cauſe de la *trop grande diſſipation dans les objets exterieurs*. I'entends *diſſipation déreglée*, laquelle ne ſe contente pas du neceſſaire, ainſi qu'il conuient à chaque eſtat. Car *tout Chreſtien eſt obligé de retrancher le ſuperflû dans tous ſes ſens, paroles & actions*, s'il ſe veut maintenir dans la candeur de ſon nom. Car on ne cueille pas des raiſins ſur vn figuier ; Ainſi ne peut-on pas fructifier les fruits de la nouuelle Creature *ſur l'Adam de peché* ; on ne cueille pas les fruits de la grace ſur le *tronc de pure nature*. Il faut de neceſſité qu'elle ſoit ſecouruë de l'inſtrument ſurnaturel de la foy & de la grace. Et partant, c'eſt le propre du Chreſtien de s'exercer & de croiſtre en la nouuelle vie juſques à ſa conſommation, laquelle vie eſt toute oppoſée à la nature & à ſes propres ſentimens.

Exercice de la foy ſi neceſſaire au Chreſtien.

SECTION CINQVIESME.

Par quel moyen on peut facilement connoiſtre les tromperies, fourbes & illuſions de l'Ange de tenebres transfiguré en Ange de lumiere.

1. IL eſt facile de connoiſtre les tromperies & les fourbes de l'Ange de tenebres ; Parce qu'il ne peut rien faire ny produire en nous *que par nos ſens & les appas de la nature*. D'où vient auſſi que tout ce qu'il peut faire ſe termine ou à delecter les

*L'attache à l'employ propr. de ses puissances, Tr.V.Ch.II.*117

sens ou l'esprit, & dont l'effet propre ne produit & ne peut produire qu'amertume. Car quoy qu'il figure *au commencement* quelque espece de delectatiō, cependāt il ne la sçauroit si bien déguiser qu'elle ne se ressente toûjours du terroir d'où elle vient. En sorte que *l'ame bien auisée dans les matières de son salut n'y sera pas trompée deux fois qu'elle ne s'en apperçoiue,* tant par le goust, que par les effets qui ne sont jamais libres, mais qui portent inquietude & tendent de toutes parts à establir le faux regne de l'Amour propre & de la nature du propre Esprit. *Marques des tromperies du Demon par ses effets.*

2. Il est certain que le Diable peut faire mille & mille tromperies & illusions ; car il n'a pas beaucoup de difficulté de tromper vn homme qui n'est point éclairé surnaturellement & interieurement, veu la subtilité de la nature. Mais aprés tout, que peut-il faire dans l'ame fidelle, qu'elle ne s'en apperçoiue bien-tost? & qu'en s'en apperceuant, qu'elle n'y remedie? Mais où il peut faire de mal, c'est dans *l'esprit curieux & immortifié*, lequel a plus d'amour de soy-mesme que de Dieu. D'où vient que ses propres interests sont toûjours preferez ; & quoy qu'il s'apperçoiue de cela, & mesme qu'on l'en aduertisse ; pour tout cela il ne veut point desister. Celuy-là peut dire estre trompé, en sorte que *la tromperie n'est proprement à estre trompé, mais à estre trompeur obstiné*. *Sur quelle sorte de personnes les tromperies du Demon sont puissantes & impuissantes.*

3. Enfin, quiconque est *droit de cœur* ne se flatte point, ne se recherche point, n'a point d'interest ny de confiance en soy-mesme ; mais *toute sa confiance est en Dieu par Iesus-Christ*, & soûmet toutes ses lumieres à la grande lumiere de l'Eglise ; si claire en elle-mesme, & si bien appuyée de tant de saints Peres & Docteurs de l'Eglise. Vne telle ame, dis-je, ne peut estre trompée ; car la foy est fidelle aux fidelles Chrestiens qui ayment en croyant, & qui croyent en aymant sans negliger les bonnes œuures, *se tenant toûjours soûmis à l'Eglise, & vnis à Dieu par Iesus-Christ ; c'est le moyen de n'estre jamais trompé.* Car le Diable ne peut auoir prise sur l'ame que dans les sorties, tant à elle-mesme, que hors d'elle-mesme. *Le moyen de n'estre jamais trompé.*

Car c'est là qu'il l'attend, où dans sa propre recherche se flattant de quelque talent d'esprit ou de corps, ou de confiance en son industrie ou de propre interest spirituel, ou corporel dans la sortie exterieure de ses sens ou passions; qui l'y font souuent blesser & se preferer aux autres: & dans vne infinité de telles ou autres sorties, l'ame se souille & déplaist à Dieu.

SECTION SIXIESME.

Que l'exercice interieur de la Foy viuifiée d'amour est necessaire dans cét estat passif pour acquerir la perfection de cette nouuelle vie interieure & diuine par l'Oraison.

1. LE plus grand mal des Chrestiens est, en ce que *la pluspart manque de foy*; non du principe ny du don, mais on manque à l'exercer; & en suiure *les veritez qu'elle nous ouure dans l'interieur*; tout chacun cependant dit, qu'il croit; mais il y en a peu qui agissent selon leur croyance, en pratiquant les diuines veritez Euangeliques; & cela parce qu'vn *chacun est interessé & laisse le party de Dieu seul*, tout chacun a assez de soin, mais peu ont assez de charité au regard du prochain, *l'interest propre est puissant sur les hommes de ce siecle*; on rend à Dieu quelque seruice exterieur, mais fort peu d'interieur; & peu de Chrestiens ont soin de viure de la vie parfaite, en sorte qu'elle est deuenuë si rare, que paroissant dans quelqu'vn, elle y passe pour *vn prodige extraordinaire*. D'où vient que peu entendent les secrettes communications & commerces intimes qui se passent entre Dieu & l'ame au fond d'vn cœur recolligé, humble, fidelle, simple d'esprit comme vn enfant, droit d'intention selon la foy & l'amour en Iesus-Christ. Enuers lequel l'ame s'habituë de se rendre *attentiue de cœur*, ainsi qu'il est remarqué *au Liure de la Sapience*, disant; Il a voulu mesme écrire aucune chose appartenant

La negligence des Chrestiens à viure selon la foy & les veritez de l'Euangile.

L'attache à l'employ prop. de ses puissances, *Tr. V. Ch. II.* 219
à doctrine & sapience; à celle fin que ceux qui desirent d'apprendre estans bien versez en ces choses soient d'autant plus *attentifs de cœur*, pour ceux qui veillent à donner leurs cœurs à apprendre comme il se faut gouuerner en la Loy du Seigneur. Et en continuant, il dit; *Soûtiens l'attente de Dieu, & sois conjoint à Dieu, & attends, afin que ta vie croisse en la fin.*

2. Ainsi par ces paroles du Sage, nous voyons comme il recommande *l'estat passif, & d'entendre de cœur*, comme chose necessaire à la perfection, & comme il faut apprendre de cœur la Loy de Dieu, en soûtenant son attente à cœur ouuert pour donner lieu à la grace dans nos cœurs, afin que touché de nos miseres, il nous departe ses grandes misericordes en l'interieur; & qu'ainsi reuestus de ses dons & faueurs diuines, nous puissions estre *vnis & conjoints à luy au fond de nostre ame*, là où cette vie croisse en nous jusqu'à la fin; c'est à dire, jusques à la consommation. D'où vient que l'ame fidelle s'y doit rendre simplement attentiue & tres-passiue auec vne humble *soûmission & adherence à la diuine motion interieure* qui l'exerce selon cét estat, d'où deriue l'*Onction* salutaire du benist *Agneau de Dieu*, qui munit l'ame de sa pureté, annoblit ses intentions, corrige ses mœurs, purifie ses puissances, & dispose l'ame à *vn degré plus parfait*; ainsi qu'il conuient aux *successiues touches d'amour*, sous la force desquelles l'humain succombe au diuin, le naturel au surnaturel, & la raison à la foy, & le finy à l'infiny.

Quelle doit estre la cooperation interieure de l'ame à la motion interieure de la grace pour arriuer à sa perfection.

3. Et partant l'ame se trouuant ainsi dégagée, affranchie & libre de ce *cinquiéme sceau*; sçauoir, de la captiuité de l'*employ proprietaire de ses actes multipliés*, qui l'arrestoit en son étage naturel, comme si elle eust voulu transformer Dieu en elle, le voulant reuestir du finy, & l'accommoder au creé par l'employ propre & limité de ses humaines facultez; au lieu de se *conformer à Iesus* par la demission proprietaire de nos puissances dans ses puissances, pour nous y laisser *transformer en sa Diuinité*; laissans ainsi succomber la *foiblesse* de nos propres puissances dans *la force* infinie des puissances de Iesus, où

E e iij

l'ame est affranchie de cette cinquiéme captiuité, & reue-stuë des qualitez sortables à cét estat de grace, de vie & de liberté surnaturelle & épurée des qualitez imparfaites de cét étage; & disposée par consequent à la poursuite intime du sixiéme sceau, laquelle victoire consiste en l'amortissement de la propre vie de l'ame pour estre reuiuifiée en vie diuine.

CHAPITRE III.

L'ouuerture interieure du cinquiéme seau, & la liberté de la cinquiéme captiuité, par la rupture des liens naturels qui arrestoient l'ame à l'employ proprietaire de ses actes, & par eux au seruage du propre Amour; lequel énerué dans sa vigueur par les armes victorieuses de l'Agneau de Dieu, a esté contraint de lâcher le pied, & souffrir l'ouuerture triomphante & liberté diuine de cette captiuité, laquelle auoit jusqu'icy retenu l'ame au seruage du propre Amour, qui a esté vaincu par l'Agneau victorieux.

ESTAT, ET SON PRIX.

1. CELVY qui a les sept Esprits de Dieu, & les Estoilles, dit ces choses: Ie sçay tes œuures, & que tu as le bruit de viure & tu es mort, Sois veillant, & confirme le reste, qui s'en va mourant, aye memoire comme tu as receu, & oüy, & le garde. Tu as aussi quelques personnes en sarde qui n'ont point soüillez leurs vestemens, & qui marchent auec moy en vestemens blancs.

2. Qui marche & qui vaincra sera aussi vestu de vestemens blancs, & n'effaceray point son nom du Liure de Vie, & confesseray son nom deuant mon Pere, & deuant ses Anges.

L'attache à l'employ prop. de ses puissances, Tr.V.Ch.II. 221

1. IL n'appartient qu'à *Iesus-Christ* de sçauoir parfaitement nos œuures, nos actions, nos souffrances, nos langueurs, nos morts & nostre vie ; parce qu'il est le *seul Scrutateur des cœurs.* Et partant, *l'ame ayant à mourir de plusieurs morts, & particulierement de celle de sa propre vie*, quoy que de sa nature elle soit immortelle, elle doit *mourir à toutes ses complaisances hors de Dieu*: & c'est de cette mort que nous entendons parler ; Car il est tres-constant que toutes les choses ausquelles nous sommes attachez de complaisance, c'est vne *espece de vie que nous auons en chaque objet*, là où nous sommes attachez ; & vne espece de mort quand il faut rompre & dissoudre telle attache. Ce que l'on experimente tous les jours dans les alliances que l'on fait auec les creatures, telle qu'il se voit en vne femme, laquelle ayme son mary, & d'autant plus qu'elle l'ayme, plus elle s'y attache. Et quoy que cét amour bien ordonné soit agreable à Dieu ; cependant cela n'empesche pas que lors qu'il en fait la separation par la mort, cette digne Amante ne soit à demy morte dans la mort de son mary, *à cause de l'attache d'affection qu'elle luy porte* ; & c'est la marque d'vn bon cœur, pourueu qu'elle n'aille pas au *dereglement.*

Comment l'on doit entendre qu'il faut que l'ame meure à sa propre vie.

2. Il en est de mesme dans *l'Alliance étroite de nos ames auec nos corps* : & il ne se peut qu'il n'y ait plusieurs attaches, ainsi que chacun l'experimente, tant corporelles, que spirituelles ; Et partant l'ame qui se veut détacher de la complaisance de son corps, en luy retranchant toutes les complaisances des choses exterieures ; & enfin en venir à sa propre complaisance spirituelle, & *la faire mourir dans soy, & à soymesme* ; il faut bien essuyer des morts auparauant que d'entrer en la vie qui ne meurt plus. C'est ce que les hommes vains & charnels ne penetrent point, parce qu'ils ne voyent que ce qui leur tombe sous les sens. D'où vient qu'*ils nous croyent viuans quand nous sommes morts.* Et ayans ainsi l'œil interieur obscurcy, ils ne voyent que la superficie des objets exterieurs ; & partant voyans deuant eux rouler *vn homme interieur*, & tout amorty en son propre Estre, & cheminant

Plusieurs morts mystiques de l'homme interieur.

L'ame captiue sous le cinquiéme sceau,
ainsi sur la terre par vn filet de vie qui l'y tient en existance, & l'y fait paroistre viuant selon son exterieur, *quoy que selon son interieur il y soit mort*, & amorty de plusieurs morts dans les victoires de toutes ses complaisances ; comme la mort au peché : la mort de la complaisance des creatures & de toutes choses mondaines : mort des sens exterieurs : mort à la complaisance des sens interieurs, ou passions du cœur : mort à la complaisance des propres actes de ses puissances, & enfin, mort à sa propre vie & au propre Amour, & à toutes les appartenances.

Pour reuiure de la vie nouuelle de la grace en Iesus-Christ dans son interieur.

3. Et par ainsi vne telle ame paroist viuante deuant les hommes, & en effet elle l'est ; mais c'est apres auoir essuyé plusieurs morts. Enfin, il appartient à vne telle ame en cét estat de *confirmer le reste qui s'en va mourant*, & comme elle sçait auoir tout receu de Dieu gratuitement, *elle rememore tous ses bien-faits en son cœur*, auec vn *feruent desir d'ayder les autres à mourir à tout ce qui n'est point Dieu en eux* ; afin qu'ils puissent conseruer leurs *vestemens blancs* d'aucune souilleure, & cheminer ainsi apres l'Agneau de Dieu en vestemens blancs.

Pureté de l'ame lauée interieurement, & spirituellement dans le precieux sang de l'Agneau.

4. Et par ainsi le mesme diuin *Agneau* promet aux victorieux de ne point *effacer leur nom du Liure de Vie*, en recompense d'auoir volontairement consenty à tant de morts pour son amour : & de confesser aussi leurs noms deuant son Pere & ses Anges, puis qu'ils ont confessé le sien à trauers tant de morts, d'épreuues & de souffrances ; ils seront aussi richement *vestus de vestemens blancs*, *lauez & purifiez au precieux sang de l'Agneau sans macule*, & admirablement lustrez dans le diuin fourneau de son saint Amour.

5. Ie sçay tes œuures, dit le Seigneur, & que tu as le bruit de viure, & tu es mort ; mais cependant sois veillant. Et comment pourra veiller celuy qui est mort ? & le moyen de confirmer le reste qui s'en va mourant, si on est soy-mesme priué de la vie ? si ce n'est, mon Seigneur, de cette mort à la mort qui fait reuiure l'ame en vie diuine par *la mort de toute attache & de tout propre Amour*, & de tout ce qui se peut opposer

L'attache à l'employ prop. de ses puissances. Tr. V. Ch. III. 223
opposer à ce regne interieur de vie, de grace & de charité residante en l'ame victorieuse de la victoire de *l'Agneau*, afin qu'elle s'exerce selon qu'elle aura receuë, c'est à dire, pour y exterminer & y faire mourir toutes les inclinations de la nature, & du propre Esprit, pour y faire viure, regner & triompher la Grace; en sorte *qu'il faut continuellement mourir, & continuellement reuiure*, jusques à la mort qui fera nostre entrée en la gloire *du regne de l'Agneau.*

Ff

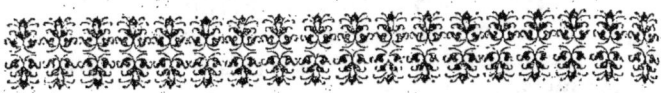

TRAITÉ SIXIESME

L'AME CAPTIVE D'ELLE-MESME, & de la complaisance de sa propre vie, qui la seelle & la tient renfermée dans la propre capacité de son finy, & qui la rend proprietaire d'elle-mesme, qui la fait appuyer sur elle-mesme, & la marque à son coin, selon ses propres impressions & figures naturelles.

CHAPITRE PREMIER.

Esprit d'impieté Secretaire du sixiéme Sceau.

Iesus reparant les pertes de l'estat d'innocence originaire communique à l'ame de nouueaux & diuins auantages.

1. QVoy que l'ame en cét estat soit arriuée à vn degré de spiritualité non commun ; cependant il n'est point encore assez parfait *selon l'Estre de l'amour* déja imperieusement insinué en l'ame. Parce que le diuin *Iesus* ne veut pas seulement reparer nos pertes, mais il veut encore reproduire nouueaux biens & nouueaux auantages par surcroist, selon sa bonté infinie ; car son *Amour est immense* : & partant, qui n'est point satisfait s'il ne donne infiniment, & selon ses communications immenses. Ainsi, il semble peu à ce diuin Adam, à cét aymable Reparateur & Pere de nostre vie, de nous rendre seulement vne vie humaine ou Angelique que nous auoit rauy le premier homme Pere de nostre mort; mais il veut nous en rendre vne bien plus abondante, qui est *la vie diuine possedée en nos ames*: & de plus *la vie de Dieu possedée en luy-mesme, & en sa maniere,* se rendant & se donnant soy-mesme à nous auec tout ce qu'il est, & tout ce

qu'il a. O exceſſiue Bonté! ô Amour ineffable en dons & en richeſſes infinies; & qui n'auez rien épargné pour noſtre felicité entiere.

SECTION PREMIERE.

Conſtruction & reſtauration ſpirituelle du Temple viuant de la tres-ſainte Trinité dans nos ames par l'operation diuine de l'Eſprit de Ieſus-Chriſt.

1. TOut ainſi qu'au Pere Eternel eſt attribué la Puiſſance, au Fils la Sageſſe, & au ſaint Eſprit la Benignité; Ainſi *ces trois diuines Perſonnes voulans approcher l'homme de leur diuine reſſemblance,* imprimerent dans ſon ame vne capacité de pouuoir, de ſçauoir & de vouloir, en l'aſſortiſſant de memoire, d'entendement & de volonté; afin que cette trine vigueur de l'ame peût répondre & cooperer auec ces trois vertus de la Foy, de l'Eſperance & de la Charité en la fabrique de noſtre édifice ſpirituel, *de noſtre maiſon interieure,* & en faire *vn Temple viuant à la Diuinité pour y eſtre adorée en Eſprit & Verité.* Et partant, il faut que cette édification de noſtre maiſon ſpirituelle ait ſon commencement dans la foy, ſa direction & accroiſſement dans l'Eſperance & ſa perfection de la Charité. Car ces trois Vertus doiuent eſtre comme les indiuiduës Compagnes qui concourent dans noſtre interieur à l'exercice de toutes les autres vertus conuenables à la ſtructure interieure de ce *Tabernacle viuant du grand Roy.* D'où vient que *pour bâtir cét édifice ſpirituel dans nos cœurs,* il faut que noſtre eſprit s'y retirant y foüille profondement dans ſon fond, & juſques dans la pierre de Iuſtice, & dans la fermeté du rocher de la Foy, pour s'y rendre inébranlable, & y trouuer en l'y cherchant *le threſor de la Sageſſe qui y eſt caché;* Car la Sageſſe qui y eſt cachée, qui eſt le fondement de la Iuſtice, ſe tire de ce *fond occulte;* & tout ainſi que la Sageſſe diuine nous retire premierement

Pourquoy la crainte de Dieu est dite le commencement de la sagesse.

du mal par la crainte de Dieu ; laquelle est ditte pour cela le commencement de la Sagesse. Ainsi *Dieu voulut que son Temple fust basty & édifié par Salomon, surnommé la Sagesse.* Parce qu'il se montra affectionné pour la Sagesse qu'il preferaà tous les plaisirs & richesses de sa grande Monarchie. Et partant, il faut que l'ame fidelle se reueste de la sagesse & de la crainte de Dieu, pour *commencer au fond de son cœur le Temple du Seigneur* ; & que l'esprit se fonde & se profonde dans la connoissance de Dieu par la Foy & l'Amour, afin que la structure interieure de ce Temple spirituel aille croissant dans nos cœurs à mesure que nous nous exercerons amoureusement dans la pratique des Commandemens de Dieu, & de ses diuins conseils.

2. Car il est certain que *les premiers Chrestiens* & *les saints Personnages de la primitiue Eglise auoient* & gardoient cette forme de bâtir en l'interieur vne maison spirituelle au Seigneur ; *laquelle forme de bâtir commença d'estre instituée par le saint Esprit dans le cœur des Apostres:* qui nous y doiuent seruir d'exemple, en ce que pour y commencer, ils s'enferment dans *le Cenacle:* ainsi *nous deuons nous enfermer dans nos cœurs.* Car selon saint Paul, nous auons *vn homme interieur,* sçauoir nostre ame, laquelle a aussi sa maison interieur, sçauoir *son cœur*; sur laquelle d'vne soigneuse circonspection, elle doit veiller, & dans laquelle maison elle doit operer, & laquelle elle doit garder de souilleure, & pour ce faire y appliquer tous ses soins. Ce fut cét édifice spirituel, *ce Paradis interieur que Dieu confia au premier homme* ; & le posa dans iceluy pour y operer toutes ses œuures, & y garder l'honneur de Dieu ; mais il luy arriua mal-heureusement qu'ayãt esté ainsi constitué Gardien de sa propre Maison, il la garda tres-mal ; en ce que sa volonté pechant, il *se détourna de Dieu son Createur, & se retourna & sortit au dehors à la Creature,* & s'y attachant il s'y delecta. D'où vient que Dieu le chasse aussi hors du *Paradis terrestre & exterieur* où il auoit esté mis pour y garder la Sagesse, la Iustice & la crainte de Dieu qu'il perdit en pechant. Et par ainsi, comme nous partici-

Les premiers Chrestiens auoient vn Temple interieur dans le plus intime de leurs cœurs comme Adam auoit vn Paradis interieur dans le sien.

L'attache à sa propre vie, Tr. VI. Ch. I.

pons au peché de noſtre premier Pere, nous ſommes auſſi chaſſez de ce Paradis interieur, & conduits & *reduits à tres-dure captiuité auec cet Adam de peché.*

3. Mais voicy l'Adam Eternel, *l'Adam diuin*, l'Adam nouueau, & renouuellant la Nature Humaine *noſtre cher Redempteur qui nous met en liberté*; & nous affranchit de toute ſorte de ſeruitudes par les torrents de ſa Grace, par les ruiſſeaux de ſon Sang, & le coulant de ſes larmes; nous excitant de nous rebâtir par la Foy, l'Eſperance & la Charité cette *maiſon interieure au fond de nos cœurs*, qui auoit eſté deſolée par le peché: afin que cette maiſon ſpirituelle & interieure eſtant ſuffiſamment reſtaurée & renduë logeable, *noſtre homme du cœur* y puiſſe rentrer auec l'incorruption d'vn eſprit ſimple, d'vn eſprit credule, quiet & modeſte, pour y operer, ou plûtoſt pour y laiſſer operer l'amour & la vie de foy, la vie de grace, & la vie de Dieu; afin que l'Eſprit viuifié garde cette maiſon & n'en ſorte plus, y laiſſant faire l'Amour diuin qui n'y eſt jamais oyſif, mais regnant imperieuſement & y exerçant ſes tres-grands & diuins emplois immenſes & infinis *pour y conduire l'ame à ſa conſommation, ſi elle luy veut adherer en toute humilité en ces accultes & tres-intimes épuremens.* Mais toutes ces choſes ſont peu apperceuës, & quaſi point connuës de la plus grande partie des hommes; d'autant que la ſerenité ſpirituelle & interieure de ce triple Firmament eſt conſtitué ſous la Loy ſurnaturelle & diuine, exercée au fond de l'ame.

Maiſon interieure dans nos cœurs qui auoit eſté deſolée par le peché rétablie par noſtre nouuel & diuin Adam, noſtre Redempteur Ieſus-Chriſt.

SECTION SECONDE.

Comment l'ame recolligée & passiue en l'Oraison laisse dissoudre le lien intime & l'attache secrette à sa propre vie par les imperieux efforts de l'Amour diuin, pour en faire vn parfait sacrifice à Dieu sur l'Autel viuant de son cœur, & en vnion de Iesus immolé, & sacrifié sur l'Autel de la Croix, & à l'exemple de la sainte Vierge & saint Ioseph & les autres Saints.

1. LE lien caché, le germe de propre vie reside & subsiste dans la substance de l'ame, au fond de laquelle se nourrit & accroist l'Amour du propre Estre, auec l'aliment de l'interest, & le fil d'vne subtile & tres-delicate *reserue proprietaire*, laquelle n'est point apperceuë des spirituels encore *tout actifs*, mais seulement passifs, patients, & *profondement interieurs*; non sans estre blessez, & fortement penetrez des diuines ardeurs de l'Amour diuin, & jusqu'à la racine; apres auoir esté exercez par de longues & de tres-patientes experiences d'vne *assiduë Oraison*, & dans *vne attention tres-passiue, interieure & tres-intime & vnique*; puis qu'elles font l'amortissement total de toutes les facultez de l'ame, & de sa propre vie, toute reduite à son centre, pour *ne faire plus de tout son Estre qu'vn seul écoulement en Dieu, Centre increé de son Centre creé*.

2. Mais le tout tres-noblement exercé du souuerain Principe amoureux, lequel apres plusieurs *intimes operations*, essais & attentes passiues, fait découurir à l'ame diuinement éclairée ce *lien secret, ce lien caché dans la substance qui la tient & retient encore à elle-mesme dãs elle-mesme*; n'osant encore hazarder sa propre perte, qu'elle voit ne tenir plus que comme à vn *petit filet de vie proprietaire & attachée*, laquelle ne peut estre dissouë ny rompuë que par le *trait imperieux du diuin*

Amour, tres-paßiuement porté; receu & souffert au *plus intime de son Estre*; là où se doit faire cette dissolution substancielle de l'*Amour proprietaire*, & de l'amortissement total de son propre Estre & de sa propre vie; par consequent *tres-intimement attaquée*, surmontée & vaincuë par l'imperieux effort de l'Amour diuin, auquel appartient ce profond exercice, cet intime ministere d'atteindre, & de penetrer la qualité substancielle de l'ame pour la flechir, ramener & conduire à ce total dénuëment, quoy qu'amoureux; pour s'en laisser blesser, *tuer & donner la vie tout d'vn seul coup*, & autant de fois que l'ame tres-passiue y souffrira, & receura sa diuine operation; s'en laissant mouuoir, remuer & manier imperieusement selon la noblesse & le brillant éclat de ce bel Astre embrasé, roulant & faisant son concours sur l'horison interieur de l'ame.

3. Et partant, l'ame ainsi reduite & triplement épurée en ce diuin fourneau de dilection, d'vne vertu & chaleur infinie : laquelle seule sçait *dissoudre toute attache, & reduire toute essence en vnité de commerces & de principe*. En telle sorte, que l'agreable serenité de cét estat admet en l'ame vn tres-*silencieux repos*, tres-dénué & pacifique, & tendant à la consommation & au parfait sacrifice. Et par ainsi *tous les autres estats precedens de l'ame n'ont esté qu'vn acheminement à celuy-cy*, où elle est faite comme vn *Sanctuaire de repos, de paix, & d'vnion, & d'vnique societé d'amour*, de jouïssance, d'onction, de fruition diuines, & saueur de mesme vie. Et partant, *le droit chemin d'aller & d'arriuer au Pere Eternel, c'est Iesus-Christ; & la voye seure pour aller de nous à Iesus-Christ, c'est la foy surnaturellement exercée en la sainte Oraison* que le mesme Iesus nous a luy-mesme si cherement enseignée par le sacrifice douloureux, amoureux & sanglant de sa propre vie; & apres luy & à son imitation, sa tres-sainte & tres-beniste Mere, qui l'a si parfaitement & excellemment pratiqué pendant toute sa vie, si intimement consacrée à Dieu, & entierement victimée à l'vnique volonté du Pere, à la tres-sainte face duquel elle estoit continuellement exposée & sainte-

ment occupée à offrir & à interposer à la clemence du Pere *sur l'Autel de son cœur*, le tres-digne & le tres-precieux objet de sa diuine Maternité ; toute passiue & attentiue & amortie, qu'elle y estoit dans ce fond virginal, dans ce tres-delicieux Monastere naturel, dans ce diuin Cloistre de liesse angeliquement orné de pureté virginalle, & tellement dilattée par amour, que toute la grandeur des Cieux a trouué lieu de s'y loger, & d'y faire par amour en cette intime cellule vne retraitte asseurée de neuf mois pour y ménager tout à loisir la pauureté humiliée de son Humanité destinée au sacrifice sanglant de la Croix. D'où vient qu'il voulut descendre de cette grotte virginale ornée d'humilité sur le fumier d'vne pauure étable, afin que de là il continuast à descendre à la mort, & jusqu'au tombeau ; d'où il est sorty victorieux de tous ses ennemis & les nostres ; si nous voulons nous appliquer ses merites. Pour laquelle chose *il a signé nostre Alliance de tout son sang*, & jusques à la perte de sa propre vie, qu'il n'a point épargnée pour nostre salut.

4. O quel abysme d'humiliation pour le Fils vnique du Pere Eternel ! Mais, *quel prodigieux abbaissement d'vn Dieu mort & enseuely dans le tombeau, où il a tué la mort, & reuiuifié la vie* ; afin de nous donner lieu d'exercer nostre foy par amour & humilité en tous ces diuins Mysteres, *en nous reduisans interieurement dans le tombeau de nostre cœur pour y rallier nos puissances, & y reünir nostre ame à l'Estre glorieux & ressuscité de l'ame de Iesus* ; pour contribuer dignement auec l'Amour diuin à tous ses glorieux desseins sur nos ames, selon qu'il est decent à sa souueraineté & à sa plus grande gloire, en operant si noblement nostre sanctification, qu'il a déterminée par voye d'amoureuse dilection, apres auoir produit dans l'ame ce bel ordre tout diuin, par lequel les œuures du vray Chrestien sont par ce moyen tres-soûmises & bien reglées au niueau de *l'Esprit de Verité, lequel donne Empire à l'ame sur toutes les attaches & les sensualitez de l'Esprit*, pour la reduire au point de sa vertu propre totalement amortie, & crucifiée en vnion d'Estre & de puissances.

5. En

L'attache à sa propre vie, *Tr. VI. Ch. I.*

5. En telle sorte que cette reünion de puissances en l'interieur fait, accomplit & accorde excellemment ces dignes paroles de nostre Seigneur, disant à nostre égard, *quand vous serez deux ou trois assemblez en mon nom, je seray là au milieu de vous*; tant il est vray que l'ame recueillie, ramassée & reünie en foy au fond de son cœur, est agreable à l'Amour diuin; ne faisant plus de tout son Estre & de toutes ses puissances qu'*un seul écoulement en l'Estre ressuscité de* IESVS-CHRIST, caché *en sa Diuinité*, pour y estre là *le reposoir viuant des trois diuines Personnes* sous l'Empire de l'Amour, noblement & imperialement enrichy des dons ineffables de sa magnificence; & aussi conuenable à sa grandeur, qu'il est glorieux à son amour.

6. D'où vient que depuis que *le Verbe diuin s'est vny à nostre nature*, il a esté fait par excellence nostre *Orateur tout-puissant*, & nostre Oraison éternelle, & agreable au Pere, *nous apprenant à prier comme il a prié* en se tenant deuant son Pere en qualité d'*Hostie* & de Victime viuante, ressuscitée & glorieuse, pour y estre continuellement & admirablement immolée par le glaiue flamboyant de son diuin Amour sur le brasier diuin de son ardente Charité. Mais n'est il pas ce grand & tres-magnifique *Isaac* de la diuine *Generation*, lequel s'est laissé conduire à la mort par l'ordre de son Pere, & se laissa étendre sur le bûcher de sa Croix pour y consommer son sacrifice sanglant à la face du Ciel & de la Terre.

7. Mais de grace, n'est-ce pas de là d'où il appelle la multitude des Generations à l'ineffable societé de sa Diuinité, afin d'y confirmer dans sa mort sa diuine Oraison qu'il nous a enseigné de pratiquer; nous disant, *Si quelqu'un entre par moy il sera sauué*; parce que *je suis l'Oraison parfaite & éternelle*, & puissamment efficace pour toucher, pour attendrir les misericordieuses entrailles du Pere. Car mon offrande est tres-digne de vous impetrer, de vous meriter la tres-noble qualité d'Enfans de Dieu, & Coheritiers du saint Empire par l'adoption au droit Paternel que je vous

Oraison efficace de Iesus au Pere Eternel pour les hommes, laquelle ils doiuent imiter luy offrant Iesus crucifié

L'ame captiue sous le sixiéme sceau,
a'y acquis & donné ; *lequel vous oblige à me suiure*, & à faire *comme j'ay fait*, & à souffrir comme j'ay souffert, & à *prier comme j'ay prié* ; sçauoir , par toutes *les bouches amoureuses de mes playes* ; par toute l'effusion de mon sang ; par tous les ruisseaux de mes larmes, & par toutes les douleurs & meurtrissures de mon Corps; par tous les sanglots de mon cœur ; & par toutes les trances mortelles de mon ame tres-sainte ; & par tous les momens precieux de ma vie sacrifiée pour vostre Amour.

8. Oüy, tres-cheres Ames, c'est de l'Oraison de ce diuin Prestre Eternel , Hostie & Agneau, dont il se faut preualoir deuant le Pere. Car *il n'a cessé de s'immoler toute sa vie sur l'Autel precieux de son cœur diuin & humain*, jusques à ce que par vn sanglant spectacle il fut tout consommé sur le bucher inexorable de sa Croix. Oüy, Ames Chrestiennes, ce fut de ce pitoyable estat de pure passibilité & aneantissement parfait qu'*il pria, & parla dans ce silence de mort* ; mais si ardamment, si puissamment & si hautement que la terre en trembla ; Les monumens s'ouurirent ; les rochers s'amolirent & se briserent ; ouurans leurs entrailles & concauitez à cette *amoureuse clameur de son cœur douloureux* ; les vertus des Cieux s'ébranlent, & les Corps lumineux s'obscurcissent ; les Anges fremissent, & toute la Cour Celeste en mesme dueil : & les entrailles Paternelles en sont si misericordieusement touchées & outrées de compassion & d'amour qu'il luy accorde sans delay *la reconciliation generale de tous les pauures pecheurs*.

9. C'est donc ainsi que *l'ame Chrestienne se doit vnir, & conjoindre de corps & d'esprit à Iesus fait Hostie* pour prier & demander par luy & auec luy les diuins effets de cette toute-puissante Oraison, qui dit ; Parle & prie, & obtient du Pere Eternel *dans nos ames* tout ce qui regarde sa plus grande gloire & tous les auantages de nostre sanctification ; auec tout ce qui nous informe & reueste interieurement des diuines qualitez necessaires & tres-conuenables à la noblesse d'vne telle Paternité ; par *conformité filiale à Iesus-*

---

tout couuert de playes sur l'Autel intime de leurs cœurs.

L'attache à sa propre vie, Tr. VI. Ch. I. 233

Chriſt regnant au fond d'vn cœur; où il fournit de feux, de flâmes, & de diuine ardeur pour le diſſoudre & faire écouler dans le ſien, afin d'y operer par Iuſtice & par Amour toutes les diuines excellences de ſa Charité concentrée & enracinée au fond de l'ame, pour y operer la transformation de noſtre ſubſtance épurée & diuiniſée en ſa Diuinité par inſinuation d'amour ineffable. C'eſtoit ainſi que la tres-ſainte Vierge, *& Mere de Ieſus-Chriſt pratiquoit excellemment cette diuine & ſainte Oraiſon de ſon propre Fils*; & par où elle receuoit les plus dignes & ineffables effets de cette diuine Paternité & ſocieté d'Amour, auſſi-bien que ſon tres-chaſte Eſpoux *ſaint Ioſeph*; lequel s'exerçoit excellemment en cette *interieure milice de la ſainte Oraiſon*, auec les œuures & le *ſilence plus qu'auec la parole*: puis qu'il eſt dit que ſaint Ioſeph parloit peu, & la tres-ſainte Vierge encore moins; & le ſaint Enfant Ieſus moins que tous les deux. Et qu'ainſi dans ce parfait ſilence, ils eſtoient attentifs & ſoûmis interieurement aux *glorieux débords du Pere ſous les abords du Fils au fond de leurs cœurs*; où ils goûtoient delicieuſement les ſublimes ſuauitez du diuin repos; afin que continuellement ils fuſſent comme engloutis en cette abyſme de delices; & qu'ainſi ils tiennent la porte ouuerte & le paſſage tout frayé par leur *exemple*, & par leurs merites enuers le Pere; *& par le Dieu fait Homme* qu'ils luy offroient continuellement comme vn paſſage libre & vne porte ouuerte; par où ils ſont entrez pour l'Eternité en la tres-ſublime joüiſſance de cette vraye & tres-legitime filiation diuine; & par elle dans la gloire ineffable de ſa Diuinité.

Silence interieur de Ieſus, Marie & Ioſeph dans leur continuelle Oraiſon cordiale.

Gg ij

SECTION TROISIESME.

Que sous pretexte de foy nuë on ne doit pas quitter la sainte Humanité en l'Oraison, dont l'image interieure & exterieure, non plus que la representation de sa tres-sainte Mort & Passion, n'est aucunemrnt nuisible aux ames vrayement spirituelles & interieures, & qu'il est tres-dangereux de trop spiritualiser, rejettant toutes formes & images.

1. J'Ay quelque fois entendu parler *certaines personnes spirituelles si spiritualisees, que tout ce qui n'est pas pur esprit leur fait ombrage*, mesme ils enseignent qu'il ne faut pas auoir la pensée de la tres-sainte *Humanité de Iesus-Christ,* laquelle ils ne peuuent souffrir tant ils sont deuenus esprit; & disent que cela empesche la contemplation: & ainsi *sous pretexte d'vne foy qu'ils appellent nuë*, ils rejettent toute forme & toute image. Mais il m'est permis d'en dire ma pensée, je crains que cela ne soit point bien entendu; *Il est bon d'estre spirituel, mais il faut se défier du superflu en toute chose*; car la Charité est en soy & de soy bien ordonnée, parce qu'elle est le pur effet du saint Esprit; lequel est le principe de tout bon ordre, & le soûtien & la lumiere infaillible de *la tres-sainte Eglise*, laquelle comme vne bonne Mere, sage de la vraye sagesse, *nous ordonne d'auoir des images de Iesus-Christ & de sa tres-sainte Mere, & des Saints & des Saintes pour les venerer,* & honorer à cause qu'elles nous representent & nous remettent en memoire ce que nous aymons, & que nous deuons aymer; sçauoir, *Iesus-Christ* & sa tres-sainte Mere, auec leurs œuures & leurs merites, à moins que de passer pour des ingrats. Car il fait beau voir vn Chrestien dire qu'il faut quitter la pensée de la tres-sainte *Humanité de Iesus-Christ,* laquelle est le prix & la rançon de son salut, sous pretexte

d'vne *nudité imaginée.* Ainsi je crains bien fort que telles personnes n'ayent pas bien étudié cette science au fond de leurs cœurs aux pieds de *Iesus-Christ*, par pratique d'vn interieur solide & appuyé sur la pierre de Iustice, par l'instrument surnaturel de la Foy & de la Grace.

2. Mais *pour auoir leu quelques Liures qui traittent de ces matieres d'esprit qu'ils n'entendent pas trop bien* ; Car il me semble que la lumiere d'vne ame d'oraison vrayement interieure, découure assez ce qu'elle a à faire en telle rencontre, en ce qu'il luy est montré *comme il se faut dégager de tout, & ne s'attacher à rien* : & mesme je dis bien dauantage, qu'il est presque impossible à vne ame interieure de souffrir aucune attache, ni d'y demeurer, *sans qu'elle s'en apperçoiue.* Parce que le principal office de l'amour operât & imperieux, c'est d'attaquer & de *dissoudre toute attache.* Et partant, l'ame libre selon l'exercice d'amour éclairée & illustrée de la lumiere surnaturelle & diuine, *découure facilement en chaque estat & degré toutes les attaches qui empeschent sa liberté*, & non pas *attache d'image ou de forme* ; car cela n'appartient qu'à ceux qui n'ont jamais appris *l'abstraction interieure.* Mais ce qui empesche effectiuement nostre liberté, ce ne sont ny images ny formes, mais *l'attache venimeuse de nostre amour propre*, lequel s'attache à tout ; parce qu'il se rend proprietaire de tout ; & c'est en cela qu'il est nommé amour propre ou proprietaire ; ainsi que nous faisons voir en tout ce petit œuure, qui montre & découure comme par sept differents étages, *les sept captiuitez qui seellent & attachent nostre ame à l'amour d'elle-mesme*, à la conseruation de son propre Estre, dont elle se fait proprietaire comme si elle estoit indépente, & refuse de s'abandonner toute & totalement à Dieu, suiuant l'artifice de ce fin Renard, de ce *larron domestique de la maison interieure qui appartient à Dieu & à l'Agneau.* Mais parce que nous l'y auons laissé prendre racine dans nos cœurs, il s'y est cantonné, & y employe toute sa malice pour y démolir *le Temple interieur du pur Amour diuin*. Et c'est icy où il faut trauailler à bon escient, & non pas à égratigner les images & les formes qui

ne nous peuuent nuire en aucune façon, ny mesme les Diables, ny aucune creature, qu'autant que vous laisserez viure & regner vostre propre amour dans vostre cœur.

3. Et partant, l'ame laquelle a laissé penetrer sa capacité spirituelle, interieure & amatiue des beaux regards lumineux de cét Astre diuin, brillant & éclairant *le Firmament interieur de nos cœurs*; il luy est fait *tout voir en simplicité d'objet*, & liberté d'esprit, ainsi qu'il est accordé aux legitimes Enfans du Pere, auec *la facilité de se prendre & déprendre de toute chose sans attache*. Et partant, jouïssante de la franchise du Fils vnique du Pere, lequel nous déliurant de tout seruage, & nous liberant de toute captiuité, ne nous permet pas de nous laisser occuper ou retenir d'aucune espéce, forme ou figure qui puisse endommager l'aine dans sa liberté, puis que *le mal ne se rencontre que dans l'attache ou complaisance déreglée*. Et partant, si vous ressentez quelque peine dans la pensée ou dans la presence de quelque forme ou image, *ne vous en prenez pas à la forme ou image, mais à vostre amour propre qui vous captiue en se voulant tout approprier jusques au dans de Dieu mesme, qui ne sont ny formes ny images*.

4. L'ame vrayement spirituelle, interieure & passiue, ayant déja passé bien auant dans les experiences, soubstractions & épreuues, doit sçauoir ce qu'elle doit combattre ou accepter, & en quoy consiste la liberté ou l'esclauage: & n'est pas si aueuglée apres tant de lumieres, de s'attacher à des choses visibles ou formes, ny de s'en prendre à elles si elle y manque. Car l'ame qui a fait vn si notable progrés dans le spirituel & l'inuisible, doit auoir acquis la liberté de passer dans les visibles & dans les formes *sans aucune attache* de cette nature, veu qu'elle en a d'interieures plus considerables; car le larron domestique est plus dangereux que l'étranger. Et partant, c'est le premier auquel il faut donner la chasse, puis que c'est luy qui donne entrée à tous les autres larronneaux du dehors. Mais *tout ce qu'il y a à faire en cecy, c'est de trauailler courageusement à déthrôner nostre amour propre*, & à ruiner toutes ses correspondances; & bien-tost la paix &

la sainte liberté feront leurs demeures dans nos cœurs sans crainte d'aucune forme ny image.

5. Et par ainsi l'ame fauorisée de la pure lumiere de la Foy & de l'Amour, a bien d'autres occupations interieures que de *s'arrester à des formes*, ny de s'en laisser occuper, mais *tout son soin est de s'abandonner à l'amour imperieux*, duquel comme d'vn glaiue de dilection toutes choses sont retranchées en l'ame, & jusques à en estre si fort blessée *& crucifiée*, qu'il ne s'en peut attendre que la mort; se trouuant si destituée & langoureuse, & étroitement collée à *ce gibet amoureux*, pour y épurer sa patience & y consommer l'Hostie, qu'elle pourroit à bon droit dire *auec le saint homme Iob; Mon ame a éluë d'estre penduë, & mes os ont choisi la mort*: tant il est vray que ces épuremens amoureux sont destituans la propre vie, & toutes ses appartenances. Enfin, il faut dire que *la vraye spiritualité est libre*, & ne détruit rien du corporel, mais elle le perfectionne, ny le corporel ne peut rien sur le vray spirituel, posé qu'il aye acquis sa franchise & sa liberté. Car l'homme est composé de corps & d'esprit, & si est-il l'vn & l'autre; sçauoir, corporel & spirituel, *qui ne sont pas naturellement opposez l'vn à l'autre*; mais ce qui cause la guerre en cette Republique, *c'est la corruption, c'est le peché*; lequel a pour Partisan *l'Amour propre*, & partant, *ostez l'amour propre, vous aurez la Paix*, & le corps se soûmettra à l'esprit sans peine ny difficulté. Car la chair n'est rebelle à l'esprit que par l'intrigue du propre Amour; ny les formes ny les images ne pourront endommager vostre esprit, s'il est vne fois affranchy de la cruelle seruitude de ce tyran domestique; & partant, *il faut prendre garde qu'en voulant trop spiritualiser, on ne vienne à ruiner le principe & la fin de toute spiritualité, qui est Iesus-Christ Dieu & Homme*.

6. Car j'ay entendu dire que la memoire ou representation de la sainte *Humanité de Iesus-Christ* faisoit obstacle au saint Esprit, & l'empeschoit d'operer dans nos ames; & partant, qu'*il la falloit quitter pour aller droit à Dieu par la foy nuë*. A la verité c'est vne bonne chose d'aller droit à Dieu,

238 *L'Ame captiue sous le sixiéme sceau,*
mais il est plûtost dit que fait. Car dites-moy de grace, *par où aller droit que par la verité?* & où pouuons-nous rencontrer ce vray chemin de verité, sinon *en Iesus-Christ*, dans lequel elle reside corporellement & diuinement? Car *la seule Diuinité nous est inaccessible, & ne la pouuons aborder ny atteindre que par la sacrée Humanité de Iesus,* comme par la forme expresse & conforme à nostre capacité corporelle & spirituelle tout ensemble ; outre que *ces paroles me semblent trop crües en la bouche d'vn Chrestien de dire,* qu'il falla quitter l'Humanité de Iesus-Christ, ou la memoire de sa tres-sainte Mort & Passion ; veu que luy-mesme nous a laissé par Testament de nous en souuenir *autant de fois que nous approchons de la tres-sainte Communion.* Mais le moyen d'oublier le prix & la rançon eternelle de nostre salut : Non, mon Dieu, ne permettez pas que jamais je l'oublie, quoy que l'on en puisse dire, *non par attache,* mais *par deuoir & gratitude.* Car je ne sçay si cela se peut dire sans blesser la sapience du Pere qui l'a ainsi ordonné, ny sans contredire à la charité du Fils, lequel s'y est soûmis, & l'a voulu pour nous laisser par Testament ce *tres-riche heritage de son precieux Corps & Sang,* dans la manducation duquel il nous fait moissonner la vie éternelle. C'est aussi, ce me semble, faire tort au saint Esprit, de recuser ainsi son ouurage & le plus haut chef-d'œuure de sa mission personnelle, pour le *luy opposer comme contradictoire & obstacle à ses diuins ouurages,* apres que luy-mesme s'est fait forme, quoy que pur Esprit.

7. Mais pourquoy *le saint Esprit se reuestir de la forme de Colombe,* qui n'est qu'vn chetif oyseau, dont le saint Esprit n'a pas affaire pour son égard. Car que pouuoit pretendre ce diuin Esprit caché sous le plumage d'vn petit oyseau, sinon *pour s'y conformer à nôstre portée,* & par là, nous y faire distinguer sa personne, & ensemble pour y clarifier & manifester Iesus-Christ, c'est à dire Homme-Dieu, lequel estant descendu dans les eaux du Iourdin pour y estre baptisé, & y authoriser le Baptesme de saint Iean, il y parut en cette forme colombine ; & vne autre fois en *langue de feu,* parce qu'il

Langage injurieux à Iesus-Christ, & aux trois diuines Personnes.

Pourquoy le saint Esprit a pris la forme de Colombe & en langue de feu.

qu'il est la chaleur & la lumiere personnelle de l'Amour, qui vouloit purifier & remuer toutes les langues des Apostres, pour porter & prescher l'Euangile par toutes les Nations. Et partant les formes ne luy nuisent ny ne luy seruent point aussi quant à sa Diuinité; mais il s'en est seruy à nostre esgard, pour suppléer à nostre impuissance, & pour nous *manifester par ce visible, l'inuisibilité* de sa Nature incomprehensible & inaccessible à l'entendement humain.

8. Et partant disons mieux, que ce ne sont point les formes, ny les choses formées, ny les images, ny les representations des saints Mysteres qui nous empeschent *d'aller à Dieu*, ny qui empeschent le saint Esprit d'operer en nos ames; mais que c'est *le regne insolent de nostre amour propre*; lequel vsant mal de tout, conuertit les meilleures medecines en poison, & particulierement dans *les ames spirituelles*, il y est vn peu plus reserué & delicat : il se couure souuent du manteau de la prudence & de la discretion, pour mieux déguiser ses viandes, & couler plus secrettement son venin; lequel engendre certaine vermine qui broute, qui ronge, & gaste tous les plus excellens fruits de *l'arbre de Vie du Paradis Terrestre de nostre interieur.*

Subtilité de l'amour propre dans les ames plus spirituelles.

9. D'où vient ames Chrestiennes, que *nous deuons apprendre à nous bien accuser nous-mesmes, & excuser tout le reste des creatures*; voire mesme les Demons ne nous peuuent offenser, qu'autant que nous nous approchons d'eux par *l'extrouersion* & l'épanchement exterieur de nostre esprit dans les objets du dehors, ausquels il s'attache par le lien d'amour propre, qui est vn *cordon de sept cordons* qui lie & captiue nos ames dās ces sept étages sus mentionnez; Car si l'ame pouuoit estre deliurée de la tyrannie de cét Vsurpateur, elle seroit continuellement appliquée à Dieu au fond de son cœur, & ne pecheroit point; mais comme elle se retire du dedans au dehors, & qu'elle s'y répand par les sens & les choses sensuelles, elle s'y souille & s'y éloigne de Dieu.

Mauuais effets de l'extrouersion dans les objets exterieurs.

10. Mais enfin, le moyen que cette *tres-sainte Humanité* fust obstacle au saint Esprit dans l'estat de sa Gloire, où

H h

estant personnellement vnie à Dieu dans l'vnion du Verbe diuin, vniquement associée par luy aux trois diuines Personnes, dont elle est toute penetrée de gloire ineffable, & de Diuinité, où elle est immortelle, impassible, & assise à la dextre du Pere, & dans le mesme thrône de la tres-sainte Trinité; où elle entre personnellement dans tous les glorieux commerces de la Diuinité; Veu, qu'elle n'a jamais esté empeschement dans sa vie passible & mortelle; puis que cette *adorable Humanité*, y a esté par l'operation du mesme saint Esprit, *la forme la plus expresse de leur diuine Sagesse, & l'operation la plus ineffable du ministere de leur Amour*, par laquelle Iesus-Christ a esté manifesté, & par luy le Pere, & au sein du Pere, & du Fils, *l'Vnité du mesme Amour personnel, en Trinité & Vnité de Personnes*; exerçans diuinement leur sur-adorable Essence dans les Decrets si magnifiquement executez, selon l'immensité de leur diuine Sapience. En telle sorte que ces trois diuines Personnes en cette vnique Essence prennent vn infiny plaisir à congratuler & à deifier, & à glorifier diuinement cette *sainte Humanité*, auec toutes les excellences magnifiques de leurs souueraines Grandeurs & toutes les conuenances sortables à leurs diuins Emplois & Vnité d'Amour.

11. Mais ne fut-ce pas sur ce Dieu fait Homme, que fut entenduë *la voix du Pere: C'est icy mon Fils bien-aymé, auquel i'ay pris ma complaisance, escoutez-le.* Tout tel que vous le voyez là entre vous, non seulement comme Dieu, mais Dieu & Homme tout ensemble; car telle est la volonté du Pere, telle est l'obeïssance & la sagesse du Fils, qui fut montré par la bonté du saint Esprit, lequel tout exprès voulut prendre *vne forme de Colombe*, & paroistre sur le Chef de Iesus-Christ baptisé en l'eau du Iourdain: afin que ce qui nous estoit *inuisible d'Essence, nous fut comme rendu visible par communication d'amour, & de sa presence personnelle*, & que sous le symbole & lauement exterieur de Iesus-Christ, il puisse aussi par ce moyen confirmer *la verité réelle & distincte des trois diuines Personnes; le Pere par la voix; le Verbe par sa*

Les trois diuines Personnes se sont seruies

L'attache à sa propre vie, *Tr. VI. Ch. I.*

presence diuine & humaine; & le saint Esprit sous cette forme co- *de formes, & pour se manifester aux hommes.* lombine, qui signifie paix, alliance, liberté & pureté de la vie Chrestienne, simplicité & mansuetude; & ainsi ils voulurent faire de *ces trois formes visibles*, le tres-noble & le tres-sage instrument de leur glorieuse *inuisibilité & vnité d'Essence, de Sagesse & d'Amour.*

12. Cela estant ainsi, comme il est vray, que les diuines Personnes ayent employé & exercé leur diuine Sagesse à executer le plus glorieux & ineffable Mystere qu'elles puissent operer d'elles-mesmes dans leurs emplois externes, le plus haut chef-d'œuure de leur Amour; sçauoir *l'Incarnation du Verbe.* Pourquoy apres tât de merueilles operées n'auoir en grande reuerence ce que les diuines Personnes ont tant estimé côme *l'Humanité tant cherie du Verbe*, qu'elles en ont fait la Compagne inseparable de leur Throne, & chose si importante à nostre sanctification : & *en faueur de laquelle les diuines Personnes ce sont si admirablement insinuées & si amoureusement communiquées à l'ame fidelle*; & partant il n'est pas juste d'accuser celle qui est plus sainte que nous, & qui est la cause de nostre sanctification; sçauoir, cette *sainte Humanité*, *ny la memoire de sa tres-sainte Mort & Passion*, ny celle de la tres-sainte Vierge sa beniste Mere nostre bonne Aduocate, ny leurs images en quelque lieu qu'elles soient. Mais plûtost selon le rapport & la foy des saints Peres de l'Eglise, non seulement elles n'ont porté nuisance à personne; mais au contraire, *elles ont seruy à plusieurs* pour les retirer du mauuais chemin; ny aussi les images des Saints, ny la memoire de leurs vertus, souffrances ou martyres qui seruent à réueiller nos froideurs & à exciter nos negligences, *sous pretexte d'vne vie de pur esprit*, qui apres tout ne peut estre qu'*imaginaire*, & nous rendre si delicats, que les pensées les plus saintes, & qui sont la sainteté mesme, comme *la Passion de Iesus-Christ*, nous soient des obstacles. C'est derechef accuser l'innocent & laisser le coupable; car rien ne nous pourra nuire si nous auons bien étudié en la connoissance de nous-mesmes, par laquelle nous ayons apperceu le trai-

Hh ij

stre, le larron secret, sçauoir *nostre propre amour*, que nous deuons corriger & *mortifier continuellement*.

13. Enfin, l'ame qui a découuert ce faux Vsurpateur de l'Empire de Iesus-Christ dans son cœur, ne doit plus estre en peine du desordre de sa propre maison ; Car il ne faut pas demander si ce larron domestique de nostre Temple interieur est adroit à tout faire ; c'est vn Emballeur, vn filou raffiné ; c'est le Partisan de Lucifer, le Deserteur de nostre petite Republique ; le meurtrier de la vertu ; le bourreau des bonnes œuures ; le destructeur de la simplicité : le vray poison des intentions : enfin c'est le Banquier des lieux soûterrains, lequel a correspondance auec toutes les canailles qui y habitent ; c'est vne vermine qui ronge toutes les entrailles de l'ame, & perce tous les fruits de son jardin interieur, & les fait tomber auant la maturité.

Belle description des qualitez & proprietez de l'amour propre.

14. Enfin, *ce trompeur de brebis* n'épargne pas mesme les plus innocentes ; car *les plus spirituels* ont assez à faire à se garder de luy : parce qu'il se cache finement des plus pieux pretextes ; & fait en sorte de nous *persuader toûjours le mal hors de nous, & non jamais dans nous*, de peur que venant à y entrer il n'y fust apperceu ; mais tantost *il accuse la Grace*, disant qu'elle n'a pas esté assez forte, *ou bien le Demon, & sa tentation*, *ou le monde, & ses appas* ; mais il ne veut point s'accuser. Et ainsi ce rusé Renard de la tanniere d'Adam se tenant toûjours *caché dans son creux* où il attend sa proye ; ne sort jamais que le bout du muzeau pour fureter adroitement toutes les plus belles pensées, & les actions les plus heroïques & éclatantes au dehors, & mesme jusques aux plus secrettes notions spirituelles, & *y coule son venin & ses malicieuses recherches*, afin de diffamer incessamment tous les habitans de la Terre promise ; si nostre Moyse diuin, nostre fort & vaillant Iosué n'enuoye en diligence les Courriers du pur Amour dans *la Cité de nostre cœur*, pour y étouffer habilement toutes les grenoüilles de ce Pharaon d'Enfer.

Finesse de l'amour propre, pour n'estre pas découuert.

15. Mais enfin estans Chrestiens, & *obligez à imiter Iesus-Christ* ; Comment l'imiterons-nous sans nous en souuenir

Et pourquoy l'oublier, luy qui fait nostre paix, nostre gloire, nostre rançon éternelle, expressément destiné pour nostre pain quotidien? Mais le moyen de ne pas cherir & aymer *la tres-sainte Vierge*? Et comment l'aymer sans recourir à elle comme à l'vn de nos meilleurs pleges pour les interests de nostre salut. Quoy, ce premier vase de liesse consacré à l'honneur du Pere ; cette boëte de parfums & de bonnes odeurs ; *ce Temple de paix*, de pacification, de lumiere & d'amour, ne sera-il pas aymé? Ce grand magazin d'honneur, ce *virginal Oratoire du saint Esprit*, où il a prié si hautement & si ardemment, que les Anges n'y sçauroient penser sans tomber dans l'extase en veuë des *gemissemens inénarrables* jallis du *sanctuaire interieur de l'ame d'vne telle Mere*, d'vne telle Vierge, & d'vne telle femme forte, munie de toutes sortes de vertus, comme vn diuin Arsenal tout celeste remply de feux & de flammes, & d'ardeurs de pur amour & de dilection diuine : là où le saint Esprit a exploité les plus hauts & les plus sublimes *commerces d'amour*, qui pourroient estre accordez à vne pure creature. Et partant, la pensée d'vne telle Mere, d'vne telle Vierge, & d'vne telle Aduocate, & d'vne telle noblesse d'Estre & de vie parfaite, Reine des Hommes & des Anges, pourroit-elle nuire à quelqu'vn? C'est ce qui ne peut estre pensé de l'ame Chrestienne.

SECTION QVATRIESME.

Ecstatique & diuin éloge des grandeurs de la sainte Vierge Marie, pour exciter toutes les ames Chrestiennes à l'amoureuse deuotion & parfaite imitation de cette tres-digne Mere de Iesus-Christ, auec ses admirables rapports aux neuf Chœurs Angeliques.

1. IL n'est pas possible de *passer pour bon Chrestien sans estre bien deuot à la Vierge*. C'est vne marque asseurée de predestination d'auoir sa faueur & son amitié. C'est la Sainte par excellence, la plus sainte, la plus belle, la plus nette, la plus pure de toutes les creatures: C'est la Vierge sur-éminente en toutes Vertus; & *la tres-digne Mere de Iesus-Christ, Mere de l'Homme-Dieu*. C'est *la gloire des Vierges*; l'honneur du Paradis, & l'ornement sacré de l'Eglise militante & triomphante. Elle est dans les Cieux semblable à *vn Ocean* remply de prodiges merueilleux des plus grandes liberalitez de la Diuinité. Elle y est la *Fille aisnée du Pere*: la vraye *Mere du Fils*: & *l'Espouse du saint Esprit*. Et en la terre le prompt secours des pauures affligez: c'est la souueraine Imperatrice de l'Vniuers corporel & spirituel; c'est l'appuy & le soûtien de tous les cœurs Vierges; & la noblesse Vierge de tous les cœurs purs: c'est la Reine des Anges, la Maistresse des Apostres, l'intelligence des Docteurs, aussi-bien que la bonne lumiere de toutes les Doctrines, puis qu'elle nous a acquis & donné au monde la Sapience du Pere.

2. Venez donc, Ames Chrestiennes, & *vous réjouyssez auec nous de toutes les grandeurs de Marie*, & de tous les dons sublimes operez en elle par l'Amour personnel; de toutes les largesses diuines des trois diuines Personnes communiquées à son *Cœur Vierge*; de toute l'excellence de sa Vie & de l'Empire & Souueraineté qui luy a esté donné & sur les

Anges, & fur les Hommes & fur les Enfers. *O tres-digne & tres-aymable Mere de mon cœur, que toutes mes entrailles s'épanoüiſſent d'aiſe dans la ſeule penſée de voſtre ſaint Nom.* Soyez donc ma Souueraine, ô Mere de Grace : Car vous eſtes *la tres-digne Mere Vierge de voſtre vnique Fils Vierge* : Vous eſtes la tres-legitime & la premiere Fondatrice Vierge du deuot Monaſtere de toutes les *Vierges qui ſuiuent l'Agneau* ; & de l'Inſtitut tres-ſacré de toute Virginité. C'eſt enfin, ô grande Princeſſe, l'Amour de voſtre cœur virginal qui les produit, & voſtre vigilance Maternelle qui les conſerue ; car voſtre pureté étonne les Anges, qui tous ſurpris, prennent plaiſir à vous regarder comme le beau Chef-d'œuure du Tout-puiſſant, & l'Exemplaire viuant de leur grande pureté, & tous vos chaſtes regards ſont ſi remplis d'allegreſſe virginale qu'ils rauiſſent tous ceux qui ont l'honneur d'en eſtre regardez.

3. Mais qui ne vous voudroit aymer & ſeruir, ô tres-chaſte Colombe de l'Orient Eternel? Mais plûtoſt qui pourra aymer que par vous, puis que vous eſtes la bonne Mere de l'Amour? Et que voſtre *ſein ſacré* en reçoit continuellement toutes les plenitudes ineffablement débordées du *grand Ocean de la tres-ſainte Trinité* ; comme de la ſource originaire de toute Sainteté admirablement écoulée en vous *par le torrent de grace de la tres-ſainte Humanité de voſtre tres-cher Fils.* Hé, pourquoy ne vous aymerions-nous pas, ô tres-parfaite Mere de toute Benignité, puis que nous vous appartenons de pur don, & *par liberalité royale de voſtre vnique Fils Ieſus-Chriſt au pied de la Croix?* Mais pourquoy ne vous pas aymer, puis que vous nous auez ſi cherement aymez la premiere ſi tendrement & ſi charitablement, que d'auoir conſenty de plein gré à la Mort de voſtre Fils vnique en faueur de nous autres pauures pecheurs ; pour eſtre la bonne Mere des Chreſtiens, vous glorifiant d'eſtre leur Aduocate par vn Principe de ſouueraine *humilité fondement du pur Amour.*

4. O *Mere de la ſacrée Dilection,* O premier Tabernacle

des dons sublimes du saint Esprit. O principal Vase de delices diuines. O *Temple sacré* de tous les plus nobles épanchemens de la souueraine Sainteté : Vous auez esté creé de Dieu pour aymer & pour estre aymée ; puis que vous nous auez donné l'Amour Eternel *par vne Generation temporelle, spirituelle, humaine & diuine, & tout cela par diuine operation de l'Amour mesme*. Vous estes le plus bel ornement du Ciel & de la Terre, vos vertus heroïques vous reuestent de splendeurs, & vous estes toute remplie de l'éclat lumineux de la Gloire immortelle dont vous jouyssez plainement & parfaitement sur les Cœurs Angeliques.

5. Oüy, ô *tres-sainte Vierge*, vous estes la plus parfaite de toutes les Creatures humaines & Angeliques ; vous estes la plus éleuée en dignité, la plus humble, la plus exemplaire & la plus admirable ; *la plus recueillie*, la plus éclairée, la plus sçauante, la plus sainte, la plus gracieuse, la plus pitoyable, la plus charitable, la plus patiente, la plus aymante, & la plus aymée que jamais le Pere Eternel ait creé. Et c'est, Ames Chrestiennes, cette mesme Vierge, cette mesme Mere Debonnaire, laquelle a pris la qualité *d'Aduocate des pauures pecheurs*. O Mere de tendresse, de compassion & de misericorde ; vous assistez incessamment deuant le throne de vostre benist Fils ; priant & intercedant pour eux, luy ouurant amoureusement vos charitables entrailles qui l'ont porté l'espace de neuf mois, comme sur *vn glorieux Char de triomphe* : De là, où regardant toutes les Nations, il en a eu pitié en pleurant de compassion dés l'heure bienheureuse de sa naissance au Monde.

6. Enfin, vous sçauez si bien exercer vostre prudence, ô tres-digne Mere de toutes Graces, & l'Amour diuin est deuenu si industrieux en vous pour gagner & fléchir le cœur du Pere à nostre égard, qu'*il ne vous peut rien refuser, luy montrant vostre sein virginal, & les chastes mammelles qui ont allaité son Fils vnique*, le plus *royal objet de ses plus diuines & paternelles complaisances*, pour tirer & attirer de son sein par Amour, les plus tendres émanations de ses diuines Misericordes

cordes en faueur des pauures pecheurs penitens, contrits & humiliez, & plains de componction cordiale.

7. Mais n'est-ce pas vous, ô Mere du bon repos, qui offrez au saint Esprit pour nous tous les seruices d'amour & d'affection qu'auez rendus à Iesus depuis sa sainte Natiuité, & son Enfance jusqu'à l'heure de sa Mort? Où vous l'auez accompagné auec toutes les douleurs, l'amour & les tendresses virginales d'vne telle Mere, & d'vne telle Maternité Vierge; toute soûmise & abandonnée au saint Esprit comme au plus fidelle témoin de son incomparable pudeur virginale; & *son Hoste diuin* tres-sacré, habitant en elle personnellement pour y operer la premiere & la derniere des plus grandes & des plus ineffables merueilles de la Sagesse profonde de l'vnité d'vn Dieu: laquelle Sagesse a esté epuisée dans ce *Mystere inoüy & sur-ineffable de l'Incarnation du Verbe*: au moyen de laquelle *il se veut preparer lieu en nos cœurs*, pour y épancher liberalement, & à excés, les sublimes torrents de la diuine Charité écoulée de cette pleine mer de Grace, remplissant cette belle ame ornée de toutes les vertus & dons spirituels.

8. Enfin, cette Dame d'honneur du throne Imperial de la Diuinité, declare à toutes les trois Personnes diuines de la tres-sainte & adorable Trinité, & en general & en particulier *toutes les playes & meurtrisseures de la tres-sainte Humanité de son Fils, tout son sang*, toutes ses larmes, tout son cœur, auec les épouuentables abbaissemens de sa diuine Personne dans l'ignominie de son Humanité, pour fléchir & attendrir le cœur du Pere diuinement & amoureusement blessé de la belle harmonie de toutes ces *diuines bouches d'amour*, qui attaquent si puissamment ses diuines entrailles Paternelles.

Voyez la seconde image.

9. O tres-digne Mere de Dieu. O diuine MARIE *Fille de Roy, Espouse de Roy, & Mere de Roy*. O grande Princesse, ô Dame de l'Vniuers corporel & spirituel; vraye Depositaire generale des secrets de la tres-sainte Trinité, & souueraine Bien-factrice de toutes les Nations, Peuples & Lan-

gues, qui la proclament bien-heureuse dans toutes les Principautez & excellences du ressort de sa Souueraineté, tant au Ciel, qu'en la Terre, pour *n'auoir jamais eu de semblable en humilité*, en amour, en sainteté, en grandeur & en éminence, comme celle qui porte le tiltre incomparable de Mere de Dieu.

10. Mais de grace, que pouuons-nous dire dauantage de ce grand miracle d'Amour ? sinon qu'*elle est arriuée pendant sa vie mortelle au plus eminent degré d'oraison & d'vnion auec Dieu qui se puisse jamais accorder à aucune creature*. C'a esté la tres-singuliere pour toutes les diuines faueurs. C'est la glorieuse Patrone des Anges, & le miroir des vertus pratiquées, dans toute leur excellence. C'a esté elle laquelle pendant sa vie a *le mieux cherché & trouué Dieu dans son cœur dans le fond de son ame virginale, & sans entre-deux ny milieu*. Car elle ne s'est jamais détournée ny extrouertie au dehors vers aucune sublimité & multiplité que ce fust, toutes ses forces & *puissances estant tres-passiues, & soumises à l'operation du saint Esprit dans le fond de son ame* ; au plus interieur de laquelle elle experimentoit les dons sublimes & la hauteur ineffable des communications du saint Esprit exercées diuinement & dans la noblesse & l'excellence de cette éminente source d'eau viue originaire de vie éternelle, où elle reposoit en jouïssance de son principe & de sa fin ; auec des delices infinies émanées du brasier amoureux de ce diuin Esprit; auec toutes les graces & les dispositions necessaires, & conformes à la dignité & à l'excellence du *saint Nom de Marie Mere de Iesus* ; c'est à dire, la plus aymée & la plus aymante de toutes les Meres ; *la plus vnie à Dieu*, la plus simple, la plus pauure & la plus petite à ses propres yeux; mais au reste, infiniment grande aux yeux de Dieu, en la presence duquel elle estoit tres-pure, tres-dénuée, *tres-intime, & parfaitement recolligée* & toute deïfique : plus celeste que les Anges en pureté, & *attirant par son incomparable Beauté le Ciel des Cieux dans elle-mesme*.

L'attache à sa propre vie, Tr. VI. Ch. I.   249

SES DIVINS RAPPORTS AVX NEVF Chœurs Angeliques.

11. Enfin, elle estoit de plus pendant sa tres-sainte vie tres-richement parée, & noblement *reuestuë de la belle Ceinture, des Estoilles lumineuses*, brillantes & enuironnantes le thrône de l'Agneau, qui sont les neuf Cœurs ou Ordres Angeliques.

12. Elle brûloit & se consommoit journellement dans le diuin fourneau embrasé & les ardantes flammes du pur Amour auec *les Seraphims*; estant toute penetrée d'Amour & de Diuinité, dont son ame tres-sainte estoit le vray Sanctuaire & le Reposoir viuant de ses delices.

13. Elle estoit toute pleine & sur-comblée de tres-sublimes connoissances auec *les Cherubins* par l'infusion amoureuse du saint Esprit, & l'illustration sauoureuse du Miroir diuin transformant sa sainte Ame en sa maniere diuine & infinie.

14. Auec *les Thrônes*, elle estoit le beau Siege de liesse, & le thrône fleurissant sur lequel Dieu se reposoit de ses œuures, comme il fit au septiéme jour que toutes choses furent parfaites, ainsi que sa tres-sainte Ame toute pacifique qu'elle estoit en vnité consommé dans le sein de la Diuinité.

15. Auec *les Dominations* elle estoit Maistresse des Esprits, Maistresse d'elle-mesme; assujettissant volontairement & amoureusement tout son Estre à Dieu; d'où vient que toutes les Nations luy ont esté assujetties, tout Peuple & toute Langue la confessant Bien-heureuse.

16. Elle estoit auec *les Principautez* maistresse de tous les Royaumes, & le refuge asseuré de toutes les Creatures, & parfaitement victorieuse du Monde, du Diable & de son Empire, & toûjours Bien-faisante à tous les Enfans du Royaume de son Fils.

17. Auec *les Puissances* elle regnoit absolument sur toutes

les tenebres qu'elle faisoit fléchir à sa volonté, comme la femme forte écrasant la teste du Serpent, comme la toute victorieuse Refrenatrice des Demons.

18. Elle estoit auec *les Vertus* toûjours prudente & bien ordonnée en tout son Estre corporel & spirituel. Elle estoit tres-discrette au seruice de Dieu, & tres-diligente à luy tout rendre par amour ; & *n'a jamais esté touchée d'aucune soüilleure en aucune façon que ce fust* ; mais toûjours parée du Lys de sa pureté, & toute émaillée d'vn nombre innombrable de Vertus semblable à la prairie toute parsemée de fleurs.

19. Auec *les Archanges* elle estoit Messagere de double nouuelle diuine & humaine, *en nous donnant l'Homme-Dieu*, Prince de paix, & Maistre de la pacification, qui a porté la bonne nouuelle au Monde, & s'est donné pour recompense en vie éternelle & victime d'amour.

20. Elle estoit enfin auec *les Anges* la tres-humble Seruante du Seigneur, conuersant auec eux tres-familierement, estant continuellement d'esprit au Ciel, & de corps en la Terre.

21. Mais qui pourroit dire & raconter par le menu toutes les merueilles, toutes les excellences, les honneurs, les loüanges qui fussent sortables à la grandeur & à la sur-éminence d'vne si haute Princesse, d'vne si sage Mere, d'vne si noble Vierge, & tout ensemble glorieuse & humble, Fille & Mere ; & cependant parfaitement Vierge ; Laquelle toute embrasée de diuine ardeur, & tres-glorieusement reuestuë & embellie de la plus rare pureté toute confite en humilité & consommée en amour ; & si parfaitement patiente en tous ses trauaux, qu'elle a merité la Couronne immortelle d'vne gloire ineffable qui n'aura jamais de pareille. D'où vient que le Pere l'a choisie comme pour Coadjutrice dans ses plus hauts Decrets, Exploits & Emplois, jusqu'à descendre & *s'abbaisser en son fond interieur dans cette coye solitude*, libre & pacifique ; & *là comme au beau milieu du silence*, *l'vnissant à soy*, le Pere parloit auec elle son secret

L'attache à sa propre vie, Tr. *VI.* Ch. *I.*   251

l'vnique de son sein ; c'est à dire SON VERBE, auquel elle fournissoit *Diuine & a-*
mesme temps son plus pur sang Virginal entre les mains du S. Esprit, *moureuse ex-*
pour former & inuestir, & reuestir d'Humanité le Verbe diuin, auec *Mystere ado-*
des ioyes inconceuables & infinies pour la fin, & l'accom- *rable de l'In-*
plissement de ce Mystere ineffable. *carnation du Verbe dans le sein Virginal de Marie.*

22. Mais de grace, quelle prudence inouïe & excellemment pratiquée par cette eminente Vierge, & Mere
qu'elle estoit, & vnique en son espece ? tres *rare en silence*,
touchant toutes ces grandes & ineffables merueilles qui luy
auoient esté reuelées du Ciel par ce Diuin & tout celeste
Ambassadeur l'*Archange Gabriel*, lequel en la saluänt, luy
declara *le grand secret de la tres-sainte Trinité*, qu'elle garde en son
cœur sans en dire vn seul mot, non pas mesme à son chaste Espoux S. *Ioseph*. O Ame Chrestienne, ne vous en estonnez
pas ! C'est que *Marie signifie vnion de l'ame auec Dieu* : & son
corps, & le plus pur de son Sang ont seruy *à la plus grande & à*
la plus ineffable de toutes les vnions ; Sçauoir de l'*Humanité auec* *L'vnion hypo-*
le *Verbe diuin*, & l'vnion est telle, que ces deux natures *statique de la*
ne font qu'vne mesme personne, laquelle se nomme *nature hu-*
Homme Dieu, principe de toutes les vnions. Le saint Nom de *maine auec le Verbe.*
Marie vaut encore autant à dire, que *tres silencieuse*, & ne
disant que tres peu de paroles, mais de grands poids, &
d'vne prudence & grauité plus qu'Angelique, parce qu'elle
estoit *la Mere de l'Homme Dieu*, la Mere de l'Homme nouueau, laquelle deuoit releuer la premiere femme de sa
cheute, appellée Eue. Mais lors qu'elle eut mangé du fruit
deffendu, son nom fut transmué, & elle cesse d'estre la mere des viuans, puis qu'elle auoit laissé entrer la mort en
elle, par le peché, & elle deuint & fut surnommée E-ua de
la Langue, tant pour tâter & sauourer le fruit deffendu,
que pour babiller auec le Demon. Ainsi nous voyons que
cette ieune babillarde aymoit *la superfluité & multiplicité de*
paroles ; comme il appert par le discours familier qu'elle eut
auec le Serpent entortillé tout à l'entour du Pommier, où
il se met exprés pour éprouuer sa Langue : Car ce fut de
cette belle chaise, d'où il commença *à la caioller, & elle à*

I i iij

l'écouter attentiuement, d'où vient qu'elle fut seduite (écartée qu'elle estoit de la presence de son mary, seule & oysiue, sinon *de la Langue*) sur laquelle elle auoit desia receuë le venin du Serpent, pour en empoisonner celle de son mary; ce qu'elle fit : & partant le cauteleux Serpent fit de cette pierre deux coups tres funestes à la Nature Humaine.

23. Ce qui doit seruir d'exemple & de retenuë à toutes les femmes qui ont beaucoup de langue, & lesquelles en cela suiuent le train d'Eue.; Car il y en a d'vn genre de femmes fortes, tres sages & silencieuses qui suiuent la tres Sainte Vierge, ainsi que les Vierges font l'Agneau; & celles-là ayans la crainte de Dieu, s'occupent à son seruice, & à bien éleuer leurs enfans en sa crainte, & sont plustost rencontrées chez elles à bien edifier leurs familles, ou à l'Eglise, que dans *les promenades & diuertissemens inutiles :* elles honorent leurs maris, & leurs maris les ayment & les cherissent, *& par ainsi Dieu les benit*; Ce n'est donc pas à celles-là, que nous parlons; mais c'est à celles-là qui ont la hardiesse de *s'écarter de leurs maris* sous tels pretextes que ce soient, *pour aller aux recreations, danses ou promenades, pour causer* & babiller auec d'autres hommes, de peur que leurs paroles cocardes, affectées & superfluës ne seduisent les hommes qui les écoutent, *& qui ne se tiennent sur leurs gardes*, n'estans ny recueillis, ny sur la garde de leurs cœurs; parce que les paroles & *caioleries feminines ont vn certain ascendant sur l'homme* par lequel elles ont pour l'ordinaire plus de pouuoir pour tenter l'homme, que les Diables mesmes.

De deux sortes de femmes bien differentes.

24. Les Vierges auec toutes les autres ames consacrées à Dieu, n'auront pas moins à profiter icy que les autres, voyans *l'importance de ne se iamais separer ou éloigner de Iesus-Christ leur tres saint Espoux* pour s'épancher tant soit peu vers les creatures au dehors ; mais bien de se tenir coyes, recueillies & silencieuses dans la solitude interieure de leurs cœurs auec leurs chaste Espoux, leur force, leur lumiere, leur amour & leur vie ; si elles ont enuie de perseuerer constamment ; car l'ame fidele a besoin d'assistance pour se maintenir dans son

L'attache à sa propre vie, *Tr. VI. Ch. I.* 253

integrité, & les choses plus necessaires pour cela sont, la frequentation des Sacremens, l'Oraison & les autres bonnes œuures; Car l'esprit du Seigneur repose seulement dans ce cœur là, lequel a soin de s'épurer par la sincere Confession, & se nourir du pain reel de la sainte Communion, & s'entretenir *du pain spirituel de l'oraison dans la retraite interieure de son cœur*, car vne telle oraison est le pain & la nouriture spirituelle de l'ame: laquelle estant ainsi surnaturellement éleuée par ce tres-saint exercice, comme vn Aiglon legitime à la face de ce diuin *Soleil interieur*, elle y deuient aussi toute brillante de sa tres radieuse splendeur & illumination.

Moyens pour le maintenir dans l'integrité de la vie Chrestienne.

SECTION CINQVIESME.

Comment l'ame interieurement recolligée & vnie à Iesus-Christ dans son cœur, pratique eminemment toutes les deuotions & oraisons ; & quel doit estre l'estat d'abbaissement interieur de l'ame dans son Oraison, sous les cœurs de tous les saints Mediateurs entre Dieu & elle.

1. *C*Omme *toutes les deuotions doiuent auoir leurs principes en Iesus-Christ*, duquel découle la Fontaine d'eau viue representée par celle que Moyse fit saillir de *la pierre dans le desert en la frapant de sa verge* en la presence des Anciens du peuple, dont ils furent raffraichis & rassasiez de leur soif: Ainsi IESVS-CHRIST, nostre Moyse diuin, pierre viue du rocher de la diuine essence, frappé par la verge de sa Croix, nous a fait découler les eaux salutaires, les eaux viues, dont la source est eternelle, & la vertu infinie. Cette digne pierre viue fust aussi frappée en la presence des Anciens du peuple Iuif, des Princes, des Prestres, des Scribes & Pharisiens qui pretendoient obscurcir cette diuine

lumiere qui leur faisoit voir, & leur reprochoit leur hypocrisie. Mais ce fust en vain, car ce *Soleil de verité* penetre toutes les tenebres: & le tombeau mesme, qu'ils croyoient l'auoir enseuely & obscurcy, ne l'a pas pû empescher de *luire au fond de nos cœurs*; ce beau rayon pacifique, & pere de toutes lumieres, & lumiere de toutes les clartez. Enfin ce *diuin & humain Iesus*, chef *visible & inuisible de la Loy de grace & d'amour* fait tout nostre force, nostre verité, nostre vie & nostre lumiere, & le puissant armé absolument victorieux de tous les ennemis visibles & inuisibles de son Eglise.

2. Et cependant il y a de *certaines personnes spirituelles qui enseignent l'oraison, & disent qu'il faut quitter l'humanité de Iesus-Christ*. C'est tout ainsi que quelqu'vn qui voudroit bastir, & détourneroit cependant toute la pierre de son bastiment; & faire cela, c'est se mocquer des Massons. Ainsi cette *pierre viue* détournée de nostre *bastiment spirituel*; le S. Esprit qui en est l'Architecte n'y voudra plus trauailler, car sans ce fondement il n'y assoira pas vne autre pierre, car *il n'opere, ny n'operera iamais sur d'autre fond*: Et si *Iesus-Christ ne nous eust merité le S. Esprit par sa tres-sainte Mort & Passion*, il ne fust iamais descendu vers nous; parce qu'il n'y a rien dans nous digne de luy qui puisse l'obliger d'y venir & d'y demeurer, que ce qu'il y rencontre de *Iesus-Christ*, & n'edifie iamais sur d'autre fond: Et partant, ne *disons point qu'il le faut quitter*, mais disons plustost *qu'il faut quitter nostre propre amour, & toutes ses complaisances* qui font obstacle au S. Esprit, & nous empeschent nostre auancement spirituel, & non pas *la sainte Humanité de Iesus*; laquelle vous ne deuez quitter, si ce n'est qu'ayez enuie de la deuancer & d'arriuer à la Diuinité deuant elle, & sans elle, Et partant *luy dénier & luy oster sa fonction de mediatrice entre le pere & nous*, sous pretexte d'vne certaine spiritualité supposée & imaginée, par laquelle ils veulent détruire tout le corporel; car lors que nous disons qu'il faut détacher nostre esprit de quelque objet, ce n'est pas que *cet objet soit mauuais de soy*,

Iniurieux langage de ceux qui disent qu'il faut quitter l'humanité de Iesus-Christ dans l'Oraison.
Le S. Esprit n'opere dans vne ame qu'autant qu'elle est interieurement fondée sur Iesus-Christ Crucifié dans son cœur, & pourquoy.

mais

mais *c'est la malice* & l'imperfection de noſtre méchant eſprit qui *s'attache* & qui s'approprie tout, à cauſe du regne du propre amour.

3. C'eſt donc *nouſmes, que nous deuons quitter*, ſi nous voulons auoir la paix, car là où eſt l'eſprit de Dieu là eſt liberté, & rien ne peut nuire à l'ame victorieuſe d'elle-meſme, & entierement renoncée. *Ce ne ſont donc point proprement les objets qui nous nuiſent, mais l'amour deſ-ordonné auec lequel nous nous y attachons*, c'eſt cela qu'il faut vaincre: Et partant, la repreſentation ſpirituelle de la tres-ſainte Vierge, ny des Saints ne nous peut point empeſcher, & *la ſainte Egliſe nous apprend à venerer leurs Images*, & non point à les égratigner. Il faut marcher ſimplement par la voye, & non pas ſe détourner par de fauſſes portes, où l'on ne marche qu'à tâton, d'autant qu'il n'y a point d'autre chemin frayé. Car tous ceux qui ſe vantent de paſſer par *le chemin ſpirituel*, où il n'eſt plus aucune mention du corporel ce leur ſemble: comme *ce n'eſt qu'en idée imaginaire*, ils ne laiſſent derriere eux aucune trace, non plus que le vaiſſeau qui fend les ondes de la Mer; apres quoy il n'y reſte aucun veſtige; ainſi *en eſt de ce chemin ſi inuiſible & ſi imperceptible & ſpiritualiſé*, trauerſant tous les ordres de l'Vniuers auec vn eſprit embaraſſé & attaché à tous les ſept eſtages differens de la chaiſne du propre amour, & auec tout cela on s'imagine fendre l'air, & *s'éleuer, dit-on au deſſus de ſoy-meſme, pour aller droit à Dieu, & là y contempler les diuins attributs*. Mais ie penſe, que ce chemin là n'eſt point encore frayé: car ie ne crois pas que perſonne ſoit arriué à Dieu par là.

4. Mais tout bon Chreſtien doit ſçauoir, que voicy *le chemin Royal enſeigné de Ieſus-Chriſt par œuures & par paroles*: & que *les Saints Apoſtres* nous ont frayé par leur exemple; & qu'ils nous ont confirmez par la publication du ſaint Euangile; & celuy que *la ſainte Egliſe ſuit & pratique*; qui eſt que *perſonne ne peut aller au Pere, que par le Fils. Per Ieſum Chriſtum Dominum noſtrum*: car la voye d'aller de nous à Dieu n'eſt point imaginaire, mais veritable & eſtablie dans la verité,

K k

C'est luy qui a dit, *Ie suis la voye* qui osera en poser vne autre; C'est luy qui a dit, *Ie suis la verité*, qui osera en croire vne autre. C'est luy qui a dit, *Ie suis la vie*, qui est celuy qui osera en esperer ou en attendre vne autre : Et s'il est la voye, c'est donc *par luy* qu'il faut cheminer pour arriuer & entrer en la verité ; & estant la verité, n'est-ce point par luy & en luy qu'il faut croire. Et enfin estant la vie que nous deuons esperer, n'est-ce point *en luy*, & *par luy* qu'il faut viure, pour ne plus iamais mourir, & cette noblesse de vie n'est-elle pas cachée en luy, en sa Diuinité. Or ces personnes demeurent bien d'accord que Iesus-Christ est la porte par où il faut passer ; Mais, disent-ils, *estant passé par cette porte, il la faut quitter ; & passer en la voye de Dieu.* Mais, cheres ames, ne voyez-vous pas que vostre raisonnement est sans fondement, & que si Iesus-Christ a dit estre la porte, qu'il a dit aussi estre *la voye qui conduit à la Diuinité* qui habite corporellement en luy ; Et partant, si vous quittez vostre voye, par où arriuerez-vous à vostre terme & à vostre fin ? qui est à la possession de cette vie qui ne meurt plus. Car nous ne pouuons positiuement iouïr à plein de cette diuine iusques apres la mort ; mais seulement la *participer & nous y entretenir & y accroistre* ; d'où il s'ensuit que *toute nostre vie* nous auons besoin de cette voye, pour ne nous pas égarer dans nos belles pensées. Nous auons aussi besoin de la verité, pour ne nous pas tromper dans nos lumieres. Et enfin nous auons encore besoin de la participation de cette vie, pour ne pas mourir de la mort du peché, si ce n'est que voulant cheminer toutes seules & à vostre teste par ce *chemin sans chemin* trauers les espaces imaginaires, ainsi qu'il a déja esté dit, vous y veilliez deuancer Iesus-Christ au lieu de l'y suiure.

Raisonnement pour quitter Iesus-Christ dans l'Oraison, faux & sans fondement, puisque les parfaits aussi bien que les commençants en ont tousiours besoin.

5. Mais à quoy bon nous amuser à ces chemins de brouillards & de fumée que le vent emporte pour en effacer la memoire ? Poursuiuons pluftost à declarer *la vraye & la solide deuotion*, laquelle consiste à nous dégager des sept captiuitez & enchaisnemens de nostre propre amour auec les armes victorieuses, & toutes puissantes de l'Agneau de Dieu ; lequel seul peut ouurir ce Liure fermé de nostre cœur, au fond duquel nous luy deuons rendre nos hommages & en faire vn

La vraye & solide deuotion.

L'attache à sa propre vie, Tr. VI. Ch. I.

Oratoire viuant & vn lieu de prieres continuelles, apres l'auoir epuré par vne bonne Confession ; Et afin de rendre nostre Oraison plus meritoire, nous la joindrons à celle des Saints, ainsi estans humblement & amoureusement recolligez au fond de vostre cœur ; & vostre cœur dans le cœur des Saints ; & le cœur des Saints dans le cœur virginal de Marie ; & le cœur Vierge de cette beniste Dame dans le cœur de Iesus, & le cœur de Iesus dans le sein du Pere Eternel. Voila le Royal chemin, & le chemin frayé de l'Eglise militante à la triomphante, le chemin frayé de l'Eglise aux Saints, & des saints & Anges à la tres-sainte Vierge, & de la tres-sainte Vierge à Iesus-Christ, & de Iesus-Christ à Dieu le Pere, par le ministere interieur de son saint Amour, qui reünit toute multiplicité à l'vnité.

Moyen de rendre nostre Oraison plus meritoire.

Le chemin royal de l'Eglise militante à la triomphante, & le moyen de reduire toute multiplicité à l'vnité.

6. Et par ainsi la tres-sainte Eglise instruite du saint Esprit, nous a tousiours enseigné de choisir de bons intercesseurs auprés de sa Majesté diuine, dont le premier & le principal qui contient tous les autres en eminence, c'est la tres-sainte Humanité de Iesus-Christ comme mediatrice necessaire & absoluë entre Dieu & les hommes ; & en elle tous les Saints ; puis qu'elle est l'origine de leur sainteté, & le prix infini de leurs merites : ainsi nous vnissant aux Saints dans le cœur de Iesus, comme le ruisseau dans sa source, dont la tres-sainte Vierge est comme le Canal distributif, toutes les emanations qui s'écoulent de cét Ocean diuin sur la tres-sainte Eglise, passe premierement du sein de la Diuinité dans le sein de la tres-sainte Humanité de Iesus, comme le premier & le plus grand, & le plus digne vaisseau qui aborde & qui abbouche la Diuine essence, dans lequel elle déborde & épanche les Torrens des diuines liberalitez de son amour & de sa grace, & de sa vie ; & du sein de Iesus-Christ dans le sein de la tres-sainte Vierge sa Mere, qui fait vn cœur à part, dans lequel toutes les graces reposent, & les écoulemens du diuin Amour, comme dans vn diuin sanctuaire, d'où ils s'épanchent amoureusement sur les cœurs Angeliques, & des Anges sur les Saints, & des Saints sur la tres-sainte Eglise, & de la tres-sainte Eglise sur les pauures pecheurs. Et par ainsi tenant nostre ame humblement abbaissée sous tous ces ordres celestes de l'Eglise triomphante, & sous ceux de la militante ; & voire mesme par vn sentiment de profonde humilité, nous abbaisser interieurement sous

Sentimens de l'Eglise sur l'Humanité de Iesus-Christ, principale & necessaire mediatrice entre Dieu & nous.

Voyez la penultiéme Image.

Kk ij

L'ame captiue sous le sixiéme sceau,

les pieds des pauures pecheurs, comme nous estimans les plus grands pecheurs ; Et partant, indignes de participer de plus près aux glorieux débords de ce diuin Ocean de lumiere & d'amour, & qu'ainsi ouuerts interieurement à Dieu trauers tous ces cœurs, qui tirent & attirent du sein de la Diuinité dans les nostres, toutes les abondances de grace, de lumiere & d'amour necessaires pour nostre satisfaction ; & seulement en nous vnissant par foy & amour, & en y tenans nos cœurs vnis & attentifs interieurement à ce diuin & humain cœur de Iesus, pour passer & entrer de là au cœur immense de la Diuinité, là où tous les cœurs sont diuinement associez en vnité.

Reünion de tous les cœurs dans le diuin cœur de Iesus.

SECTION CINQVIESME.

De la deuotion speciale que doiuent auoir tous les Chrestiens à vn ternaire de saints, Vierges, Saint Ioseph, saint Iean Baptiste & saint Iean l'Euangeliste, & à vn ternaire de saints Penitens ; saint Pierre, saint Paul, & sainte Magdelaine, auec la particuliere veneration du grand saint Michel Protecteur general de l'Eglise.

1. L'Ame Chrestienne peut, & doit auoir deuotion aux Anges & aux Saints, comme aux aisnez de la Cour celeste, & s'vnir à eux sans crainte que cela empesche sa perfection, ainsi que *s'imaginent quelques delicats spirituels tout spiritualisez.* Et quoy qu'vn chacun en puisse choisir selon sa deuotion ; cependant le deuot Lecteur me permettra s'il luy plaist de luy en notifier quelques vns, selon le peu d'experience, qu'il a plû à Dieu de nous en communiquer, *sans pourtant luy borner sa deuotion.* Chacun sçait que la Reyne des Anges, des Saints & des hommes, doit tenir le premier rang, & la premiere place dans le cœur de son Fils Iesus-Christ concentré au fond des nostres ; & qu'ensuitte il est à propos d'y pla-

L'attache à sa propre vie, *Tr. VI. Ch. I.* 259

cer & d'y admettre le cœur vierge de son chaste Epoux *saint Ioseph*. Car c'est vn Saint qui merite de tres-grands respects, non seulement parce qu'il est vn tres-grand Saint; mais aussi parce qu'il est le tres-chaste Espoux & Mary legitime de Marie Vierge & Mere, & le Chef-Vierge de la sainte Famille de Iesus-Christ. C'est aussi le grand Legat en Terre du Pere Eternel, pour seruir aux plus hauts emplois de la sainte Incarnation de son Verbe. C'est encore le Pere adoptif, & nourrissier tres-gracieux & tres-humble du saint Enfant Iesus, & de sa tres-sainte Mere, auquel ils se sont soûmis, & ont obeï comme au Député de la Cour Imperiale du Tout-puissant. *Eloge des grandeurs de saint Ioseph, chef-vierge de la sainte famille Vierge de Iesus-Christ.*

2. C'est enfin le premier Prince élû, & le seul choisi pour ce grand & incomprehensible Mystere; comme estant l'homme le plus parfait en sainteté, le plus pur, le plus sage, le plus chaste & le plus innocent de tous les hommes; pour le fidele Gardien vierge de ce grand prodige & miracle de virginité & de pureté. Sa modestie est sans exemple, & *son parfait silence* a esté si accomply & si rare, qu'il n'a pas dit vn mot sur les merueilles inoüyes de la sainte Enfance de Iesus; ny des vertus heroïques & sublimes de sa tres-sainte Espouse; quoy qu'il fut tres-éclairé & sçauant dans toutes ces matieres. C'est enfin vn prodige de sainteté, & dont Dieu a caché les merueilles & les rares excellences jusqu'à ces temps; ne voulant pas qu'il fust connu, ny mesme veneré de toutes sortes de personnes pour recompense de son parfait silence, & pour la grande dignité d'vn homme si saint & si rare qui surpassoit les Anges en pureté & en ardeur d'amour. *Pourquoy la denotion de S. Ioseph differée jusques à ce temps.*

3. D'où vient que pour recompense Dieu l'a exalté sur toutes les Vierges, apres sa tres-sainte & tres-digne Espouse: luy estant donné pour office dans l'Eglise militante Superiorité de tres-sage Conseiller de la pudeur virginale; Aussi toutes les Vierges luy sont redeuables & tributaires d'hommages, & de deferences à son office; & partant Dieu les oblige de venerer & d'aymer ce grand Saint. *L'obligation des Vierges à vne speciale denotion & veneration à saint Ioseph.*

K k iij

4. Ce n'est pas si grande merueille de le voir regner sur l'Eglise Militante, puis que dans la Triomphante il y est proclamé comme le grand Heraut du Roy Vierge, auquel tout ensemble, comme Capitaine Vierge, il est donné la conduite de cette tres-belle & diuine *trouppe d'Anges incarnez*, comme licentié de sa Majesté, & Chef general de tous ceux qui suiuent *l'Agneau*; & le premier qui entonne le *nouueau Cantique*, qui ne peut estre chanté que par ces Seraphins de l'Ordre Vierge de l'Agneau, comme premier Fauory de sa Cour & de cette trouppe virginale, qui luy font compagnie, & le suiuent par tout où il va, illuminans tout le Paradis de l'éclat de leur pureté par conformité à *l'Agneau*. Mais il est à notter que *les folles Vierges* n'ont point icy de rang pour n'auoir pas suiuy leurs Espoux par tout, laissans dessecher par negligence & tarir l'huile de leur lampe, laquelle s'étaignant les a laissées dans les tenebres.

Saint Ioseph le premier homme d'oraison apres Iesus & Marie.

5. De plus, *saint Ioseph* a esté en sa vie *le premier homme d'Oraison apres Iesus & Marie*: Ie veux dire *celuy qui a monté au plus haut degré d'vnion & de transformation*; là où vn pur homme peut arriuer & atteindre. C'estoit vn miraculeux chef-d'œuure de silence; vn tres-puissant & tres-fort pillier de vertu: C'estoit vn homme plus diuin qu'humain, & plus viuant à Dieu qu'à soy-mesme, en tous ses déportemens tant internes qu'externes: Et quoy qu'il fust vray Homme, il estoit aussi vray Vierge, & son excellence rauissoit les Anges d'étonnement.

Prerogatiues singulieres & éminentes de saint Ioseph.

Toutes ses grandes faueurs sont tres-singulieres, & peu accordées aux hommes, & ses priuileges sont sans nombre & sans exemple: Car il fut fait Coadjuteur auec le saint Esprit, & constitué Espoux legitime de Marie pour la conduite du *saint Enfant Iesus*, & pour la consolation de la tres-sainte Vierge. Il fut par tout tres-fidelle Compagnon de ses trauaux & souffrances; il faisoit en terre & à l'exterieur à l'égard de Iesus & de Marie ce que *le saint Esprit faisoit interieurement dans leurs cœurs*: Et partant, il a esté fait le premier Compatriotte de la diuine Essence. Son Office est si grand, si haut & si releué, qu'il

L'attache à sa propre vie, *Tr. VI. Ch. I.* 261

ne se peut mesurer par le jugement humain, ny par aucune chose d'icy bas, ny pas mesme par les Anges.

6. Et partant, comme *la Communion des Saints* est vn point de nostre foy, nous deuons aussi entrer en societé & communication d'œuures & de merites auec eux. D'où vient que *le saint Esprit qui en est le plus grand Oeconome nous enseigne interieurement à chercher Iesus-Christ au fond de nos cœurs, dans les cœurs des Saints, & à trouuer les Saints en Iesus-Christ source originaire de toute Sainteté*; lequel comme Chef viuant de tous ses membres viuifiez du Paradis, leur influë la vie de Gloire, laquelle felicitant les Saints, les incline à demander à Iesus-Christ la societé de tous les fidelles Combattans de l'Eglise militante, par l'vnion étroite & le lien de charité qu'ils ont auec luy. D'où vient que la sainte Eglise en fait memoire, tant pour les congratuler de leurs victoires, que pour auoir part à leurs intercessions & merites, qui nous sont sans doute tres-aduantageux: & apprenans ainsi à l'imitation de la tres-sainte Eglise, laquelle ne pouuant pas tous les honorer en particulier, leur fait vne feste generale. Ainsi, chaque Chrestien doit auoir des Saints de particuliere deuotion, pour estre ses pleges deuant *Dieu*, *& l'Agneau* au jour de tribulation.

La Communió des Saints en Iesus-Chr. source originaire de toute sainteté, dans lequel il faut trouuer tous les Saints, & luy dans tous les Saints au fond de nos cœurs.

7. Et premierement, chaque personne est obligée de venerer le Saint de qui elle porte le nom, auec son Ange gardien & saint Michel: Et apres cela, l'ame deuote pourra faire choix d'vn ternaire de Saints Vierges, comme *saint Ioseph*, *saint Iean Baptiste*, *& saint Iean l'Euangeliste*, estans les trois pilliers qui occupent le triangle du *siege de l'Agneau*. Et par apres elle pourra aussi faire election d'vn ternaire de Penitens; sçauoir, *saint Pierre*, *saint Paul*, *& sainte Magdelaine*, ausquels elle s'vnira d'intention dans toutes ses œuures & souffrances.

Obligation de chaque Chrestien de venerer le Saint dont il porte le nom, son Ange Gardien & saint Michel.

8. Comme *saint Iean Baptiste* est le plus grand Saint & le plus grand Prophete de l'Ancien Testament; il est aussi le tres-genereux Precurseur du Fils de Dieu, lequel n'a point chancelé comme le roseau parmy les vents de la per-

Eloge du grãd saint Iean Baptiste Precurseur de Iesus-Christ.

secution. C'est le premier témoin irreprochable du myſtere de noſtre Redemption, tant par ſa vie ſi exemplaire, que par ſes paroles : C'eſt le ſingulier en candeur, & le vray Amy de l'Eſpoux : c'eſt vn Penitent tout Angelique, lequel eſt traité pendant toute ſa vie comme vn homme de bronze. C'eſtoit vn vray Elie pour l'ardeur embraſée de ſa charité : c'eſtoit vn prodige d'humilité, vn martyre de chaſteté, & le tres-legitime Preſcheur de Penitence. Sa vie eſtoit vn continuel miracle ; c'eſt le premier flambeau allumé éclairant les voyes du Seigneur, & comme l'auant-Courier de la grande lumiere du Monde. C'eſt luy qui n'a point épargné ſa vie ny ſon honneur pour annoncer la Verité au plus ſuperbe Roy de la Terre.

Eloge de ſaint Iean l'Euangeliſte le Diſciple bien-aymé de Ieſus-Chriſt.

9. Nous auons auſſi enſuite la veneration de *ſaint Iean l'Euangeliſte*, le Diſciple Bien-aymé de Ieſus, & le premier Fauory de ſes plus tendres affections ; juſqu'à *repoſer ſur ſon ſein comme vn Enfant de Paix & de Benediction*, pour y puiſer les hautes lumieres de la profonde Generation du Verbe, & y découurir les admirables ſecrets de la diuine Sapience, comme premier Secretaire des diuines émanations. C'eſt ce *grand Aigle myſtique de l'origine des trois diuines Perſonnes, & de l'Vnité d'vn Dieu* ; C'eſt le profond Docteur de l'Amour de Dieu & du prochain ; c'eſt le grand Prophete de la Loy de Grace, le grand Apoſtre Vierge, & l'Heritier de la Mere de toute Virginité ; puis que *Ieſus* le luy laiſſa en ſa place pour Fils, & elle à luy pour Mere, comme Subſtitut de tous les fideles Chreſtiens.

Eloge de ſaint Pierre premier Apoſtre & Chef de l'Egliſe.

10. Nous pouuons ajoûter encore à noſtre deuotion la veneration de *ſaint Pierre* Chef de l'Egliſe, le premier & le plus excellent Peſcheur de la grande Mer de ce Monde, auec *l'hameçon de la Croix, amorcé du precieux ſang de l'Agneau occis.* C'eſt le tout-puiſſant Hameçon qui fait merueilles dans les eaux de Penitence ; c'eſt le Prince des Apoſtres, & le vray Gouuerneur Catholique ; c'eſt le Chef aſſeuré de la milice Eccleſiaſtique. C'eſt *la pierre fondamentale de l'Egliſe viſible* ; c'eſt le premier Ouurier de l'Euangile ; c'eſt le grand
Vaiſſeau

Vaisseau indomptable, contre la fermeté duquel les nacelles vereuses des Heretiques se sont toûjours écrasées, & contre laquelle les portes d'Enfer n'ont rien préualu. Il a esté en sa vie le parfait Contrit & le vray Penitent. C'est le grand Pasteur vniuersel du troupeau de *Iesus-Christ* ; Sa foy n'a jamais défailly, & ne peut défaillir dans ses dignes successeurs. C'est le premier Ouurier de la Loy de Grace, & le premier faiseur de miracles ; c'est le premier Predicateur du Christianisme, qui annonce la nouuelle, & porte les premices du saint Esprit dans les cœurs des fideles.

11. Mais qui ne voudroit aussi auoir en tres-grande veneration *saint Paul*, ce grand Miracle de Grace, aussi-bien que l'Objet des grandes Misericordes de *Iesus-Christ* ; lequel l'a préuenu & terrassé dans le plus sanglant de sa colere contre les Chrestiens. C'est le plus haut Chef-d'œuure de la Grace, & le vaisseau éleû de la *Sagesse incarnée* ; c'est le grand Heraut de l'Euangile ; c'est la Trompette diuine de toutes les Nations ; c'est celuy qui a le plus trauaillé à la semence de l'Euangile, qui produit le fruit de vie dans les cœurs ; c'est l'éloquent Predicateur de la Verité, & le grand Docteur éclairé des secrets du Ciel ; c'est l'Apostre par excellence ; c'est vn thesor de Sciences pour les Gentils, & *le Soleil des beaux Esprits, lequel en rauissant le Ciel, en a esté rauy* comme vn homme tout diuin choisi de la diuine Sagesse, pour estre le Dépositaire des plus hauts mysterés & sublimes reuelations de la Loy nouuelle & renouuellée. C'est *le Docteur parfait de la Grace, puis qu'elle n'a pas esté inutile en luy* : Car elle luy a appris à s'estimer le dernier des Apostres, & à se glorifier dans les opprobres, se nommant l'humilié saint Paul, le lié, le garotté, le fustigé, *le stigmatisé*, & le méprisé pour l'Amour de *Iesus-Christ* & de son saint Euangile. C'est le grand Predicateur plein de Sciences du Ciel, & de zele ardent *pour la conuersion des ames* ; c'est *le parfait exemplaire de l'ardent Amour de Iesus-Christ crucifié*, poussant du fond de son cœur autant de fléches d'amour, que de paroles dans le cœur de ses fideles Auditeurs.

Eloge du grād saint Paul Apostre des Gentils.

Ll

Eloge de sainte Magdelaine, fidelle Amante de Iesus-Christ.

12. Qui ne verra aussi comme *sainte Magdelaine*, est vn tres-parfait tableau de Penitence ; c'est le puissant chef-d'œuure de l'Amour de *Iesus-Christ*. Elle a aussi esté sa vraye & sa fidelle Amante ; c'est *la Femme forte qui a excellé en l'amour de Iesus, & s'y est renduë Maistresse dés en commençant,* y surpassant en vn moment vne infinité de degrés du pur amour. Elle a merité d'estre loüée de Iesus-Christ pour sa grande fidelité, luy disant qu'il luy est beaucoup remis, par-ce qu'elle a beaucoup aymé. C'est l'exemple sans pareil ; c'est le miroir de constance dans ses trauaux, & vn rocher inuincible pour sa fermeté & *perseuerance à suiure Iesus-Christ son Amour jusqu'à la mort & au tombeau.* C'est aussi elle qui l'a veuë la premiere ressuscité ; & par sa vigilance elle merita d'estre *l'Apostresse des Apostres,* leur annonçant ce grand Mystere de nostre salut : Et quoy qu'elle fut asseurée de la bouche de Iesus-Christ touchant la remission de ses pechez : elle n'a cependant jamais quitté la Penitence ; mais a toûjours fait de *son Corps vne Marthe* par les actions de Penitence, & de *son Ame vne Magdelaine* ; vne *tres-sublime contemplatiue,* & vn miroir tres-parfait des vrais Amants ; *toute abstraitte & abysmée en son fond* comme *celle qui auoit choisi la meilleure part Iesus-Christ crucifié au fond de son cœur.* C'estoit le plus cher objet de l'amour de son cœur, & les vrayes delices de tous ses Amours.

Eloge de l'Archange saint Michel, grand Protecteur de l'Eglise.

13. Nous auons aussi grande obligation de venerer le tres-genereux & vaillant *saint Michel* ; c'est vn Archange tres-lumineux, le premier Prince de la Milice celeste, & le grand Chef des Armées du Seigneur ; le plus hardy Capitaine qui ait jamais esté, ny dans les Cieux, ny dans la Terre ; où il a combattu vaillamment & genereusement tous ces infames Deserteurs de la Hierusalem Celeste ; aussi-bien que dans l'Eglise militante, où il défend la cause de Dieu, comme fidele Protecteur de l'Eglise, & le victorieux des tenebres, ayant soin de toutes les ames fidelles pour les representer deuant *le thrône de Dieu, & de l'Agneau.*

14. Le deuot Lecteur m'excusera, s'il luy plaist, de cette

L'attache à sa propre vie, *Tr. VI. Ch. I.* 265
longue digression par laquelle je me suis diuerty du fil de mon sujet, afin de dire quelque mot *comme il faut vnir toutes nos actions au cœur de Iesus-Christ, & le trouuer aussi dans toutes nos deuotions, & comme la pensée ou representation de la sacrée Humanité de Iesus-Christ, ny celle de sa tres-sainte Mere, ny celle de tous les Saints ne font point d'obstacle au saint Esprit, mais qu'il s'en faut prendre à nostre amour propre immortifié*; lequel s'estant emparé du cœur, il y regne en tyran, & fait tout ce qu'il peut pour en exclure le pur Amour, ne cessant d'y exercer toutes ses insolences.

15. Mais si l'ame diligente vient à purifier son cœur de ce faux leuain de malice, elle aura bien-tost entrée dans *les glorieux commerces* de la sainte liberté auec les armes de l'Agneau victorieux. En telle sorte qu'aucune puissance creée ne luy pourra nuire, ny la *diuertir ou separer de Iesus-Christ*, lequel *s'est fait soy-mesme Esclaue de son Amour dans sa sainte Mort & Passion, pour nous faire entrer en liberté du mesme Amour.* Ce fut ce qui fit dire autre fois à saint Paul; *Qui me pourra separer de la Charité de Iesus-Christ,* disoit ce parfait & tres-solide Amoureux, défiant toutes les puissances, les souffrances & les martyres que toutes les intelligences pourroient inuenter, *appuyé qu'il estoit de la toute-puissance de Iesus crucifié,* en qui il auoit esperance, sa force & sa vie. Ainsi *l'ame Chrestienne doit s'habituer à conuerser en esprit dans son homme interieur aux pieds de Iesus-Christ*; lequel s'estant rendu Maistre de la forteresse de nostre cœur qu'il remplit de ses dons & diuines richesses, amour & lumiere, force & vertu; l'ame estant fauorisée de la puissance de l'Agneau victorieux, elle n'a pas de peine pour lors dans ses exercices d'oraison ; parce qu'elle y sçait accorder tous les diuins mysteres, & *ny confond non plus les degrez ou differens estats de la sainte Oraison:* lesquels portent chacun son operation differente, & leurs manieres *d'épuremens & degrez d'vnion,* selon que ceux qui la pratiquent sont plus ou moins fideles.

Force d'vne ame recolligée & appuyée interieuremẽt sur Iesus crucifié.

Ll ij

SECTION SIXIESME.

Des progrez de la vraye & parfaite Oraison, des empeschemens à la consommation, & du rauissement.

1. IL y a tant de diuerses choses à dire & à representer touchant *le progrez de la sainte Oraison*, qu'il faudroit plusieurs Volumes pour les contenir. Mais, que seruiroit d'auoir tout dit ; car *l'affaire ne consiste seulement pas à dire, mais à pratiquer fidellement son attention interieure à Iesus-Christ au fond de son cœur* : Car c'est *en pratiquant fidellement l'Oraison qu'on apprend à faire l'Oraison*, & non pas seulement à en entendre parler, ou à en lire les Liures qui en traittent ; mais il faut encore mettre la main à l'œuure, veu que personne ne peut attendre legitimement la moisson, que celuy qui a labouré & semé : toute terre a esté maudite depuis le peché, & ne produit que des chardons & des epines, si elle n'est soigneusement cultiuée. Et par ainsi, *la vraye Oraison* est vn instrument spirituel, dont le Chrestien se doit seruir pour disposer la *terre interieure de son ame à la semence de ce grain eternel du Pere, reuestu d'Humanité*, formé du plus pur sang virginal de Marie, pour se faire le fruit inuincible de nostre Eternité, & nostre Oraison eternelle deuant le Pere. Enfin, vne ame Chrestienne doit toûjours prier ; car *la vraye Oraison* est au dessus du temps, puis que c'est le propre effet de l'amour imperieux qui n'est jamais oysif, mais qui s'exerce continuellement sur l'ame passiue. D'où vient que l'ame passiue ne faisant que tendre son vaisseau, & *adherer à Dieu*, n'est point sujette au temps, ny ne laisse point & ne trouue jamais lieu d'en sortir ; & enfin, ne peut plus viure sans Oraison, l'Oraison est deuenuë comme sa vie, sa santé & toute sa consolation interieure.

2. Ainsi *la vraye Oraison* consiste plus à pâtir le don de Dieu, qu'à jouyr de ses carresses : Car il est bien doux de

La fidelle pratique apprend à bien faire oraison.

Proprietez de la vraye oraison.

Il faut toûjours prier ; car la vraye oraison est au dessus du temps.

En quoy consiste la vraye oraison.

receuoir & sauourer les delices de Dieu ; mais il semble souuent amer à l'ame, de rendre à Dieu toutes ses complaisances : & cependant *la parfaite Oraison consiste à contenter Dieu à nos dépens* ; c'est à dire, à luy rendre par amour tout ce qui nous arreste hors de luy, car tout amour qui n'est point le pur amour, est soüillé d'amour propre. D'où vient que l'affaire consiste *plus à rendre à Dieu, qu'à receuoir de Dieu*, parce que l'ame reçoit volontiers : mais elle a de la peine à rendre, à cause du regne de l'amour propre qui s'appropie tout ; & par ainsi l'ame ne peut parfaitement contenter Dieu, qu'elle ne soit victorieuse d'elle mesme, & de *toute proprieté*. Et c'est vn abus de s'en prendre à autre chose, parce que tous les autres objets n'ont de prise sur nostre ame, qu'autant qu'ils conuiennent par vaine alliance au *propre Amour*.

3. Mais comme *la perfection de l'Oraison* ne se peut aquerir qu'à mesure & à proportion de l'amortissement du propre Amour : & que le moyen de paruenir à cette fin, est de s'exercer fortement & irreuocablement par tous les degrez & genres de mort, jusques à l'amortissement de propre vie naturelle, & mesme jusques au dénuëment de la vie diuine, & de ses dons participez dans elle mesme selon son finy : Cela fait qu'il se trouue peu d'ames assez desinteressées & genereuses pour se laisser ainsi desarmer aux diuines motions du saint Esprit, en luy permettant tout au large *la dissolution proprietaire de l'amour de son Estre, en se tenant soûmise à ses attraits, & toute & totalement passiue à ses diuines operations*, toute coye & silencieuse sous les débords lumineux de ses diuines notions d'amour imperieusement épanchés dans l'ame, auec des glorieux écoulemens d'onction embrasée, penetrans toute la substance de l'ame, *pour la reduire à sa nudité, & l'épurer de toute proprieté* en arrachant le germe de propre vie, d'où resultent des fruits incomparables.

La perfection de l'oraison ne s'acquiert qu'à mesure de l'amortissement du propre amour, & dénuëment de toute proprieté.

Mais ainsi qu'il a desia esté dit, *peu arriuent à la consommation*, beaucoup entrent dans la lice, & ce semble, auec fer-

Peu arriuent à la consom-

mation de l'O-
raison, &
pourquoy.

ueur, mais peu ont aſſez de courage pour en eſſuyer toutes les langueurs, les agonies & les morts; & c'eſt pourtant icy qu'eſt éprouuée la patience des Saints, & *la ſeule cauſe de cette difficulté, c'eſt l'amour propre de noſtre propre vie*; laquelle nous eſt ſi naturelle & ſi attachée, que pour en deſiſter, il en faut ſouffrir vn genre de mort, & que l'ame retirée en ſon centre, en face vn *parfait ſacrifice ſur l'Autel de ſon cœur*, Et que comme vn autre Iſaac, elle y tende le col de cét amour intereſſé au glaiue flamboyant du S. Eſprit, pour s'en laiſſer égorger tres patiemment, & *le pluſtoſt c'eſt le meilleur*, ſi nous voulons nous affranchir & nous deliurer de *ce Purgatoire amoureux plein d'agonies* & de morts, qui durent autant que nous tardons à nous dépoüiller de cét amour de propre vie. Et c'eſt en ce détroit, où l'ame connoiſt en verité, combien elle eſt attachée à elle-meſme; car *l'attrait imperieux ſuruenant tout ſoudain rauit l'ame, & la tire en vne autre region, où elle ne ſe ſouuient plus de ce monde, & tout luy eſt oſté pour ne ſe ſouuenir plus que de Dieu, & ne voir plus que Dieu pour quelque temps que dure cette operation*. Mais ce bien ne luy arriue qu'apres beaucoup d'eſſais & de feintes amoureuſes qui l'auoient conduite comme ſur le pas de la mort, & dont elle s'eſtoit retirée par lâcheté, n'oſant s'abandonner dans la crainte de s'y perdre. Car le propre amour a touſiours ſes intereſts en recommandation,

Sacrifice de
propre vie ſur
l'Autel du
Cœur.

Rauiſſement
de l'ame par
l'attrait inte-
rieur & impe-
rieux de l'A-
mour diuin.

Liberté de l'a-
me dans les
plus intimes
rauiſſemens
qui n'arriue-
roient iamais
ſi elle n'y auoit
ſouuent libre-
met conſenti
de precedent.
Diuins auan-
tages & ri-
cheſſes ſpiri-
tuelles de l'a-
me par le ra-
uiſſement.

5. Mais enfin le temps vient, & le ſignal ſe donne, & le coup de Maiſtre ſe fait ſans en demander congé à l'ame, *& non pourtant ſans ſon contentement* où elle a eſté diſpoſée par les precedentes operations. Enfin *l'ame ne peut dire, ſi elle a eſté hors ſon corps, ou non*, mais elle ſçait bien qu'elle en reuient ſi chargée de biens & ſurcomblée de faueurs diuines, rempliſſant tout ſon Eſtre de clarté & de lumiere, & ſes puiſſances diuinement viuifiées, ſa foy annoblie, & ſa volonté ſi embraſée, ſon entendement ſi remply de connoiſſances & de lumiere d'amour : Et enfin tout l'Eſtre de l'ame paroiſſant comme vn *Arcenal ſpirituel* tout remply de diuines & royales munitions, & de toute ſorte d'armures de paix &

benignité, auec *les doux attraits* des plus tendres amours de *l'Agneau de Dieu*, qui la tirent & l'attirent *de plus intime en plus intime*, & iusques à vn appetit d'aymer & de souffrir à l'infiny, auec vne admirable tranquilité & *vnion tres intime*, ne pouuant plus auoir, ny souffrir aucun mouuement qu'en Dieu & en l'Agneau.

6. Et tout cela arriue, parce que l'ame s'est *laissée en proye aux operations du pur amour* diuin, auquel elle s'est toute abandonnée, & à ses diuins attraits, & dans vn accoysement total, & vne quietude tres pacifique & entierement reduite & assuiettie aux operations passiues, qui *dissoudent l'ame de toute attache*, & qui eneruent la propre vie, & qui rendent l'ame tres abstraitte, & partant tres amortie & totalement passiue & soûmise à l'employ imperieux du pur Amour, qui luy fait gouster & sauourer interieurement l'immesurable douceur du diuin aliment de sa charité, & des precieux écoulemens de son amour.

D'où vient le rauissement.

SECTION SEPTIESME.

Vtilité des consolations & faueurs diuines pour encourager les laches & les infirmes, & pour dépouiller l'esprit de son actiuité naturelle, afin de s'abandouner à l'attrait & motion interieure du diuin amour, & passer à l'estat purement passif.

1. Voy quel'on crie contre *les consolations & faueurs diuines*, cependant il se faut entendre en cecy, & voir qu'elles ne sont pas tousiours si dommageables aux nouueaux amoureux, comme *aucuns spirituels* le font paroistre, & comme en effet on en peut mes-vser: mais cependant ce qui les rend si craintifs, c'est qu'ils n'ont point encore enfoncez le *toict de leur propre maison spirituelle*, & n'ont pas encore eu l'industrie de ces personnes, dont il est

parlé dans l'Euangile, lesquels portans vn malade à Nostre Seigneur pour estre guery; mais trouuans la porte embarassée du peuple, s'auiserent de percer le toict & les planchers de la maison, & le deualerent ainsi iusqu'en *la sale où estoit Nostre Seigneur*, lequel le receut & luy rendit la santé, & partant s'il fut demeuré sur le toict, il seroit aussi demeuré dans son infirmité.

2. Ainsi il y a des ames qui s'arrestent sur le toict de leur bastiment spirituel: c'est à dire, à remuer dans leurs testes auec le raisonnement & la multitude des actions & des pensées, qui est cette foule de peuple, qui empeschent ces pauures ames de passer plus outre, & d'entrer *là où est Nostre Seigneur dans cette sale interieure du cœur*, où il donne la santé aux malades, & de merueilleuses richesses à ceux qui ont la santé; mais *faute d'adresse & d'industrie*, ils demeurent sur ce toict à la mercy des oyseaux de proye, & parmy *la multitude de leurs diuerses pensées*, sans iamais descendre en *la sale du Prince*, pour y estre affranchis de cette multitude importune, qui les arreste & les empesche de participer aux œuures & guerisons admirables de ce Roy de gloire: qu'experimente l'ame qui est vne bonne fois entrée & descenduë *du toict de son entendement, iusques dans le cellier mysterieux de sa volonté*, où elle sauoure les delices d'vne santé infinie par tout son Estre & sa substance. Mais qui pourra répondre & iuger sainement des merueilleux effets qui s'operent *entre les deux Amans dans cette sale interieure*? Ie m'en raporte à qui en aura experience: mais *on ne veut rien experimenter, car on a peur des illusions & des tromperies*: C'est bien fait de s'en donner de garde; mais parce que *les pigeons* mangent les pois, n'en faut il point semer? Et parce que le Diable se trans-figure en Ange de lumiere pour tromper les personnes qui cherchent la vraye lumiere de Dieu, est-ce qu'il faut pour cela quitter prise, & rendre les armes sans combattre? C'est à faire à des poitrons: il ne luy en faut pas donner si bon marché: Nous auons par la grace de Dieu vn bon Capitaine, mais vaillant, & desia tout enuironné de Lauriers & de Palmes

Abbaissement de l'Esprit au fond du cœur aux pieds de Iesus-Christ.

Terreurs paniques qui détournent les ames lâches de l'Oraison.

en

L'attache à sa propre vie, *Tr. VI. Ch. I.* 271

en signe de ses victoires. *Soyons bons Soldats de Iesus-Christ, & la victoire est à nous*, car il s'interesse dans nos combats ; & quand mesme il arriueroit quelque blessure, ne nous décourageons pas, & ne nous laissons pas tomber parmy les morts ; mais releuons-nous courageusement, & retournons à la bataille, & nos playes nous seront glorieuses : car estre blessé à la guerre, c'est vne marque de courage qui n'arriue iamais aux poltrons qui n'osent aller à la guerre, à cause que l'on y tire du Canon & des mousquetades : que si vn chacun en faisoit de mesme, le Roy seroit bien mal seruy. Et par ainsi, parce que le Diable fait la guerre aux Saints & au Roy des Saints dans ses membres, est-ce qu'il les faut laisser là dans la mélée, & nous cacher parmy les morts comme des lâches qui craignent les coups & les attaques, non, non, Ames Chrestiennes, *sortez de ces peurs paniques, & ne craignez rien que le peché*. *Or pour faire le peché il faut vn consentement, ce que le Diable ne vous peut faire faire*, si vous mesme ne vous approchez de luy, & qu'à Dieu ne plaise, mais *approchez-vous de Iesus-Christ au fond de vostre cœur*, & il vous donnera force, vie & victoire.

3. Il est tres veritable que *toute attache peut nuire à l'ame, & luy empescher son progrez si elle venoit à estre desordonnée*. Or les attaches desordonnées ne sont conuenables qu'à ceux du premier estage, qui n'ont point encore percé leur toict. Et partant ils n'ont encore iamais visité les fondemens de leur bastiment spirituel ; *ils se contentent seulement d'operer & d'agir auec la viuacité naturelle du propre esprit*, d'où vient qu'ils ont peur de tout, & s'inquietent de tout, parce que le propre esprit n'a de soy aucune stabilité, mais *qu'il s'appuye interieurement sur la pierre viue* par l'exercice surnaturel de sa Foy, & s'abandon à l'empire de la diuine motion du saint Esprit, qui fait mouuoir l'ame à soy, & la remuë par ses diuines motions amoureuses ; & partant les actions de l'ame luy sont attribuées, quoy que l'ame n'y contribuë, que *le consentement*, & ainsi *l'ame amortie en ses propres actes, & des-interessée souffre seulement l'action, où la motion interieure de ce souuerain actuant*.

Il faut desister de l'estat actif du propre esprit, pour entrer dans l'estat passif où l'ame ne fait que consentir & adherer à l'attrait, action & motion interieure du Souuerain a-ctuant.

M m

Et partant, je dis que l'ame ainsi amortie, & n'estant plus occupée ny müe par elle-mesme dans l'Oraison, n'est plus en estat d'attache des-ordonnée ; puis que *toute son industrie est d'estre interieurement attentiue* à ce que le diuin Amour veut faire & operer en elle, ce qui fait son total dénuëment.

4. Mais quoy, ce n'est pas auec les oreilles de la teste, que l'on peut entendre ce langage d'Amour & de feruer ; mais c'est auec *l'entendement cordial illustré de la diuine sagesse infuse dans le fond de l'ame* ; là où ce saint donneur de biens spirituels affermit tousiours de plus en plus l'ame passiue sous le joug amoureux de son Empire, produisant sans cesse, & operant dans l'ame les admirables & merueilleux commerces, auec gratitude & benignité, exerçant l'ame dans la Iustice de IESVS-CHRIST, & la purifiant de son *Baptesme de feu* pour engendrer dans son sein l'humilité de *l'humilié* IESVS ; & y produire par là toutes les autres vertus au sein de sa charité, & par ainsi, *pour tout dire succinctement*, quiconque vit en telle noblesse de foy sçachant aymer en verité, Celuy-là dis-ie, *sçait tout faire & tout dire en ne faisant, & ne disant rien*, mais seulement *en laissant faire le diuin Amour selon son excellence* ; c'est à dire, en luy laissant le libre Domaine de l'ame amortie en cét estat de pure passibilité & toute occupée de la vertu du tres-haut, qui luy fait participer à son infinie clemence, apres auoir tracé dans le fond de ce cœur Pacifique auec le pinceau de la diuine Charité, la Loy interieure d'Amour, jusques dans sa substance diuinisée & toute allumée d'ardeur, laquelle reduit tout en amour ce qui s'en approche. Mais apres tout cela, que dira ce merueilleux & ineffable Amour dans ce cœur approfondy ? *Il y dira, viue Iesus, & icelay Crucifié*, Et quiconque n'a pas en soy ce precieux gage d'Amour, il n'a pas la verité, ny par consequent la vie ; parce que le principal souhait de l'Ame Chrestienne, c'est d'estre continuellement *vnie à son cher objet Crucifié*. C'est enfin ce qu'elle doit preferer à toutes les delectations de la vie spirituelle.

Baptesme de feu.

Laisser faire le diuin Amour en soy, c'est tout faire & tout dire en se taisant.

CHAPITRE II.

La patience & constance requise aux Ames d'Oraison dans tous les Estats de Croix, de Morts, de privations & d'épreuves, pour suiure fidellement Iesus-Christ dans l'interieur, & l'y posseder en sa maniere diuine.

1. LE Chrestien, qui d'vne science preneuë & par lascheté en chose importante, se détourne esciemment de la Croix, & en mesme temps *du Crucifié*, pour chercher en cette mortelle vie sa consolation propre, & sa complaisance, doit tenir pour tout asseuré, que c'est renoncer de plein gré à son veritable Patrimoine, parce que *le secret de la Croix & la vertu du Crucifié font l'ame du Chrestien*; Et sans lesquelles choses il ne l'est que de nom : car *Iesus-Christ est l'unique moyen par son Humanité par lequel nous pouuons estre conduits à nostre fin*, auec la tres-digne & tres-salutaire application de ses merites infinis desquels nous pouuons tout esperer, puis que leur application interieure dans l'ame passiue y fait vn progrez infiny, *pourueu qu'elle y adhere suauement & pacifiquement en excluant toute violence & empressement de nos propres actes, & tout imparfait de la nature du propre Esprit*; Ce que nous deuons soûmettre au diuin Esprit de l'Agneau, & par Iustice & par Amour, *pour donner lieu à la tres-noble & tres-suaue actiuité interieure de ce diuin Esprit*, qui fait mouuoir l'ame à soy, & de soy dans son repos, sans s'ingerer d'elle-mesme d'aucune production actiue, ny pour s'alterer quant à l'actiuité propre de l'Esprit, ny dans l'employ proprietaire de ses puissances, mais le tout employé par l'amour imperieux agissant sur *l'ame interieurement appuyée sur la fermeté de la pierre angulaire, & sur le rocher inuincible de ce diuin Agneau*; lequel victorieux, viuant, & regnant dans les cœurs, leur in-

Comme il se faut défaire de tout empressement de propres actes dans l'Oraison passiue.

fluë vne vie paisible & abstraitte parmy toutes les bourrasques de la grande Mer de ce monde ; laquelle il nous conuient trauerser dans vne tres-silencieuse attente de celuy qui opere éminemment toutes les grandes choses. Car on ne peut attendre que de bons éuenemens de l'ame Pacifique, parce qu'elle a apprise à se contenter & à aymer tous les estats où il plaist à Dieu de la mettre, ne recherchant en tout & par tout que ce qui peut dauantage contenter son Amour. D'où vient qu'elle n'est point ébranlée par aucun sinistre éuenement.

Bon estat de l'ame passiue, qui ne cherche qu'à contenter Dieu en l'oraison.

2. C'est ainsi qu'il en arriue aux ames qui ont appris de bonne heure à *suiure Iesus-Christ dans l'interieur*, & à marcher par où il a marché, & à *ne se repaistre des douceurs du Thabor, qu'autant qu'il est necessaire, pour choisir & suiure le chemin de la Croix, de l'agonie* & de la mort, & à trauers de tous les degrez de priuations & derelictions interieures. Mais, qui sera l'ame qui subira paisiblement & perseueramment au fond de son cœur tous ces *estats de diuines épreuues*, & jusques à hazarder sa propre vie en se soûmettant à de tels efforts d'amour, sous le poids desquels *il faut que la nature proprietaire succombe auec tous ses appas*, artifices & complaisances, sinon le vray & le solide Amoureux plein de courage & de patience, & tres-perseuerant à son attention passiue, & tres-constant à aymer Dieu, mais *pour Dieu* plus que pour soy-mesme.

3. Mais pour en venir là, il faut auoir appris *l'art d'aymer*, & où il faut se retirer pour l'apprendre, & s'en approcher diligemment ; afin d'en participer toutes les excellences diuines & infinies ; commençant premierement à les goûter en nostre maniere, & selon nostre finy, pour les participer apres en la sienne, & en sa maniere infinie. Et partant, *Ame Chrestienne, desireuse d'aymer ardemment l'Amour Saint ; Cherches-le diligemment dans sa fournaise, dans ce cœur naurè de Iesus-Christ*, qui luy sert comme de thrône & d'instrument tout miraculeux pour épancher ses dons admirables dans nos cœurs. De sorte qu'*ayans conceu par foy ce diuin & humain Objet*, il ne

Toute la pratique de cette oraison de foy

L'attache à sa propre vie, Tr. VI. Ch. II.

reste plus qu'à y exercer cette foy par amour & humilité au fond du cœur enuers luy : & c'est le chemin pour y arriuer & le participer en nostre maniere finie ; c'est à dire par l'exercice des propres actes de nos puissances, pour apprendre ensuite à l'y posseder dans nos cœurs de toutes nos puissances naturelles & surnaturelles, & selon tout nostre Estre finy. *& de recueillement interieur en Iesus-Christ.*

4. Mais pour l'auoir & le posseder en sa maniere diuine & infinie, il faut que l'humain succombe au diuin ; & que pour cela l'ame commence à *cesser d'operer par elle-mesme, & comme d'elle : mais que donnant lieu à l'attrait interieur, elle luy laisse libre d'actuer ses puissances,* se tenant cependant *profondement recolligée au fond de son cœur,* toute reduite & passiue sous les diuines influences du S. Esprit throné dans ce cœur ouuert & amerement nauré : afin qu'*à trauers ce cœur mort,* il nous influë la vertu de sa vie diuine dans les nostres, en leur appliquant les infinis merites du sien ; & c'est pour ce sujet que *nostre Seigneur a voulu reseruer en sa tres-sainte Humanité glorieuse les precieuses cicatrices de ses playes,* afin qu'elles fussent à nostre égard comme autant de canaux admirables par où il influë son Amour embrasé dans nos cœurs. *Ce que l'ame doit faire en l'oraison dans l'estat purement passif.*

SECTION PREMIERE.

De l'importance d'auoir & de conceuoir par la foy Iesus-Christ dans nos cœurs, où il est le thresor & precieux talent que nous deuons faire valloir par l'Oraison cordiale.

1. NOs cœurs impurs sont d'eux-mesmes trop indignes de la tres-pure touche du saint Esprit, si ce n'est à *trauers du Corps de Iesus-Christ ; d'où vient l'importance de l'auoir & de le conceuoir dans nos cœurs par la foy,* afin que par sa grace & en sa grace, le saint Esprit y puisse demeurer en lieu decent & conuenable à sa pureté. Car *lors qu'il a paru autrefois en forme d'vne Colombe sur le Chef de Iesus-Christ, ce n'estoit qu'en*

L'Ame captiue sous le sixième sceau,
attendant l'occasion de se pouuoir nicher dans les pertuis de la pierre, dans l'ouuerture interne de cette diuine *&* humaine *Masure.* Car c'est toûjours l'inclination de la Colombe, & son instinct naturel de se nicher dans les trous de la pierre ; Et partant, ce tres-saint & tres-pur Amour est bien logé, puis qu'il est dans le cœur de nostre Bien-facteur, dans le cœur de nostre Pere, & *ce cœur diuin & humain dans les nostres*, & dans luy le saint Amour. C'est en verité *auoir le Paradis au dedans de soy, & y auoir le thresor immense de tous les biens*: & le Maistre du Temps & de l'Eternité. C'est auoir toûjours & porter par tout nostre *Oratoire viuant*, & nostre Prestre Eternel, & nostre Hostie diuine & humaine tout ensemble.

2. Et cependant, chose étrange, la pluspart des hommes Chrestiens portent *ce thresor & ce precieux talent*, comme enfoüy dans la terre, passans toute leur vie dans l'oysiueté, ou à courir apres le vent d'vne chetiue ambition, ou à ramasser des deniers & des jettons dans le bas étage de la nature du propre Esprit; & s'arrestans là à toute sorte de fausses monnoyes, ou à ramasser des troncs de chous & des pelures de pommes, ou à manger des sauterelles; voire mesme des serpens & des crapaux, & toutes autres bestes venimeuses; pouuans si commodement *se nourrir des viandes celestes de la sainte Oraison*, & du Pain viuant descendu du Ciel, auec la boisson du salut; pouuans *remplir le thresor de leurs cœurs* de l'argent des bonnes œuures, & de la royale monnoye des plus nobles vertus, auec l'or tres-pur de la diuine Charité; pouuans enfin *embrasser Iesus-Christ au fond de leurs cœurs* au lieu d'vne petite fumée d'ambition, trauailler auec ferueur à foüiller & déterrer ce thresor interieur ; ce thresor de toutes les diuines richesses *caché au fond de l'ame Chrestienne*, & cela auec tant de facilité & si commodement, & ne vouloir seulement pas tourner la teste pour y regarder, (tant ils sont acharnez à la possession des choses mondaines, visibles & perissables,) méprisans ainsi les inuisibles & les celestes. C'est en verité vne tres-haute ingratitude au cœur humain de priser danâtage la vie bestiale, en suiuant nos sens,

Vaines & criminelles occupations des hommes negligeants à faire valoir leur talent Iesus-Christ au fond du cœur par l'oraison cordiale.

L'attache à sa propre vie, Tr. VI. Ch. II. 277
& tous leurs faux & vicieux appas, que la vie d'vn Dieu, que la vie de Iesus-Christ ; lequel cependant nous a racheté au prix infiny de la sienne, & par vn genre de mort qui effraya toute la nature ; puis que la terre en trembla & les monumens s'ouurirent, & les rochers mesmes n'en furent point insensibles, mais *le seul pecheur ingrat & endurcy* n'en est aucunement touché ; enfin c'est vne douleur digne de larmes de sang.

Le seul pecheur ingrat & endurcy n'est point touché de la douloureuse mort de Iesus-Christ.

SECTION SECONDE.

Trois differens regards de l'Amour diuin sur la face interieure de l'ame couuerte de six voiles de tenebres, selon ses trois differens estats dans les trois entretiens d'Oraison.

1. Parlons maintenant des fideles Amoureux de la *Verité incarnée*, qui nous a merité & donné le saint Esprit, & disons que *ce diuin Esprit d'Amour se prend dans nos cœurs, & s'y exerce noblement en trois manieres* & dans les trois étages de la capacité amatiue de l'ame ; ou par ces trois dispositions differentes ; par où il influë & découle ses diuines richesses, suiuant vne infinité de degrez differens ; & chacun selon les qualitez ou correspondances amatiues de la volonté gouuernée des *trois regards de l'Amour diuin sur les trois estats de l'ame*. D'où vient que *ce premier regard du diuin Amour sur le premier estat de l'ame propre aux commençans, est pour l'ordinaire tres-sensible & tres-delicieux aux sens mesmes* ; à cause que ce premier estat du retirement de nostre esprit des choses sensuelles & exterieures, n'a pas encore d'autre capacité plus spirituelle ny dégagée du sens ; mais plûtost qui en est toute imbuë & toute sensibilisée. D'où vient que le saint Amour s'accommodant à l'estat de l'ame qui recherche la perfection, venant à frapper interieurement de son rayon sur ce sujet nouuellement déterré, & *encore tout*

Le premier regard de l'Amour diuin tres-sensible, & pourquoy.

278 *L'Ame captiue sous le sixiéme sceau,*
sensible & sensibilisé, où il s'est soüillé par son effusion exterieure, sortant au dehors par ses sens, & se repandant dans les choses sensuelles auec complaisance. Cela fait, dis-je, que *ce qu'il reçoit en apres du rayon de l'amour luy est tres-sensible*, l'amour operant toûjours selon la disposition du sujet, qu'il atteint où qu'il frappe. Delà vient que souuent l'ame y commet beaucoup d'imperfections sans y penser, croyant qu'il n'y a autre chose à faire qu'à sauourer ces delectations; & sans mesme qu'elle s'en puisse empescher dans les commencemens; parce que l'attrait du diuin Amour qui l'atteint en ce degré se conformant à la capacité de l'ame, ne luy influë encore d'autre lumiere, *se conformant en ce premier regard à ce voile sensible sur la premiere face de l'ame.*

2. Nous entendons dire par là, que l'ame s'estant effuse, & *répanduë au dehors* trauers ses sens dans la complaisance des choses creées, elle s'est accumulée *six voiles de tenebres* qui luy couurent & offusquent la face interieure; & par consequent qui luy dérobent & rauissent *les beaux regards lumineux de ce Soleil d'Amour attaché au Ciel interieur de son Estre.* Ie dis de plus, que cette face a trois estats, & qu'elle peut estre regardée du diuin Amour en ces trois manieres, qui répondent aux *trois entretiens d'Oraison;* sçauoir, le moyen actif pour ceux qui commencent: l'actif & passif pour ceux qui font progrés, & le pur passif pour ceux qui tendent de tout point à la fin & consommation.

La leuee des deux premiers voiles de tenebres dans le premier entretien d'oraison.

3. Ainsi donc, la premiere victoire acquise par les armes victorieuses de l'*Agneau*; & par l'exercice du premier entretien actif, arrache de dessus la face de l'ame *les deux premiers voiles* les plus tenebreux & les plus obscurs; sçauoir, le peché & la complaisance des creatures & choses mondaines.

La leuée des trois & quatre voiles de tenebres dans le second entretien d'oraison.

4. La seconde victoire acquise par les merites de *Iesus-Christ*, & l'exercice du second entretien interieur actif & passif, nous déliure de *deux voiles* ou captiuitez de la complaisance superfluë & déreglée des sens exterieurs & interieurs, en *nous retirant à Iesus au fond de son cœur,* & l'offrant au Pere Eternel auec tous ses merites, par des pauses & attentes passiues.

5. Et

L'attache à sa propre vie, Tr. VI. Ch. II. 279

5. Et le troisième moyen & la troisième victoire victorieuse de l'amour de propre vie; & partant, aneantissante l'amour propre acquise par le troisième entretien pur passif, leue & arrache *les deux derniers voiles* de la complaisance des propres actes des puissances, & de l'amortissement de propre vie. *La leuée du cinquième & sixième voiles de tenebres dans le troisième entretien d'oraison.*

2. Et partant, l'ame soûmise & ainsi reduite sous ce premier genre d'amour, qui se fait sentir si sensiblement, estant exercé sous les Loix du premier entretien actif au fond du cœur, elle y reçoit de grandes effusions d'amour sensible dans toutes ses puissances; En sorte qu'*elle croit estre déja bien auancée, parce qu'elle n'a encore jamais rien veu de semblable.* Mais il faut pourtant appeller cela *les premieres fleurs du Printemps de la deuotion*, qui sont sujettes aux injures du temps & de la saison, & se flétrissent souuent pour la moindre fraischeur, si elles ne sont bien reglées & bien confites dans le creuset des abbaissemens de *Iesus-Christ*, & parmy les amertumes *de sa tres-sainte Mort & Passion, qui doit occuper nos cœurs en ce premier entretien*, & les purifier & les vuider de toutes les tendresses humaines, & y reduire la nature à l'obeïssance pour *passer au second entretien*; & sous les influences du second regard de ce Soleil interieur; où l'ame ainsi exposée & soûmise à ce second genre d'amour, elle y exerce encore ses actes comme au premier entretien, *mais plus succinctement*, afin de s'essayer au passif par des pauses & attentes exhibées à la face du Pere sous les abords du Fils, en l'y tenant interposé, & nous conjointement auec luy tout abandonnez, & à cœur ouuert.

7. Afin de donner temps & loisir à l'Amour diuin de verser en nos cœurs l'Onction de sa Grace, par le prix infiny du precieux sang de l'Agneau, lequel s'y rendant victorieux, & *l'ame y consentant & y adherant interieurement à son attrait*, il la dépoüille des deux voiles de son étage corporel; sçauoir, de la complaisance des sens exterieurs, & de celle des sens interieurs ou passions du cœur. Et comme ces deux liens ou voiles de tenebres qui captiuent l'ame en ce *Ce que l'ame doit faire dans le second entretien d'oraison actif & passif.*

N n

280　*L'ame captiue sous le sixiéme sceau,*

degré sont l'vn exterieur, & l'autre interieur : ainsi *l'ame exerce en ce second entretien l'actif & le passif en mesme oraison;* En sorte que *l'ame commence de faire la Marthe dans l'actif, & la Magdelaine dans le passif,* en mitigeant ses actes pour laisser libres ses puissances à la diuine & interieure motion.

8. D'où vient aussi que l'ame commence d'estre enuisagée du diuin Soleil d'Amour en deux manieres bien differentes par rapport aux deux sortes de captiuitez sur lesquelles il s'exerce ; l'vne tenant de l'exterieur, & partant du sensible ; & l'autre tenant de l'interieur & y atteignant les passions du cœur, qui sont d'ordinaire les plus rebelles ; & partant, *l'Amour diuin y change de visage & de regard.* Car ayant épanché en cette Ame des suauitez incroyables pour l'appâter aux choses de vertu, & la retirer de l'exterieur & du sensible *pour la dégager peu à peu de toutes les complaisances criminelles* pour la conduire à vne region plus parfaite, où on luy fasse goûter & sauourer de nouueaux fruits de delices plus innocens & des pointes d'vne feruer plus noble, & d'vne deuotion mieux reglée : & auec des componctions sauoureuses & cordiales qui regorgent souuent jusqu'à l'exterieur, à cause que la capacité interieure de l'ame n'est point encore assez dilattée *ny approfondie en dedans.* Enfin, le *saint Esprit du Pere & du Fils, lequel par bonté speciale, se delecte de verser sa lumiere dans les cœurs pour y faire connoistre Iesus-Christ, leur ouure aussi interieurement le secret de ce cœur amoureux, d'où il fit sortir cette belle Colombe de feu sacré son Espouse,*

Sortie de l'Eglise du saint cœur de Iesus par la precieuse playe de son sacré costé.

je veux dire la sainte Eglise ; sortant toute belle & triomphante de ce precieux costé ouuert; d'où exhale le baulme sacré de toute bonne odeur dans l'ame abordante interieurement cette diuine cauerne embrasée des ardentes flammes du diuin Amour.

SECTION CINQVIESME.

L'ame parfaitement couuertie, dégagée de propre recherche, & patiente dans toute les épreuues & pauuretez spirituelles, honore & contente pleinement Dieu dans l'oraison, s'vnissant interieurement à Iesus crucifié en tous les estats de sa tres-sainte Mort & Passion.

1. O Tres-doux & immaculé *Agneau*, vous estiez mort à la Croix, lors que le costé vous fut ouuert pour donner jour à l'amour & à la vie, auec le coup d'vne lance fortunée. Et cependant, quoy que la vie fust pour lors enseuelie dans la mort, vous ne laissastes pas de nous élargir à l'infiny les diuines émanations de vostre Charité, *par la sacrée ouuerture de ce cœur entamé*; & ainsi auec vne telle *bouche d'amour & de douleur*, vous nous declariez combien estoient infinis les admirables desseins de vostre puissance à aymer & sanctifier les hommes penitens. Et comme vostre Charité est aussi spacieuse que l'infiny ; ayant égard à nostre fragilité, par laquelle nous pechons journellement ; *non que nous soyons contraints à pecher par aucune fragilité* ; mais nous y pouuons tomber fragilement, & y perdre vostre amitié & vostre grace, dont nous auons besoin pour nous conuertir parfaitement à vous apres nos frequentes chûtes dans le peché.

2. Mais, ô tres-delectable *Agneau*, c'est à quoy vous auez tres-sagement pourueu, & par excés de charité & les merites infinis de vostre sang appliquez à nos ames par le ministere interieur de vostre diuin Esprit, qui verse dans le cœur penitent & attendry vne sainte componction, vne Contrition cordiale, laquelle suiuie de la sainte Confession, fait *vne admirable Conuersion*, remettant l'ame en grace, & la

Pieces d'vne parfaite conuersion.

faisant d'ennemie, amie. Et quoy que la Contrition remette le peché, cependant personne ne se doit presumer d'en auoir vne parfaite ; mais on doit recourir à la Confession, laquelle acheue & perfectionne le tout par le pouuoir donné aux Ministres de l'Eglise, qui tiennent entre leurs mains les clefs de ce sang precieux, lequel est épanché spirituellement & interieurement *sur la face de l'ame* par l'Absolution du Prestre, pour la lauer & nettoyer de ses souilleures, & la remettre en liberté. Mais s'il arriuoit qu'vne pauure ame surprise d'vn peché de fragilité en lieu où elle ne pût auoir de Confesseur, ayant vne parfaite contrition & vn desir de se confesser s'il estoit possible ; pour lors la main de la diuine Clemence pourroit estre attendrie sur le pecheur contrit, & luy appliquer interieurement le fruit & les merites de ce sang precieux.

3. Et par ainsi nous deuons faire en sorte que l'amour imparfait cede toûjours au plus parfait ; car *si l'amour propre n'est vaincu, l'ame ne peut point sauourer la paix, ny jouyr de sa liberté* auec franchise ; veu que celuy qui traisne son lien n'est pas encore échapé. Mais l'ame estant vne fois victorieuse & entierement *dégagée de propre recherche*, & soûmise à l'Empire interieur de la Grace & de l'Amour ; le thresor luy sera bien-tost ouuert pour y goûter l'infinie douceur des diuines richesses auec paix & repos interieur : auec suauité & liberté d'Enfans de Dieu, & *sans aucune lassitude ny dégousts* : mais plûtost elle sera bien-tost inuestie d'vn merueilleux feu d'amour, qui luy fera enfanter les plus nobles vertus sans peine ny sans douleur. Et ainsi munie d'vne ardente affection, elle sçaura manger le pain d'angoisse nettement tranché sur la Table de la Croix, & de la priuation, auec le glaiue aiguisé du diuin Amour ; lequel se montrant *seuere à la nature pour luy estre plus doux éternellement*, luy fait aualler les humiliations & opprobres, mais courageusement & sans se troubler par impatience.

4. D'autant qu'il est de la nature de cette grande *vertu de patience*, de tenir rang & seigneurie sur toutes les autres

L'attache à sa propre vie, *Tr. VI. Ch. II.* 283

vertus, & de calmer l'ame & la rendre Dame & Maistresse d'elle-mesme. *Vous possederez vos ames par la patience*, dit la diuine Sagesse, parce qu'elle est faite en l'ame comme le rempart de la diuine Charité, & sert comme de balance & de poids pour peser & reconnoistre le prix & la valeur des autres vertus qu'elle exerce, & voir si elles ont leurs racines en Charité, & si elles tendent à Dieu comme à la fin derniere, conduisant l'ame à vne *sainte haine de soy-mesme, pour ne s'arrester à aucune consolation, sinon celle de souffrir pour Iesus-Christ*; non pas par mépris ny par dégoust des consolations; car elles sont aucunes fois necessaires selon le choix de Dieu pour encourager l'ame au chemin de la vertu & dans les épines des afflictions; car elles sont d'elles mesmes tres innocentes: *Il suffit seulement à l'ame de n'y pas arrester sa complaisance, mais de se rendre interieurement à Dieu*, elle & son don par amour reciproque; parce qu'il veut estre luy-mesme dans luy-mesme *nostre consolation*, nostre vnique joye, & nos veritables delices, & felicité anticipée jusqu'au temps de la plenitude. Et partant, l'ame estant remplie de connoissances scientifiques de ce bien surnaturel de la sainte haine de soy-mesme, estant parfaitement *approfondie en l'interieur où découlent les torrents de la diuine Charité*, selon l'éclat & noblesse de cette diuine Vertu, qui *reluit en l'ame comme vn Soleil d'Amour*, qui épanche en son fond la grace de ne s'en jamais separer; non pas mesme par sentiment interieur. Mais quelle plus grande folie à l'homme de negliger vn si grand bien? Car tout ce qu'il y a de creé n'est que neant deuant Dieu: Dieu seul trin en Personnes, & vn en Substance nous peut feliciter. Pourquoy donc luy fermer nostre capacité cordiale, luy qui nous est lumiere éternelle *en son Fils Iesus-Christ*, Parole incarnée, Parole substancielle, Parole subsistante, Parole feconde, & source de fecondité; Parole souueraine & toute-puissante actiuité du Principe Paternel, du sein desquels est produit le tres-saint Ouurier d'amour l'Amour personnel mesme, grand Tresorier General du riche magazin du *Crucifié*, lequel thresor est fermé *aux grands esprits du siecle*, & *aux curieux*

Le propre de la vertu de patience.

Pourquoy les consolations sont necessaires, quoy qu'il ne s'y faille point attacher pour mettre sa consolation en Dieu seul.

Dieu seul peut feliciter l'ame.

Nn iij

du temps, mais ouuert tout au large aux vrais pauures & aux simples qui ont accoûtumé d'y moissonner les richesses de l'Amy du cœur par dessus tout entendement creé.

5. Et s'il est ainsi, comme il est vray que le saint Amour nous sollicite sans cesse d'agreer au Pere, *quel plus puissant & digne Objet* luy pouuons-nous offrir & presenter pour fléchir & attendrir ses diuines & paternelles Entrailles, *que son Verbe Humanisé* tout reduit pour nostre amour dans vne excessiue pauureté Crucifiée ? Dans laquelle il nous veut apprendre à enseuelir nostre propre vie dans *le glorieux Tombeau de son cœur nauré*, pour y renaistre à sa vie, & y reuiure en sa Gloire auec toutes les franchises & passedroits d'amour, donnez aux legitimes enfans du Pere. C'est luy qui felicite tout le Paradis, & diuinise les hommes estant leur lumiere, leur voye, leur verité, leur vertu, leur merite & leur saint aymant sacré ; qui fait *l'vnion du repos dans la vie de sa Diuinité*, car *tout ce qui est de Dieu retourne à Dieu*, & tout ce qui vient de Dieu nous est semence de vie Eternelle : & tout ce qui n'est point de Dieu, est pure vanité pour belle apparence qu'il puisse auoir. Et partant, *toute la premiere & la derniere chose qu'il faut rechercher en l'Oraison, c'est d'y contenter vn Dieu, & à nos dépens*, si la Prouidence en ordonne ainsi ; c'est à dire, qu'il faut porter courageusement & aggreer patiemment tous *les differens Estats de priuations* & d'épreuues en la maniere de Dieu, & non plus en la nostre ; parce que la priuation ou souffrance, ou la pauureté spirituelle n'honorent pas moins Dieu, que les plus sublimes dons de Dieu, parce que l'vn & l'autre sont les effets du mesme amour, & les proprietez de ce mesme *Soleil interieur* qui enuisage l'ame selon qu'il sçait luy estre plus vtile.

6. Cependant *il n'est pas si difficile de traitter & conuerser auec Dieu, comme les esprits feneants se l'imaginent*, puis qu'il suffit de luy ouurir & exposer nostre cœur, lequel il nous a donné tout exprés pour luy en faire vn *tabernacle viuant & portatif*, afin d'y épancher ses diuines richesses auec abondance d'amour & de delices, & en sa maniere diuine, mais il est aussi

L'attache à sa propre vie, Tr. VI. Ch. II. 285

de nous, de contribuer de nostre part tout ce qui est de nous, & de ménager les interests de Dieu, *& profiter de tous ces estats differents,* soit de pauureté ou d'abondance, de douceur ou d'amertume, de consolation ou de desolation, parce que l'vn & l'autre doit estre également porté dans *l'ame renoncée, qui ne sçait plus ce que c'est que de se rechercher, mais bien de se conformer en tout & par tout au pauure Crucifié & desolé Iesus,* car l'action, le repos ou le silence: l'operation sauoureuse où la secheresse; la disette ou l'abondance; *tout cela,* dis-ie, *venant de Dieu retourne à Dieu, selon le bon ou mauuais vsage que nous en faisons;* & leur prix est selon la patience que l'ame y exerce, l'attention interieure qu'elle y pratique, & la diligence qu'elle y apporte à les porter patiemment.

Comment l'ame doit se comporter en tous les differens estats par conformité à Iesus Crucifié.

7. Car encore bien que le principe de la grace infuse, ne soit pas sujet au sens; & que son épanchement dans l'ame ne soit pas tousiours également senty; *il ne laisse pas cependant d'operer* & *de produire en l'ame vn estat sauoureux* & *paisible,* lequel se fait sentir par toutes les puissances de l'ame: & cette effusion de saueur diuine releue la creature & annoblit sa foy, augmente son esperance & accroist sa charité, & fait marcher l'ame au dessus d'elle-mesme au moyen de l'instrument surnaturel de la foy viuifiée de charité. Et partant *l'ame se laissant toute abandonnée à l'attrait interieur, se laisse mouuoir, & son operation dénuë l'ame, & la fait participer par conformité à l'estat passif de Iesus-Christ; qu'il porta & pratiqua en sa Passion, pour passer du paisible à l'impassible, & du temps de mort à l'Eternité de la vie Diuine.* Ainsi l'ame doit demeurer paisible, silencieuse & attentiue en son fond, où elle porte & supporte passiuement *la diuine operation, laquelle s'exerce à Crucifier la propre vie de l'ame,& à l'amortir par plusieurs Morts:* Si bien que l'on peut dire auec verité & experience, que si la grace n'est pas sensible, quant à son origine où principe, que comme accident suruenant dans l'ame, elle s'y fait & s'y peut faire sentir par ses effets notifiez en l'ame, & par les excés d'amour qui s'y exercent & qui s'y font sen-

Comment la grace qui n'est pas sensible dans son origine l'est par ses effets.

tir & experimenter en diuerses manieres, & *qui vont tousiours crucifiant l'ame à sa propre vie*, la faisant sans cesse agoniser, mourir & reuiure, blesser & guarir, tuër & donner la vie tout ensemble ; c'est le propre & le continuel effet du saint Amour, sous les efforts duquel l'ame souffrant tous ces crucifiemens amoureux, elle honore & contente pleinement Dieu dans l'Oraison.

8. Mais il faut confesser necessairement que le grand Liure ouuert de nostre éternelle felicité, c'est *Iesus-Christ* dans lequel nous deuons estudier la sagesse, & y puiser la diuine lumiere d'Amour laquelle nous éclaire en tous nos doutes, & resout toutes nos difficultez, affermissāt toutes nos esperances par la puissance infinie qui resulte de l'étroite communication de tous les estats de sa Vie, Mort & Passion, par laquelle vie la nostre est sanctifiée, *ayant annobly en soy par ses souffrances, toutes nos souffrances*, toutes nos afflictions, priuations & amortissemens, en ordonnant tous les moyens actifs & passifs, en ouurant le Thresor de sa tres-grande liberalité, & leuant les bondes des torrens de son Amour, pour operer passiuement en sa diuine Personne toutes les Croix & les mortelles rigueurs que sa *tres-sainte Humanité* pouuoit supporter, & que la diuine Iustice en deuoit exiger *à la décharge des pauures Pecheurs d'eux-mesmes insoluables* ; portant ainsi tout seul & tout abandonné, mais tres-amoureusement *son estat Crucifié & Crucifiant* ; émoussant toutes les pointes des Espines, & la dureté des Cloux ; supportant patiemment la tyrannie du peuple Iuif, jointe auec la rage des Demons qui les y excitoit : & tout cela pour se liurer & abandonner à nos ames en victime d'amour ; & en lieu d'Espines, nous épancher les roses, & la suauité de ses diuines consolations.

Patience & charité ineffable de Iesus souffrant dans l'estat passif de sa Passion qu'il a supporté à la décharge des pauures pecheurs.

9. O tres-cher & tres-aymable Iesus : d'où vient donc tant *d'ingratitude* en des ames Chrestiennes si méconnoissantes & si infidelles, apres tant & tant de bien-faits & de gratitudes de vostre part ? Sinon qu'en se voulans & recherchans eux-mesmes pour eux-mesmes ; ils se separent & s'éloignent

L'attache à sa propre vie, *Tr. VI. Ch. II.* 287

loignent de vous? Où bien, s'ils font mine de s'en approcher, ils ne vous presentent que des vaisseaux retrescis & tout *embarassez des liens du propre Amour*, qui bornent, arrestent & limitent vostre profuse & tres-liberale immensité, laquelle se voulant tousiours distribuër selon vos infinies gradeurs, & le fond inépuisable de vos diuines richesses, ne trouue point de lieu en eux pour les y épancher amoureusement, abondamment & librement, selon vostre liberalité infinie. Mais ce que l'on y peut remarquer de plus estonnant, c'est de voir que toute la grandeur des Cieux, ny toutes les puissances terrestres, ny toute la machine de ce grand & tres-spacieux vniuers, ne puissent pas tant soit peu arrester ny retarder les glorieux débords de la diuine immensité, & que *l'insolence de la volonté d'vne chetifue creature humaine borne*, arreste & limite à son égard le torrent impetueux de cette redoutable infinité, toute puissante qu'elle est, *par vn seul mauuais mouuement de sa volonté*: C'est en verité vne insolence & vne ingratitude insupportable, & qui nous deuroit faire fendre le cœur de douleur. O rebellion étrange malheureusement & follement exercée contre la Toute-puissance de l'Amour, lequel peut tout fléchir & tout vaincre, *horsmis le cœur lâche, tiede & negligent*.

Resistance d'une mauuaise volonté à la Toute-puissance de Dieu.

10. Car *le sujet le plus pressant de nostre eternelle consolation, c'est d'appartenir à Iesus-Christ*, l'amour infiny duquel a preferé nostre salut à sa propre vie, auec des excés d'amour & de bienveillance, qui n'ont iamais eu leurs semblables; sans compter *les familiaritez inouyes qu'il opere en chaque ame dans le sanctuaire interieur de son Estre, où il celebre ses plus étroittes communications & commerces d'amour, pour s'y édifier vne demeure paisible*. Et à ce sujet il épure, il dérouïlle & nettoye toutes les taches de l'ame, & en dissout toutes les attaches; en guarit les playes & *les blessures de propre Amour*, & les resistances de propre vie si importunes à ce vray Amant, & si rebelles à son tres-pur Amour. Et partant, pourquoy tant de resistances? O ames Chrestiennes, à l'amour de celuy auquel vous deuez vous vnir & conformer dans tous les estats de

O o

souffrances? N'auez-vous encore jamais pris garde ny considéré cét admirable prodige d'humilité, de benignité & de douceur Iesus, resolu de rompre le fil de sa propre vie mortelle & passible, pour s'en retourner à son Pere, *mais par le tres-dur chemin de la Croix.*

SECTION QVATRIESME.

Des charitables motifs de Iesus-Christ dans l'Institution du tres-saint Sacrement de l'Autel, & des infinies douceurs que sauoure l'ame interieurement recolligée dans les sacrées playes de Iesus, & enfermée auec ce diuin Espoux dans le Cabinet secret de son cœur, apres la sainte Communion.

1. AFin que par le départ & l'éloignement corporel de *Iesus-Christ*, la sainte Eglise sa chere Espouse ne fut point contristée, se plaignant comme vne chaste Colombe tendrement affligée & demeurée seule: Voicy que ce *fidele Espoux* ce Pere de Paix & de toute pacificatiō touché au vif, & tres-amoureusement compatissant à nostre commune desolation, nous ouurant tout au large les misericordieuses entrailles de sa diuine Charité, & dans vne cordialité incomparable, voicy, dis-je, que son industrieuse & diuine sagesse luy ouure vn moyen jusques-là inoüy & inconnu à toute autre intelligence pour *demeurer reellement present auec son Amante*, sans prejudice de sa demeure de gloire, de triomphe imperial & tres legitime à la dextre de son Pere; Et pour nous donner dauantage de confiance en son Amour, il voulut que ce fust sous vn Symbole si familier, si obligeant, si doux, si suaue, comme est le titre *d'Agneau occis & sacrifié dans cét ineffable Sacrement*; quoy qu'il soit le souuerain principe viuant, & le tres-liberal donneur de vie Eternelle. C'est là, & par là, Ames Chrestiennes, que ce

L'attache à sa propre vie, *Tr. VI. Ch. II.* 289

prodige d'amour se coule & *s'insinuë dans le fond de nos ames pour y demeurer auec elles dans elles par lien d'amour & vnité d'esprit*, & s'y épancher à son plaisir tout luy-mesme dans nostre cœur, dans nostre ame, pour nous y transformer, & dans son corps, & dans son ame par vn glorieux débord de sa Charité diuine, laquelle porte l'embrasement jusques dans la substance de l'ame.

2. Car cét Amant ineffable ne nous a point voulu laisser d'autre gage de sa diuine amitié que luy-mesme ; & moins nous priuer d'vne si ardente & *delicieuse societé*, non seulement pour demeurer & reposer hors de nous comme il fait sur les Autels, & dans les vases d'or & d'argent où il est adorable, mais encore pour entrer & *reposer dans les vaisseaux vinans de nos ames, personnellement, diuinement & humainement, & en qualité d'aliment, transformant pour ne faire que de luy & de nous qu'vne mesme chose* : & afin que le tout fut fait dans l'ordre, & decence requise à l'administration de ce saint Mystere, il donna les Clefs de ce Thresor à son Eglise, tenant en terre la Iurisdiction de son sacerdoce eternel, communiquée aux Prestres legitimement admis à ce tres-haut & tres-sublime ministere, en vertu de laquelle charge, il leur a donné pouuoir de consacrer & d'administrer ce pain de vie, & non à aucun autre, ceux-là seulement estans les legitimes coheritiers & les fideles dispensateurs des Thresors du diuin Agneau ; lequel nous a laissé par Testament, qu'autant de fois que nous participerons à ce diuin Mystere, *nous rememorions en nos cœurs sa tres-sainte Mort & Passion*, jusqu'à ce qu'il vienne nous donner la plenitude de la recompense.

Apres la sainte Communion l'ame recueillie dans son cœur auec Iesus-Christ y doit le considerer dans les Mysteres de sa tres-sainte Mort & Passion.

3. Mais il est bien à craindre que fort peu de personnes y pensent à bon escient, pour ne s'y estre jamais exercées interieurement, ny aduiseés, l'y tenans au dedans de leurs cœurs apres l'auoir receu sacramentalement *d'approcher leur bouche spirituelle, centrale & interieure de la playe de son precieux Costé*, en toute reuerence & humilité, pour y boire & sauourer à loisir la paix, la tranquilité & la diuine Onction de la *Manne cachée de ce Sang precieux qui en découle* ; de ce sang

O o ij

glorieux qui en rejaillit, comme d'vne Fontaine d'Amour, de douceur, de vie, & de verité. C'est *cette Porte Mysterieuse & toute flamboyante qui donne entrée aux diuins Amoureux en la Diuinité.* C'est de ce diuin & Royal Arcenal, que partent toutes les bonnes munitions & armures de Charité puissamment deffensiues contre le monde, contre les Diables & contre la chair ; c'est enfin l'azyle asseuré des paures pecheurs Penitens, qui ont appris à tendre la main de leur cœur contrit & humilié à la diuine clemence du Pere, *c'est la cauerne sanglante & glorieuse du Lyon de Iuda, dans laquelle toutes les Ames fidelles se retirent en saureté pendant le temps de la tentation & de l'épreuue,* pour y mettre leur foiblesse en asseurance sous la Sauue-garde de cette force indomptable : c'est enfin de ce saint fouyer allumé & tout rougissant de feu Diuin, que j'allissent les fléches embrasées, qui penetrent les cœurs des vrays Amans, qui se nourrissent & se repaissent de ce diuin aliment, qui se fait sauourer dans l'excés de son enyurement, qui porte auec soy la Resurrection & la vie de Dieu dans l'Ame Chrestienne.

Refuge de l'ame dans les playes de Iesus dans l'attaque des tentations.

4. Or la Foy nous apprend que *c'est le mesme Iesus-Christ reellement sacrifié en cette Hostie, qui fut aussi éleué à la Croix sur le Caluaire* : & ce mesme Corps & ce mesme Sang épanché pour les pechez du monde, & pour nous estre liuré substantiellement, reellement, diuinement & humainement en ce diuin Sacrement, donné pour gage asseuré de la vie, & pour nourriture diuine à l'homme, & nous rassasier ainsi de ce mets delicieux de ce pain viuant : & nous des-alterer de ce breuuage celeste & ineffable, qui nous conforme & nous transforme en la vie resuscitée de *l'Agneau de Dieu*, & nous donne libre entrée à l'heritage du Pere, pour y participer sa glorieuse infinité.

5. O Ames Chrestiennes, d'où nous viennent tant d'ingratitudes & de duretez contre l'innocent Agneau ? Pourquoy sommes-nous deuenus plus durs & plus rendurcis que les Rochers & toutes les choses inanimées qui en ont esté émuës. Car si vous enuisagez d'vn œil Chrestien *ce qui se*

L'attache à sa propre vie, Tr. VI. Ch. II.

passa lors de son crucifiement, vous verrez qu'aussi-tost que la Croix l'eût embrassé tres-cherement, & quoy que tres-durement, il fust aussi-tost entendu de si grandes secousses & ébranlemens dans toute la Nature ; comme tremblemens de terre, disloquemens de rochers, & ouuertures de monumens, & toutes les autres merueilles que la brieueté de ce discours ne nous permet pas de declarer icy, & tout cela se passant pendant sa mort.

6. O dureté & insensibilité de l'Ame Chrestienne ; car pourquoy le receuant maintenant, non pas mort entre nos bras ; mais tout viuant & tout glorieux & ressuscité, & tout diuin & tout diuinisé, & penetré de Diuinité qu'il est en ce diuin Sacrement tres-sublime & adorable, *& institué tout exprés pour nous alimenter de Dieu, pour nous embraser & consommer d'amour* si diuinement épanché à la mesure de son infinité. D'où vient, dis-je, qu'il n'a point encore ébranlé nos cœurs ? sinon qu'il n'y a pas trouué vn fond propre, & preparé à ses diuines & amoureuses flammes, à ses torrens de dilection. Mais reflechissez vn peu, cheres Ames, & vous interrogez vous-mesmes : d'où viennent tant de glaces & de froidures, apres tant de feux & de flammes & d'ardeurs diuines ausquelles nous nous rendons impenetrables, & à toutes les semonces interieures de son Amour. Hé quoy, apres tant d'embrasemens & d'embrassemens, la terre de nostre corps n'a point encore tremblé ? Et *le rocher de nostre cœur ne s'est point encore entr'ouuert ? & le sepulchre interieur de nostre ame n'a point encore rendu le mort ; & partant il n'y a point encore eu de resurrection.* O mal-heur déplorable qui fait gemir le saint Esprit, & pleurer les Anges de paix. Hé, pourquoy tant de duretez & de resistances au tendre cœur de l'Amour diuin, qui n'a aucune relâche pour l'enuie qu'il a de nous perfectionner, sanctifier & deïfier. O cœur rebelle & dénaturé, jusques à quand demeureras-tu inflexible aux tres suaues atteintes de ce feu diuin.

7. Car, cheres Ames, *il ne suffit pas de se croire spirituel pour sauourer l'Onction diuine de cette manne celeste par le canal sacré de*

O o iij

cèt adorable Sacrement, mais il faut estre profondement & veritablement interieur, & tres-intime & concentré jusques là où reside la vie & la lumiere de la Vie diuine. Car la spiritualité seulement du propre Esprit, c'est vn édifice sans fondement, tout ainsi que la foy sans amour, c'est vn corps sans ame : & ce fut ainsi que les Anges Preuaricateurs, se complaisans en leur nature & propre excellence, fermerent leur fond à la verité de l'Agneau, d'où s'est ensuiuy leur aueuglement & leur chûte si funeste. Et par ainsi il est à craindre que nous aheurtans trop à nostre propre suffisance, nous ne venions à preferer la lumiere naturelle à la surnaturelle ; & partant *fermer nostre fond interieur à l'amour*, & à la lumiere de l'Agneau de Dieu, laquelle n'éclaire que par dedans.

D'où vint la chûte des Anges.

8. O Amour ! ô diuine Lumiere ! ô Clarté ineffable du beau jour éternel monté sur *l'horizon de nostre cœur*, pour y verser les influences diuines & lumineuses de vôtre charité: que ne dissipez-vous d'vn seul regard toutes les tenebres de *nostre Ciel interieur*, dont le mobile est remué par l'amour, & gouuerné par les Planettes des plus nobles vertus : & qui pour fauoriser nos ames de vos glorieux regards, vous vous estes mis comme *en estat d'Eclypse sous les especes du pain*, & de là, ce bel astre influë dãs nos cœurs la vie d'amour qui les viuifie & les trãsforme en ses diuines ardeurs, & retirant l'ame des biens finis pour la reduire & concentrer fauorablement sous les Loix du saint Esprit, d'où découle l'abondance des biens infinis & éternels. D'où vient que l'ame estant toute embrasée & ardamment éleuée à aymer, & participer la nudité desolée du tres-humble & patient *Iesus* dans la profondeur de ses infinis abbaissemens ; elle vient aussi à y exercer & à y pratiquer les vertus heroïques de la sainte pauureté d'esprit, l'obeïssance aux Loix diuines & humaines, & interieure & exterieure, auec l'humilité cordiale & la chasteté de corps & d'esprit.

9. Et par ainsi, toutes ces vertus sont pratiquées noblement en ces trois degrez ; sçauoir, à l'égard des interieures,

L'attache à sa propre vie, Tr. VI. Ch. II. 293

& à l'égard des plus intimes & diuines: ce qui verse en l'ame vne pleine mer de felicité anticipée; & particulierement lors qu'elle s'approche de la sainte Communion. Car l'ame adonnée à l'intime recollection, est profondement & centralement ouuerte à Dieu par amour; d'où elle tire les arrhes de son Eternité: parce que l'operation diuine se soûleuant du plus intime, *voire d'outre elle-mesme*: son diuin trait venant ainsi au rencontre de ce principe viuant, auquel il se conjoint & vnit tres-ardamment auec ce fond viuifié d'amour, & surnaturellement & diuinement *preparé par la sainte Oraison*; & tout ainsi que frappant le fuzil il faut tenir tout prest l'allumette; de mesme *l'ame approfondie en son interieur ayant participé à ce tres-saint Mystere, laisse écouler son esprit en dedans vers cét Agneau jusqu'au rencontre le plus intime & solitaire*; & la tres-pacifique & tres-silencieuse, elle entre dans la jouyssance de ces chastes & tres-purs embrassemens d'vn Dieu fait homme tout Amour & tout de feu, réchauffant, éclairant, & tres-ardamment allumez jusqu'à l'embrasement. *Voyez l'image*

10. Et pour lors *ce fond central* tout embrasé & purifié ouure ses plus intimes demeures pour y *loger l'Amy cordial*, & pour auoir la vie diuine demeurante en soy; d'où resultent les trophées de l'amour imperieux & de ses motions diuines: lequel s'estant emparé du fond interieur, fait mouuoir l'ame à soy & par soy. Et ainsi, comme tres-expert & tres-digne ouurier d'Amour, il en fait vn instrument viuant de la vie diuine, & l'y fait croistre à l'infiny selon la vie d'amour, & selon tous les degrez & graduations sortables à cét estat, & exercez en cette diuine milice spirituelle, interieure & centrale, auec foy, lumiere & amour.

SECTION CINQVIESME.

De la prudence & discretion requise à vne ame fauorisée de graces extraordinaires dans ses jubilations & saillies d'amour, & dans les carresses interieures de son diuin Espoux.

1. C'Est vne grace qui répond à *la Creation* d'auoir la vie naturelle; mais c'est vne grande grace & plus abondante que d'auoir la vie nouuelle; la vie de grace, d'amour & de lumiere diuine; de vie & d'operation qui répond à la *Redemption*. C'est beaucoup d'auoir la foy, mais elle ne vit point sans charité; car les Diables croyent Dieu, & n'en sont pas meilleurs, parce qu'ils sont priuez d'amour, & partant, *toute l'importance est de sçauoir aymer Dieu, & en luy toutes ses œuures. L'on peut croire sans aymer, mais on ne peut aymer sans croire*; parce que c'est l'amour diuin qui fait & produit la noblesse & perfection de toutes les vertus, & l'Esprit viuant de la Charité est l'ame des vertus, & sans luy les vertus ne sont que des corps morts, *l'on peut auoir des*

Proprietez de l'Amour diuin.

vertus sans l'Amour diuin, mais l'on ne peut jouyr du pur amour sans auoir les vertus en principe, qui tirent toute leur valeur & leur prix de la Charité: estant de l'employ de l'Esprit d'amour de les graduer & les annoblir, & viuifier & faire monter au parfait étage de leur Sphere spirituelle.

2. O heureuse *Conuersion interieure vers Dieu, Centre increé de la vie creée*, & de toute viuification: au moyen de laquelle on apprend à le posseder par amour; & en aymant on apprend à luy plaire; & par ainsi *l'ame estant inclinée à l'interieur pour y écouter le vray & vnique Amy se proferer luy-mesme & se parler suauement dans le plus intime de l'ame*: là où en se parlant il parle toute chose par ce langage d'amour tres-merueilleux en ses effets & proprietez coulé en l'ame jusques à son

centre:

L'attache à sa propre vie, Tr. VI. Ch. II.

centre: là où l'ame fidelle luy témoigne en secret le desir infiny qu'il a de la conuoiter pour bien-aymée. A cette fin il commence de preparer sa capacité amatiue aux torrens de son Amour, pour la disposer à vn solemnel *Mariage spirituel* par l'entreprise du nœud diuin pour en poursuiure la consommation en luy-mesme, & en sa maniere diuine.

3. Et par ainsi l'ame se voit déja dans vn sublime estat de jouyssance, & de tres-intime repos dans cette maison interieure de Dieu, où elle est conseruée dans vne immobile fermeté, à cause que *Dieu habite au milieu d'elle*, pour l'y attendre & l'y mettre en pleine possession selon le degré où la capacité intime d'vn puissant effet de l'amour, qui fait bondir & *jubiler l'ame au dedans* auec vne telle abondance, voire mesme impetuosité, qu'il est bien difficile pour lors qu'elle se puisse contenir; en sorte qu'il n'en rejallisse quelque étincelle au dehors; tant cette *exuberence* amoureuse excede toute contenance & retenuë que l'ame y pourroit apporter; & *quelquefois il arriue par mégarde qu'elle fait des saillies comme extrauagantes que les hommes du monde les mieux sensez jugeroient & condamneroient de folie*: quoy bien que tel excés parte de la force de la vraye Sagesse, Fontaine de Iustice, de Verité, d'Amour & de Vie; c'est pourtant *ce qui est caché à la Sagesse mondaine, & aux suffisans du siecle*.

4. Et tout ainsi que *dans l'affliction, la patience est requise icy c'est le lieu de pratiquer fidellement la prudence & la discretion*. Car vne telle ame toute enyurée de ces delices & mignardises de *l'Espoux diuin*, doit s'exercer soigneusement *à moderer ces excés*, & à ne paroistre en public que le moins qu'elle pourra, si son office ou son estat ne l'y obligent, tant parce qu'*il est important de cacher les graces de Dieu, & de ne se point manifester deuant le temps*; qu'aussi il faut craindre de mal édifier le prochain, qui juge selon les apparences exterieures, & ne peut point penetrer les interieures. Et tout ce que l'on a de plus saint & tout ce que l'on en pourroit auoir, doit estre caché si l'on préuoit que le prochain n'en soit point édifié; & parce qu'aussi *l'Amour saint change de visage*, &

Prudence requise à l'ame dans ses excés de jubilation interieure.

P p

souſtrait ſa face à cette mignarde, la laiſſant ſeulette & à elle-meſme toute égarée, toute éperduë & toute décontenancée, toute aride & toute ſeiche; pleine de ſoins & d'amertume dans vn égarement ſi funeſte & ſi à l'improuiſte & non eſperé; & ſa plus grande affliction c'eſt la croyance qu'elle a que cette abſence n'ait eſté cauſée *par ſa faute*, & non ſeulement tout cela, mais encore le plus ſouuent le Seigneur lâche la bride au Demon, qui commence de la talonner & de la tâter au deffaut de la cuiraſſe. Ainſi, il la pourſuit, il l'attaque de toutes parts & en toute occurrence parmy ce fortuné éuenement, diſpoſé tout exprés de ſa Majeſté, *pour exercer & purifier cette nouuelle Amante*; & la faire paſſer d'vn degré inferieur à vn ſuperieur; & pour luy apprendre vne bonne fois pour toute ſa vie le cas qu'elle doit faire de la prudence & de la diſcretion; & à *faire prouiſion pendant l'abondance pour le temps de la diſette*; car la grace exerce tout, & rien n'eſt admis dans l'ame, que preciſément ce qui eſt peſé au poids du Sanctuaire.

5. I'entens dire par là, que tout ainſi que durant le mois d'Aouſt ce n'eſt pas le tẽps que les manouuriers choiſiſſent pour prendre leurs ébats, ny pour s'amuſer ſi long-temps à la paſture; mais plûtoſt ne prenãns que le pur neceſſaire, ils employent le reſte à trauailler ſerieuſement à la recolte des biens de la terre; de meſme en doit faire l'ame préuenuë & fauoriſée des dons de Dieu, & toute ſur-comblée de ſes douceurs & ſuauitez diuines, *laquelle ne doit ſauourer que le pur neceſſaire afin d'en éuiter l'attache*; mais elle doit trauailler & moiſſonner à pleine faucille dans le champ ouuert des vrayes vertus; & ne ſe pas endormir comme les folles Vierges en ce lict de fleurs & de delices. Mais l'ame ſage de la vraye Sageſſe qui rend tout à Dieu par amour, en aymant l'amour pour l'amour de luy-meſme ne s'attache pas à ſes dons: & faire ainſi eſt le moyen de faire bien-toſt vne tres-abondante recolte, & vne heureuſe prouiſion pour le temps de l'épreuue, & d'obſcurité impreueuë & lors meſme que perſonne ne vous pourra conſoler que celuy-là

Eſpreuues du ſaint Amour de l'Eſpoux Ieſus.

seul, qui porte la confolation auec foy, qui eſt celuy meſme qui s'eſt abſenté de vous apres vous auoir bleſſée & outrée d'amour, & laiſſée ainſi toute moribonde & languiſſante entre la vie & la mort.

6. Enfin, l'ame dans cét eſtat delaiſſée ſeulette, & comme ſans amour, & exercée de grandes ſechereſſes & ariditez, ainſi qu'on les appelle vulgairement, croit que tout eſt perdu. Mais attendez vn peu, pauure Amante, ce cher Eſpoux reuiendra pour demeurer toûjours auec vous ſi vous eſtes fidelle à demeurer auec luy dans ſa chere maiſon de delices l'interieur de voſtre cœur, rauie de ſa beauté & amoureuſe de ſa diuine & intime preſence.

SECTION SIXIESME.

L'ame dans ſes trois differens eſtats de commencement, de progrés & de perfection en la ſainte Oraiſon, agreablement comparée à l'arbre fruitier, ſelon trois differentes ſaiſons de ſon fruit, en fleur, en verdeur, & en maturité, & planté en differens terroirs ſous differens climats.

1. LE Soleil corporel qui par trois differens regards & repriſes continuës, amene les fruits de la terre à pleine maturité, à rapport aux trois eſtats de l'oraiſon, qui ſeruent de ſujet aux trois genres du diuin Amour exercez ſur l'ame en trois regards differens, & differemment operez.

2. *Le premier regard du Soleil corporel ſur les arbres fruitiers*, fait épanoüir les fleurs, & y deſſeiche l'humide que la roſée du matin y auoit accueillie dedans la fleur ; afin qu'eſtant rechauffées le fruit s'y forme & y groſſiſſe juſqu'à creuer le batteau, & s'y montrer aux ſpectateurs, qui ſe réjoüiſſent dans l'eſperance de les voir auec le temps en maturité.

3. *Le ſecond regard du Soleil ſur l'arbre fruitier*, eſt que re-

chauffant la terre, il la soulage & l'ayde à produire l'humeur ou la seue ; laquelle nourrit le fruit & le conduit à sa grosseur ; Et comme dans cette saison la seue est en sa grande vigueur, elle fait aussi que le fruit quoy que gros, est cependant de couleur tres-verte & de goust tres-acre, & tient beaucoup à l'arbre.

4. Le *troisiéme regard* & la troisiéme operation du Soleil sur l'arbre fruitier enuisageant ce fruit dans sa grosseur, & le Soleil estant selon cette saison tres-ardent, il desseche la terre & en purifie l'humeur, & y fournit la couleur selon chaque espece *accommodant sa vertu au sujet qu'il atteint*, suiuant la qualité du fruit : ainsi *la seue venant à se retirer à la racine de l'arbre* apres auoir fourny à la grosseur du fruit le necessaire ; le Soleil le dispose à la maturité, & luy imprime la couleur jaune, ou rouge, ou dorée, ou panachée ; c'est à dire tenant du jaune, du rouge, du vert ou du doré. Et en cét estat le fruit est parfait, & en estat d'estre presenté à la table du Maistre : il est de couleur agreable & de goust tres-suaue, & desiré de ceux qui le regardent. Et partant, *dans son premier estat qui est la fleur, il est regardé & esperé. Dans le second qui est sa grosseur, il est admiré tant pour sa grosseur que pour sa grandeur. Et dans le troisiéme, qui est sa maturité, il est desiré & aymé.*

5. De mesme *le premier regard de l'Amour diuin sur la terre de nostre cœur, & l'arbre fruitier de nostre volonté*, c'est de réchauffer cette terre morfonduë par les glaces de l'Hyuer du peché, & luy faire produire *les premieres fleurs de la deuotion*, en y desseichant l'humide que les vapeurs du propre Amour y auoient amassé. Et par ainsi, *ce diuin Soleil amoureux va formant le fruit de vie de la presence crucifiée de Iesus-Christ sur l'arbre interieur de nostre volonté, planté dans la terre du fond de nostre cœur*, & ses fleurs bien épanoüyes és beaux jours de ce Printemps de la deuotion, donnent esperance à ceux qui les voyent & qui les regardent de leur accroissement & acheminement à la perfection.

6. *Le second regard de ce Soleil amoureux sur l'arbre fruitier de*

noſtre volonté, eſt, que rechauffant la terre de noſtre cœur, il y produit l'humeur *ou la ſeve de la grace* laquelle nourrit ce fruit & le conduit à ſa groſſeur apres auoir purifié la terre de noſtre cœur des qualitez bourbeuſes & ſales de l'Hyuer du peché, & les vapeurs épaiſſes de la vanité des choſes mondaines: & enfin cét Aſtre amoureux en eſtant venu juſ-qu'au Printemps des complaiſances ſenſuelles interieures & exterieures, qui la deſſeche par ſon ardeur; *il fournit abon-damment la ſeve de la grace, & fait groſſir le fruit de la Foy, de l'Eſ-perance & de la Charité dans l'arbre de noſtre volonté*. Et quoy que cét arbre interieur ſoit tout remply de ces gros fruits, cependant vne telle ame n'eſt pas encore parfaite, & ſes fruits ne ſont encore meurs. D'où vient qu'elle eſt encore verte, à reprendre le prochain, & elle tient encore à l'arbre de ſa propre volonté; parce que ſa ſeue eſt répanduë vigoureu-ſement par tous les fruits, pour les nourir & amener à leur groſſeur: & ainſi quoy qu'ils ſoient gros & admirez de ceux qui les voyent, cependant ils ne ſont agreables au gouſt du monde, qui n'en veut point manger, ſe flattant des choſes douces & mollettes de bonne odeur, & qui recreent la na-ture; tout au contraire à la verdeur des eſpines de la morti-fication, & qui n'ayment pas à ſauourer le gouſt acre de l'a-mortiſſement de la propre vie, là où il faut mourir, pour a-mener le fruit de vie dans l'arbre de noſtre volonté, & l'y cueillir tout meur ſous le Preſſoir de la Croix où il a eſté foulé pour nous abreuuer du jus precieux de ce fruit, & nous nourrir de ſa ſubſtance.

Imperfections ordinaires des commençants.

7. *Le troiſiéme regard, & la troiſiéme operation du Soleil eter-nel ſur l'arbre interieur de noſtre volonté*, & qui regardant les fruits dans leur groſſeur, deſſeche la terre de noſtre cœur des ardeurs de ſon Midy, y purifie l'humeur de la complai-ſance de ſa propre vie, & y *fournit la couleur de chaque vertu*, comme la fermeté de la Foy ſous la blancheur de l'Agneau: & la couleur jaune de ſa tres-ſainte Mort & Paſſion: la can-deur de l'Eſperance ſous le rouge: & l'attente des flammes du ſaint Eſprit, & le doré de la Charité ſous la couleur pana-

chée de la plenitude du saint Esprit, lequel amene en l'ame toutes les vertus Chrestiennes viuifiées en Charité, & chargées de toutes les diuines couleurs du diuin Amour; Et partant sont des fruits arriuez à leur maturité, & propres à estre seruis sur la table du grand Seigneur, car *la seue de l'attrait de la grace se retirant auec le propre Esprit au centre de la racine de la volonté, outre la substance rend ses fruits dans la terre sainte de l'Humanité glorieuse de Iesus-Christ, pour estre seruis par luy & en luy deuant sa Majesté diuine.*

Voyez l'Image.

8. Et tout ainsi que la terre toute seule ne peut produire ny donner du fruit à l'arbre, si l'arbre & la terre ne sont également enuisagez des rayons du Soleil corporel : de mesme *si ce diuin Soleil de nos ames ne lance ses diuins regards sur la terre interieure de nostre cœur, & sur l'arbre intime de nostre volonté, elle ne produira aucune bonne œuure pour la terre promise de l'Eternité*, ainsi à proportion des regards du Soleil, & des situations de la terre qu'il enuisage, il produit la diuersité des fruits : comme dans les terres chaudes du *Midy*, il y produit quantité de vin & d'huyle. Deuers *l'Orient*, il y fait tout abonder, à cause que la terre & sa situation a beaucoup de correspondance à l'influence benigne de cét Astre, lequel est fort temperé & fecond sur ces terres Orientales. Deuers le *Couchant*, il n'y croist point de vin ny d'huyle, si ce n'est de poissons. Ainsi ces terres sont fort aquatiques & froides, & sont peu fertiles, pour le regard du *Nort* il y a des glaces en quantité, & beaucoup de froid : parce que le Soleil en est fort éloigné, & par ainsi la terre y produit peu, & en plusieurs endroits rien du tout.

9. Et par ainsi, Ames Chrestiennes, si vous n'estes point sur la terre de vostre Midy, il ne tient qu'à vous de vous y mettre, & d'y *exposer le fond de vostre volonté sous le Midy de l'amour diuin*, & sous la vehemente ardeur de sa chaleur infinie, qui vous y comblera du vin precieux de ses delices; & vous fera abonder en huile de sa grace & de sa misericorde. *Si vous n'estes pas encore entrez sur la terre de vostre Orient eternel qui se leue au fond de vostre ame, il ne tient encore qu'à vous. Car ce point*

L'attache à sa propre vie, Tr. VI. Ch. II.

du jour eternel du Pere a fait amitié, & estroitte alliance auec nostre terre humaine dans le sein de Marie: laquelle terre il a sanctifié, & la porté à la dextre du Pere. Et tout ainsi que pendant sa vie mortelle sa Diuinité estoit comme reuestuë & voilée de son Humanité; maintenant dans sa vie glorieuse & impassible cette terre de benediction est personnellement vnie à Dieu dans le Verbe, & est toute inuestie & toute penetrée de Diuinité dans la Diuinité mesme: Et partant, Ames Chrestiennes, la Diuinité estant plus intimement dans vous, que vous-mesmes, & outre vous-mesmes, qui vous empesche de vous y retirer en esprit, en foy & en amour: & le chemin c'est par le fond interieur de vostre cœur, & là vous y trouuerez si vous l'y cherchez l'Orient du Pere eternel à la faueur de l'Estoille matutinale de la tres-sainte Humanité; qui est plustost comme vn firmament orné & éclairé d'autant d'Estoilles qu'il y a de playes infligées, lesquelles toutes pleines d'éclat & de gloire vont conduisant l'ame à cét Orient eternel caché dans le sein du Pere d'où abonde toute sorte de biens, parce que sous la faueur de cette terre glorieuse de l'Humanité de Iesus non seulement regardée du Soleil de sa Diuinité, mais toute inuestie & penetrée de cette seconde lumiere, elle remplit & fertilise infiniement le terroir interieur de nostre ame, & fait abonder sa grace, sa vie & son amour dans tout son Estre.

Voyez l'Image.

10. Mais si vous estes encore rodans vers ces *terres du Couchant*, froides & aquatiques de la tiedeur, là où il ne croist ny vin ny huile, si ce n'est de poisson: au moins *apprenez de ces Poissons à vous retirer dans vostre element*, pour vous y conseruer & accroistre la vie. Car si-tost que le Poisson sort de son element indubitablement il meurt. Mais il nous apprend encore vne belle leçon, c'est qu'il n'en sort jamais s'il n'en est tiré par force auec l'hameçon: & par ainsi, Ames Chrestiennes, voyez que *toutes choses nous enseignent à nous retirer à Dieu au fond de nos cœurs*, car l'element de l'homme c'est la Diuinité, laquelle estant nostre propre Mere, & estant le plus intime de nostre intime, c'est vne grande honte à nous de n'y pas demeurer pour y viure de sa vie, où en estant sortis, ny pas retourner le pouuant si facilement: autrement les poissons s'éleueront au jour du grand Iugement contre nous auec des muglemens épouuentables.

Les Poissons se retirans dans leur Element, enseigne nostre retirement interieur en Dieu l'intime de nostre intime & nostre vnique Element diuin. Voyez l'Image.

nous reprochans nostre ingratitude & lâcheté par laquelle nous auons de volonté deliberée choisis de demeurer parmy les Morts *hors de nostre élement diuin*, & partant hors de là, nostre vie dans le bourbier de la mort du peché, de la negligence, de la tiedeur & de l'ingratitude, estans paresseux de nous y retirer en esprit, en foy & amour, pour y viure glorieusement, & nous y élancer dans la vastitude immense de ce *diuin Ocean pour n'en jamais sortir*, sinon lors que nous en serons tirez pour l'hameçon de la Croix, & de la Charité du prochain, mais

Comme l'ame s'appecceuant distraitte se doit promptement retirer à Dieu dans son interieur.

pour nous y retirer incontinent auec toutes nos œuures & souffrances, car nous voyons que les poissons sortans aucunes fois la teste hors de leur élement, aussi-tost ils la retirent & s'y relancent auec plus de vistesse ; ainsi l'Ame Chrestienne s'appercevant hors de son centre, hors de son diuin Element, hors de son interieur, elle s'y doit retirer aussi-tost, si elle a cœur de se conserver dans la vie de Dieu.

11. Si je n'auois crainte de trop grossir cét œuure, & par ce moyen le rendre moins commode & de trop grand prix, pour les pauures & les simples ; je vous ferois voir par toute la terre & les Cieux ; par tous les animaux grands & petits, forts ou foibles, rempans ou cheminans sur la terre ; par tous les arbres, par toutes les plantes, & fleurs, & fruits de la Campagne ; par toute la Mer & les poissons, les bestiaux, Nauires & Nacelles, *la necessité de se retirer interieurement en esprit*

Toutes choses enseignent le recueillement interieur de l'ame en Dieu outre le fond de son cœur. Voyez l'Image.

& par foy au fond de nos cœurs pour nous y relancer interieurement dans cette immense vastitude de sa Diuinité outre nous-mesmes; & d'où nous sommes sortis par la creation, pour y retourner par grace, par foy & par amour, comme dans nostre diuin element, Centre increé de nostre vie creée, & apres tant de connoissances & de lumieres de cette grande troupe de Predicateurs exemplaires de toute la nature, *qui nous crient & nous preschent chacun en sa façon*, & selon son genre ou espece, *que Dieu est plus intimement dans nous que nous-mesmes*; & qu'il y est pour nous, & pour y estre possedé de nous, & pour l'y posseder pareillement en toute plenitude, & que depuis la Creation du monde, ils n'ont cessé de nous prescher

L'attache à sa propre vie, Tr. *VI.* Ch. *II.* 303

cher fidellement sans qu'aucune se soit détournée de son Createur, ny abusée de l'instinct naturel que Dieu leur a donné, apres, dis-je, tant de veritez verifiées par toute la nature, vous estonnerez-vous, ou bien aurez-vous sujet de vous estonner si toute la nature ensemble, & *toutes les Creatures s'éleueront contre nous au jour du terrible Iugement*, au jour de l'ire & de la fureur de Dieu, auec des muglemens épouuentables, qui nous feront secher d'apprehension, & nous feront dire aux Montagnes & aux Rochers, Tombés sur nous, & nous enseuelissez sous vos ruines, pour nous cacher s'il est possible de ce courroux implacable justement irrité contre nous au sujet de nos infidelitez & ingratitudes.

12. Mais enfin si vous estes si malheureux d'habiter & de demeurer en cette *terre gelée du Nort du peché Mortel*, là où le *Soleil diuin ne va jamais, parce que c'est sa necessaire priuation.* O mal-heur épouuentable! qu'il se rencontre encore d'Ames Chrestiennes, qui se plaisent d'habiter cette Mer glaciale, laquelle est priuée des gracieux regards du Soleil d'Amour. D'où vient la sterilité en toutes les choses de vertu, & qu'elle n'abondent qu'en glaces, en froidures & ordures: Mais demeurer essiemment en tel estat, n'est-ce pas se rendre ennemy juré de Dieu & de la nature, ennemy du Createur & de la creature, ennemy de la chaleur du saint Esprit, & ennemy de la pureté & de la sainteté de *Iesus-Christ*, lequel n'a rien épargné, mais plustost a tout épuisé ses thresors pour nous en retirer. Il nous a donné sa Foy, sa Grace & son Amour, il nous a donné son Corps, son Sang & sa vie, & encore sa Diuinité, pour nous retirer de ce malheur eternel; & cependant nous nous rendons tout cela comme inutile, en demeurans volontairement parmy la glace & les excessiues froidures de *l'Hyuer du peché*. Ne mourerons-nous point de honte & de confusion? Helas! plûst à la diuine Bonté, que nous puissions plustost *mourir de contrition*, & dans vne entiere Penitence de tous nos pechez.

Qq

Enfin toute la terre qui n'est point enuisagée & regardée de l'œil fauorable de ce diuin Soleil d'Amour est maudite, & ne porte aucun fruit pour l'Eternité: Mais, cheres Ames, à qui tient-il que nous ne soyons regardés de ce bel Astre amoureux ? puis qu'il luit & épand indifferemment ses diuins rayons, & sur les justes, & sur les coupables ? sinon que les vns s'exposent interieurement sous ses influences benignes, & les autres s'y cachent dans le cachot du peché, qui luy est impenetrable & infiniment opposé. Et partant, s'il ne nous éclaire pas, à qui nous en prendrons-nous qu'à nous-mesmes ? qui pourra se plaindre de n'estre pas éclairé de la lumiere du Soleil, cependant que malicieusement il demeureroit enfermé dans vn obscur cachot, & si vne telle plainte estoit faite à tort enuers le Soleil corporel, à plus forte raison enuers ce Soleil diuin, lequel n'éclaire pas seulement par nature & par raison, mais par grace & paramour, & par bonté & par justice, & ainsi il proportionne ses diuins regards selon les sujets qu'il atteint & qu'il frappe de son rayon.

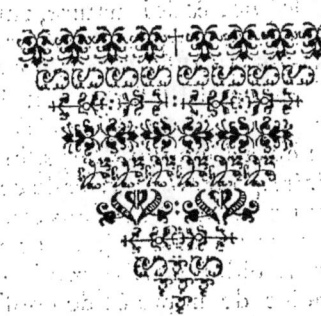

CHAPITRE III.

Aduis importans pour la bonne conduitte & direction d'vne ame dans tous ses estats d'abandon, de secheresses, & de destitution dans l'amortissement à l'attache de sa propre vie, representez par Iob, abandonné sur son fumier, & conformes à l'estat d'abandon de Iesus delaissé, & expirant en Croix pour enfin arriuer à sa derniere consommation apres ce dur Enfer d'épreuue, ou plustost ce Purgatoire amoureux.

L'Amour diuin apres auoir suffisamment éclairé vne ame, la purifie par estat de priuation & changement de visage, il la regarde comme d'vn œil rigoureux où inexorable à ses plaintes amoureuses, quoy pourtant que ce ne soit que pour luy estre infiniement plus exorable, si elle répond patiemment & passiuement à cette purgation, & quelle ne s'en aille point *cayemander chez les creatures quelque fausse consolation*, laquelle cependant ne pourra rien produire dans son esprit qu'inquietude & scrupule, chagrin & affliction d'esprit.

2. Mais si au contraire elle est *fidelle à manger ce pain d'angoisse*, si elle y est patiente, humble, stable, passiue, recueillie, *& interieurement attentiue à Iesus Christ au fond de son cœur, auec tous les instruments meritoires de sa tres-sainte mort & passion*, elle sera fauorisée de ses victoires, selon toute l'estenduë de ses diuines misericordes. Et partant vne telle ame doit sçauoir qu'il est tres-important à son auancement spirituel & à sa perfection de se retirer autant qu'il luy sera possible de la conuersation des creatures, *si son office ou propre*

Qq ij

Ce que l'ame doit faire dans les estats d'espreuues.

estat ne l'y obligent, afin que la compassion, ou la tendresse de quelque entretien ne la fasse pas retourner en esprit sur la terre d'Egypte, parce qu'il *ne faut en tel estat rechercher aucune consolation des creatures, ny mesme du Createur, si luy-mesme ne luy en donne la preuenant.* Mais hors cela, pour innocente qu'elle nous puisse paroistre, il n'en faut aucunement rechercher, car *le plus court chemin & le plus expedient pour abbreger ce Purgatoire amoureux,* c'est de porter passiuement & tres-patiemment cét estat sans plaintes, ny sans raconter toutes ses peines, & souuent les exagerer, qui est vne pasture d'amour propre, *fusse mesme à ses Directeurs, il ne leur faut dire de cela que le pur necessaire;* & apres leur auoir suffisamment, simplement, & sincerement fait connoistre vostre estat, il s'en faut taire, *& vous retirant au fond de vostre cœur, y accepter & y porter passiuement telles priuations,* amertumes, duretés, insensibilités, pauuretez, desnuëments interieurs & exterieurs, de quelque part qu'ils puissent estre, & si horribles & espouuentables qu'ils puissent paroistre à nos sens; les accepter humblement & patiemment, *ne voulant rien dans nostre cœur & dans nostre ame, que la conformité à Iesus-Christ delaissé,* abandonné, languissant, agonisant, mourant, & enseuely dans le tombeau, où il a vaincu la mort en faisant triompher la vie.

3. Enfin il arriue souuente fois que certaines ames portent des *estats de si grand delaissement,* pauuretés, destitutions, ennuys d'esprit, tenebres, tentations de toutes sortes, & souuent de blaspheme; en telle sorte qu'vne telle ame a de la peine de croire qu'il est vn Dieu; ou que s'il en est vn, qu'il luy est seuere, & cruel. Car l'ame *en ces estats de grand abandon* peut auoir de telles, & semblables pensées, *ainsi que nous pouuons voir en Iob.* Lors que ce saint homme se plaignoit d'auoir esté mis au monde, & qu'il maudissoit le jour de sa naissance, & paroissoit dans son langage comme desesperé, & cependant il est dit de luy, que ses leures n'ont point peché: parce que proprement ce n'estoit pas luy qui parloit, mais le Diable par permission diuine s'estoit emparé de sa partie inferieure,

a 3. 1.
b. 1. 22.
2. 10

L'attache à sa propre vie, Tr. VI. Ch. III.

& auec pouuoir de l'y affliger comme il voudroit, ce à quoy il ne manqua pas, mais Dieu luy deffendit de toucher à son ame ; parce que Iob estoit juste & droit deuant Dieu, viuant en grande simplicité & justice : *mais enfin, quoy que l'homme puisse faire, & telle justice qu'il puisse auoir, il est cependant damné en Adam*. Et partant, comme Dieu est égal en ses attributs, & que sa Iustice regne auec son amour, il fait payer cét Enfer originel aux Ames justes en cette vie par des souffrances de corps & d'esprit, par des priuations, purgations & épreuues. Mais ce qu'il y a de consolant dans cét Enfer d'épreuue, c'est qu'il se fait par l'ordre de l'amour, & de la justice, & le plus grand supplice de l'ame est quand elle croit estre priuée de l'amour diuin ; & elle croit n'en point auoir en ces estats ; parce qu'il s'y est caché & n'y paroist point (quoy qu'il y soit plus hautement que dans les plus grandes ferueurs & lumieres.) or quoy qu'il en soit, ainsi l'ame exercée par de telles & semblables tentations ne peche point ; parce que *tout cela se passe dans la partie inferieure, & ne touche aucunement la volonté* ; quoy qu'il luy semble estre destituée de tout secours.

Raison pourquoy Iob dans ses plaintes & desespoir apparent ne peche point.

Pourquoy Dieu permet ou enuoye ces penibles estats d'épreuues aux bonnes Ames.

4. Ainsi *le saint homme Iob* nous voulant témoigner ce delaissement vniuersel, dit, *voicy qu'il n'y a point d'ayde en moy, pour moy, & ceux aussi qui m'estoient amis necessaires, se sont retirez de moy* : par lesquelles paroles il nous fait entendre la dereliction où estoit son ame ; & comme ses puissances estant suspenduës & incapables d'aucune consolation, elles estoiët seulement remplies de son amertume, & occupées dans son affliction. Et poursuiuant, il adjouste, *il ne permet*, dit-il, *aucunement que mon esprit repose ; mais il me remplit d'amertume*, ce qu'il disoit ainsi parlant du malin esprit qui l'affligeoit jour & nuit, & en son corps, & en son esprit par permission diuine, & ne luy donnoit aucun repos. Mais voicy, qu'il s'écrie derechef d'vne voix toute innocente & enfantine, hé bien, dit-il, *s'il flagelle, qu'il tuë pour vne fois, & qu'ils ne se rient point ainsi des peines des innocens*. Paroles, qui nous font remarquer sa grande simplicité, naïfueté & innocencè ; & laquelle cependant est éprouuée de Dieu, parce qu'il *n'y*

Qq iij

a point de *Iustice* innocente que celle de *Iesus-Christ* ; & pour nous faire voir comme il estoit retiré au dedans de soy-mesme, *Voicy*, dit-il, *cette chose est comme nous l'auons enquestée, & laquelle apres auoir ouye, traitté là en ton cœur*, car, dit-il, *les sagettes du Seigneur sont en moy, desquelles l'indignation tire hors mon esprit, & les torrens du Seigneur bataillent contre moy*; car quoy que ce fust le Demon qui l'affligeast par diuine permission, toutesfois ce saint Homme les supportoit comme venans de Dieu. C'est pourquoy il dit que les sagettes du Seigneur sont en luy, & desquelles l'indignation tiroit hors son esprit ; c'est à dire, cette humeur fascheuse & indignée qu'il ressentoit dans sa partie inferieure, *tiroit son esprit hors de son interieur*: Et pour lors, il dit que les torrens du Seigneur bataillent contre luy, il appelle les torrens du Seigneur, parce que cependant que *le Diable affligeant son esprit au dehors, & son amour le dénuant au dedans*, Dieu luy faisoit paroistre l'amour diuin en guise d'vn torrent qui le dénuoit de l'amour de sa propre vie, pour l'entraisner dans l'Ocean de sa Diuinité ; & pour luy faire sauourer le repos apres la bataille, & les douceurs du *Paradis* apres les amertumes de ce fascheux *Enfer.*

5. Et partant, cheres Ames, ne vous troublez pas de tels éuenemens ; mais prenez courage, & vous asseurez que tout va bien. Car *c'est ainsi par telles & semblables épreuues, que l'Amour diuin établit son Empire Eternel en nous, pour y resider plus pleinement, plus abondamment en l'ame*, apres l'auoir ainsi purifiée de toute attache jusques aux dons de Dieu mesme. Et partant, elle doit tenir telle épreuue pour vne signalée misericorde, & *demeurer en paix parmy cette guerre, collée & vnie seulement à Iesus-Christ au fond de son cœur par la foy* ; & qu'elle croye que le saint Amour ne s'est point absenté d'elle comme elle pense : mais seulement qu'*il luy a suspendu le sentiment de sa presence*, la regardant d'vn œil comme seuere, & purifiant (quoy qu'il soit de luy-mesme la mesme douceur) & cela pour operer en elle plus noblement & plus diuinement selon sa maniere infinie.

6. Il faut aussi qu'vne telle ame sçache que cét estat n'est point d'exercer tant de regles ny de moyens, ny de *consulter tant de Directeurs* & de directions (quoy qu'en tout estat il soit vtile & necessaire de s'en seruir, mais auec prudence & discretion. D'autant que *cét estat est seulement le temps d'accepter, de pâtir & de porter le dénuëment tel & si rigoureux qu'il puisse estre tres-passiuement en l'interieur, & tres-patiemment à l'exterieur, & se tenir le plus silencieux que faire se pourra :* & si vne ame auoit assez de courage pour manger ce pain d'angoisse, & boire son amertume toute seule, sans criailler ny se plaindre, *enuisageant toûjours son objet crucifié au dedans de soy* pour s'y conformer & s'y laisser transformer & purifier: dénuer & pacifier, exercer & amortir dans la mort de Iesus qui engendre la vie de gloire. Ce seroit le moyen, faisant ainsi, de donner vn infiny contentement à l'amour diuin, & lieu à Iesus d'affermir son regne en nos ames.

7. Mais quoy, il arriue souuent que l'ame encore trop interessée, vient à *exciter ses appetits spirituels* ; soit par sa propre imprudence, ou par le conseil de quelque personne qui n'entend pas ces estats : elle vient à *donner pâture à son Amour propre*, réueillant ses puissances sous ce beau pretexte de tendre à vne plus grande pureté de la vie de Dieu en nous. Mais souuent il arriue par la subtilité de l'amour propre, que ce n'est que pour mieux refléchir sur nous, & rechercher nostre propre satisfaction, & mesme dans les actions les plus saintes ; & toûjours sous ce beau pretexte de la plus grande gloire de Dieu : & cependant *à la fin on remarque que ce n'est qu'amour propre* ; lequel par vne secrette ambition trauaille à conseruer la propre vie, & à maintenir son estre naturel en sa propre & actiue vigueur ; & *cecy se fait voir lors que nous manquons de courage dans les épreuues*, & ne sçauons nous contenter de nostre pauureté spirituelle, beuuans nostre amertume entre Dieu & nous, sans en beaucoup parler ny témoigner nostre angoisse ; mais *seulement à vn Directeur experimenté en cecy qui vous face taire si vous luy en parlez trop :* parce que c'est vn estat qu'il faut porter, & non

Finesses de l'amour propre

pas le combattre ; mais y mourir & s'y laisser crucifier aux pieds du vray délaissé Iesus sans reserue, ny chercher aucune consolation, ny trop de conseil. Mais prenez la peine pour vostre instruction de voir ce que dit le saint homme Iob en telle rencontre, & en tel estat lors que ses amis vinrent pour le consoler, sans qu'il les y eust appellez : & voyez comme *tous leurs conseils & consolations ne faisoient qu'affliger cét Homme ; & cela parce qu'ils n'entendoient point ses estats* ; D'où vient qu'il les appelle des conseillers fâcheux, parce que *cét estat d'amortissement de propre vie ne demande & ne dit autre chose, sinon qu'il faut mourir* ; & souuent tous ces conseils & Conseillers que vous recherchez imprudemment, *ou qui vous recherchent* ne feront que vous affliger, si vous estes en cét estat que je suppose d'amortissement de propre vie : c'est pourquoy *contentez-vous d'vn sage Directeur*, & ne l'importunez pas plus qu'il ne faut de vos afflictions spirituelles ; mais *seulement le pur necessaire* ; parce que le plus souuent sous pretexte de demander tant d'auis, & de se tourmenter de ces estats ; n'est que *pature d'amour propre, qui n'est jamais sans trop de curiosité de voir clair en nostre interieur.* Quoy que ce soit vne bonne chose de soy ; cependant on se complaist aucunes fois trop à en parler & discourir : & on ne prend pas garde que c'est faire viure ce que nous deuons amortir : car tel estat d'abandon doit se défier de *la curiosité* comme de la peste de cét estat, & qui en arreste beaucoup, & les empesche de passer plus outre. En verité il faut vne grande discretion, tant à ceux qui conduisent, qu'à ceux qui sont conduits.

Grande discretion requise tant aux directeurs qu'à ceux qui sont dirigez.

8. Et partant *le meilleur Directeur en cét estat sera celuy qui vous aydera à mourir à tout, & à vous tenir tres-passiue à l'interieure motion de l'Amour diuin ; laquelle operation attaque le germe de propre vie.* D'où vient qu'il est important que nostre esprit interieurement recolligé en soit le spectateur, se rendant tres-silencieusement attentif aux atteintes du rayon diuin, si intimes & penetrans la substance de l'ame, qu'elles font aucunes fois défaillir, & tomber jusqu'à terre par vn traict

subtil

L'attache à sa propre vie, Tr. VI. Ch. III. 311

subtil & ardent. D'où vient que pour porter & soûtenir les vehemences du diuin Amour, il faut estre courageux, & parfaitement reduit en l'interieur pour *sçauoir bien rendre Dieu à Dieu*: parce que ce diuin & royal donneur tres-magnifique en tous ses emplois ne donne jamais à l'ame que pour l'engager de plus en plus; non à dessein ny pour s'approprier ses dons, mais posseder & jouyr de ce Souuerain & tres-liberal Donneur; & cela en principe amoureux. Et par ainsi la diuine & interieure motion s'estant emparée de la vigueur actiue de l'ame, pour la manier en sa façon; tout ce qu'elle a à faire, c'est de demeurer tres-passiue, tres-silencieuse, & interieurement attentiue en son fond pour consentir ou adherer passiuement à tout ce que le saint Amour veut operer en elle dans ce tres-parfait abandon & destitution d'amour de propre estre, & de propre vie. *Estat passif.*

9. Ce qui faisoit dire au saint homme Iob, parlant à son ame: *Tu te riras*, dit-il, *en la destruction & en la famine, & ne craindras point les bestes de la terre; mais ton Alliance sera auec les pierres des regions, & les bestes de la terre te seront paisibles*; par lesquelles paroles il nous fait voir le plaisir qu'il prenoit en *la destruction de l'amour de sa propre vie*, & en cette *famine* de la rigoureuse mortification & priuation totale de tous ses appetits spirituels & corporels: au moyen desquels il ne craignoit *pas les bestes de la terre*, c'est à dire, *ses sens*, parce qu'il en auoit retranché la cause qui sont *les appetits*. D'où vient qu'il dit que son Alliance sera auec les pierres des regions; c'est à dire que l'ame qui a souffert passiuement la destruction de l'amour de sa propre vie, & a fait mourir par famine tous ses appetits spirituels & corporels: pour lors *sa conuersation est auec les pierres des regions*; c'est à dire *auec les Anges, auec les Saints*, puis que toutes les attaches estant rompuës, l'ame est demeurée libre de voler à son Dieu sans aucun empeschement. Et partant, *les bestes de la terre luy seront paisibles*: parce que l'ame amortie & reduite est par là renduë Maistresse sur *sa partie inferieure, sur ses passions, sur ses appetits, & sur ses sens*, qu'elle a domptez

R r

& rangez à l'obeïssance ; & partant, qui luy sont paisibles, passans par tout où elle veut ; & quoy qu'ils soient appellez bestes, cependant ils se soûmettent & se rendent à la raison.

10. Mais *tout ce langage d'amour est peu entendu ; si ce n'est de ceux qui ont étudié en cette Classe interieure*, & qui entendent par l'organe central de la nouuelle Creature, ce que c'est d'estre enrollé en cette glorieuse milice d'amour : laquelle nous déliure de nos attaches, & nous conduit à vn total amortissement de propre vie par les *frequentes touches de ce* diuin & tres-pacifique amour, élançant ses atteintes ; & poussant ses flammes comme d'vne mer embrasée, ou vn élement purifiant, & tres-noblement purgatif, & excité par l'attrait ; & attirant l'ame en ce diuin fourneau enflammé ; *à quoy elle consent en s'exposant* aux diuins traits de ses ardeurs pour s'en laisser dissoudre, éneruer & aneantir la propre vigueur naturelle jusques dans sa substance.

11. D'où vient que nous disons qu'*il faut du courage aux vrais amoureux pour souffrir, pour pâtir, pour mourir, & expirer à la propre vie*, & chaque moment & tres-durement, (quoy qu'agreablement.) Mais il faut estre aussi constant que perseuerant, sans qu'il soit permis à l'ame de refléchir sur elle-mesme : quand son amertume deuiendroit aussi dure & affreuse que la mort ; & si souuent que l'on ne peut nombrer : si épouuentable qu'on ne le peut exprimer ; & si continuë qu'elle paroisse insupportable ; ny pour tout cela & tout autre chose, *il ne faut jamais quitter prise : mais plûtost d'vn courage heroïque & inuincible perseuerer constamment, & affranchir cette maniere d'Enfer purgatif & amoureux ;* Car d'autant plus que l'ame a esté noyée, & submergée des torrents lumineux de cette mer d'amour, de delices, & de vie diuine; Apres, dis-je, auoir versé en l'ame vne tres-sublime amabilité & spacieuse capacité d'aymer ; c'est alors qu'elle est la plus exposée à plus grandes détresses : parce que *les dons de Dieu versez en l'ame les plus sublimes & ineffables ne luy sont que comme des arrhes de plus grands trauaux & plus dures priuations* ;

& ainſi en cela meſme ; & par cela elle eſt conduite & reduite à plus grandes miſeres, & pauuretez ſpirituelles. D'où vient que l'ame s'étonne, qu'apres auoir receu & goûté tant de dons ſublimes : & que tant de lumieres d'amour ont eſté verſées dans le vaiſſeau de ſon cœur, maintenant tout cela s'eſt comme éuanoüy, & qu'elle n'y voit plus à la place que tenebres ; parce que ce *bel Aſtre amoureux s'eſtant comme éclypſé* & reueſtu d'vne nuée obſcure, quoy qu'il ſoit le Principe de toute lumiere, & l'origine de toute clarté : toutes les Planettes de ce *beau Firmament interieur* ſont comme interdites, & comme offuſquées des vapeurs épaiſſes de cette horrible region d'épreuue & de delaiſſement ; laquelle cauſe vne angoiſſe ſi penetrante en l'intime de l'ame, qu'elle *la fait mourir & remourir* autant de fois qu'elle reſpire.

11. Et par ainſi cette pauure ame ſouffrante & agoniſante ſans conſolation, ny aucun autre remede, ſinon d'accepter ce tourment, quand meſme il le faudroit porter éternellement. Car il faut vne ſoûmiſſion comme infinie, & vn aggrément inuincible à l'Amour diuin pour ſoûtenir paſſiuement & auec repos la vehemente ardeur de ſon diuin regard ; quoy qu'il ne ſoit en ſoy qu'vne douceur infinie, & vne pleine mer de delices. Mais il arriue aucunes fois à certaines ames, qui pour auoir trop de crainte de manquer en cela meſme elles manquent ; *s'embaraſſans d'elles-meſmes, elles viennent à perdre le fil de leur attention interieure, & toutes émeuës & affligées de ces anxietez ſuruenuës, elles vont ſouuent combattans ce qu'elles deuroient ſeulement porter & ſupporter tres-patiemment*; & par ce moyen donnent vie & vigueur à la capacité naturelle, au lieu de l'amortir : & ſouuent donnans trop de lieu aux plaintes, elles viennent à exagerer leurs ſouffrances, & *quelque fois à ſe retirer de l'oraiſon, parce qu'elles y ſouffrent, & croyent n'y rien faire ; ou à negliger les vertus, & delà viennent les inquietudes*, & les chagrins, les impatiences auec des ennuis d'eſprit, & des découragemens qui donnent lieu d'entrée au Singe cornu, qui ſe vient fourer de la partie, eſſayant par

Tentation dangereuse du Demon, & fort penible à l'ame.

tous moyens de la troubler; luy rapportant tous ses pechez passez, & luy representant son indignité presente: & que pour ses imperfections, son amour s'est absenté d'elle; & l'a ainsi abandonnée; & qu'elle voit bien n'auoir plus en elle aucune capacité pour aymer Dieu; & par telles ou semblables pensées l'ame est angoissée, affligée, émeuë & embarassée jusques à ne sçauoir où prendre pied, ny *à qui auoir recours sinon à la patience.*

13. Mais *si vne telle ame pouuoit aualler son Calice entre Dieu & elle*, sans former tant de plaintes inutiles: sans faire tant paroistre sa détresse; mais au contraire l'accepter & s'y abandonner à la douleur *par vn aduen general de conformité à Iesus-Christ delaissé, & agonisant d'amour & de douleur, comme il fut en sa tres-sainte Mort & Passion*; elle donneroit vn contentement infiny à nostre Seigneur, & aduanceroit de beaucoup son Purgatoire amoureux. Mais quoy, c'est vne chose étrange que la foiblesse de l'homme trop humain resiste à la force infinie de l'Amour diuin, en voulant mal mesurer la diuine Sagesse à l'aulne de son propre jugement: voulant qu'elle s'accommode à elle, sans s'y vouloir accommoder; car pour viure de la vie de Dieu, il faut luy donner lieu de viure en nous: & nous ne l'y pouuons faire viure à luy, qu'en y mourant à mesure à nous; & pour commencer d'y mourir à nous, il faut commencer d'y desister, de nous y démettre de nous-mesmes, pour y mourir à nous-mesmes, & nous y laisser reuiuifier dans sa vie. Car autrement *celuy qui voudra conseruer sa propre vie la perdra*: parce que voulant viure à soy, c'est vouloir viure pour soy; & vn Chrestien viuant de cette façon s'éloigne de Dieu, & reduit le noble instrument de la Croix en esclauage, auec vn notable préjudice à son salut, & vn puissant obstacle à la spiritualité. Parce que *nostre édifice spirituel doit estre appuyé sur le rocher inuincible de la patience de l'Agneau*; lequel voulant éterniser nos ames dans la noble jouyssance de sa vie diuine, il s'est aneanty: & par consequent il demande de nos ames reciproque amour de parfait abandon & demission totale, con-

tinuelle & pacifique sous l'impression interieure du regne de la vertu dans nos ames, pour en faire la dissolution, & les conduire & reduire à la consommation.

14. Enfin, la vie diuine est vn don si precieux qu'il merite bien d'estre cherché, & auec diligence & amour: Mais de grace, où le pourrons-nous chercher & rencontrer caché qu'il est dans le sein Paternel, & inatteignable dans les lumieres inaccessibles de son immensité, là où *le sein du Pere fait le reposoir du Verbe, & y est l'vnique Objet de ses plus cheres & Paternelles complaisances ; & dans ce mutuel & diuin plaisir du Pere & du Fils dans leur sein vnique filial & Paternel, est produit l'Amour essenciel, & essentiellement Dieu auec le Pere & le Fils, & ainsi trin & vn.* C'est vn tres-grand Mystere, & si caché à toutes les creatures, qu'aucune ne le peut atteindre, approcher, ny enuisager que par Iesus-Christ, au moyen & en faueur des ombrages lumineux de la Foy, dont nous auons receu le Principe au Baptesme.

Sublime & diuine expression de la tres-sainte Trinité.

SECTION PREMIERE.

De l'origine de la Foy, de son essence, de sa souueraineté & de ses autres proprietez & effets dans l'ame habituée à l'Oraison de recueillement interieur en Iesus-Christ conceu par foy au fond du cœur.

1. D'Où vient que *la Foy* est si puissante, & qu'il n'est donné qu'à elle d'atteindre, & de manifester la Diuinité jusques dans le sein de son Essence? Pour répondre à cela en toute humilité & soûmission d'esprit, trois choses sont à mon aduis necessaires ; à sçauoir, la premiere d'où nous vient la Foy ? La seconde, ce que c'est que Foy ? Et la troisiéme, ce qu'elle opere dans nos cœurs.

2. Et pour nous instruire dans ce premier point ; sçauoir, d'où nous vient la Foy ? Nous verrons en premier lieu, que la tres-sainte Eglise nous enseigne que *la Foy est vn don de*

Origine de la Foy.

Dieu; Mais comme Dieu est l'Esprit de Vie, & l'Esprit vivifiant, ce don doit aussi estre vn don viuant de l'Esprit de Charité. Et comme ce don est vn don de Souuerain fait à son sujet, ce don viuant tient aussi rang de Souueraineté à nostre égard. Et partant, tout ainsi qu'il n'est pas permis à vn sujet de foüiller ny profonder les Commandemens ou Ordonnances de son Roy; ainsi il n'est pas permis à l'ame Chrestienne d'interroger la foy, mais plûtost son deuoir l'oblige d'obeïr & de se soûmettre promptement, à moins que d'encourir la disgrace de celuy qui peut mettre l'ame à la gesne du feu. *En second lieu, la Foy nous est encore venuë par les merites de Iesus-Christ, lequel comme Verbe Humanisé a esté l'ouuerture de toutes les œuures de la Diuinité au dehors, & Dieu n'a tiré aucune chose du neant à l'Estre, qu'en complaisance de son Verbe; lequel Verbe Humanisé nous a merité la Foy, & elle nous a esté donnée en luy, & par luy, & en complaisance de luy.* D'où vient qu'il est venu luy-mesme en personne la chercher parmy nous: pour voir qui l'auoit receuë, & pour la donner à ceux qui la vouloient. Ainsi que nous voyons, que parlant à la femme Samaritaine, il luy dit: *Femme croy-moy*. A vne autre il dit: *Ta foy t'a sauuée*. Et au Centenier, *je n'ay point trouué si grande foy en Israël*. Toutes paroles qui montrent qu'il estoit venu chercher la foy parmy les hommes: Et afin d'en donner à ceux qui en voudroient, & perfectionner ceux qui l'auoient receu. Car si l'on dit qu'Abraham a eu la foy, ce n'a toûjours esté qu'en preuision & en venuë de ce grand Isaac de la diuine Generation, dont la semence est la Parole Eternelle : cét Isaac du grand Sacrifice de la Croix, qui n'a point épargné ny son sang, ny sa vie, pour planter l'arbre verdoyant de la Foy dans nos cœurs, & l'y faire fructifier en l'Esprit de sa Charité, pour y operer les œuures merueilleuses de nostre Redemption.

En quoy consiste la Foy.

3. La Foy consiste à croire vn Dieu trin en Personne & vn en Substance, auec tous les autres saints Mysteres qu'il a reuelé à son Eglise par son saint Esprit. Elle consiste à croire ce que nous ne voyons pas, ce que nous n'entendons pas,

& ne pouuons conceuoir ny comprendre, & par ainsi apres toute la capacité de nostre propre esprit epuisée, la Foy tient le dessus en rang de Souueraine touchant la connoissance de la Diuinité, & de toutes ses œuures admirables; donc la Foy est absoluë & regente en souueraine sur l'ame Chrestienne, & *n'en veut point estre interrogée*, d'autant que le raisonnement humain n'est que son vassal, & par ainsi il n'a aucun droit de luy demander, ny de comment, ny de pourquoy est-ce.

En quoy consiste la Foy.

4. Et par ainsi la Foy viuifiée de l'esprit de vie, de l'esprit de Charité, est à l'égard de nos ames comme *le grand sceau des secrets & diuins Mysteres de sa Majesté, & scellé du precieux Sang de Iesus-Christ*, & gardée en la grande Chancellerie de la Charité, par la clemence du saint Esprit; en telle sorte qu'il n'est point permis à aucun esprit creé de s'ouurir, ny d'en penetrer les secrets, ny d'en comprendre les veritez qui en émanent, mais seulement au don du saint Esprit coulé en l'ame par effusion d'amour, & à l'ame, déja desaproprié & parfaitement amortie en tout son Estre, à laquelle seulement sont découuerts *les grands secrets du Ciel*, & partant Ames Chrestiennes, ne prenez pas la peine d'interroger la Foy, car aussi bien elle n'a qu'vne seule chose à vous respondre, qui est, *croyez si vous voulez auoir la vie demeurante en vous*. Mais encore dites-nous, pourquoy la Foy est si arrestée, & si vne? C'est premierement qu'estant issuë de Dieu, elle est parfaitement noble & tres-magnifique, tant dans sa sortie qui est de Dieu, que dans son employ qui est pour Dieu; elle est de noblesse Imperialle de son extraction, & diuinement merueilleuse en tous ses effets; elle est dans son employ surnaturel, la garde des diuins secrets, *& par ses effets viuans elle introduit les ames dans le sein de la Diuinité*.

Effets de la Foy.

5. D'où vient qu'elle opere en souueraine dans les Ames Chrestiennes profondément soûmises, & interieurement assujetties à la simplicité de son Empire: Et partant, si la Foy est puissante à operer dans les Ames, c'est parce qu'*elle est vne*, & que par son employ elle nous va declarant vn Dieu si

Propriété de la Foy.

elle est *stable* en toutes ses Loix, c'est parce qu'elle est issuë de Dieu, qui est de soy immuable ; & si elle regente en *Souueraine*, c'est parce qu'elle est la fidelle depositaire des grands thresors du souuerain bien infiny ; & si elle est *infaillible*, c'est parce qu'elle est le veritable flambeau des veritez diuines, & l'vnique clarté du principe de la vie, *laquelle nous fait atteindre Dieu, & voir en vnité d'essence les trois diuines Personnes, & en elles tous les autres diuins Mysteres de nostre sainte Religion* ; parmy lesquels l'Ame Chrestienne se doit conduire selon les loix de ce diuin flambeau de la foy viuante, & viuifiée de l'esprit de vie.

6. Et partant, si la Foy est issuë de Dieu (comme il est vray) & qu'elle tienne rang de Souueraine sur l'esprit humain ; l'esprit est donc son vassal, & tout vassal doit la soû-

Souuetaineté de la Foy, sur l'esprit humain.

mission à son Souuerain. C'est pourquoy, *la demission totale du propre esprit au fond du cœur, sous les Loix surnaturelles de la Foy est la veritable disposition pour attirer Dieu en l'ame, & pour insinuer l'ame en Dieu* auec le noble & diuin instrument de la Charité, laquelle est vie, lumiere, & l'esprit de la Foy ; & par ainsi ce corps viuant doit estre nourry de l'Oraison, & vestu de l'Esperance, & annobly de l'Amour diuin ; & tout ainsi qu'il ne seroit pas possible de foüiller dans le corps d'vn homme viuant, sans mettre sa vie en grand hazard ; de mesme à proportion ce corps viuant de la Foy, ne peut point estre ouuert ny foüillé par dedans auec le raisonnement, sans alterer la verité par l'éuaporement de l'esprit de vie qui s'y tient caché, pour y resister aux trop curieux & aux suffisans qui ont accoustumé de le poursuiure pensant l'atteindre auec les foibles saillies de leur propre esprit, & le tenir pour connu auec le propre raisonnement. Mais il seroit plus facile à l'œil d'vn petit fourmy d'aneantir le Soleil corporel d'vn seul regard, qu'il n'est possible au propre esprit dans ses attaches *d'aborder la Diuinité sous d'autres voiles, que celuy de la Foy viuifiée d'amour en Iesus-Christ*, & par luy, & en luy surnaturellement exercée sur l'ame fidelle totalement soûmise & aneantie en son propre Estre.

7. Mais

7. Mais enfin quoy qu'il se rencontre plusieurs ames qui s'addonnent à l'oraison & à la spiritualité; cependant celles qui perseuerent fidellement en ce saint Exercice sont rares; *& cette perseuerance de foy consiste en vne constance inuincible, à porter & à supporter passiuement tous les épuremens, Croix, Agonies,* langueurs spirituelles, dénuëment total, amortissement des propres actes & mort de propre vie, sans refléchir çà ou là vers aucune chose, pour s'y plaire ou y chercher sa consolation ny appuy d'aucune creature; mais seulement de *la foy viuifiée d'Amour, laquelle seule doit suffire de consolation au vray spirituel. Car pour ceux qui commencent, ainsi que des enfans, il leur est permis de s'attacher de temps en temps à la mammelle de la consolation, jusques au temps de les seurer;* ce qui se doit faire selon le jugement & la prudence de la nourrice, & non par le choix de l'enfant, qui ne sçait pas encore discerner ce qu'il luy est propre. Et par ainsi la mammelle sensible luy est communiquée en supplément de son peu de foy; mais pour l'ame juste, l'ame libre, la Dame forte, elle doit viure & se soustenir de foy en Iesvs-Christ, duquel appuy comme d'vn fondement inébranlé, elle attend & regarde tous les éuenemens sans se troubler; sacrifiant & *immolant toutes ces victimes qu'elle presente à Iesus-Christ sur l'Autel de son cœur,* où il nous est force, vie & lumiere au milieu de nos tenebres, & de toutes les tempestes de la vie & de la mort.

De la perseuerance à l'Oraison passiue.

8. Ainsi *l'ame fidelle dans l'exercice de la sainte Oraison, deuient vigoureuse en l'acquisition des solides vertus,* estant affermie en la Foy toute abstraite & approfondie dans son interieur, dans lequel elle s'occupe par l'entretien familier, simple, solitaire & affectueux auec son Dieu, en ce *tabernacle intime* où il reside, & où il attire l'ame, & l'applique à soy pour soy, non par raisonnement, mais par foy & grace infuse; & selon cette foy il nous demande d'y exercer nostre amour enuers luy en *abbaissans nostre esprit à ses pieds au fond de nostre cœur* par hommage & respect de sa Souueraine grandeur; & auec des ressentimens de nostre bassesse & indignité, inclinans l'oreille du cœur en dedans vers ce *Paradis de la solitu-*

Dispositions requises à l'ame pour conuerser auec Iesus, & écouter sa voix au fond du cœur.

de interieure, pour y écouter germer la vie, la lumiere & l'amour; car en *l'extrouersion*, le bruit du monde & le tintamarre du siecle font obstacle à la voix de Dieu qui frappe en l'interieur sans bruit de paroles ny son de voix, mais par *écoulement amoureux* qui remplit l'ame d'vne nourriture substancielle, en telle sorte que pour conferer & conuerser auec ce bien infiny, il faut estre bon amy du silence, & desireux de la paix & solitude interieure, & beaucoup plus amateur d'écouter, que de discourir, & ainsi *croyant en Iesus-Christ aymé au fond du cœur, y conuerser auec luy, & nous y entretenir*; non pas auec des raisonnemens de nostre propre esprit, ou recherches curieuses, mais d'vn pur & tres loyal amour; lequel tend aussi-tost à donner qu'à receuoir. Car quoy qu'on appelle la lumiere de la Foy obscure; elle est pourtant plus claire, plus lumineuse & plus certaine à l'ame, que toutes les plus hautes lumieres acquises du propre esprit par la science & l'estude, de laquelle il faut vser sobrement auec respect & humilité, & non pas s'y attacher de complaisance.

Certitude de la Foy.

9. Car le saint Apostre nous inuite de viure en sobrieté, c'est à dire, de *retrancher le superflu*, non seulement de nos sens exterieurs & interieurs, de nos passions ou affections naturelles; mais aussi des propres excellences de l'esprit en mortifiant toutes ses propres inclinations, afin que nostre *Oraison soit plus pure & plus vne deuant Dieu*, & que la multitude des connoissances acquises ne precede pas la Foy, mais seulement qu'elle la suiue en toute soûmission. Car la Foy d'vn Mystere grauée au fond d'vn cœur auec le burin du diuin amour l'emporte incomparablement au dessus de toutes les plus sublimes lumieres, & releuées connoissances du propre esprit: Et comme la raison a esté donnée à l'homme pour sçauoir & discourir des choses naturelles, la Foy luy a aussi esté donnée pour apprendre les diuines & les surnaturelles; & partant, *nous deuons parler aux hommes auec la raison*, parce qu'elle est conforme à leur portée naturelle, mais aussi deuons-nous *parler à Dieu auec le cœur dans l'Oraison par*

Sobrieté spirituelle.

Eminence de la lumiere de la Foy sur toutes les lumieres & connoissances acquises du propre Esprit.

Comment il faut parler à Dieu.

l'instrument surnaturel de la Foy viue. Car tout ainsi que Dieu est infiniement releué en son Estre souuerain pardessus tout le creé, de mesme à proportion le sont toutes les choses de la grace au dessus de tout le discours & façon d'entendre de l'homme les plus subtiles & releuées qu'elles puissent estre en capacité de propre esprit, car chacun sçait que la nature raisonnante naturellement ne se peut surpasser ny éleuer au dessus d'elle-mesme pour atteindre la Diuinité, si elle n'est aydée de l'instrument surnaturel de la Foy.

Necessité de la Foy.

10. Et c'est cependant ce que veulent faire la pluspart des hommes; voire mesme vne bonne partie de ceux qui s'addonnent à l'oraison ou meditation des saints mysteres; *lesquels faute d'auoir vne profonde attention à Dieu en leur interieur ne sçauent pas l'importance de l'amortissement du propre esprit naturel.* D'où vient qu'ils cherchent tousiours & ne trouuent point, parce qu'ils ne veulent pas chercher où Dieu veut estre cherché; mais ils se tourmentent, donnans lieu à leur naturel agissant, & souuent trop precipité, & ainsi *en raisonnans beaucoup, ils croyent tout faire à merueilles, lors mesme qu'ils ne font rien*, & ils ne font rien, parce qu'ils veulent tout faire, & ne sçauent pas laisser faire le saint Amour. Car comme leur esprit n'est point reduit ny assujetty en l'interieur, il n'y est point aussi exercé *par l'attrait de l'amour imperieux*, & comme ils ne sont point occupez interieurement de l'amour diuin, ils n'ont souuent aucun objet qui arreste leur esprit, ainsi il fait ses saillies naturelles, & s'occupe soy-mesme de soy-mesme, ou des Mysteres de Dieu. Et ainsi par leur remuëment, & recherche sur recherche, *ils empeschent la diuine operation*, & souuent non sans inquietudes, agitations & égaremens d'esprit voltigeant & distrait: ils ayment cependant mieux incomparablement se tuër & se tourmenter eux-mesmes, que de se laisser tuër, & donner la vie nouuelle à l'amour diuin, qui se plaist ainsi de reuiuifier les ames dans le sein de leur propre mort. Mais *l'ame sage fera bien de ne jamais quitter son objet interieur qui doit estre Iesus-Christ, qu'elle y doit voir & regarder de l'œil interieur de la Foy*, &

D'où vient que tant d'ames cherchent Dieu sans le trouuer.

Necessité d'vn objet interieur pour arrester l'esprit, & la meilleur est Iesus Crucifié, conceu & regardé par attention de Foy au fond du cœur.

Sf ij

L'Ame captiuë sous le sixiéme sceau,

Toute la pratique l'Oraison. s'y tenir & entretenir là à ses pieds, toute ramassée, recolligée, enclose, & enfermée dans le secret de son cœur, où elle se laissera transformer & vnir à Iesus, & par luy à sa Diuinité, & ainsi affermie sur ce rocher inébranlable, laisser ronfler toutes les tempestes & les tentations, ou l'importunité des creatures corporelles ou spirituelles, qui grondent en dehors, sans vous en soucier tant soit peu, parce que l'ame approfondie doit sçauoir que toutes ces choses sont necessaires à l'ame fidelle pour l'enraciner dans la vertu, & pour la disposer aux plus intimes operations; car il faut que le bois verd suë & jette dehors son humidité auparauant qu'il brûle & qu'il soit embrasé: ainsi l'ame doit porter ces purgations pour se preparer au brazier ardent de l'amour eternel.

Et partant, *l'ame vrayment abstraitte, & interieurement conuertie à Dieu au fond de son cœur*, n'est plus assujettie aux Loix tyranniques du propre amour, ny tributaire aux temps & *L'Oraison continuelle.* aux lieux, aux actes, aux points, ou circonstances de discours pour le sujet d'Oraison, Mais *portant par tout auec soy & dans soy, son Oratoire viuant, son Prestre, son glaiue & son Hostie,* est par consequent en continuel Sacrifice, en continuelle adoration, en continuelle humiliation, amour, & lumieres selon l'intelligence surnaturelle de ce fond de grace, meu & remué de la diuine influence du *saint Esprit tres-riche dispensateur du thresor ineffable du sang precieux de l'Agneau écoulé spirituellement & surnaturellement en l'ame par le Canal de l'Oraison,* par lequel se produit le fond propre où doit regner l'amour diuin originaire de vie & de vertu, operante surnaturellement & surexcellemment *appuyée sur le fond de Iesus-Christ,* *Signification du saint Nom de Christ.* comme sur le principe de la Loy, & l'Autheur de la grace, portant auec soy le prix inestimable de Christ; c'est à dire, l'onction sauoureuse du ministere diuin & humain de son sacerdoce eternel, par lequel il épanche dans le sanctuaire de nos ames cette celeste nourriture.

12. D'où vient qu'en cét estat vne telle ame peut participer à tout moment à *ce pain quotidien, & interieur de l'Oraison,* au moyen de laquelle elle sauoure cette admirable Manne

spirituelle, d'où elle tire des biens infinis, & par laquelle elle *Manne sauou-* apprend à *laisser viure Iesus-Christ en elle, regnant & viuant, & reuse, & pain* operant en son interieure solitude*, ou il est là en elle pour elle, *la sainte Orai-* pour la faire passer & entrer en luy, pour luy & par luy: mais *son.* comme tout cecy est dit succintement, il ne pourroit pas peut-estre estre bien entendu de tous: & partant, il est à propos de nous en éclairer dauantage, ce que nous ferons dans la section suiuante.

SECTION SECONDE.

Que la Communion spirituelle faite par l'Oraison cordiale, est la plus digne & plus vtile preparation pour profiter de la Communion Sacramentalle au precieux Corps & Sang de Nostre Seigneur Iesus-Christ.

1. ON pourroit former quelque objection sur cette pratique d'oraison, ainsi qu'il est déja arriué à quelque personne, laquelle faute de la bien entendre estoit en doute; sur cette methode de conceuoir, & auoir ainsi *Iesus-Christ* au fond de nos cœurs par son rayon de grace & de foy: ou le croyans ainsi habiter, nous pouuans communiquer & participer continuellement à ses saintes graces auec tant de facilité, & de familiarité: cela estant, dit-elle, comme vne espece de *Communion spirituelle* & si continuë, par laquelle nous participons aux graces & aux merites de Iesus-Christ. Sçauoir, si cela ne pourroit pas diminuer l'estime ou la reuerence deuë au tres-saint *Sacrement de l'Autel*, & que l'on pourroit dire que cela estant ainsi, il ne seroit donc pas si necessaire de communier au precieux Corps & Sang de Iesus-Christ, puis que nous le portons de cette façon continuellement au fond de nos cœurs; ce qu'à Dieu ne plaise, & nous preserue par sa Bonté de donner lieu à cette mau-

uaise pensée. Car tant s'en faut que nous pretendions cela, nous y répondrons, s'il plaist à Dieu en toute humilité, & reuerence de ce tres-saint & tres-adorable Mystere.

2. Ie dis donc que cette pensée n'est jamais entrée dans l'esprit de cette methode, ny dans la pensée, ny dans l'intention de ceux qui l'ont éloignée ou pratiquée ; mais bien au contraire, *Nous disons que plus vne ame converse ainsi interieurement auec Iesus-Christ au fond de son cœur par cette sainte Oraison, plus elle doit s'approcher souuent de ce tres-diuin & tres-auguste Sacrement.* Et bien dauantage, je dis qu'elle ne profite que peu de ses frequentes Communions sacramentales, qu'autant qu'elle se sçaura retirer, & recueillir interieurement au fond de son cœur par la sainte Oraison. Parce que la sainte Communion n'est dignement receuë que dans le sujet preparé : veu que l'Oraison interieure est vne communication spirituelle auec Dieu, par laquelle l'ame fait en elle-mesme, ou plûtost laisse faire au diuin Amour vn tres-digne preparatif pour la Communion sacramentale ; laquelle demande vne entiere conuersion & recueillement interieur de nostre esprit vers ce Dieu d'Amour, qui nous vient du dehors par ce tres-diuin Sacrement, pour s'écouler & se concentrer dans le fond de nostre ame ; parce que le propre de ce diuin Mystere, c'est de se donner ainsi à sauourer au dedans aussi delicieusement que substanciellement. Et par ainsi, *la Communion spirituelle n'estant qu'vn commerce interieur d'esprit à esprit, ne peut par consequent pas suffire pour l'vnion immediate,* laquelle ne se peut operer par la simple Communion spirituelle ; mais seulement disposer l'ame à la Communion sacramentale, *par laquelle conjonction de cette diuine & humaine nourriture, s'opere l'vnion parfaite d'Esprit & de Corps, d'Ame & de Diuinité de Iesus-Christ* ; dans lequel reside la plenitude de la Diuinité corporellement : duquel merueilleux & diuin repas, les effets amoureux sont infinis, & produisent en l'ame vne nourriture éternelle ; & c'est à ce dessein qu'il s'est laissé en cette maniere sacramentale, pour faire de nos corps, de nos cœurs, & de nos ames vn diuin Sanctuaire à son Amour.

Comment par l'Oraison cordiale l'ame communicant spirituellemēt auec Iesus-Christ au fond de son cœur, se prepare dignement à la Communion sacramentale.

3. Et partant, comme les Mysteres diuins ne se peuuent pas contredire, puis qu'ils partent du sein de l'Vnité & de la paix; mais que plûtost ils conuiennent ensemble d'vne maniere admirable, qui va établissant le regne de la Grace, le regne de l'Amour, le regne de la Lumiere, le regne de la Paix, & le regne du Dieu de la Paix, de la Grace, de l'Amour & de la Lumiere dans les Ames fideles, & interieurement amorties à la complaisance de leur propre vie. *Il ne faut donc pas refuser de telles ou semblables pensées; disant que la communication spirituelle de l'ame auec Iesus-Christ au fond de son cœur puisse empescher ny diminuer l'estime ny la reuerence du tres-saint Sacrement, ny que pour cela il se faille priuer de la sainte Communion.* Tant s'en faut: mais c'est ce qui nous inuite de nous en approcher, & ce qui nous dispose pour en mieux approcher, & plus dignement & plus decemment. Car il est dit, *que celuy qui a déja il luy sera encore donné*; c'est à dire que plus il y a de la vie de Dieu dans vne ame, plus il s'y communique abondamment. D'où vient que la sainte Oraison cordiale ouure en l'ame qui la pratique, le thresor infiny de toutes les diuines liberalitez de l'Agneau, comme estant le canal de la source originaire de tous les dons de grace & richesses spirituelles; auec lesquelles le saint Amour pretend ruiner, & renuerser le thrône du propre Amour, auec tout ce qui appartient à la fabrique de la vieille creature: afin de *nettoyer par là la pauure étable de nostre cœur, pour y loger decemment le saint Enfant Iesus*, & luy faire par consequent de cette cauerne à larrons, vn lieu de repos, de delices & d'amour.

4. Outre que *personne ne connoistra jamais bien son ame, ny Dieu en son ame, qu'à la faueur de la sainte Oraison cordiale.* Car c'est à son aspect que l'ame découure toutes les attaches & les recherches secrettes d'elle-mesme. C'est en sa lumiere quelle découure encore toutes les ruses de son Amour propre; & où elle puise la force pour les surmonter, & étouffer la malignité de leurs natures. *C'est en l'Oraison que le cœur s'ouure à Dieu*; la lumiere duquel nous fait voir & remarquer

Vtilité de l'Oraison cordiale.

l'importance de la mortification du propre Esprit, si necessaire à l'ame resoluë de suiure le diuin Agneau; c'est sous ses influences spirituelles, que la Foy monte à l'origine de sa diuine noblesse. C'est enfin par le moyen de cette Oraison cordiale que l'ame recolligée sauoure interieurement l'Onction diuine de cette manne cachée dans le tres-adorable Sacrement de l'Autel.

SECTION TROISIESME.

Que toutes les Creatures chacune en sa maniere nous representent les admirables veritez operées dans l'interieur de l'homme recolligé par le moyen de la sainte Oraison, entre lesquelles l'arbre & la vigne tiendront le premier rang.

1. Dieu estant la mesme Charité, la mesme Iustice, la mesme Sainteté : il a voulu garder vn bel ordre dans tous ses admirables ouurages & diuines operations; faisant & *voulant que toutes les Creatures regardassent l'Homme, & l'Homme Dieu*; afin d'y voir & d'y faire voir dans l'homme les merueilles de sa Diuinité, comme dans l'abbregé de ses plus riches ouurages, tributaire à sa puissance Creatrice, *faisant du centre interieur de l'homme, le throne viuant de ses plus cheres complaisances, & le Palais Royal de ses infinies delices, dans lequel il veut regner absolument*, & triompher de tous ses ennemis, & des nostres, par la puissance Sacerdotale du siege de l'Agneau; victorieux & chef general de toutes les nobles Societez qui tendent & atteignent à la Diuinité; mais particulierement du *cœur humble, là où sa Croix a pris racine*. C'est enfin le fond d'où les Chrestiens tirent toutes les veritez de leur substance regenerée dans la Loy interieure de Grace, de Lumiere & d'Amour.

2. Cette diuine Bonté nous a creé au dehors, & à l'exterieur

rieur comme autant de pourtraits naturels & visibles, voyãs & capables de voir spirituellement & corporellement toutes les merueilles de ce grand Vniuers ; & nous a encore creé autant d'admirateurs qu'il y a de creatures, plantes & arbres, fruits & semences, & d'animaux de toutes façons, genres & especes, lesquels chacuns à leur tour & à leur maniere *nous marquent les admirables veritez operées dans l'interieur de l'homme recolligé* ; ayant fait ainsi que par rapport à l'homme toutes les choses qui ont Estre, vie, ou mouuement, tirent leur vertu & vigueur vitale de leur fond, & plus intime racine, comme la plus voisine de l'essence ; & partant, la plus cachée dans le fond de la matiere, ainsi que la racine de l'arbre est dans la terre d'où elle tire son suc & sa vie vegetante & fruitiue, comme nous pouuons voir dans vn arbre planté en bon fond, lequel se renouuellant tous les ans par le bel ordre que Dieu a gardé en tous ses ouurages, nous décrit parfaitement bien la disposition *& recollection interieure de l'Ame Chrestienne au centre d'elle-mesme.*

3. Si nous voulons enfin aller à l'Escole d'vn bon arbre, & bien enraciné dans la terre sa mere nourrice ; le regardons le, & le considerons dans la saison du Printemps pousser & reuenir comme de la mort à la vie, car pendant tout l'Hyuer, il est comme mort ou endormy, mais cette agreable saison du Printemps le réueillant de son assoupissemẽt, le fait reuerdir, & monstrer ses bourgeons que l'on voit croistre du jour au lendemain, du soir au matin. Ainsi la terre comme la mere nourrice humectant sa racine, elle tire cette humeur de la terre comme vn enfant succe le laict de sa nourrice ; & cette humeur estant ramassée dans la racine, elle se communique au corps de l'arbre ; & de là elle se répend par les branches, & enfin poussant sa vigueur, elle sort en bourgeon, & de ce bourgeon des feuilles, & sous ces feuilles des fleurs, & par ces fleurs des fruits ; & par ainsi, tout cela estant recreé & réchauffé par l'agreable communication du Soleil pere des plantes, l'honneur & la fecondité de la terre, formant les fruits les ameine enfin à pleine ma-

turité au grand contentement de l'homme, d'où vient qu'auec la patience l'on en fait la recolte en temps & en saison.

4. Car si par impatience vous les alliez cueillir dans leur verdeur, vous en tireriez plus de dommage que de profit, parce que dans leur verdeur, & les feuilles, & les fruits sont fortement attachez à l'arbre, à cause de la seve, laquelle dans sa vigueur leur est communiquée abondamment & vigoureusement pour les nourrir & les faire croistre selon leur nature & excellence ; & partant, ils ne sont point encore en saison d'estre cueillis ny moissonnez : que si par precipitation vous les rudoyez en cette verdeur, vous romperez les fueilles qui leurs sont necessaires pour les conseruer de l'ardeur du Midy ; & de plus, vous froisserez les fruits, & leur osterez leur lustre, & les empescherez de profiter, & en les cueillant comme ils tiennent encore beaucoup aux branches où ils sont attachez, vous les déchirerez & leur ferez dommage, outre que c'est faire vne injure à l'arbre de le dépoüiller de ses fruits deuant le temps.

5. Mais si auec patience vous attendez la bonne saison, vous aurez la joüissance du bien esperé. Car leur bonne mere la terre continuant à leur fournir le suc & l'humeur necessaire, & le Soleil leur pere fournissant sa chaleur, le teint, la couleur & le lustre, & ainsi éleués & nourris, & parez par l'industrie lumineuse de ce commun pere des plantes jusques à la saison de l'Automne ; retournez hardiment à vostre Iardin, & vous y verrez, & vous y joüyrez du fruit de vostre patience. Car les fruits qui ne vous auoient autrefois semblés que du Verjus, vous réjoüyront du beau lustre doré de leur maturité, & vous contenteront l'odorat de leur bonne odeur, & vostre goust de leur excellente suauité, que le Soleil leur a communiqué par ses benignes influences (eux estans exposez sous l'agreable chaleur feconde de son rayon jusques au temps ordonné, qui est la saison d'Automne) dans laquelle saison automnalle la seve venant à se retirer peu à peu des branches au corps de l'arbre, & du

corps de l'arbre à la racine, là où estant toute retirée, les fueilles qui estoient autrefois si attachées aux branches, viennent à tomber d'elles-mesmes, & par consequent à retourner d'où elles estoient venues; c'est à dire de la terre: & les fruits en pareil cas, & pour la mesme raison *qui est le retirement de la seve en dedans*, viennent aussi à jaunir & se colorer, & à monstrer leur maturité, en cét estat la seve s'estant retirée, la queuë du fruit se décolle de l'arbre & de ses branches, & se laisse tomber dans la main de son Iardinier, auec joye, auec action de graces, contentement & profit.

6. Et par ainsi, Ames Chrestiennes, *la Diuinité s'estant faite centre de l'homme*, pour y estre plus commodément cherchée, trouuée & possedée, comme estant l'essence souueraine & originaire de vie, d'amour & de lumiere, & source viuante & intarissable de toute eternité, & viuifiante eternellemét l'essence creée de l'homme, pour y estre là en son intime racine la vie de sa vie, l'Estre de son Estre, & l'vnique objet de tous nos amours, & la seule cause feconde de tous nos fruits corporels & spirituels. *Elle nous y est en ce fond comme terre promise & attenduë & esperée de tous les Saints, & dans laquelle nostre arbre interieur est enraciné jusques en vie eternelle, & elle y est tellement nostre terre sainte, qu'elle y est aussi nostre Soleil par son Verbe Humanisé, lequel rechauffant l'arbre de nostre ame, la nourrit aussi de sa propre substance, & la fait viure de sa vie, & luy fait porter des fruits en abondance,* pourueu qu'elle ne s'écarte pas de dessous le rayon de ce Soleil d'amour, lequel est absolument necessaire pour la fecondité & maturité des *fruits de nos bonnes œuures*. Et partant, si par malheur vne paure ame venoit à tomber dans le cachot du peché mortel, elle y deuiendroit tout à l'heure sterile en toute vertu, & la cause de sa sterilité ne vient point du Soleil, lequel éclaire indifferemment sur toute l'Eglise ceux qui ne se cachent point à son rayon, mais bien de sa faute & de sa malice qui la fait descendre dans ce puant cachot obscur, où elle s'est elle-mesme enfermée, se détournant de dessous les agrea-

Tt ij

bles influences de ce bel Astre d'amour, d'où vient qu'elle est tombée en disette & sterilité.

7. Mais enfin la diuine Majesté ayant creé l'homme dans le temps, viuant d'vne vie naturelle, de laquelle il luy demande le Sacrifice volontaire pour l'annoblir & le faire *passer du naturel au surnaturel*, & d'vne vie creée & mortelle, à vne vie immortelle & eternelle, pour y produire & porter des fruits dignes de luy, ainsi qu'*vn bel arbre du Iardin de la grace, planté sur le bord de la source feconde des eaux viues du precieux Sang de Iesus, & pleinement enraciné dans la terre promise de la Diuinité par les eaux du Baptesme*, qui sont comme l'humeur, & la premiere seve communiquée interieurement à l'arbre de nostre ame signifiée par ce signe exterieur ; & c'est par là aussi que nostre ame comme vn pauure sauuageon de la vieille creature a receu la fente, *& la Greffe de la nouuelle creature en Iesus-Christ*, pour y croistre en luy & par luy, & y estendre ses branches jusques en vie eternelle, & là y rendre ses fruits meurs & cueillis en saison, & placés dans le sein de la Diuinité mesme.

8. Mais cét arbre de l'humaine nature doit croistre, & doit venir si grand, que d'atteindre de la terre au Ciel ; il faut aussi à proportion qu'il pousse bien auant ses racines dans *la terre ferme du beau Iardin de l'Eglise, sçauoir la tres-sainte Humanité de Iesus-Christ*, de laquelle terre Sainte il ruisselle & jallit quantité de belles sources & fontaines viuantes, ruisselātes le sang & l'eau, la grace & l'amour, la lumiere & la vie, qui abondent & qui fructifient, & fertilisent le beau Iardin de l'Eglise, & y font en mesme temps l'esprit, & la noblesse, & la sainteté de nos Sacremens, en vertu desquels nous entrons au principe de la vie regenerée, pour y porter & y nourrir des fruits de cette humeur sacrée, & de la seve amoureuse de ce Sang precieux, & exposé interieurement à la diuine chaleur du *Soleil d'amour, comme vray frere naturel de ces arbres du Paradis interieur de nostre volonté*, mais les arbres qui croissent beaucoup en leur jeunesse ont aussi beaucoup de verdeur de feuilles, & de seve, mais peu de fleurs & de fruits ; parce qu'ils employent toute la seve &

L'attache à sa propre vie, Tr. VI. Ch. III.

l'humeur à l'estenduë des branches, & à la nourriture des fueilles & bourgeons, & font par ce moyen vn grand arbre, mais le plus souuent sterile & sans peu de fruit, ou point du tout ; le Iardinier l'ayant remarqué par experience, vse de son addresse pour trouuer moyen d'arrester la seue, & fortifier les branches, en les taillant & retranchant le superflu ; & par ainsi auec le temps & son bon ménage il en fait vn arbre tres-fructueux & excellent.

9. C'est ainsi que doiuent faire *& pratiquer les Iardiniers de nostre arbre interieur*, qui sont les prudens *Confesseurs & Directeurs fidelles*, lors qu'ils apperçoiuent vne ame bien plantée *& bien greffée en Iesus-Christ*, *& pleine de l'humeur de son Sang precieux*, *& de la seue de sa Grace, pousser ses branches du naturel au surnaturel comme les cedres du Liban*, par la fecondité du Soleil d'amour, & la fertilité de la bonne terre où elle est si bien plantée & si bien enracinée, & qui donne par consequent vne si belle esperance, pourueu qu'auec soin & prudence, le maistre Iardinier spirituel oste *le superflu des branches de son propre Amour*, & en retranche diligemment toutes les saillies, afin que la superfluité de la seue des appetits spirituels estant arrestée, il l'empesche de pousser au dehors les extrauagances du propre Esprit ; mais que plustost luy faisant ressouuenir de son origine, il la *porte à retourner & à regarder son centre interieur par le fond de son ame*, *& outre son ame en Dieu* bien enracinée auec la cheuelure de sa Grace où elle se fortifie en ses branches, en ses racines les plus interieures & intimes ; afin d'y produire des fruits en abondance pour le temps ordonné. *Voyez l'Image.*

10. Mais tout ainsi que l'Automne amene la maturité des fruits par le retirement de la seue en dedans de l'Arbre, par où elle se retire en *son centre qui est sa racine coulée dans la terre*, où elle s'est fortifiée & affermie à trauers les pierres qui s'y rencontrent : De mesme l'ame Chrestienne ne donnera point ses fruits meurs que dans *l'Automne de son Oraison*. Ce qui se doit prendre en deux façons, le premier Automne est celuy de chaque Oraison en particulier ; car ceux qui

T t iij

sçauent ce que c'eſt d'vne bonne Oraiſon, ſçauent auſſi que ſon commencement plein de ferueur produit, & fait épanoüir les belles fleurs de l'Arbre de noſtre volonté. Mais il faut qu'ils ſçachent, que *la perſeuerance, que je prends pour l'Automne*, eſt celle qui produit les beaux fruits, meurs, colorez de rouge du precieux ſang de l'Agneau, & azurez de l'or de la Charité; luſtrez de la lumiere de l'Agneau, & panachez de la viuante ardeur de l'Amour diuin : ce que j'appelle panaché, eſt vn beau fruit, pomme ou poire, diuerſifié en couleurs par l'artifice naturel du Soleil corporel, qui luy applique ſur le verd (qui eſt le premier fond) la diuerſité de ces couleurs, dont la nature de ce fruit à diſpoſition. Ainſi il a du vert, du jaune, du rouge, & du doré, & cela diſpoſé agreablement ſur ce fruit par l'art de la nature. Ie dis de meſme de l'ame Chreſtienne, laquelle enfonce ſes racines interieures à trauers la terre ſainte, & la pierre ferme ſur laquelle eſt appuyé le beau Iardin de la ſainte Egliſe, dans lequel cette ame eſt arrouſée de la ſeve & de l'onction des Sacremens, auec tous *les écoulemens de la Charité, communiquée dans la ſainte Oraiſon*, ce qui la rend ſi fertile, qu'elle donne des fruits meurs, & en quantité, capables d'eſtre preſentez au *Seigneur de la Maiſon interieure*, qui les fait reſeruer & conſeruer par ſes Anges, pour eſtre ſerrez dans les Greniers de ſa gloire; là où *le Soleil eternel* les enuiſageant, leur imprimera le panaché de la gloire eternelle; c'eſt à dire, le vert de l'Eſperance, le blanc de la Foy, le jaune des ſouffrances, le rouge de l'Agneau, & le doré de *la Charité, dans laquelle toutes ces autres couleurs ſeront reduittes* par l'ardeur du ſaint Eſprit qui les engloutit de ſes lumieres d'amour, de couleur eternelle, & de reduction vnique au ſein de la diuine Eſſence.

11. Et c'eſt pourquoy, Ames Chreſtiennes, eſſayez, & vous dépeſchez d'arriuer pendant la vie à cette agreable ſaiſon de voſtre *derniere Automne; c'eſt à dire à la mort*, par laquelle le Liure de voſtre Oraiſon ſera fermé; & lequel perſonne ne pourra ouurir, ſinon *l'Agneau occis*; & partant lors

que vous paroistrez deuant la face de ce Iuge *qui ne s'appellera plus Aigneau, mais Iuge exact & rigoureux* ; & visitant le *Liure de vostre ame*, il verra s'il a esté ouuert pour y écrire *Amour & Misericorde*, ou bien si vous le luy auez porté *tout fermé* ; & *tout scellé au sceau du peché, & de tous les autres six*, dont il est la grosse chaisne à six chaisnons, qui tient la pauure ame captiue sous les fers de ce septuple Esclauage qui fait gemir les Anges dans le Ciel, & hurler les Demons dans les Enfers, pour l'attente de leurs proyes, & de l'enuie de déchirer & de biffer *ce malheureux Liure, dans lequel il est écrit, Peché, & sur peché. Enfer*, & dans cét Enfer la Iustice vengeresse exercée dans la fureur, & dans la colere de Dieu par le ministere des Diables ennemis iurez de la Nature humaine.

Mal-heur de l'Home mourant en peché mortel.

12. Despeschons-nous donc, cheres ames, d'ouurir, & de laisser ouurir *le Liure de nostre cœur à l'Agneau de Dieu, cependant qu'il se fait appeller Agneau de Dieu*, afin qu'auec la plume de sa benignité & douceur, il écriue son amour & sa vie ; & n'attendons pas à l'Automne de nostre mort, craignans qu'elle ne nous surprenne en vne saison fascheuse d'Hyuer, par laquelle morsonduë & glacée attente, cette plume de misericorde de la douceur de l'Agneau, ne soit plus en vsage ; mais qu'au contraire, il n'y exerce celle de sa fureur. Pour laquelle chose éuiter, tres-cheres ames, apprenez de bonne heure à laisser effacer & biffer le peché en vostre ame par l'application des merites de Iesus-Christ ; & y leuez le Sceau de tenebres source de tous les desordres, & de toutes les autres captiuitez qui nous attachent & lient par nostre amour propre à toutes les creatures, & nous retirent, & nous éloignent du createur ; & nous arrestans au dehors de la forteresse, ils nous empeschent de nous retirer en asseurance dans le donjon ; *nous rappellans en l'interieure solitude de nostre desert spirituel*, pour y purifier & y dégager nostre propre Esprit de toutes les attaches du dehors, & retrencher tout le superflu de ses saillies naturelles ; & l'appliquer en dedans, & le ramener ainsi peu à peu suauement à son origine ; pour y illustrer sa foy, & y clarifier sa lumiere, y

affermir son esperance, & y abonder en amour ; car en perdant la complaisance du propre Esprit naturel, & de ses inclinations imparfaites, l'ame recouure surnaturellement la capacité sauoureuse des lumieres diuines ; & ainsi purifiée & desaueuglée de sa propre lumiere: Elle se trouue *toute renouuellée* en son estre, & toute resoluë de changer de posture ; car l'ame decouure en cét estat, comme elle a cy-deuant cherché sa complaisance dans ses propres operations & saillies naturelles vers les choses du dehors ; d'où vient que maintenant elle s'essaye de s'exercer en dedans vers son centre ; là où toute la seve retirée en sa racine fontale, & outre elle-mesme, elle laissera tomber tous ses fruits meurs en la main de Dieu qui les receura en bonne odeur deuant sa face, à cause de *la couleur vermeille du sang de l'Aigneau, & du doré de la diuine Charité.*

Et tout ainsi que *vous voyez qu'en trois diuers temps les fruits viennent à leur maturité* ; sçauoir,

1. *Le temps de sa fleur*, qui se rapporte aux commençans.

2. *Le temps de la verdeur du fruit*, qui se rapporte à ceux qui font progrés en la sainte Oraison.

3. *Et le temps de la maturité*, qui se rapporte aux parfaits.

Et comme vous voyez que tous les arbres qui fleurissent n'apportent point de fruits ; parce que (suruenant le mauuais temps) les eaux froides, les broüillards font tomber les fleurs, & nous ostent l'esperance des fruits. Ainsi tous ceux qui commencent, & s'adonnent à l'Oraison pour quelque temps il y paroist quelque feruer, on y apperçoit quelques fleurs ; mais suruenant vne bize d'afflictions, vne eau froide de degoust, vn broüillard d'inquietude ; voila la fleur flétrie, & les amours refroidis, qui leur font dire, & quelquefois médire de la deuotion (ce qui est vn grand malheur) car *la vraye deuotion ne fait peine à personne, sinon aux Esprits mal-faits*, & qui prennent la liberté de dire, Pourquoy toutes ces deuotions particulieres? *Il vaut bien mieux aller le grand chemin.* Ouy, cher amy ; mais prenez garde que les grands chemins sont sujets aux larrons ; & que souuent on y

L'attache à sa propre vie, Tr. VI. Ch. III.

on y est deualisé, & souuent en hazard d'y laisser sa vie; car ne croyez pas que *la vie large soit sans hazard*, non seulement il y a du danger, mais il est presque ineuitable de s'y perdre.

13. Aussi nostre Seigneur a dit, *Entrez par la porte étroitte, parce que le chemin spacieux mene à perdition*; c'est pourquoy ne vous fiez pas à vostre Grand chemin; mais entrez *si vous estes sage par la porte étroitte du precieux costé de Iesus, & de là coulez vous iusques dans son cœur*; & là il n'y a rien à craindre; mais tout bien à esperer. Pour les larrons il n'y en entre point, si ce n'est de ceux qui dérobent le Paradis; mais ceux-là ne font mal à personne, & partant il n'en faut point auoir peur, faute dequoy nous voyons que *beaucoup commencent, mais il y en a peu qui perseuerent comme il faut*. *Seureté de l'ame retirée interieurement dãs les playes de Iesus-Chr.*

14. Quant à ceux qui non seulement fleurissent par quelque commencement; mais encore qui profitent & abondent en fruits, quoy qu'ils soient encore verds & aigres; comme le verjus à la Magdelaine, *il faut auoir patience, la saison amene tout*, & ce qui console; c'est que l'on voit vne belle Esperance, pourueu que de telles ames soient bien conduites; car si les fruits dans leur verdeur qui contentent la veuë, & réueillent l'Esperance, n'agréent toutefois pas au goust, ny à l'odeur; qu'auez-vous à dire à vn tel fruit, ou à luy reprocher? Il est vert, il est vray, il est à sa grosseur, ou peu s'en faut: ha! mais il n'est pas jaune, il n'est pas meur, il n'a pas bonne odeur. Il est vray; mais *il est tout ce qu'il doit estre selon cette saison*, voulez-vous que Dieu fasse vn miracle tout exprés pour preuenir vostre impatience? Attendez vn peu, & suspendez vostre propre jugement jusques à l'*Automne*, & pour lors approchez de l'Arbre, & cueillez-en les fruits, & les enfermez en vostre chambre, & vous verrez qu'en peu de jours ils rempliront toute la chambre de leur bonne odeur, & vostre goust en sera delecté, si vous prenez la peine d'en gouster.

15. Ainsi, cheres ames, *ne vous surprenez pas si fort de voir aucunes fois quelqu'imperfection dans vne ame deuote*; car dans le boüillant & dans le zele, il se peut échapper quelque chose

V u

d'indiscret; mais quoy, pour cela tout est-il perdu? Ouy, au dire de *certains critiques qui ont plustost prononcé l'Arrest, que d'auoir connu la cause; voulans en cela que le verjus soit de bon vin.* Hé! cher amy, n'allez pas si viste; chaque chose a son temps, & ne sçauez-vous pas que le meilleur vin a esté verjus premierement? & que si le Vigneron eust esté aussi impatient que vous, venant à sa vigne, & n'y trouuant que du verjus, il l'eust toute arrachée de colere? Ainsi il n'eut pas eu affaire d'y reuenir en vendange; mais il a esté plus sage, car venant à sa vigne vers le mois de Iuin, ou à la fin de May, il s'est contenté d'y treuuer de la fleur, & du petit verjus déja formé, & s'en est retourné tout content à la maison: mais vers le mois d'Aoust y reuenant, il a esté tout transporté de joye d'y voir du fruit en abondance, & presque à sa grosseur. Ce qui l'oblige de s'en retourner hâtiuement chez luy preparer des futailles, dans l'esperance qu'il a de la maturité, & par ainsi il attend Septembre, & pour lors (par sa patience & son soin) il a trouué que son verjus est changé en vn beau fruit, bien meur; dont il fait d'excellent vin: ainsi vous voyez que sa prudence, sa patience, auec la Saison propre, luy fait joüir des fruits de ses labeurs.

16. De mesme, cheres ames, vous pouuez voir par là qu'*il se faut contenter de fleurs, dans ceux qui commencent à seruir Dieu*; mais s'ils font progrés en peu de temps, vous y verrez du verjus, gros, & en quantité : mais *si vous auez à voir sur cette ame, ne la pressez pas deuant le temps*; car autrement croyât auoir du vin, vous n'y trouuerez que du verjus, qui peut-estre n'agréera pas à vostre goust. Rapportez-vous en seulement au Vigneron, & il vous fera entendre que *le verjus deuiendra vin, si sur la playe de vostre empressement vous y voulez appliquer seulement vne fueille de cette bonne herbe, que l'on appelle patience*: herbe si souueraine, qu'elle guerit de toutes les blesseures, quand on s'en sçait bien seruir. Car *la bonne Patience amene tous les biens de l'esprit à leur fin derniere; comme la saison amene la moisson & la maturité de tous les biens de la terre.* Et partant, cheres Ames, vous qui seruez à Dieu, ne vous

L'attache à sa propre vie, Tr. VI. Ch. III. 337
étonnez pas de ce que le monde dit ; mais quant à vous, faites toûjours ce que vous deuez faire, & souffrez patiemment tous ses faux jugemens, sans vous en troubler ; ne negligez pourtant pas à vous corriger, & à mettre & mêler vn peu le succre de la benignité & de la douceur auec le verjus de vostre *vigne interieure* ; afin que le tout soit bien confit au fourneau du diuin Amour : & que le Seigneur puisse jetter sa faucille dans vostre champ à l'heure de la mort, & qu'y trouuant tous les grains en maturité, il les puisse aussi moissonner à sa Gloire.

SECTION QVATRIESME.

Des qualitez & conditions requises aux Directeurs, auec quelques aduis importans pour discerner les vrais spirituels des faux & imaginaires ; & pour conduire les ames qui sont en des voyes qu'on appelle extraordinaires.

1. IL seroit bon que tout le Peuple priast pour ceux qui ont la charge des ames, & eux aussi auec le Peuple : afin qu'il plust à Dieu leur donner la lumiere necessaire, la prudence & la discretion : car *il vaut mieux qu'vn Directeur incline du costé de la douceur, que du costé de la seuerité*. Il faut estre fort & stable en la *Verité* ; mais il faut rejetter toute *seuerité*, sinon en des cas particuliers là où cette herbe est propre : & pour bien manier cét instrument, il faut la main d'vne grande *prudence*, & le poids d'vne *discretion* non commune ; il faut beaucoup *d'experience auec l'estude*, pour bien manier les difficultez ; & *la lumiere* necessaire pour les resoudre au poids du Sanctuaire : *il faut beaucoup d'adresse & de lumiere pour discerner les vrais spirituels d'auec les imaginaires*, car cela est important au Directeur, afin de n'y estre pas trompé. Et pour cela, il doit éprouuer les ames qui sont conduites par les

Qualitez requises à vn Directeur.

V u ij

sentiers que l'on appelle extraordinaires. J'appelle *extraordinaire* la conduite de certaines ames qui s'imaginent qu'il ne faut point manger, & parce qu'elles auront leû quelque chose de semblable dans la vie de quelque Saint, elles vont aussi-tost faire resolution de ne plus manger, sinon la sainte Communion. Ainsi, ils s'affoiblissent le cerueau ; & souuent prennent toutes leurs pensées pour des reuelations, lesquelles leur deuiennent si frequentes, que tout ce qu'ils disent, tout ce qu'ils pensent, tout ce qu'ils font n'est autre chose qu'augures, que présages, & qui leur font souuent faire des jugemens temeraires. De telles ames vn Directeur a tout sujet de s'en défier, & de les éprouuer, & de les instruire, & leur apprendre que *la perfection ne consiste point à ne pas manger, ou à ne point dormir, ou à se discipliner indiscrettement ; parce que toutes ces choses ne sont point essentielles à la vraye sainteté ; mais qu'il faut bien apprendre à mourir interieurement à son propre amour,* Que le plus souuent toutes ces deuotions là nourrissent & entretiennent sous ce beau pretexte de penitence ; Car *nostre mal n'estant pas par dehors, mais par dedans* ; vous auez beau frapper les parois du bâtiment, le larron de propre amour caché au fond de vostre cœur n'en ressentira point les coups ; tant s'en faut, il y trouuera sa pâture : il les faut donc enseigner à mieux faire, non pas à quitter ny les veilles, ny les jeûnes, ny les disciplines ; car cela est bon, *estant pris discrettement, & auec conseil du Directeur* ; mais il leur faut apprendre que la corruption de la nature, le desordre de nos passions, l'impureté de nos intentions, le superflû de nos sens, l'vsage de nos appetits desordonnez ; auec toutes les autres malignitez que le peché a laissé en nous. Tout cela, dis-je, est caché dans le sein de l'Amour de nous-mesmes, & l'Amour de nous-mesmes enraciné jusques dans la substance de nostre ame ; où il a répandu son venin, & son poison ; & que pour le décamper de là il luy faut vn contre-poison. Car on ne peut pas guerir vn homme empoisonné en luy appliquant seulement des remedes exterieurs, mais en luy donnant quelque forte po-

Voye extraordinaire.

Cause des illusions & tromperies.

Espreuue des ames trompées.

Penitence indiscrette pâture de l'amour propre.

Malignité de l'amour propre enracine dans le plus intime du cœur.

tion à prendre par la bouche ; afin d'aller droit à la cause : & de de mesme, quel imprudence à vn homme lequel s'amuseroit à faire rehausser le toict de sa maison estant aduerty que les fondemens menassent ruine.

2. Apprenez donc à vous retirer dans vostre propre maison interieure, pour y apprendre à mourir à vous-mesmes en y laissans faire le diuin Amour ; qui est cette forte potion, laquelle seule peut vous déliurer de ce mal interieur enraciné dans vostre ame, & dont toutes les grimaces exterieures ne vous peuuent affranchir ; car n'est-ce pas estre & se montrer déraisonnable de penser cultiuer & semer son champ sans entrer dedans, s'amusant seulement à l'entour des fossez apres les escargots qui broûtent quelques brins d'herbes ; & laisser la beste fauue de nostre amour propre au milieu du champ de nostre cœur qui gâte tout le bon grain. C'est enfin à la prudence des Directeurs d'y prendre garde, & aux Penitens de les y suiure en leur obeïssant. Car la parfaite obeïssance marque le détachement & la liberté de l'ame. Vne ame vrayement obeïssante est toûjours preste à tout faire, & à tout quitter pour Dieu ; la parole de son Directeur luy est vne Sentence qu'elle met en execution contre tous ses propres sentimens ; & c'est là l'vne des plus expresses marques pour discerner les faux spirituels d'auec les parfaits & les imparfaits. Car ces personnes qui s'imaginent estre grands spirituels, sont d'ordinaire fort attachez à leurs sentimens, souuent ils resistent à leurs Directeurs : parce que leur propre esprit estant lié & attaché à toutes ces belles pensées, il n'est pas libre pour l'obeïssance. Cela fait, que si vous leur refusez quelque chose, ils se dépitent & murmurent. Car pour l'ordinaire sont des esprits mal-faits & difficiles, & qui s'écoutent beaucoup ; & ne font aucun cas de ce qu'on leur dit pour les corriger.

De la parfaite obeïssance deuë à son Directeur.

Marque des faux spirituels.

3. Quant aux *spirituels imparfaits*, c'est à dire qui sont dans le bon chemin, & cherchent la verité, mais ils ont encore quelque verdeur, & quelques inclinations imparfaites qui les attachent, & leur font quelquesfois peine ; quand on les

L'Ame captiue sous le sixiéme sceau,

corrige on y voit quelque boutade d'impatience, mais tout incontinent ils reuiennent & se soûmettent; ils adaoüent leurs fautes, ils s'humilient deuant Dieu & deuant les hommes; Le Directeur voyant cela doit en vser discrettement, & les exhorter à la perfection; mais si on pense amollir cette verdeur à coups de marteau, l'on gâtera tout. Car il est plus facile de nettoyer vn pot de terre au dedans, que de le remettre en son premier estat apres l'auoir cassé. Ainsi, il faut traiter fort doucement & discrettement auec telles ames, & ne pas froisser leur verjus par quelque rude parole; mais leur enseigner à l'exposer sous le rayon interieur de l'Amour diuin, qui l'amenera auec la saison à pleine maturité, là où pour lors toute la seve superfluë estant corrigée & retirée au dedans vers sa racine; cét *Arbre interieur* rendra tous ses fruits meurs à Dieu dans le sein de sa Charité: & *l'ame estant arriuée à la perfection*, elle contentera Dieu; elle réjouira son Directeur, elle goûtera la paix de son ame, elle consolera son prochain par ses entretiens enflammez, & sera en bonne odeur à tout le monde. Car quoy que les libertins en disent, cependant ils ne laissent pas dans les rencontres de les craindre & respecter.

Grande douceur requise pour la direction des ames imparfaites par fragilité & infirmité humaine.

4. Le prudent Directeur doit encore prendre garde à la posture de l'esprit de son Penitent; si c'est vne ame qui fasse cas de spiritualité, & qui en parle, & qui en traitte trop, c'est vne mauuaise marque; car *les personnes d'Oraison qui sont & doiuent estre familieres auec Dieu* ne causent pas tant: aussi l'Oraison n'est de soy autre chose qu'vne conuersion interieure à Dieu Centre de nostre centre, & vne conuersation familiere d'esprit à esprit, & vne communication interieure de l'amour du Createur dans sa creature, & vn reciproque Amour de la Creature vers son Createur; & pour tout dire en vn mot, vn debord amoureux du Createur dans le sein de la Creature, & vn abord de la Creature au sein de son Createur.

Quelle est la vraye & parfaite Oraison interieure.

SECTION CINQVIESME.

De la maniere de viure selon la vieille & la nouuelle Creature antée en Iesus-Christ par le Baptesme, & du concours volontaire & libre de l'ame passiue sous les imperieuses operations de l'Amour diuin, pour acquerir la facilité de demeurer continuellement en Oraison interieure à la presence de Dieu dans l'Oratoire viuant de son cœur.

1. TAndis qu'vne ame demeurera tenduë vers les objets du dehors, elle y croistra toûjours à son propre Estre, qui est l'Estre de la vieille Creature, de laquelle il se faut dépoüiller. Et *tout ainsi que tenir nostre esprit tendu vers le dehors est viure selon la vieille Creature: le ramener du dehors au dedans, c'est commencer la vie de la nouuelle Creature* que Iesus-Christ nous est venu apporter, & nous l'a signée de son sang, & de sa propre vie: afin qu'elle rendit des fruits en abondance. Car la vieille Creature n'estant que le sauuageon, ne peut produire que des fruits sauuages; lesquels on ne presente jamais sur la table du Prince, mais on les laisse pour les bestes des champs.

<small>Quelle est la vie de la vieille & nouuelle Creature.</small>

2. Peut-estre me dira-on, que *les Chrestiens ayans esté baptisez ont esté par là antez en Iesus-Christ*; & que partant ils n'apportent plus de fruits sauuages : & il est vray, si toutesfois l'on vit en Chrestien. Mais aller à la Messe, au Sermon, lire de bons Liures, se confesser, communier, prier Dieu, ne sont-ce pas là des actions de Chrestien? Oüy pour l'exterieur; ce sont des marques exterieures de Religion, qui sont de soy tres-bonnes: *Mais, sçauoir de quel principe elles partent, si c'est de la bonne greffe, ou bien du sauuageon*; Dieu le sçait & le voit, & l'ame en doit aussi sçauoir quelque chose, & son Directeur aussi, puis qu'il en doit rendre compte.

Car l'affaire propre du Iardinier est de voir & connoistre si dans son jardin il a quelque arbre lequel aye besoin d'estre enté, ou s'il est enté, voir si son fruit est de la greffe, ou non.

4. Car dites-moy de grace, vne ame qui vit selon tous ses sens & ses complaisances; qui ayme à faire sa volonté; qui parle mal de son prochain, sous tel pretexte que ce soit; qui donne licence à ses passions; qui juge, qui condamne, qui tranche tout au fil de sa langue; qui parle beaucoup, & ne sçait point écouter, ny se mortifier de rien; qui courre aprés les vains honneurs du siecle : & *cependant auec tout cela, elle est deuote, elle est spirituelle*; c'est vne personne qui en fait Escole, elle frequente souuent les Sacremens; elle deuore tous les bons Liures, & qui luy disent pourtant ce qu'il faut faire; mais on leur donne des explications fauorables. Et enfin, on les fait entrer dans son propre esprit, qui veut par tout estre le Maistre. Car on ayme beaucoup à enseigner, on dit, il faut faire cecy, ou cela : & le mal-heur, c'est que *ce siecle nous fournit tant de Maistres qu'il ne reste plus d'Escoliers pour apprendre*. Et ainsi, les Directeurs prudens doiuent veiller sur de telles spiritualitez; car il est bien à craindre que le sauuageon n'ait tout à fait étouffé la bonne gréfe; & que sous vne telle *vie apparente*, le pauure interieur ne soit bien entortillé de ronses & d'épines; & que l'esprit enlacé dans ces halliers n'y soit bien attaché; & qu'ainsi au milieu de cette forest noire toute herissée de vicieuses habitudes, la pauure gréfe ne soit toute amortie & rongée par les bestes fauues, qui habitent parmy ces halliers épineux, toute étouffée & offusquée dans cette forest de tenebres & si obscure, que le Soleil de l'Amour diuin n'y peut point entrer; en sorte que la pauure gréfe toute auortée & toute rongée par *ce Renard domestique*, qui est nostre Amour propre, à mesure qu'elle pousse quelque petit bourgeon de vertu, le sauuageon ne perd point de temps, selon le Prouerbe des bonnes gens, qui disent, que mauuaise herbe croist toûjours : & le sauuageon l'ayant gagné sur la bonne gréfe, &

Vie spirituelle & deuote seulement en apparence exterieure.

se plaisant d'autre part de croistre parmy les hayes & les buissons à cause de la sympatie qu'il a auec les espines, il croist tellement qu'il fait de soy-mesme vn gros buisson, dans lequel se retire la beste fauue, d'où vient que la bonne gréfe n'y paroist plus, & n'y sert plus de rien, ce que voyāt le Iardinier tout indigné de cela, coupera le tout pesle mesle, & le jettera au feu qui jamais ne s'esteint.

4. Or le *Chrestien* ne se peut pas à bon droit *qualifier d'estre enté en Iesus-Christ*, ne rapportant que des fruits d'amour propre, & des pommes d'immortification, que des prunelles d'extroversion, recherchant en tous ces mauuais fruits la fausse saueur de ses vaines complaisances auec les creatures, dont elle repaist les lumieres naturelles de son propre Esprit, & dont il s'aueugle, & souuent jusqu'à l'extrauagance ce qui a heurté le propre jugement, & partant donnent lieu à l'Ire sans la reprimer, laissant échapper les passions comme bestes feroces, & donnant de l'Encens à l'amour propre, qu'ils laissent regner en leur cœur, & y tenir la place de Dieu. Peut-on appeller cela vne vie de Chrestien? Et cependant qui n'est que trop pratiquée par des ames qui sont rachéptées du prix infiny de la propre vie de Iesus-Christ. Enfin, tres-cheres Ames Chrestiennes, c'est à vous & à nous que cecy s'adresse, commençons s'il vous plaist tout à l'heure à faire valoir ce bel heritage de la Foy donné de Dieu merité de Iesus-Christ, & exercée surnaturellement en nos ames par la clemence du saint Esprit.

5. Mais comme nostre propre esprit n'est pas de soy suffisant, & qu'il luy faut vn *concours mutuel auec la grace*, & les merites de Iesus-Christ, & que le propre lieu de faire cette belle & riche alliance est le fond de nostre cœur, commençons, dis-je, à nous y retirer en toute humilité, foy & amour, afin d'y découurir la Loy interieure de Dieu à la faueur de la Foy & de la grace, mais toute offusquée des halliers de nostre immortification; là où à la sueur de la lumiere surnaturelle trauers nos miseres, nous y puissions *découurir ce thresor interieur caché dans le champ interieur de nostre ame*, pour

Voyez l'Image.   y fouiller jusqu'au fond, & outre le fond en esprit & par foy, & à la lueur de cette colomne de nuée la sainte Humanité de Iesus, figurée par celle qui éclairoit les enfans d'Israël pour leur entrée dans le desert, & c'estoit de jour; c'est à dire, pour le jour de la grace, & l'entrée de nostre desert interieur où elle nous doit conduire, guider & éclairer, pour échapper la tyrannie du Pharaon infernal, & de tous ses Egyptiens, nos sens, nos passions, nos appetits; & le mignon de Pharaon, nostre amour propre en les exposans interieurement sous les débords glorieux du *Soleil d'amour*, lequel fait son cours & son concours lumineux par tout *le Cercle interieur de ce triple firmament*
Voyez la derniere Image.   *intime & central*, y ordonnant toutes les saisons & les temperamens de son ardeur infinie, par les benignes influences de son benin regard proportionné à nostre portée, à l'ombre de cette *colomne de nuée la sainte Humanité de Iesus*, par les merites duquel il est épanché dans tout l'Estre de l'ame vne ample fecondité d'amour, de lumieres & de graces, découlans de cette source originaire des vrayes vertus, auec la capacité d'aymer & d'écouter l'amour diuin operer en nostre ame l'épurement de la vraye spiritualité auec l'intelligence du *secret commerce interieur entre Dieu & l'ame*, qui luy fait ouurir sa capacité amatiue à l'ouurier des œuures parfaites pour l'y laisser estre, & operer en elle tout ce qu'il luy aggréera en sa façon & maniere infinie.

6. Cela fait que *le diuin Amour regnant puissamment en l'ame abandonnée aux douces violences de son ardeur, redoublant ses profondes atteintes, dissout, penetre, & embrase la substance de l'ame,*
L'ouuerture & la leuée du sixiéme sceau. L'attache à sa propre vie.   *& y rompt l'attache substantiel de propre vie, & y leue le sixiéme sceau, & le sixiéme chesnon du propre Amour qui fait le sixiéme jour,* pendant lequel il faut trauailler diligemment jusques au septiesme, qui est le jour du repos; & partant, l'ame ainsi deliurée & affranchie de ce joug de six jougs, est liurée & abandonnée à toutes les ardeurs vehementes du saint Amour, toute reduitte qu'elle est en ce sanctuaire interieur remplie de paix & de sanctification, elle commence d'y sauourer la vie, & d'y boire dans la source mesme des eaux diuines, jusques à

y laisser écouler son petit ruisseau dans cette vaste & immense source eternelle, laquelle engloutit l'ame auec tout son finy, laquelle estant rauie dans l'infiny, les recherches de l'Agneau de Dieu ne luy sont point épargnées, y iouïssant auec delices des beautez éternelles, & des notions diuines de l'amour imperieux qui verse en l'ame amortie à son Estre comme des deluges de grace & de gloire; qui rompent les entraues du propre amour, & tous les entre-deux du milieu, *déchirant le voile de ce Temple interieur depuis le haut jusques au bas*; c'est à dire, par ces six estages par où l'ame est montée victorieuse auec son victorieux & tout-puissant Iesus, pour nous conduire au septiéme, & nous en permettre l'entrée tout au large, & boire à mesure dans les torrens de delices & d'onctions diuines, auec des penetrations amoureuses & touches intimes qui tienent de l'infiny, & des lumieres si pures, qu'elles ne peuuent estre exprimées en cette vie. *Tout cecy se peut entendre par la veuë de la derniere Image.*

7. Et par ainsi, l'ame estant pour lors regie & gouuernée par la clemence du saint Esprit, & justifiée de la justice de l'Agneau, sauoure auec delices les diuines excellences de la Charité residante en l'ame, laquelle porte vn estat tout remply de la splendeur, de l'éclat, & de la gloire de *l'Agneau de Dieu*; qui la reduisent en vne amoureuse & tres-humble soûmission à la toute-puissante souueraineté de la Diuinité absolument regnante en l'ame: Et *c'est proprement cet estat là où l'ame est capable d'adorer Dieu en esprit & verité*, pour la verification de la parole éternelle, la mesme verité essentielle; laquelle verité nous tient enuisageans la belle glace eternelle de ce beau Miroir diuin, pour y reimprimer en noblesse d'amour triomphant la parfaite image & diuine ressemblance dans le plus intime de nostre substance auec le diuin pinceau de la souueraine dilection du saint Amour, qui fait entrer l'ame en Communauté de mesme vie, de mesme amour, & de mesme lumiere pour la faire entrer dans tous les appanages glorieux du *Royaume interieur de l'Agneau ouuert en l'ame* tout au large & dans vne vastitude infinie,

L'ame captiue sous le sixiéme sceau, auec vn engloutissement de gloire ineffable, qui efface en l'ame la memoire des creatures hors de Dieu, par l'empire absolu du Createur qui rauit l'ame à soy ; *d'où vient la facilité de demeurer continuellement en Oraison en tout temps, en tout lieu & sans difficulté, portant par tout au fond de son Estre son Oratoire viuant, son Prestre, son glaiue, & son Hostie.*

Voyez la derniere ou premiere Image.

SECTION SIXIESME.

Des torrens de delices, de lumieres & notions sublimes des trois Diuines Personnes en vnité d'essence, communiquées aux Ames d'Oraison recolligées dans l'interieur auec Iesus-Christ apres la sainte Communion.

1. SI quelqu'vn est en peine de sçauoir la vraye & diuine preparation pour bien Communier, qu'il souffre que c'est icy le secret & la Manne cachée à tous les mondains & enfans du siecle, mais enfin sauourée diuinement de l'ame amortie à sa propre vie, car tout ainsi qu'il faut necessairement vn fond propre pour appliquer les viues couleurs, & en former vn beau tableau ; il est aussi tres-constant que *la sainte Oraison ou abstraction interieure* broye & prepare merueilleusement bien toutes les viues couleurs des vrayes vertus rougies dans le sang de l'Agneau, & viuifiées en amour & en lumiere, & tres-noblement appliquées auec le pinceau doré de la Charité, appliquée dans vne telle ame broyée & raffinée dans le moule de la parfaite patience adroittement exercée par amour auec la main d'vne vraye humilité cordialle & sincere, fille aisnée de la simplicité originaire de la diuine essence, par laquelle nous apprenons que *rien n'est digne de Dieu que Dieu mesme.*

2. Car Nostre Seigneur nous venant ainsi du dehors au dedans de nous par l'vsage du tres-saint Sacrement, & trouuant en l'ame amortie *vn fond de grace & de communication spi-*

L'attache à sa propre vie, Tr. VI. Ch. III.

rituelle de la vertu du faint Esprit infufe dans l'ame par la fainte Oraifon, & noblement & diuinement dilatée par l'amour, & exercée paffiuement de fon attrait tres-intime, il remplit l'ame de la diuine Onction, difpofant tres-delicieufement toutes les appartenances de fon interieur centre, pour y verfer fes glorieux débords & les arrhes de fon infinité par la fruition ineffable, & diuinement diuine de ce pain facré, de ce pain de vie tout-deïfié, & deïfiant par *la prefence reelle de Iefus-Chrift* qui nous y eft donné à manger, pour entrer folemnellement au dedans de nous, & pour nous y remanger & nourrir de luy-mefme dans luy-mefme : & nous y transformer en foy, afin de nous y tenir de plus en plus ouuerts à fes débords glorieux, & *communications fpirituelles dans l'Oraifon*, Car *chaque Communions doit ouurir vn nouueau threfor de grace dans l'ame fidelle*; c'eft à dire, vn certain dilatement ou capacité d'aymer plus noble & plus diuine, parce que les degrez d'amour font infinis; & vont auffi difpofans & dilatans le fanctuaire de l'ame à l'infiny; d'où jailliffent les torrens de delices, & engloutiffemens glorieux qui affermiffent l'ame dans la Foy, dans l'Efperance, & dans cette *ineffable Charité d'vn Dieu Homme amoureux de l'homme*, & baniffant de fon ame toutes vaines craintes, laquelle eft par confequent diuinement nourrie, & fureminemment éclairée de la lumiere de l'Agneau, & royallement repuë de ce pain viuant, & fubftantiellement abbreuuée de ce Calice de Salut, qui la donne en proye à toutes les delices & complaifances de la Diuinité.

3. Mais *il furuient en l'ame aucunes fois vn certain attouchement facré de la fubftance diuine & humaine de ce pain fauoureux*; & ineffablement delicieux & penetrant, auec éclat de Gloire & de Majefté, qui produit dans l'ame vne *notion admirable & inexplicable*, & tout enfemble redoutable & majeftueufe des trois diuines Perfonnes de la plus qu'adorable Trinité; mais d'vne maniere immenfe & ineffable, finon que l'ame comprend affez *diftinctement comme le Pere, le Verbe & le faint Efprit font vne feule & vnique effence en Trinité de*

Notion admirable de la tres-fainte Tainité communiquée à l'ame interieurement retirée, & profondement

348 L'ame captiue sous le sixiéme sceau,

abymé entre le fond central de son cœur dans la Diuinité mesme.

Personnes, & là en ce moment l'ame connoist de si grandes choses de Dieu dans Dieu mesme, qu'il faudroit estre Dieu pour les exprimer, & des entendemens diuins pour les entendre. Mais ce Mystere ineffable demande l'adoration, & non pas la comprehension, en sorte que

Voyez l'Image

toute langue humaine doit icy faire halte, & tout entendement le doit croire, toutes les volontez luy doiuent leur amour, & tout esprit la soûmission à sa Souueraineté sous le

Qu'elle est l'adoration parfaite.

seruage de la Foy, & toute ame l'*Adoration*, c'est à dire, vne demission totale & amoureuse de tout nostre Estre sous la Souueraineté de cette supréme Majesté, *& tout cela dans le silence interieur,* & le parfait accoisement de toute lumiere creée & naturelle sous la mesme lumiere increée, surnaturelle & diuine, pour plus grand hommage, & vn culte plus parfait à sa Majesté souueraine.

SECTION SEPTIESME.

Comme l'ame passiue doit laisser leuer le sixiéme sceau, & rompre le filet d'attache à sa propre vie pour arriuer à l'vnion consommée auec son diuin Espoux, & assister au delicieux festin qu'il luy a preparé dans la salle interieure de son cœur.

1. QVoy que c'est estat dont nous venons de parler dans la section precedente, soit tres-profond & sublime, tres calme & silencieux, tres pacifique & paisible, & tres conforme à l'exercice de cette milice d'amour, auec notables progrez de Charité: cependant l'ame y apperçoit encore *vn petit filet de propre vie*, qui la tient encore comme suspenduë, & retarde sa consommation, quoy que la dureté du sceau soit dissouë & amolie, & ne semble plus tenir qu'à vn petit filet, qu'elle ne peut pourtant rompre d'elle-mesme, & qui n'est point aussi rompu que par vn consentemét, qu'elle veut donner ce luy semble ; mais par l'épreuue elle recon-

noist qu'elle ne la veut pas en la maniere de Dieu, puis que l'occasion suruenante, elle est inconstante, ce qui l'afflige cependant grandement, déplorant son infidelité, tandis que *le cordial amoureux des ames* témoigne aussi d'en estre touché, d'où vient qu'il l'éprouue par des *subtils attouchemens tres-intimes qui retirent l'ame à son centre*, & la reduisent en estat de mort, qui est ce qu'elle sembloit auoir souhaitté & demandé auec tant d'ardeur.

2. Mais enfin c'est icy la *pierre de touche* qui fait reconnoistre à l'ame amante, combien elle estoit secrettement attachée & liée à sa propre conseruation, ce qu'elle auoit toûjours ignoré jusqu'au temps de l'épreuue, puis que se retirant ainsi à elle-mesme dans vne si vrgente occasion elle fait ainsi la baye au saint Amour, qui l'attendoit dés si long-temps, & apres y auoir tant & tant employé d'amoureuses industries pour la disposer à ce coup, & elle de sa part qui témoignoit si constamment le vouloir, elle est cependant infidelle dans cette occasion ce qui luy est dur, angoisseux & humiliant, d'où vient que s'affligeant *elle s'en prend à elle-mesme*, & se plaint d'elle-mesme. Hé quoy petit auorton de creature, est-ce ainsi que tu resiste à l'Amour diuin, en faisant semblant de luy vouloir *adherer*, tu t'en retire, & refuse cependant d'estre *l'Espouse d'vn Dieu*, que tu sçais auoir pour toy tant de tendresses, qu'elles ne sont pas conceuables, preferant vne petite bluette de vie creée à la vie increée & immense d'vn Dieu: tu prefere enfin vne pauure vie de langueur & de mort à vne vie de Gloire & de Diuinité.

3. Enfin c'est icy où l'ame est profondement émuë de ses miseres & foiblesses, & toute épouantée des abords effroyables de cét horrible détroit de mort, où elle se voit toute preste d'estre engloutie toute viuante dans ce cachot de tenebres: C'est cependant ce qu'elle deuroit affranchir au plustost, puis que *plus elle y resiste, plus elle y accroist ses souffrances*; *& y recule son Purgatoire amoureux en se retirant à sa propre vie, refusant le consentement*, quoy qu'elle reconnoisse sur le champ, qu'elle ne pourra jamais estre satisfaite, si cette

interieure bleſſure d'amour n'en va *juſqu'au mourir.* Cependant les ſucceſſifs commerces d'amour continuent leurs *ardentes operations, qui produiſent en l'ame amante vne preſence toute ſpeciale de vray amy,* auec laquelle il luy eſt communiqué des deluges d'amour, de lumieres, de beautez, de grandeurs, & de largeſſes diuines, qui excedent l'ame, & qui allument en tout ſon eſtre & des ardeurs, des embraſemens qui tiennent de l'infiny; & qui penetrent, & repenetrent l'ame juſqu'au fond de ſa ſubſtance.

Ardentes operations de l'amour diuin dans l'ame.

4. C'eſt ainſi que l'ame eſt conduite parmy tous ces débords de Graces dans tous les Eſtages & appanages glorieux de *Ieſus,* ſortables à la nobleſſe de cette vnion tres-pure, & nette dans toutes les veritez qu'elle y annonce, puis qu'elles jailliſſent de la pierre viue, & du tres-riche, & du tres-legitime *Roy des cœurs,* qui prend ſa diuine complaiſance à leur ouurir interieurement le threſor tres-precieux de ſes diuines & paternelles entrailles pour y verſer, & couler les pluyes tres-fertiles d'vne ſageſſe toute celeſte, par le *canal ſacré de ſa tres-ſainte humanité glorieuſe,* comme par *l'organe de la Verité increé, & la diſtributrice tres legitime des amoureuſes largeſſes du Verbe,* épanchées dans les cœurs fidelles ſelon l'excès de ſa Charité; decoulante en l'ame comme vn mineral celeſte, preparé ſelon le prix, & l'infinie valeur de ſa propre vie, & de l'effuſion tres-precieuſe de ſon ſang, ruiſſelant à trauers cette ſublime boëte de diuins parfums, qui rempliſſent l'ame de la ſuauité de leurs odeurs, *par autant de canaux qu'il y a de pertuis ſanglans infligez ſur cette ſainte humanité.* Ce ſont comme autant de mines d'or foüillées dans les threſors de ce Dieu incarné; leſquelles ont rendues cette diuine Arche toute-puiſſante ſur le monde, ſur le diable, & ſur la chair. C'eſt enfin de la diuine teinture de ſes playes empourprées, que ſont rougies les precieuſes étoffes dont *l'ame doit eſtre reueſtuë pour aſſiſter au feſtin eternel.*

Ecoulemens de graces diuines par les ſacrées playes de l'humanité ſainte de Ieſus-Chriſt dans l'ame.

5. Mais, ô ames Chreſtiennes, qui pourroit profonder cette Mer exceſſiue de charité, & de diuine ſageſſe de Ieſus-Chriſt, dans *l'amoureuſe & tres-ardente ſocieté de ſon cœur à nos cœurs;*

L'attache à sa propre vie, Tr. VI. Ch. III.

cœurs; par laquelle il nous merite sa diuine & paternelle filiation *dans l'intime solitude de son cœur*; & tout prest de l'épancher dans les nostres, pour nous y ouurir par misericorde vn fond plus intime pour y loger son amour, & y blanchir nos ames de la pureté virginale de son innocence: pour les rougir & marquer au coin de son precieux sang, & pour les orner du beau lustre de ses diuines & royales vertus; & enfin les munir de ses fidelles & diuines alliances, qui nous procréent les legitimes Enfans coheritiers du Royaume eternel du Pere par effusion d'amour écoulée en nos ames pour les ennoblir, & les *qualifier du nom d'Espouses, & de Bien-aymées.*

6. Quoy que toutes les vertus soient d'elles-mesmes nobles, & recommendables; cependant nous voyons en ce qui nous est annoncé du saint Euangile, que la pudeur virginale de cinq jeunes filles fust forclose du banquet nuptial de l'Espoux pour n'auoir pas leurs lampes allumées de ce feu diuin; tant il est vray que la residence de la diuine charité est necessaire dans nos ames, qui sont les lampes propres à l'huile de son amour, & à brûler de ce diuin feu: faute de quoy des *Vierges pures sont appellées folles; parce que leurs lampes furent trouuées à sec de cette huile à l'arriuée de l'Espoux*, d'autant que pour viuifier, & bien qualifier nos vertus, il faut qu'elles ayent vie & mouuement en charité. Mais quoy, où pourra-t'on puiser l'eau, & la boire plus nette & plus fraische que dans sa source? Mais enfin où pourrons-nous estre mieux, & plustost embrasez qu'en nous jettant dans la fournaise? & où rencontrer ce feu diuin mieux allumé, & plus ardant, & embrazant que *dans le cœur de Iesus-Christ? Mais par où aborder ce cœur virginal, & l'innocence mesme, sinon par la porte ouuerte de son precieux costé, apres l'auoir laissé former en nos cœurs, & l'y auoir receu & admis par la foy, par la grace, & par l'amour, pour l'y laisser viure en Agneau.*

Necessité de la charité pour la residence de Iesus-Christ dans nos cœurs.

7. O tres-doux, & tres-suaue Iesus, attirez-nous incessamment; insinuez-nous habilement dans *ce delicieux Paradis d'amour*; tout brûlant, tout flamboyant, & tout consommant d'ardeurs diuines; toûjours prest d'embraser, &

Y y

L'Ame captiue sous le sixiéme sceau,

de consommer ceux qui s'en approchent: *O heureuse l'ame dont la lampe interieure regorge de l'huyle de cette diuine Onction.* La chair bien cuitte se détache facilement des os; ainsi l'ame feruente, cuitte, & recuitte dans cette diuine fournaise, se décolle facilement de toute attache, & vaines affections: car il faut que tout succombe à la puissance de l'amour; laquelle reuestant l'ame de ses nobles qualitez, luy donne *entrée & seance au grand festin de la Sagesse incarnée,* pour y estre nourrie de viandes eternelles eternellement.

CHAPITRE IV.

Que l'amour propre caché au fond du cœur, & déguisé à l'exterieur sous le beau manteau de pieté, & sous le specieux pretexte de la gloire de Dieu, & de reformer l'Eglise, est l'autheur, le fauteur, & le passionné propagateur de toute fausse doctrine.

1. SI nous penchons l'oreille du costé du saint Euangile, nous entendrons *vn pauure paralytique* gisant sur vn grabat depuis trente & huit ans, tout languissant, & tout étendu sur le bord d'vne piscine; lequel fait sa plainte à nostre Seigneur, qu'il ne s'est point trouué aucun homme depuis tant d'années qui luy aye daigné rendre ce pieux office de charité cordiale, pour l'ayder à descendre en cette eau apres le mouuement de l'Ange, faute dequoy il estoit ainsi demeuré en cette perpetuelle langueur.

2. O que de malades languissans, non seulement sur le bord de la piscine de la Loy de grace, mais mesme dans la piscine ce ne sont que malades. Et ce qui est déplorable, c'est mesme qu'il y en a plusieurs qui ayment mieux croupir dans leurs maladies, que de s'appliquer le remede; car *qui nous empesche d'aller à vous, ô bon Iesus-Christ, vraye piscine d'a-*

mour, que nous pouuons trouuer au fond de nos cœurs; & de nous y donner tout à vous, & à voſtre diuin Eſprit? ſinon que nous aymons mieux demeurer dans *la maladie interieure de noſtre propre amour deſordonné*, *& ſur le grabat de noſtre propre intereſt*, qui nous tient tellement attaché aux reins de noſtre pareſſe, qu'il s'y eſt fait des playes qui menacent de gangrene, ſi elle n'y eſt déja en pluſieurs. Hé, cheres ames ! n'attendez pas, s'il vous plaiſt, que le mal ſoit incurable. Pourſuiuez ce Larron domeſtique, qui occupe & vſurpe la maiſon interieure du pur amour, pour n'y ſouffrir dauantage *ce deſerteur du Temple de Dieu*, *ce profanateur de Grace*, qui fait en nous toutes les oppoſitions au pur amour, & tous les empeſchemens à la vertu. Car tout nous ſeroit poſſible ſi nous auions vne bonne fois étouffé *ce perfide tyran*; ce mal-heureux *changeur* inſolamment aſſis dans la Maiſon Royale de noſtre cœur, où il s'eſtudie, & a pris à tâche d'employer & de faire paſſer dans ſa banque, qui a ſes correſpondans aux Enfers, toute ſa mauuaiſe & fauſſe monnoye pour des pieces de bon aloy. Mais de grace, eſt-il permis d'vſer ſi mal de la maiſon des Roys? N'eſt-ce point vne grande lâcheté en nous de le laiſſer regner ſi long-temps dans le banc de noſtre cœur, où il a ſi mal ménagé les affaires du Roy, ſans l'auoir accuſé luy & tous ſes confidens. Mais je m'aduiſe, c'eſt que ce *fin Renard* a ſi bien ménagé ſes intrigues, le propre intereſt, l'injuſtice, les paſſions, & la diuiſion; tous ces gens-là ſont de ſon party, auec le grand conſeil de la foreſt noire d'Enfer, pour décider l'affaire plus adroitement. *Il a eſté ordonné que l'amour propre*, *qui eſt déja dans la Maiſon Royale ſe cachera pour vn temps juſques dans la ſubſtance de l'ame*; *& que les paſſions*, *le propre intereſt*, *& la diuiſion*, *tiendront la campagne*, *& formeront vn Camp volant pour garder les aduenuës*; *cependant que le corps d'armée formé par les habitans de la foreſt noire*, *qui ſont les demons*, *auec les Enfans de la diuiſion*, *attaquera la Grace*, *ſous pretexte de ſçauoir ſi elle eſt ſuffiſante*, *ou biẽ efficace*. Mais elle n'eſt ſans doute pas efficace pour ceux qui s'arreſtết à chicaner obſtinémết la vertu de cette diuine Onction, oſans l'accuſer. Mais *elle*

Les oppoſitiõs de l'amour propre au pur amour de Dieu exerçant ſes inſolences dãs le cœur Chreſtien.

Les partiſans de l'amour propre.

Ingenieuſe deſcription des menées de l'amour propre.

Y y ij

L'Ame captiue sous le sixiéme sceau,
est suffisante & efficace pour les ames simples, qui sçauent conuerser auec Dieu interieurement au fond de leurs cœurs en esprit & verité; car on apprend le prix, la suffisance, & l'efficace de la Grace en la gouftant, & en la sauourant interieurement dans le fond de l'ame; & non pas en la roulant dans sa teste sur le chariot du propre Entendement, & auec les roües du propre raisonnement, car *la lampe propre à l'huile de la Grace, c'est le fond de la volonté;* lequel vaisseau remplit, le Pere y ayant fourny la méche de son diuin attrait; & le Fils l'huille de la grace, & enfin le saint Esprit y vient mettre le feu; & pour lors l'ame sçait par son experience ce que c'est que la Grace, au moins dans ses effets.

Pour quelles ames la grace se trouue suffisante & efficace.

3. Mais ne vous imaginez pas que tout cela se fasse dans vostre terre parmy toutes les roües & chariots de vos disputes, qui menent tant de bruit que tout le monde en a la teste rompuë. Cela s'opere dans le silence, dans la solitude interieure d'vne profonde oraison. C'est là, cheres ames, où tous les differens sont terminez; parce que le Dieu d'vnité en est l'operateur; & toute diuision en est éloignée; & que personne ne s'y trompe, *ce n'est pas la grande dispute qui maintient la sainte Eglise; mais c'est la vraye Pieté, la Vertu, la sainte Oraison; car l'amour propre est assez adroit; il ne manque point de beaux pretextes; comme de reformer l'Eglise; crier contre l'abus des Sacremens; enseigner de se retirer de la sainte Communion pour plus grand respect, representant l'Indignité: Enseigner les Prestres à ne dire que rarement la sainte Messe, afin d'y estre mieux preparez, auec toutes les autres choses qu'il seroit trop long de rapporter; Et tout cela couuert auec l'habit de l'humilité, & le manteau de plus grand respect.* Mais d'où viennent les noises & les disputes, sinon qu'on n'a pas la paix chez soy? Et comment y auoir la paix en y laissant regner le propre amour; qui est la racine de toutes les diuisions, c'est *le partisan de l'Ennemy de Dieu,* qui ne laisse jamais son hoste en repos. O! mais il faut bien souftenir l'Eglise. Ouy, souftenir l'Eglise auec du sable mouuant. Est-ce souftenir l'Eglise que d'en saper le fondement; car ce qui souftient l'Eglise, c'est l'vnité; parce que l'Eglise est vne,

L'amour propre, autheur de toutes les diuisions, & mauuaises doctrines dans l'Eglise.

L'vnité, souftien de l'Eglise, & pourquoy.

L'attache à sa propre vie, Tr. VI. Ch. IV. 355
& Espouse d'vn seul Iesus-Christ, vn auec le Pere, & le saint Esprit.

4. Mais, cheres Ames, *voulez-vous reformer l'Eglise? commencez par vous-mesmes:* car vostre ame est vne Eglise qui n'est pas moins consacrée à Dieu que l'Eglise visible. Pourquoy vous tourmentez-vous de celle qui est toute sainte, cependant que la beste fauue est cachée dans la vostre, qui gaste tous les raisins de la vigne du Seigneur. Entrez vn peu là dedans, & *vous retirez en esprit, foy & amour dans le fond de vostre cœur: & là toute vostre ame ramassée & reünie à son centre, & humblement abaissée sous les pieds de Iesus-Christ Pere de l'Eglise: Vnissez-vous à luy, qui s'est donné à nous, afin de nous faire vn auec luy, le Pere & le saint Esprit.* Car là où est le saint Esprit, là est la Paix, là est la Grace, que vous ne gousterez jamais en disputant; parce qu'elle s'enfuit des contentieux; D'où vient que pour gouster la grace de Dieu, il faut estre silencieux & recolligé interieurement: parce que *la Grace se donne à sauourer dans le fond du cœur, dans le secret, dans la solitude, dans la paix, dans la quietude, & sur tout dans vne grande simplicité d'esprit.* Et le deffaut de tout cecy, fait toutes les diuisions, & les deformitez. Car si on pouuoit s'adonner à la sainte Oraison, on seroit bien-tost reformé, & toute la déformité des Cloistres est venuë d'auoir quitté l'Oraison & la recollection interieure: & ainsi la rétablissant sans faire peine à personne, on trouueroit bien-tost la reforme par tout. Car qu'est-ce qui nous fait courir apres nos complaisances & les choses visibles, c'est que nous ne voyons pas autre chose de meilleur. Et ainsi en goustant toutes ces douceurs de la propre vie, on ne doit pas s'attendre de sauourer les dons de Dieu: car il faut quitter les vns pour sauourer les autres; mais on se contente de mener vne vie exterieure, ou tout au plus on fait quelques quart-d'heures de meditation; mais comme on ne s'adonne pas à l'interieur, on est en continuelle distraction.

5. Mais quoy, on nous dira que Dieu ne fait pas cette grace là à tout le monde, encore qu'il ne la refuse à personne; & bien pire quand *on dit qu'elle manque dans le besoin.*

Le vray moyē de reformer l'Eglise est de se reformer soy-mesme par l'Oraison cordiale en Iesus-Christ.

D'où viennēt toutes les diuisions & difformitez dans l'Eglise & dās les religions.

Nostre infidelité à la grace cause les diuisions sur le sujet de la grace.

Yy iij

Hélas! plût à Dieu, que nous n'eussions jamais plus manqué à la grace, qu'elle ne nous a manqué, nous serions tous d'accord, la division ne seroit pas generale comme elle est. Mais quoy, c'est que l'on cherche la grace dans la teste, auec son propre raisonnement; & c'est dans le cœur qu'elle se donne, & personne n'y veut aller pour y tendre son vaisseau. C'est tout de mesme qu'vne personne qui iroit au grenier demander du vin, & c'est en la caue qu'on le tire. Les greniers ne sont que pour loger le grain ou la paille: & pour vray dire, la nourriture des bestiaux; car le bled qu'on y garde ne se mange pas là, il le faut descendre au moulin. Ainsi, si dans vostre propre entendement le grain de la connoissance des saints Mysteres y est logé, croyez-vous que vous l'y puissiez manger sans le descendre au moulin de vostre cœur, où il faut qu'il soit broyé, & puis là meslé auec les eaux de la Grace; on en fait vne bonne paste, qu'il faut enfourner dans le fourneau de la volonté, chauffé auec le feu de l'Amour diuin; & tout cela bien cuit par les ardeurs du saint Esprit, fait vne nourriture solide à l'ame. Et quand vne bonne fois nostre ame a gousté de cét *Aliment du Paradis interieur*, n'ayez pas peur qu'elle s'aille rompre la teste pour disputer si la Grace est suffisante ou efficace, mais elle se contentera de la sauourer & s'en nourrir, & d'en montrer le chemin aux autres.

Les 5. playes de Iesus Christ figurées par les cinq portes où se logeoient les malades de la Piscine en Ierusalem.

6. Pourquoy crier famine parmy tant de thresors; mais je m'aduise, c'est que le thresor est caché dans le champ de vostre cœur, & vous le cherchez dans vostre teste; & parce que vous ne l'y trouuez pas, vous vous en prenez à la Grace, & vous dites qu'elle vous manque. *Descendez, pauures languissans vers la piscine de Grace, au fond de vostre cœur*. Et apres que vous y serez descendus, tâchez de faire vostre residence dans l'vne des cinq porches de cette diuine Piscine du Nouueau Testament, que le Seigneur a reserué pour loger les malades: & ne vous attendez pas à quelque homme pour vous y descendre, puisque vous n'auez qu'à vous détourner du dehors au dedans, & vous confier au Maistre

de la Piscine ; car vous n'estes peut-estre pas si malade qu'il vous faille porter à quatre. Retournez donc vostre esprit en dedans vers vostre origine, pour y chercher vostre santé & vostre repos. Car les Medecins ont coutume d'enuoyer les malades à leur air natal. *Retournez donc à Dieu au fond de vostre cœur*, puis que vous auez l'honneur d'estre né de luy par le Baptesme. Sortez de cette Egypte exterieure, quittez ce vieux grabat qui vous tient si fort attaché à vostre propre jugement ; *Rendez-vous au saint Siege qui maintient l'Vnité de l'Eglise visible, faites-vous petits enfans, & la Grace ne vous manquera pas.* Si en toute simplicité & humblement recolligez vous escoutez de l'oreille du cœur le Maistre de la Piscine, & de toutes les eaux de Grace qui vous y appelle, disant : *Qui a soif vienne à moy, & boiue de ces eaux salutaires.* Descendez donc, & vous appetissez à vos propres yeux, & vous en serez rassasiez ; car c'est au fond du cœur, là où jallit cette diuine source, à laquelle *vous deuez abbaisser vostre esprit & propre jugement aux pieds de Iesus-Christ qui vous apprendra à se soumettre à la sainte Eglise.*

Humble soûmission au saint Siege, & à l'Eglise necessaire aux Chrestiens.

7. Mais quoy, j'ay bien peur que le bruit de vos contentions & rebellions ne vous empesche d'oüir le tres-doux & tres-agreable murmure interieur du coulant amoureux de ces eaux viues de la Grace ; dont vous estes en si grand defaut, & qu'en effet elle ne vous manque, puis que vous luy manquez les premiers, en *continuans obstinément à soûtenir vos propres opinions contre la censure du saint Siege Apostolique* ; & si vous pouuez vous humilier, & que la Grace ne vous manque pas, desistez, & ne vous en fiez plus à vostre propre esprit, ny à vostre propre Amour ; car ils vous tromperont tous deux. Mais faites mieux, descendez humblement en esprit, foy & amour *au fond de vostre cœur, & tachez d'y découurir la taniere de ce Renard domestique vostre amour propre ; & prenez les estoupes d'vne vraye soûmission d'esprit, auec le feu de la charité & l'eau de la Penitence, que vous verserez interieurement sur ces estoupes embrasées, pour y faire de la fumée ; & mettez tout cela au bord de la taniere afin de l'y*

Ruses & obstination de l'amour propre dans les personnes rebelles au saint Siege Apostolique.

étouffer; ce qu'on fait d'ordinaire pour étouffer le Renard qui gaste & rauage la vigne du Vigneron; à plus forte raison en doit-on vſer contre *celuy qui gaste la vigne du Seigneur.* Car autrement il ne vous laiſſera jamais en repos; parce qu'*il a juré fidelité aux habitans de la foreſt noire d'Enfer, qui font de luy & auec luy tout ce qu'ils veulent, & luy ont appris toutes ſortes de commerces.* D'où vient qu'il s'eſt rendu ſi expert en toutes ſortes de fabriques, juſqu'à faire de la fauſſe monnoye.

8. Oüy, *l'Amour propre, eſt vn faux Monnoyeur,* & de toutes ſortes d'eſpeces de monnoye: mais il eſt ſi adroit & ſi ſubtil en toutes ſes fabriques, que les plus éclairez ont aſſez d'affaire à les découurir. On dit qu'autrefois Moyſe voiloit ſa face venant de parler à Dieu, de peur que la Majeſté que Dieu auoit imprimée ſur ſa face n'épouuentaſt le Peuple d'Iſraël. Ainſi *l'Amour propre comme vn Singe rafiné, contrefaiſant l'Amour diuin, ne paroiſt jamais que ſous le voile de plus grand reſpect d'vne mine étudiée, ou d'vne humilité compoſée, & ſous les doux yeux de l'intereſt de Ieſus-Chriſt & de ſon Egliſe,* cependant *qu'adroittement on en veut abattre la premiere & la principale colomne, qui eſt le Pape, en decreditant le Siege Apoſtolique auec toutes les Communautez Religieuſes, qui ont toûjours eſté l'vn des plus forts pilliers de l'Vnité de l'Egliſe, & comme les appuis du ſaint Siege contre les vagues orageuſes de l'Hereſie*: & tout cela par l'artifice du propre Amour; car on connoiſt l'arbre au fruit. L'Eſprit de Dieu enſeigne-il à ſe rebeller contre les Superieurs? Eſt-ce luy qui vous apprend à reſiſter & vous rebeller contre *les Bulles de deux Papes, & contre le jugement des grands Prelats du Clergé de France, & de tant de ſçauans & pieux Docteurs de Sorbonne, & de toute l'Egliſe?* Non certainement. Car *l'Eſprit de Dieu enſeigne la paix, comme eſtant l'Eſprit d'vnion & de concorde.* Il eſt auſſi l'Eſprit de Verité *Mais voulez-vous dire qu'il ne ſoit qu'en vous? Vous dites que le Pape n'eſt pas infaillible, & vous le voulez eſtre, puis que vous voulez qu'il s'en croye à vous.* Enfin, *l'Amour propre ſe fait voir auec toutes ſes ſuittes, & les écrits volans pleins de paſſions & d'injures, quoy que cela ſoit contre l'obeïſſance & contre les Bulles expreſſes.*

9. Mais

Effets de l'Amour propre ſur les enfans de diuiſion en la ſainte Egliſe.

L'attache à sa propre vie, Tr. VI. Ch. IV. 359

9. Mais reuenons à noſtre Fabriqueur, cét Amour deſordonné de nous-meſme; lequel pour faire ſon affaire plus finement & plus ſecrettement, a fait alliance auec tous les Ouuriers de ſon Art: & les a comme gagez & engagez à ſon ſeruice, & *afin qu'il n'euſt pas la peine de ſortir de la maiſon royale du cœur où il regne en tyran,* il a étably des correſpondances pour diſtribuer *ſa fauſſe monnoye* ſi bien colorée par toutes les Villes du Royaume. Et apres auoir ainſi tout preparé, il a conſtitué *l'imagination* pour Maiſtre *Forgeron*: c'eſt luy qui a la charge de diſpoſer les étoffes, & d'inuenter la diuerſité des fabriques. *Le feu de cette forge,* c'eſt l'enuie d'eſtre eſtimé en paſſant pour des hommes Apoſtoliques ou Reformateurs de l'Egliſe: & *les marteaux* propres pour les ouurages de cette nature ſont les paſſions émuës, qui frappent il y a déja long-temps ſur l'enclume de la patience du Clergé. Et *la fantaiſie* eſt celle qui imprime *le caractere* royal ſur cette *fauſſe monnoye,* & *le propre intereſt de l'honneur luy donne le cours parmy les peuples*; & par ainſi il fait paſſer toutes ſes pieces de cuiure doré pour des pieces de bon alloy.

Le cours de la fauſſe doctrine dans l'Egliſe par les intrigues de l'amour propre, ingenieuſement repreſenté par le cours de la fauſſe monnoye.

10. Mais ſi nous voulons pourſuiure ce larron domeſtique, nous trouuerons qu'il en fait bien d'autres, qui arreſtent ſouuent les plus beaux eſprits. Car *non content d'auoir donné cours à ſa fauſſe monnoye, il a encore fait ſon pouuoir pour décrier la bonne, qui eſt la grace de Dieu: la monnoye du Pere, du Fils & du ſaint Eſprit, portant le caractere du Roy de Gloire, eſtant marquée des cinq playes de Ieſus-Chriſt, & imprimée du caractere de ſa propre vie.* Mais qu'à fait ce ſubtil Fabriqueur pour décrier cette monnoye diuine, il a pris *l'eau forte de la médiſance,* & l'a appliquée ſur cette monnoye du poids des infinis merites de Ieſus-Chriſt, pretendant la rendre *legere de cinq grains,* qui ſont les cinq Propoſitions condamnées du ſaint Siege Apoſtolique, que tout le monde ſçait aſſez. Car pour mon regard, je ne pretends point traitter cette matiere qui appartient aux hommes doctes, auſquels meſme je ſoûmets tout ce que je dis icy, & auec adueu de mes Superieurs;

Aduen & humble ſoûmiſſion de l'Autheur dans ces matieres de doctrine.

Z z

mais simplement j'en dis ma pensée, selon qu'ils me l'ont ordôné; n'attaquant que l'amour propre, lequel je fais profession de pourfuiure par tout où je le vois regner fuiuant le deffein de tout cét œuure, ne jugeant ny ne condamnant déterminément perfonne; mais priant vn chacun de dépofer toute paffion, & de faire ferieufe reflexion fur ces nouuelles Doctrines du temps (l'intereft de noftre falut éternel nous eftant plus important que l'intereft de quelque party que ce foit, fous quelque pretexte ou engagement que ce puiffe eftre.) C'eft ce que l'obeïffance & l'intereft de la Iuftice & la Charité pour les ames lefquelles y pourroient eftre innocemment & fans mauuaife intention engagées dans vn fi mal-heureux party qui m'ont obligé à dire cecy; afin auffi que felon nos petites experiences, nous puiffions rendre témoignage à la verité: que la diuine Grace ne nous a jamais manquée; mais que nous auons fouuent manqué à la Grace. Car ce tres-riche & tres-liberal Donneur ne manque jamais à verfer fon huile de mifericorde dans les cœurs; mais le plus fouuent elle y eft tres-mal receuë; les cœurs eftant aux vns tout fermez, & aux autres chichement entr'ouuerts; *d'où vient que l'on dit que la Grace n'eft point efficace.* Et comment voulez-vous que l'on vous donne beaucoup, & vous ne voulez gueres receuoir. Car Dieu donnant toûjours en Dieu, il donne non feulement abondamment, mais tres-abondamment. O bon Iefus, vous qui vous eftes donné vous-mefme tout à nous; non feulement par Grace, mais réellement Corps, Sang, Ame, Diuinité, & voftre propre vie; en forte que chaque Chreftien doit, & peut receuoir ce Dieu d'amour dans fon cœur tout pour luy. Comment donc pourroit-il dénier fa grace abondante; ne s'eftant pas refufé foy-mefme, mais donné fi liberalement? Comment refufer le moins apres auoir donné le tout? Ce n'eft donc point la faute du don ny du Donneur, mais du mauuais receueur.

11. Ie confeffe donc, & auouë que par la mifericorde de Dieu, la Grace ne m'a jamais manqué: mais que trop fou-

Reflexion ferieufe à faire fur les nouuelles Doctrines du temps par obligation & intereft de falut.

La grace pour l'ordinaire mal receuë dâs les cœurs.

uent j'ay manqué à la Grace, & ay empesché par mes infidelitez son efficace en moy; car la Grace opere selon les dispositions qu'elle rencôtre dans le sujet qui la reçoit. C'est vn aueu que je signeray de mon sang, pour rendre gloire à Dieu, & à sa verité; & quoy que je sois vn tres-grand pecheur, cependant mes pechez ne m'épouuantent pas tant que les dons & graces que j'ay receus de Dieu, & ausquels j'ay esté si infidelle; car *celuy qui a plus receu, il luy sera plus demandé.* Et je le puis dire auec verité que mon plus grand regret & ma plus grande contrition est d'auoir esté infidelle aux Graces de Dieu. C'est ma confession publique deuant Dieu & deuant les hommes. Ouy, mon Dieu, vos dons & vos graces, & vos lumieres me font trembler; non que d'eux-mesmes ils portent cette épouuante, car ils sont tout d'amour & de delices; mais c'est *mon ingratitude & mon infidelité.* Et quand on pense que l'on a empesché que les dons de Dieu n'ayent eu leur plein effet dans nos ames; c'est vne amertume mortelle qui fait secher de regret. Et quoy mesme que Dieu continuant toûjours ses bontez à vne telle âme, peut adoucir sa douleur; cependant *l'amour est fidelle,* quoy que l'amoureux soit infidelle. Et à proportion de l'amour la peine: personne ne sçaura jamais ce que c'est que souffrir s'il n'a aymé Dieu, & que Dieu luy aye aussi témoigné son amour.

Humble adieu de l'Autheur.

Les ames qui ont plus receu de grace, ont plus grand sujet de craindre.

12. O Dieu de tous les Amours & de toutes les Bontez, qui pourra vous tenir pour chiche & mecanique: vous qui donnez diuinement & infiniment. Vous estes la source immense qui ne coulez qu'à torrens dans les ames qui s'ouurent à vous interieurement, vous operez comme vous voulez, & quand vous voulez, mais vous operez toûjours en Dieu: mais si la Creature n'est disposée, elle ne reçoit pas diuinement, & par sa faute; car quand vous aymez, vous aymez infiniment, & vostre amour vous fait tout donner à nous sans vous rien reseruer. Mais, ô malheur! c'est que *ce tout ne trouue point de lieu en nous, qui ne soit tout remply de nous-mesmes; & ce nous mesmes, c'est le grand obstacle à la Grace, & la source de tous les empeschemens:* car Dieu demande reciproque

L'amour de nous-mesme vnique obstacle & empeschement des écoulemens de la Grace, & de l'Amour diuin dans nos ames.

Z z ij

amour, puis qu'en donnant son amour, il pretend r'auoir l'amour & l'amant. Le Fils se donne à nous, afin que nous ayons dequoy donner au Pere, & le Pere nous donne le Fils, afin que par le Fils, nous puissions nous rendre au Pere, & le Pére & le Fils nous donnent leur amour pour ope- *Les 3. diuines personnes operantes la sainteté consommée en l'ame.* rer dans nos cœurs la purification & la sanctification de l'Hostie, & consommer ainsi l'œuure de Dieu en nous pour nous mettre en sa possession, & nous le faire posseder. Et pour lors la Grace est-elle efficace ? Si efficace & imperieu- *Liberté de l'ame dans les rauissements, & dans les graces les plus fortes & les plus efficaces.* se, qu'elle *rauit l'ame en Dieu*, *non par force*, *mais par amour*: Car l'ame est long-temps éprouuée, & souuentesfois a consenty & adheré à Dieu, & à son attrait auparauant ce coup de Maistre, car Dieu ne force point les volontez, mais il les dispose en telle sorte, qu'en les rauissant il ne les force pas, ce mot de rauir est de nostre façon de parler, mais il n'est point ainsi entendu par le langage d'Amour, car l'ame ayant appris à tourner sa face spirituelle vers son centre, & à y enuisager son diuin objet, ce *mutuel & reciproque regard* dispose l'ame peu à peu pour paruenir à la fin ; ainsi l'ame desire & ayme Dieu, & Dieu ayme & veut auoir l'ame ; Dieu demande l'ame, & l'ame veut auoir Dieu : Et partant, c'est *vn mutuel commerce d'amour reciproque* qui dispose les volontez de part & d'autre ; Dieu veut l'ame, & l'ame veut Dieu, mais *Les preludes amoureux du rauissement.* l'ame consent & adhere à la volonté de Dieu, & enfin vient l'heure que ce mutuel desir s'accomplit, l'ame estant toute destituée d'elle-mesme, & abandonnée à Dieu ; tout ainsi que *l'Ambre attire la paille*, Dieu tire & attire l'ame à soy sans qu'elle luy resiste, ny sans qu'elle la force, mais par lien mutuel d'amour disposé du mesme amour, se fait le rauissement. Parce que l'vnion de l'ame ne se peut pas faire auec Dieu, sans que Dieu & l'ame le veüillent, & c'est dans ce *Le rauissemēt de l'ame en Dieu suit son détachement de tout ce qui n'est point Dieu.* mutuel amour que se dissoudent toutes *les attaches*, qui tiennent & retiennent l'ame à elle-mesme, & luy empeschent l'vnion. Car du costé de Dieu, il est tousiours prest, parce qu'il est Dieu, parce qu'il est vn, parce qu'il est simple, parce qu'il est libre : Et partant, l'vnion ne se peut faire de deux

L'attache à sa propre vie, Tr. VI. Ch. IV.

extremitez, si elles ne s'approchent, si elles ne se conforment, si elles ne se transforment: D'où vient que *l'ame qui pretend s'vnir à Dieu doit se reünir à elle-mesme, si elle est dissipée,* parce que ce qui est diuisé n'a point de disposition pour l'vnion. Dieu est vn, parce qu'il est saint, & il est l'origine de nostre reünion, parce qu'il est libre, & estant libre, & à soy il se peut donner sans engagement, parce qu'il est Souuerain, & souuerainement Amour.

Recueillement interieur de l'ame requis pour l'vnion intime à Dieu.

C'est pourquoy l'ame se doit recueillir & se reünir à son centre, pour se simplifier & s'approcher de Dieu au fond d'elle-mesme, & outre elle-mesme pour s'vnir à vn Dieu simple, & cette vnion ne se fait que par l'amour, & l'amour opere nostre liberté auec nostre consentement & cooperation, qui luy donne lieu d'attaquer dans nos cœurs, tout ce qu'il y a de defectueux & de repugnant à son Empire, *mais suauement.*

Voyez l'Image.

Mais, ô mon Dieu, vous sçauez combien l'homme est negligent: car encore bien que chaque homme Chrestien ne soit viuant que pour vous auoir, & pour vous aymer au fond de son cœur, cependant tres peu de personnes prennent la peine de vous y chercher, ny de vous desirer d'vn amour ardent & perseuerant, quoy que vous soyez l'amour mesme, & l'amour le plus aymable & le plus aymant. C'est vous, ô *diuin Iesus*, qui estes nostre vraye & asseurée Piscine, découlant l'amour & la grace par vos cinq playes, comme par cinq torrens qui entraisnent tous les pechez de ceux qui s'en approchent. Et comme anciennement, il y auoit en cette piscine probatique cinq porches, là où se logeoient les malades, de mesme la source éternelle du Verbe s'estant reuestuë de nostre Humanité, a voulu que les torrens de ses graces découlassent de leur origine à trauers cette terre sainte de vostre Humanité par ces cinq sources de benedictions versans le sang en abondance, ausquelles nous deuons ouurir & tendre nos cœurs, & nous y retirer pour y guerir nos langueurs, & *nous y loger* comme sous les cinq porches de la Loy de Grace, là où se doiuent retirer les pecheurs re-

Les 5. playes de Iesus-Christ sont les cinq porches mystiques de la loy de Grace, où se doiuent interieurement retirer les malades du peché.

Z z iij

pentans, apres estre descendus aux pieds du Prestre, & declaré sincerement la malignité de leur paralysie, ils tombent au lauoir de Penitence & de Contrition de cœur, d'où ils s'en retournent en santé, & tout deschargez de ce sale grabat de la semence du vieil homme, pour ouurir son cœur à la semence du noueau, laquelle y ayant pris racine, nous y fait sauourer les fruits de *l'amoureuse societé de la Diuinité*.

Mais quoy c'est vne grande pitié que d'estre malade, & ne s'en point apperceuoir, car cela est la cause que l'on neglige le remede ; & d'autant plus que ces maladies sont spirituelles, elles en sont aussi de plus difficile guerison. Mais la plus maligne & la plus commune, & la moins apperceuë c'est celle du *propre Amour*, laquelle a poussé ses *branches* iusques dans l'esprit, & ses *racines* iusques dans la substance de l'ame, & cette maladie ne peut estre guerie que par son contraire, qui est l'application du pur amour. Mais le moyé d'en bien vser ? c'est qu'il faut sçauoir où loge le Medecin charitable ; lequel ne demande pour le prix de tous ses Medicamens, qu'*vne bonne Volonté*, c'est pourquoy, si d'auanture vous ne sçauez où il le faut chercher, vostre santé vous oblige de vous en enquerir : que si vous vous en voulez croire à ceux qui en ont fait experience, ils vous diront de le chercher diligemment au fond de vos cœurs en esprit, foy, & amour ; vous ouurant interieurement à luy, luy decouurir entierement vostre maladie. Et si vne fois il vous permet de vous loger dans l'vne de ses porches, vous voila gueris ; car c'est vne piscine precieuse qui découle l'amour à torrens, c'est vn sang glorieux qui fait l'vnique medicament contre les pechez ; c'est vn abysme de Grace intarissable, c'est vne piscine embrasée, & toute flamboyante pleine de lumieres qui chassent toutes les tenebres de l'heresie, fille cherie de l'amour propre, & remplie de delices versées abondamment dans les cœurs penitens, contrits, & humiliez.

Maladie cachée, & non apperceuë de l'amour propre, & par consequent de difficile guerison.

L'attache à sa propre vie, Tr. VI. Ch. IV.

SECTION PREMIERE.

Que les objets corporels n'empeschent pas la vraye spiritualité & la parfaite contemplation, mais seulement les attaches qu'on y peut auoir par le déreglement de l'amour propre, qui s'approprie & s'attache à tout, duquel il se faut défaire, & non pas quitter l'humanité sainte de Iesus-Christ, autant necessaire pour les parfaits, que pour les commençants dans l'Oraison.

1. PEut-estre que quelques personnes fort spirituelles nous diront qu'ils ont passé tous ces estats où l'on a besoin de l'humanité de Iesus-Christ, & autres formes & images pour objet dans l'Oraison, & que maintenant ils s'occupent à *la contemplation*. Il est vray que les petits enfans ont besoin qu'on les tienne par la main, mais quand ils sont grands ils cheminent tout seuls, toutefois s'ils sont bien nourris, ils n'osent point aller là où ils veulent sans le congé de leurs parens; & quand ils auroient congé de sortir de la maison, ce n'est toûjours que pour vn temps; apres quoy ils se rendent entre les bras de leurs parens. Ainsi vne ame qui *commence* à s'addonner à l'Oraison, a besoin d'aydes & de motifs pour occuper son Esprit, mais quand elle a fait *progrés*, & que *l'attrait diuin a pris l'empire dans l'interieur, y attirant l'esprit*; lors, dis-je, il n'a pas la peine de se tourmenter de son Oraison, ny de sa Meditation; parce que la foy sauoureuse jointe au diuin attrait interieur l'occupe, & le fait mouuoir à Dieu, mais cependant *les formes dont il s'est seruy* pour en arriuer là ne sont pas à rejetter, ainsi que le disent quelques personnes, lesquelles semblent auoir raison en ce qu'elles disent; mais cela n'estant pas assez expliqué, il est

Détachement general de tout pour pouuoir estre vniquement à Dieu.

souuent mal pris, & mal entendu. Il est donc vray que l'ame qui veut paruenir à la perfection doit se détacher de tout ce qui la peut empescher d'estre vniquement à Dieu, & c'est ce que les personnes spirituelles ont accoustumé de dire, ce qui est vray; mais je veux dire icy que *ce détachement se doit entendre, & prendre de telle façon que l'on y conserue le corporel & le spirituel tout ensemble*; car il s'en trouue qui rejettent mesme la tres-sainte Humanité de Iesus-Christ, disant qu'elle est bonne *pour vn temps*, mais qu'apres cela il la faut quitter. En sorte que cela estant ainsi dit, sans estre donné à entendre, cause beaucoup d'irreuerences enuers cette sainte Humanité, à laquelle nous sommes infiniment redeuables.

2. Il est donc vray qu'il *se faut détacher des objets, mais aussi qu'il ne les faut pas rejetter*. Car pourquoy accuser l'innocent, & couurir le coupable; car ce n'est point *l'Humanité de Iesus-Christ*, qui nous empesche d'estre vniquement à Dieu, elle qui est la rançon de nostre salut, ny mesme toutes les autres creatures; mais *l'attache* que nous y pourrions auoir; or le mal de cette attache n'est pas dans les objets proprement, mais dans nous-mesmes; car ostez de vostre cœur l'amour desordonné de vous-mesme, & vous demeurerez libre, parce que c'est la racine fonciere de toutes nos attaches, l'attache n'estant autre chose qu'vne certaine appropriation des objets; & partant si vous sappez cét arbre de mort par la racine, il ne produira plus aucune attache; car le propre amour est planté au fond de nostre cœur dans la terre de l'orgueil secret, ainsi cét arbre de malice ne peut produire aucun bon effet, car le propre amour engendre le propre interest; & par ainsi *le propre interest est le fils aisné du propre amour*, lequel fait en nous la chaisne de sept chaisnes, & à chacune des sept chaisnes plusieurs chaisnons qui nous lient, & nous attachent hors de Dieu, & nous rauissent nostre liberté.

Qu'il ne faut pas rejetter les obiets dans l'Oraiso, mais mortifier l'attache de l'amour propre aux obiets.

L'amour propre nômé arbre de mort planté dans la terre de l'orgueil secret, produisant 7. maudits fruits d'interest propre.

3. Le premier, est l'interest du peché qui nous attache à tous les genres de pechez, si nous n'y prenons garde; car sous l'apparence d'vn petit plaisir que nous recherchons, nous nous attachons à cette complaisance qui nous mord,
& nous

& nous éloigne de Dieu, & cela parce que nous aymons nos diuertissemens, le peché ne se montre pas comme peché, mais sous l'apparence d'vn faux bien nous nous y laissons prendre & attacher insensiblement.

4. *Le second*, c'est l'interest des creatures dans lesquelles nous nous complaisons, & attachons aux choses mondaines ; à la vanité de toute sorte, vain honneur, vaine estime, vaines pretensions, vaines joyes, vaines tristesses, & toutes les autres vanitez & attaches de biens spirituels, ou corporels, c'est à dire des choses corporelles, & spirituelles, honneurs, ou plaisirs.

5. *Le troisième*, c'est l'interest des sens exterieurs qui nous engage à la complaisance des objets visibles, & nous y fait attacher ; parce que nous nous aymons nous-mesmes, nous aymons nos propres commoditez & plaisirs, & les recherchons par la voye des sens exterieurs, par la veuë, par l'ouïe, par l'odorat, par le goust, & par le tact, & nous nous y attachons.

6. *Le quatrième*, c'est l'interest des sens interieurs, ou passions du cœur ; qui nous attache à aymer desordonnément, ou à haïr de mesme ; qui nous attache à la tristesse, ou à la joye immoderée ; ou qui nous porte aux actions lâches, ou temeraires, ou trop hardies, ou trop timides, ou trop douces, ou trop cruelles, ou trop curieuses.

7. *Le cinquième*, c'est l'interest des propres emplois naturels des puissances de nostre ame, l'attache de la memoire dans ses belles conceptions, ou le resouuenir des delices & complaisances passées, ou l'esperance du futur, ou le plaisir du present. La complaisance de l'entendement dans les belles lumieres, & les grands jugemens trop prompts ou trop tardifs, selon que l'entendement est éclairé ou obscur, remply de science ou d'ignorance.

8. *Le sixième*, l'interest de la propre vie de l'ame, la complaisance d'en joüir, l'attache à la retenir, & l'empeschement de la vie nouuelle, de la vie de grace, par la trop grande attache à la vie du vieil hôme, & à toutes ses suittes.

A a a

9. *Le septiéme*, l'interest des dons de Dieu, la complaisance d'en joüir, & la proprieté de les retenir à soy, & s'y attacher pour les vouloir posseder en nostre façon, & le refus de les rendre se les estans appropriez, & l'attache de la volonté à toutes ces attaches, dont il la faut tirer & la deliurer pour y loger le diuin Amour pleinement & paisiblement.

10. Vous voyez par là que *nous auons en nous l'origine de toutes les attaches, & qu'elle n'est pas dans les objets*; & partant il ne les faut point accuser à tort pour dissimuler nostre imperfection; car la perfection ne consiste pas en la priuation des creatures, mais en la priuation de l'attache, & dans l'imperfection du mauuais vsage que nous en faisons; tout ainsi que si on arrachoit les vignes à cause qu'il y a des hommes qui s'enyurent: ce n'est pas la faute du vin, car de soy il est bon; mais la faute est attribuée à celuy qui en boit trop: Tout de mesme Dieu nous commande d'aymer nostre prochain, mais non pas desordonnément, ou d'vn amour criminel, mais d'vn amour bien reglé qui n'aye que la Charité pour objet. Et partant Dieu ne veut pas que l'on détruise les creatures, mais que l'on détruise le peché & tout ce qu'il y a d'imparfait; & les creatures ne nous estant point empeschement, qu'entant que nous nous y attachons de complaisance & la racine de ces complaisances & attaches estant l'amour desordonné de nous mesmes, c'est donc luy qu'il faut accuser & attaquer, & non pas les innocents.

Raison pour laquelle il ne faut pas rejetter les formes corporelles en l'Oraison, & le danger de trop spiritualiser

11. Autrement il y pourroit auoir du desordre parce que tandis que nous viuons nous sommes hommes, & partant corporels & spirituels tout ensemble; & personne ne peut tellement deuenir esprit, qu'il n'eust plus de corps, ny affaire des choses corporelles. Car si cela estoit ainsi, il faudroit croire que Dieu n'aymeroit pas l'homme, mais il aymeroit seulement l'esprit; & l'esprit tout seul ne fait pas l'homme, mais il faut vn corps & vne ame pour former l'homme: & partant *il y a autant de danger à vouloir estre trop spirituel, que de vouloir estre trop corporel*. Car de ces grandes

L'attache à sa propre vie, Tr. VI. Ch. IV.

spiritualitez nuës on rejette toutes formes, toutes images, toutes especes. Il faut prendre garde que cela ne soit mal pris & mal entendu : Et c'est nostre amour désordonné qu'il faut rejetter, parce que c'est luy qui vse mal, & des formes, & des images, par les liens de sa nature proprietaire, qui veut tout attirer à soy & ne rien rendre. Et ç'a esté de ces *spiritualitez si nuës* & absoluës, que sont sortis autrefois les déchireurs d'images, qui ont esté condamnez pour Heretiques. Et par ainsi la vraye spiritualité est libre, & se sert de toutes les choses visibles & inuisibles, sans s'y attacher : parce que l'esprit de Dieu qui fait les vrays spirituels porte dans l'ame qu'il regit, la paix l'amour, & la liberté. C'est pourquoy vne telle ame vit dans le monde, & parmy les mondains mesmes, *comme s'il n'y auoit que Dieu & elle au monde* ; parce qu'elle a ruiné en elle le principe de toutes les attaches, en y rendant l'amour diuin imperieux qui remplit l'ame de Charité, & la dissout & la détache de tous ses liens, & la deliure de toutes ses captiuitez ; ainsi qu'il est bien-seât aux enfans du Royaume, qui ne doiuent pas remper sous les fers & l'esclauage d'aucune attache, mais joüir de leur franchise & liberté d'enfans de Dieu. Ce n'est pas pourtant à dire qu'il ne soit bon d'éuiter les creatures, qui nous pourroient estre occasions de mal ; tant s'en faut, il le faut faire. Mais nous entendons parler icy de l'oraison, & de ses appartenances, qui sont souuent mal entendues & troublent les foibles, & les font craindre où il n'y a rien à craindre, & s'amuser à des bagatelles exterieures ; & ne s'auisent pas que le meurtrier des bonnes œuures est dans la maison interieure, qui fait joüer tous ses ressorts. Ainsi donc l'Ame Chrestienne doit estre libre, & sçauoir seulement se défier de son propre amour : car en faisant la guerre à nostre propre amour nous pratiquons toutes les vertus noblement, empeschant qu'il n'y entre ; & à mesure que nous luy refusons adherence, le pur amour diuin se saisit de nostre cœur ; & pour lors nous n'auons qu'à luy laisser faire ; car les contraires se chassent & pourchassent : & si nous inclinons no-

La liberté de la vraye spiritualité de toute attache de l'amour propre.

L'Amour diuin aidé de nostre cooperation chasse l'amour propre.

Aaa ij

stre volonté vers le saint Amour il y sera bien-tost victorieux.

12. C'est pour cette raison que l'Ame Chrestienne se doit fier & confier *à Iesus-Christ; qui est le commencement & la fin*: & personne ne peut monter d'vn degré inferieur à vn superieur, que par l'assistance & les merites de Iesus-Christ lequel apprist à saint Paul à ne se vanter ny glorifier en autre chose, *sinon en Iesus-Christ, & iceluy Crucifié*. Car le vray humble ne se doit pas presumer de deuancer Iesus-Christ, il se doit seulement contenter de le suiure en obeïssant: D'où vient que ce grand Apostre nous incite à estre ses imitateurs comme il l'estoit de Christ. Mais comment imiter quelqu'vn sans le voir & regarder? Il faut bien tirer la copie sur l'original? *Mais quel obiet pouuons-nous prendre plus glorieux à Dieu, & plus meritoire à nous que Iesus-Christ Crucifié?* Non, cheres Ames, ne craignez pas de vous seruir de cét abysme de Grace, qui fait le thresor des Chrestiens. Tâchez de l'auoir, & de le conceuoir en esprit & par foy dans vostre cœur, & y exerçants cette foy par amour vers luy; entrez par la porte cochere de ce palais du paradis interieur, par la porte ouuerte de son costé, & l'ouuerture de son cœur entamé; car *ce chaste cœur embrasé n'est-il pas l'vnique porte des plus sublimes contemplations?*

13. Car, tres-cheres Ames, nous deuons apprendre que *la vraye contemplation* n'est pas vne imagination ou vn éuanoüissement d'esprit, ainsi qu'aucuns se la figurent; mais vne sublime operation du Saint Esprit, laquelle motion amoureuse porte dans l'ame la lumiere, l'amour & la vie; & d'vne telle vehemence amoureuse, qu'elle ne la pourroit pas supporter si elle n'estoit à *couuert de la pierre viue de l'Humanité glorieuse de Iesus*, encore qu'elle n'y soit pas veuë ny aperceuë de l'ame ainsi éleuée à vne haute contemplation. Il n'est pas tousiours question de la voir pour l'auoir presente, car elle y est d'vne maniere admirable conforme à ce degré d'éleuation, pour y soustenir l'ame & y joindre ses merites. Il ne faut pas penser qu'aucune ame arriue à vn tel

Belle raison de prendre Iesus pour objet interieur dans nos oraisons.

La playe du costé, & le sacré cœur de Iesus sont la porte des plus sublimes contemplations.

degré de spiritualité, qu'elle n'eust plus affaire de cette Victime Eternelle, puis qu'elle a besoin à tout moment de l'assistance de ses merites qui luy seruent comme d'échelons pour monter interieurement à la souueraine perfection. Et par ainsi *le plus habile Spirituel n'a pas moins affaire de Iesus-Christ pour la perfection de ses estats, que le plus grand pecheur.* Il est vray que son sang precieux est le medicament contre les pechez ; mais il ne fait pas moins la sanctification des justes : car le saint Esprit n'opere jamais sur d'autre fond.

14. Ainsi les Enfans d'Israël n'abandonnerent pas Moyse apres auoir trauersé la mer rouge, parce qu'ils en auoient encore affaire dans le desert : De mesme *l'ame pour spiritualisee qu'elle puisse estre, ne doit jamais abandonner son Moyse diuin & humain, qu'elle doit toûjours regarder & se le tenir present par la Foy au fond de son cœur, & l'y suiure* parmy tous les deserts de cette mortelle vie jusqu'à la Terre promise de la Diuinité, dont la jouyssance parfaite n'est point qu'apres la mort : quoy que l'ame y soit introduite par ce diuin Iosué pour quelques momens. Pour en remarquer l'abondance & la beauté des fruits de cette Terre éternelle : cependant ce n'est pas dans vne pleine felicité tandis que nous viuons icy bas, mais seulement pour nous y faire goûter par auance les delices infinies de la bien-heureuse Eternité ; & pour nous y faire croistre en amour & nous y diuiniser, & *disposer à la plus haute vnion, laquelle se fait par la tres-sainte Communion,* que nostre Seigneur nous a laissée pour nostre gage asseuré de la vie éternelle, & nourrir en nos ames la memoire de sa tres-sainte Mort & Passion, jusqu'à ce qu'il vienne demander à vn chacun selon ses œuures, & que luy-mesme y donne entrée à toutes les ames fidelles en gloire & triomphe.

Voyez l'image.

Institution du saint Sacrement pour operer l'vnion parfaite de nos ames à Iesus-Christ, & entretenir le souuenir continuel de sa sainte Mort & Passion.

15. En quelque estat d'éleuation donc que l'âme puisse estre, elle a toûjours besoin d'estre appuyée & soûtenuë de la pierre viue, de *la pierre ferme sur laquelle toutes les plus hautes Oraisons sont soûtenuës,* & ont besoin d'estre appuyées ; parce que *l'ame n'est pas toûjours en éleuation,* ex-

tafe ou rauiſſement ; ce qui ſeroit vn eſtat ſuſpect, & dont on auroit ſujet de ſe défier. Car il conuient à l'ame d'eſtre exercée, & de paſſer par les épreuues, priuations, tentations & ſouffrances, mépris, dégouſts & derelictions interieures; & qu'il ne ſe faut preſumer de porter tout ſeul. Car noſtre Seigneur a dit : *Venez tous vous qui eſtes ſurchargez de voſtre fardeau, & je vous ſoulageray.* Ainſi il vaut mieux obeïr & aller en toute humilité à noſtre Seigneur au fond de ſon cœur dans le temps de l'affliction ou de la tentation pour y eſtre ſoulagé, que de faire le vaillant, & puis donner du nez en terre : Car Ieſus-Chriſt ſe plaiſt grandement à nous décharger de noſtre fardeau pour nous faire porter le ſien, qui n'eſt que douceur & ſuauité ; & partant *il ne ſe faut point écarter de Ieſus-Chriſt, ny pretendre le deuancer*; mais il le faut ſuiure bien humblement dans ſon cœur.

Neceſſité de ſe bien tenir vny intimement à Ieſus-Chriſt dans tous les eſtats d'éleuation ou d'épreuue.

16. Mais peut-eſtre que quelqu'vn pourroit former cette objection, diſant, que par cette preſence de Ieſus-Chriſt au fond du cœur, nous le voudrions rendre par tout preſent comme la Diuinité, & qu'il n'eſt qu'en deux lieux; ſçauoir, à la dextre du Pere, & au tres-ſaint Sacrement de l'Autel. Non pas en cette maniere ; car ſon Eſtre ſacramental n'a point de compagnon. Ie veux dire qu'il n'eſt en aucun lieu en cette maniere ſacramentale qu'au ſeul Sacrement : Et encore, bien qu'il y ſoit là le meſme Ieſus-Chriſt qu'il eſt à la dextre du Pere ; cependant ſon Eſtre à la dextre du Pere n'eſt pas ſacramental, puis qu'il y eſt à découuert & ſans accidens : ainſi *nous ne pretendons pas dire que ſa tres-ſainte Humanité ſoit par tout preſente comme ſa Diuinité.* Mais nous diſons qu'elle peut eſtre en quelque lieu comme Humanité glorieuſe vnie à la Perſonne diuine du Verbe; en laquelle vertu elle peut eſtre en tous les lieux, là où ſa preſence eſt requiſe ; & là où ſon miniſtere de Redemption l'attire & l'appelle : comme dans tant de millions d'Hoſties conſacrées, où il ſe rencontre tout à la fois. Et pourquoy ne pourra-t'il pas eſtre appellé par la Foy dans vn cœur qui le ſouhaitte ? Et ne ſe peut-il pas auſſi trouuer par la Grace,

Trois ſortes de preſence de Ieſus-Chriſt, ſa preſence de Gloire dans le Ciel, ſacramentale au ſaint Sacrement de l'Autel, & ſa preſence de ſoy, de grace & d'amour dans le cœur des Iuſtes.

L'attache à sa propre vie, *Tr. VI. Ch. IV.* 373
& par l'Amour, & par vnion & lien de Charité. Car si nous regardons vne femme Payenne, laquelle croit estre guerie de son mal, si elle peut seulement toucher le bord de la robbe qui couuroit cette sainte Humanité, lors qu'elle estoit encore passible & mortelle ; pourquoy ne voulez-vous pas qu'vne ame Chrestienne croye maintenant que cette sainte Humanité estant reuestuë de gloire & d'immortalité, aye pour le moins autant de vertu que sa robbe pour operer dans vn cœur la reconciliation auec sa Diuinité ? veu les belles qualitez & apanages glorieux, l'agilité inconceuable à l'entendement humain, dont elle est reuestuë, estant deuenuë toute puissante pour secourir les paures pecheurs par sa presence de Foy & d'Amour dans les cœurs qui la desirent, elle qui glorifie tous les Saints & les Anges d'vne maniere que nous ne pouuons entendre.

17. Disons donc que *le cœur benin de Iesus-Christ est proprement l'Eschole de la sainte Oraison* : là où les ames sont enseignées diuinement en cette Escole de sublime Sagesse, & par ministere d'Amour exercé au plus intime de l'ame. C'est vn celeste & tout angelique exercice, lequel n'est jamais priué de la lumiere surnaturelle. Si nous en demandons la raison à tous les Saints, ils nous diront ; que *l'Oraison de Iesus-Christ est la vraye Oraison, qui doit estre pratiquée de tous les Chrestiens*, comme la plus puissante & celle qui parle plus efficacement au Pere, qui nous a tout donné en nous donnant son Fils ; afin que nous puissions auoir dequoy luy rendre par Amour qui fust digne de luy, & nous aussi conjointement. Car c'est par ces torrents d'eau viue jallie en nos cœurs de cette pierre ferme, que nos paures interieurs steriles sont rendus feconds & abondans ; & nos ames remplies d'vne diuine moisson eternelle qui réjouït tous les habitans de la Cité de Dieu.

Iesus-Christ enseignant l'Oraison dans l'Escole du cœur.

18. Mais afin que le tout puisse estre marqué au bon coin, il faut passer sous le marteau des afflictions & sous la rouë des persecutions ; parce que le secret de la vraye sainteté ne se découure que parmy les opprobres de la Croix. *De la necessité des épreuues.*

De la science du Crucifix.

D'où vient que *la plus haute science est celle qui nous apprend à posseder Iesus-Christ crucifié au plus intime de nostre cœur*; ayant en soy la science cachée qui ne s'enseigne que par dedans, personne ne pouuant penetrer le secret de la Croix, que par l'Esprit du Crucifié, comme l'vnique fondement de nostre édifice spirituel.

19. O, Ames Chrestiennes, si diuinement rachetées du prix inestimable de l'Onction sanglante de l'Agneau de Dieu, comme du plus fidelle & loyal Pasteur qui ait jamais esté; & qui n'a point épargné sa vie pour ses brebis: ce diuin Iesus nous demande reciproque Amour; afin de nous reuestir de sa force, & nous enrichir du thresor infiny de sa Charité, auec tous les apanages glorieux deus à l'excellence de ses merites infinis: & selon le dessein & la premiere idée de la Toute-puissance Creatrice, qui dit tout au commencement:

Faisons l'Homme à nostre Image & ressemblance, lequel aura domination sur tout ce qui est en Terre. Ainsi que nous allons voir dans la Section suiuante.

SECTION SECONDE.

Desseins admirables de Dieu sur l'Homme dans sa Creation, ruinez par le Peché & l'Amour propre; & aduantageusement reparez par Iesus-Christ operant par Amour dans nos ames, auec vne digression au sujet de certains Spirituels qui médisent de tout, & nommément de la decoration des Eglises, sous pretexte de simplicité & de pauureté Euangelique.

1. Dieu exerçant sa Sagesse Eternelle hors de luy-mesme (quoy que dans luy-mesme à cause de son immensité) *prit son infiny plaisir dans l'admirable structure de l'Homme*, comme dans le Chef-d'œuure de ses plus signalez

lez & glorieux Ouurages; en faisant comme le parfait abbregé de ce grand Vniuers; le logeant dans vn Paradis terreſtre tres-agreable & delicieux; le couurant de la belle voûte étoilée des Cieux, ornée de ces deux admirables flambeaux; l'vn pour éclairer le jour comme le Soleil; & l'autre pour éclairer les tenebres de la nuit, comme la Lune, qui repreſentent les deux Teſtamens, l'Ancien & le Nouueau; la Lune pour éclairer l'obſcurité de l'Ancien Teſtament, figuratif de la Verité; & le Soleil pour éclairer le beau jour de la Grace, la Verité meſme; ſçauoir, *Ieſus-Chriſt Soleil Eternel du Paradis de Dieu, & Lumiere de lumiere du Paradis interieur de l'Homme*, pour le conduire & le rendre capable, & amoureuſement ſociable aux deſſeins infinis de la ſouueraine Puiſſance, qui le vouloit conduire à ſon vnique & perſonnelle poſſeſſion; afin de le conſtituer, & de le regarder en la terre comme vn Char de triomphe portant ſur ſoy & dedans ſoy les plus cheres & les plus tendres complaiſances des trois diuines Perſonnes; auſſi bien que *le Repoſoir viuant de leur vnique Amour*. Afin qu'eſtant ainſi orné & embelly en l'interieur de ſa ſplendeur de voſtre diuine Image, trinement perſonnelle en vne eſſencielle; & qu'ayant auſſi aſſorty ſon ame de trois puiſſances ou facultez correſpondantes à la trine diſtinction des diuines Perſonnes, ſans que l'vnité ou le point indiuiſible de ſon Eſſence en ſoit multipliée ou intereſſée; elle fut *l'Image parfaite* de voſtre Eſtre perſonnel, & de ſes trines emplois, auſſi-bien que le miroir viuant de voſtre diuine Vnité; & qu'ainſi elle fuſt conſtituée dans la legitime poſſeſſion de toutes les choſes creées qui luy ont eſté ſujettes *juſqu'au jour de ſa Preuarication*, auec deſſein de faire ainſi de toutes les ames, comme autant de petites Diuinitez participées; ſans que cette multiplicité puiſſe contreuenir à l'Vnité diuine, à cauſe de la ſainte participation libre de la Grace, qui nous rend ſeulement Enfans de Dieu, & heritiers du ſaint Empire.

2. Et par là, cheres Ames, nous voyons comment vn

chacun de nous doit mettre peine d'oster hors de nos ames, tout ce qui fait obstacle aux desseins de Dieu : & pour ce faire nous auons besoin de la lumiere surnaturelle que nous deuons rechercher en l'interieur, auec le noble instrument de la foy, qui nous y découure la lumiere d'Amour ; par laquelle nous nous connoissons nous-mesmes en aymant Dieu & son Fils

Iesus dans nostre interieur nous y est vnique tout.

Iesus-Christ, qui s'y est fait le premier nostre Amour, nôtre Lumiere, nostre Verité, & la Noblesse de nostre Foy, & nostre Pain viuant, & nostre vie & nourriture diuine & humaine, & auec tout cela, nostre Moyse, nostre diuin Iosué, nostre Conducteur, nostre Pere, nostre Frere,

Voyez l'image.

& nostre Maistre & nostre Amy, & *nostre Reparateur & Introducteur dans le Paradis interieur de sa Diuinité.*

3. *Rendons-nous donc tout à luy au fond de nos cœurs* ; afin qu'il y épande ses diuines richesses, & y établisse vn fond solide à la grace, à ses lumieres, à ses dons & à sa diuine Loy ; afin qu'il nous regisse & instruise, & nous y fortifie contre toutes les attaques du dehors & du dedans, & tres-particulierement de l'amour desordonné de nous-mesmes, ce principal ennemy des desseins de Dieu sur nous. Car il est nostre force & nostre rempart, & nostre fidelle deffenseur & tres-amoureux Protecteur, qui nous doit rendre à Dieu son Pere, qui *l'a enuoyé vers les hommes* pour les hommes, & pour les rassembler, *& les reünir tous en vn.* Et cependant tous les hommes se diuisent & se répandent au dehors, & quasi personne ne se veut *recueillir en son interieur* : d'où viennent tous les desordres & les debats, parce que l'on ne communique pas interieurement auec ce Pere de paix, & le Donneur d'vnion ; on s'arreste dans son propre esprit, l'employant à penetrer les veritez sans s'en laisser penetrer ; parce que l'on demeure à soy & pour soy, & pour son propre interest : & on ne prend pas garde que Iesus-Christ nostre exemplaire, a tout donné ce qu'il auoit de propre & de plus precieux, comme sa propre Vie, son Ame & sa Diuinité pour l'amour de nous : il nous a donné son saint Esprit, son Corps, son Sang, ses merites, sa sainte Mere, ses Saints & ses Anges;

L'attache à sa propre vie, Tr. VI. Ch. IV.

& partant, c'est vne grande honte à nous d'auoir tant receu de la liberalité infinie d'vn Dieu, & nous laisser enueloper d'vne telle *ingratitude*, que de luy refuser seulement nostre amour & nostre cœur; nous retenans à nous-mesmes chichement & tout retressis, & attachez à l'amour de nous-mesmes; d'où viennent toutes nos chûtes. Car, cheres Ames, ne nous y trompons point, les esclaues n'entrent aucunement dans les droits du Maistre, & l'origine de tout nostre esclauage, c'est cét Amour desordonné qui nous tient liez & priuez de l'vsage de la sainte liberté Chrestienne que Iesus-Christ nous a acquise si cherement: & nous en seruir si negligemment, c'est ce qui n'est pas conceuable. *Ingratitude des hommes enuers Iesus-Christ, & leur negligence & infidelité à correspondre à ses admirables desseins sur eux.*

4. Enfin, cheres Ames, reparons les ruines causées par le peché & le propre amour de nous-mes., viuans de la vie renouuellée en Iesus-Christ; Car *la vie des Chrestiens*, c'est vne vie de paix interieure, c'est vne vie de grace, de foy, de lumiere, d'amour & d'oraison: d'autant que le Chrestien doit mener vne vie d'esprit; mais de vray esprit, & non pas de ces *spiritualitez si delicates* que tout leur fait ombrage, & qui accusent toutes choses hormis eux-mesmes. Aussi nostre Seigneur nous reprochant nostre fausse lumiere, nous dit; Méchant esprit, tu vois le festu sur l'œil de ton prochain, & tu ne vois pas vne grosse poultre qui te trauerse. Parce que tu t'amuse à regarder & à picorer au dehors, & sur l'œil de ton prochain vne petite paille, que le vent du saint Esprit emportera au premier souffle; & tu ne *retourne pas ta veuë spirituelle au dedans de ton cœur*, pour y voir *la grosse poultre de ton amour propre*, qui trauerse ton ame tout outre; & que tu ne peux pas arracher tout seul, ny auec vn simple souffle de mon saint Esprit; mais il faudra vne infinité d'operations, & d'emplois de la vertu de ce diuin Esprit pour te l'arracher, ensemble auec ta propre vie qu'elle y tient attachée; & partant, soigne à toy, & te retire interieurement au fond de ton cœur, & auec la pointe de ton esprit recolligé joint au pur amour; fouille sans cesse, & creuse bien auant à l'entour de cette grosse poultre du tronc de cét *Qu'elle doit estre la vie du Chrestien.*

BBb ij

Arbre de mort. Car tu n'as pas trop de temps de toute ta vie pour le bien déraciner, & le mettre en estat d'estre renuersé par quelque vehemence de mon diuin Esprit, qui souffle où il luy est ouuert, & opere où il est appellé comme diuin Maistre de la sanctification.

5. Si nous sommes sages, nous apprendrons à *regarder dans nostre propre maison,* pour voir ce qu'il y faut faire, & nous accoûtumer d'y demeurer recueillis & abstraits ; afin de nous y employer courageusement & perseueramment à la decoration de ce Temple interieur de Dieu ; & à en chasser premierement cette beste carnaciere, qui s'y est logée sur la terre du peché ; & qui y fait tous les degats : & mesme elle fait souuent des sorties sur le prochain, *déguisée & couuerte du manteau de Pieté & de Charité pour donner des aduis bien colorez de la gloire de Dieu:* mais souuent tres-préjudiciables à la bonne renommée de son frere : parce que telles personnes estant tenuës pour gens de bien, & fort spirituelles, leurs paroles sont de fort grand poids, & passent pour des Sentences. Et partant, chacun a à prendre garde à soy, mais sur toute chose à *la médisance des personnes de pieté*, à cause du scandale de la deuotion, laquelle est souuent opprimée par des *fausses ententes.* Et le Diable ne s'en soucie point, pourueu qu'il *embroüille la verité* ; afin que l'on ne la puisse pas reconnoistre d'auec le mensonge : c'est pourquoy *il est important d'auoir vn bon & sage Directeur,* auquel on se puisse declarer, afin qu'il juge si nostre esprit est en bonne assiette : Car le Diable secondé de nostre amour propre, se fourre partout, traitte de tout ; mais *il se faut défier de l'esprit qui nous tire de nostre interieur pour nous mesler & nous soucier des choses, dont nous n'auons point de charge* ; & prendre garde si nostre spiritualité est bien reglée, pour ne nous pas tourmenter de ce qui ne nous regarde pas, ny de fait ny d'office. Il est bon de ne s'y pas arrester ; car l'esprit qui se licentie trop ne gardera pas long-temps la paix : & du commencement cela ne paroist pas ; car *l'amour propre ne sort jamais que déguisé*

La medisance des personnes de pieté les vnes des autres fort préiudiciable à la deuotion.

L'attache à sa propre vie, Tr. VI. Ch. IV.

& bien couuert, & sous des pretextes tres-specieux.

6. Comme de trouuer à redire sur la somptuosité des Eglises, sur les dorures, sur les beaux & riches ornemens, sur les belles peintures & raretez des tableaux: sur les Tabernacles & les beaux Ciboires d'or ou d'argent. *Le spirituel*, dis-je, *qui sent son esprit occupé de cela, doit prendre garde à son amour propre caché sous le manteau de simplicité & de pauureté Euangelique.* Et sous ce beau pretexte va murmurant contre toute l'antiquité, qui a toûjours gardé ces pieuses coûtumes d'édifier, d'orner, & d'auantager les Temples dédiez à Dieu: pour lequel il faut tout dépenser, puis que luy-mesme s'est donné à nous pour annoblir & enrichir le Temple interieur de nos ames, & y poser pour fondement la pierre éternelle du Pere, que toutes les richesses du Ciel, & de la Terre ne sçauroient payer; auec toutes les dorures de sa diuine Charité, & le tableau de sa diuine ressemblance; qui vaut incomparablement dauantage que tous les thresors de la terre, & que toutes les creatures, & que tous les Cieux, qui ne le sçauroient payer; ny tout autre chose, sinon *le sang precieux de Iesus-Christ*, qui fournit d'ornemens & de belles peintures des nobles Vertus; auec vn vaisseau interieur, non d'or ou d'argent; mais du pur or de la Charité, pour s'y loger comme dans vn *Ciboire viuant*: Et partant, *ne nous amusons pas à plaindre le prix de l'onguent répandu sur le Chef de Iesus-Christ*: mais foüillons dans la bource de la vieille Creature, & tirons cette fausse piece de cuiure doré, & la jettons dehors: & laissons l'onguent precieux de la Charité pour bonne odeur à Iesus-Christ, & les beaux ornemens d'Eglise à son seruice, & toutes les dorures & argenteries qui sont d'elles-mesmes innocentes. Car ny l'or ny l'argent, qu'est-ce que tout cela deuant Dieu? de la poussiere. Donc, cét or, cét argent n'a de prix que dans vostre estime: & vostre propre estime suit l'amour de vous-mesme, qui fait l'attache & donne le lustre à toutes ces choses, & les prise au prix de ce qu'il les ayme; mais deuant Dieu tous les thresors de la terre ne sont que neant. Cependant

Motif qui nous oblige à la decoration des Temples exterieurs.

Dieu s'en tient honoré, non par ce qu'elles valent; mais par ce que ce sont les choses plus precieuses que les hommes ayent en la Terre, *pour luy presenter dans le culte exterieur qu'ils doiuent à sa Souueraineté.*

7. Outre que c'est vne sainte & ancienne coustume de faire tout le possible humain pour le plus grand honneur de Dieu ; ainsi que nous pouuons voir en cét incomparable vaisseau, l'vnique & le pere de tous les Temples que fit bâtir Salomon ; tant dans son admirable & merueilleuse structure, que dans les vaisseaux d'or & d'argent, d'airain & de cuiure, & de si haut prix, qu'il n'est pas possible de les nombrer ; & ce seul Temple possedoit peut-estre plus de richesses que toutes les Eglises de France ensemble ; & pourtant tout cela estoit par l'ordre de Dieu signifié à Dauid, & à Salomon son fils. Et c'est pouquoy, cheres Ames, quand la pensée vous viendra de *philosopher sur les Edifices des Temples*, & toutes les richesses qui y sont, ne vous y arrestez pas, de peur que ce ne soit *vn piege de l'amour de vousmesme* ; mais retournez au dedans de vous, & voyez à bien orner vostre Eglise interieure ; voyez si vous y trouuerez les dorures de la diuine Charité, les ornemens des vrayes vertus, & le regne de l'Amour diuin : & si tout cela n'y est pas ; helas que faites vous au dehors à occupper vostre esprit à des bagatelles, dont Dieu ne vous demandera aucun compte, mais bien de vostre ame que vous negligez.

8. Mais a quoy bon tant de discours ? faut-il faire tant de difficulté, *pour nous rendre, & nous abandonner interieurement à Iesus-Christ*, qui nous veut reformer selon les premiers desseins de Dieu, sur nous dans la premiere creation ? N'est-ce pas luy qui est le fidelle Amoureux des cœurs ; le vray maistre des ames & le tres sublime Docteur de toutes les sciences cachées, les plus intimes, & les plus centrales, & les plus diuines ; qu'il veut ouurir *aux simples*, & declarer aux vrays pauures ; comme diuin, & humain consolateur des affligez ; car c'est la souueraine force des foibles, aussi bien que la seureté infaillible des vrays amoureux de Dieu, en-

tierement reduits, & confommés dans les diuines ardeurs de fon loyal amour; dont la fublime vertu, leur a fourny vn entendement nouueau, Et vne volonté embrafée, & toute enyurée de delices, & de lumiere d'amour laquelle *penetre* facilement tous les myfteres facrés foubs la faueur d'vne foy viue, non pas proprement en les comprenant en eux-mefmes; mais en nous laiffants comprendre à eux, nous nous en laiffons penetrer en la nobleffe, & en la vertu de l'Eftre de l'amour, qui regne en l'ame, & qui s'infinue ainfi dans les fujets, qu'il atteint, & qu'il penetre felon les proprietés, & écoulemens interieurs de fa vertu, de fa lumiere, de fa chaleur, de fon ardeur, de fa vie ardante, & clarifiante, & lumineufe; laquelle ne veut point eftre retardée par des remifes, ny empefchée par des oppofitions quand il y va de fon dilattement infini: qui confifte de noftre part en vne agreable & fauoureufe *difpofition*, tres paffiue, tres-intime & paifible: & de la part de l'amour en vn *efcoulement dans l'ame de fon Onction embrafée* qui la comble de faueurs, & de richeffes diuines, & qui la fait marcher fans tatter la voye dans le chemin de fon falut & ainfi laiffer accomplir en elle par l'operation diuine de l'amour de Iefus-Chrift fon vnique reparateur, tous les admirables deffeins de Dieu fur elle dans fa creation que le peché, & l'amour propre auoient ruiné par leur malice.

9. Enfin, cheres Ames, fi vous voulez fçauoir *la verité de Dieu manifeftée aux hommes dans le temps*, c'eft fon *verbe humanifé*; diuinement efmané de la fource originaire du fein du Pere Eternel. Mais fi cette verité manifeftée eft incomprehenfible à l'entendement humain, jugés fi elle peut eftre atteinte dans le fein de fon Effence, où elle eft cachée à tout le creé, finon à *l'Arche du Nouueau Teftament*, qu'elle s'eft *vnie perfonnellement*, pour en conftruire l'Arche de toutes les graces diuines, & de la belle Alliance, *la Mediatrice neceffaire qui rallie les hommes auec Dieu*; le finy à l'infiny, & l'humain au diuin, & qui nous a merité & enfeigné d'adorer en la Diuinité ce que nous n'y connoiffions pas, & ce que

nous n'y pouuōs atteindre *sans la foy*, qu'elle nous à meritée & donnée. Et partant toute action de grace soit deferée à l'Agneau occis, tant pour la reuerence & dignité de sa Diuine Personne tres-sacrée ; que pour toutes les diuines richesses qu'il nous a acquises, par son sang ; en vertu duquel il a preparé & disposé nos ames en l'estat d'vne telle capacité, qui les a renduës interieurement capables de porter, & de supporter toute l'amoureuse vehemence & les éclats de gloire de la Diuinité diuinement ; & dont l'ame est d'aucunes fois si penetrée & amortie en son propre Estre, que ce n'est pas vne petite merueille qu'elle ne se separe point de son corps, pour le laisser mort dans ce détroit sans y pouuoir remedier. Car tout ainsi qu'il impossible à vn homme d'arrester les flots d'vne mer irritée ; de mesme vne telle ame ne peut point empescher *les imperieux debords de l'Amour diuin* de l'inuestir, & de la submerger heureusement, & glorieusement. Et par ce moyen est aduantageusement reparé le dommage qu'auoit causé à nos ames la malignité du peché, & de l'amour propre.

Effets & debords imperieux de l'Amour diuin dans l'ame.

SECTION TROISIESME.

Comme l'ame recolligée dans son interieur par l'Oraison cordiale s'y doit exposer passiuement aux ardentes, & embrasées irradiations de la Charité de Iesus-Christ, pour y laisser dissoudre toutes les attaches, & purifier toutes les soüillures du peché, & de ses vitieuses habitudes, qui empeschent la comsommation, & parfaite vnion auec Dieu.

1. AFin que ceux qui commencent ne s'estonnent point d'abord, mais qu'ils soient consolés, & aydées, nous dirons en leur faueur *qu'il y a plus, ou moins en toute*

tous les estats & degrés ; & que chacun y participe selon le don de Dieu en soy, & selon sa fidelle correspondance, & partant la perfection ne les doit point épouuenter; puisque chacun la participe selon son don: parce que jamais apprentif ne fust bon maistre, sans auoir gasté quelque ouurage; mais Dieu tout bon, & l'vnique de toute bonté & maistrise supplée beaucoup, & particulierement en ces commencements, où il nous supporte en vray pere, & en vray amy cordial, tres-tendrement & charitablement; *pourueu que l'ame de sa part se monstre fidelle & perseuerante à suiure son attrait interieur dans lequel ce diuin Maistre la reprendra & la corrigera de ses imperfections, & l'instruira*, retireé ainsi en cette coye solitude, *& sans bruit de paroles* il l'excitera en l'aquisition des nobles vertus, & luy fera voir la laideur de son ame, non tout à la fois peur de l'épouuãter; mais peu à peu à mesure qu'elle s'establira en son interieur, il luy descouurira ce qu'elle a participé de souillures des creatures dans la picorée des objets terrestres; & par attache & propre complaisance de son amour desordonné.

Aduis important pour les commençants dans l'Oraison.

2. Mais aussi en suitte il luy sera monstré, comme il les faut combattre, vaincre, & surmonter des mesmes armes dé-ja victorieuses du diuin Agneau, auec l'effusion spirituelle de son precieux Sang, & l'application interieure de ses merites escoulez en l'ame *par l'application de la Sainte Oraison*. Et tout cela se fait en appriuoisant nostre esprit doucement & suauement à la *retraite cordialle*, par où elle entre en commerces interieurs des diuines faueurs; & par consequent se lie de plus en plus à l'Amour diuin, & enfin à *l'vnion* Et ainsi par la foy, par la grace & la fidelité en sa recollection, elle entre plus auant dans son desert : & par insinuation amoureuse, elle se trouue approchée de Dieu, esloignée d'elle-mesme, & fortifiée en la vertu, & contre toutes les attaques des ennemis de nostre salut auec *lumiere pour descouurir leurs suggestions*; parce qu'en cét estat elle commence à sauourer les delices de ce brasier amoureux, qui luy font mespriser toutes leurs vaines atteintes ; car tout ce qui

CCc

a passé par le feu est espuré ; & ce qui est espuré par le feu deuient essence, & toute essence est cacheé dans sa matière, & son intime où elle reside comme soustien d'Estre en cause seconde, si elle n'est tirée de sa matiere par l'actiuité, & la chaleur du feu, pour estre mise en vn vaisseau plus noble, & y estre employée en quelque chose selon sa nature, où sa vertu. Ainsi l'ame estant espurée, & essenciée dans le fourneau de l'Amour diuin, la chaleur duquel luy fait rendre son essence pure & nette, pour estre mise dans le tres-noble vaisseau de la diuinité, qui l'attire à soy comme principe essenciel de toutes les essences creées. Et partant *l'ame assuiettie & parfaitement amortie à son propre Estre dans son interieure solitude, est cachée au demon, à elle-mesme, & au monde, & presente à Dieu.*

3. Ainsi *la diuine Charité* dont la souueraine chaleur fait le solide de l'ame est vne actiuité paisible, quoy qu'ardente & tres-flamboiante tout ensemble & lumineuse, laquelle reside en Dieu comme en sa sphere Diuine, d'où elle s'élance dans nos ames, & outre nos ames, pour consomer dans nos cœurs *toutes les attaches que la malice inueterée de nostre propre Amour y a pû amasser d'impuretés, par ses insolentes pratiques.* Et partant il n'est pas croiable combien grande est la multitude des obstacles tenebreux, & oppositions malignes qui s'y sont ramassées, & que le saint Amour a à y combattre, vaincre, & destruire. Car nostre ame estant aueuglée d'elle-mesme, est attachée & reattachée, & comme reuestuë de toutes les mauuaises qualitez & *habitudes* appartenantes à la nature corrompuë; dont elle s'est fait comme vn fort de rebellion & de resistance, toute enfermée, enueloppée & sceellée & captiue qu'elle est dans ce sale cloaque de tenebres, qui *l'a engagée au Diable, au monde, & à la chair.*

4. Et la pauure ame ainsi enuironée, & reuestue de si salles estoffes, parmy lesquelles elle deuient comme inattaignable à ces diuines & amoureuses flammes, estant ainsi toute rencuirassée dans ses attaches ; elle s'y amasse tenebres sur tenebres, dont elle est enueloppée, & cadenacée

Vertus de la diuine Charité dissoudan toutes les attaches, & purifiant l'ame de toutes les souillures du peché, & de ses vicieuses habitudes.

L'attache à sa propre vie, Tr. VI. Ch. IV.

& sceellée dans toutes ces duretés comme dans vne grotte de pierres de taille, qui marquent *la dureté de cœur*; trauersée d'vne grosse barre de fer, qui signifie *son esclauage*, & seruitude sous la loy du peché; & ainsi toute roüillée de *ses vieilles habitudes*, auec le poison de la tortuë de nos *vicieuses intentions*; joint auec la crasse & salée de nos *sensualités*, & toute la feraille de nos *Passions immortissiées, & la grosse poultre de nostre Amour propre* plantée de bout jusques dans la substance de l'ame, & le germe de nostre propre vie : auec la laideur, & la défformité des *quatre faces animalles*, la face Humaine, la face de Lyon, la face de Bœuf, & la face d'Aigle.

Description metaphorique representant au vray la malheureux estat de l'ame par le peché, & ses vitieuses habitudes.

5. Ainsi *paroit la laideur & la deformité de la face humaine toute défigurée par le peché*; & toute dénaturée par la perte de la raison en pechant; car le peché de soy est contre nature, puis qu'il n'a point esté creé; & il n'a point d'autre pere que le Diable, & partant c'est vn monstre; c'est vn vieil Serpent, qui ne s'engendre & ne croist que dans les ordures & les œuures de tenebres, d'où vient qu'*il couure la face humaine de honte*, de confusion, & d'auersion de Dieu qui en fait la laideur mesme; & ainsi cette pauure ame dénaturée, auilie, & dégradée de son rang, ne paroist plus deuant Dieu ny deuant ses Anges comme vn homme; mais comme *vn Phantosme* embroüillé dans l'épaisseur de ses tenebres, parmy lesquelles on ne peut plus remarquer aucun trait d'humain, ny de raisonnable.

6. Il y *paroit aussi sous la face de Lyon, la laideur de l'ire*, de la colere, & fierté presomptueuse, suffisante, entreprenante, & alterée; & tout cela regnant en l'ame, & y deffigurant la douceur, la mansuetude, la concorde, la charité, l'humilité, la candeur, la modestie & l'amour de Dieu, & du prochain; ce qui rend l'ame semblable à vne *beste carnaciere* qui deuore toutes les vertus.

7. Et *sous la face de Bœuf, il y paroit la laideur des complaisances terrestres*, sensualités, tiedeurs, lâchetés, paresses, pesanteurs, coüardises aux œuures de vertu, negligences au ser-

uice de Dieu, langueurs, atterremens, ignorances spirituelles, grossiereté, stupidité lente & brutalle ; toutes & telles autres choses deffigurantes l'ame ; & dans l'ame l'inclination habituelle des choses celestes, refroidissant la feruer, ostant la force, la diligence, & l'agilité joyeuse aux bonnes œuures ; la confiance en Dieu : la Prouidence, la preuoiance, l'esperance & la lumiere humaine, la raisonnable, & la surnaturelle.

8. Il y *paroit encore sous la face d'Aigle la laideur & la difformité du propre esprit naturel*, voltigeant, distrait, badin, remply d'orgueil & de vanité, de propre estime ou propre excellence ; auec les appetits desordonnés de voir, & d'estre veû, de connoistre & d'estre connu ; curieux, hautain & babillard, extrauagant, leger & indiscret. Toute, & telles autres choses, qui vont deffigurant la paix interieure & exterieure : la Prudence, la Recollection, la paix, la concorde, le silence, la simplicité, la grauité chrestienne, la temperance, la solitude, la sagesse, & la sainteté.

9. Et auec tout cela les bestes immondes, & serpents venimeux, les lezards, & autres laides bestes, qui se sont engendrées parmy toutes ces ordures, & horribles saletés. Et tout cela entrelassé dans cette ame, & parmy elle, & l'vn dans l'autre, enuellopé, & entrelassé, *tout ainsi qu'en vne eau bourbeuse pleine de pailles* de foin, de morceaux de bois, de pierres, de fer, d'herbes, de roseaux, de poulles d'eau, de crapaux, de grenoüilles, de canes, de ferailles : & autres ordures pesle-mesle. Et *tout cela gelé, & congelé ensemble*. Hé, quelle industrie humaine pourroit-on trouuer pour arracher, & despestrer, & purifier cette glace, de toutes ces sortes d'especes, qui la penetrent, & qui la trauersent l'vn dans l'autre. Car encore bien qu'on la puisse rompre toute par morceaux : cependant il ne seroit pas possible d'en tirer toutes ces ordures. Et partant le seul remede seroit de *l'exposer aux ardeurs du Soleil*, lequel peu à peu fondant cette glace par chaleur, & dissoudant tout ce corps glacé, & le rendant liquide ; on en pourroit pour lors separer, & tirer tou-

tes ces ordures, foin, bois, & ferailles, & autres semblables saletés qui rendoient cette glace difforme.

10. Ainsi en doit faire le pecheur de son ame mal-heureusement habituée à pecher : ce qui la rend si difforme &
obscure, infiniment plus sale, & froide que la glace, plus
dure que le fer, plus insensible que les pierres, plus puante
& hydeuse qu'vn serpent mort, & plus enuenimée que les
crapaux ; plus fragile que le roseau, plus bourbeuse que la
boüe mesme, & plus noire que les tenebres de l'Enfer ; en
l'exposant interieurement sous les ardeurs du Soleil d'Amour, & les
rayons lumineux de sa diuine chaleur & le brazier infini de la Charité de Iesus-Christ ; pour en estre eclairée, r'échauffée, & embrasée, dissoue & amollie, espurée & consommée par tous
les degrez de cette chaleur infinie, aussi allumée que vehemente, toute lumineuse, & portant lumiere ; laquelle
chasse toutes tenebres & obcuritez, & dissout toutes les attaches ; & porte le calme, le repos & la paix, & la solidité dans
l'ame purgée & regraduée, pure & simple, pour donner lieu
à l'amour diuin, & la conduire à sa consommation.

11. Et partant il faut aduoüer que la haute perfection de
nostre edifice spirituel consiste en l'embrasement de la noble Charité,
dans la reduction & le propre amortissement de toutes nos
facultez surnaturalisées en Iesus-Christ, & espurées du feu
sacré de son Saint Esprit, & illustrées de sa lumiere, & for-
tifiées de sa chaleur, pour faire les approches des deux amants, &
en contracter l'vnion parfaite : Dieu estant lumiere, vie, & chaleur dans sa source, & vray feu purifiant, & trans-formant,
& consommant : comme estant le principe, & la fin de toute felicité consommée ; tant il est vray que la bonne oraison
est vn riche magazin de toutes sortes de vrays biens, & perfections chrestiennes, qui sont en l'ame fidelle vn glorieux
theatre d'amour, & de ces diuins commerces interieurs, autant que la fragilité humaine le peut permettre en cette
mortelle vie. Et comme toutes les nobles vertus, aussi bien
que la parfaite oraison sont originaires de Iesus-Christ, premier pere d'oraison, elles sont aussi infuses dans nos ames par

la diuine onction de sa vertu, ainsi sont *les trois colomnes de nostre bastiment spirituel, & interieur, la foy, l'humilité cordiale, & la Charité*; sur l'appuy desquelles toutes les puissances de l'ame sont en repos comme sur vn roch du diuin Iesus, dont la fermeté sert comme de *pont à l'ame recolligée, pour passer de la terre de son corps au Ciel interieur de son ame*. Là où toutes les tempestes des esprits immodes ne peuuent rien ébranler, à cause de la serenité lumineuse, & tres-intime de ce fondnterieur tout assujetti à l'amour, à la paix, & à la tranquillité.

SECTION QVATRIESME.

Comme l'ame par l'oraison cordialle doit moderer & accoiser l'actiuité de son esprit trop empressé, & agissant naturellement dans sa teste, pour l'abbaisser, & recolliger doucement à Iesus-Christ dans son interieur qui l'y veut attirer par la secrette & interieure motion, & attrait de sa grace.

1. L'Oraison qui fait mal à la teste monstre dés là son imperfection; faisant voir qu'elle n'a pas encore surpassé la region naturelle du raisonnement puis qu'elle cause lassitude; cette oraison est si penible, & si lassante, parce qu'elle est seulement faite par le pur effort de la creature laquelle s'ingere d'elle mesme, par elle-mesme d'atteindre la diuinité, qu'elle s'imagine au dehors d'elle, auec des forces limiteés *sans donner lieu à la grace infuse en l'interieur fond de son ame*. L'oraison de la teste c'est comme vn effort multiplié de l'esprit, & l'ordre de Dieu renuersé. Car l'ame veut tirer Dieu à soy du dehors auec l'industrie, & force naturelle de son propre esprit, cõme si elle vouloit le transformer en soy, *au lieu de le chercher au fond de son cœur, & s'y laisser transformer en luy*, par la motion surnaturelle. Car *dans l'oraison cordialle, & affectiue* apres les doux efforts, & paisibles actiuités

de l'esprit pour se recueillir, l'ame *suit seulement l'attrait interieur de* Dieu s'y laissant attirer, en de dans, renfermer, rallier, recueillir & reunir, & concentrer toute au fond de son Estre, pour *s'y liurer entierement à Dieu seul qui habite intimement en elle, & y fait là l'intime de son intime, où il veut estre cherché, trouué, & adoré en esprit, & verité*. Que si l'ame n'estoit encore dans cét estat passiff, ou l'attrait de l'amour diuin l'attire dans l'interieur, elle doit doucement faire ses actes pour se recolliger, mais sans empressement pour s'occuper toûjours en l'interieur vers son aymable objet de foy Iesus souffrant, & faire des poses & attentes passiues de temps en temps pour donner loysir à l'attrait, & à la motion de la grace, qui sont comme les filets d'or par lesquels Dieu attire l'esprit à soy au fond du cœur.

2. Et partant *l'oraison de la teste est comme vn arbre infructueux* dont les racines sont sous la pierre seche du raisonnement trop multiplié. D'où vient que les moindres ardeurs du Soleil tenebreux de l'affliction le desseche jusques aux racines. Il pousse bien quelques fleurs de bons desirs; mais la seve de la perseuerance venant à manquer, il n'apporte point les fruits jusques à maturité; & cela parce qu'il recherche sa substance au dehors; il est par consequent priué de la fertilité de *la substance des substances qui reside au dedans*. Mais quant à *l'arbre de l'oraison cordialle*, il a ses racines interieures bien auant & tout proche de la source des eaux viues jallissantes en abondance par tout *ce Paradis interieur*; qui est vne terre fertile, dans laquelle l'arbre de la nouuelle vie est plantée & arrousée, & noblement fertilisée des écoulemens lumineux du Soleil eternel, afin d'y produire les fruits des vrayes vertus; & particulierement de *l'humilité cordiale*, laquelle participée de Iesus-Christ, nous fait aussi monter à son *Exaltation*. Mais de grace, qu'est-ce que de s'humilier, ou bien estre parfaitement humilié pour estre humble? sinon *estre aneanty de l'aneantissement de Iesus-Christ*, laissans escouler & enfoncer nostre esprit en dedans dans vne patience patiente, apres celuy de l'humble & debonnaire Iesus,

qui luy fert comme de poids pour y attirer & enfoncer nostre ame jusques dans le profond abysme d'aneantissement, là où la benite ame de Iesus se laissa enfoncer, abysmer, & aneantir à sa vie passible, pour nous meriter la vie de gloire (si nous voulons bien participer à ses humiliations, priuations & opprobres, souffrances & martyres, & jusqu'à la mort,) non pourtant à vne mort que nous voudrons choisir nous-mesmes, mais à toutes celles qui nous seront departies de la diuine Prouidence, & tant, & si souuent qu'il luy plaira; car pour l'ordinaire il y a des Ames deuotes qui ayment mieux se tuer elles-mesmes en *se tourmentant l'esprit*, que de se laisser tuer à l'Amour diuin pour vn seul moment, à cause de leur *actiuité empressée*, qui veut tout faire, & qui cependant ne permet ny ne le laisse pas operer en elles mesmes, quoyque saint Paul ne fasse cas que de l'homme interieur.

Quel est l'homme interieur.

3. Mais *qu'appellez-vous homme interieur?* c'est l'homme du dedans, c'est l'homme nouueau, c'est la creature nouuelle & renouuellante par excellence; *c'est Iesus-Christ, & en luy tout l'homme renouuellé*, ainsi qu'il viuoit en saint Paul, & de mesme aussi qu'il veut viure en vn chacun de nous; puis qu'il est la porte & l'entrée à la vie & à la lumiere, qui fait rencontrer la verité: mais il faut apprendre que cette *verité Incarnée* a esté si parfaitement humble, qu'elle s'est comparée & estimée à vn ver de terre; ce qui signifie la porte estroite, la porte basse; c'est à dire qu'*il se faut apetisser à ses propres yeux, & se faire si petits, que nous puissions passer dans le pertuis d'vn ver de terre, qui represente cette porte estroite, par laquelle les petits seulement peuuent entrer facilement au Royaume de Dieu qui est en nous*; parce que les diuines operations du Dieu d'amour les ont reduits & conformez à cét abbaissement interieur de Iesus-Christ, pour passer par cette porte estroite, par laquelle il faut passer pour arriuer à la mort de nous-mesmes. Mais *les esprits suffisans n'en peuuent pas découurir l'entrée*; parce qu'ils regardent toûjours en haut, & au dehors des clostures de leur bastiment spirituel, pour y picorer les faux plaisirs & l'amour desordonné des creatures: Mais l'ame

me humble, & interieurement conduite au dedans en vne certaine *Escole*, là où *le Saint Esprit* est toûjours le premier & le principal Regent, & qui luy enseigne en cette Classe *la plus sublime & la plus relevée de toutes les Sciences; sçauoir, Iesus-Christ, & iceluy crucifié*; pour l'offrir au Pere Eternel sur l'Autel de son cœur, comme la plus digne Victime d'Amour qui ait jamais esté offerte ; la plus sainte & la plus efficace; dans le sein de laquelle est glorieusement thrônée la Charité & l'Amour du Pere, pour verser en nos cœurs l'Indulgence pleniere & le Pardon; & les disposer interieurement *pour les conduire à la perfection.*

4. C'est ainsi que *Iesus-Christ* a sagement pourueu à tous nos besoins, voulant que son Esprit fust aussi le nostre, & nous laissant son *sacré Corps* pour nos tres-dignes Sacrifices, & pour nous *refectionner* de l'excellence de cette diuine nourriture, comme il nous donne son *saint Esprit* pour nos Oraisons, qu'il a sanctifiées dans les siennes durant son sejour parmy nous, où il estoit en estat d'humiliation & de pratique, pour meriter à nos ames les notions interieures de son diuin Amour; parce qu'il est d'obligation aux hommes renouuelez, de viure conformément à la noblesse de la Loy interieure de l'Agneau de Dieu : puis que la Foy est le flambeau du jour de la Grace, & la solide lumiere du Nouuel Homme, aussi-bien que la lampe allumée de l'huile du Nouueau Testament, qui doit brûler & éclairer dans l'ame, & y produire ses effets ; car *la touche interieure du diuin Amour, n'est point imaginaire*, ny imaginée, mais veritable & operante, & établissant la verité dans l'ame, laquelle donne la vie de Dieu pour vne vie humaine que nous luy deuons ceder amoureusement & sans repugnance ; afin de conduire nostre ame à sa purgation *suiuant l'attrait interieur* Voyez l'ima-*qui la semond & l'y attire*: & abstrayant ses sens en dedans, ge. luy est signifié *le signal de rendez-vous au fond du cœur*: & parce qu'vne telle ame a entendu la voix du Seigneur, qui luy crioit : *Reuertere, Ame Chrestienne*, elle se retire promptement à son diuin Espoux qui l'appelle au fond du cœur.

5. C'est la prompte obeïssance que doit l'esprit humain à Iesus, s'estant échapé & tiré de son fond interieur pour voltiger au dehors, & y picorer les objets creez, & s'y repaistre de leurs brutales sensualitez, quoy qu'il n'y peut acquerir qu'aueuglement & affliction. Mais parce que les matieres de foy & d'esprit, ausquelles l'ame Chrestienne est obligée de répondre, ne se peuuent pas mesurer à l'aulne du sens & du raisonnement humain; il faut du moins qu'vne ame soit aussi prudente que saint Pierre en cette rencontre, lequel fit sagement remettant son glaiue en son lieu à la seule voix de Iesus-Christ son bon Maistre & le nostre; afin qu'elle puisse sauourer auec luy le fruit de son obeïssance; en remettant & recolligeant son esprit dissipé dans son interieur au plus intime de son Estre: où il doit chercher, trouuer & posseder son Dieu, son vnique repos dans vne suauité admirable, tres-intime, qui dilatte & approfondit l'ame; qui la recrée & remplit de delices innocentes; & qui donnant lieu à l'Amour diuin, y purifie ses lumieres: & y pacifie la memoire: purifie l'imagination, annoblit l'entendement, & embrase la volonté. Et par ainsi *l'humain succombant au diuin se fait l'Oraison parfaite ; c'est à dire l'Oraison de Iesus-Christ qui se termine toute en Dieu sans reserue de la Creature.*

Voyez l'image.

SECTION CINQVIESME.

De l'vnion & conformité que doiuent auoir nos Oraisons dans les estats de Croix, de destitutions, de priuations, d'abandon, de souffrances, à l'Oraison de Iesus-Christ agonisant dans le Iardin des Oliues.

1. Nostre Seigneur s'estant retiré au *Iardin des Oliues*, pour prier & nous apprendre à faire la bonne Oraison: il s'écarta de ses disciplines: & là à diuerses repri-

ses tout affligé & desolé qu'il estoit, il ne laissa d'y exercer sa tres-tendre & cordiale Charité enuers ses chers Disciples languidement endormis; les excitant à veiller vne heure auec luy. O bon Iesus, qui nous pourra réueiller à ce saint exercice ? Mais qui nous découurira ce *secret de la vraye Oraison*, sinon vous qui en estes le Maistre parfait, & le diuin & humain Docteur ? Vous qui estes nostre veille, nostre lumiere, nostre vie & nostre verité. O que de dormeurs dans la nuit affreuse du peché ; mais encore combien peu s'éueillent de leur aueuglement tous assoupis dans leurs sens ; tout tiedes & paresseux en leurs deuotions ; refusans de veiller vne heure auec Iesus souffrant dans le cœur du pecheur pour le consoler. Car le temps s'échape, & le Seigneur nous crie de nous haster ; & il n'appelle toute nostre vie qu'vne heure, pendant laquelle il faut veiller sur la garde de nostre cœur. Parce qu'en Dieu il n'y a point de temps que les durées éternelles qui vallent au moins vn peu de nostre soin, par lequel nous nous deuons procurer *le regne interieur de Iesus-Christ*, qui nous apprend à pâtir le don de Dieu en dénuëment parfait, *nous vnissans à luy en amoureuse societé*, & totale destitution & abandon, & comme à tout hazarder (si le diuin Amour en ordonnoit ainsi.)

Iesus-Christ Maistre de l'Oraison parfaite.

2. C'est là enfin, Ame Chrestienne, le bel exemple que Iesus-Christ nous a montré, & qu'il a pratiqué en souuerain degré à nostre égard deuant son Pere ; à la face duquel il pria si ardamment & si efficacement & si perseuerament, qu'il entra dans cette *merueilleuse Oraison si parfaite & si efficace, par laquelle il renoüa l'Alliance de Dieu auec les hommes.* Mais à vostre aduis, cheres Ames, de quelle nature pensez-vous que fust l'Oraison de Iesus-Christ en ce penible jardin ? Ne vous imaginez-vous point que ce fust quelque haute contemplation de sa Diuinité, qui répandoit en son ame quelque douce ou sauoureuse consolation ? Tant s'en faut, c'estoit plûtost vne horrible priuation de tout soulas diuin & humain : laquelle amertume douloureuse le dérobant à luy-mesme, le liura à vne *telle agonie*, qu'il en sua le

L'Oraison pénible de Iesus agonisant dans le Iardin des Oliues.

sang & l'eau, & tout accablé de cette épouuentable & mortelle tristesse, tant à l'interieur, qu'à l'exterieur; il laissa échaper de sa tres-sainte bouche auec autant d'amour, que de douleur, ces plaintes si sanglantes, disant: *Mon ame est triste jusqu'à la mort.* Pour nous apprendre combien nous deuons abhorrer le peché, puis qu'il a si horriblement attristé celuy qui fait la joye du Ciel & de la Terre, & que son infinie amertume luy a fait suer le sang & l'eau.

3. Enfin, ce fut là en cét horrible & épouuentable détroit, là où sa tres-sainte ame commença d'expirer à sa vie passible, pour commencer à ouurir le passage de son immortalité & impassibilité: portant ces langueurs & agonies, comme des arrhes infaillibles de sa vie de Gloire, y beuuant ce *Calice de nostre salut* jusqu'à la lie, & dans vne peine infinie; parce que dans ce détroit si dur & *dans vne si penible Oraison*; il y auoit pour instrument de son supplice toutes les violences & infinies ardeurs de l'amour justifiant & reparant le delict de tous les pecheurs; mais si durement exercé sur ce diuin Agneau tout abandonné, tout delaissé, tout reduit & aneanty, que de là son Oraison toute puissante & toute pure reflua toute en son Pere: parce qu'elle luy coûtoit tout ce qu'il estoit, & tout ce qu'il auoit & pouuoit auoir: afin que le Pere fust infiniement & diuinement contenté & delecté aux dépens de sa propre vie, de son honneur: puis que son Ame sainte s'y abandonna à tant & tant de mortelles langueurs rigoureuses & si peniblement portées & supportées pour la remission des pechez du monde, & l'vnique agrément du Pere Eternel. C'est donc ainsi, ô tres-diuin & tres-patient *Iesus*, que vostre diuine & toute puissante *Oraison*, vous a sacrifié & immolé jusques à la mort, & dans vne destitution étrange, & pauureté inoüye: qui vous met en tel estat d'abandon, de destitution, de priuation & de souffrances, que vous y fustes reduit aux abois de la mort.

4. Mais enfin, voicy que vostre Pere Eternel vous ennoye *vn Ange* vous signifier l'Arrest de vostre mort: & on appelle cela vous consoler. O Dieu de toutes les bontez,

quelle étrange consolation, en vous liurant ainsi tout abandonné à la cruelle tyrannie de vos ennemis jurez, qui vous frappent sans remission, qui vous lient, qui vous attachent & vous cramponnent sans pitié sur vne tres-dure Croix tout nud, tout deshonoré & abandonné, jusqu'a vous laisser mourir de soif. O cruauté incomparable exercée sans pitié sur l'innocent, & par l'ingratitude de la Creature enuers son Createur!

5. Hé bien, cheres Ames, qu'en dirons-nous? Mais qu'en penserons-nous? Aurons-nous bien la hardiesse de *confronter nos Oraisons auec celle de nostre Seigneur Iesus-Christ*? O que de confusion doit courir nostre face; c'est bien dequoy nous humilier profondément, *de voir nos Oraisons refluer sur nous, & non en Dieu, tout interessez que nous sommes, & attachez à la chaisne de nostre propre amour.* O que d'Oraisons humaines, mais tres peu de diuines. Car nous ne cessons de demander importunément à Dieu, & ne luy voulons rien rendre, ny quitter du nostre que nous nous sommes si obstinément appropriez sans aucun droit. Mais pourquoy ne pas rendre à Dieu ce qui n'appartient qu'à Dieu? O mal-heureux que nous sommes, qui nous a appris à nous attribuer autre chose que le neant, sinon le pere de mensonge, qui nous tient attachez, & en esclauage par la chaisne de nostre propre amour?

6. O vanité des vanitez par laquelle nous nous en tenons à nous-mesmes en nous aymant! Ce qui fait que Dieu nous laisse estre à nous, puisque nous refusons d'estre à luy pour luy. *Nous auons bien de la lâcheté de demeurer dans les delices, cependant que Iesus est dans la sueur de sang & l'agonie. Nous voulons bien à nostre mode auoir des hautes contemplations de la Diuinité, & estre tousiours moissonnans & recueillans les delices du Thabor* dans le champ immense des diuins attributs; mais nous refusons souuent d'entrer dans la *lice de la Croix, & d'estre enseuelis dans le sepulchre de douleur en l'oraison de Iesus*, puisque nous refusons de mourir à nous-mesmes, & preferons nostre chetiue vie à la sienne. Encore Iudas la vendit trente de-

Oraison interessée

DD d iij

niers, & nous ne la voulons point acheter ny changer pour vn neant.

7. Difons donc qu'il ne fuffit pas à l'Ame Chreftienne d'auoir de grandes lumieres dans l'efprit, ny de profondes intelligences dedans l'entendement, ny la difcretion des efprits, ny mefme *le don de miracles*: mais qu'il faut encore auoir auec tout cela vne volonté embrafée pour porter, *pour imiter, & nous conformer paffiuement à Iefus Crucifié dans nos cœurs, dans nos corps, & dans nos ames*; afin qu'elle y apprenne de luy à nous y laiffer attacher à la *Croix du dénuement felon l'operation du Crucifié*: Car toft ou tard cela arriue, ou doit arriuer aux perfonnes les plus fpirituelles ; & qui le plus fouuent y font bien empefchées, pour n'auoir pas bien eftudié ce myftere caché au fond du cœur ; fous le regne duquel eft figné la diuine alliance des enfans auec le Pere. Qui lira tache de le bien entendre par vne ferieufe pratique ; parce que c'eft le fecret, lequel nous apprend que le Pere ne donne point le principe de refignation, qui doit aneantir toute reflexion fur nous, pour réfluer en Dieu, qu'aux membres viuants de Iefus-Chrift ; lequel eftant en nous pour nous principe de verité, de vie, de lumiere, & de grace, qui opere noftre falut, nous communique auffi fa conftance, & la force d'endurer toutes les efpreuues & toutes fortes d'attaques, de tentations & d'afflictions ; ce qui nous rend les merites de fa tres-fainte Mort & Paffion plus illuftres & fublimes : en ce qu'il a fait de l'ignominie de la Croix toute la gloire, & l'excellence des noftres : afin de nous faire moiffonner le froment de la Grace, là où nous n'auions rien femé que des efpines ; ramaffans ainfi parmy les halliers douloureux de fes faintes fouffrances vne conftance affermie, & à l'efpreuue de toutes fortes d'attaques, qu'il eft expedient de fouftenir dãs le chemin royal de la perfection,

La pratique de l'oraifon interieure en Iefus crucifié recommandée en tout ce liure

Iefus-Chrift dans nos cœurs nous donne force pour fouffrir tous les eftats d'efpreuue les plus dures à la nature pourueu que l'ame s'y vniffe à luy.

L'attache à sa propre vie, **Tr. VI. Ch. IV.** 397

SECTION SIXIESME.

Comment l'ame tendante interieurement à Dieu par Iesus-Christ dans l'oraison exercée par la foy au fond du cœur y sauoure les auant-gousts de l'Eternité bien-heureuse, aprés y auoir souffert des operations tres-crucifiantes dans le gibet Amoureux.

1. NOus sommes suffisamment conuaincus que *la foy exercée par foy au fond du cœur vaut infiniment mieux que la raison* ; puisque la raison trop raisonnée nous fait seulement reconnoistre hommes, & adherer aux hommes ; mais la foy nous fait connoistre Iesus-Christ Dieu & homme, & nous fait appuyer & reposer en son amitié ; en luy laissant pleine & entiere liberté d'accroistre & perfectionner en nous *le grand ouurage de son saint Esprit, qui est de nous manifester sa Diuinité en nous*, & nous apprendre à aymer Dieu pour Dieu ; parce que tout le reste n'est que vanité & affliction d'esprit. Cependant s'il arriue que l'entendement humain vienne à estre pleinement informé, & interieurement esclairé des lumieres de la foy coulées en l'ame par operation infuse, & ministration d'Amour ; il se trouuera en bref glorieusement illustré *& remply des diuines splendeurs du Verbe Incarné qui l'occuppe en l'interieur*, & l'y possede, & l'y reduit de degré en degré, & auec auantage & eminence, sans le soin de la part de l'ame d'aucune propre operation, ny dexterité de la faculté intelligible, *sinon simplement d'vne adherence & attention interieure*, auec intelligence surnaturelle & facilité admirable qui s'empare des puissances de l'ame, & les informe selon la noblesse des diuines notions d'Amour, qui purifient la memoire, y effaçants toutes especes propres & conceuables, selon nostre Estre limité, pour la rendre libre, & susceptible de la fecondité du Pere

Excellence de la foy sur la raison.

espanchée en nous par voye d'Amour dans le vaisseau ouuert de nostre volonté.

2. Mais tout cela n'est que pour apprendre, & signifier à l'homme Chrestien, que le rendez-vous des fidelles amants & interieurs, est caché à toute puissance creée, sans jamais oublier, que *le commencement, le principe, le progrés, & la fin de cette voye & vie interieure*, est *Iesus-Christ*, lequel se plaist de conduire l'ame au dénuëment par l'estroit sentier des Croix spirituelles qui nous font participer à la riche pauureté de son esprit Crucifié : afin qu'ainsi aneantis sous les debords du Pere, nous y soyons faits les dignes sujets de sa puissance, laquelle s'exerce sur le neant qui ne luy est point opposé, ainsi qu'il appartient à sa puissance creatrice laquelle veut trouuer en nous toutes nos puissances reduittes, & totalement soûmises à sa souueraineté ; pour les laisser mouuoir, & manier interieurement à l'instrument imperieux de son diuin Amour, respandant dans l'ame son ineffable Sagesse pour y establir l'vnité de sa Diuinité ; & l'y faire regner abondamment en la vertu de son Saint Esprit.

3. Ainsi nostre Seigneur nous apprend que personne ne peut aller à son Pere que par luy, & qu'aussi, que personne ne peut venir à luy, s'il n'est attiré du Pere. Et partant nous voyons, que si le Pere nous attire, ce n'est pas directement à sa Paternité, mais premierement à la diuine personne Incarnée de son Fils ; d'autant que nul homme n'est capable de la connoissance du Pere, ny de ses glorieux debords, *que le fils, par lequel il a tout reuelé & manifesté*, comme estant le propre effet de la mission du Dieu fait homme, d'ouurir à nos cœurs viuants le Mystere secret de sa vie crucifiée & cachée à tous les amateurs d'eux-mesmes, qui menent vne vie tiede, oysiue, molle, & faineante, & qui laissants dormir les sentinelles, laissent surprendre la forteresse de leurs cœurs.

L'ame ne peut aller interieurement à Dieu, & s'y vnir que par Iesus-Christ Mediateur.

4. Mais cependant que peut faire vn homme de neant lequel est tendrement inuité à la table de ce grand Roy ? sinon

non de luy ouurir humblement son vieux bissac, pour en tirer toutes les bribes, & ses pauures ustensiles de bois ou de terre; n'estants de nostre estoc que de pauures gueux de la vieille creature; & cependant assez superbes pour mescontenter & refuser ce grand Monarque; ne voulans pas demeurer d'accord auec luy pour eschanger sa Pourpre Royale auec nos vieux haillons; ny nous contenter de sa table seruie de toutes sortes de mets delicieux & tres-exquis, aymants mieux nous repaistre de hannetons & de sauterelles, & mesme souuent de bestes immondes; tant nous sommes attachez a nos inclinations brutalles. Et cependant *la porte nous est ouuerte, si nous y voulons entrer, & nous* enrichir dans les thresors infinis de la pauureté de l'Agneau de Dieu; dans lequel reside & preside la sagesse du Pere qui nous fait atteindre à sa Diuinité par les infinis merites de la tres-sainte Humanité humiliée & reduitte à vn espouuentable abbaissement capable d'estonner toute la nature.

5. En telle sorte que l'ame ne peut point sauourer la diuine douceur de l'humilité de IESVS-CHRIST que dans son total aneantissement & *elle n'est autant aneantie, qu'elle est abstraitte, recüeillie, & approfondie en son interieur*, parce que l'aneantissement parfait consiste en vn despoüillement absolu, & vne demission totalle de propre vie, & vigueur naturelle, qui est dans l'ame vne *secrette inclination d'Estre*, cachée dans sa substance, & qui la tient & la retient à elle-mesme attachée à ce filer de vie, qu'elle ne se peut resoudre d'abandonner, quoy qu'elle en voye bien l'importance & la necessité. Et cependant il luy est expedient d'en desister, & de s'y abandonner par Amour; & d'y *laisser dissoudre & amortir sa propre vie dans la mort de Iesus, pour y passer à sa vie resuscitée*, pour plus parfait hommage à la souueraineté de sa Diuinité; y faisant sauourer à l'ame quelque estincelle allumée de l'agreable sejour de sa vie diuine, où elle est nourrie & repuë diuinement en substance d'Amour, & du loyal Amour regnant au fond de son Estre.

6. Car l'ame qui demeure à son escient tenduë à l'exte-

rieur & ouuerte vers les objets du dehors en participe par consequent les tenebres, & les impressions vicieuses à trauers ses sens; ce qui l'obscurcit pour les choses spirituelles, & ne luy permet pas d'apperceuoir *ses delicates attaches du dedans* & ses reserues secrettes d'amour de propre vie, arrestée par vn filet à l'arbre du propre Amour; ce qui ne peut point estre apperceu que de l'ame outrée, & occupée de la vie du pur Amour diuin. Parce que la loy de verité, qui produit la vie & la lumiere dans nos cœurs, n'opere que par dedans à la cachette interieure, qui est l'homme nouueau par excellence, la vie, & la vraye noblesse de nostre estre regeneré; au fond duquel il doit regner comme legitime Docteur d'Amour, de foy, de lumiere, & d'humilité. Laquelle il nous conuie *d'apprendre de luy dans la classe interieure de nostre cœur*, apres nous l'auoir si excellemment enseignée par les œuures, & si amoureusement pratiquée auec le cœur d'vn homme Dieu, qui ne demande qu'à s'ouurir & à s'épancher dans les nostres, pour y verser la vie, & la lumiere du sien, & nous faire marcher seurement sans tastonner la voye, ny sans chercher le chemin.

7. C'est, cheres Ames, dans cét admirable silence & *solitude interieure*, que l'ame sauoure ce repos surnaturel, fondé en foy viue, & diuinement illustré du bel Orient de la fecondité du Pere, qui fait que l'homme renouuellé deuient Diuin, en ouurant le plus intime de ses entrailles cordialles à ce bel Astre amoureux qui gouuerne tous les habitās de cette Republique interieure, auec l'agreable participation de ses diuines influences & épanchemens glorieux; dont il fait nostre nourriture quotidienne auec repletion spirituelle pleine de paix & de tranquilité; laquelle porte en soy *les arrhes de l'Eternité bien-heureuse*, sous la faueur diuine de ce loyal Amour; lequel a resolu de nous faire mener dés icy bas vne vie deïfiée & toute enchaisnée de diuine dilection; apres y auoir ordonné le fond propre à y loger ce digne Amour, Pere & diuin Operateur de toutes les diuines Vertus.

8. Ainsi l'ame estant reduite & affermie parmy ces admirables commerces amoureux, & glorieuses operations qui ont accoûtumé de combler & de surcombler l'ame de diuines richesses: & jusqu'à vn engloutissement total; *apres quoy pour l'ordinaire il se presente vne excellente purgation*, par laquelle l'ame est exercée en tout son Estre tout dénué & enerué, & comme perclus en l'art d'aymer; tout ainsi que si elle n'auoit jamais aymé. Car *du costé des Creatures*, elle n'y peut aucunement penser pour y rechercher la moindre consolation, qu'il ne luy en coûte vn tres-amer supplice: *De la part de Dieu*, elle s'en voit si éloignée & si destituée, qu'elle n'en peut suiure la pensée; d'où vient qu'elle demeure comme suspenduë entre ces deux extremitez qui la tiennent & la retiennent dans vn estat languissant, & ne pouuant ny viure ny mourir; quoy que pourtant elle voudroit bien acheuer son sacrifice, qui luy coûte tant de langueurs & de mortelles agonies qui la mettent en vn estat de mesme extremité, dans lequel se trouueroit vn homme pendu, & à demy étranglé, qui n'acheueroit point de mourir; l'ame ainsi delaissée en cét estat sans aucun soulagement ny diuin ny humain, ny naturel ny surnaturel, comme suspenduë dans ce gibet amoureux entre le Ciel & la Terre, estant sans aucun appuy en terre, ny receuant aucune consolation du Ciel. *Comment l'on doit entendre que l'ame est suspenduë au gibet amoureux.*

9. O heureux estat, quoy que tres-dur & douloureux, mais pour nous y estre infiniment plus doux, plus suaue & consolable; en ce que l'ame rend tout à Dieu sans mélange d'amour propre; c'est ce diuin estat dont parloit Iob quand il dit: *Mon ame a choisi d'estre suspenduë*. O tres-diuine & heureuse impuissance, qui disposez l'ame à aymer puissamment dans la force de Dieu mesme, & la vehemence de son Amour infiny, duquel elle se voit toute inuestie, & noblement penetrée & exercée dans toute la totalité de son Estre; & par tous *les diuers degrez de son Ciel interieur*, & d'vne maniere aussi noble, que l'amour est pur & feruent, & la foy éleuée, & la volonté annoblie & affermie en Dieu.

EEe ij

CHAPITRE V.

De la souueraineté de la Foy sur toutes les lumieres infuses les plus sublimes : les aduantages infinis communiquez à nos ames par l'Humanité souffrante & glorieuse de Iesus-Christ : & quels seront les regards differens de ses cinq glorieuses playes sur les Esleûs & les Reprouuez au jour du Iugement.

1. LA Foy éleuée par la vie d'Amour fait le noble instrument du Nouuel Homme, laquelle medie premierement entre l'Ame & la Grace ; luy faisant apprehender les choses diuines selon sa portée & capacité ; & puis elle l'éleue à choses plus hautes *tenant toûjours le dessus sur la capacité de l'ame qu'elle attire & éleue pour sa fin.* Et ainsi la Foy va toûjours croissant, & nous accroissant pour nous éleuer à Dieu, comme Mediatrice entre Dieu & la Loy de Grace. Car *puis que l'Homme est vn petit Monde, il luy faut des Astres qui le regissent & le gouuernent ;* parce que Dieu n'a rien fait que de parfait. Et comme il est en soy & de soy Lumiere éternelle, il va éclairant & illuminant toutes tenebres, soit par luy-mesme, ou par causes secondes ; D'où vient qu'*il a posé au Ciel de nostre ame ces deux grands Corps lumineux, la Foy & la Charité, pour y verser leurs influences, & ordonner toutes les Saisons.* Et partant, la Foy nous y est comme vne belle Lune, qui va nous éclairant parmy cette vastitude immense & tenebreuse qu'il y a à passer entre Dieu & nous ; & elle nous a esté donnée de Dieu tout ainsi que *l'Estoille d'Orient fust donnée aux Mages* pour les conduire seurement, & les éclairer pour chercher & trouuer ce tendre Agneau de Dieu dans son Palais de Bethleem, où elle disparut & s'éclypsa à l'abord de ce beau Soleil lumineux de l'Orient

L'attache à sa propre vie, Tr. *VI.* Ch. *V.* 403
Eternel, tout nouuellement leué sur nostre horison pour y éclairer les épaisses tenebres de la Gentilité. Ainsi *la Foy comme vne belle Lune attachée au Ciel de nostre esprit*, va l'éclairant & l'éleuant parmy tous les étages de ce monde spirituel de degré en degré.

2. Mais tout ainsi que l'Estoille d'Orient disparut aux Mages lors de leur entrée en Hierusalem, de mesme en arriue à l'ame recueillie & ramassée au fond de sa Hierusalem interieure, de là où se leue ce grand Corps lumineux de la Charité; lequel comme vn *beau Soleil éclatant,* ardent & tout lumineux & embrasant, *fait éclypser la Foy pour ce moment par son abord enflammé, operant & imperieux, & qui reduit & reünit toute lumiere en son principe :* En sorte que pendant ces grandes irradiations embrasées de la Charité dont l'ame est toute inuestie, penetrée & abysmée en cét Ocean diuin, *la Foy n'y paroist point pendant l'operation, quoy qu'elle y soit beaucoup plus noblement,* & plus lumineuse, & comme viuifiée, & éclairée de la Charité, qui fait la vie de sa lumiere. Et tout ainsi qu'au leuer du Soleil toutes les lumieres des Astres s'éclypsent ; de mesme à l'abord du Soleil de la Charité, toutes les vertus comme lumieres participées de ce grand Corps éclatant & flamboyant de ses diuines ardeurs, *s'éclypsent pendant le temps & le moment de cette irradiation.* Quoy que la Foy s'éclypse & disparoist durant ces lumineuses irradiations de la Charité, elle ne laisse pas d'estre toûjours dans l'ame; mesme tenant le dessus sur toutes les lumieres de la Charité, parce que nous croyons infiniment plus de Dieu par la Foy, qu'il ne nous en est manifesté par ces excessiues lumieres d'amour.

La Charité & la Foy dans le Ciel de l'ame comparez au Soleil & à la Lune.

3. Mais enfin, *l'operation de l'Amour diuin estant finie,* & l'ame reuenant à elle-mesme, toutes les vertus reparoissent en l'ame ; mais portant les liurées de la tres-noble Charité, ainsi que l'Estoille d'Orient se fit reuoir aux Mages à la sortie de Hierusalem, pour les exciter à poursuiure leur chemin ; & enfin arriuer au lieu de leur demeure. Ainsi en arriue apres que ces foudroyantes inflammations de la diuine

EEe iij

L'Ame captiue sous le sixiéme sceau,

Charité regnante imperieusement dans l'ame pour quelque temps selon *son office d'épurer & d'vnir*; apres elle met comme vn voile sur sa face lumineuse & radieuse pour en temperer les ardeurs, & pour lors la foy rentre en office, éleuant & tirant l'ame vers sa fin, mais incomparablement plus noblement qu'auparauant; à cause de la capacité de l'ame plus dilattée par l'operation imperieuse & enflammée de la Charité. Et par ainsi cette belle Lune de la Foy continuë toûjours d'éclairer l'ame par ses ombrages lumineux, *si d'auenture l'interposition de la terre ne luy cause vne éclypse*. C'est à dire, que si l'ame venoit à s'oublier jusqu'à donner lieu au *peché mortel* (ce qu'à Dieu ne plaise) elle se dégraderoit à mesme temps des auantages & degrez d'Estre & de noblesse de Foy & de Charité. Mais au contraire, si elle est fidelle jusqu'à la mort, elle en sera glorifiée dans l'Eternité.

4. D'où vient que *le Verbe diuin s'est approché de nous par son Humanité, sans le secours de laquelle sa Diuinité nous estoit inaccessible* dans l'immense sublimité de son Estre, où elle est cachée dans ses lumieres impenetrables & infinies, où elle habite en souueraine, & là où elle regne en Dieu; c'est à dire, indépendamment & hors d'atteinte d'aucune creature; & partant, nous n'aurions jamais pû l'y choisir pour objet interieur & proportionné, parce que Dieu nous y est inuisible: ny le prendre pour nôtre exemplaire, parce qu'il n'y a aucune forme en luy, ny nous y conformer parce qu'il est inimitable, ny l'atteindre parce qu'il y est immense, ny l'aborder à cause de l'excés de ses lumieres, dans lesquelles il se tient caché à nos tenebres, & se dérobe à nos puissances.

Voyez l'image.

5. Mais enfin, voicy que *la Sagesse incarnée & increée s'estant interessée dans nos besoins*: comme celle qui apportoit en terre la lumiere surnaturelle & diuine, pour éclairer les hommes, non seulement d'vne simple étoille; mais de *l'immense clarté & splendeur du Pere, laquelle s'est enfermée dans l'Humaine Nature*, comme dans vne admirable lanterne; quoy qu'obscure; à trauers de laquelle il a temperé ses glo-

rieux regards, qui nous euſſent aneantis; parce qu'il n'y a aucune creature qui puiſſe ſupporter le regard diuin, comme diuin, ſans mourir; car il eſt l'Eſtre de ſoy, & la vie d'Eſſence, Vie de toute vie, Eſſence de toute eſſence : & comme cette diuine Eſſence eſt vne, elle eſt auſſi toute puiſſante, à laquelle Puiſſance, ce qui n'eſtoit pas meſme a obeï, & eſt venu à l'Eſtre d'vne ſeule parole; & lequel il peut auſſi aneantir d'vn ſeul regard de cette redoutable Majeſté immenſe en ſon Eſtre; & comme Principe de vie & de lumiere, il attire auſſi toute vie & toute lumiere à ſoy comme à l'origine de *celuy qui eſt* par excellence.

6. Car il n'y a point de Puiſſance creée *qui puiſſe ſupporter le tout puiſſant regard de Dieu, comme Dieu, ſans eſtre aneantiy*. D'où vient qu'il nous a preparé en l'Eſtude de la diuine Sapience, le tres-haut Chandelier de l'Agneau, pour nous éclairer à chercher & trouuer en nos cœurs la porte ſalutaire de la vie, par la tres-ſublime pratique d'vne tres-profonde obeïſſance, & d'vne humilité incomparable, pour accomplir de point en point l'vnique volonté du Pere, juſqu'à eſtre dépoüillé tout nud, tout abandonné & tout deshonoré; & de plus tres-durement & impitoyablement cloüé ſur vn funeſte poteau. O, Ames Chreſtiennes, voyez s'il vous plaiſt attentiuement comme cette diuine Sageſſe incarnée & humaniſée s'eſt elle-meſme traittée ſans douceur, ſans pitié, ſans conſolation; & tout cela pour rétablir en nos cœurs le diuin Amour chaſſé par l'inſolente pratique de noſtre propre amour & de nos damnables ingratitudes; quoy qu'il fuſt la meſme innocence & la meſme ſainteté; pour nous apprendre auec les œuures, auſſi-bien qu'auec la parole, cõbien nous ſommes redeuables à ſon ſaint Amour. O quelle confuſion à nous autres delicats pecheurs tres-coupables & criminels qui nous plaiſons dans les aiſes, dans la molleſſe & dans la volupté des faux plaiſirs. Et cependant il faudra dans peu de jours paroiſtre en Iugement tous pleins de pechez & de negligences; tous engourdis dans nos froidures, tous abbatus & atterrées parmy nos lâ-

chetez criminelles, & tous endurcis dans les refiftances au pur amour. Mais de grace, cheres Ames, que répondrons-nous à ce Iuge irrité contre nous d'vne jufte colere, fi tout à l'heure nous ne nous dépefchons de nous conuertir à luy tous profternez, & tres-humblement abaiffez, contrits de cœur, & tous pleins d'vne mortelle douleur aux pieds de Iefus-Chrift noftre pitoyable Pere; implorans de luy fur nous *vn Baptefme de fang*, par les merites infinis de ce tendre & tres-debonnaire Agneau ; pour lauer & purifier nos cœurs & nos ames dans ce tres-precieux bain facré, & nous y laiffer aneantir pour y laiffer eftre Dieu felon ce qu'il eft, c'eft à dire fouuerainement.

7. Enfin, la Charité de Iefus-Chrift nous preffe, & noftre falut nous follicite ; mais pourquoy ne nous pas abandonner interieurement, & nous laiffer mouuoir & remuer furnaturellement à ce diuin inftrument, d'amour, de gloire, de vie & de lumiere, par où il fait *la liaifon de fon cœur à nos cœurs* ; car *fon facré cœur ouuert n'eft-ce pas le canal & le tuyau* virginal par où il épenche fon Onction diuine dans nos cœurs auec la vertu de fon nom, & les nobles proprietez & effets merueilleux & tout puiffans qui nous y font montrez interieurement par fa diuine infinuation, & en operations fecretes du *Pere des lumieres qui profere fa Parole, & l'engendre dans le fein de l'ame, pour luy apprendre tout ce qui eft neceffaire & conuenable à la vie parfaite* ; parce qu'il eft ainfi de

Operations admirables des trois diuines Perfonnes dans l'ame.

fa miffion Perfonnelle qu'il foit parlé & proferé du Pere dans nos cœurs, & qu'il s'y parle luy-mefme, & nous y parle à luy, & pour luy interieurement, & qu'il y verfe ainfi dans nos cœurs les penfées & les fentimens du fien ; puis qu'il eft la Parole parlée & proferée du fein du Pere par excellence en l'vnique Engendré, qui feul doit parler & eftre parlé au fond du cœur Chreftien, & d'y eftre écouté; parce qu'en y parlant, & s'y parlant en luy-mefme, il y produit l'Amour du Pere & du Fils ; & ce diuin Amour Pere & Operateur de toutes les diuines liaifons, focietez, vnions & Amours diuins parmy ces biens de la vie reffufcitée de

Iefus,

L'attache à sa propre vie, *Tr. VI. Ch. V.* 407

Iesus, y coule la chere potion de nostre salut, qui est le Calice crucifiant jusques à la substance de l'ame.

8. O, Ame chrestienne, si par mal-heur vous auez esté si infortunée que de vous esgarer parmy les tenebres de la nuict du peché, ne perdez pas courage ; humiliez-vous, & vous releuez promptement, & ne demeurez pas là le nez dans la boüe ; mais retournez humblement & confidamment par la voye de la Penitence, & vous jettez aux pieds de Iesus-Christ, ce tendre Agneau de Dieu qui oste les pechez du monde, le choisissant *au fond de vostre cœur*, & vous y rendant à luy, & pour luy, y implorant son secours, & en luy parlant de vostre bouche interieure, tendez-luy vostre cœur tout ouuert, & tout repentant ; & là exposé & attentif à luy jusqu'à ce qu'il aye laissé couler quelque goutte de son Sang Precieux, pour y lauer & nettoier la tache du peché. Car c'est luy qui fait le beau jour Eternel portant la Grace dans les cœurs jusqu'au plein midy de sa lumiere toute-puissante, & increée ; laquelle pour cette raison *se delecte, & se plaist de Rayonner amoureusement dans les cœurs penitents, & vrayement contrits, & humiliez* : car c'est luy qui est la clarté Eternelle, & la splendeur lumineuse du sein du Pere enuoyée au monde, & portant la lumiere pour esclairer les cœurs humains, & en chasser & en bannir toutes tenebres, & obscuritez, auec l'ignorance ; parce qu'il est la Sapience du Pere ; afin que les hommes venants à entrer & à faire sejour dans ce beau monde de la Grace, ils y puissent aussi participer l'agreable lumiere de la vie, & la brillante clarté de ce bien-heureux point du jour de la vie nouuelle. Que si vous manquez de bien dresser l'eguille aymantée de vostre esprit vers ce bel Orient celeste vous tomberez sans doute dans l'occident de vos propres tenebres.

9. O *tres-doux & tres-suaue Iesus*, que n'auez-vous pas fait pour nous, nonobstant toutes nos desnaturées ingratitudes ? vous estant nostre Dieu, vous estes fait nostre Pere, nostre Frere, nostre Amy cordial, nostre diuin Maistre ; *nostre Hoste sacré* ; nostre Roy, nostre Prêtre Eternel, no-

Iesus dans nos cœurs nous y est tout en tout

FFf

ſtre Amour, noſtre vie, noſtre nourriture, noſtre lumiere, & noſtre verité, & noſtre Salut Eternel; & par tout cela vous nous auez faits vos fidelles aſſociez, & coheritiers, par voye d'amour & de gratitude conuenable à la puiſſance, & à l'excellence d'vn tel liberateur, lequel eſtant vni à noſtre humaine nature, nous a faits les membres viuants; dont il eſt le Chef: Et partant aucun de nos membres ne doit plus ſeruir à la loy du peché; non pas meſme à la moindre imperfection volontaire ou preueuë, ſi nous voulons à bon tiltre porter *le nom Chreſtien; lequel nom demande de nous la perfection,* la fidelité, la perſeuerance, le recueillement, le ſilence interieur, pour y écouter & y ſuiure diligemment la motion diuine de la loy interieure du pur Amour, qui doit conſômer dans nos ames tout ce qui y reſte de deffectueux & d'oppoſé à ſon loyal amour, ſelon ſon miniſtere interieur; & toutes les choſes indecentes à la demeure d'vn ſi cher Hoſte, ſi precieux, ſi noble & ſi diuin; & dont *l'employ très-ſpecial eſt d'eſpancher largement ſa diuine onction dans nos cœurs,* & de détacher, de diſſoudre, de purifier, d'eſchauffer, de bruſler, d'embraſer, de deuorer, de penetrer, & de conſommer juſques dans la ſubſtance de l'ame, tout ce qui l'y empeſche d'eſtre diuine, & d'operer diuinement; & tout cela s'opere ſous les fauoables debords de *cét Ocean miraculeux des infinis merites de Ieſus-Chriſt tres-*aduantageuſement eſcoulez en l'ame; auec le precieux gage de l'Amour, & de la verité en vnité, de la ſouueraine deïté en trinité.

Quelle perfection demande de nous le nom chreſtien que nous auons receu au baptesme.

18. O tres-heureuſe l'ame dans laquelle s'eſt épanchée la mer rouge du precieux *Sang de l'Agneau de Dieu, pour en eſtre lauée & nettoyée par tout ſon Eſtre,* auec ſon interieur eſtably, & affermy en la vertu de ſes merites; qui la font victime d'amour, & de vie réſuſcitée dans le cœur de l'Agneau : qui produit dans les noſtres le germe de ſa Reſurrection, à la joye generalle de toute la Cour celeſte. Hé quoy, Ieſus n'eſt-il pas le cher objet de la patience des Saints; c'eſt noſtre appuy du temps & de l'Eternité, & le bouleuart de toutes nos eſperances; c'eſt le terme preſent de noſtre Amour; & la

L'attache à sa propre vie, Tr. VI. Ch. V. 409

gloire de nostre patience dans le futur ; c'est enfin le but de toutes nos pretentions venuës & à venir, *attendans auec joye la grande journée du Seigneur, dans laquelle il sera pleinement glorifié en sa Iustice & en sa Misericorde*, & paroissant dans les nuës tout esclatant de majesté & de gloire ; *Il laissera rejallir de ses cinq playes des flammes si precieuses & embrasantes de diuine douceur, qui commenceront la felicité des Elûs*, les remplissants d'vne infinie consolation, auec vn agrément amoureux & inexplicable comme chose deuë, & preparée aux vrays & *legitimes Enfants de la Croix* engendrez dans son sein ; & nourris de l'Amour du Crucifié ; ayants consommé toute leur vie dans la sainte Oraison, mortification, & penitence ; & n'ayants cessé de parler au cœur du Pere auec la voix toute-puissante & embrasée de ces glorieuses cauernes ; comme par *cinq bouches d'Amour* tres-capables, & noblement priuilegiées pour obtenir & attirer du sein-paternel la gloire, & l'immortalité bien-heureuse dans l'ame fidelle. Car personne ne peut entrer que par la porte, & la porte n'est ouuerte qu'à ceux qui heurtent ; & on ne peut frapper à cette porte sans en approcher ; *& cette approche se doit faire au fond du cœur.*

Regard amoureux des cinq playes glorieuses de Iesus-Christ sur les estus les fidelles & legitismes enfans de la croix & du crucifié.

19. Mais *tout ainsi que ces cinq playes, comme cinq portes de gloire feront les delices & la joye, la felicité, & la vie des Eslûs*; elles seruiront aussi d'vne horible espouuente & de desespoir aux delicats du siecle, aux negligents, aux paresseux, aux ignorants malicieux qui ne veulent pas sçauoir le bien, de peur disent-ils, d'estre obligez de le suiure : auec ceux qui le sçauent, & ne le veulent pas faire ; mais bien pire quand on s'efforce d'en dégouster les autres : tous les infideles & tardifs à croire, toutes les ames molles & sensuelles, tous les orgueilleux & suffisants, qui presument tout d'eux-mesmes auec tous ceux qui ayment le mensonge, & tous les autres genres de *peché mortel*, demeureront si saisis, si troublez, si espouuantez & confus à labord de ces *torrents lumineux, tout allumez de clarté & de gloire infinie, qui rejailliront de ces precieuses ouuertures au lieu de Sang* ; non pour les recreer, mais pour les

FFf ij

affliger infiniment, & les penetrer d'vne amertume desesperée & infernalle, auec vne telle terreur & espouuente d'esprit, qu'ils secheront de crainte, en attendant *l'Arrest irreuocable* d'vn si iuste Iuge, si clair-voyant sur les iniquitez, qu'ils ne voiront pour lors aucune autre retraitte ny lieu de refuge pour eux, *que le puis de l'abisme*, duquel ils ont fait leur infortuné partage, en preferant la haine à l'Amour.

SECTION PREMIERE.

Comme Ionas dans le ventre de la Baleine estoit le signe des Iuifs, de-mesme Iesus Crucifié enfermé dans le tombeau viuant de nostre cœur est le signe des Chrestiens, qui est fait, & nommé Agneau Occis pour effacer le peché de nos ames, & iustifier nostre Iustice dans la sienne, source de toute Iustice & sainteté.

1. LEs Iuifs s'approchans de Nostre Seigneur, luy demanderent des signes; mais ils les demandoient auec vn esprit double, qui est le propre ennemy de la Charité, & vne intention tortuë & cauteleuse, qui s'oppose à la verité, & par là ils essayoient de le surprendre : mais il leur respondit ainsi, *La nation peruerse demande des signes*, & il ne leur en sera point donné, que celuy de Ionas, qui fut trois iours & trois nuicts au ventre de la baleine, ainsi sera le fils de l'homme trois iours & trois nuicts dans le tombeau, pour y mesnager nostre vie ressuscitée, & nous y apprendre à nous y enseuelir auec luy pour y puiser le germe de la nouuelle vie.

2. Nostre Seigneur nous fait icy entendre par sa sage responte, que le signe des Iuifs c'est Ionas au ventre de la Baleine, qui signifie l'estat des gourmands : Car ce monstre marin ne mange pas seulement; mais il deuore, & mange sans mascher; il boit comme à torrents; & il luy faudroit le reuenu d'vne grosse riuiere pour le desalterer : & on dit

qu'elle a deux ventres, vn pour la boisson, & l'autre pour la mangeaille. Ainsi sont les gourmands tombez dans la mer de sensualité & de regorgement de vin, & qui ont aussi deux ventres, l'vn pour la maison, & l'autre pour la tauerne, où ils s'enseuelissent tout viuants dans ces voluptez bestialles, quoy que morts à la Grace, & descendus dans le grand abisme d'immondicité, là où ils s'embourbent si auant, que souuent ils y perissent.

3. Mais pour *le signe des Chrestiens, c'est Iesus-Christ Crucifié, & enfermé dans le tombeau de nostre cœur,* d'où il nous presche la temperance, la modestie, la prudence, la discretion, & l'amortissement total de nostre propre vie & de toutes ses sensualitez: afin que nous y estans laissez amortir auec luy, *il resuscite dans nous-mesmes, & y establisse le germe de nostre Resurrection en sa vie diuine.* En sorte qu'vn bon Chrestien mesprisant la vie presente, y doit passer par consequent selon la vertu & l'efficace de son nom, pour *l'Enfant d'vn Dieu mort*; en laquelle vertu il veut verser dans nos cœurs de quoy y eterniser sa vie, & y establir par *la captiuité de sa Croix le principe de nostre souueraine Liberté.* Car si la Foy & l'Amour nous representent Iesus-Christ ressuscité, ce n'est que pour nous annoncer l'Estre glorieux de sa souueraineté; & pour nous asseurer qu'il apparoistra en cette forme glorieuse pour iuger & porter sentence sur les Viuants, & sur les Morts; quoy que bien differamment: car *comme Iesus mort il est appellé l'Agneau Occis* & qui dit Agneau dit douceur, & la douceur dit misericorde; laquelle ouure la porte au pardon & fait la reconsiliation, & establit l'Amour, la Paix, la confiance & l'esperance dans l'Ame Chrestienne.

4. Mais quand il est question de regarder *Iesus-Christ Ressuscité*, & placé sur le Throsne de sa Gloire, où il prend le tiltre de *Iuge des Viuans & des Morts*; c'est l'estat d'vne Majesté redoutable, laquelle va examinant & scrutant les cœurs, jusques à la racine des moindres pensées & des plus secrettes intentions, d'où suit la crainte. Car *qui dit Iuge dit Equité, & l'Equité condamne l'iniquité*; d'où suit aussi le

chastiment : & partant soyons diligens d'ouurir la capacité de nos cœurs aux torrents de sa diuine Misericorde, ruisselans abondamment des sources intarissables des merites de sa tres-sainte Humanité; toute ouuerte pour y entrer par ses playes; & le regardans au fond de nostre cœur tout souffrant & humilié sous titre d'Agneau qui oste les pechez; nous y humilier, nous y conformer, & nous y conformans, nous y laisser transformer & liurer à son saint Amour : afin que son saint Amour nous y exerce, nous y purifie, & nous y justifie de la justice de l'Agneau, en laquelle uous viuons estans puissamment regenerez. Et partant, cheres Ames, *Allez, si vous estes sages, de bonne heure au Tribunal de l'Agneau au fond de vostre cœur*, pour y estre receuës entre les bras de sa Misericorde, de sa Iustice amoureuse qui remet la multitude des pechez pour vn peu de Charité : & n'attendez pas qu'il aye amené vostre ame en jugement au jour de son ire & de sa fureur irritée.

De nostre Iuge en Iesus Christ.

5. Car, cheres Ames, dites-moy de grace, qui sera l'homme assez hardy de *se reposer tant soit peu sur sa propre justice*; à moins que de passer pour presomptueux ? & assez mal-avisé pour s'appuyer sur vn roseau fragile, & tomber de là le nez dans la bouë ? Non ce n'est pas sagesse à l'homme de se fier à soy; mais plûtost de s'en defier continueilement, & *nous confier tout en Iesus-Christ*; nous enseuelissans auec luy dans son cœur, pour y purifier & amortir les nostres, & du fond de ce cœur mort & aneanty dans sa mort, y escouter germer la vie; par laquelle vie nous serons enseignez à nous traiter nous-mesmes, comme il s'est luy-mesme traité; sçauoir, dans toutes sortes d'abandonnemens, de pauuretez & de souffrances, d'humiliations, de douleurs & de morts; pour mitiger sa Iustice irritée justement contre nous : Et *si à peine les Iustes seront sauuez, que deuiendront les coupables & les criminels?*

6. Ie ne crois pas qu'il se puisse trouuer vn homme bien sensé en pieté, qui ne se juge & tienne soy-mesme pour coupable en la presence de *Iesus-Christ*; puisque le grand saint

L'attache à sa propre vie, Tr. VI. Ch. V. 413

Paul en rend ce tesmoignage, disant de soy-mesme, qu'encore bien que sa conscience ne luy reprochast rien, il ne s'asseuroit pas pour cela d'estre justifié ; parce que *la justice de l'homme prise toute seule, n'est qu'imperfection deuant Dieu,* & n'a d'elle-mesme de quoy se vanter pour la vie Eternelle : à raison de quoy ce grand saint ne se fiant point à ses propres œuures ny à sa bonne conscience (quoyque l'vne & l'autre fut tres-excellente) mais *comme sage de la sagesse du Ciel, où il auoit esté rauy ; il mettoit toute sa confiance en Iesus-Christ, & iceluy Crucifié,* sans les merites duquel tout est vanité, quoyque de sa part il fasse cas de nos bonnes œuures, & *nous en attribue le merite* qu'il nous a donné en sa tres-sainte Mort & Passion.

7. O tres-debonnaire & tres-aymable Iesus, toutes mes esperances seront desormais en vous, comme dans l'Ocean des grandes misericordes du Pere, où elles seront, s'il vous plaist ; viuifiées dans la diuine ferueur de vostre Esprit & de vostre Charité.

SECTION SECONDE.

Que la plus belle, la plus profitable, & la plus excellente priere que nous puissions faire en entendant la Sainte Messe, est de nous appliquer interieurement, & spirituellement à ce que ce saint Mystere nous represente, qui est la tres-sainte Mort & Passion de Iesus-Christ, pour nous en appliquer le merite.

LE sanglant Sacrifice de Iesus-Christ sur l'Autel de la Croix, est encore tous les jours continué d'vne maniere non sanglante en la tres-Sainte Messe. D'où vient que nostre Mere la tres-sainte Eglise nous oblige de l'entendre pour y expier nos pechez : mais que dis-je de *l'entendre?* je dis bien : car il ne suffit pas à vn bon Chrestien de *l'ouïr,* mais il la faut entendre,

& non seulement des oreilles de la teste, mais de celles du cœur; & en y escoutant, y attendre passiuement ce qu'il plaira à Dieu nous y verser de l'abondance de ses merites dans le vaisseau ouuert & interieurement tendu de nostre cœur. Et pour cela il s'y faut rendre tres-attentif auec silence, & vne tres-respectueuse aplication d'esprit à tout ce que le Prêtre y fait, à tout ce qu'il y dit: voulans & desirans faire & dire conjointement auec luy en esprit, & auec foy & humilité, tout ce qu'il y fait & dit *par vnion interieure & spirituelle au cœur du Prêtre*; lequel est là reuestu des habits Sacerdotaux, pour y accomplir le Sacrifice non sanglant de la Croix, pour la remission de ses propres pechez, & de ceux pour qui il prie, & qui y assistent deuotement, humblement, & respectueusement, estans interieurement recueillis & appliquez à ce saint Mystere.

2. Car *la plus belle & la plus excellente priere que nous puissions faire en entendant la tres-Sainte Messe, est de nous appliquer, interieurement & spirituellement à ce que ce saint Mystere nous represente, qui est la tres-sainte Mort & Passion de Iesus-Christ, pour nous en appliquer les merites.* C'est pour cela qu'on la celebre, pour offrir au Pere Eternel cette digne victime en remission des pechez: Ainsi chacun des assistans y doit tendre son vaisseau, *offrant auec le Prêtre sur l'Autel de son cœur cette victime toute-puissante à flechir le cœur du Pere.* Car ne nous y trompons pas; le temps d'entendre la Sainte Messe ne doit estre employé à aucune autre priere, si ce n'estoient quelques simples gens qui ne sont pas instruits, & qui disent leurs prieres auec attention. Car pour bien entendre il faut escouter; & pour bien escouter, il ne faut pas parler: ensorte que *personne n'a droit de parler pendant ce saint Sacrifice, que le Prêtre, & celuy qui respond la Messe,* & tout le reste du peupl' doit estre dans le *silence* & dans le respect, si ce n'estoit pour quelque vrgente necessité. O Ames Chrestiennes, plûst à Dieu que tous les hommes voulussent entrer dans les sentimens d'vne vraye pieté au regard de ce tres-sain Mystere.

3. Car

L'attache à sa propre vie, Tr. *VI*. Ch. *V*.

3. Car, de grace, si vous y considerez la victime qui y est offerte, vous trouuerez qu'elle est diuine & humaine tout ensemble, laquelle y *veut renouueller sacramentallement & mysterieusement ce diuin & humain Sacrifice*, qu'elle a fait vne fois pour nous sur le Caluaire d'vne façon sanglante & espouuentable à la nature ; & pour tout dire en vn mot, *cette glorieuse Victime, c'est Iesus-Christ Dieu Homme & Roy tout ensemble*. Et voila l'Hostie, laquelle est offerte au Pere en ce saint Sacrifice, & le Ministre de l'Autel qui est aussi vn Roy reuestu de la mesme Puissance de cét *Agneau immolé* : en vertu de laquelle Puissance, il luy est donné d'exercer là à l'Autel le plus haut, le plus digne, le plus magnifique & redoutable Ministere qui ait jamais esté accordé à aucun homme, sinon aux seuls *Prestres* ; c'est à dire, *personnes admises & ordonnées, & engagées par les Ordres à épouser tous les interests de Iesus-Christ au préjudice de leur vie mesme* ; c'est à dire, qu'ils sont plus à Iesus-Christ qu'à eux-mesmes.

De la dignité, puissance & obligation des Prestres.

4. C'est enfin vn Mystere si grand, si ineffable, si majestueux & si diuin ; que les Anges y assistent tout tremblans & fremissans de respect ; Et partant, cheres Ames, jugez, s'il vous plaist, auec quelle profonde humilité & reuerence nous y deuons assister deuant sa Majesté, quoy que voilée des especes ; mais cependant qui n'en est pas moins redoutable : puis que *c'est vn Dieu Homme qui s'y immole auec le tiltre d'Agneau occis*. Et auec tout cela, le grand respect que nous deuons porter aux Prestres exerçans & celebrans ce sacré & royal Mystere, qui les releue au dessus de tous les Monarques de la Terre, qui s'abaissent à leurs pieds en toute humilité estant reuestus des habits Sacerdotaux. N'a-on pas veu vn *saint Ambroise* faire trembler & arrester vn Empereur à la porte de son Eglise, luy en défendant l'entrée pour auoir esté sanguinaire & inhumain enuers ses sujet. Et vn *saint Bernard* apres auoir deuotement celebré ce redoutable Mystere, prenant vne Hostie consacrée sur vne Patene, marcha auec grauité, force & hardiesse à l'encontre de ce furieux Duc d'Aquitaine, qu'il fit tomber à ses pieds

Du grand respect dû aux Prestres.

L'Ame captiue sous le sixiéme sceau,

tout écumant, & comme mort. Enfin, chaque Chrestien est obligé à la garde de soy-mesme pour ne pas profaner vn Mystere si saint ; mais *y doit apporter tout le silence & l'attention possible, auec application interieure à Iesus-Christ au fond de son cœur* ; cependant que le mesme Iesus fait Hostie parle & prie, & demande au Pere pour luy. En sorte qu'il n'a qu'à luy tenir son cœur ouuert auec foy, & attendre auec patience, car il obtient infailliblement là tout ce qu'il demande à son Pere pour nous. Et tout ce que l'ame a à faire, c'est de se tenir silencieuse & recueillie interieurement, & écouter en son fond germer la vie de grace par les merites de ce saint Sacrifice.

Application interieure à Iesus crucifié au fond du cœur durant la sainte Messe.

5. Car tout ainsi que j'ay déja dit : *Le temps de la tres-sainte Messe ne doit pas estre employé à des prieres vocales s'il est possible* ; mais il les faut dire deuant ou apres, *laissant icy parler Iesus-Christ, & le Prestre par luy & auec luy au Pere Eternel pour vous.* Car, qui estes-vous, pour parler à la presence de deux si grands Rois, en possession de mesme Royaume, de mesme Puissance, & qui *nous peuuent chasser absolument de l'Eglise, si nous n'y sommes pas dans le respect dû à ce saint lieu* ; & le doiuent faire s'ils sont vrayment jaloux des interests de Iesus-Christ, à l'exemple du grand Pontife de nos ames le Prestre Eternel, lequel chassa du Temple à coups de foüet ceux qui le profanoient. Et partant, Ames Chrestiennes, si dire des prieres vocales pendant que l'on y celebre la sainte Messe, n'est proprement y faire ce que l'on y doit faire : Iugez ce que font ceux qui y assistent en des postures indecentes, & qui y causent de leurs affaires ou ménages : & que trop souuent cela arriue qu'ils y parlent mesme du prochain & de toutes choses scandaleuses ; *& les Prestres qui voyent cela, sans le reprendre, en porteront la confusion au jour du Iugement* ; car il y a telles gens qui meriteroient d'estre chassez honteusement auec le foüet pour les insolences qu'ils y commettent.

Obligation des Prestres contre les causeurs, indeuots & immodestes dans les Eglises.

,, 6. Or sus donc, mon tres-cher & tres-aymable Iesus, je
,, suis resolu desormais de vous obeïr de tout mon cœur, & à
,, toutes vos diuines **Loix & Ordonnances** de vostre sainte

Eglise ; & me confier tout en vous, & *esperer tout de vous par* « *les merites de vostre tres-sainte Mort & Passion, laquelle est tous les* « *jours renouuellée par le saint Sacrifice de la Messe* ; à *laquelle j'as-* « *sisteray auec tout le respect possible*, & *m'y rendray tout* « *attentif, tout recueilly & retiré en mon interieur ; je vous y tien-* «*Oraison* *dray la porte de mon cœur toute ouuerte*, & là *en silence je* «*sort amou-* *vous y attendray* : *Car je sçay que vous vous plaisez de vous* «*reuse de* *trouuer dans le cœur Chrestien, là où vous estes desiré, souhaitté &* «*à Iesus-* *appellé*, *tant pour y faire valoir vostre Iustice, que pour y* «*Christ. & exercer vostre Amour sur le fond de vos infinis merites*. «*ses resolu-* *l'espereray cette grace de vous*, *ô mon Iesus* ; *car vous estes* «*tions pour* *ce tendre Agneau si amoureusement touché des affaires de* «*bien assister* *nostre salut* : & *sans doute, que le sujet present de mes gran-* «*Messe, tres-* *des miseres vous y attirera*, & *vous fera descendre. Car la* «*bonne à di-* *gloire* & *l'excellence d'vn si magnifique Donneur, d'vn si* «*re à tout* *grand Roy & si liberal en Amour* ; *c'est de rencontrer des* «*Chrestien* *sujets miserables & proportionnez en pauureté à la grande* «*pour mes-* *largesse de vos infinies misericordes. Et partant, je vous at-* «*me sujet,* *tendray au fond de mon cœur*, & *y espereray en vous quoy que* «*& meilleu-* *pauure seruiteur inutile, sans pourtant rien negliger de mes* «*re à prati-* *soins, qui seront de veiller sur la garde de mon cœur*, & *je* «*quer.* *me mortifieray & retrancheray tout le superflû de mes sens,* « *tant interieurs, qu'exterieurs* ; & *je vous prieray de mettre* « *vne bride à mes passions* & à *ma langue* : & *ainsi tout silen-* « *cieux & tout recueilly en l'interieur, j'vniray mon cœur à tous les* « *amoureux épenchemens du vostre, afin d'y participer les senti-* « *mens interieurs & diuins du cœur Paternel, en veuë de ce* « *grand & tres-glorieux Sacrifice de vous-mesme, qui luy est* « *offert pour la remission de mes pechez* ; & *pour y partici-* « *per plus noblement, j'vniray toutes mes petites œuures à* « *la grandeur des vostres*; *afin qu'estans vostres dans les vo-* « *stres, vous leur donniez le prix & la marque de Charité*. « *Car toute autre monnoye qui n'est point marquée à ce coin diuin de la* « *Charité, n'a point de cours au Ciel, & n'est point receuable pour la* « *vie éternelle.* «

7. *Et partant, ô bon Iesus, receuez tout ce que je suis,* &

tout ce que je vous suis auec tout ce que vous m'estes ; & tout ce que vostre Pere m'est dans vous par vous, & tout ce que vostre beniste Mere nous est, & tous vos Anges & Saints; auec tout ce qu'ils ont fait & pâty pour vostre Amour, en hommage & adoration de vostre souueraineté. Car si vne fois tous les petits ruisseaux de mes œuures & souffrances sont écoulez & receus dans l'Ocean des vostres, & que tout mon amour soit vostre Amour, & que tout mon cœur soit vostre Cœur, & que toute mon ame soit vostre Ame, & que tout ce que je suis, & tout ce que je vous suis soit tout à vous,& tout pour vous ; me voila par consequent *mort à moy-mesme, & viuant de vous*; & partant en estat de participer à la noblesse de vostre Estat glorifié. Car qui dit conformité, donne lieu à l'vnité, & l'vnion de nos cœurs au vostre fait le Thrône Royal de vostre Charité ; le regne de laquelle couure la multitude des pechez, & opere sans cesse des miracles d'amour dans l'ame où elle habite ; ainsi qu'il appartient à vostre liberalité infinie & magnifique en ouurages ; en dons excellens, & qui n'épargnez pas les richesses à l'ame amortie à elle-mesme.

SECTION TROISIESME.

La semence de la Grace & le grain du pur froment des Elûs differemment receus en quatre sortes de cœurs, representez par les quatre sortes de terre dont parle nostre Seigneur dans la Parabole de l'Euangile, auec quelques dispositions requises à l'ame par conformité à l'estat passif de Iesus-Christ pour arriuer à la transformation & vnion parfaite.

Belle expressiõ de l'Incarnation du Verbe dans le sein

1. NE sçauez-vous pas bien, cheres Ames, que c'est Iesus-Christ qui seme la bonne semence de la Loy de Grace ? *Mais n'est-il pas luy-mesme ce beau grain de Froment*

Eternel du sein du Pere, semé diuinement par l'operation du saint *virginal de* Esprit dans le Champ du sein virginal de Marie, pour l'y produire *Marie, & de* dans les nostres? C'est luy qui a esté enuoyé du Pere pour se- *spirituelle de* mer dans les cœurs humains toute bonne semence; mais en *Iesus-Christ* s'y semant soy-mesme par son tres-saint Sacrement, il y a *cœurs.* tout semé ce qui produit la Vie éternelle. C'est enfin ce Royal Iardinier du parterre interieur de nos ames, qui se nomme par excellence le vray Planteur des nobles Vertus; aussi-bien que le diuin Arrouseur de toutes les bonnes plantes, ausquelles il fait pousser les racines jusques dans la terre ferme de son infinie Charité, d'où elles épanchent la saveur embaumée de leurs excellens fruits; offerts en bonne odeur deuant sa diuine Majesté; & partant *l'écoulement de ce cœur amoureux dans les nostres, c'est la semence de nostre gloire*; c'est le germe de nostre vie éternelle; c'est l'établissement & l'accroissement de son regne interieur dans nos cœurs qu'il veut remplir de la semence de Vie. Mais *comme les cœurs des hommes sont differens en qualitez & dispositions, la semence du Ciel y est aussi receuë bien differemment.*

2. D'où vient que *les vns la reçoiuent dans des cœurs tout terrestres*; c'est à dire des cœurs bas & raualez de l'affection des choses terriennes; des cœurs battus du vent de l'amour propre *en forme de grand chemin* applany, & fort frequenté de quantité de bestes de charges, sans vn nombre infiny de Couriers de l'amour propre qui vont porter leurs nouuelles au Prince de la forest noire de l'Enfer, avec lequel il a correspondance & intrigue pour ruiner & empescher le regne de la Charité dans les cœurs. Ces mal-heureux Couriers sont l'interest propre & la diuision, qui font toute diligence pour *contraindre la Charité de se retirer au Ciel*, puis *L'intrigue &* que l'on tâche à ruiner tous ses appartemens en la terre, *les Couriers* pour y établir ceux du Prince de la discorde. Et par ces *be- propre, chas-* *stes de charges*; j'entens toutes les actions vicieuses & crimi- *sans l'Amour* nelles qui passent & qui repassent dans tels cœurs avec le *diuin des* poids & la charge du peché mortel sur le dos: Et comme *cœurs.* ces ordes bestes laissent tomber leurs ordures dans ce cœur

semblable à vn chemin frayé, cela y attire & *fait venir les oy-*
seaux, non du Ciel, mais de l'Enfer; lesquels vont suiuāt pas à pas
ces ordes bestes toutes chargées de crimes pour se repaistre
par ce chemin de leurs ordures ; & en ce faisant, passans &
repassans si souuent, elles y battent tellement le chemin,
que *la semence toute bonne qu'elle soit n'y peut pas seulement ger-*
mer ny prendre racine ; ou si elle vient à y pousser quelque petit germe, les continuelles allées & venuës de ces mal-heureux passans mettant le pied dessus, ils la renfoncent dans
l'ordure du peché, où estant froissée elle meurt.

3. *Vne autre partie de la bonne semence* tombée dans des
cœurs. Mais, que di-je, dans nos cœurs ? Non, je me re-
prends ; car elle ne tombe que *dessus*, ne les pouuant penetrer pour estre tellement rendurcis qu'ils ressemblent à
des rochers. Ce sont cœurs enuieillis dans leurs habitudes,
& qui sont d'ordinaire fort pesans & tardifs à croire, & negligeans à leur salut. Ce sont des cœurs doublez des écailles
de leurs vieilles habitudes, & sans simplicité, mais beaucoup
de multiplicité. Ce sont des vaisseaux fermez à la semence
de la Grace, lesquels seulement ne reçoiuent pas la Grace,
mais ils la rejettent comme vne pierre fait le grain de froment jetté de la main du Laboureur. *Car vn tel cœur fermé est*
dur comme vne pierre de roche qui rejette le grain de la Grace, &
ne luy donne aucun lieu de nourriture. Et cependant, ils sont de
ceux-là qui crient, *Seigneur, Seigneur*, & ne seront point exaucez pour cela ; parce qu'ils demandent sans ouurir leurs vais-
feaux ; & ainsi le Maistre ne sçait où jetter le bon grain de
la Grace. Car ce n'est point assez de crier ny de demander
à Dieu, mais *il faut ouurir & tendre le vaisseau de son cœur sous les*
interieurs debords de celuy de Iesus-Christ. Et comme ce n'est
point assez de sçauoir qu'il faut tendre son cœur ouuert à
Dieu ; il faut encore apprendre là où il se faut tendre ; que
si vous voulez vous en croire à ceux qui en ont experience,
ils vous diront tout simplement que c'est en dedans : parce
que vous retirans du dehors, vous vous retirez du naturel ;
& entrant au dedans au fond de vostre cœur, vous donnez lieu au sur-

naturel ; & vous retirant de voſtre infidelité, l'inſtrument ſurnaturel de la Foy ſuccede ; laquelle a de coûtume ayant ſa conjonction auec la Charité, d'amollir les pierres, & d'y mettre la chârüe de l'Eſperance pour donner vne bonne façon à la terre ingrate, faiſant entrer le ſoc de voſtre eſprit bien auant en fond de terre ; afin que *la ſemence de la Charité venant à y tomber*, elle y puiſſe facilement germer & y croiſtre juſqu'à la moiſſon éternelle.

5. *La tierce partie de la ſemence tombe dans des cœurs épineux* ; c'eſt à dire, paſſionnez, broüillons, inquiets, fâcheux, médiſans, & arrachans auec les ronſes de leurs paroles piquantes, la laine de la bonne renommée du prochain ; & égratignans tous ceux qui s'en approchent juſqu'au ſang. Ils ſont pour l'ordinaire engeoleurs de belles paroles ſubtiles, ruſez & auaricieux ; ce qui fait vn gros buiſſon tout ſeul : ces gens fuyent la lumiere de la Verité comme le hybou fait celle du Soleil : ils ſont auſſi grands vanteurs, mais non pas d'auoir agy ſimplement : enfin, telles gens nourriſſent & éleuent le ſauuageon du vieil Adam, & y font auorter la bonne gréfe de la nouuelle Creature. En telle ſorte que leur pauure interieur eſt tout offuſqué de buiſſons & d'épines ; parmy leſquels les Renardeaux & toute ſorte de beſtes fauues ſe logent, & y gaſtent toute la vigne du Seigneur, *l'épaiſſeur des buiſſons y étouffant la bône ſemence* ; & deſſous ces halliers épineux ont coûtume de s'y retirer les ſerpens & couleuures de la haine & de l'enuie qui épendent leur venin ſur ceux qui s'en approchent. Mais que faire à cela, ô Dieu d'Amour & de Lumieres ? Car de défricher & arracher & cultiuer cét heritage, il n'y a point d'homme aſſez hardy pour y mettre ſa chârüe & l'entreprendre : ſi ce n'eſt que l'on trouue l'inuention de *faire deſcendre le feu du Ciel là dedans* : Car comme la plus forte partie des empeſchemens à faire valoir cet heritage conſiſte en buiſſons, ronſes & épines ; il faut faire deſcendre là dedans vn Globe du feu de l'Amour diuin deuorant, allumé & embraſé qui conſume & purifie ce *pauure champ tout heriſſé des épines des paſſions,*

422　*L'Ame captiue sous le sixiéme sceau,*
& inclinations malignes, auec les appetits de concupiscences. Ensuite dequoy il faudra que toutes les bestes fauues, renardeaux, & serpens s'enfuyent, ou bien qu'ils s'y laissent consommer de l'ardeur de ces diuines flammes.

5. Voila enfin *l'unique remede, lequel se pourra executer & commencer par vne bonne Confession & Contrition de cœur, excitée par la serieuse application de l'esprit à la Mort & Passion de Iesus-Christ, s'estant appriuoisé peu à peu à recourir à luy au fond de son cœur; & s'y estant ainsi habitué, y conuerser auec luy, & entrer par amour & affection dans son cœur navré par l'ouuerture de son precieux costé* : & delà il ne faut qu'vne étincelle rejaillir de ce brazier ardent de la Charité infinie de ce benist Agneau pour consommer & rauager en vn moment toute cette forest épineuse : & par consequent pour en bannir tous les animaux immondes qui y habitent & qui la souillent : & enfin, apres ce rauage du Ciel, cultiuer à bon escient les bonnes plantes des Vertus, & *les arrouser souuent de l'eau douce de l'Oraison, qui se forme dans les nuages de la Foy, & se répand dans l'ame par les lumieres d'amour & de grace*, qui nous apprennent à conuerser en esprit & auec foy dans le fond de nos cœurs : ainsi que le veut le Dieu de toutes les bontez & de tous les amours.

La semence tombée en bonne terre.

6. Mais quant à *la bonne semence tombée interieurement dans vn cœur humble, pacifique & silencieux*; net, sobre, chaste, vigilant, feruent & vigoureux; *elle y produit au centuple des richesses infinies* de grace & de gloire; des thresors de toute sorte de vertus, & dons surnaturels; nouries & éleuées sous le cachet d'vne continuelle mortification de corps, & d'esprit : ainsi que doit faire vn *legitime enfant du Royaume de l'Agneau occis, & Fauory de la Croix, & bon Amy du cher Crucifié, qui l'attire & retire en dedans à la cachette & au secret* : où elle est approfondie & dilattée en capacité pour y affermir les racines de l'Arbre de Vie, plantée nouuellement dans la bonne terre de la Charité : où on laisse operer le pur amour, qui rend l'ame vne, feruente, interieure & abstraite sous l'appuy du saint Euangile : la pratique duquel fait de l'ame vn
digne

digne sujet du *Royaume interieur de Iesus-Christ*, auec la force duquel l'ame se doit roidir & opposer contre la pernicieuse doctrine des mondains & amateurs d'eux-mesmes ses supposts.

7. O heureuse & mille fois heureuse, *l'Ame Chrestienne*, laquelle a receu dans son cœur & dans son ame cette riche semence du *paradis : ce grain pur*, ce froment des Elûs tiré par amour du sein du Pere dans la terre sterile *de nos cœurs*, pour y apporter & y attirer le fruit de ce grain fecond de la Generation du Pere, sans y épargner la production de leur Amour personnel, le nœud sacré de leur trine & vnique Vertu, le terme de leur repos, la notion amoureuse de leur vnité, le don sublime du Pere & du Fils, & le riche enuoy du sein Paternel & Filial, versant & épanchant son amoureuse Generation dans nos cœurs pour *y reengendrer Iesus - Christ crucifié* par voye de Iustice, de Grace & d'Amour du mesme Agneau : pour y viure, pour y regner & y operer la vie de Grace & de Gloire, penetrant & ouurant tout au large le fond intime de nos ames aux glorieux debords du Pere, jusqu'à l'infiny.

8. Car ce Pere d'Amour & de lumieres se plaist à donner largement ; & il n'agrée pas les cœurs retressis par la vaine crainte ; mais il se plaist infiniment dans les cœurs dilattez, & approfondis ; à cause de quoy leur capacité amatiue est d'vne estenduë infinie, & propre à receuoir ses immenses largesses, meritées, & soustenues de la puissance de *l'Agneau* vainqueur qui tire toûjours l'ame de plus en plus en solitude interieure pour la deliurer à son saint Amour; les operations duquel la viuifient de degré en degré, & versent en elle toutes les abondances des biens de grace, & germe de Gloire selon sa liberalité infinie. Ainsi nous pouuons dire auec verité que Nostre Seigneur en son Humanité s'est fait l'instrument visible de l'inuisibilité de sa Diuinité, afin de nous manifester le Pere par le Fils dans la clarté essencielle de leur Amour, qui descouure à l'ame les desseins infinis de ses merueilleux ouurages, operez magnifiquement, noble-

HHh

ment & interieurement dans l'ame fidelle sur le fond des richesses de Iesus-Christ, comme sur l'appuy infaillible, & la cause premiere & originaire de toute sainteté, & *la sublime lumiere* du jour Eternel du Pere; leuée en nos cœurs pour y faire la voye droitte qui mene interieurement à la vie de l'Eternité; En dissipant toutes tenebres sous le clair flambeau de la foy allumée d'Amour diuin.

Voyez la derniere Images.

9. Nostre Seigneur Iesus-Christ estant entré tout victorieux, & triomphant dans l'estat de son immortalité, il nous a merité & donné de trauerser auec luy ses souffrances, opprobres & humiliations, Croix & morts, pour affermir en nous l'estat de pure passibilité interieure, en attendant la mort qui doit donner jour à la vie, & nous faire entrer dans la joüissance de nostre estat impassible dans le brillant de sa gloire: en telle sorte qu'il a fait de nostre estat de pure passibilité, comme le firmament sur lequel doit rouller nostre Sphere interieure, pour y mesnager nostre totale mortissement dans la mort de Iesus que le Pere nous a enuoyé & proposé pour exemplaire; sur lequel nous deuons mouler nos œuures, souffrances & vertus; parce que la seule Diuinité ne nous est point exposée pour modele ny pour exemplaire, à cause de la distance & *disproportion infinie* qu'il y a entre le Createur, & sa Creature. Mais il nous a esté donné *l'homme Dieu*; parce que la seule Diuinité ne peut estre passiue ny patissante, vû qu'elle ne reçoit d'aucun, le Pere estant le principe donnant, & l'Acte Souuerain Eternel.

Necessité de prendre Iesus Christ crucifié pour objet d'oraison dãs nos cœurs pour nous conformer & transformer en luy & vnir intimement à sa Diuinité.

10. Mais *Iesus-Christ homme Dieu est le vray receuant, & le tres-fidelle patissant*, receuant du Pere la mesme diuine substance: & comme humanisé il patit en veuë de la Diuinité offensée s'estant liuré sous la bassesse de nostre humaine alliance, par laquelle il nous a manifesté le Pere, & le Saint Esprit dans vne mesme diuine Essence. Mais ce diuin Verbe s'estant reuestu de nostre humaine nature, s'offre soy-mesme comme vn tres-sublime Sacrifice diuin & humain tout ensemble, & jusqu'au point d'vn *abbaissement infini, & d'vne pure passibilité inoüie*; laquelle le conduisant à la mort, il enseuelit par

L'attache à sa propre vie, *Tr. VI. Ch. V.* 425

cette mort le principe de nostre vie dans le tombeau de son cœur mort, d'où il est sorti tout viuant, & tout glorieux & triomphant dans son immortalité bien-heureuse.

11. Car regarder la seule Diuinité, c'est proprement regarder le donneur, & non le patissant; & par ainsi l'ame receuant de Dieu quelque rosée d'enhaut, n'y regardant que Dieu, n'a à qui se conformer; & sans conformité il n'y peut auoir de transformation; & sans transformation, on ne peut point pretendre d'vnion. Et comme la perfection ne consiste seulement pas à receuoir de Dieu, mais à rendre Dieu à Dieu: il faut conclure par consequent, que *pour exercer noblement & chrestiennement nostre fond d'oraison & d'vnion à Dieu, il faut estre en Iesus-Christ*; lequel s'est liuré à nous pour nous, afin de nous apprendre à prier, à loüer & *adorer Dieu au fond de nos cœurs* & à nous conformer à luy pour nous y laisser transformer & vnir par Amour. Car il est de la mission personnelle du Fils de nous rendre au Pere, & à nous de nous rendre vigilans & diligens à profiter du temps qui nous est si cher, lequel nous estant vne fois eschappé, nous ne pouuons reparer, ny recouurer.

SECTION CINQVIESME.

Plusieurs beaux aduis & moyens assurez aux ames d'Oraison, pour connoistre les ruses du Demon, & surmonter facilement ses tentations, qui toutes ne tendent qu'à destourner l'ame de sa recollection interieure auec Iesus-Christ en Dieu au fond de son cœur, pour la distraire à l'exterieur, & ainsi la mettre en estat de suiure ses malignes suggestions sous de specieux pretextes de pieté, & de la Charité du prochain.

1. SAint Pierre ne cesse de crier apres nous comme Pasteur Vniuersel de l'Eglise, disant *Mes Freres soyez sobres*

HHh ij

& vigilants. Et pourquoy, grand Apoſtre? parce que voſtre aduerſaire le Diable ne fait que tournoier à l'entour de vous, afin de vous ſurprendre & vous arreſter, ne fuſt-ce que d'vn petit filet : Car quant aux perſonnes ſpirituelles & vertueuſes, de les prendre par des pechez notables, cela ne luy eſt pas facile ; mais ſubtilement il trame de longue main de certaines pieces de ſes ouurages, ou par ſoy, ou par autruy ; ou de fait, ou de parole ; *pour eſſaier de la diſtraire*, ou l'embarraſſer dans quelque affaire douteuſe ; ou par ſoupçons, ou par paroles piquantes, ou meſme contre des perſonnes vertueuſes par des *faux rapports*, *qu'il ne faut point écouter*, *parce que les Raporteurs n'agiſſent jamais fidellement*, parce que ce ſont perſonnes intereſſées, & pleines d'amour propre. Les ames ſimples fuient cela plus que la peſte, car il *eſt extremement dangereux de parler ny de juger du prochain*, & c'eſt cependant ce qui ſouuent ſe pratique, meſme parmy les gens de bien, & l'on croit eſtre bien fondé pour dire, *On m'a dit cela*, *& c'eſt vne perſonne d'honneur laquelle eſt croyable*, je le veux, mais quand telles paroles touchent la bonne renommée du prochain, je crois qu'il ſeroit meilleur de n'en rien dire, ny d'en rien croire, & de *renuoier de tels Raporteurs auec le ſac & le procez*. Car par de telles manies le Diable aſſiſté de l'amour propre, de l'intereſt, de la jalouſie, en tient pluſieurs dans ſes filets, quoy que d'ailleurs ils ſoient tres-pieux ; mais c'eſt de quoy il ſe faut plus donner de garde, car l'amour propre ſe cache toûjours du manteau de la Charité, car autrement il ne ſeroit pas le bien venu chez les gens de bien.

2. Mais enfin quand il rencontre vne ame ferme & reſoluë de ne point ouurir la porte au peché, non pas meſme à la moindre choſe où il paruſt l'offence de Dieu ou du prochain par vne volonté preueuë *encore ne perd-il point l'eſperance*, *& ne deſiſte point de l'attaquer* : mais apres auoir frappé pluſieurs fois à la porte de ce cœur, voyant que *l'Hoſteſſe de la maiſon*, *qui eſt la volonté*, *s'eſt enfermée au dedans*, & qu'elle ne daigne pas ſeulement luy reſpondre, ny demander, qui

Obſtination du Demon à rentrer.

est là? Et se trouuant fort indigné & offensé de ce mespris qu'on fait de luy, tout bouffi de colere il s'en prend souuent aux murailles du bastiment, mais par dehors; d'où vient qu'il n'y peut rien ébranler, s'il ne change de batterie: ce qu'il fait auec des persuasions plus subtiles, *nous rapportant nos pechez passez*, & particulierement ceux de la jeunesse & dont nous n'auons point fait de penitence, essaiant de nous en occuper l'esprit peu à peu, auec vne certaine amertume inquiette qui ressent le terroir d'où elle vient: *nous sollicitant de faire des penitences indiscrettes au desceu des Directeurs*: & quoy que la penitence soit bonne de soy & tres-sainte, cependant il n'est point permis d'y *exceder*, non plus qu'en autre chose, sans le conseil expres d'vn sage Directeur: Car le Diable ne se soucie pas pourueu qu'il nous fasse faire quelque chose, soit bonne en apparence, ou mauuaise en effet : car il a ses pretentions, auec lesquelles il sçait tirer le mal mesme des actions les plus vertueuses, *au moyen de son fidelle correspondant l'Amour de nous-mesmes caché dans nous mesmes*: & l'ame fidelle fera sagement de ne rien entreprendre d'important sans le conseil de son Directeur, afin que le prix de l'obeïssance luy serue comme de preseruatif contre la finesse de son propre amour.

Penitences indiscretes.

3. Enfin *quiconque fait estat d'oraison doit prendre garde à tout ce qui le peut distraire de son attention interieure, sous tels beaux pretextes que ce puisse estre, si ce n'est qu'il luy soit de charge ou d'office, dont on se doit acquitter charitablement & chrestiennement*; mais d'aller là où nous ne sômes point appellez, de nous mesler de ce qui ne nous regarde point de parler sans estre interrogé ou conuié par l'entretien de quelques gens, qui tesmoignent auoir quelque instruction à nous donner; ou bien s'ils nous en demandent, nous leur pouuons dire simplement nos petits sentimens ; *car tout autre discours ou entretien nous sont superflus, encore ceux-là mesme ne doiuent pas exceder le pur necessaire: car les longs entretiens nous distrayent, & dans cette distraction l'Amour propre fait son coup.* Car il est impossible de parler si long-temps sans dire quelque chose de vain, ou du

L'Ame captiue sous le sixiéme sçeau,

moins qui ne donne quelque scrupule à la conscience; ou qu'ayant ainsi passé tant de temps dans les visites ou entretiens, on n'aye prejudicié au temps de la recollection : car apres les plus saints emplois à l'exterieur, comme le soin des ames, le soin des estudes, comme les Predications, les emplois à enseigner la jeunesse, & quantité d'autres occupations des personnes de vertu & de merite, qui s'employent ainsi pour Dieu & pour l'œuure de Dieu : nous voyons cependant que, quoy que ces emplois soient d'eux-mesmes tres-saints, nous voyons, dis-je, que ceux qui les pratiquent le plus saintement qu'ils peuuent, n'en sont point encore satisfaits; mais *qu'ils font ou demandent des retraites de temps en temps pour se recolliger, parce que la vraye sainteté se doit pratiquer dans l'interieur* : d'autant que nos actions ne sont point saintes d'elles-mesmes, pour bonnes qu'elles puissent estre, mais elles sont sanctifiées dans nous-mesmes par le regne de la Charité exercée sur le fond des merites de Iesus-Christ, dont nous auons receu le principe au Baptesme. Et *cet exercice de Charité se fait & se doit faire par dedans l'ame, au fond de l'ame : Et partant il la faut rappeller de l'exterieur à son objet interieur par la recollection.* Car l'ame estant sortie à son action exterieure par les organes des sens, ne peut si bien faire qu'elle n'en reuienne soüillée, peu ou beaucoup : d'où vient la distraction & les empeschemens, quand il faut retourner à l'oraison ou à la solitude.

4. Car enfin l'ame qui donne la moindre prise au demon sur son esprit quant à ces matieres spirituelles, il n'y a point de stratagêmes qu'il ne joüe adroitement, & par lesquels il ne *trouue l'occasion de vous amuser sous de beaux pretextes, & vous faire differer vos oraisons, disant qu'il faut quitter Dieu pour Dieu* : & il est vray que cela se doit faire aucunes fois, & par de certaines personnes, mais ce n'est pas vne loy generale à toutes sortes de personnes : car sans doute si vn *Curé* estát au Confessionnal on luy venoit dire, Monsieur, voila vn de vos Paroissiens qui se meurt, & à peine y serez-vous à temps : si ce Pasteur ne quittoit tout à l'heure cette Brebis

qui est à ses pieds pour courir à l'autre, il ne feroit pas bien: car en cette occasion il faut quitter Dieu pour Dieu, & courir au plus pressé : mais hors les choses d'extremité, & par des personnes qui ne sont point empeschées ny obligées d'estat ny d'office, elles doiuent *preferer leur recollection à toutes les autres bonnes œuures* ; parce que toutes les bonnes œuures faites sans l'approbation de la Charité, n'auancent gueres nostre perfection : car *ou l'Amour diuin regne dans nous, ou bien l'Amour propre, qui sont les deux opposez* : Or tout vn chacun sçait assez que le propre amour est le bourreau de nos bonnes œuures, parce qu'il les fait tendre à sa propre fin, & les desrobe par consequent à Dieu ; mais l'ame qui a establỵ le regne du pur Amour dans son cœur, tâche de s'y tenir le plus qu'elle peut recolligée & attentiue à ses diuines operations, & se retire le plus qu'elle peut de toute conuersation ; parce que *la premiere necessité qui nous regarde est d'operer nostre salut* : afin qu'il ne tienne pas à nous que Dieu ne regne absolument dans nos ames, & que ses desseins n'y soient entierement accomplis. Et pour cela *il ne faut pas perdre le temps, ny nous tenir distraits de Dieu* : car Dieu estant nostre vie, nostre lumiere, nostre amour, si-tost que nous le quittons de veuë nous tombons dans les tenebres : & si nous cessons de l'aimer c'est en quelque façon le haïr ; & partant s'en priuer pour vn moment est vne espece d'enfer : car *ne pas viure de Dieu c'est mourir*, & n'estre pas éclairé de sa lumiere, c'est estre dans les tenebres, où *les Larrons de nostre Salut sont sur les grands chemins des visites superflues, sur les promenades & passe-temps desordonnez, & dans les entretiens superflus*, & souuent où l'on ne dit rien qui profite au prochain, ny le prochain ne vous apprend rien de Dieu ny des affaires de vostre Salut, mais seulement ses entretiens sont des nouuelles & des curiositez du temps.

5. Et sur toutes choses *les personnes d'oraison doiuent fuir la conuersation des creatures, afin d'edifier leur propre maison au Seigneur* : Car le saint Amour n'opere que dans le silence interieur, & il est impossible de se rendre attentif & à Dieu dans l'interieur, & au

monde tout à la fois, il faut de necessité quitter l'vn pour l'autre: car vne maison bien bastie & bien meublée est bien plus logeable & agreable à son maistre, que d'en auoir plusieurs en masures où il pleut & neige. Ainsi nos ames qui sont les Temples viuans de la diuinité doiuent estre bien édifiez, & bien ornées par dedans, afin que ce grand Roy qui daigne y venir loger, y soit logé dans la decence conuenable à sa Majesté; c'est pourquoy il faut y estre attentifs & diligens d'y apporter tout nostre possible pour la perfection, non pas pour estre ny nous croire parfaits, mais pour plaire & y contenter Dieu, *lequel a plus de complaisance dans vne seule ame parfaite, que dans vn million d'imparfaites* : Ainsi nostre ennemy commun qui sçait cela, fait tout son possible pour retarder & empescher nostre perfection ; Et comme il sçait aussi que c'est *par l'oraison feruente & la recollection interieure* que l'on y peut arriuer, il fait tout ce qu'il peut pour nous en *détourner* ; parce qu'il ne seroit pas bien venu enuers vne ame vertueuse de luy apporter quelque tentation qui eust apparence de mal, *il se sert souuent du manteau de la Charité du prochain*, des visites d'Hospitaux, de prisons, quoy qu'il ne faille pas delaisser, ny les pauures ny les prisonniers, cependant il faut prendre garde si cela nous distrait beaucoup de nostre interieur, & de l'attention à Dieu, & de son operation ; car comme j'ay déja dit, ce ne sont pas les œuures dehors de nous qui nous sanctifient; elles sont bien la matiere de nostre sanctification si elles sont faites en Charité, mais c'est par dedans que l'application s'en fait par le ministere du Saint Esprit Pere de sanctification, laquelle *il opere au fond de nos cœurs sur le fond des merites de Iesus-Christ, nous y estans attentifs*.

6. Et partant *tout ce qui nous détourne de ces commerces interieurs doit estre examiné* ; car le demon n'a rien tant à tâche que de nous trauerser en ce cy : parce qu'il est en peine, & ne voit pas bien clair dans les pensées des ames recolligées & abstraittes. Et pour cela il nous tient & nous amuse à l'exterieur le plus qu'il peut ; car il voit & penetre tout l'exterieur,

rieur, & y nuit par conſequent plus facilement. Outre que comme *il eſt ſuperbe, hautain & curieux de ſçauoir tout ce qui ſe paſſe dans les ames d'oraiſon & de recollection*; il ſe met beaucoup en peine de leurs penſées & entretiens, à cauſe de ſon ardent appetit de curioſité; où il eſt à remarquer que *ce peché de curioſité doit eſtre fuy des ames deuotes*: parce que c'eſt vn vice fort commun aux Demons, & particulierement aux Diables ſuperieurs qui en ſont fort tourmentez, & juſqu'à l'impatience & au deſeſpoir. Ainſi l'ame fidele doit mortifier toute curioſité, lors qu'elle s'y ſent ſollicitée auec *empreſſement*: Car, ſans doute, c'eſt vn effet du tentateur, & vn appas qu'il preſente attaché à l'hameçon de l'amour propre.

7. Car encore bien que tous les Diables s'employent à tenter de toute ſorte de vices & de pechez; cependant l'experience fait connoiſtre que chacun d'eux a des vices particuliers, auſquels ils ſont plus enclins. D'où vient que les plus ruſez & malicieux, les plus ſuperbes & orgueilleux ſont d'ordinaire enuoyez aux ames les plus ſpirituelles pour leur tendre des pieges de toutes parts; mais particulierement des *vices de l'eſprit*; & ainſi il fait amitié auec le propre Amour ſon propre Partiſan. Et comme *la curioſité dans vne ame ſpirituelle* eſt vne certaine maraſtre, qui conçoit & enfante tous les pechez de l'eſprit; il s'en ſert & la met en campagne reueſtuë & couuerte de tous les plus beaux pretextes meſme de deuotion. Mais peut-eſtre que l'on s'étonnera de ce que nous faiſons vn ſi grand vice de la curioſité. Oüy, ſans doute, il eſt plus grand & plus important au deſauantage de la perfection que l'on ne penſe pour beaucoup de raiſons: mais particulierement parce que les Diables ſuperieurs qui ſont enuoyez pour ces matieres d'eſprit aux ames d'oraiſon s'en ſeruent beaucoup & y ſont fort enclins; & meſme ils ne ſont eux-meſmes de rien tant tourmentez que de la curioſité à cauſe de leur grande intelligence ſpirituelle accompagnée d'orgueil & de ſuffiſance; par laquelle ils ſe preſument eſtre capables de toutes les connoiſſances

& penetrations spirituelles. Mais comme *ils sont déchus de l'interieur, & non pas du spirituel*; ils sont dans vne connoissance bornée, & ne peuuent connoistre que les choses exterieures, ou qui dépendent de la partie inferieure, à laquelle cependant ils ne peuuent toucher sans permission de sa diuine Majesté, laquelle souuent leur permet de se mêler dans la partie inferieure de l'homme juste, *afin de l'exercer*, de le faire meriter & triompher de ses ennemis, soûtenant interieurement de telles ames, affermissant leur volonté, & les rendant comme immobiles à toutes les secousses de cét ennemy furieux, qui excite en cette partie inferieure des tempestes qui épouuenteroient les plus hardis, s'ils n'estoient interieurement soustenuës de Dieu ainsi que nous voyons qu'il fit au *saint Homme Iob*.

8. L'ame fidelle ne se doit point étonner de ces bourasques qui sont arriuées & arriuent encore tous les jours aux plus justes : mais *tout son soin doit estre de se tenir profondément recolligée aux pieds de Iesus-Christ*, qui sçait, voit & permet tout cela pour sa plus grande gloire & nostre auancement spirituel, l'ame se seruant de la prudence du serpent, lequel se voyant attaqué retire sa teste au dedans de soy, parce qu'il ne s'en soucie pas de tout le reste du corps, pourueu qu'il preserue sa teste ; Ainsi *l'ame deuote doit tenir son esprit recolligé au fond de son interieur, & là y demeurer pendant la tempeste de nos ennemis, qui ne peuuent auoir aucune prise sur l'esprit recolligé*: parce qu'ils ne voyent point ny ne connoissent ce qui se passe dans l'interieur de l'homme, si ce n'est que luy-mesme le manifeste au dehors par paroles ou lignes exterieures. D'où vient que *le Diable menaçant vn jour vne personne d'oraison, luy dit comme en colere, je t'atraperay au deffaut de la cuirasse*. Et cette personne estant en peine de sçauoir ce qu'il vouloit, & entedoit dire par là, connut que ce deffaut de cuirasse, estoit lors que l'esprit est extrouerty, & retiré de son centre & trouué au dehors ; & partant *l'esprit recolligé en l'interieur est vne cuirasse à l'épreuue des atteintes de ce loup infernal*.

Cuirasse à l'épreuue des atteintes du Demon.

Ce que nous apprend encore *la Toruë*, lors qu'estant dans

les fanges de quelque passage, ou entendant rouler quelque charette, *elle retire sa teste sous sa coque*, & ainsi le harnois passant dessus ne luy fait aucun dommage; & par là vous voyez que l'homme sage peut apprendre son deuoir, non seulement des hommes sçauans & capables d'enseigner, mais mesme de toute creature marchante, viuante ou rempante sur la terre, auec toutes les plantes & arbres ausquels il se rend docile & se laisse enseigner. Mais celuy qui se fait Maistre ne trouue souuent personne pour l'enseigner; d'où vient qu'il demeure dans sa propre suffisance. Enfin, tres-cheres Ames, tout cecy veut dire qu'en simplicité d'esprit, *l'ame qui voudra faire progrés à la perfection doit se tenir interieurement recolligée le plus qu'il luy sera possible*; car celuy qui ne sera pas sur ses gardes est facilement surpris.

La tortuë enseigne la recollection interieure.

9. Ainsi, il est constant que le Diable se fâche, s'impatiente, se debat & se colere à outrance, & auec vn empressement desesperé pour sçauoir & connoistre ce qui se passe dans l'interieur de l'homme recolligé. Car *le silence* est à son égard comme *la clef de nostre interieur*, qui luy cache tout le dedans, où il ne peut voir ny penetrer si nous ne luy en ouurons la porte par nostre indiscretion. Mais lors que *la Dame du logis*, qui est la volonté, s'est enfermée dans le donjon de la forteresse interieure, & qu'elle a fermé sur elle toutes les *portes* de la basse court, qui sont ses passions interieures, & *les fenestres* de ses sens exterieurs; se tenant attentiue à la diuine operation dans cette coye tranquilité & solitude paisible, toute passiue & amortie en ses propres actes, vie & vigueur naturelle, elle adhere seulement à Dieu, & à l'interieure motion de son saint Amour, qui l'agite, qui l'actuë, qui la meut, & la remuë par luy-mesme en cette *secrette & étroite solitude*, où il n'y a ny ne peut auoir que Dieu & l'ame.

Proprietez du silence interieur.

10. C'est pourquoy tout ce qui se passe en cette *interieure solitude* est caché aux Demons; d'où vient qu'estant sçauant, subtil & hautain dans les matieres spirituelles; fort curieux, & non moins orgueilleux; il entre dans de tres-grands em-

L'ame captiue sous le sixiéme sceau,
pressemens & peines pour sçauoir & découurir ce qui se passe là dedans. Car il croit estre capable de tout ; mais comme *le diuin Amour régnant en l'ame luy est opposé, & interposé comme vn fort bastion*, repoussant toutes les penetrations spirituelles de ce pere de la haine, lequel voyant toute sa subtilité intelligible arrestée & écornée, il entre en furie, & s'en prend souuent à l'exterieur du bastiment, sur lequel il décharge sa colere & sa rage. Mais nostre Seigneur nous a dit : *Ne craignez pas ceux qui peuuent seulement tuer le corps, mais craignez celuy qui peut mettre & l'vn & l'autre à la gehenne du feu qui ne s'éteindra jamais*.

11. Si bien que *la plus grande affaire & empressement des malins esprits enuers les ames déja auancées en l'oraison & recollection interieure ; c'est d'employer tout leur possible & toutes leurs astuces ou par eux-mesmes ou par les causes secondes,* (dont ils se seruent aucunes fois, Dieu le leur permettant) *pour les retirer & diuertir de leur recollection interieure.* Et pour ce sujet, ils excitent souuent de grands dégousts de la pratique des choses saintes & vertueuses ; & aucunes fois mesme des dispositions du corps & lassitudes d'esprit ; voire mesme des douleurs tres-aiguës, au moyen dequoy *ils sollicitent l'ame de se relâcher ou d'abreger son oraison*, auec la consideration de son indisposition, & l'esperance qu'vne autre fois on sera mieux disposé : & tout cela ne tendant à autre chose que de la distraire de son attention interieure en l'attirant au dehors pour y respirer vn peu la vie, laquelle ne pourroit pas subsister sous le faix de cette continuelle abstraction ; ainsi il fait le pitoyable pour mieux exercer sa rage & son enuie.

12. D'où vient que *les ames interieures doiuent estre vigilantes, fidelles, courageuses, perseuerantes & tres-passiues en leur attention interieure à Iesus-Christ au fond de leurs cœurs, luy qui est la pierre ferme qui heurte & terrasse le tentateur, luy donnant la fuite & l'épouuente au seul aspect de son estat humilié* ; car il ne se sert pas d'autres forces contre les Demons, & leurs tentations que de celles de sa sainte Humanité aneantie sous le joug de la

L'attache à sa propre vie, Tr. VI. Ch. V.

Croix : & ainsi l'ame attaquée de quelque tentation que ce soit, se doit retirer en diligence au fond du cœur sous les pieds de cét Amour humilié qu'il ne peut supporter. D'où vient qu'aussi-tost que l'ame le range là dans la confiance qu'elle a en Iesus-Christ ; il s'enfuit & laisse l'ame libre de toute peine : & au contraire, pleine d'allegresse & de consolation voyant ce benist Agneau victorieux en elle, & y établissant son Empire.

13. En sorte que sa ruine totale est en ce que l'ame demeure constante & perseuerante en sa solitude interieure. Et quoy bien qu'une telle ame fust obligée de vacquer à l'exterieur selon son propre estat ou office ; *elle doit neantmoins garder toûjours par tout une simple attention interieure*, comme pour estre sur ses gardes & tenir la porte de son cœur libre pour s'y retirer en cas d'attaque, & fermer par ce moyen la porte de sa volonté au nez du tentateur & de sa tentation. Donc, l'ame doit fuir la tiedeur & la lâcheté, ou autrement elle court risque de se laisser surprendre. Et comme nous ne sçauons point l'heure que le Seigneur nous viendra demander nostre ame, *soyons sobres & vigilans* en toutes les choses qui pourroient retarder nostre perfection ou aduancement spirituel. Car il est certain que la plusfart des hommes sont surpris à la mort, s'en croyans plus éloignez qu'ils n'en sont. En telle sorte que l'ame qui voudra auancer & tirer païs vers sa region spirituelle & interieure, ne s'en doit jamais tenir distraitte ; non pas mesme par reflexion sur ses propres actions ; parce que celuy qui s'arreste tant soit peu en ce chemin regardant trop souuent derriere soy, ne peut si bien faire que le temps present ne luy échappe, dont il doit profiter, ne luy estant donné ny prolongé que pour cela, qui est de poursuiure son chemin sans s'arrester, afin qu'il puisse arriuer de bonne heure à l'heureuse Hostellerie de *sa consommation interieure*, pour s'y loger & y estre *placée dans le repos de Dieu*. Et par consequent y estre déliuré & affranchy de la cruelle tyrannie des larrons de la forest noire, qui ont de coûtume de mal-traitter les

Voyez l'image.

pauures passans qui s'égarent & s'anuytent sur les grands chemins de la tiedeur & de la negligence.

14. Car enfin le hybou cornu qui ne dort jamais, ne manque point de s'y rencontrer, & d'y tirer son coup au défaut de la cuirasse; & comme souuent il change d'astuce & de personnage à l'endroit des personnes auancées en l'interieur; elles doiuent aussi exercer leur vigilance & fidelité à s'exposer continuellement aux rayons lumineux du Soleil d'Amour, pour (à son aspect clarifiant) y découurir leurs astuces; & par ainsi *toutes les choses qui nous apportent inquietudes ou distraction d'esprit*, ou melancholie ou chagrin il s'en faut défier: parce que l'Esprit de Dieu porte toûjours *la Paix* où il va; & quoy qu'aucunes fois il exerce & afflige les ames, ce n'est pourtant jamais auec *empressement ou inquietude ou chagrin, le calme estant toûjours gardé au fond de l'ame:* à cause que l'origine & la cause originaire de son operation est *Amour*. Mais quant à la singerie de l'esprit immonde, elle tire son origine du pere de la haine; & comme *la haine* a de soy des qualitez chagrines, dépiteuses, impatientes, ou tendantes à desespoir. Cela fait que tout ce qui sort de cette boutique infernale par l'instigation de ces abominables & sales esprits, porte inquietude & empressement, enuie, jalousie, enuieuse, chagrine & dépiteuse. Si bien qu'vne pauure ame qui s'est laissée pipper à ce maudit Oyseleur de la cage d'Enfer, est en vn tres-grand danger d'aualler beaucoup de vaines amertumes; c'est à dire, desquelles elle n'aura aucun merite, tandis qu'elle sera dãs les filets de cét oyseau de proye. Car il ne peut sortir de cette Academie de tenebres que rage & que desespoir.

Marques pour discerner l'esprit & les operations de Dieu & du Demon.

15. Et ainsi l'ame qui s'est mal-heureusement éloignée de son centre & de sa paix interieure, & consequemment de l'appuy de son repos par sa sortie externe, ne peut qu'elle ne tombe facilement dans les pieges du propre amour & de propre recherche; ce qui aueugle l'ame & noircit de ces nuages de proprieté son Ciel interieur; ce qui obscurcit l'entendement & dérégle la volonté; Et *quand il faut re-*

L'attache à sa propre vie, Tr. VI. Ch. V. 437
tourner à Dieu, & reparer tous ces dommages. O combien de langueurs & de mortelles agonies? Mais combien d'ingratitudes au pur amour dans toutes les resistances, & dans les habitudes des appetits extrauagans de l'esprit, qui l'emportent çà & là par les inconstances de son extrouersion: & vne telle ame s'estant ainsi affriandée par les faux appas de ses appetits, se rend souuent importune à la patience de l'Agneau, lequel la voit continuer ses desordres, nonobstant toutes les admonitions & inspirations interieures & exterieures. Enfin, apres vne longue attente, ce souuerain Pasteur vniuersel des ames, & qui s'est reserué le ministere du dedans pour y exercer sa Prestrise eternelle par amour & benignité: quoy qu'il soit la douceur mesme, est icy comme obligé par sa Iustice de *délier* & de lâcher apres cette ame vagabonde *le grand Dogue* de la forest noire, pour luy apprendre à s'écarter de *la Bergerie interieure de ce diuin Pasteur*, estant si libertine, errante, & qui ne cherche que l'occasion de s'écarter de luy pour se repaistre des herbes défenduës, qui sont de suiure ses appetits & mauuaises inclinations. D'où vient qu'il permet au grand chien d'attache de l'atteindre & de luy faire payer sur le champ le loyer de son obstinée sensualité & desobeïssance.

Nostre Seigneur permet au Demon d'affliger vne ame distraite pour l'obliger à se sauuer à luy dans l'interieur.

SECTION CINQVIESME.

Que les personnes d'Oraison doiuent beaucoup mortifier les appetits déreglez de trop lire, trop parler, & discourir des choses spirituelles, comme aussi des appetits & desirs d'auoir des ecstases, rauissemens, reuelations, visions, & autres dons & graces qu'on appelle extraordinaires, pour éuiter les illusions & tromperies du Demon, & pour trauailler serieusement à se conformer à Iesus crucifié par l'oraison cordiale, & la pratique des solides vertus.

1. LEs personnes spirituelles & qui font estat de vacquer à l'Oraison doiuent mortifier tous les desirs & appetits, & les moderer. Car quoy qu'ils ne leur paroissent pas si criminels, ils ne laissent toutefois d'estre dangereux. Car pour l'ordinaire il y a de certaines ames, lesquelles apres auoir gousté & sauouré quelque étincelle de deuotion, & des biens de la Grace & de l'Amour, il se souleue en elles des appetits déreglez, de voir & de traitter auec toutes les personnes spirituelles, dont elles entendent parler. Cela peut estre bon selon les circonstances requises. Mais je dis, qu'il faut prendre garde à cela, & en mortifier l'empressement de bonne heure ; afin qu'il ne vous puisse nuire & incommoder à l'aduenir. Mais peut-estre que l'on nous demandera, quel mal peut-il y auoir de frequenter & de conferer auec les personnes spirituelles ? Point du tout. Mais n'est-il pas bon de conferer auec elles ? Oüy, Non seulement il est bon, mais il est tres-necessaire d'en voir & frequenter quelques-vns de qui nous croyons auoir quelque secours ou lumieres sur nos estats pour nostre plus seure conduite ou adresse interieure, mais de tout autre on en doit vser tres-sobrement & prudemment ; parce qu'vne terre

De la discretion & sobrieté spirituelle à traitter des matieres de deuotion, & de ses estats auec plusieurs Directeurs.

L'attache à sa propre vie, Tr. VI. Ch. V. 439

terre pour bonne qu'elle puisse estre, ne peut pas porter tant de semences tout à la fois. Et cependant *il y a de certaines personnes qui n'auroient pas trop d'vn cent de Directeurs*; elles courent toute la journée de lieu en autre à tous ceux qu'elles peuuent découurir, & ce pendant à la fin elles sont aussi aduancées qu'au commencement. Et ce n'est pas merueille: car personne n'est jamais arriué à la perfection par ce chemin là, qui ne fait que distraire, & esloigner l'ame de son centre, & partant de son repos: aussi *la perfection s'opere dans le silence, & la recollection, & ce ne sont pas tant les hommes qui nous l'enseignent comme la fidelle pratique.* Donc il faut donner lieu à la grace dans nos cœurs, & nous arrester à vne bonne conduitte, & nous y rendre fidelles.

2. Car il y a des terres où il vient de bon froment, & d'autres où il ne peut venir que du seigle; & cependant ces personnes indiscrettes reçoiuent toute sorte de semences dans leurs champs, & les y entassent *grains sur grains*, & croient que cette confusion les aduancera beaucoup; elles croient qu'il n'y a qu'à sçauoir bien discourir de la spiritualité, & que tout cela s'apprend ainsi en courant & en babillant depuis le matin jusqu'au soir, & auec diuerses personnes. Mais de grace, que pourroit-on dire d'vn *Laboureur*, qui semeroit tous les jours son champ de diuerses sortes de grains: comme aujourd'huy du bled, demain de l'orge, & vn autre jour des pois, & le lendemain des febues; & ainsi tous les jours semer, & relabourer; quelle recolte pourroit à la fin esperer vn tel Laboureur, sinon la confusion pour toute sa moisson.

3. C'est ainsi qu'il en arriue à vne ame immortifiée, laquelle suit ses appetits de voir & de conferer auec toutes les personnes spirituelles; car ce que l'vn seme aujourd'huy demain l'autre le renuerse, l'vn plante, & l'autre arrache, autant d'hommes, autant d'opinions, & de diuerse conduitte. D'où viennent les inconstances & souuent des médisances; & quand bien toutes ces conduittes seroient excellentes, l'esprit de l'homme n'est pas capable de tant de

KKk

choses tout à la fois; parce qu'estant borné de son fini il ne peut pas estre surchargé sans empressement. Outre que la multiplicité estant l'opposé de l'vnion, tire l'ame de son repos, & de sa paix interieure. Et ainsi l'esprit estant hors de son assiette, ce n'est pas merueille si les distractions sont en regne: & en suitte les inquietudes, les peines d'esprit; & tout cela parce que l'on est allé cayemander importunément des creatures ce que l'on ne peut apprendre que de Iesus-Christ, & de son saint Amour dans la solitude interieure du cœur. Car toutes ces allées & venuës ne font que dissiper & multiplier, au lieu de recueillir; & la trop grande quantité de Maistres empeschent l'esprit de la vraye Sapience qui enseigne par dedans en simplicité, & solitude du cœur.

4. C'est pourquoy l'ame qui voudra profiter & s'avancer en l'interieur, doit faire estat de solitude interieure, de silence, de simplicité, de recueillement, & sur toute chose d'humilité & de sobrieté spirituelle & corporelle, mortifiant serieusement les appetits de l'vn & de l'autre selon la conduitte d'vn sage Directeur, qui vous aura ouuert vn bon chemin que vous deuez suiure simplement, sans picorer tantost de l'vn, tantost de l'autre. Car si vous cherchez Dieu en verité, où croyez-vous le trouuer? ce ne sera pas en tous ces lieux où vous le cherchez à la queste des creatures; mais retournez vous vers vostre cœur & vous y retirez en esprit, foy, & amour, & là vous le trouuerez dans le silence dans la solitude. Car encore qu'il soit par tout, & dans toutes les creatures, cependant il n'y est pas proprement pour vous; mais il a voulu estre dans vous pour vous mesme, & pour y estre cherché, possedé. Car allez cayemander & chercher Dieu tant que vous voudrez dans les creatures, elles vous respondront, qu'elles l'ont en verité en elles, mais que c'est pour elles; car Dieu est par tout en chaque chose, & toute creature vous dira qu'elle ne vous le peut pas donner; ainsi il faut que luy-mesme se donne à vous: & le lieu destiné pour cela c'est le fond de vostre

cœur : *cherchez tant que vous voudrez ailleurs, vous ne le trouuerez point pour vous que dans vous-mesme.* Car il ne vient d'aucun lieu du dehors dans nous-mefmes, que du *tres-Saint Sacrement de l'Autel* ; & noftre Seigneur ne s'y eft laiffé que pour venir au dedans de nous de cette maniere facramentalle; & il ne repofe fur les Autels, qu'en attendant l'ouuerture interieure de nos cœurs, pour y entrer à la cachette de fes efpeces & *pour demeurer dedans nous, & nous y faire demeurer dedans luy* ; & nous y eftablir vn Regne dans fon regne. Et cependant quoy que nous voyons qu'il le plaift au dedans, nous voulons demeurer au dehors ; & ainfi nous le cherchons, & nous ne le pouuons pas trouuer : nous le demandons, & nous luy tournons le dos, en nous tenants tendus vers le dehors, & en le cherchant mal ainfi de lieu en autre là où il ne fe laiffe pas trouuer, afin de nous apprendre à *le chercher dans l'interieur,* où il fe veut donner à nous tout luy-mefme,

5. Pour ce qui regarde *les Directeurs,* ils doiuent fans doute auoir vn grand zele pour les ames qui leur font commifes. Car Noftre Seigneur prend vn infiny plaifir de voir fon Subftitut fur la terre embraffer cordialement fes interefts. Et *ce que vous ferez,* dit-il, *pour l'vn de ces petits, je le tiendray fait à moy-mefme : il appelle les ames dociles petites* ; auffi doiuent-elles eftre petites à leurs propres yeux. Et l'vne des chofes la plus importante au Directeur, à mon aduis, dans la conduite des ames, c'eft de ne les laiffer point trop *familiarifer* auec luy ; mais il doit demeurer dans fa *grauité,* & ne leur jamais trop tefmoigner qu'elles font bien, mais les tenir toûjours *petites,* fans pourtant les décourager. Mais on ne fçauroit croire combien *il eft prejudiciable* à l'avancement des ames, quand vn Directeur applaudit fon Penitēt ou fa Penitente, foit dans fon abfence, dans l'entretien, ou dans fa prefence ; car cela produit de tres-mauuais effets, & particulierement quand il s'en rencontre à qui noftre Seigneur fait quelque faueur fpeciale ; en tel cas il eft befoin d'vne grande prudence & vigilance, tant de la part du

Directeur, que du Penitent; & c'eſt vne bonne & ſage conduite au Directeur de ne leur pas jamais teſmoigner qu'il en fait grand cas. Car à la verité *les plus grandes faueurs de Dieu nous obligent auſſi à vne plus grande perfection*, & on a veu ſouuent de beaux commencemens, & des fins bien funeſtes.

6. C'eſt pourquoy l'ame qui ſe verra fauoriſée de Dieu, fera bien de choiſir vn Directeur prudent, & qui ne l'applaudiſſe point; mais qui la mortifie en toute choſe, & particulierement dans les commencements; parce que *tout eſprit operant à l'extraordinaire doit eſtre eſprouué*; & cela agrée beaucoup à noſtre Seigneur, & fait vn fruit notable dans l'ame; ſelon pourtant, la prudence, & la Charité du Directeur, qui doit vſer en cecy d'vne grande diſcretion, pour nourrir ces eſprits dociles de la manne du Seigneur, & les maintenir en l'humilité. Mais *il ſe trouue de certaines deuotions plus politiques, que pieuſes, qui ne font que courir toute la journée de maiſon en maiſon, d'Egliſe en Egliſe, de Directeurs en Directeurs*

Des deuotions politiques.

qu'ils ne font que tourmenter, & leur faire perdre le temps; il prennent aduis de tous, & n'en ſuiuent pas vn. En ſorte qu'ayant trop de Directeurs ils n'en ont pas vn, n'en ſuiuant aucun entierement. Ainſi ſuiuants leur propre eſprit, ils vont par tout où la penſée leur dicte ſans ſe mortifier de rien; & ne s'aduiſent pas que c'eſt ſuiure leurs appetits & deſirs indiſcrets; non ſans *curioſité* de voir celuy-cy ou celuy là; conſultant l'vn pour les diſtractions, & vn autre pour les ſcrupules ou imaginations: *eſtimant la penſée de l'vn, & rejettant celle d'vn autre.*

Des appetits dereglez de lire pluſieurs liures negligent le principal liure Ieſus crucifié côçu & regardé par foy au fond du cœur.

Ils liſent beaucoup, & deuorent tous les liures; & de tout cela enſemble, ils en font vne Bibliotheque dans leurs teſtes, de quoy ils s'entretiennent l'eſprit, ſans penſer cependant qu'ils negligent de fueilletter *le liure de leurs cœurs* qui eſt le principal, puis que c'eſt en cette claſſe interieure du grand Regent Eternel, où l'ame eſt enſeignée en la vraye Sapience du Pere.

7. Et par ainſi ils negligent vn bon Maiſtre qui enſeigne en l'interieur, & non ſeulement qui enſeigne, mais qui opere dans l'ame ce qu'il luy parle, car ſon parler eſt la meſ-

L'attache à sa propre vie, Tr. VI. Ch. V. 443

me operation. *Il dit & soudain furent faits, tous ses ouurages si parfaits; Il parle & voila toutes choses, du sein du rien furent escloses.* Et cependant ils s'amusent auec leur propre esprit, qui n'est que comme vn pauure Maistre de village, qui à peine sçait former ses lettres, & auec vne petite bougie de raison ils croient estre de grands Docteurs; & de là vient l'aueuglement qui les fait rouller dans la nature du propre esprit, & dans sa seule lumiere auec laquelle on veut voler sans auoir d'aisles, sinon la curiosité. D'où naist la conuoitise d'estre estimé grand spirituel apprenant à en bien discourir; & pour cela ils conuersent auec les ames d'oraison, plustost pour picorer leurs lumieres, que pour l'enuie qu'ils ayent d'en profiter, mais seulement pour les mettre en magazin dans leur memoire, afin d'en faire parade en temps oportun : mais pour eux pressez-les vn peu sur ces matieres, vous les trouuerez encore à l'A. B. C. & tout cela voilé de la charité & de seruir au prochain. Ce qui paroit tres-iuste aux yeux de ceux qui n'y voient point plus clair, n'ayants ny la lumiere ny l'experience des choses surnaturelles : ainsi les Directeurs doiuent prendre garde à ces conduites déreglées qui font semblant de prendre des aduis pour mieux faire leur volonté. *Aduis important aux Directeurs.*

8. Il s'en rencontre d'autres plus spirituels que ceux-cy, où il n'y a pas moins à prendre garde; quoy pourtant qu'ils n'ayent aucune mauuaise intention; car ils sont fidelles à Dieu & à leurs Directeurs pour l'ordinaire; mais enfin on n'est point parfait du premier jour, ce sont des sujets disposez par la grace, & subtilisez dans la delicatesse des lumieres surnaturelles; qui leur fait naistre vn certain appetit qui souuent n'est que la production du propre amour, mais finement déguisé & couuert. Et d'autre part l'ame estant appastée des diuines communications & splendeurs du diuin Amour, dont elle se laisse chatouiller l'esprit plus qu'il ne le faudroit; de là se réueille cét appetit d'auoir, qui nous fait desirer de grandes lumieres, & de hautes connoissances des choses diuines auec des dons surnaturels; comme

KKk iij

des ecstases, rauissemens, visions, reuelations, manifestations des secrets ou paroles interieures, ou intellectuelles : & enfin de tous les dons & graces, que l'on a de coustume d'apeller, *extraordinaires*. Or de tout cela il faut soigneusement mortifier cét apetit : non que ces choses soyent mauuaises d'elles-mesmes ; mais parce que cét appetit est remué d'vn mauuais fond qui est le propre amour qui se fourre par tout, qui se mesle de tout, & qui gaste tout. Mais vous me direz, comment connoître si cét appetit est du propre amour, ou non ? escoutez Nostre Seigneur, il vous en donnera la raison, quand il dit, Vous les connoîtrez à leurs œuures : car cheres Ames, les dons de Dieu, comme dons de Dieu, humilient & aprofondissent l'ame, & tendent interieurement à aneantir toute lumiere, parce que Dieu estant plus intimement dans nous que nous-mesmes, il y est par consequent le principe de nostre vie, de nostre lumiere, de nostre verité. D'où vient que l'ame bien instruitte à la recollection interieure tout ce qu'elle reçoit de Dieu, elle le rend à Dieu, en sorte que *si Dieu verse vne pensée dans son entendement, tout incontinent elle la fait descendre au recueillement*, & là au fond de son Estre, elle l'offre & la rend à Dieu, & en fait ainsi de tous les autres dons. Et partant l'ame habituée dans cette demission interieure, s'y dépoüillant continuellement de toute proprieté, elle contente infiniment Nostre Seigneur, & jouït & possede tous ses dons en luy-mesme, & sans danger de tromperie. Ainsi on dit, que celuy qui rend bien ce que l'on luy preste il emprunte deux fois ; de mesme tant plus on rend à Dieu, tant plus il donne, & plus il donne plus on a à luy rendre.

La marque infaillible des vrays dons de Dieu.

9. Parce que *la vraye oraison n'est autre chose qu'vn debord du Createur dans sa creature, & vn abord de la creature à son Createur par Iesus-Christ*, au moyen duquel s'exercent ces commerces interieurs d'Amour du sein du Pere dans le sein de la creature, & du sein de la creature au sein de Dieu. Ainsi Dieu donne ses dons à l'ame, afin que luy rendant ses dons par amour, elle se rende aussi à luy conjointement. Car

L'attache à sa propre vie, Tr.VI. Ch.V. 445

Dieu ne donne ses graces à l'ame que pour attirer l'ame à soy comme par vn hameçon: Or c'est icy le secret & le grand coup d'essay là où plusieurs ames font de grādes fautes sans y prendre garde & faute de conduitte. Car Dieu cōmence à nous donner ses dōs cōme j'ay déja dit, & ne les refuse à personne, mais quasi personne ne les luy veut rendre & ne sçauent pas mesme ce que c'est que *de rendre à Dieu ses dons*; mais plustost ils se les aproprient, & les font captifs du propre amour, d'où vient le desordre: Car par cette appropriation l'ame renuerse en elle l'ordre de Dieu, lequel donnant à l'ame à dessein de l'auoir, & de la rauoir auec ses dons, elle les fait siens en se les appropriant; & en quelque façon *se fait la deesse des dons de Dieu*. Mais que fait-elle en faisant cela? Ce qu'elle fait? elle se priue du bien des biens & du donneur des biens; car si vne telle ame estoit fidelle à rendre à Dieu elle, & ses dons, il se fust donné luy-mesme à elle, & elle eût possedé *le donneur*, & les dons tout ensemble: car Dieu n'a point d'autre dessein en donnant ses graces, que de se donner soy-mesme, *si l'ame n'est point proprietaire*.

10. Et partant, cheres Ames, vous voyez comme il est facile de connoistre si nos appetits ou curiositez ou desirs sont du propre amour, ou non; regardez qu'elle fin vous auez dans vos demandes, car vous ne deuez rien auoir, que vous ne deuiez rendre à Dieu: & quand Dieu vous auroit donné tous ses dons, si vous ne les luy rendez tout vostre fortune. Car en vous appropriant les dons de Dieu, vous les perdez auec le Donneur; & en les rendant par amour, vous les regaignez auec le Donneur. Ainsi *l'ame ne se doit rien reseruer en cette vie que la conformité à l'Agneau de Dieu dans son estat humilié*.

11. Enfin *la raison fonciere pour laquelle on voit si peu d'ames arriuer à la consommation*, c'est qu'elles sont presque toutes proprietaires d'elles-mesmes. *On voit quantité de Spirituels, mais tres-peu de vrays Interieurs*: or la spiritualité pour sublime & lumineuse qu'elle puisse estre, n'est pas exempte de propre amour: car il faut entrer dans l'interieur pour le con-

noistre, & pour le surmonter, parce qu'il ne se laisse point desthroner, ny oster hors de credit que par le pur amour diuin : toutes les lumieres de l'esprit ne peuuent rien faire contre luy, mais pluftost elles luy fournissent de pasture. *La seule operation de l'Amour de l'Agneau victorieux dans l'interieur* est celle qui le supplante ; mais il faut aussi que l'ame s'y rende attentiue, & qu'elle y adhere passiuement, & c'est ce que la pluspart des Ames spirituelles laissent à faire, se contentants de demeurer dans leurs lumieres, où elles se reposent, & enfoüissent ainsi le talent que Dieu leur donne en se laissants à la disposition du propre esprit, qui ne le fait pas valoir, parce qu'il ne sçait pas rendre à Dieu dans l'interieur.

12. D'où vient que le propre amour en fait sa banque auec les lumieres du propre esprit, & cause beaucoup d'indiscretions, & réueille ces appetits dont nous auons dé-ja parlé, qui meuuent *les desirs des faueurs diuines*, comme apparitions, reuelations, ecstases, rauissemens, manifestations de secrets, ou paroles interieures ou intellectuelles, & autres connoissances diuines *que l'ame ne doit pas desirer, mais en mortifier les desirs soigneusement, & s'addonner à la vertu.* Mais peut-estre que l'on demandera pourquoy nous disons qu'il faut mortifier ces desirs d'auoir des faueurs diuines, veu que *les Saints* en ont tant parlé, & qu'eux-mesmes raportent dans leurs Escrits les grandes familiaritez qu'ils ont eu auec Dieu, quantité de visions, reuelations, d'ecstases, & dons, & graces que l'on appelle communément *extraordinaires*. A cela il faut respondre simplement qu'à la verité les Saints ont experimenté tout ce qu'on peut dire, & encore plus qu'ils n'en ont dit, & que Dieu peut encore faire les mesmes graces, & qu'il les fait aussi à certaines ames ; *mais je dis qu'il ne les faut pas conuoiter, comme aussi les* saints ne les ont point conuoitez, & qu'au contraire ils ne s'en estimoient pas dignes, & ressentoient de tres-grandes humiliations en eux-mesmes, lors que telles choses leur arriuoient en presence de quelqu'vn ; & qu'aussi ceux qui

en

L'attache à sa propre vie, Tr. VI. Ch. V. 447

en reçoiuent, se doiuent profondément humilier: car toutes ces graces estants des dons gratuits nous obligent à reciproque amour; & *nous sont données non pour nous delecter, mais comme des arrhes de plus grandes espreuues*. Et partant quiconque en reçoit, doit prendre garde que par là il s'appreste pour luy de grands trauaux, & qu'il n'a qu'à se conformer passiuement à Iesus-Christ, pour supporter toutes les croix & les morts, & les espurements, & amortissements de ce diuin Agneau; & à son imitation se munir des nobles vertus humblement pratiquées & exercées en l'interieur dans le principe de la souueraine Charité, qui opere la sainteté, & fait le solide de l'ame: car il est certain que Dieu esprouue & sonde les ames; & *quand il les voit attachées à la iouïssance de ses delices, il leur fait boire de grandes Croix*.

13. Cependant ie ne pretends pas par là vous dire qu'il n'en faille point auoir; parce que Dieu estant le Maistre de ses dons, il les donne quand il veut, & à qui il luy plaist, & comme il luy plaist; ainsi l'ame ne les peut pas empecher, ny les reffuser quand il les donne; parceque c'est vne grace imperieuse qui fait son operation souuerainement. Ie dis seulement qu'il ne les faut point desirer ny conuoiter mais qu'il en faut mortifier les desirs & appetits tres-soigneusement, ou autrement ils s'amasseront des montagnes de difficultez, & ceux qui les desirent ne sçauent ce qu'ils font; parce que *les desirer c'est se mettre en grand danger d'estre trompez*. Car tout ainsi que Dieu resiste aux orgueilleux, il refuse ses dons aux curieux & amateurs d'eux-mesmes; & comme ces desirs ne peuuent prouenir que d'vn fond d'amour propre voilé de la deuotion; il arriue que telles personnes suiuans ces appetits, & desirans ces faueurs, Dieu les leur dénie; mais le Diable qui ne perd point de temps se presente pour satisfaire à leur curiosité, d'où viennent les illusions, & les tromperies, & les imprudences & indiscretions.

Desirs imortifiez, de graces & lumieres extraordinaires source de toutes les illusions & tromperies du Diable.

14. Mais le plus grand mal que j'y vois, c'est que l'on a toutes les peines du monde à persuader à de telles ames

LL l

qu'elles sont trompées, lesquelles s'attachent tellement, qu'à la fin le diable s'en rend le maistre, & elles s'abandonnent à toute sorte de méchancetez. Aussi l'importance est d'y remedier au commencement; mais pour l'ordinaire ces personnes là n'ont point de Directeurs, ou si elles en ont, elles les trompent; car le diable auec l'amour propre ne leur permet pas de s'en descouurir au commencement, lors que l'on y pourroit remedier. Enfin ceux qui voudront marcher auec sûreté feront bien de s'en croire à ceux qui ont experience; car quiconque en aura conceu l'importance, il se donnera bien de garde de se conduire par son propre esprit, ny de se produire deuant le temps, ny de rechercher les occasions d'entretiens & de visittes sous pretexte de donner des aduis aux autres; & le plus souuent s'oublier & se negliger soy-mesme.

15. Enfin c'est vne bonne pratique de se sçauoir humilier, & s'abbaisser interieurement aux pieds de Iesus-Christ pour nous y affermir en la foy & en la pratique des souueraines & solides vertus viuifiées en Charité, qui sont *les vrays biens de l'ame en cette vie, puis qu'elles nous apprenent à nous conformer à Iesus-Christ, pour nous laisser transformer en son amour, & vnir à sa diuinité.* Car c'est luy qui est nostre plus fidele amy, lequel a voulu mourir pour nous rendre viuants de luy pour luy, en nous donnant sa Charité & sa vie afin que viuants de luy & pour luy, nous n'abusions pas des largesses magnifiques de sa Diuinité. D'où vient que sa bonté, son amour, & sa iustice nous conduisent aucunes fois dans les deserts des *priuations*, des desnuëments, des impuissances & agonies & tout cela pour nous affermir de plus en plus sous le donjon de sa croix; afin qu'apres y auoir esté suffisamment hallez & dessechez des ariditez & espurements spirituels, nous puissions estre promptement consommez parmy les flammes & ardeurs deuorantes de l'amour pur, & embrasé.

Ce qu'il faut vniquement desirer.

16. Mais pour en venir là, l'ame fidelle doit corriger, & mortifier diligemment tout ses appetits de telle nature qu'ils puissent estre quand ils sortent de la paix & vont à

l'empreſſement par des ſaillies d'eſprit ou des eſleuations d'entédement, car pour bien deſirer il ne faut deſirer qu'vne ſeule choſe, qui eſt que Dieu ſoit parfaitement contenté en nous; & comme de nous-meſmes nous ſommes inſuffiſants de l'y contenter, il nous y fournit de quoy par ſon amour; *l'attrait* duquel nous attirant tout au dedans, nous y fait abbaiſſer noſtre eſprit intérieurement s'y deſpoüillant de toute proprieté, pour y laiſſer prendre le feu du pur amour, auec le bois ſec d'vne bonne volonté, eſpurée & embraſée, & entierement ſoûmiſe aux pieds du throſne de l'Agneau; ainſi que noſtre nom Chreſtien nous oblige de nous retirer à luy, pour nous y *conformer* & y apprendre à ſon exemple à conduire tout noſtre Eſtre en pure paſſibilité; ce qui ne ſe peut faire, que par vne demiſſion totale de toute noſtre propre ſageſſe, de tout noſtre eſprit, de tout noſtre cœur, de toute noſtre volonté amortie & paſſiue, & enfin de tout noſtre Eſtre, que nous deuons conduire au recueillement en cette intime ſolitude pour l'y immoler, & l'y ſacrifier ainſi qu'vn autre Iſaac ſous la ſouueraine puiſſance de Ieſus-Chriſt le vray Abraham de la loy de Grace, & le tout de noſtre cœur; car il eſt l'Abraham, l'Iſaac, & l'hoſtie, & le ſacrifié; & ſon ſaint Amour en eſt le glaiue, & le feu pour l'y conſommer & nous coniointement.

SECTION SIXIESME.

De l'intelligence de quelques termes mystiques, & des operations de Dieu en l'ame par Iesus-Christ; lequel faisant à l'ame monter son Ascension interieure, la rauit enfin jusqu'à son troisiéme Ciel, qui est la consommation du troisiéme entretien d'Oraison purement passif; & là se fait interieurement sa derniere & parfaite union intime auec Iesus son diuin Espoux.

1. Nous deuons laisser écouler en l'interieur tout nostre esprit, nostre memoire, nostre entendement, nostre cœur, nostre volonté & toute nostre ame, & *son Estre d'elle-mesme*, pour estre en Dieu, & Dieu en elle, y épenchant toutes ses diuines richesses & torrens d'amour, débordez de cette source immense originaire de vie, & jaillissant de cette profonde mer de toute union; laquelle ayant inuestie & penetrée l'ame en tout son Estre de ses flammes embrasées, & imperieusement excitées du souffle diuin, conduit l'ame à vne feruente ardeur de son *aneantissement & desistance de propre Estre & de propre vie*. Cette façon de parler dans l'excés d'amour ne doit pas estre entenduë au pied de la lettre: croyant que cette perte de nostre ame & de sa vie propre fust vn aneantissement de la creature; en sorte que cessant d'estre creature, elle vienne à estre Dieu comme Dieu. Non, ce n'est pas ce que nous entendons; Car l'ame estant de sa nature immortelle, ne peut mourir que d'vne *mort mystique*; qui n'aneantit pas proprement la creature, mais qui la déliure de l'imparfait, & la reuest de Dieu.

2. Et partant, *quand nous parlons d'aneantir le propre Estre ou la propre vie, ce n'est pas aussi la destruction du propre Estre; mais la destruction de l'estime du propre Estre, ny aussi la mort de la propre vie, mais la mort du propre amour, & complaisance à*

L'attache à sa propre vie, *Tr. VI. Ch. V.*

la propre vie finie pour entrer en la vie infinie, ou l'infinie complaisance de Dieu. Ainsi ce mourir & cette perte de propre vie, est vn certain dépoüillement de la vieille Creature, operé dans l'interieur par les épuremens de l'Amour diuin. Mais ce vestement inique de la vieille Creature, n'est pas seulement enuironnant ou reuestant l'ame, il est encore *par dedans*, la penetrant jusqu'à la racine, y estant entrée aussi auant que le peché originel; & partant, pour l'en chasser, il faut que l'ame souffre vne destitution totale, & que sa substance soit penetrée & repenetrée des ardeurs du diuin Amour; & que sa volonté y serue comme de fourneau & d'alambic tout ensemble, pour épurer cette Essence toute abandonnée & pacifique; pour y supporter l'excessiue operation de son ardeur embrasée & imperieuse qui la penetre, *& en éuacuë tout ce qu'il y a de defectueux, & empeschant la diuine vnion des deux Amans*; c'est ce que nous appellons dépoüillement, & cette vnion ne peut estre parfaite que l'ame ne soit tout à fait affranchie & purgée du vieux leuain; & cette purgation ne se peut acheuer que dans l'ame passiue, & toute abandonnée aux imperieux debords de l'amour sacré, qui dispose l'ame de degré en degré à la consommation ou amour consommé; & c'est ce qu'on appelle *mariage ou nopce spirituelle*, dans laquelle l'ame reçoit de si hautes faueurs, & vne vnion si étroite auec Dieu, qu'elle ne se peut pas exprimer en cette vie par la langue humaine.

Du dépoüillement de la vieille Creature.

Du mariage spirituel.

3. Enfin, cette vnion se fait auec l'approche de la substance increée à la substance creée, *sans mélange de l'vne dans l'autre*, quoy qu'elles s'insinuent l'vne dans l'autre. Car aucunes fois Dieu s'insinuë dans l'ame, & d'autres fois il insinuë l'ame en soy; & pour lors l'ame se trouue infiniment riche; puis qu'elle ne possede pas seulement les dons & les richesses de Dieu: mais elle possede le souuerain riche & le don des dons & le donneur tout ensemble. Et par ainsi abysme l'ame en soy par des *passe droits amoureux d'Espoux à Espouse*, portans les arrhes de la vie de gloire; sans que pour tout cela l'ame cesse d'estre creature, mais elle cesse & quitte le vestement interieur & spirituel de la vieille crea-

ture : Et ainsi *dépoüillée de l'imparfait & du neant mal-heureux de la vieille Creature*, l'ame entre dans les droits du neant glorieux de la nouuelle Creature. *Neant glorieux* puis que l'ame se dépoüillant de son propre Estre, entre dans l'Estre ressuscité de Iesus. Parce que ce neant nouueau est le propre sujet & la matiere disposée de la toute-puissance ; laquelle s'y exerçant *rauit l'ame à soy dans soy*, ou elle le participe si hautement qu'elle s'y voit comme abysmée. Que dis-je, elle s'y voit ? Non, elle ne s'y voit pas, elle ne s'y reconnoist pas parmy tous ces excés & éclats de gloire qui l'enuironnent & qui la penetrent, *quoy qu'elle y soit pourtant*, mais Creature nouuelle, Creature diuinisée & participante la Diuinité, jusqu'à ne voir plus que Dieu en elle, & elle dans l'Estre de Dieu d'vne maniere ineffable.

Du rauissement. Voyez l'image.

4. Enfin, l'ame estant toute penetrée du diuin Amour, par tant de *traits & d'attraits*, qui l'exercent, qui l'épurent, qui l'annoblissent, qui la consomment & la deïfient auec des traits embrasez, & transperçans sa substance, & l'inondans des torrens lumineux de ses glorieux écoulemens imperieux & rapides : quoy que tres-sauoureux & rafraichissans, tres-pacifiques & delectables ; & pour lors le saint Amour regnant puissamment, absolument & imperieusement dans l'ame, elle en reste éclairée pour se démesler heureusement de toutes les finesses & artifices de ses ennemis, auec *vne clarté admirable pour discerner toutes les atteintes du propre amour*, en émoussant tous les traits par l'operation sauoureuse du pur amour operant.

5. Cependant *toute nostre perfection consiste à aymer & à posseder Iesus-Christ, ce bel Arbre de vie planté en nos cœurs*, dans lequel nous cueillons & sauourons les doux fruits de sa Diuinité, meuris dans le sein de son pur Amour ; au moyen duquel *il se delecte dans nos cœurs, & en fait vn Paradis de dilection*. Mais, pourquoy ne pas aymer vn tel Amy cordial, & ne pas s'occuper de ses diuines excellences, la noblesse duquel verse en nostre ame vn certain accoisement inestimable : auec vn trait d'amour si intime & delicat, & penetrant la

L'attache à sa propre vie, *Tr. VI. Ch. V.* 453

substance de l'ame, que pour la grande & penetrante clar- *Riches opera-*
té il est inexplicable. D'où l'ame se voyant si ardemment *tions diuines*
& puissamment *attirée, & intimement insinuée & concentrée au* *de l'Amour de*
fond de son Estre, de là où elle regarde souleuer les riches Am- *dans nos*
bassadeurs d'Amour, lesquels la remplissent chacun à son *ames.*
tour, la comblans de delices conformes à son degré; cependant qu'elle se tient *toute silencieuse, toute coye, & attentiue*
adherente amoureusement à toute la suitte de ces épuremens qui s'operent fortement & merueilleusement sur sa
substance. Mais n'est ce pas vne chose étrange que de voir
le déreglement de nostre vie passée, lequel a tant & tant
amassé d'empeschemens & d'obstacles au pur amour, qu'il
n'est pas possible à l'esprit humain de les conceuoir.

6. O maudite *vanité* par laquelle l'homme veut toûjours
estre par soy-mesme ce qu'il n'est pas en verité. L'homme
croit tout sçauoir, & il ne sçait rien à comparaison de ce
qui est à sçauoir, Car *que peut sçauoir l'homme quand il ne sçait*
pas Dieu en son ame pour l'y adorer en Esprit & Verité, s'y retirant
à luy par Iesus, & en Iesus-Christ, la Verité & la Lumiere qui
donne l'Amour, qui fait aymer, qui fait gouter & sauourer
cette Sapience diuine dans les profonds écoulemens de son
Onction salutaire & eternelle. Mais pour sçauoir & posseder cela, ne se faut-il pas aussi *sçauoir soy-mesme* pour se corriger, se mortifier, se haïr, s'humilier, & s'aneantir deuant
Dieu en tout son Estre : Et quoy que l'homme ne soit rien
deuant Dieu que neant, & qu'il ne sçache rien de ce qu'il
doit sçauoir; on croit cependant tout penetrer par son propre esprit. D'où vient l'aueuglement dans ses propres lumieres: plusieurs veulent apprehender les choses diuines
& en decider à la mesure de leur propre jugement; & voila
ce qui fait l'erreur & les diuisions : car *l'Esprit de Dieu est vn;*
aussi est-il *Amateur d'vnion & de concorde,* la vraye clarté
de toutes les lumieres, & le fleau de toute erreur.

7. Car ce n'est pas entendre sa science, quand nous voulons comprendre les choses diuines, qui nous sont cependant autant superieures & cachées que le propre appetit

de les comprendre est temeraire. D'où vient que nostre propre lumiere se change en aueuglement: Car *Dieu estant celuy qui est, toute Creature doit cesser d'estre à elle-mesme en sa presence*; & la Creature qui veut estre & subsister par elle-mesme, ne sçait-elle point qu'elle a la temerité d'attaquer la Diuinité dans son thrône; ou Dieu est celuy qui est & qui doit estre; & partant, Dieu qui resiste aux suffisans, les laisse pour punition dans leur propre aueuglement. Mais, Ame Chrestienne, voulez-vous contenter vostre demangeaison d'Estre? Hé bien, *soyez, à la bonne heure, mais en Iesus-Christ; & ne soyez point jamais ailleurs*; car ce que vous ne pouuez estre vous-mesme par nature, vous le pourez estre en Iesus-Christ par la Foy, par sa Grace, & par son Amour: & en vous rendant interieurement à luy au fond de vostre cœur: tout ce que vous ne pourrez apprendre ny atteindre par vostre propre esprit, vous le pourrez sçauoir & apprehender par l'Esprit de Iesus-Christ. Car le saint Esprit donné à l'ame va aneantissant la creature pour la rendre en luy, & la faire grande & solidement sçauante: Non toutesfois en comprenant ou atteignant par nous-mesmes les diuins Mysteres, mais en nous laissans comprendre à eux: ils nous conduisent & nous font entrer en Dieu, d'où ils sont sortis, & nous y font estre creature nouuelle, nous apprenant dans eux ce que nous ne pouuons sçauoir ny atteindre sans eux, qui est le neant glorieux de la Creature nouuelle, qui fait tout nostre auantage; car n'estans plus rien de nous-mesmes dans nous-mesmes, nous sommes tout de Dieu, & pour Dieu; estans ainsi faits les sujets legitimes de sa toute-puissance s'exerçant sur le neant nouueau & volontairement soûmis; lequel ne resiste point à la Toute-puissance, laquelle le tire & l'éleue du neant de l'Estre creé, & naturel à la participation de l'Estre de la Charité, de l'Estre surnaturel & diuin.

De l'aneantissement d'Estre & de propres lumieres, pour passer dans l'Estre parfait de Dieu en Iesus-Christ.

8. Enfin, *il faut que l'humain succombe au diuin*, parce que les frequentes insinuations du saint Amour qui touchent & atteignent l'ame, la dépoüillent de son finy; sa substance

en

L'attache à sa propre vie, Tr. VI. Ch. V. 455

en estant toute penetrée, dé-ja disposée à l'embrasement auec *des attraits vehemens*, quoy que sauoureux, qui réueillent les puissances comme alienées, & suspendues auec de *profonds attouchemens tres-intimes*, & tres-espurans & consommans tout ce qui se rencontre d'opposé à cette diuine operation toute allumée d'ardeur, qui va annoblissant & rénouuellant l'ame en toutes ses puissances, & en tout son Estre. Et pour lors la volonté toute regenerée commençant d'entrer dans ses droits, & de jouïr legitimement de sa sainte liberté deuë & promise aux Enfans de Dieu, lors que d'vn courage heroïque ils auront déposé tout seruage sous la loy du saint Amour, & preparé leurs cœurs comme vn Char de triomphe qui porte l'Amour diuin, & d'où il s'insinue par tout l'Estre renouuellé de l'ame.

9. D'où vient que *la volonté* sortie de son finy, & toute resuscitée en l'esprit de Charité, au moyen de quoy elle entre dans les droits & joüit des priuileges de sa regeneration; elle commence aussi à vser de son authorité, comme *dame & maistresse de son petit Vniuers*, qu'elle a entrepris de rendre à Dieu en tres-parfait Holocauste: & par ainsi toute allumée & diuinement embrasée qu'elle est de ces *nobles notions d'amour*, qui la remplissent, qui la reuestent, qui la remuent, qui l'actuent, & l'exercent, & la purifient, *luy notifiants la reunion d'elle-mesme, & par là la reunion auec Dieu.* D'où vient que toutes ses facultez jubilent d'aise, & se laissans escouler à leur centre *au premier signal de la volonté*, par *l'attrait qui les y semond*; & s'y tenants tres-pacifiques, il les retire, il les ramasse, & les reünit intimement auec la mesme agilité que l'esclair passe de l'Orient à l'Occident; laissant l'ame toute reduitte, & toute disposée pour sa *consommation*.

Il appartient à la volonté fortifiée de l'attrait diuin d'appeller & d'attirer les autres puissances recueillement intérieur.

10. Enfin personne ne se doit presumer d'auoir, ny d'acquerir aucune vertu, ny de la posseder selon son excellence si elle ne l'a receuë & apprise de Iesus-Christ. Mais il n'est pas possible de bien apprendre de luy sans *aller à son escolle*, laquelle se tient au fond du cœur, s'estant reseruë ce lieu secret comme

Iesus enseignant l'ame dans l'escolle du cœur.

M M m

l'vnique Docteur interieur des simples ; pour y exercer son ministere d'amour, de iustice & de lumiere selon sa façon d'enseigner par dedans, laquelle il s'est reserué sans preiudice des droits qu'ils a donnez à son Eglise, il est de son office Sacerdotal de se victimer soy-mesme comme grand Prêtre Eternel lequel fait sa propre gloire d'estre Prêtre, Hostie, sacrificateur & sacrifié : ce qui fait le parfait accomplissement de son digne Sacerdoce. D'où vient aussi que par sa diuine Sagesse pour y garder vn ordre dans le temps aussibien que dans l'eternité, il a donné tout son pouuoir aux Prêtres pour s'en seruir dans son Eglise, comme d'instrumens visibles de son inuisibilité ; les ayant tous consacrez à son honneur, interieurement & exterieurement. Comme des vases de bonne odeur en sa diuine presence, & dans le sein de l'Eglise pour y faire son office, & y continuer tous les iours ce merueilleux, & ineffable miracle d'amour, operé en la sublime vertu de sa parole proferée & articulée par la bouche du Prêtre, qui l'y *rend present reellement* & substantiellement, Corps Sang, Ame, diuinité, & en tant d'Hosties qu'ils veulent. & auec ordonnance, & plein pouuoir de nous l'administrer, pour la grande enuie, & le plaisir infini qu'il prend de passer ainsi & entrer secretement dans le fond de nos cœurs, à la cachette de ses especes sacramentalles, pour y reuiure, & s'y recreer, *& s'y delecter auec son amante en cette interieure & pacifique solitude*, y establissant, & y reuiuifiant, & ordonnant vn fond propre pour y loger, & y faire germer la vie d'amour, & y espandre les fruits de sa diuine operation pour l'y faire croistre iusqu'à son comble par tous les degrés d'Estre & de noblesse d'vne telle vie : afin que plus commodement, plus familierement & amoureusement il puisse prendre, & entrer en legitime possesion de son Empire interieur, & caché par dedans tout exprez pour s'en reseruer la principalle administration.

Iesus exerçât son diuin Sacerdoce dans l'interieur.

Les grandeurs & les pouuoir communiqués aux Prestres par N. S. I. C.

Pourquoy Iesus-Christ s'est laissé presens au S. Sacremens de l'Autel.

11. Et par ainsi ce tres digne amour prend ses infinies complaisances à converser interieurement auec les ames pures & simples, pour se declarer à elles, & leur manifester

L'attache à sa propre vie, Tr. VI. Ch. V. 457

en cette coye & interieure solitude, toutes les plus diuines & amoureuses tendresses de ce cœur paternel, de cette fournaise de Charité; mais cœur à cœur, seul à seul, & sans entre-deux, ny milieu: l'ame se laissant écouler, dissoudre & défaillir à elle-mesme, toute espanchée dans vne mer de paix & de diuine tranquilité, de liberté, de suauité clarifiante, & de clarification sauoureuse, & ainsi toute enyurée de ces diuines delices, *elle acheue de monter les degrez de son ascension interieure jusqu'au troisiesme Ciel de son ame là où fust raui saint Paul, & là où le secret de Iesus-Christ luy fust manifesté*; auec toutes les plus sublimes notions de l'Estre diuin; au moyen desquelles il connut les ineffables commerces des diuines personnes dans elles-mesmes: & leur immenses debords de graces, & de gloire dans les creatures: & les admirables refluences reciproques des creatures dans le sein de leur amour: auec toutes les autres connoissances & penetrations des diuins mysteres & secrets du saint Euangile, & les plus hautes reuelations qui soient jamais tombées dans l'entendement humain. Mais comme ce grand Saint est l'incomparable en sagesse, science, & doctrine; il l'est aussi en *humilité*, laquelle a excellemment paru en luy accompagnée d'vne sagesse du Ciel, qui luy a fait taire & voiler sous le *silence* toutes ces admirables & surineffables lumieres, & manifestations sublimes de la diuinité, que les hommes n'estoient point dignes d'entendre, *pour se contenter, se delecter, & espanoüir d'aise, & tout rauy dans la conformité à Iesus-Christ, & iceluy crucifié*. D'où vient cette ardeur & cette generosité masle, qui luy fait défier toutes les puissances creées; sçauoir si elles le pourront separer, voire pour vn moment de la Charité de *Iesus-Christ l'vnique Amour de son cœur:* en veuë duquel toutes les souffrances luy sont delices, & luy font dire qu'il ne se glorifie que dans les opprobres de la croix de Iesus-Christ; & d'auoir esté lié, enchaisné, foüetté, lapidé, emprisonné, mocqué, & baffoüé pour Iesus-Christ, & l'auancement de son saint Euangile. Ainsi quand l'ame seroit rauie au troisiesme Ciel auec saint Paul,

Voyez la premiere & la derniere Image.

MMm ij

elle ne doit pas s'arrester à ses sublimes lumieres, mais *se conformer & s'vnir intimement & inseparablement à Iesus-Christ, & iceluy Crucifié*; & se glorifier vniquement dans ses souffrances, & opprobres de sa Croix, Mort & Passion. Cét aduis est important pour ne pas faire mauuais vsage des dons & lumieres diuines, & pour éuiter tous éuanoüissemens d'esprit, tromperies & illusions, se tenant toûjours l'esprit recolligé sur la pierre ferme & fondamentale de nostre bastiment spirituel, qui est Iesus-Christ, & iceluy crucifié, conceu, & regardé toûjours par foy viue au fond du cœur.

12. C'est ainsi que *l'ame amante est toute reduite en son troisiéme Ciel, c'est à dire à la consommation du troisiesme entretien interieur & pur passif*, là où le diuin Amour s'estant rendu tout-puissant & imperieux, opere entre les deux Amants vne tres-estroite vnion, auec des touches tres-intimes que la notion amoureuse exerce, découurant à l'ame de tres-grandes choses de l'Estre diuin, & des commerces mutuels des diuines Personnes dans elles-mesmes au sein de leur Amour, & de leur sortie dans la creation de tous les Estres, & de l'admirable rapport & refluence que l'homme doit faire de tous les Estres creez au sein de leur vnité par lien d'amour. Et comme tout ce qu'il y a de creé est si plein de mysteres, de lumieres, & d'instructions à l'homme pour se rendre parfaitement à Dieu; que tout *le papier* qui est au monde ne pourroit pas fournir à coucher par escrit toutes ces merueilleuses lumieres. Car il y a en Dieu infiniment plus de sciences cachées, qu'il n'y en a de descouuertes au monde; que Dieu ne manifeste pas, à cause de l'aueuglement, & de la dureté & ingratitude du cœur de l'homme, sans conter vne infinité de secrets cachez dans la nature mesme que les hommes ignorent, quoy que souuent ils les manient de leurs mains, & les voyent de leurs yeux. Mais pour ce qui est des veritez & ineffables Mysteres residants en la diuine Nature, l'homme ne peut trouuer ny termes ny paroles pour les exprimer : aussi n'est-il pas vtile à l'homme de les

declarer, ny neceſſaire de les ſçauoir en cette vie ; mais bien d'apprendre ſerieuſement *ce que nous ſommes à Dieu, & ce qu'il nous eſt au fond de nos ames par Ieſus-Chriſt* ; & tout ce que nous luy deuons rendre par amour, qui eſt vn ſeruice interieur & exterieur, d'hommages, de loüanges, & d'adorations en eſprit & verité : & comme il faut donner empire à l'Amour diuin dans nos cœurs, & l'y laiſſer regner en ſa maniere deſtituante & aneantiſſante la vieille creature, pour donner jour & vie à la nouuelle.

13. Enfin pour reuenir & rentrer en noſtre propos, nous dirons que l'ame s'apperceuant qu'il ſe faut rendre & ſuccomber, & enfin mourir de ce glaiue amoureux ; & que pour y paruenir elle n'a autre choſe à faire en cét eſtat, que de *s'y tenir interieurement tres-attentiue aux touches intimes* & tres-delicates, operées de ce principe duquel l'ame participe tres hautemēt la diuine operation & auſſi noblement que diuinemēt. Mais enfin eſtant toute reduite & ſoûmiſe à cette diuine milice, & expoſée interieurement à ce tourment d'amour, qui fait cōnoiſtre & remarquer à l'ame ſon indicible foibleſſe & imperfection, lors qu'il y va du ſien, pour porter & *ſupporter le don de Dieu ſelon Dieu* ; duquel elle ſe voit comme inueſtie & enuironnée, & toute penetrée, & auec force & puiſſance, voire meſme auec vne impetuoſité imperieuſe qui la dompte *ſans la forcer* ; parce que *c'eſt vne onction qui l'engage à l'amour, à l'adherence, & à ce concours mutuel des deux amants* ; ainſi l'ame ſe reſout & défaillit à ſon propre Eſtre ſous la douce rigueur de ces intimes operations dont elle eſt tellement outrée, penetrée, & agoniſante ſous ces oppreſſions mortelles & internes ; & d'autre part ſi eſtrangement deſtituée & éloignée de tout ſecours & faueur, qu'en cét eſtat elle n'apperçoit aucun remede qui la puiſſe tant ſoit peu ſoulager, ny aſſiſter en cette horrible extremité, & ſouueraine deſtitution de propre Eſtre.

14. Enfin tout le remede eſt de s'abandonner à la diuine operation tant pluſtoſt, tant mieux. D'où vient qu'vne telle ame pour ſe laiſſer eſcouler en cette diuine & tres-inti-

me fournaise de Charité, où elle ne voit plus que Dieu, ne connoit plus que Dieu, & toute chose en luy; & ainsi toute abandonnée & abismée dans le brasier ardent du saint Amour, elle s'y voit *vne auec l'vn par excellence*, qu'elle possede, & dont elle est aussi possedée & toute penetrée, l'y goustant, & l'y sauourant à son aise: mais comme la Prouidence diuine pouruoit à tout selon l'excellence de sa diuine Sagesse, par laquelle elle regit, & gouuerne, & conduit toute chose à sa fin ; l'ame estant encore emprisonnée dans le cachot mortel de son corps, elle n'est pas aussi capable ny suffisante de supporter la diuine operation de l'vnion diuine, à cause de sa foiblesse; d'où vient que *le diuin Amant s'en souſtrait, & s'absente de fois à autre, non pourtant quant à sa grace & à son onction* ; reposant dans le fond de cette ame, comme dans vne boitte viuante de diuins parfums, mais il cesse seulement l'operation de l'vnion ; laquelle se fait de temps en temps, selon qu'il plaist à l'Amour, par vn debord de grace & de gloire que l'ame ne pourroit pas supporter sans se separer de son corps, si elle n'estoit suspenduë pour quelque temps.

15. D'où vient qu'il s'engendre dans cette ame si fort penetrée d'amour des angoisseux desirs de courir à toute bride aux solides vertus pour se conformer en tout & par tout à son amour crucifié, s'enyurant spirituellement de son Sang precieux, esperant par là rafraischir son ardeur, mais bien loin de cela, elle se rallume derechef, & plus flamboyante, plus ardente, & plus transformante & consommante la propre vie qu'auparauant : faisant gouster & sauourer à l'ame les delices de la Verité increée & éternelle de la Diuinité, laquelle se fait pour lors voir comme vne pleine mer de tranquilité, & y goûtant & sauourant *les delices de la diuine Vnion*. En telle sorte qu'estant encore mortelle, elle sauoure le souuerain bien immortel ; & là *s'acheue*

L'ouuerture & la leuée du sixième sceau, l'attache à sa propre vie.

de rompre & dissoudre le filet de propre vie, laissant le corps tout destitué, sans sentiment, tout rompu & froissé par l'imperieuse vehemence du saint Amour. En telle sorte qu'il se-

L'attaché à sa propre vie, *Tr. VI. Ch. V.* 461
roit impossible de viure en cét estat, si la Bonté diuine n'y fournissoit de nouuelles forces: & c'est vn plus grand miracle de voir l'ame en cét estat sans abandonner son corps, qu'il ne seroit de voir ressusciter plusieurs morts.

16. A raison dequoy l'Amour diuin se soustrait quelque temps, laissant retourner l'ame au vaisseau de son corps, auec le sentiment qui auoit esté tout à fait perdu par l'imperieux embrasement de l'vnion des deux Amants: ainsi l'ame retournée à son premier estat & sentiment, *non pourtant qu'elle eust esté entierement separée de son corps*; mais par vn attrait & suspension admirable, l'Esprit est rauy & toute la vigueur des puissances, auec l'ardente affection de la volonté qui fait abstraction de l'Amante & l'vnit à l'Aymé, & là se fait la perfection des deux Amants subsistans en mesme Amour; aussi Dieu suspend l'ame & la tient à soy d'vne maniere admirable qu'on ne peut pas tout à fait entendre. Car sa memoire n'est plus que de Dieu, son entendement tout occupé & possedé de la lumiere increée: Et ainsi éclairée & fixement arrestée à ce diuin objet, s'entredonnans l'vn à l'autre, *l'Amant à l'Aymée* auec toute leurs affections mutuelles & reciproques comme du principal effet de la diuine volonté en cette ame, laquelle en aymant l'Amour de ce diuin Amour se fait la conjonction des deux Amants; *d'où s'ensuit l'embrasement qui consomme l'Hostie, & acheue le Sacrifice.*

Estat de l'ame dans le rauissement.

17. O tres-sainte, tres-diuine & tres-merueilleuse Vnion, qui reduisez les deux Amants en societé de mesme vie, de mesme amour, de mesme lumiere & de mesme fin. O homme Chrestien, n'auez-vous encore jamais esté attentif à ces prodiges d'Amour tout miraculeux par où la Sagesse increée s'est employée à inuenter *vn moyen si facile*, si aduantageux à l'ame, & si glorieux à Dieu: pour attirer les ames, & gagner leurs cœurs par amour, & les posseder en principe de nouuelle vie, apres les y auoir épurées, transformées, & vnies si ardamment. Mais aussi, Ames Chrestiennes, ne deuons-nous pas aduoüer en telle rencontre nostre foibles-

L'Ame captiue sous le sixiéme sceau,

se, nostre impuissance, qui nous donnent sujet de grande humiliation, & d'entrer profondément en nostre petitesse? Mais enfin, n'est-ce pas vne chose merueilleuse, & tout ensemble digne de compassion & d'étonnement au regard de nostre impuissance & impureté naturelle de dire que *le doigt de Dieu*, lequel est de soy si doux, si suaue & amoureux, & l'Amour mesme ; *nous semble cependant si pesant & si dur en ce détroit d'amortissement de propre vie* ; encore que sa diuine Bonté n'y fasse que toucher & si misericordieusement & si diuinement : non pour chastier l'ame, mais pour la purifier & la mieux aymer ; & qu'aymant plus diuinement elle soit renduë capable des glorieux debords & diuines inondations de grace & de gloire, découlans abondamment de cette mer pacifique, qui ont entraisné les bornes de son finy dans cét Ocean immense & infiny. *Laquelle operation a deliuré l'ame de sa sixiéme captiuité*. Iugez donc, de la Iustice si l'Amour purifiant nous semble si dur, que naturellement nous ne le pourrions supporter si Dieu ne nous soûtenoit; non que ce soit luy qui soit dur ; car il est de soy & en soy la mesme saueur & la mesme douceur; mais c'est qu'il attaque *les duretez* de nostre ame, quelle a contractées par *ses vieilles habitudes*, & qui l'ont penetrée auec le tronc de l'amour propre enraciné jusques dans sa substance; pour lequel renuerser *Iesus-Christ* a donné sa propre vie & son amour. Et partant, cheres Ames, voulez-vous resister au Tout-puissant Agneau de Dieu, & à son Amour cordial, auec le front de vos vieilles & nouuelles ingratitudes? O dureté incomparable du cœur humain ! O resistance inueterée qui ne voulez point fléchir vos cœurs à l'amour & à la diuine tendresse de ce benist Agneau, qui se delecte à les posseder & à y accroistre & affermir son Empire à l'infiny (*si l'ame y veut répondre*.) Et pourquoy non ? puisqu'il fait les plus cheres delices de leur possession, les regardant comme autant de thrônes *viuans & animez* dans lesquels il se plaist, & s'éjouït infiniment d'estre assis ; afin que de là il puisse contempler à son aise par les organes des trois Puissances, comme par

Ce que la sainte Trinité fait assise dans le thrône viuant & animé de nos ames.

trois

L'attache à sa propre vie, Tr. VI. Ch. V.   463

trois Canaux proportionnez aux trois divines Personnes & à leurs Trines emplois vniques & personnels, tous les ouurages glorieux & magnifiques de la souueraine Puissance Creatrice qui se trouuent en abbregé dans l'homme creé à son image & ressemblance.

SECTION SEPTIESME.

Plusieurs belles veritez & raisonnemens confirmez par l'Escriture sainte, pour prouuer que c'est au fond du cœur centre interieur & spirituel de l'ame, que l'esprit se doit recolliger pour y chercher Dieu par Iesus-Christ, pour s'y vnir & s'y tenir toûjours presente à luy, tant dans l'Oraison que hors l'Oraison.

1. QVe peut-on s'imaginer que Dieu n'a point fait pour auoir & posseder l'homme à plaisir, & pour se donner aussi à posseder à luy. Il n'y a pas mesme épargné son propre Fils, ny tout l'Amour de son sein. Mais combien de resistances & *d'ingratitudes* au cœur de l'homme pour arrester ses desseins éternels. Enfin, Dieu voyant les hommes attachez à la terre & aux voluptez charnelles, enuoya *le Deluge*, & noya tout ce grand Vniuers; parce que les hommes viuans à eux-mesmes ne viuoient point pour Dieu, & mettoient leurs cœurs & leurs volontez en la possession des choses terrestres & mondaines & voluptueuses, & s'éloignoient ainsi de Dieu en se répandans au dehors parmy les choses creés. *Dieu enuoye des Prophetes* qui parlent de sa part. Mais tout ainsi que le Soleil fait mal aux yeux du *Chat-Huant*, la lumiere de la verité blesse l'œil charnel. Et par ainsi ils les ont mis à mort. Enfin, Dieu par vne bonté & vn amour patient qui n'appartient qu'à luy, *enuoye son propre Fils en la terre*, pour releuer les hommes de terre, & leur faire tendre à luy au fond de leurs cœurs. Car *Dieu estant*

dans les Estres pour chaque Estre, il est aussi dans l'Homme pour l'Homme; & partant, l'homme le doit chercher au fond de son ame, & non ailleurs. Et faute de le chercher là, plusieurs sont en peine de le trouuer, & le cherchent au dehors où ils ne le trouuent point encore qu'il y soit, mais non pas pour eux; parce que c'est *vn Dieu caché*, qui ne se laisse point trouuer au dehors ailleurs qu'au tres-saint Sacrement; encore n'est-ce que pour venir dans nos ames, & à la cachette de ces especes, de peur que sa gloire ne nous opprimast s'il y paroissoit à découuert: mais *il ne se montre & ne se découure qu'au fond du cœur*, où il se laisse gouster, sauourer, participer & posseder à la mesure & à proportion de l'estat de l'ame; afin qu'il pust *entrer de cette façon dans l'ame, comme dans son Palais par la porte de dehors aussi-bien que par le dedans*, ainsi qu'il y entre, & s'y introduit dans l'interieur, & y appelle & y attire l'ame pour s'y communiquer à elle surnaturellement; & cependant la pluspart des hommes le cherchent au dehors comme s'il n'estoit pas encore ressuscité.

Pourquoy Iesus est voilé d'especes au tres-saint Sacrement.

Voyez l'image, & vous conceurez bien comment Iesus-Christ vient par dehors, & puis dedans dans nos ames.

2. Ce fut pour cela que nostre Seigneur dist à ses Disciples, qu'il estoit expedient qu'il s'ostast de deuant leurs yeux, autrement que le saint Esprit ne viendroit point dans eux; parce que leurs ames toutes tenduës & extrouerties vers le dehors, n'auroient point pû communiquer au *saint Esprit qui opere dans le fond de l'ame*: & mesme nostre Seigneur conuersant auec eux apres sa Resurrection retenoit l'éclat de sa gloire au dedans de son ame, laquelle les eust opprimez d'vn seul regard; parce qu'ils estoient rempans dans leurs sens & attachez aux choses visibles. Ainsi *il disoit estre expedient qu'il s'ostast de deuant eux pour tourner leur face spirituelle en dedans pour s'y rendre attentifs aux operations du saint Esprit qu'il leur alloit enuoyer*. Et partant, ce n'estoit point la sainte Humanité glorieuse de Iesus, qui leur empeschoit la reception du saint Esprit, mais c'estoit leur extrouersion. Et mesme comme j'ay déja dit, il ne leur montroit pas la gloire de sa sainte Humanité; car ils ne l'eussent pas pû supporter de leurs yeux; bien moins que sur *le Thabor*, où elle ne leur parut que sous

Cecy est fort necessaire à remarquer à cause de plusieurs irreuerences injurieuses que l'ignorance du sens de ces pa-

L'attache à sa propre vie, Tr. VI. Ch. V. 465

l'ombre d'vne nuée. Et aussi, que s'il ne se fust tiré de leurs *rôles de Iesus-*
yeux, leurs volontez fussent toûjours tournées en dehors, *Christ cause*
& ne se fussent jamais tournées en dedans vers le S. Esprit, *sainte Huma-*
qu'il leur deuoit enuoyer pour en receuoir la plenitude qui *nité qu'on dit*
ne se communique que dans l'interieur par où Iesus-Christ *qu'il faut*
le deuoit envoyer & signifier sa venuë interieure par des *quitter.*
signes exterieurs & visibles au jour de la Pentecoste.
Voyez l'image pour conceuoir la venuë interieure du saint
Esprit dans l'ame par l'ouuerture centralle du cœur qui regarde & abouche la Diuinité en dedans. Et c'est pour cette
raison que l'ame doit estre interieurement attentiue à luy
en dedans, & s'y recolliger pour le receuoir dans soy auec
tous ses dons. Ce que Iesus-Christ recommandoit à ses
Apostres.

3. Enfin, c'est *dans le fond de l'ame, & outre elle-mesme*, où
l'ame trouue, gouste & possede Dieu dans Dieu, & en sa
façon diuine & immense de posseder & d'estre possedé diuinement. C'est là en ce fond, où l'ame s'y dissout d'elle-
mesme, & s'y resout toute en Dieu, & s'y diuinise & y participe la Diuinité plus noblement, plus hautement & plus
excellemment les diuines perfections de ce centre diuin,
de ce *Centre-Dieu.* Et de là suit necessairement que *nostre*
ame se retirant dauantage de la circonference du dehors de ses sens à
son centre interieur & de son centre à son Dieu; Plus aussi elle s'y
épure, elle s'y éleue, elle s'y dilatte & s'y annoblit par communication d'amour: & ainsi elle y participe, goûte & sauoure Dieu & ses diuines perfections, d'autant plus qu'elle
s'y approche interieurement de luy *Centre de tous les centres.*

4. Enfin, *c'est en esprit & verité qu'il faut chercher Dieu au*
fond de son ame: C'est ainsi que Dieu nous l'apprend, qu'il
veut estre cherché au dedans; c'est ce qu'il nous a fait dire
par ses Prophetes, ainsi que nous pourrons voir dans plusieurs lieux en *Ezechiel.* Et voicy, dit cét Homme, Me leuant j'entray au champ, & voicy la gloire de Dieu. Lors
l'Esprit entra en moy, & me dressa sur mes pieds, & parla à
moy, & me dit: Entre, & t'enferme au milieu de ta maison.

NNn ij

Ainsi, nous voyons comme l'Esprit du Seigneur commande à ce Saint *d'entrer au milieu de sa maison interieure*, pour là s'y communiquer à luy & luy verser ses diuines influences; mais il veut qu'auparauant *il entre dans le champ de son cœur pour y voir la gloire du Seigneur.*

5. Et il poursuit ainsi à nous declarer plus au long la maniere d'agir du Seigneur, disant: Puis il me mena à la porte qui regardoit vers la voye Orientale; & voicy la gloire du Dieu d'Israël qui entroit par la voye Orientale: Et sa voix estoit comme la voix de grosses eaux; & la terre resplendissoit de sa Majesté, & la Majesté du Seigneur entra au Temple, & l'Esprit m'éleua & me mit dans la sale interieure. Nous voyons par là la maniere de proceder de l'Esprit diuin, lequel voulant faire voir la gloire de Dieu à ce saint Prophete, le mena premierement à *la porte qui regardoit vers la voye Orientale. Cette porte c'est la sacrée Humanité*; laquelle regarde du costé de la voye Orientale, comme à son aspect diuin. Car *cette voye Orientale nous represente le Verbe diuin l'Orient Eternel du sein du Pere.* Il l'appelle voye Orientale, parce qu'il est venu du sein du Pere dans le sein d'vne Vierge; lequel luy a seruy comme de passage pour venir de son Pere à nous; & ainsi il est venu à nous par cette voye virginale de *Marie*, apres y auoir reposé neuf mois, & s'y estre reuestu d'Humanité formée de ce pur sang Virginal par l'operation du saint Esprit. Et par ainsi *la porte du sein Virginal de Marie*, est celle par où le Verbe diuin est entré vers nous humanisé; elle n'auoit receu du Pere qu'vn Dieu, sçauoir son Verbe; & elle nous l'a donné Homme-Dieu tout ensemble; & dans l'estat de compâtir à nos miseres, & de les pouuoir soulager: Mais *la vraye porte pour passer de nous à Dieu c'est cette sainte Humanité de Iesus.* Car elle n'est pas seulement la porte de l'arriuée de cét Orient du Pere vers nous; mais elle est encore la porte ouuerte pour retourner de nous à ce bel Orient du Verbe; à ce beau jour Eternel du Pere, *au sein duquel il nous doit rendre en triomphe*, & par le prix de ses victoires.

6. Il est dit de plus, que la gloire du Dieu d'Israël entroit au Temple par la voye Orientale; & que sa voix estoit comme la voix de grosses eaux. *La gloire non seulement du Dieu d'Israël, mais aussi des Chrestiens, & du Nouueau Testament, c'est le Verbe Humanisé.* Il est la gloire du Pere, parce qu'il est son vnique engendré; il est la splendeur du Pere, parce qu'il nous l'a manifesté & fait connoistre; le Pere l'a glorifié, & y a pris sa complaisance; parce qu'il s'est humilié jusqu'à la Croix pour la Redemption des hommes, de laquelle Redemption le Pere est aussi glorifié, le Fils a glorifié le Pere, & a esté & sera éternellemēt la gloire du Pere: & le Pere l'a clarifié & le clarifiera, & glorifiera éternellement. Enfin il est la gloire du Pere, parce qu'il est vn autre soymesme, & l'vnique complaisance de ses Entrailles paternelles. C'est ce diuin Verbe, ce diuin Maistre & grand Seigneur des hommes, lequel est venu par la voye Orientale, auec vne voix semblable à la voix de grosses eaux: *La voix de grosses eaux*, c'est vn certain bruit que le coulant & le rapide de quelque torrent fait entendre descendant de quelque haute montagne, & passant par les campagnes, par les pieres, par les rochers, par la terre, par les forests, par les hayes & les espines. Ce que signifiēt tres-bien les paroles de ce saint Prophete: Car ce Verbe Eternel, ce tortent du sein du Pere, descendant de la haute montagne de sa diuinité par son coulant rapide par le sein d'vne Vierge, il en a entraisné la terre sainte de son Humanité, dont il a fait la mediatrice entre nous & la Diuinité; & dans la force du coulant de sa rapidité il a ouuert toutes les veines de son corps & de son cœur, qui ont fait vn grand bruit dans toutes les nations, coulant en abondance & auec rapidité pour entraisner les cœurs rebelles & endurcis, que signifient les pieres & les rochers. C'est vn bruit & vne voix de grosses eaux, par sa Mort & Passion, & par l'abondance de son Sang épanché, qui a fait remuer toutes les nations, la terre & les Cieux, le Soleil & la Lune, les monumens, les morts, les rochers, & l'enfer mesme. Et pour en venir là il a passé

NNn iij

468 *L'Ame captiue sous le sixiéme sceau,*
par les espines, par les cloux, par la Croix, par la mort, de laquelle mort il a fait nostre passage à la vie de sa diuinité. Et partant quiconque voudra aller à Dieu, doit entrer par cette porte Orientalle de la tres-sainte Humanité de Iesus. Il est est dit que la terre resplendissoit de sa Majesté; *cette terre resplendissante*, c'est proprement la sainte Humanité de Iesus Christ; laquelle estant personnellement vnie à Dieu en la personne du Verbe, en pouuoit participer toutes les excellences, la gloire & la Majesté, la splen- & les lumieres; ainsi qu'il la laissa eschapper sur le *Tabor*, dont ses Disciples furent tous surpris: & si Nostre Seigneur n'eust retenu & suspendu ces debords de gloire de sa Diuinité, il eust aneanty tous ceux qui l'eussent regardé? & n'eust pas pû faire & accomplir sa mission personnelle, s'il n'eust moderé & *retenu sa Majesté comme voilée & temperée de*

Pourquoy Ie- *son Humanité.* C'est encore pour cela que dans le tres-saint
sus-Christ au Sacrement de l'Autel, il s'est reuestu & voilé d'especes sen-
S. Sacrement sibles & proportionnées à nos sens, & à nostre portée:
est voilé d'es- premierement pour y exercer nostre foy; & aussi parce que
peces. s'il y paroissoit dans sa gloire, personne n'en pourroit supporter l'esclat ny en approcher sans mourir; parce que la gloire n'est pas de cette vie, il faut de necessité mourir pour voir la gloire, & passer en vn estat immortel & impassible. D'où vient que Dieu la voulant monstrer aux hommes viuans encore sur la terre, il l'a proportionnée à leur foiblesse, *& les mit à couuert dans le creux de la masure de la tres-sainte Humanité de Iesus:* Ce que saint Paul confirme, disant auoir esté rauy en Iesus-Christ, & ainsi il rauit l'ame à soy, & suspend les fonctions du corps, lequel en cét estat deuient froid comme vn mort, & toutes les puissances sont rauies & suspendues, & vnies à leur Objet diuin, où il leur monstre quelque *échantillon de sa Gloire*, tant il est vray que personne ne peut voir ny supporter le moindre éclat de la gloire de Dieu, sans qu'il luy en coûte vne espece de mort: & mesme je crois que si Dieu n'y remedioit la mort seroit entiere. Enfin cette terre resplandissante peut encore estre

expliquée de la tres-sainte Vierge; laquelle portant nostre Seigneur dans ses tres-chastes entrailles (luy, dis-je, qui est la lumiere & la splendeur Eternelle) tout ce saint Corps Vierge deuoit estre penetré de la Majesté du Verbe, la- *Majesté diuine* quelle deuoit paroistre toute resplendissante aux yeux de *de la tres S.* ceux qui auoient le bon-heur de la regarder, ou d'estre re- *Vierge.* gardez d'elle: ainsi qu'il est dit de *saint Denis Apostre de la France*, lequel ayant l'honneur de la voir, y découurit tant de Majesté, que luy-mesme dit, que s'il n'eust eu la Foy d'vn Dieu, il se fust prosterné à ses pieds pour l'adorer, tant il voyoit en elle de Diuinité & de splendeur diuine. *Elle est aussi ce Temple dans lequel la gloire du Seigneur Iesus est entré venant de l'Orient du Pere.*

7. Mais enfin voicy que ce Saint Prophete dit de plus, & *l'esprit m'esleua, & me mit dans la sale interieure*. Ces paroles nous font voir clairement que l'esprit de l'homme ne peut pas de soy-mesme atteindre les choses diuines: puisque ce saint Homme dit que l'esprit du Seigneur m'esleua, *esleuer quelqu'vn*, c'est le tirer de sa bassesse, pour l'employer à quelque vsage releué; lequel il ne pourroit pas exercer dans la vileté de son extraction repugnante à la noblesse de l'employ auquel on l'a destiné: & partant chacun sçait que l'homme estant deschû de son innocence, est entré dans la roture & la vileté du peché; & qu'il ne peut pas par consequent vacquer aux choses diuines, s'il n'est releué & éleué par la Grace. Ce qui fait dire à ce saint prophete que l'esprit du Seigneur l'esleua, c'est à dire qu'il desgageoit son ame des choses terrestres, & la détachoit mesme de la bassesse de son propre esprit, pour faire place & donner lieu à l'esprit du Seigneur qui vouloit operer en luy, pour lequel sujet *il le mit en la sale interieure*, qui estoit le fond de son ame. Ce qui doit faire voir à certaines personnes qui blasment ce cy qu'elles n'ont pas trop raison, disants que l'ame n'estant qu'vn point indiuisible (ce qui est vray) on ne doit pas luy donner des parties hautes & basses, & que cela repugne à la doctrine des Docteurs & Theologiens. *Pour mon regard je*

ne pretens point parler ny toucher à la doctrine, ny aux Docteurs ny aux Theologiens ; car je les honore & les reuere de tout mon cœur, & me soûmets à tout ce qu'ils disent & ce qu'ils diront de ce petit œuure, mais je crois que leur pieté me pardonnera si j'en dis mes petits sentimens auec toute la soumission que je leur dois, & à leurs jugements, comme aux *soustiens visibles de la verité de Dieu, & de son Eglise.*

8. Si donc le saint Prophete dit auoir esté mis dans la salle interieure par l'esprit de Dieu, il faut qu'il y aye quelque distinction en l'ame, pour en remarquer *vn interieur*, lequel mot suppose vn exterieur : ou bien, pourquoy dire l'interieur de l'ame, si l'on n'y doit point faire de distinction ? Car on demeure d'accord que l'ame est vne, & qu'elle est indiuisible : mais cependant nous voyons par experience qu'il faut de necessité, qu'elle souffre quelque distinction, si on en veut parler : Car posé qu'elle est vn point indiuisible, cela ne dit rien de ses operations. Or il est clair que l'ame animant son corps y fait à proportion ses enuoys & ses saillies vitales selon toutes les parties du corps : & dans chacune partie elle y est participée selon qu'il est vtile à cette partie là ; & quoy que l'on dise que l'ame comme indiuisible soit toute entiere au bout du doigt, ainsi qu'aux autres lieux du corps ; cependant il est aussi vray qu'elle y fait differentes operations : car elle est au bout du doigt pour le toucher seulement ; mais elle n'y voit pas : elle n'y entend pas, elle n'y fait pas enfin vne autre fonction, que celle du toucher : Et elle voit aussi par les yeux, mais elle n'y entēd pas, & ainsi de l'Odorat, du Goust, & autres effets de ses saillies. Que si elle a ses saillies en dehors, & qu'elle puisse sortir par nos sens, & s'attacher aux objets visibles, il faut aussi de necessité luy donner vn centre qui soit comme le siege de son repos, & d'où elle jallisse à sa vertu animante, ou saillie de l'agent hors de soy. & si nostre ame sortant par nos yeux s'attache à quelque objet illicite, tout Chrestien n'est-il pas obligé de la retirer de là sur peine de peché ? S'il la peut retirer de cét esgarement, il faut qu'elle se range en quelqu'autre lieu, pour s'y destourner

L'vnité de l'ame & son indiuisibilité la distinction de ses puissances.

Ses differante operations en differents organes.

Le centre de l'ame.

L'attache à sa propre vie, *Tr. VI. Ch. V.* 471
destourner du mal, & où se retirera-elle pour estre en seureté? Car si elle se laisse à la mercy des autres sens ils ne luy feront pas meilleur traitement que les yeux; ainsi *tout l'exterieur est plein de pieges pour elle*; d'où s'ensuit que si elle se veut mettre en seureté, il faut qu'elle se retire du dehors au dedans dans sa sale interieure. Qui n'est autre chose que son centre, qui est ce point indiuisible, ou son essence d'où elle saillit à ses operations: & *de ses operations, elle se retire à son centre interieur, & l'interieur de son interieur c'est Dieu-mesme*, où elle doit par consequent se retirer pour y gouster son repos Dieu estant le repos de tous les Estres créés, qui tendent à luy comme au centre increé de tous les centres creez. *Voyez l'Image.*

Dieu centre increé de tous les centres créés.

9. Mais quoy que nous fassions ces distinctions, & mesme, qu'elles se doiuent faire pour exprimer les fonctions de l'ame; toutesfois nous ne pretendons point blesser *son vnité*: tant s'en faut, c'est pour la mieux prouuer. Car il n'y a rien qui prouue mieux le feu que la flamme, ny le centre que la circonference & les lignes: parce que toute action doit auoir vn principe d'où elle part, & vne fin où elle retourne; ainsi *Dieu est le principe de l'ame quant à l'Estre, & il est sa fin quant à son retour*; Et partant l'ame estant montée à son Estre naturel par la creation, doit retourner à sa fin par la redemption, auec l'instrument surnaturel de la Foy interieurement exercée par amour au fond du cœur; parce que le fond du cœur est le siege de la vie naturelle, laquelle doit retourner à Dieu surnaturellement. Et tout ainsi que la saillie de nostre vie naturelle se conserue en respirant en dehors, qui est la marque qu'elle tire sa vigueur de son centre: de mesme est conseruée & accruë la vie surnaturelle en la retirant & la rappellant au dedans. Car nous voyons que les hommes qui meurent, commencent à mourir par l'extremité, par les pieds, par les mains, & par le bout du nez; & l'extreme est toujours mort deuant que l'ame soit separée du corps; parce que la vie naturelle se retirant à son centre, elle abandonne premierement les extremitez, & à mesure que la vie se retire au dedans, les

Retour de l'ame à Dieu son centre par la recollection.

La maniere d'agir de la vie naturelle, & surnaturelle.

O o o

parties extremes se froidissent; parce que la chaleur suit la vie, & ainsi *toute ramassée au cœur comme à son siege naturel, elle s'éuapore de son corps*; parce que le cœur est le premier à viure & le dernier à mourir. Car Dieu estant la mesme Sagesse il n'a rien fait de confus, ny dans la Nature, ny dans la Grace; mais il y a mis vn tres-bel ordre & vne conuenance admirable, & dans l'vn & dans l'autre, & de l'vn à l'autre.

10. Ainsi nous voyons que pour viure à la vie surnaturelle, il faut mourir à toutes les complaisances de la vie naturelle : parce que les complaisances naturelles nous attachent à la joüissance. Et comme Dieu ne nous a pas donné *la vie naturelle* pour nous l'approprier; mais pour la luy rendre *surnaturalisée, qui est le gain qu'il exige de son talent* : Il faut donc par consequent amortir toutes les complaisances de la propre vie, pour entrer dans la vie nouuelle, surnaturelle, & diuine. D'où vient que Nostre Seigneur dit, Qui

Mort mystique à la vie naturelle.

gardera son ame la perdra, & qui la perdra pour l'amour de moy la trouuera en vie eternelle. Or *garder son ame*, c'est joüir en complaisance de sa vie propre & naturelle : cependant nous voyons que Nostre Seigneur demande gain de son talent, & enuoye dans les tenebres exterieures celuy qui luy rendit le sien sans l'auoir fait fructifier; l'appellant mauuais seruiteur. De mesme celuy qui demeure toute sa vie dans la complaisance de sa nature, & meurt de la sorte, doit craindre la mesme reprimende; ne rendant à Dieu qu'vne vie naturelle, qu'il luy auoit donnée comme vn heritage à faire valoir & à fructifier : & cependant *l'auoir enfouye dans*

Du bon vsage de la vie naturelle figure par le talent de l'euangile.

la terre, qui est à dire dans les sens, dans la chair, dans les choses mondaines. Helas que respondrons-nous à Dieu ? voyés ce mauuais seruiteur de l'Euangile, il n'est accusé, que de n'auoir pas fait fructifier son talent; car il le rendoit comme le Seigneur luy auoit donné, & eut soin de le conseruer. Et cependant il est appellé mauuais seruiteur; & s'il est ainsi, comme il est vray : que dira-il à ceux qui luy rendront leur vie naturelle representée par ce talent non seulement comme il leur a donné : mais toute chargée de pechez qui sont les fruits de l'Enfer.

11. Mais quand il interrogea celuy qui en auoit receu deux, & qui en auoit gagné deux autres, il fust appellé bon seruiteur: parce qu'en amortissant sa propre vie par hommage à la Souueraineté de Dieu, vers lequel il s'estoit retourné au centre de son ame il profita vne vie nouuelle, vne vie surnaturelle & enfin il fust loué du Maistre. Et partant, cheres Ames, il faut aller simplement à Dieu, & ne pas chicaner à la lettre. Nostre Seigneur nous commande de l'aymer de tout nostre cœur, de toute nostre ame. Ce mot de tout suppose quelque relation: car si nostre ame doit demeurer dans son point indiuisible, Nostre Seigneur eust dit, Aymez de vostre ame, mais de dire de *toute nostre ame* suppose, que nostre ame quoy qu'indiuisible peut faire des saillies à l'exterieur vers les objets du dehors, ausquels elle s'attache de complaisance: & c'est de ce dont il la faut rappeller, de cette espece de diuision qu'elle a faite d'elle-mesme auec son centre, auquel elle se doit reunir: car hors de l'vnion il n'y a point de vraye liberté. Si Dieu est libre & simple, c'est parce qu'il est vn, & nostre ame estant creée à l'image & ressemblance de Dieu, s'estant respanduë au dehors, & attachée aux objets par complaisance d'elle-mesme, est aussi par consequent sortie de son innocence, de son vnion, de sa simplicité, & de sa liberté: parce que chaque attache est vn lien de tenebres qui la retient hors d'elle-mesme, & hors de Dieu; & chaque lien de tenebres est vn lien de diuision, parce qu'il tient l'ame esloignée de son centre, & de son vnion, & de son Dieu, centre de son centre. D'où vient que nostre Seigneur dit que tout royaume diuisé ne subsistera point, mais qu'il tombera en desolation; & partant l'ame qui n'est pas reünie à elle-mesme n'est point aussi par consequent disposée à l'vnion auec Dieu; parce que Dieu, ainsi que j'ay des-ja dit, est vn Dieu de Sagesse & non de confusion; mais gardant vn bel ordre, il veut que chaque chose marche en son lieu; & que les choses ayent conformité en elles-mesmes, & en leurs objets pour arriuer à la diuine vnion, & partant à leur repos & liberté:

Comment on doit faire valoir le talent de la vie naturelle.

OO ij

L'ame captiue sous le sixiéme sceau,

12. Que si nous donnons à l'ame vn point indiuisible, *il luy faut aussi accorder vn centre*, qui est la mesme chose. Car à quoy remarquer vn point s'il n'est vû au milieu de sa circonferance? Et comment aussi remarquer vn centre, si vous n'y admettez les lignes & les circonferances. Car la bonté diuine a tout fait par ordre, poids, & mesure; & toutes ses œuures sont œuures de sapience. Et partant, donner des puissances distinctes à l'ame, n'est point la diuiser; mais au contraire c'est pour mieux faire entendre la reunion de ses saillies naturelles à son point indiuisible, lequel Dieu a fait vie, & luy a donné la capacité de viuifier son corps. Et cét employ de vie & de vigueur naturelle doit auoir quelque principe interieur d'où il part pour saillir à son Estre animant, par où aussi il *reçoiue la vie de Dieu en dedans* pour s'y exercer surnaturellement: car les actions de l'Ame Chrestienne doiuent tenir du surnaturel, estant obligée à la Loy Euangelique, qui est vne vie parfaite; c'est pourquoy l'ame se doit retirer le plus qu'elle peut des complaisances exterieures de la vie naturelle pour donner lieu à la surnaturelle qui s'exerce en dedans par la foy; parce que la vie naturelle est attachante au dehors, & y captiue l'ame, & luy empesche sa liberté: & partant de meriter par ses actions. Car s'il est vray qu'vn acte est dautant moins meritoire qu'il est exercé auec moins de liberté, il s'ensuit de là que nous denous employer toute nostre industrie auec la Grace de Dieu pour nous deliurer de toutes nos attaches; afin qu'estans libres nous nous puissions donner entierement à Dieu car personne n'a lieu de donner ce qu'il ne possede pas, & partant l'ame attachée & captiue, a beau s'actuer vers Dieu; si elle est esclaue, elle ne peut produire que des Esclaues. Car l'effet est viuant de sa cause, & le ruisseau se ressent de sa source. Il est donc vray que *la liberté de l'ame aydée de la grace*, rend ses actes plus intenses & plus parfaits; & c'est à quoy tend tout ce petit ouurage, que de conduire l'ame par ces sept étages de sa montée interieure, monstrant dans vn chacun ce qu'elle a à y combatre, & à vaincre dans la victoire de

Le centre interieur de l'ame.

Voyez l'Image.

L'attache à sa propre vie, *Tr. VI. Ch. V.* 475
l'Agneau de Dieu; afin qu'estant deliurée & affranchie, & libre, & dégagée de son amour propre, l'Amour diuin y puisse regner à son plaisir, apres y auoir rompu toutes les attaches qui nous empeschoient de viure continuellement en la presence de Dieu au centre de nous-mesmes, tant dans l'oraison, que hors l'oraison, & nous y estre par ce moyen l'ame de nostre ame, & la vie de nostre vie.

SECTION HVICTIESME.

De la souueraine liberté de l'ame passiue sous les operations imperieuses de l'Amour diuin, & de l'intelligence de ce mot d'inaction pour expliquer le merite de l'ame en cét estat passif.

1. IL ne sera pas hors de propos d'éclaircir vn different & vne objection que quelques personnes ont fait sur le mot d'*inaction*; disans, si Dieu seul agite l'ame, elle ne meriteroit rien. D'autant, disent-ils, que l'acte seroit moins à elle, & que par consequent elle meriteroit aussi moins en cét acte, à cause qu'il ne seroit pas produit auec l'effort de l'ame : & consequemment auec moins de liberté. A cela, *il faut premierement prendre garde de ne donner trop à la Nature, & l'oster à la Grace* : Il est constant que *la Grace demande vn concours de l'ame pour ses operations.* Car saint Paul dit, que nous sommes aydez de Dieu : Et saint Matthieu dit, que les Apostres prescherent par tout, Dieu cooperant auec eux. Donc, *Dieu opere dans nostre ame auec nostre ame* : mais c'est à sçauoir *comment?* & c'est la difficulté ; laquelle cependant je ne trouue pas si difficile qu'on la crie. Car, comme j'ay déja dit ailleurs, Dieu est le Pere de toute Sagesse, & rien ne doit estre confus dans ses Ouurages : Et partant, il faut dire qu'il a accomply l'homme, & l'a rendu capable de le connoistre, de le seruir, de l'adorer, & de

O o o iij

L'Ame captiue sous le sixiéme sceau,

Effets du peché contre la Prouidence diuine.

l'aymer. Et si l'homme fust demeuré dans son innocence, & que Dieu l'y eust confirmé, il fut demeuré naturellement affectionné à aymer & adorer Dieu. Mais le peché & le pecheur ont renuersé l'ordre & l'œconomie de la Prouidence diuine: Cependant nostre Seigneur estant venu remedier à ce desordre par sa tres-sainte Mort & Passion, par les merites de laquelle il nous a acquis les graces & les moyens necessaires pour operer nostre salut: non seulement il nous a donné ses graces; mais il s'est encore donné luymesme à nous, nous nourrissant de sa tres-precieuse chair, & nous abbreuuant de son sang; & ainsi, il est tout à nous puis que nous le mangeons, & nous sommes tout à luy & tout luy, puis que nous mangeant reciproquement, il nous change en luy. Il s'est enfin fait le chef dont nous sommes les membres à dessein de nous influer sa vie.

Raison de l'estat passif.

2. C'est pourquoy saint Paul nous inuite d'estre ses imitateurs comme luy l'estoit de Iesus-Christ: Car il auoit tant de Charité pour les ames, qu'il leur desiroit le mesme bien qu'il possedoit, qui est *Iesus, lequel estoit tellement l'interieur de son homme interieur, qu'il en estoit aussi la vie.* Or celuy-là qui vit, c'est aussi luy qui opere, d'où vient que pour laisser operer nous posons *l'estat passif.* Et par consequent, nous supposons que l'ame ait passé dans l'exercice de ses puissances, autant qu'il est conuenable, pour chercher & trouuer Dieu au fond de son cœur: car tout ce qui nous empesche d'entendre & de conceuoir cette liberté de nostre ame par la rupture de cette Chaisne de sept chaisnes, dont nous traittons en cét Oeuure, c'est *faute de pratique.* Car toute la finesse, c'est de se faire petit enfant, & en toute simplicité apprendre à se retirer dans son cœur aux pieds de Iesus-Christ; & là s'y exercer en esprit, foy & amour enuers luy, ainsi que nous l'auons dit au commencement. Et ainsi s'y habituant peu à peu, & y dénuant son propre esprit, en y *suiuant l'attrait interieur,* s'y abandonner à sa diuine operation, en s'y rendant attentif, y laisser faire le saint Esprit dans nostre interieur, *sans autre action que de nous y rendre seu-*

L'attache à sa propre vie, Tr. VI. Ch. V.

lement attentif à tout ce qu'il y fait, y operant noſtre ſanctification, & à tout ce qu'il y défait en y rompant toutes les attaches, & y liberant l'ame de toutes les captiuitez qui empeſchent ſa liberté. Or, l'ame eſt libre quand elle eſt ainſi dégagée par amour interieurement de toutes les captiuitez & liens du propre amour, qui ſe la tenoit aſſeruie. *En quoy conſiſte la liberté au libre concours de l'ame dans l'eſtat d'inaction.*

3. Et partant, l'ame s'eſtant reünie & reintegrée en ſa liberté ſpirituelle, *ne doit pas s'actuer par elle-meſme, comme d'elle*; parce que s'eſtant reduite ſous l'Empire de l'Amour diuin qui l'exerce; & par là arriuée à la diuine Vnion, *tous ſes actes doiuent eſtre reduits en vn ſeul*; & l'ame eſtant toute abſtraite en dedans, & toute concentrée en ſon fond, ne fait plus de tout elle-meſme qu'vn ſeul écoulement en Dieu. Et comme cét écoulement de l'ame en la Diuinité eſt préuenu d'vn puiſſant attrait interieur, cela fait que l'on dit ne pas agir, quoy pourtant que l'ame agiſſe toûjours, mais d'vne maniere ſi ſimple & ſi libre, qu'il ne paroiſt point à l'ame qu'elle agiſſe; & à la verité *elle n'agit que d'vn acte tres-ſimple, qui conſiſte en attention ou en adherence au diuin attrait*; & cela parce que l'ame s'eſt laiſſée depoüiller peu à peu de la multiplicité de ſes actes naturels, pour ſe laiſſer reduire interieurement à la ſimplicité de ſon acte intenſé par l'operation de l'Amour diuin, qui ſe rend ſimple & vn; parce que ce diuin Amour s'eſtant emparé de l'ame, & de ſes facultez *par ſon conſentement*; Il ſe rend imperieux & dominant ſur elle, *non par force, mais par amour*, qui a captiué l'amour, & cette captiuité ſauoureuſe de l'Amour diuin opere en elle ſa *ſouueraine liberté*. Car ſeruir à l'Amour Perſonnel, c'eſt regner; & eſtre ſon captif d'amour, c'eſt eſtre infiniment libre; & en recompenſe de la fidelité de l'ame, de ſa foy, de ſa confiance & de ſon amour, *le diuin actuant qui l'agite & la fait mouuoir à ſoy, luy attribuë tout le merite*, comme ſi elle-meſme y auoit tout actué & contribué, quoy qu'elle n'ait fait qu'y conſentir. Et par ainſi, noſtre ame deuient telle que noſtre amour, & noſtre amour tel que l'Objet que *Souueraine liberté de l'ame captiue de l'Amour diuin.*

Comment l'ame merite par ſon conſentement libre en cét eſtat paſſif.

L'Ame captiue sous le sixiéme sceau,
nous aymons; & cét Objet aymable estant la mesme liberté, il s'ensuit que *nostre ame deuient infiniment libre, simple, vne & diuine.*

4. Et c'est ce que pratiquoit & enseignoit saint Paul, car il est dit que la Grace de Iesus-Christ, c'est à dire, l'effusion spirituelle de ses infinis merites est épanduë & appliquée en nos cœurs par le saint Esprit qui nous est donné, *& qui opere en nous* tout ce que nous faisons de surnaturel, & nous auons consequemment droit à l'heritage de Dieu, ainsi que les enfans & heritiers de Dieu, & coheritiers de Iesus-Christ.

SECTION NEVFVIESME.

Que le cœur du Chrestien est la maison d'Oraison, où l'ame recolligée doit prier & demander de Dieu pour obtenir infailliblement par vnion à Iesus crucifié son homme interieur, son vnique & tres-intime Espoux.

1. NE negligeons pas, cheres Ames, d'employer tous nos soins & tout nostre Estre pour auoir & jouïr de Dieu dans nos cœurs: & pour cela n'y auoir & n'y posseder rien que luy, & nous y delecter & reposer en luy: car nos *cœurs sont comme les lits où nous deuons chercher, trouuer & aymer nostre Espoux.* Et que là y estant éleuez des choses basses & humaines aux choses celestes & diuines, nous y soyons tout à luy; car nous le deuons chercher & posseder dés cette vie, en attendant la pleine jouyssance, qui nous est reseruée en l'autre. Car *nostre ame est comme le ciel du Ciel; Ciel spirituel, intellectuel & interieur, par où ce cher Espoux nous mene, & fait monter à l'Orient Central de sa Diuinité,* pour nous y delecter de sa vie épenduë dans le fond de nos ames. Mais n'est-ce pas vne chose étonnante de la bonté de ce grand Dieu

Voyez l'image.

L'attache à sa propre vie, Tr. VI. Ch. V.

Dieu sur nous d'auoir logé au fond de nostre Estre son diuin *Sanctuaire*, enuironné du noir & triste Tabernacle de nostre Corps ; & qu'aussi tout ensemble il soit vn habitacle terrestre, & vn Palais de plaisance du Roy de Gloire ; vne pauure maison de bouë, & vne salle Royale ; & qu'il soit encore tout ensemble vn corps de mort & de tenebres, & vn temple de lumiere, d'amour & de vie, & tout cela pour la complaisance de son diuin Amour.

2. Et partant, Ame Chrestienne, si vous voulez prier & chercher Dieu & le trouuer, *entrez toute seule dans la solitude de vostre cœur, dans cette maison d'Oraison, & destinée de Dieu pour prier, mais toute seule.* Dis-je, vostre memoire estant épurée de toute autre notion, & vostre entendement debarassé de tout autre raisonnement ; & vostre volonté vuide de toute autre sollicitude ; & que là *seul à seul, vn bon cœur, bon de la Bonté de Dieu, auec ce bon Dieu, le prier de la bouche centralle de ce bon cœur:* l'y chercher sans intermission. Car comme ce bon Dieu ne laisse passer aucun moment de nostre vie sans que sa pieté veille sur nous par misericorde & par amour ; aussi l'ame Chrestienne le doit auoir toûjours present au fond de son cœur, & l'y chercher & l'y desirer sans relâche. Mais pourtant *sans empressement, & qu'elle s'asseure que bien-tost elle l'y trouuera. Mais si tout d'abord elle ne l'y trouue pas autant qu'il y peut estre trouué, patience ;* car à mesure qu'elle continuera à l'y chercher, à mesure aussi elle y croistra dans la décou-uerte *de ce cher Objet que le grand saint Paul auoit trouué en l'y cherchant, & il l'appelle Iesus, & iceluy crucifié l'interieur de son homme interieur,* l'Ame de son ame, la Vie de sa vie, & la Source fontale de toutes ses lumieres ; à la clarté desquelles il nous inuite de chercher aussi à son imitation dans le fond de nostre homme interieur ce Iesus crucifié, Lumiere de lumiere dans nos cœurs pour l'amour & la connoissance du Pere des lumieres, qui nous éclaire par dedans pour nous manifester son Fils ; afin que ce Fils nous conduise & nous rende au Pere. O heureuse *Perseuerance* ! ô heureuse recherche qui nous fait goûter & sauourer la vie, la verité & la lu-

P P p

miere d'Amour, en attendant de l'aller goûter dans la glorieuse Eternité pour y estre éternellement heureux.

3. Car, cheres Ames, le moyen le plus court pour plaire dauantage à Dieu, & y croistre en sa connoissance, en sa lumiere & en son amour, & en toutes ses vertus, & auec toute la facilité possible; & mesme de jouyr de luy dés cette vie autant qu'il se peut, c'est de nous *habituer à tenir continuellement nostre ame retirée au fond du cœur à la face de ce Dieu d'amour par Iesus-Christ son Fils*; essayans de s'y tenir actuellement present, nonobstant qu'on soit employé à l'exterieur aux affaires necessaires, afin de n'y regarder que la pure gloire de Dieu. Et tout ainsi que vous voyez qu'vn pauure peut demander l'aumosne en vne de ces trois façons. Ou *par paroles articulées*: ou *mentalement*, montrant par signes sa pauureté; & découurant quelque playe qui l'afflige. Mais la troisiéme est plus parfaite, parce qu'il ne suffit pas de demander, mais il faut encore *tendre la main*, ou quelque espece de vaisseau pour receuoir, puis que la fin de demander c'est d'obtenir & de receuoir: De mesme il ne suffit pas à l'ame Chrestienne de demander à Dieu ses necessitez, ny par paroles, ny par representation de ses miseres; mais il y faut encore ajoûter cette troisiéme façon, qui est de tendre la main, & le vaisseau de son cœur, tout ouuert & vuide, afin que Dieu y verse & y mette ce qu'il vous a accordé. Et sçachez, cheres Ames, que si vous manquez à cette derniere *circonstance de l'oraison & de demande*, vous ne deuez pas vous étonner de vous voir frustrées de vostre attente; parce que vostre demande est impertinente; en ce que vous demandez à Dieu l'Onction de sa Grace, & vous en tenez cependant le vaisseau de vostre cœur fermé, sans luy ouurir, sans luy presenter; & mesme souuent en luy tournant le dos, vous tenant tenduës vers le dehors, sans prendre la peine de vous tourner en dedans vers celuy qui donne la grace, la lumiere & l'amour. Car autrement, comment voulez-vous receuoir la grace de Dieu, laquelle ne nous vient jamais du dehors que par les Sacremens? Mais *en l'oraison, c'est du dedans qu'elle*

Trois façons de demander l'aumosne adoptées à l'oraison.

L'attache à sa propre vie, *Tr. VI. Ch. V.*

nous vient ; & c'est en dehors que vous la demandez sans prendre la peine de tourner face en dedans vers celuy qui donne abondamment quand on luy ouure son cœur à ce dessein. D'où vient que l'ame qui sçait se retirer & recueillir au fond de son cœur, fait en faisant cela tout ce qu'elle doit faire. Car elle demande par son retour du dehors au dedans : & elle obtient infailliblement *en demandant par Iesus-Christ*, qu'elle se tient present par la foy dans son interieur ; & reçoit auec joye en ouurant & tendant tout ouuert le vaisseau de son cœur, que Dieu remplit le trouuant ouuert & vuide de tout peché.

4. Enfin, il ne faut point marchander, *qui donne son cœur donne tout*, & qui ne le donne point, non seulement il ne donne rien ; mais mesme il fait injure à Dieu, luy donnant ce qu'il ne demande pas, & luy refusant ce qu'il luy demande qui est *son cœur, au fond duquel Dieu l'attend, & l'inuite d'y venir*. Et partant, cheres Ames, ne contristez pas dauantage son amour. *Iettez-vous tout entier aux pieds de Iesus-Christ au fond de vostre cœur, afin que le Pere y regardant, il vous y voye au trauers de son Fils*, & que par là il vous y trouue agreable à ses yeux : Car, à l'ame qu'il trouue dans son Fils, & appartenante à son Fils, il s'y donne tout entier auec liberalité royale : mais pour cela l'ame doit prendre peine de s'orner de ses atours ; c'est à dire des nobles Vertus ; afin que *le saint Espoux venant au deuant d'elle par son diuin attrait*, il la reçoiue & l'y introduise royalement dans *le lict nuptial de son cœur*, pour y reposer d'oresnauant auec luy parmy les Lys & les Roses. Enfin, cheres Ames, sçachez que de viure là ainsi retirée au fond de son cœur auec son Dieu, c'est la vraye & la bien-heureuse Vie qui est cachée au monde, & *interieurement associée & vnie à Iesus-Christ, lequel y est caché en sa Diuinité*. Sa source originaire & centrale où il repose & fait reposer l'ame luy faisant sauourer le repos du septiéme jour, qui est le Iubilé diuin, qui tuë la propre vie,

CHAPITRE VI.

L'ouuerture interieure du sixiéme sceau, & la liberté de la sixiéme captiuité de la propre vie de l'ame amortie & crucifiée à elle-mesme, & reuiuifiée de la vie de l'Agneau victorieux.

A CETTE sixième ouuerture le Soleil se noircit, la Lune s'ensanglante, les Estoilles tombent, & le Ciel se retire comme vn Liure qui se roule.

1. L'ame est *icy prise pour vn Soleil*, à cause des torrens de grace & des éclats de gloire qui l'enuironnent & qui la penetrent ; & au milieu de toutes ces lumieres clarifiantes, elle se voit enfin pâlir & noircir dans ces horreurs de mort & d'amortissement total où elle se voit reduite & abysmée au centre d'elle-mesme, pour y estre amortie à elle-mesme, & *crucifiée à la complaisance de sa propre vie* ; & enfin, totalement dépoüillée d'elle-mesme, & reuestuë de Iesus-Christ ressuscité par la vertu & l'operation de son saint Esprit. Et *la volonté est prise pour vne Lune*, laquelle ne laisse pas d'éclairer parmy ces horreurs mortelles toute attentiue à son fond, où elle voit disposer le *Sacrifice de son Isaac* ; c'est à dire, *son Amour propre occis*, & retranché auec le glaiue ardent du pur Amour ; d'où vient que cette Lune paroist ensanglantée. Et *la memoire & l'entendement y passent pour des Estoilles*, à cause du brillant & de l'éclat de la lumiere clarifiante, surnaturelle & diuine qui les occupe, & des diuines notions qui les remplissent, & de ce dont ils sont déchûs & dépoüillez pour participer à la clarté de Dieu mesme par la suspension de leurs emplois naturels, *operée de cét excés ou rauissement, par laquelle l'ame est faite vn Ciel de Paix*, de Gloire & d'Amour, puis que le Dieu du Ciel a daigné s'y loger si

L'attache à sa propre vie, Tr. VI. Ch. VI. 483

royalement & si diuinement. Et enfin, *ce Ciel est roullé comme vn Liure par le retirement d'elle-mesme, & des organes de son corps en son principe.* Car l'ame disposée par l'amour estant naturellement informante son corps, se sent tout d'vn coup rauir à elle-mesme, & retirer surnaturellement des extremitez de son corps par vn puissant attrait qui la ramasse au dedans en son centre. Effectiuement comme vn Liure exposé à la chaleur d'vn grand feu dont l'excessiue ardeur fait retirer & rouler les fueillets, & ainsi reduite & concentrée, elle s'écoule en Dieu par vne abstraction imperieuse qui laisse le corps comme mort, & l'ame abysmée en ce diuin Ocean, aprés quoy elle reuient à elle toute chargée des biens de l'Eternité, & auec vn desir feruent de vraye penitence.

Comment se fait le rauissement interieur de l'ame en Dieu. Voyez l'image.

ESTAT, ET SON PRIX.

1. *Ie sçay tes œuures & ta patience qui m'ont aggreez, d'où vient que je t'ay donné l'huis ouuert* pour passer de l'estat amorty, crucifié, & crucifiant ta propre vie, & entrer de là à l'estat viuant & ressuscité de la mienne; & enfin, pour passer du naturel au surnaturel, du finy à l'infiny, & au diuin: *& je feray venir adorer à tes pieds, ceux-là qui se disent Iuifs.* Ces Iuifs sont nos sens exterieurs & interieurs, où passions du cœur, les appetits auec toutes les malignes inclinations de la nature; lesquels durant le temps de leur reuolte, ont fait & exercé l'office des Iuifs *crucifians nostre Seigneur dans nostre cœur,* par la dénaturée trahison de nostre propre amour, qui leur a seruy de Iudas. *Mais maintenant, dit le Seigneur, j'ay donné ordre qu'ils soient amenez au recueillement interieur en vn clin d'œil;* & rendus hommagers, & amenez à l'obeïssance aux pieds de la volonté. Et la reconnoissans pour leur Dame & Superieure, se soûmettront paisiblement tout à elle; & qu'ils en reçoiuent les ordres, qui sont, deffense à eux de n'aller plus picorer les complaisances creées au dehors, mais d'estre fidelles à la volonté, lors qu'ils se seront retirez sur leurs frontieres chacun à son poste.

484 *L'Ame captiue sous le sixiéme sceau,*

3. Et voicy de plus, que le Seigneur dit : & *parce que tu as gardé la parole de ma patience, je te garderay aussi de l'heure de la tentation.* Ainsi cette ame a gardé la patience de Iesus-Christ ; parce qu'elle a exercé sa foy par amour interieurement ; d'où vient qu'elle a esperé en ses promesses. Elle a aussi gardé sa patience en *perseuerant* fidellement & constamment à la conqueste de ses victoires. Elle a encore gardé sa patience dans les attaques des *tentations* qu'elle a supportées courageusement pour le pur Amour de ce benist Agneau. Et enfin, pour comble de sa fidelité patiente, c'est qu'elle l'a gardé jusqu'à l'amortissement de sa propre vie, qui est le terme d'vne patience interieurement éprouuée de tant de souffrances, de tant de langueurs, d'agonies, de destitutions, de croix & de morts. D'où vient qu'en recompense elle est en la sauue-garde du diuin Agneau, pour la proteger de l'heure de la tentation qui doit venir. Et dit : *Voicy, je viens bien-tost ;* c'est à dire, pour acheuer *ta liberté entiere par la rupture du septiéme Sceau, qui fait le repos de Dieu.* Car il dit : Et Dieu se reposa de ses œuures le septiéme jour, apres auoir créez & accomplis les sept étages de l'Vniuers : De mesme il se repose en cette ame, apres l'auoir liberée & affranchie des sept sceaux & captiuitez de son propre Amour, qui se la tenoit asseruie. Et ainsi estant vaincu par les victoires de l'*Agneau occis*, & déthrôné du fond de l'ame comme vn infame Vsurpateur, le diuin Amour s'empare de l'ame ; & partant, l'ame a esté regraduée interieurement par les sept degrez de son Estre spirituel jusques dans la Diuinité.

Voyez l'image.

Voyez l'image.

Le prix. 4. *Celuy qui vaincra, je le feray colomne au Temple de mon Dieu.* C'est la recompense de l'ame victorieuse d'entrer au Temple de la Diuinité ; parce qu'elle est entrée dans le droit de la promesse de l'Agneau par sa fidelité à *monter les six degrez interieurs de son Estre spirituel, d'où elle estoit descheuë par le peché,*

Voyez l'image. estant ainsi regraduée, & reünie à son triomphant & glorieux Iesus, vraye colomne de l'Eglise militante & triomphante. Ce diuin Iesus est encore la vraye colomne & fermeté de toutes les ames en particulier, qui ont donné lieu en elles à toutes ses victoires. D'où vient qu'il leur *promet qu'elles ne sortiront plus dehors*, c'est à dire pour s'y complaire hors de Dieu: d'autant que la stabilité est propre & deuë à la colomne. Ainsi l'ame toute à Dieu & pour Dieu, *affermie en Iesus-Christ*, & enrichie de ses dons possede vne paix inconceuable. *Voicy que j'escriray aussi sur luy le nom de mon Dieu*, dit Iesus, *parlant comme mediateur entre les interests de la Diuinité & ceux de l'ame*, l'ayant conduite à sa fin, & marquée à son front du caractere de ce nom diuin auec le Sang de l'Agneau Occis, pour la garentir de l'Ange deserteur au jour de la tentation. *J'escriray encore le nom de la Cité de mon Dieu*: cette Cité diuine puissamment affermie sur le triangle de l'Vnité des trois diuines Personnes en vne seule Essence, est la Cité essencielle, & le diuin patrimoine substanciel, vnique, & éternel des trois diuines Personnes, reimprimans en l'ame leur trine & vnique image, qui auoit esté défigurée par le peché & ses mal-heureuses suites. *J'escriray mon nouueau nom*, dit cette diuine Sagesse, nom de viue saueur, nom de delices, nom de bonne odeur, nom puissant, nom ineffable, & *nom sur tous noms*, sçauoir IESVS à la prononciation duquel tout flêchit, le Ciel, la terre, les Enfers; parce qu'il est la complaisance du Pere, & l'Oingt de Dieu tout-puissant, la Majesté duquel est tout ensemble aymable & redoutable. Il l'appelle son nom nouueau, parce qu'il luy a esté imposé dans le temps pour le salut du genre humain & la consolation de la nouuelle creature; & la fermeté de la loy de grace; conduitte par son Amour, gouuernée par sa Sagesse, & authorisée par ses victoires, par sa puissance & par son triomphe glorieux, regraduant interieurement l'ame de degré en degré jusques dans le sein de la diuinité. *Grandeurs du S.nom de Iesus.*

Voyez l'image.

5. Enfin apres que l'ame a esté ainsi tout à fait amortie en son propre Estre, toute morte à elle-mesme, & toute renouuellée & reuiuante de la vie diuine; joüissante de Dieu, & le possedant dans elle-mesme (autant qu'il se peut posse-

der en cette vie,) & d'vne maniere toute nouuelle ; puisque ce n'est plus seulement comme Seigneur & Maistre, mais que c'est sous l'aymable tiltre d'Espoux, d'amy, de bien aymé (& de fidele) protecteur & conseruateur diuin & humain ; lequel nous a reuestus de sa iustice pour nous presenter à son Pere ; & pour nous adopter pour Enfans & pour freres ; nous faisant marcher dans sa iustice, dans sa verité, & dans son amour espurant & iustifiant de plus en plus jusqu'à la consommation de la vie.

6. Mais qui pourra marcher en justice, sinon celuy là qui viura de la vie de l'Agneau, & pour viure de sa vie, il faut estre mort dans sa mort, & ressuscité dans sa resurrection ; & on ne peut par consequent renaistre à la vie de gloire qu'apres auoir passé par les souffrances, & par la *mort de Iesus, dans laquelle mort est cachée nostre vie* ; ô heureuse vie ! ô vie pure sans meslange de propre amour : où est-ce que l'on vous trouuera? mais qui pourroit penser que ce fust dans le sein de nostre propre mort ? Car *pour renaistre il faut necessairement mourir, & cette mort doit estre generalle*, mort au peché, mort au monde & à ses pernicieuses maximes: mort à la complaisance de nos sens : mort & amortissement des Passions : mort à la complaisance des propres emplois naturels, & actifs de nostre ame : & mort à sa propre vie ; & enfin mort à la complaisance des dons de Dieu, pour passer dans la complaisance de Dieu mesme, qui est nostre fin derniere. Mais si vous voulez sçauoir le lieu destiné de sa majesté pour operer toutes ces merueilles c'est le fond de vostre cœur, par où vous deuez passer au cœur mort de Iesus pour entrer enfin au cœur viuant de sa diuinité, centre diuin de vostre centre spirituel.

Mort mystique de l'ame pour renaistre à la vie ressuscitee de Iesus-Christ.

SECTION I.

SECTION PREMIERE.

Prerogatiues admirables de l'ame en estat de grace pour loger en soy Dieu auec Iesus-Christ, & participer à toutes leurs diuines richesses par les commerces interieurs & familiers en l'oraison de recueillement.

C'Est au fond de nostre cœur où nous deuons toûjours conuerser auec Iesus en esprit, foy & amour, & l'y porter, & auoire toûjours present en tout lieu, & nous y tenir auec luy en cette solitude interieure ; afin qu'il nous y conserue dans sa justice ; & que sur toute chose, nous l'y puissions *adorer en esprit & verité* ; & estre ainsi vnis auec cette diuine verité d'vn lien secret de perpetuelle charité, & dilection au fond du cœur ; & là l'y croire, l'y aymer, seruir, luy rendre tous nos hommages & deuoirs, d'adoration, de demission de propre esprit & de propre vie ; *& tout cela sans aller plus loin que le fond de nostre cœur, qui nous y sert d'oratoire viuant, que nous auons par tout en commodité*, soit à la maison soit à l'Eglise, soit en la ruë ou aux champs ; au lict, ou à la table. Enfin en tout lieu que ce soit personne ne sçauroit empescher vne ame habituée dans son cœur, d'y rendre ses deuoirs à son Dieu, auec lequel elle conuerse *continuellement* au fond de son cœur, car ce bon Dieu est plus proche de nous que nous ne sommes de nous mesmes, là en ce fond solitaire, ou il est le conseruateur de nostre estre, & l'essence incrée de nostre essence creée.

Oraison continuelle.

2. Car tout ce qui entre en l'ame par l'exterieur, hors mis les Sacrements, est inconstant & de petite durée ; mais ce qui vient de l'interieur est stable, constant, permanent, & veritable. Et toutes les Graces que nous receuons par le canal des Sacrements, ne sont que pour venir dans l'interieur

de nos ames, pour s'y venir concenter à leur origine. D'où vient que nous nous en approchons, afin qu'ils nous soient interieurement appliquez sous ces signes visibles, où la Grace est cachée pour se couler en nos cœurs & y faire sa residence pour n'en jamais resortir. Et si par mal-heur nous tombons en peché; à la verité nous perdons la grace, mais nous ne laissons pas pour cela d'estre baptisez, & le caractere, & l'impression interieure de la vertu du Sacrement dans le fond de l'ame est bien souillée par le peché; mais elle n'est pas effacée : tant il est vray que la diuine Grace se plaist dans nos ames : en sorte qu'elle n'en veut point sortir que par contrainte, & lors que nostre mauuaise volonté l'en chasse par le peché.

3. O Dieu eternel, tout puissant & ineffable en bonté, *Qui aymez l'homme infiniment*; & cependant lequel a tant de peine de vous aymer, qu'il a fallu luy en faire vn commandement exprez. O ingratitude ! ô aueuglement du cœur de l'homme qui ne daigne pas tourner la teste vers son bien facteur; lequel par bonté, par amour s'est retenu luy mesme vn lieu tout special au fond de nôtre ame; & ce lieu n'est autre que son essence intime l'origine de sa vie; d'où jaillissent ses puissances superieures à leurs fonctions par leurs organes, pour la belle œconomie de ce *petit vniuers interieur, & exterieur*. Mais quant au *centre* de cette essence il est d'vne telle noblesse & excellence, que toutes les creatures n'y atteigneront jamais, n'y peuuent en aucune façon paruenir : parce que c'est *le cabinet du Roy de Gloire*, qu'il s'est reserué pour y appeller & y attirer les ames, & y *familiariser là auec elles seul à seul*. C'est *l'oratoire du Saint Esprit* : lequel il a preparé pour s'y loger, & y operer nostre sanctification : C'est là où est cette belle image & ressemblance diuine; parce que *ce lieu est comme la grace d'vn beau miroir lustré du vif-argent de la Charité dans lequel sa majesté se mire pour y imprimer sa ressemblance*, de telle sorte que si quelqu'vn pouuoit connoistre vne telle ame, il connoistroit Dieu en elle, lequel est toûjours present en ce fond central de l'ame. Là où le Pere engendre

sans cesse son Fils. Car par tout où est le Pere il faut que là il engendre son Fils, & mesme aussi a lors il nous y engendre, afin que nous soyons par grace d'adoption ses enfans. Ainsi toute la vie, l'action, le merite de l'homme, procede de la fecondité de ce *fond là où Dieu opere ses merueilles*, *tandis qu'il est en Grace*, *& que la grace demeure en luy*, soit qu'il mange ou qu'il dorme, ou qu'il fasse quelque autre chose qui ne soit point repugnante ny contraire à la diuine Grace.

4. Mais si quelqu'vn desire entrer en ce commerce interieur auec son Dieu, & y paruenir à cette *renaissance spirituelle*, *& presence de Dieu au fond de son ame*; il doit premierement demettre son esprit propre de toute suffisance, & s'addonner au recueillement : & peu à peu à desnuer ses propres actes & retirant l'ame & ses puissances les accoustumer & les appriuoiser à retourner vers leur source & origine jusques à ce qu'elles attaignent & soient reduittes & reünies à la simplicité de leur essence, où elles y trouuent Dieu present. Or les puissances reflechissant ainsi en dedans y suiuant l'attrait qui les y semond, les forces naturelles & puissances de l'ame venants enfin à deffaillir de leur propre actiuité, elles sont rendues essentielles, & y participent du diuin. D'où vient qu'en suitte toutes les œuures qui en procedent deuiennent diuines. Et l'ame connoist pour lors en ce fond que le plus noble & *le plus excellent de tous les ouurages du Saint Amour dans l'ame*, *c'est d'y operer le total renoncement à soy-mesme* qui est la porte ouuerte à la mort de propre vie, & la liberté & le vray repos de l'ame. Car tout ainsi que nous conseruons nostre santé naturelle en prenant vn peu de repos, & de nourriture; *ainsi doit estre sans cesse l'ame retirée en son centre*, *vray lieu de son repos*, *& hors lequel il n'y a qu'inquietude*. Car c'est là le lieu propre de sa paix & de sa nourriture diuine; & l'ame qui cherche sa pasture hors de là ne paistra que du vent.

SECTION SECONDE.

Mariage, & nopces spirituelles, & diuines de l'Espoux Iesus auec l'ame solemnisez dans la salle Royalle de son cœur: auec vne digression sur le peché, & l'amour propre representé comme vn arbre de mort enraciné dans le plus intime de la substance de l'ame.

1. LE grand abus de tous les Chrestiens c'est de negliger leur propre habitation interieure, dans laquelle loge l'espoux diuin, qui est là plus present à l'ame qu'elle n'est presente à elle-mesme, & plus elle, en quelque façon, qu'elle mesme.

2. Mais enfin la sainte Espouse aux Cantiques est toute esprise du desir de posseder son bien aymé & de le voir, de l'auoir & en jouïr à son plaisir; elle s'apperçoit cependant que son amour n'est point encore à sa discretion: mais que ce sera lors qu'elle l'aura introduit en la maison de sa mere. Ainsi l'ame entre en cét estat lors que son diuin amour commence de se monstrer à elle; non seulement comme Seigneur, mais *comme Espoux*: non seulement par secrettes inspirations, mais *des intimes manifestations & diuins attouchemens*, au moyen desquels il enseigne l'ame non en la façon des maistres par preceptes; mais comme amy, comme Espoux à Espouse, par des escoulemens de diuine onction, par des *attractions tres-intimes* & sauoureuses. Mais d'autant que cette *approche ou vision de son Espoux* n'est pas encore en parfaite jouïssance; l'ame ne cesse de chercher, & rechercher & crier apres luy de toute l'eloquence amoureuse de son fond central. Et *enfin elle obtient vne autre manifestation de son amour tres-claire* & excellente quoy qu'elle ne soit pas encore parfaite: Mais cependant l'Espoux diuin s'approche

si près d'elle, qu'elle l'apperçoit comme dans vn ombrage de lumiere, où elle le contemple, & en joüit selon sa portée. C'est de ce degré que parle l'Espouse des Cantiques, lors qu'elle dit: *Ie me suis assise à l'ombre de celuy que j'auois desiré*: elle dit qu'elle s'est assise, ce qui signifie *le repos de sa contemplation*; & elle appelle vn ombre, vn Globle lumineux dans lequel elle a veu son Bien-aymé; quoy que ce ne fust pas vn ombre; mais la foiblesse de ses yeux à supporter vn tel éclat le luy fait paroistre tel.

3. Enfin, c'est là qu'elle en joüit, qu'elle l'adore, & qu'elle l'ayme. C'est là enfin qu'elle reçoit les promesses de vie, & *les arrhes de mariage*, *& les asseurances des espousailles*. Là l'Espouse est caressée, & y reçoit les ornemens royaux, & tous les joyaux d'vn prix ineffable auec les vestemens nuptiaux conuenables à la Majesté d'vn si grand Roy si puissant, & Fils vnique de l'Eternel. Lequel cependant *recherche vne pauure petite ame pour Espouse*, la preuenant d'vne incomparable amitié, puis qu'elle est infinie. Mais *il n'est point aussi de familiarité semblable, ny de biens comparables*, puis que c'est le bien immense & Eternel, qui se donne à elle, & par amour, auec les clefs de ses thresors pour y puiser à son plaisir & contentement toutes les diuines richesses de son Eternité. Enfin, *les familieres caresses en sont aussi toutes pures & virginales*, & les presents tout diuins; & l'affection qui lie son chaste cœur à nos cœurs est immense, & l'incomparable en fidelité.

4. Mais il n'est pas croyable combien ce diuin Amant supporte & compâtit à tout ce qui regarde cette *Espouse*; *luy estant toûjours present pour la consoler*, & la déliurer de toute embûche. Ce ne sont plus que caresses & debords de grace d'vne diuine amitié; sa seule presence donne la vie à l'ame; & met toute sa *petite famille interieure* en vne diuine allegresse. Enfin, tous les sens, les passions, inclinations naturelles, & puissances se ressentent du *festin*; tout y rit, & y est dans vn loyal accord. Mais *le Palais interieur de l'ame* magnifiquement reuestu & orné selon la pompe royale, & enrichy des

pierres precieuses des nobles vertus, est surcomblé d'vn Deluge de Grace & de Gloire, comme *le lieu preparé pour celebrer & solemniser les nopces du diuin Agneau*. Enfin, l'heure venuë, il y a grande feste par toute la maison interieure, pleine de réjouyssance & de jubilation. Et parmy toutes ces beautez diuines, l'Espouse presente, embellie, parée & reuestuë pompeusement des vestemens nuptiaux, conuenables à la qualité de son Espoux, lequel estant aussi present, y est accompagné de sa tres sainte Mere, Cette belle Lune de la nouuelle Generation, laquelle recrée agreablement toute la multitude des Estoilles de ce diuin Firmament, qui sont les Anges si diuinement & glorieusement clarifiez par les flamboyantes ardeurs de ce *Soleil Eternel*, vraye lumiere d'Amour, éclairant & rechauffant toutes les nouuelles plantes de ce Paradis interieur. Et par ainsi tout l'interieur de l'ame estant preparé & orné, le tout paisible & pacifique, *le saint Espoux s'approche, & fauorise son Espouse de la parfaite vnion*, luy donnant la palme, la couronne & la paix en signe de ses victoires auec l'Anneau d'or de sa Charité pour gage de sa fidelle amitié & bien-veillance: Et enfin, *par l'amour reciproque des deux Amans*, *s'accomplit & se consomme la diuine Alliance*. Et pour lors toute la *maison interieure de l'Espouse est en si grande jubilation & transports du saint Amour*, que les fondemens s'ébranlent, & les parois du bâtiment exterieur mesme en éprouuent la joye indicible; & toute l'ame plongée dans les delices est toute & totalement occupée jour & nuit à aymer, seruir, loüer, adorer son Dieu & son Amour auec ferueur, & ardeurs embrasez de ses torrens d'amour, tout découlans de diuines delices, de lumiere & de vie.

5. Enfin, dans cette diuine jouyssance, l'ame est reueillée, aymée & *caressée de celuy qui vit en elle d'vne maniere diuine & admirable*; non pas de gousts ou consolations communes telles qu'on les peut exprimer ou faire entendre, mais par dessus toute comprehension; parce que *l'ame joüit en ce degré du principe & de la fin*, qui sont des faueurs diuines

L'attache à sa propre vie, *Tr. VI. Ch. VI.* 493

goûtées & sauourées diuinement & en la Diuinité mesme, & qui n'ont ny termes ny expressions pour nostre maniere d'entendre par où elles puissent estre atteintes. Car c'est vn bien infiny, & infiniment éleué au dessus de tous les gousts, saueurs ou delices conceuables. Enfin, ce sont là toutes ces *merueilles operées du saint Amour dans le sein de son Espouse*, si diuinement enrichie & si remplie de diuines richesses & amoureuses congratulations: au moyen desquelles l'ame est deuenuë forte contre les attaques, & constante dans sa force, qui est celle du diuin Agneau. Mais elle est encore auantagée à son égard pour auoir renuersé en elle *le principe de toute malignité*; sçauoir, son propre Amour; *lequel a esté renuersé & bouleuersé par l'ouuerture du sixième sceau*; & tellement amorty & desseché en sa racine par les ardeurs deuorantes du pur Amour, & enfin si puissamment ébranlé & renuersé par le souffle & la vehemence du saint Esprit, qui l'a rendu impuissant, qu'il ne peut plus pousser la malignité de sa seue empestée par toutes les grosses branches, qui sont les pechez capitaux auec toutes leurs suittes & dépendances.

6. Et afin de nous éclaircir dauantage, *il faut dire que l'Amour propre fait en nous comme vn grand arbre tout regorgeant & produisant le venin & le poison contre toutes les vertus & les bonnes œuures*. Car il est la source fonciere de toute malignité: & tout ainsi que la racine d'vn arbre tire son suc & sa seue de la terre où il est planté, pour la départir & l'enuoyer au tronc, & du tronc aux branches, & des branches à la production des fueilles, des fleurs & des fruits. Ainsi en fait le propre Amour planté & enraciné jusques dans la substance de l'ame, & aussi auant que la corruption originaire y est entrée. Et comme il a pris racine dans la terre du peché, il y a crû aussi, & s'y est tellement enforcé, qu'il s'y est fait le principal de nostre *arbre de mort*; sçauoir, le tronc & la racine; laquelle a en soy toute la malignité & l'origine du poison dont il regorge, & qu'il enuoye au *corps de l'arbre qui s'appelle orgueil*: lequel arbre de mort a germé dans le sein du pre-

L'ame captiue sous le sixiéme sceau,

Source du peché originel.

mier Ange rebelle, & a esté transplanté, par ce funeste Iardinier de malediction dans la terre du premier homme, & auec la communication du premier homme dans tous ses descendans, où il a versé sa mesme malignité par toutes les grosses branches ; sçauoir, la presomption, l'enuie, l'auarice, la gloutonnie, la luxure, le larcin, & toutes ses appartenances & dépendances, portans & tirans leurs malignes influences de cét arbre de mort produisant *les fruits amers du peché, nourris & substantez de la corruption du propre Amour*.

7. Et partant, cét arbre de malediction ayant esté renuersé dans vne ame, elle experimente vne grande paix & quietude dans tout son Estre, qu'elle voit tout renouuellé & affranchy des influences de cette maligne corruption : *non pas qu'elle soit pour cela impeccable*. Car Adam ne le fut pas dans son innocence, parce qu'il en sortit en donnant trop de licence à ses sens, & y laissant enfin entrer le peché. Car encore que cette racine fonciere du peché soit dessechée & amortie dans l'ame, il luy reste toûjours jusqu'à la mort la foiblesse de pure nature, que sa diuine Bonté nous laisse pour nous exercer, & ne la détruit pas ; mais il la perfectionne ; *l'ame cooperant fidellement auec le soin de la garde de son cœur*. Car le Diable qui voit son affidé Partisan déthrôné de son siege interieur, comme temeraire Vsurpateur ; il s'attaque à la nature réueillant les sens, passions & desirs naturels. Et quoy que ces foiblesses soient purement de la nature, n'estant pas soûtenuës ny fomentées du propre Amour ; cependant il faut veiller de peur que le larron n'entre dans la forteresse.

Différentes tentations du Demon dont l'ame se doit défier.

8. D'où vient que le Diable ne pouuant plus roder que dans la partie inferieure, tâche d'y éleuer des bourasques & effets de pure nature ; mais comme il voit que *l'ame ne se tourmente point de ses attaques*, se tenant attentiue à son amour interieurement, il se fâche & s'essaye de la tirer de son attention ; ou par quelque bruit ou par quelque personne qu'il suscitera de faire quelque piece de médisance ou de loüange, ou de visite superfluë, ou de fait, ou de paroles ; &

tout

tout cela afin de tirer l'ame de sa paix interieure; parce que comme il est curieux, enuieux & hautain, il se met beaucoup en peine pour sçauoir des nouuelles de ce qui se passe dans l'interieur où il ne peut plus entrer, parce que son correspondant n'y est plus en credit, estant tombé & déchû de son pouuoir, & voyant *l'ame affectionnée au silence & à la recollection*, il ne sçait que faire, ny par où la prendre; parce que le rayon diuin s'estant rendu le Maistre, aneantit d'vn seul regard le peu de verdeur du propre amour; en telle sorte qu'il ne peut plus produire ses fruits, desquels le peché se nourrissoit: & dans le peché le Diable, & le Diable dans l'Enfer du peché, & du propre amour. Car l'ame par là est mal-heureusement abysmée dans le centre du pecheur, qui est le centre le plus raualé & le plus indigne; car *encore que le peché ne soit qu'vn neant, il est pourtant plus que le pecheur qui s'y est assujetty*, le seruiteur n'estant pas tant que le Maistre; & partant, si le peché est vn neant, le pecheur est le neant du neant mesme.

Auilissement prodigieux du pecheur.

9. O chûte épouuentable d'vne ame Chrestienne dans le peché mortel qui fait la laideur mesme! Vne ame creée à l'image & semblance de Dieu, & pour des fins si nobles, si hautes & si diuines; & cependant se raualer jusques-là, & s'auilir par le peché, que de se faire comme la mangeoire des pourceaux de l'Enfer. Car comme ces sales & vilains animaux font assez souuent leurs ordures dans l'auge, ils y mangent aussi leur sale manger & l'ordure tout ensemble. Ainsi, l'ame qui croupit dans le peché mortel, est faite la sale mangeoire des Diables qui y mangent les œuures de l'ame, & l'ordure de son peché tout ensemble. En telle sorte, qu'vne telle ame deuient l'ordure de l'ordure mesme; & plus sale & plus raualée infiniment que toute ordure; plus laide que les Demons; plus tenebreuse que l'Enfer; & plus auilie que le peché mesme, puis qu'elle s'en est fait l'esclaue. O damnée ingratitude enuers Dieu, & cruauté enuers soy-mesme! Mais qui pourra souffrir vne telle abomination, vne telle puanteur, sans mourir de regret? Et qui pourra en

RRr

approcher pour nettoyer toutes ces vieilles ordures toutes corrompuës & empeſtées par le venin du peché. O tres-debonnaire & tres-ſuaue Ieſus! O Charité immenſe! c'eſt vous ſeul à qui ce courage viril eſt reſerué : parce que vous eſtes bon, & la bonté meſme. C'eſt vous qui vous faites appeller *Agneau occis, qui oſte les pechez du monde*. C'eſt vous, ô tendre Cœur & tres-pitoyable Ieſus, qui vous approchez ſans repugnance du cœur contrit, quoy que tout pourry & gangrené de la lépre du peché. Les Diables en ont mal au cœur, & les hommes en ſont inſenſibles. Mais vous, ô immenſe Charité! Vous fremiſſez d'amour & de miſericorde, ſi-toſt que cette pauure ame vous temoigne vouloir eſtre guerie & nettoyée de ſon peché, toute confuſe, contrite & humiliée.

Bonté infinie de Ieſus Chriſt pour les pecheurs.

10. Mais, ô diuin Ieſus, qui pourra jamais meſurer voſtre infinie Charité & tendreſſe auec laquelle vous aſſiſtez les pauures pecheurs penitens, comme vous les preuenez de vos graces, d'où ils tirent vn ſaint repentir. Et tout auſſi-toſt comme vn vray Pere, vous venez à eux auec ſes entrailles de miſericorde; vous abbaiſſant juſqu'à eux, vous leur donnez la main de la confiance, & vous les ramaſſez dans leurs ordures & les releuez, & les nettoyez & *les lauez de voſtre propre ſang*; & les rechauffez du feu interieur de voſtre pur Amour. O Charité! O Bonté Paternelle, qui ne peut-eſtre conceuë de l'entendement humain. Car non content de leur donner la ſanté, vous les nourriſſez & les reuiuifiez de voſtre propre vie, & les comblez de vos graces. *O que beniſt ſoit vn ſi bon Dieu! O delectable Ieſus! que tout cœur ſoit attentif à voſtre tendre cœur, cœur noble, cœur diuin, cœur charitable, Ocean de miſericorde*. Qui ſera le cœur ſi mal-heureux qui vous refuſera ſon Amour? O diuin Refuge, ô diuin Conſolateur qui vous delectez ſans ceſſe à bien faire à nos cœurs, juſqu'à vous y vnir de la maniere la plus étroitte, qui eſt de vous donner à manger, afin qu'eſtant entré dans nos cœurs, vous nous mangiez à voſtre tour auec la bouche diuine de voſtre Amour pour nous transformer en vous-meſme.

L'attache à sa propre vie, Tr. VI. Ch. VI. 497

11. Mais retournons à noſtre propos, d'où je me ſuis vn peu diuerty ſans y prendre garde ; & reprenant le fil de noſtre diſcours, nous y verrons comme *le ſaint Eſpoux Ieſus-Chriſt, apres auoir témoigné ſon Amour à ſa Bien-aymée*, & apres l'auoir enrichie & eleuée juſqu'à ſa Pourpre Royale, *il vient enfin à s'en abſenter ; non qu'il en ſoit abſent : mais il ne s'y manifeſte pas, afin de l'exercer :* luy laiſſant comme à ſa garde le maniement de tous ſes threſors & diuines richeſſes qu'il luy a confiées comme à vne Eſpouſe & bonne Amie. D'où vient qu'elle entre dans de tres-grands deſirs de penitence, reconnoiſſant en elle la foibleſſe de pure nature ; & d'autre part, *le Diable enuieux* & jaloux rôde tout à l'entour d'elle au dehors, eſpiant l'occaſion de la ſurprendre, & *luy porter le coup au défaut de la cuiraſſe ; c'eſt à dire, s'il l'a trouue extrouertie ou oyſiue*. Et de plus, voyant qu'elle a à faire à des valets qui ſont les ſens & paſſions du cœur ; gens groſſiers, quoy que purgez de leur malignité. Cependant ils ſe reſſentent toûjours du lieu où ils ont eſté nourris & éleuez. Car par le paſſé ils eſtoient ſans ceſſe à la campagne, où ils ne hantoient que des canailles au dehors de la forterſſe, & ne venoient jamais à *la Cour du Grand Roy, qui ſe tient au fond de l'ame.* D'où vient qu'ils ſont ſi mal ciuiliſez, ſi peu accoſtables & ſi penchans à l'inconſtance, que l'on n'oſeroit du tout ſe fier en eux ; & particulierement en choſe importante, comme ils ſont logez ſur les frontieres de la forterſſe, ils ſe pourroient laiſſer corrompre au mauuais voiſinage, qui ſont *les objets du dehors qui tâchent de les attirer à eux hors les portes,* afin d'y faire entrer le larron qui ne fait autre choſe que d'en eſpier l'occaſion, *cependant qu'il voit l'Eſpoux abſent*.

12. Si bien que la Maiſtreſſe du Donjon vſant de prudence, a ſoin de *ramener ſouuent toute ſa famille au recueillement,* qui conſiſte & comprend tous ceux qui ſortent, & qui frequentent au dehors pour le neceſſaire, qui ſont l'actiuité du propre eſprit naturel, les ſens & les paſſions qu'elle rappelle ſouuent au dedans ; afin de les y nourrir, & engraiſſer, &

R Rr ij

498 *L'ame captiue sous le sixiéme sceau,*
embellir au diuin pasturage du pur Amour. Car comme le peché ny le diable ne peuuent entrer en l'ame que par les portes des sens: aussi l'ame doit estre vigilante à les reprimer & gourmander s'ils témoignent la moindre desobeïssance. Mais ce qui est de bon & d'auantageux pour la Dame du logis, c'est qu'elle est déliurée de son plus grand ennemy l'amour propre qui est le larron de la forteresse, lequel y a esté étouffé dans l'ardeur embrasée de l'incendie du pur Amour. En telle sorte qu'elle n'a plus d'ennemis au dedans, estans maintenant tous dehors.

SECTION TROISIESME.

La curiosité enragée du Demon à tenter les ames recolligées & renfermées auec Iesus crucifié dans la solitude de leurs cœurs, laquelle le porta à tenter nostre Seigneur dans le Desert; & quel est la cuirasse ou bouclier impenetrable à ses atteintes, dont l'ame se doit seruir dans l'attaque de ses tentations.

1. LA volonté solitaire se tenant enfermée au dedans, le Diable ne peut plus par où l'atteindre, pourueu qu'elle soit bien reglée en ses sens & passions. Car pour lors il la regarde du dehors comme vn *beau jardin fermé*, tres-fertile en bons fruits meurs de la Charité, & dignes d'estre presentez sur la table du grand Seigneur. Et par ainsi le Diable enuieux d'entrer là dedans comme il fit autrefois dans le *Paradis Terrestre*; voyant toutes les aduenuës fermées, il a de coûtume de s'en prendre aux murailles, & d'y exercer & tesmoigner sa rage, y deschargeant sa colere contre le paruis de dehors ne pouuant autrement s'en venger.

Pourquoy le Demon maltraiste souuent les personnes d'oraison.

2. Ce fut l'vne des plus importantes raisons pour lesquelles *il attaqua nostre Seigneur dans le desert*; car l'approchant il

L'attache à sa propre vie, *Tr. VI. Ch. VI.* 499

le trouua fermé, & impenetrable à toutes ses atteintes ; & d'vne maniere qu'il n'en auoit encore jamais trouué de semblable depuis qu'il se mesle du mestier de tenter. Ce qui fut l'occasion de réueiller *sa curiosité*, & tenter le moyen par lequel il pourroit auoir quelques *nouuelles de ce qui se passoit dans l'interieur de cèt homme si recueilly*. D'où vient qu'il le porta, & le transporta de lieu en autre, pour voir & essayer s'il ne s'ouuriroit pas quelque porte par où il pourroit contenter sa curiosité. Il commença à le tenter de sa puissance, luy presentant des pierres, l'inuitant de les conuertir en pain ; où il montre en cela auoir plus de foy que les Heretiques, qui n'oseroient croire *la transubstantiation du Pain au Corps & au Sang de Iesus-Christ*, quoy qu'ils l'aduoüent estre le Fils de Dieu ; & le Diable confesse qu'il peut transformer & changer les pierres en pain, s'il est le Messie promis. Mais non content de cette attaque où il fut écorné, il *le transporta sur le Pinacle du Temple*, & ce qu'il fit là estoit meilleur que ce qu'il vouloit faire. Car comme *Iesus-Christ est la Pierre ferme & la Pierre fondamentale de son Eglise*, il *nous fit voir par là qu'il en est aussi le Toict, la Couuerture & le Protecteur*. Et là il luy dit : Si tu es le Fils de Dieu, jette-toy en bas, & les Anges de Dieu empescheront que ton pied ne heurte la pierre, de laquelle finesse il vsoit, parce qu'il n'osa pas le frapper ny l'offenser, ou le precipiter luy-mesme, ne luy estant pas permis. Car *il ne demande qu'à se défaire des gens de bien*, qui luy nuisent au monde à cause du bon exemple qu'ils donnent à leurs prochains. Enfin, ce superbe curieux desiroit sçauoir, si celuy qu'il auoit attaqué estoit *le Messie*, ou non. Et pour cela il le vouloit obliger à se precipiter du haut du Temple, feignant que ses Anges le soûtiendroient ; ce qu'il faisoit à deux fins. La premiere, que s'il se fut jetté, il eust reconnu à cela s'il eust esté le Fils de Dieu, ainsi qu'il en doutoit, les Anges le soûtenans, ainsi qu'il l'auoit cité de l'Escriture sainte. Et d'autre part, que ne l'estant pas il se fut offensé par sa chûte ; & partant, il eust crû en estre vengé & bien payé de sa peine, par l'enuie enragée qu'il a de

Le Diable a plus de foy que les Heretiques.

Enuie enragée & dangereuses ruses du demō pour se défaire des gens de bien.

R R r iij

nuire aux hommes de bien particulierement.

3. Enfin, *il le porta pour vne troisième fois sur vne haute montagne à dessein de le prendre par les yeux* s'il eust esté possible, mais il fit encore mieux qu'il ne pensoit. Car *Iesus-Christ est la haute Montagne* de toutes les montagnes, donnant du sommet dans le sein du Pere, comme *Verbe*, & du bas de sa *tres-sainte Humanité*, il atteint jusqu'au plus profond abysme; puis que sa sainte Ame y descendit pour en retirer les sujets de son Empire. Et partant, ce fin pipeur quoy que trompé dans ses desseins, auoit lieu de luy montrer & étaller tous les Royaumes du monde; puis qu'il en est le vray & le legitime Roy. Car le dessein de ce tentateur enuieilly dans ses ruses, luy auoit souuent reüssi en tant de personnes qu'il a attrapées par cét hameçon auec lequel *il en attrape encore tous les jours, par ce desir dereglé de posseder des Terres & des Empires*. Car tous les hommes presque se plaisent à commander & à posseder, qui est vne des grandes portes ouuertes au Demon, pour faire de ces ambitieux vne grande troupe de captifs sous le fer du vain honneur, s'ils ne mortifient fortement leurs desirs.

4. Ainsi, le Diable va tous les jours traittant de pareilles vanitez auec les ames fidelles; mais comme *les ames éclairées sçauent qu'il ne peut rien donner qu'en imagination*, elles ne font pas grand estat de ses promesses; quoy qu'il leur feigne d'aucunes fois des illusions imaginaires pour les tromper, s'ils pouuoient; on en a tant trompé, que l'on commence à y estre sçauant aux dépens des autres. Et comme les ames fidelles n'ont point d'attache aux choses d'icy bas, il n'a pas guerres affaire de leur presenter des Royaumes, parce qu'elles ont resolu n'en posseder aucun, sinon *le Royaume de Iesus-Christ, qui est paix & joye au saint Esprit*: & sur lequel ce pipeur n'a rien à voir. Ainsi, chacun doit veiller sur soy; car *la tentation prouient d'vne de ces trois causes*, ou de toutes trois ensemble. La premiere est *l'oysiueté d'esprit*; & on appelle auoir l'esprit oysif quand il n'est point appliqué à Dieu, ou aux choses de Dieu: Or, on ne le peut point auoir

Iesus-Christ est la montagne mystique qui touche du sommet au Ciel, & du bas en Terre.

Tentation du Demon sur les auares & ambitieux.

L'attache à sa propre vie, *Tr.VI.Ch.VI.*

actuellement appliqué à Dieu que par vne parfaite habitude de recollection interieure. Et enfin, il faut secondement acquerir la facilité de demeurer *continuellement attentif à Dieu par Iesus-Christ au fond de son cœur, si on veut couper la racine à toutes les tentations:* non pas que l'on n'en soit encore attaqué, parce que tandis que nous viuons nos ennemis ne nous laissent pas oysifs; mais cependant ils nous font plus de profit que de dommages. Ainsi, le Demon voyant cela, souuent il ne fait que des feintes, craignant de ne pas bien rencontrer. Enfin, estre toûjours recolligé au fond de son ame, le Diable appelle cela *vne cuirasse*, & le deffaut de cette cuirasse par où il s'estudie de porter le coup, c'est *l'extrouerson*. Parce que le Diable est appellé Prince du Monde; & partant, les esprits distraits & vagabonds d'vne volonté preueuë sont sous sa domination en quelque façon. Car tout ainsi qu'vn Gentil-homme qui trouueroit vn Païsan chassant sur ses Terres, auroit prise sur luy en bonne Iustice; ainsi le monde, le siecle, l'amour desordonné des choses visibles, tout cela estant la terre du Diable, où il a permission du grand Roy de chasser, s'il vous y trouue, dequoy vous deffendrez-vous si vous ne sçauez *vous retirer en diligence au fond de vostre cœur sur l'heritage du Roy de Gloire, où il n'a rien à voir?* Mais bien plus, quelle damnable negligence à nous de sçauoir que le Diable est continuellement à rôder à l'entour de nous. C'est l'Apostre saint Pierre qui le dit: sçauoir aussi le lieu où l'on peut éuiter ses atteintes, qui est de se recolliger au fond de son cœur, & ne le pas faire? A qui vous en prendrez-vous, si vous succombez à la tentation? Peut-estre à la Grace qui vous aura manqué? Non, elle ne vous a point manqué; mais c'est vous qui luy manquez, parce que vous ne voulez pas vous seruir du *tout-puissant remede contre les tentations, les pechez & le tentateur;* lequel remede souuerain est *Iesus-Christ crucifié, conceu par foy au fond du cœur, & cette foy exercée enuers luy par Amour.*

Moyen de couper racine à toutes les tentations.

Cuirasse à l'épreuue des tentations du Diable.

Le terroir du Diable.

Le terroir de Iesus-Christ.

Le tout-puissant remede contre les tentations du Diable.

SECTION QVATRIESME.

Du témoignage de quelques Saints & Saintes, qui declarent que c'est au fond du cœur qu'il faut chercher, trouuer & posseder Dieu en Iesus-Christ par la recollection interieure en l'Oraison, auec quelques menaces de Iesus Agneau contre les negligens à se recolliger en luy dans leurs cœurs pour y solemniser le Sabath diuin.

1. SAint Paul dit, *qu'il faut auoir Iesus-Christ formé en nos cœurs*: Il dit qu'il faut conuerser auec luy, & perfectionner nostre homme interieur. Nostre Seigneur dit à *sainte Catherine*, qu'elle fist vn Oratoire de son cœur. *Saint Augustin* dit qu'il l'a cherché partout, & qu'il ne l'a point trouué ailleurs que dãs son cœur. *Sainte Geneuiefue* dit, qu'aprés vn grand rauissement qu'elle eust estant à Paris, il luy demeura imprimé dans son cœur l'image de *Iesus crucifié*, qui n'en partit toute sa vie. *Le Fondateur de la venerable Compagnie de Iesus*, dit aussi luy estre arriué plusieurs fois de voir Iesus-Christ dans son cœur, & mesme la tres-sainte Vierge. *Saint Bonauenture* dit, qu'il faut estre toûjours retiré dans son cœur à la face de Dieu. Mais voicy qu'apres auoir dit plusieurs choses semblables, il dit dans le zele de Dieu: Retournez donc insensez Preuaricateurs, retournez donc en vos cœurs, s'écrie ce grand Saint. Vn Ange dit à *saint Maclou*, que portant Dieu au centre de son cœur, il deuoit l'y chercher, & non ailleurs. Mais nottez que ce mesme Ange dit à saint Maclou, que Dieu residant dans le centre de nos cœurs & dans le fond de nos ames, nous trauaillons en vain de le chercher pour le trouuer ailleurs que là. Enfin, Nostre Seigneur dit que le *Royaume de Dieu est dans vous-mesme*.

Et

Et de grace, que faites-vous donc tournoyans au dehors? Il appert bien que vous dédaignez cét heritage Eternel, puis que vous ne prenez pas la peine de retirer & tourner la teste vers vostre cœur; quoy que ce soit le Maistre de la Verité qui vous en donne aduis. Il est rapporté de *saint Laurent Iustinien*, que nostre Seigneur luy dit, que pour le chercher & le trouuer, & en luy nostre paix, il ne faut point repandre nostre cœur au dehors, mais nous y recueillir au fond de nous-mesme, & nous y tenir continuellement en sa présence. Et *saint Bernard* enseignant la façon de prier ou faire Oraison, il dit: Quand vous ferez Oraison entrez seul dans la solitude de vostre cœur; & là d'vn esprit recolligé, priez Dieu dans cette maison d'Oraison, où il faut demeurer recueilly, non auec Dieu, & en sa sainte presence seulement, mais auec Iesus-Christ qui y habite selon le rapport de *saint Augustin* qui le sçauoit par experience, sur ces paroles du Psal. 4. Vous m'auez donné la joye dans mon cœur. Ce n'est donc pas au dehors qu'il faut chercher la joye, mais au dedans dans l'homme interieur, dans le fond du cœur mesme où habite Iesus-Christ, c'est dans cette chambre interieure où il faut que l'âme se recollige pour prier, & y écouter Iesus-Christ qui y parle. Aussi ce saint Pere dit au Sermon treisiéme de la Natiuité de Nostre Seigneur, que celuy-là ne peut à bon droit estre appellé Chrestien qui n'a pas Iesus-Christ en soy. Sont les propres paroles de cét Aigle des Docteurs, à l'authorité duquel je pourrois joindre vne infinité de passages fort authentiques des autres Peres, & Saints & Saintes de l'Eglise pour confirmer cette pratique d'Oraison. Si j'acceptois les passages que ceux qui en ont la lecture m'offrent sur ce sujet, mais ne doutant nullement de cette verité, je ne fais profession de dire là dessus que ce que Dieu m'a donné, & ce que j'ay appris par ma propre experience. Aussi je ne crois pas cela aucunement necessaire, puis que ceux qui les lisent ne sçauroient faire si peu d'attention là dessus, qu'ils ne remarquent cette verité confirmée & enseignée par tous ces saints Liures, nommément les Opuscules de saint Bonauenture ne parlent que de cela, où il cite grand nombre d'Autheurs & de saints Peres sur cette pratique de recollection interieure en Dieu, & dans les playes de Iesus-Christ conceu, & present par foy au fond du cœur, & consideré dans les estats douloureux & amoureux tout ensemble de sa tressainte Mort & Passion.

2. Pratique que *le B. Albert le Grand* de l'Ordre de saint Dominique asseure estre le meilleur moyen & le plus efficace pour arriuer à la perfection consommée & vnion tres-intime auec Dieu par nostre Seigneur Iesus-Christ. Lisez particulierement son Liure *d'Adherer à Dieu*, où il en traitte expressément. Il dit au 1. chap. Quand vous voudrez prier & adorer Dieu, entrez en vostre chambre; c'est à dire dans le plus intime de vostre cœur, & là les portes fermées; à sçauoir, les portes de vos sens; demeurez-y en cachette, & y priez vostre Pere en esprit & verité. Ce qui se fait parfaitement (dit ce saint Pere) quand l'homme tout desoccupé & dépoüillé de tout autre soin, tout recueilly & rentré au dedans de soy-mesme, s'y entretient auec Iesus-Christ d'esprit seulement, imposant le silence à sa bouche. Et incontinent apres au Chapitre second, qui a pour tiltre, *Du moyen d'adherer vniquement à Iesus-Christ dans l'interieur*, il dit: Quiconque donc entreprendra d'entrer & d'arriuer à cét estat sublime de perfection interieure, il faut absolument, qu'ayant les yeux & tous les sens fermez, & l'esprit debarassé de tous soins, & de toutes les creatures exterieures, comme si elles ne le touchoient en rien, il se retire tout au dedans de soy-mesme, où il ne doit jamais prendre autre objet interieur de son esprit recueilly que Iesus-Christ tout couuert de playes, afin qu'ainsi l'ame se puisse insinuer par luy en luy; c'est à dire par l'Homme en Dieu, par les playes de l'Humanité de Iesus-Christ, dans l'intime de sa Diuinité. Et souuent il recommande de se tenir infatigablement recueilly en ce diuin & humain Objet dans l'interieur, l'appellant le Thresor celeste & la

perle precieuse cachée au champ du cœur: En vn mot, le Royaume de Dieu dans l'ame, qui n'est autre que Iesus-Christ. Tout cecy est mot pour mot de ce grand Saint; ce qui me console infiniment de voir qu'il enseigne si clairement cette pratique, & qu'il en montre l'importance & l'vtilité pour arriuer à la plus parfaite vnion intime de l'ame auec Dieu, moyennant la fidelité à cette pratique d'oraison. Il me semble que s'il ne falloit abbreger, j'écrirois d'icy au jour du Iugement de pareilles choses. *Enfin, apres les témoignages de nostre Seigneur, des Anges & des Saints, pouuons-nous ignorer que c'est au fond de nos cœurs qu'il nous faut retirer pour prier*, & y receuoir le fruit de nos prieres: Car Dieu ne donne point ailleurs ses graces. Et si nostre Seigneur nous vient du dehors par le tres-saint Sacrement, ce n'est que pour s'y donner au fond de nos cœurs, & nous y épancher ses diuines liberalitez. Et partant, si nous y resistons; que pouuons-nous attendre que le reproche de nostre Seigneur, qui nous dira: Oüy, vous auez crié sans cesse apres moy, & pourtant vous n'auez point esté exaucez; parce que vous demandiez mal, demandans au dehors ce que je ne donne qu'au dedans. Vous vous estes presentez à moy auec des vaisseaux fermez, & pleins de vous-mesmes: Et où voulez-vous que je verse mes graces; vous ne me tendez point de vaisseau ouuert, ny de vuide; croyez-vous que je vous la verse sur la teste? Non. C'est bien le signe exterieur de ma grace de verser l'eau sur la teste des Chrestiens au baptesme; mais la grace, elle s'applique en l'interieur. Le lauement exterieur n'est que le signe visible de l'onction de ma grace, par laquelle l'ame est nettoiée. Vos cœurs & vos ames sont mon habitation, & partant le propre *lieu là où je distribue, & applique mes graces, c'est le fond de vostre cœur.* Et si vous refusez de vous y retirer en esprit, foy, & amour, de quoy vous plaignez-vous? Mais pourquoy m'accusez-vous de dureté? moy qui suis toute la tendresse du cœur paternel; moy qui ay veillé, prié, marché, presché, & operé tant de miracles, pour vous confirmer en ma foy ; moy qui me suis fait captif pour vous deliurer de l'esclauage de l'enfer ; *moy qui suis*, vous abusez de ma douceur ; moy qui ay sué le sang, & l'eau à prier pour vous ; *moy qui ay souffert sous la forme de seruiteur crucifié, mort pour vous donner la vie* ; moy enfin qui me suis soûmis à tant de rigueurs sous vne obeïssance & humilité incomparable pour vous mettre en liberté ; moy qui me suis donné tout entier à vous ; Corps, Sang, Ame, Diuinité, & *pour cela je ne vous demande qu'vne seule chose, qui est vostre cœur, & vous me le refusés.*

Raproches & menaces de Iesus-Christ irrité contre les negligens à se recolliger dans le cœur auec luy.

Prenez garde le temps s'eschape: *apres le tittre d'Agneau viendra celuy de iuge.* Ouy voicy venir le jour de ma fureur, de mon ire & de ma colere, dans lequel jour de vengeance la Misericorde cedera à ma Iustice. Car le pere m'a tout donné, & nul ne pourra eschapper de ma main. *Veillez en vos cœurs, qui ne voudra estre surpris* ; car ma venue sera semblable à celle du laron, qui n'aduertit point du jour qu'il a destiné pour percer la maison. Voicy je viens bien-tost visiter les nations ; de-ja la cognée est à la racine de l'arbre. Voicy je suis viuant, quoy que les fols pensent en leurs cœurs qu'il n'y aye point de Dieu. *Mon Precurseur est la voix, mais voicy, je suis la parole, le glaiue à deux tranchans tombant sur la teste des nations.* Ie suis celuy qui sonde les cœurs, & l'examinateur seuere au jour de mon ire. Qui pourra éuiter ma fureur mais qui la pourra soustenir apres auoir refusé ma clemence ? si vous auez refusé dans le temps la douceur de mon tiltre d'Agneau, jugez, & mesurez vous-mesme quelle doit estre la pesanteur de ma justice vengeresse sur vostre teste criminelle.

3. Mais, ô mon Dieu, tous les hommes demandent la paix auec la bouche, & ils vous font la guerre auec leurs cœurs: *la paix ne se trouue que dans l'vnion & les hommes se diuisent.* Ils font semblant d'amasser des vertus, & ils répandent leurs cœurs en recherchants les choses perissables. O mon Dieu, quand sera-ce que les hommes se conuertiront à vous au fond de leurs cœurs? & quoy resisteront-ils toûjours ? ne se lasseront-il jamais de persecuter vostre cœur dans leurs cœurs en y lo-

L'attache à sa propre vie, Tr. VI. Ch. VI.

geants le peché ? Car pour vous aller adorer, & aymer dans nos cœurs, & vous y sacrifier nostre propre amour, & nous delecter en ce desert, & nous arrester en cette solitude interieure de nostre cœur, pour y conuerser auec vous ; il faut de necessité nous retirer de toute souïllure du corps, de l'ame, & de l'esprit ; & *entrer & marcher trois jours en esprit dans nostre desert interieur.* Nous retirants de l'Egypte du monde, & en bannissant de nous toute la vaine sagesse, toute propriété naturelle, & tout le raisonnable frelaté que nous recherchons vainement dans les choses mondaines. Et là retirez au fond de nostre cœur, addressons-nous à Iesus-Christ, nostre diuin Moyse, & là nostre cœur dans son cœur y produire nos pensées, nos paroles, œuures, & souffrances ; & nous y tenir & entretenir auec luy pour éuiter la furie infernale du *Pharaon d'Enfer*, qui fait tout ce qu'il peut pour molester le peuple de Dieu, & les empescher d'entrer dans ce desert interieur ; les retenant dans l'Egypte du monde, de leurs corps, de leurs sens ; pour les priuer de ce grand bien, & leur oster le moyen *d'adorer en esprit & verité le Dieu de verité au fond de leurs cœurs, tous paisibles & recolligés.* Car tout ainsi que le feu ramassé en sa braize darde des flammes plus hautes, & plus violentes, & plus ardentes ; ainsi nostre ame toute ramassée dans le fond de son cœur, dans le fourneau de sa volonté est plus ardemment embrazée de ces diuines flammes.

4. O tres-suaue Iesus, quand arriuerons-nous au repos ? Non pour nous reposer sinon en vous aymant ? *Vous qui estes nostre vnique repos.* Hastons-nous, cheres Ames, d'arriuer à ce jour de Dieu, à ce *diuin Sabath interieur*, à ce jubilé diuin des trois diuines Personnes, à cét escoulement de l'amour personnel dans nos ames, & à la refluence de nos cœurs, dans le sein de la Diuinité. Voulez-vous sçauoir, Ames Chrestiennes, quand vous y arriuerez ? ce sera quād vôtre vieil homme sera entierement crucifié dans les sept estages ou degrez d'Estre qui le composent, & mort aux sept estages d'objets, là où son propre amour l'attache, & le fait

Voyez l'Image.

SSs iij

Voyez l'Image.

viure. Et ainsi tout amorti à son propre Estre, & reduit en son intime, il passe de la sorte les six jours de la semaine permanente, qui sont les six sceaux du liure ouuert, pour entrer au septiesme, & y passer la derniere purgation, pour entrer dans le huictiesme, & l'eternel de l'Estre diuin par l'Estre humain de Iesus nostre diuin Iosué.

SECTION CINQVIESME.

L'ame auec sa propre vie naturelle & imparfaite, est le grain de froment qui doit mourir mystiquement pour fructifier en vie surnaturelle & diuine ; comme aussi c'est vn talent, & vn heritage qu'il faut faire valloir au Seigneur par l'oraison de recueillement interieur en Iesus Crucifié, receu en cét estat, & pour cette fin dans nos cœurs à la Sainte Communion.

1. Qvelqu'vn demandera peut-estre ce que c'est que cette mort, ou amortissement de propre vie ? & si chacun est obligé de mourir à soy-mesme ? Nostre Seigneur dit, que le grain de froment qui cheoit à terre, s'il ne meurt il ne porte point de fruit. *Ce grain de froment c'est l'Ame Chrestienne* tombée dans la terre de son corps, auec vn degré de vie naturelle, laquelle doit estre surnaturalisée voire diuinisée, & c'est le gain que Dieu nous en demande : mais pour en venir là, il faut mourir à l'imparfait de la vie naturelle, pour entrer en la vie surnaturelle & diuine. Et pour nous nourrir & entretenir dans cette vie & nous y accroistre, on a nous donné à manger le bon grain, le froment du Paradis, lequel tombant du sein du Pere dans l'Hostie par la vertu des paroles sacramentalles, il y meurt d'vne mort mystique pour y venir reuiure dans nos cœurs de sa

L'attache à sa propre vie, Tr. VI. Ch. VI. 509

vie ressucitée & glorieuse, afin qu'y viuant il nous apprenne à y mourir à nous-mesmes, & entrer en possession de sa vie diuine; car si Iesus-Christ est mort pour entrer en sa gloire, qui est l'homme qui s'en pourra exempter? Or pour bien mourir & entrer en la vie de gloire, faut déja estre mort; d'où vient qu'il est dit, *Bien-heureux les morts qui meurent au Seigneur*; & cette mort & amortissement de propre vie est le gain que Dieu demande de nous; car il n'aggrée pas, voire il se fasche, quand nous luy rendons nostre talent sans l'auoir fait profiter: Et ne voyez-vous pas que Iesus-Christ est mort à la Croix? mais il est ressucité dans le tombeau: & voyez encore qu'il se donne à nous sous les Especes sacramentalles comme dans vn tombeau. Et partant l'ame doit mourir à la Croix de sa propre vie, où elle n'est attachée que pour y *expirer*; *& s'y laisser ensevelir dans son cœur dans la mort de Iesus*. Mais, ô bonté infinie, c'est que le cœur où vous entrez, n'estant pas mort à soy il ne vous est pas vn bon tombeau; car y viuant à soy, il vous y fait mourir, parce que vous ne voulez entrer que dans les sepulchres des morts, afin d'y porter & y faire germer vostre vie de gloire. Et quoy n'est-il pas juste que nostre vie vous soit rendue? puis qu'en deux manieres si solemnelles nous vous en sommes redeuables.

Mort mystique & vie ressucitée de Iesus comuniquée à l'ame dans la S. Cōmunion.

2. Mais de grace est-il permis de retenir le bien d'autruy? nonpas en bonne justice. Mais pourquoy donc *nous approprier vne vie qui n'est point à nous*, & qui ne dépend point de nous? car celuy qui nous l'a donnée la redemandera quand il luy plaira. Hé bien, nous aurons bonne grace en luy rendant par force, quand nous ne le voudrons pas. Nous luy dirons, Seigneur la voila que j'ay laissée enfoüye dans la terre, afin de la conseruer: ouy bien pour toy, *mauuais seruiteur*, que tu l'as gardée enfoüye dans la terre de ta chair, où elle s'est toute souillée; mais j'en demandois du profit, à faute de quoy, va t'en dans les tenebres exterieurs, où il y aura pleurs & grincemens de dents. Enfin, cheres Ames, vous sçauez que *vostre vie est vn heritage que le Createur Tout-puissant vous a donné à faire valoir*; & vous sçauez aussi que bien loin de la

garder vous l'auez perduë & engagée pour vne chetiue complaisance d'vn moment, que l'on compare à vne pomme, pour monstrer combien nous en auons fait bon marché. Mais encore si nous l'eussions venduë à quelque honneste Marchand, qui nous en eut donné vn prix raisonnable. Mais l'auoir venduë pour vn neant à l'ennemy iuré du Maistre à qui elle appartient, c'est auoir perdu le jugement & la raison. Et cependant il a esté si bon & si patient, qu'il a toûjours attendu voir si nous le reconnoistrerions pour Nostre Seigneur ; & voir si nous luy rendrions nos foys & hommages dans la Cité de nostre cœur, mais en vain, il a à faire à des ingrats, qui ne veulent pas seulement retourner la teste pour le regarder, & le reconnoistre au fond de leur cœur.

3. Mais le Maistre voyant son heritage engagé, & qu'il n'en retiroit plus aucun profit, ny vtilité, ny reconnoissance, il enuoya ses seruiteurs les Prophetes que nous auons massacrez, & nous sommes coupables de leur sang, & nostre rebellion a esté telle, que nous auons resolu de tenir cét heritage sans aucune reconnoissance au Seigneur : Et enfin pour comble de nostre derniere ingratitude, c'est que le Seigneur nous enuoyant son propre Fils, nous auons esté si mechans, nous autres Chrestiens, que de *l'auoir laissé entrer dans la vigne de nostre cœur, où nous l'auons égorgé, pour nous approprier l'heritage de son Pere & le sien*. O bon Iesus ne cesserons-nous jamais de vous persecuter dans nos cœurs ? non si nous n'apprenons *à faire mourir nostre propre Amour* : Et pour l'y faire mourir, *il faut y faire viure l'Amour de Iesus*. Car l'ame qui n'est point oisiue, c'est à dire, qui sçait s'occuper auec Dieu dans son interieur, elle y possede bien-tost au fond de son Estre vn silencieux accoisement : quoy bien qu'elle n'en joüisse pas toûjours dans sa partie inferieure laquelle est souuent réueillée de l'ennemy commun, quoy pourtant qu'elle soit assez souuent réueillée & fauorisée des *Messagers d'Amour diuin*, qui se souleuent du fond interieur de l'ame, & se répandent jusques aux parties frontieres,

L'attache à sa propre vie, Tr. VI. Ch. VI.

res, de peur que les sentinelles ne s'endorment, qui sont les sens, & ne laissent surprendre la forteresse. Car l'ame estât intimement blessée d'amour entre dans vne si grande feruteur que Dieu soit connu, aymé & adoré de cette façon sublime, interne, & centralle, qu'elle voudroit souffrir toutes les peines possibles, pouruceu qu'elle pûst profiter à quelqu'vn; & donneroit volontiers toute sa gloire pour *soulager le pauure Crucifié dans les cœurs des Pecheurs où il souffre.*

Ces messagers d'amour sont les traits les attraits les touches, & escoulements sensibles de Dieu operant dans le fond de l'ame & apellant l'esprit au recueillement interieur à luy au fond du cœur.

4. C'estoit, peut-estre, ce que vouloit dire saint Paul apres toutes ses grandes lumieres, reuelations, rauissemens, & tous les dons excellens de sapience, intelligence, & ouuerture des profonds Mysteres, auec le don des Langues, *quittant tout cela pour ne se glorifier en autre chose qu'en Iesus Christ, & iceluy Crucifié.* Car l'ame connoist auec verité & d'vne façon qui luy est manifeste (non sans experience assez certifiée en son fond par l'exercice du pur Amour) que tous les avantages de Grace & de Gloire qu'elle possede & peut posseder, luy ont esté acquis, meritez, & communiquez, & donnez des riches thresors incomprehensibles de la tres-sainte Mort & Passion de Iesus-Christ, qui fait en l'ame amante le principe & la fin de sa gloire & felicité, & le fleuue coulant de ses diuines émanations, dont l'ame a esté tant & tant de fois comblée & surcomblée, & dont elle s'est aussi tant & tant de fois dénuée & desappropriée : qu'à la fin ce diuin Soleil de Iustice, de vie, d'amour & de lumiere est venu loger en elle, luy & ses dons, & auec telle puissance & Majesté s'en est rendu le maistre & le tres-diuin & tres loyal possesseur, pour y affermir son Empire, & y prendre ses diuines complaisances auec *le Pere & le Saint Esprit qui l'ont marquée à leur coin Trin & Vn, & y ont amené auec soy toute la felicité du Paradis, pour en faire leur diuine habitation.*

SECTION SIXIESME.

De la docilité, simplicité & attention interieure à Iesus, parlant dans le desert de nos cœurs, requises tant aux Predicateurs qu'aux Auditeurs, pour profiter de la Parole de Dieu, à l'imitation de l'Apostre saint Paul.

1. NOus pouuons considerer cóment S. Paul, apres que les impetueux debords du Ciel l'eussent terrassé, & que vaincu & conuaincu de cette lumiere de Verité qui le penetra & enuirõna, il eust succombé à l'effort du Tout-puissant, dit : *Seigneur, que vous plaist-il que je fasse.* O belle Ame ! vous estes d'vne belle trempe. O bel Esprit ! que vous estes bien qualifié : que vous auez de belles parties, dont la plus excellente est la docilité & simplicité auec laquelle vous vous rendez à Iesus-Christ si-tost qu'il vous appelle ; au premier ton de sa voix vous voila tout prest de faire sa volonté : Car *la docilité & simplicité sont aussi rares qu'éminentes en vn grand esprit* : Mais aussi en recompense qu'en arriue-il ? Ce qu'il arriue ? C'est que la grace rencontrant en vostre belle ame deux nobles qualitez conuenables à vn grand homme ; *elle y opere vn coup de Maistre, & vous fait aussi-tost Apostre que conuerty.* O quelle honte à nous, ingrats pecheurs que nous sommes, enuieillis dans nos crimes, pleins de nous-mesmes & de nostre propre suffisance, qui resistons à la Grace depuis mil six cens tant d'années que nous entendons tonner à nos oreilles ces grands Heraults de l'Euangile qui se font entendre par toute la Terre ; non vne fois, mais tous les jours : & cependant nous ne sommes point encore *conuertis au fond de nos cœurs pour y écouter la Parole Eternelle qui parle par dedans, & qui donne la Grace de faire ce qu'elle dit.* D'où vient que nous ne profitons pas des Predications,

L'attache à sa propre vie, Tr. VI. Ch. VI.

parce qu'immortifiez que nous sommes, nous n'aimons que ce qui chatoüille nos oreilles, & mettant à tout cela nostre attention & nostre complaisance, il n'en tombe pas vne parole dans nostre cœur, parce qu'il est tout fermé par les resistances continuelles, par nos appetits immortifiez qui font que nous ne trouuons jamais de bons Predicateurs à nostre goust. Car on ne sçait ce que c'est de receuoir la Parole de Dieu dans le cœur, qui est comme le moulin, là où ce grain de bonne semence venant à tomber, & à y estre moulu auec l'operation du pur Amour, est fait le bon pain blanc de Iesus-Christ. Et ne vous y trompez pas, c'est là le seul deffaut qui fait tous les deffauts que de n'estre point attentif à vos cœurs.

Disposition requise pour écouter vtilement le Sermon & la Parole de Dieu dans les entretiens de deuotion.

2. Vous qui parlez de Dieu, soyez attentifs à Dieu au fond de vos cœurs; car celuy qui parle n'est pas exempt d'écouter. Et qui que ce soit qui parle de Dieu, doit écouter Dieu dans son cœur; parce que nous ne pouuons rien donner qu'après auoir receu: nous ne pouuons receuoir qu'en approchant du lieu où l'on donne. Et partant, cheres Ames, ne sçauez-vous pas encore que *l'Escholle du Chrestien c'est le fond du cœur, c'est là où les Predicateurs sont enseignez: c'est là où ils puisent la vraye sapience; c'est là où sont ouuerts tous les mysteres de la Loy Euangelique; c'est là où il fut enseigné à saint Paul le secret de l'Euangile; c'est là en ce fond là où la lumiere des Predicateurs reside.* Car si Iesus-Christ *ne parle en vous, vous ne profitez rien pour vous ny pour vos Auditeurs, & si les Auditeurs ne sont aussi attentifs en leurs cœurs, ils ne gousteront rien à la moëlle de l'Euangile.* Vous donc aussi qui écoutez parler de Dieu, soyez cependant attentifs à Dieu interieurement, y tenans vostre cœur tout ouuert, & vuide pour y faire place à la diuine semence: ou autrement c'est en vain que vous écoutez. Car *l'oreille n'est que le passage de la Parole, c'est bien dans l'oreille qu'elle passe, mais c'est pour descendre au cœur, & y germer la vie & l'Amour diuin:* Et comment voulez-vous qu'elle y entre si vous-mesme vous ne daignez pas y descendre en esprit pour y faire l'ouuerture & l'y receuoir?

L'Ame captiue sous le sixiéme sceau,

Est-ce bien là le respect que vous luy portez? Car la Parole de Dieu venant en nous, c'est Dieu qui vient luy-mesme du dedans voir si nous luy ouurirons. *Voicy, je heurte, si quelqu'vn entend ma voix & m'ouure, je soupperay auec luy, & luy auec moy.* O! c'est à vous, grand Apostre, que ces paroles sont propres; car non seulement vous entendez la voix de Iesus-Christ, mais tout incontinent vous vous rendez à luy en silence au fond de vostre cœur pour y estre instruit de la Verité Eternelle. D'où vient qu'il vous fut promis en recompense *le Thresor de la Sagesse du Crucifié*: vous disant combien il falloit souffrir pour son saint Nom; tant il est vray que les diuines promesses sont accomplies dans les ames arriuées à la diuine Vnion, d'où elles entrent dans de si grands desirs d'endurer pour Iesus-Christ, que tous les trauaux & souffrances ne leur semblent que des roses en veuë de tant de bien-faits, & de diuines largesses noblement épanchées du sein de l'amour dans tout l'Estre de l'ame.

par la porte interieure voyez l'image.

3. Enfin, c'est dans nostre maison interieure où nous deuons introduire le diuin Espoux; *c'est dans le centre de nos ames que le Pere engendre son Verbe*, en qui toutes choses sont; c'est là où il parle & profere sa Parole Eternelle, afin qu'elle nous parle, & que son parler soit la mesme operation. Saint Iean Baptiste preschoit dans le Desert; mais il dit luy-mesme qu'il n'est que la voix de Celuy qui crie dans les Deserts: En sorte *qu'il n'estoit que la voix exterieure de Celuy qui crie dans le desert de nos cœurs: Conuertissez-vous au Seigneur*, qui est cette Parole diuinement parlée que le Pere nous commande d'écouter en nos cœurs, *ipsum audite.* Car c'est celuy qui dit les paroles de Vie; c'est luy qui fait sauourer la moëlle & la substance des saints Mysteres; c'est luy qui opere la Verité; & fait que *suiuans son attrait interieur* nous entrons en luy, & luy entre dans nous, & y verse ses Graces, qui sont appliquées à nos cœurs par son saint Esprit.

CHAPITRE VII.

Comme Marie & Marthe, la vie contemplatiue & actiue doiuent estre inseparables dans vne ame d'Oraison, & Espouse du diuin Iesus, laquelle en quelque estat de jouyssances & d'éleuations qu'elle puisse arriuer, doit preferer la conformité à Iesus humilié & crucifié, à toutes les delices interieures, lumieres & ecstases, à l'exemple de la sainte Vierge sa desolée Mere.

1. TOut ce que *la face* est au corps, tout ce qu'elle y marque, & ce qu'elle y fait à l'égard de l'homme pour les choses exterieures; cela mesme est *le cœur* à l'ame à l'égard de Dieu, & des choses interieures : C'est pour cela que *la face du Prophete cherchoit & recherchoit sans cesse la face de Dieu, & s'y tournoit vers elle en dedans* pour y estre continuellement face à face, Dieu estant plus auant dans l'ame que l'ame mesme, comme estant le centre de son Centre. Et les meditations de ce saint Homme, les desirs & les gemissemens de son cœur estoient sans cesse à la face de Dieu, & se combloiēt ainsi de mutuelles delices reciproques, mais si nous prenons la peine de tourner la teste vers l'Espoux diuin, vous verrez qu'il demande sans cesse de son Espouse, qu'elle luy montre aussi sa face, & qu'elle la luy tienne là presente à la sienne au fond de son cœur; & non tant pour la voir, car il la voit déja, qu'afin que la tournant là en dedans vers le fond de son cœur à luy, elle la détourne du dehors, & de tout autre que de luy.

2. Mais particulierement *le saint Espoux demande à son Espouse qu'elle luy tourne ainsi en dedans la face de son cœur*; d'autant que cette face estant comme *vn miroir*, elle reçoit les

formes ou de beauté ou de difformité selon vers quoy elle se tourne ; & partant, comme tout ce qui est, & qui se voit hors de Dieu est laid & difforme ; de là vient que son Bien-Aymé l'appelle, afin qu'elle n'en reçoiue les mauuaises qualitez ; & que le voulant chercher & prier, elle se tourne toûjours au dedans au fond de son cœur, pour y receuoir de luy seul les impressions, les formes & les informations de ses lumieres, de ses amours, de ses beautez, comme *estant Fille de ce grand Roy, duquel elle tire ainsi du dedans toute sa Gloire.* Car cette interieure maison de Dieu est bastie dans nos cœurs côme sur des montagnes, de ceux dont la conuersation est aux cieux interieurs de leurs ames, où ils jouyssent d'vne paix & tranquilité diuine: mais le fondement de cette diuine maison, c'est la foy en Iesus-Christ au fond du cœur, & le toict c'est l'esperâce, sous laquelle sont protegez ceux qui se conuertissent de la vanité du siecle ; mais la Charité en est la chere Hostesse, & Tresoriere des dons de Dieu. O que ceux-là sont vrayement heureux, lesquels se sçauent affranchir de tous les troubles & embaras de cette vie pour se cacher en la cachette de cette maison interieure que Dieu habite, & où il nous attend.

3. Mais cependant, quoy que l'ame fidelle sorte aux bonnes œuures pour le soulagement du prochain, elle ne sort pas pour cela de sa paix interieure ; parce que le diuin actuant s'estant emparé des puissances de l'ame (elle y consentant) il les meut, & les remuë par luy-mesme ; & *son Amour est fait comme le Soleil de son Ciel interieur*, où il produit la fecondité de ses influences, sur tout l'Estre de l'ame, & ses facultez reduites & reünies à leur centre pour y estre consommez d'vn continuel embrasement. O que si les hommes sçauoient combien Dieu aggrée & se complaist en cette tres-suaue tranquilité interieure où *l'ame est en diuine societé d'amour auec Iesus-Christ qui la preuient, & qui l'attire de fond en fond, & d'intime en intime, & d'vnion en vnion plus parfaite* ; jusqu'à ce qu'il ait puissamment étably en elle le regne interieur de son Empire d'Amour, qui la comble

Voyez l'image.

L'attaché à sa propre vie, Tr. VI. Ch. VII. 517
d'vne infinité de delices, & de lumieres, & de vie.

4. Enfin il est expedient pour faire & establir vne bonne maison, que *Marthe & Marie logent ensemble* : Or cette sainte femme Penitente est le vray miroir des Penitents ; laquelle apres auoir si pleinement & si abondamment sauouré la diuine douceur du pur Amour, & enfin monté à vn excellent degré d'vnion auec Dieu, en suiuant Iesus-Christ par tout, acheua le reste de ses jours dans vne tres-austere penitence, *faisant aussi à son corps faire l'office de Marthe, cependant que son ame faisoit celuy de Marie*. Mais si nous voulons jetter les yeux sur *l'humble saint François*, nous verrons que ce saint Patriarche apres estre tout consommé de ces diuines flammes, il est contraint de les laisser rejallir au dehors d'vne maniere Seraphique, qui *le rendit visiblement conforme à Iesus-Christ à l'exterieur & à l'interieur, & partant crucifié au dehors, & crucifié au dedans*. Et si les seruiteurs fideles en ont ainsi fait, ce n'est que pour mieux ressembler à leur Maistre : lequel apres auoir jouy d'vn admirable repos jusqu'à l'âge de *trente ans*, pendant tout lequel temps il goustoit & sauouroit interieurement les diuines & sublimes delectations du Pere dans *sa tres-sainte ame* toute diuine, cependant que son saint corps tres-innocent supportoit toutes les peines de la Nature humaine, le froid, le chaud, la necessité, & toutes les peines qui ne sont & n'approchent point le peché. Enfin apres auoir esté transfiguré sur *le Tabor* laissant rejallir la gloire de sa Diuinité à trauers son saint corps, & mesme ses vestemens paroissans plus blancs que la neige, il y fut là admiré de ses chers Disciples : mais tost apres le voicy qui change de figure, quittant ce vestement lumineux qui l'auoit enuironné pour entrer *sous la nuë tenebreuse de sa tres-sainte Mort & Passion*, découurant à ses Disciples le desir infiny qu'il auoit du Baptême de son sang, si bien que tout l'entretien qu'il eut auec ses Disciples, n'estoit que de ce qui se deuoit passer en sa tres-sainte Mort & Passion pleine de douleurs & de morts : il pleuroit sur *Hierusalem*, laquelle dans son aueuglement alloit commettre ce

L'impression interieure, & exterieure des S. stigmates de Iesus-Christ dans le cœur, & dans le corps de S. François par les ardeurs embrasée de l'amour diuin

Deïcide, ainsi que toutes les Ames Chrestiennes, qui le crucifient derechef dans leurs cœurs par leurs pechez.

5. Enfin son Amour l'a reduit jusqu'à ce point, qu'apres auoir esté proclamé les delices du Pere, il a esté fait le but & l'opprobre du peuple Iuif, & en ce pitoiable estat abandonné de son Pere au milieu de ses plus grandes afflictions, aussi bien que de tous ses meilleurs amis ; ne luy restant plus pour tout soulas diuin & humain, que *sa tres-sainte & tres-desolée Mere* : helas encore laquelle consent à sa mort aussi bien que luy, attachée qu'elle estoit aux Decrets de la Diuinité, *pour nous apprendre à aymer la Croix & le desnuement*, & à n'auoir de quoy nous plaindre dans les afflictions, mais pour nous apprendre à nous porter constamment à la perfection de la Loy Euangelique ; laquelle ne consiste pas seulement à receuoir de Dieu, mais aussi à rendre à Dieu; elle ne consiste pas en ecstases ou rauissemens ; mais *en nobles vertus*, qui ayent leur principe en Charité ; elle consiste en veille continuelle sur la garde de nostre cœur, afin qu'vne telle *Ame reueillée & excitée par l'attrait interieur, aye toujours Dieu present*, que jamais elle ne se destourne de sa face; afin d'estre fidelle à la poursuite interieure & exterieure d'vne telle vie, qui ne promet que des croix & des renoncemens, des humiliations, des opprobres, des agonies, & la mort mesme, qui fait nostre entrée en la vie. Ainsi *l'Ame Chrestienne, en tel estat qu'elle puisse arriuer doit preferer la conformité à Iesus humilié, à toutes les lumieres & ecstases.*

6. Mais, que dirons-nous de la tres-sainte Vierge ? laquelle possedoit en la terre, sans aucun contredit, tous les plus sublimes thresors de la Grace qui pouuoient estre accordez à la tres-digne Mere d'vn tel Fils, & fille d'vn tel Pere & Espouse d'vn tel Amour personnel le Saint Esprit: tres-pure Vierge ; tres-sainte Mere ; tres-sainte fille ; & tres-sainte Espouse de l'esprit d'amour ; par la plenitude duquel, elle possedoit plus de flammes & d'ardeurs que tous *les Seraphins*, plus d'amour & de dilection que *les Cherubins*, plus de lumiere & de stabilité que *les Throsnes*, plus d'authorité

& de puissance que *les Dominations* ; plus d'excellence & de sublimité que *les Vertus* ; plus de force & de constance que *les Puissances* ; & plus de majesté que les *Principautez* : plus de douceur & de liberalité que *les Archanges* : & plus de pureté que *les Anges*. Et pour comble de toutes ces magnificences imperiales & diuines, elle est encore constituée pour *Temple viuant & virginal des plus tendres delices de la tres-Sainte Trinité* : auec tous les autres prodiges, & miracles d'amour operez en elle par le Saint Esprit, auec des torrents d'amour & de delices qui tenoient de l'infini ; & principallement en l'Incarnation du Verbe diuin, & en la naissance de son trescher Fils Iesus-Christ, où elle en receut de si sublimes & si ineffables, qu'on les peut nommer infinis, puis qu'elles sont incomprehensibles ; & tout cela auec des torrents de delices proportionnées & conuenables à la dignité d'vne telle Mere & d'vne telle Maternité Vierge, qui espandoient en ce chaste sein virginal toutes les diuines flammes, & la douceur infinie escoulée de cét Ocean d'Amour : & cependant aprés toutes ces abondances & diuines largesses aprés tous ces engloutissements amoureux, & tres-hautes vnions, & possessions diuines, diuinement exercées dans ce sein virginal, comme sur vn theatre de prodiges diuins.

7. Aprés, dis-je tant de merueilles, & si merueilleusement operées en cette ame beniste. Voicy, Ames Chrestiennes, que la mere Vierge, la mere de Verité, la mere de Vie & de joye, la mere de toute plenitude, *la mere de consolation*, la mere d'Amour & de lumiere, deuient la mere d'amertume, la mere d'angoisse, *la mere desolée, la mere delaissée, & la mere crucifiée du crucifié* : la mere de tristesse, & toute enuironnée d'vne espaisse nuée d'ennuis mortels, afin d'estre en tout plus conforme à son Fils : elle est abandonnée pour mere de Dieu, & faite la mere d'vn homme, la mere des pauures pecheurs. O profondeur ! ô Sagesse inscrutable de Dieu ! Aprés auoir tant receu de faueurs du souuerain Principe d'Amour : voila que cette mere de grace, cette mere de diuine Maternité, a esté ainsi traittée de

son Amour *pour mieux ressembler à son cher Fils.* Hé bien nous autres pecheurs ingrats & infideles, *nous voudrons toûjours estre caressez, & mignardez,* & traittez de suauitez diuines : de jubilations, ou ecstases ? refusants d'aualler nostre petite portion du Calice, qui nous est preparée du diuin Amour, pour nous conformer de plus en plus à l'estat crucifié de Iesus: quoy que la vraye *vie du Chrestien* ne soit autre chose que la vie crucifiée & crucifiante à tout ce qui n'est point Dieu.

SECTION PREMIERE.

Que Iesus-Christ est l'vnique voye qui nous conduit à Dieu, la verité qui nous esclaire, & la vie, dont nous joüissons spirituellement dans le plus intime de nostre ame par l'oraison cordialle, & reellement par la manducation de son precieux corps & Sang au tres-Saint Sacrement de l'Autel.

1. SI quelqu'vn entre par moy il sera sauué ; voila la voye, qui consiste à entrer par Iesus-Christ pour estre sauué. Suiuez-moy, renoncez vous, & vous chargez volontiers de vostre croix qui vous sera imposée par la loy du saint Amour ; voila le droit chemin de la Verité. *Mangez mon Corps, & beuuez mon Sang* ; voila la vie, & le pain de la Vie & des viuans, dont le Chrestien doit viure : & le chemin par où il faut cheminer ; & la lumiere qu'il faut suiure, & *la verité qu'il faut croire estre residente en Iesus-Christ cachée en sa Diuinité.* D'où vient que toute autre voye se doit trouuer en cette voye, ou bien elle sera vn *chemin destourné* de la verité tres-dangereux ; car tout ce qui ne va pas droit, a bien de la peine d'arriuer à la verité ; & qui n'a pas la verité n'a pas aussi la lumiere ; & marcher dans les tenebres ce n'est pas marcher seurement : car les larrons s'y cachent, & apres nous

auoir deualifez, ils tâchent de nous precipiter dans le faux coulant du peché, & de là au faux-bourg de l'Enfer.

2. Et partant, cheres Ames, n'allons point chercher des chemins détournez de la verité, si nous voulons arriuer à la vie ; *ne nous en figurons point des multitudes*, ainsi que plusieurs font, craignans qu'vne si grande abondance ne nous jette en extréme disette, ne mettans le pied en pas vne pour y cheminer chrestiennement: car *tout Chrestien n'a point autre chemin pour aller au Ciel, que celuy de Iesus-Christ, qu'il nous a enseigné d'œuures & de paroles*; & par où il à donné, & ouuert la porte aux Saints qui sont allez apres luy, & deuant nous, & que nous deuons suiure, si nous pretendons aller où ils sont déja arriuez. Vous sçauez que sa tres-sainte Mere mesme, toute priuilegiée qu'elle sembloit estre, n'en a point choisi d'autre; mettant tout son soin pour nostre exemple d'estre *la Mere crucifiée du Crucifié*. Car de dire qu'il y a *plusieurs voyes* pour aller au Ciel ; c'est, à mon aduis, vn langage de paresseux, qui s'en figure à plaisir des multitudes, sans cependant cheminer sincerement ; car le chemin ne sert de rien à celuy qui ne marche point: & pour voir quantité de pains, si on ne s'en approche pour en manger, on ne laisseroit de mourir de faim. Ainsi, s'imaginer vne multitude de chemins, & n'y point cheminer, n'est-ce pas estre en disette parmy l'abondance, se contentant seulement d'en soûtenir la multiplicité.

3. Peut-estre que c'est sous ce pretexte des paroles de nostre Seigneur, qui dit auoir *plusieurs demeures en la maison de son Pere*; mais il ne s'ensuit pas que plusieurs demeures en vn mesme lieu fassent vne multitude de chemins. *Il est tres-vray que les moyens sont en grand nombre ; mais la Voye est vne qui mene à la Verité, & nous fait auoir la vie*. Ainsi, cette multitude de logemens, dont parle nostre Seigneur, ne fait pas plusieurs voyes differentes ; mais elle marque *les differens estats ou degrez de Grace & de Gloire* ; ausquels les ames fidelles sont appellées & obligées de répondre pour remplir les places desertes au Ciel par la chûte des Anges rebelles;

VVu ij

Grace qui nous a eſté acquiſe & meritée, & donnée de Ieſus-Chriſt, & appliquée à nos ames par le miniſtere de ſon ſaint Eſprit, comme grand Maiſtre d'Hoſtel de ce feſtin d'Amour & de delices. Car les moyens nous ſont donnez pour nous conduire à la voye, qui eſt *Ieſus-Chriſt*; & noſtre Lumiere dans la Voye, noſtre Verité par la Foy, & noſtre Vie dans ſa Charité, & ſa Charité dans luy-meſme, cachée en ſa Diuinité. En ſorte que les moyens ſont entrer dans la Voye par la Foy, & la Foy nous conduit à la Verité de Ieſus-Chriſt au fond de nos cœurs; là où la Verité eſt noſtre Lumiere, pour *nous introduire interieurement en la vie de ſa diuine Charité dans Dieu meſme outre nous-meſme.*

Voyez l'Image.

4. Et par ainſi vne ame ſimple, docile & vigilante aux affaires de ſon ſalut, ſe porte bonnement & fidellement à la pratique : elle entre dans la voye de Celuy qui fait cheminer en eſprit & verité : elle entre par la porte étroite & ſerrée de la pureté & perfection de l'Euangile : afin que les épines & les ronſes de la mortification qui l'enuironnent nous y arrachent en y paſſant la peau noire de la vieille Creature, qui fut chaſſée du *Paradis Terreſtre*, *lequel eſtoit la figure du cœur Chreſtien, dans lequel Ieſus-Chriſt ſe plaiſt & ſe delecte auprés du bel Arbre de Vie de ſa Charité*, & toutes les belles plantes des Vertus, & les raiſins meurs de ſa Vigne placée ſous le Preſſoir des Tribulations, pour en tirer le bon vin de Charité & d'Amour pur. Mais, helas! mal-heur à nous, *par vn peché mortel*, nous chaſſons le Fils vnique de la Vierge hors de noſtre Paradis Terreſtre; c'eſt à dire, hors de noſtre cœur, où il ſe plaiſt dauantage qu'en aucun Paradis: Et tout ainſi qu'Adam fut chaſſé du Paradis terreſtre en y faiſant entrer le peché. De meſme, l'Ame Chreſtienne qui peche, chaſſe Ieſus-Chriſt le nouuel Adam diuin hors de ſon cœur, qu'il auoit choiſi pour ſon Paradis, & pour le noſtre, ſi nous y voulons entrer auec luy. Ne craignez point, cheres Ames, d'entrer en eſprit & foy dans vos cœurs auec Ieſus-Chriſt : car il en ſera bien aiſe, puis qu'*il ne haït rien que le peché, mais il ayme le pecheur auec tendreſſe quand il ſe*

L'attache à sa propre vie, Tr. VI. Ch. VII. 523
convertit interieurement à luy au fond de son cœur auec vn vray desir d'amendement. Car ceux qui cherchent la porte étroite, & y entrent, & y cheminent, ils vont droit à la Verité qui sçait donner la vie: & bien-tost ils sont rendus sçauans dans la connoissance d'eux-mesmes : & leur foy s'augmente à y connoistre Dieu. Et ainsi faisans fidellement ils sont bientost rendus bons Maistres en cette diuine Milice, sans tâtonner la voye si long-temps, ny tant raisonner sur l'incertain.

5. Le temps present s'échape, & bien-tost le Maistre viendra nous demander le gain de son *talent*, ainsi qu'il fit à ce pauure mal-heureux de l'Euangile, qui auoit enfoüy le sien dans la terre: c'est à dire, que sa pauure ame estoit demeurée toute sa vie dans la souilleure de ses sens, & enterrée dans la complaisance des choses mondaines. Et partant, Chrestiens, vous qui viuez de la sorte, & estes possedez des creatures, & occupez des choses mondaines; craignez le Iugement de Dieu qui examine seuerement *les negligens de leur salut*, qui taillent les morceaux au bon Dieu, & qui ont peur de trop bien faire, estans cependant *obligez à la perfection chacun selon son Estat*. Dépeschez-vous donc, que la mort ne vous surprenne. Choisissez la bonne voye, la voye droite, la voye veritable, la voye claire, & dissipant toutes tenebres, *la voye de la foy en Iesus-Chr. qui vous le rendra present au fond de vostre cœur.* Car il est la lumiere illuminante tout homme nouueau né au monde de la Grace. Il est le fondement & le toict de nostre perfection : il en est l'ame, l'amour & la vie : estant de son employ Personnel de nous conduire au Pere. Mais *son chemin est par dedans droit au centre de l'ame, & outre l'ame au Centre diuin*, où l'ame Chrestienne *Voyez l'Ima-* se doit retirer, & y cheminer en foy, en lumiere, en amour, *ge.* en *oraison*, en vertus & en bonnes œuures: parce que le temps de la vie presente ne nous est donné ny prolongé que pour cela, & pour y auancer de jour en jour nostre perfection sur le modelle diuin & humain de Iesus, vraye Colomne de nostre Eternité; vraye Pierre fondamentale de

V V u iij

noſtre baſtiment ſpirituel, appuyé ſur le roc inébranlable de ſa fermeté, comme diuin Maiſtre des vertus parfaites, & l'vnique Victorieux & le Conquerant Eternel des cœurs: auquel il faut auoir recours pour nous eſtre interieurement noſtre Principe operant, comme celuy qui s'eſt engagé de nous rendre interieurement au Pere par le miniſtere de l'Amour, lien ſubſtantiel de leur Vnité, & diuine ſimplicité.

Voyez l'image.

6. D'où vient auſſi que le Pere nous touche & frappe en l'interieur de nos cœurs, là où le Fils nous attend par miſericorde, & le ſaint Eſprit opere dans l'ame la componction. Le Pere nous frappe par dedans pour nous réueiller, & nous y attirer ; & deſcendans ainſi en eſprit au fond de noſtre cœur pour répondre à la voix qui nous y appelle, *nous y rencontrons le Fils*, qui nous y reçoit & nous y ouure noſtre maiſon interieure, & nous conduit à l'exterieur aux eaux de Penitence au lauoir appareillé de ſon precieux Sang interieurement appliqué par le miniſtere exterieur des Preſtres, qui nous reçoiuent à remiſſion de nos pechez, nous en donnans l'Abſolution, & la Penitence à proportion de nos crimes, ou ſelon qu'ils voyent & reconnoiſſent en nous regner *la Contrition, qui eſt le vray Iubilé de l'ame, quand elle eſt parfaite*. Mais ſi l'ame eſt ainſi vrayement repentant ſon cœur deuant Dieu, tandis que le Preſtre fait & exerce ſon miniſtere au dehors ; *le grand Euesque de nos ames* l'exerce interieurement au dedans, y confirmant efficacement ce que le Preſtre a prononcé en ſon nom & en ſa vertu : parce que le Pere luy a donné tout pouuoir d'abſoudre ou de condamner : lequel pouuoir il a concedé aux Preſtres, pour faire viſiblement à l'exterieur, ce que Ieſus fait inuiſiblement dans l'interieur ; & par ainſi il change les Loups en Agneau, & les Corbeaux en Colombes.

Diſpoſition interieure de l'ame penitente receuant l'Abſolution du Preſtre:

7. Si bien que ce diuin Maiſtre enſeignant par dedans, nous donne encore du dehors ſa propre Chair à manger, & ſon propre Sang à boire pour nourrir nos ames, & les faire viure de ſa Vie, qui eſt cachée en ſon Pere. Car les diuines

L'attache à sa propre vie, Tr.VI.Ch.VII. 525

Personnes ne s'attribuent rien de propre, quoy que réelle- *Belle expref-*
ment distinctes, le Pere se donne tout au Fils, & le Fils se *fion de la tres-*
rend tout au Pere, & le Pere & le Fils tout à leur Amour; *sainte Trinité.*
& le saint Amour Personnel au sein de la diuine Essence,
comme au terme de leur Vnité en Trinité. Et partant, à
plus forte raison *l'ame Chrestienne est obligée au dénuëment*, & à
se desapproprier d'elle-mesme pour se rendre, & se confier toute en Iesus-Christ son Amour; lequel ne s'est jamais
laissé vaincre en liberalité, donnant toûjours richement &
au centuple, & des biens incomparables puisez dans les diuins thresors de son immensité. Si bien que *toutes les plus
hautes & sublimes graces où l'ame fidelle peut arriuer en cette vie*,
*ne luy enseignent que d'estre en tout & partout conforme à la vie cru-
cifiée*, *à la vie renoncée de l'humble Iesus*, lequel justifie
nos Iustices dans sa Iustice, & diuinise nostre vie dans sa vie
d'Amour, & nous rend ainsi viuans diuinement par la perte
de la sienne, afin de nous apprendre à perdre la nostre pour
viure de la sienne: ainsi nous luy rendons nostre propre vie
pour entrer dans la sienne; dans lequel établissement il a
établi le principe de nostre gloire dans les amertumes de sa
Croix, en nous laissant son *diuin Sacrement*, comme le plus
riche & le plus sublime effet de la Sagesse cachée, qui nous
le rend present, & nous le donne à manger pour nourrir en
nos ames sa diuine Alliance diuinement.

8. O ame Chrestienne, qu'elle diuine Sagesse a ce Dieu
d'Amour? Mais quelle prodigieuse & inoüye Paternité, laquelle nous oblige, voire nous commande? Mais auec la
tendresse d'vn cœur d'Agneau, de nous nourrir & engrais-
ser d'vne telle & *si diuine nourriture quotidienne*, pour ceux qui
en sauourent la manne spirituelle dans *l'Oraison*, & les ardeurs de la vie d'Amour dans *la Communion sacramentalle.*
C'est le grand Testament de sa diuine Charité laissé à nos
cœurs pour gage de la vie Eternelle, institué tout exprés
par le soin Paternel, & l'extréme vigilance de ce souuerain
Pasteur, qui veut repaistre ses oüailles de sa substance. Et
comme il a voulu en tout & partout nous estre exemplaire,

526   *L'Ame captiue sous le sixième sceau,*

Pourquoy Iesus-Christ se communia le premier.

il commença le premier à reduire en pratique ce qu'il venoit de nous ordonner, *se communiant soy-mesme, afin que le premier des Communians fust Homme-Dieu*; & que cette premiere victime immolée au Pere luy fust infiniment agreable, & qu'elle suppleast à l'indisposition de ses Disciples. Il voulut aussi sauourer luy-mesme ce haut Chef-d'œuure de son Amour pour nous en meriter les abords, & le faire en nos cœurs le germe diuin de nostre Eternité. Mais comme cette diuine Sagesse estoit venuë parmy nous, pour guerir nos maladies; Iesus fit aussi en cela l'office d'vn sage Medecin, lequel goûte le premier de sa Medecine deuant son malade pour l'enhardir & encourager à en faire le mesme pour sa santé: rompant luy-mesme, & mangeant ce pain de Sagesse, & beuuant ce Calice de benediction; & puis le presenta à ses chers Disciples, leur disant: *Prenez, cecy est mon Corps, cecy est mon Sang qui est liuré pour vous.* Et partant, mangez sans retarder dauantage; & vsez tres-humblement & amoureusement & respectueusement de cette manne celeste; afin qu'ainsi voilé & couuert de ces especes, je me puisse couler plus secrettement, & me loger plus librement & facilement dans vos cœurs, comme germe de resurrection, de foy, *de vie,* d'amour, de gloire & de salut; & m'y faire là vostre force & vostre rempart contre toutes sortes d'attaques & de tentations.

SECTION II:

SECTION SECONDE.

Que le meilleur moyen de surmonter facilement toutes sortes de tentations, est de recourir confidemment à Iesus crucifié, conceu & regardé par foy au fond du cœur, auec quelques aduis pour la consolation des ames qui les sentent sans y consentir.

1. IL se rencontre assez souuent de bonnes ames fort vertueuses, qui d'ailleurs sont fort affligées & tourmentées de *mauuaises pensées* qui les inquietent ; Dieu permettant au Demõ de remuer *la partie inferieure*, remplissant leurs imaginations de choses abominables, dequoy elles s'affligent & se tourmentent, & souuent en vain ; *car le meilleur est de mépriser cela, & sans s'y arrester recourir bien humblement à Iesus-Christ au fond de son cœur*; posé qu'elles y eussent quelque habitude : c'est le souuerain remede contre de telles attaques pour ceux qui s'en sçauent bien seruir : car l'ame qui se recollige en son cœur se retire de ses sens ; & partant, affoiblit la tentation : outre que ce retirement & cette fuite du dehors au dedans est infailliblement recompensée du diuin Agneau, l'ame s'appliquant à luy au fond de son cœur, & luy demandant secours & ayde là prosternée à ses pieds en esprit & par foy, appliquant sa bouche spirituelle sur l'vne de ses playes, & s'y tenir là jusques à ce que la tentation soit dissipée, ce qui sera dans vn moment si l'ame est fidelle en cecy ; & qu'elle aye déja habitude de se recolliger. Ceux qui ont experience sçauent que c'est le remede tout-puissant contre les attaques des tentations ; & quand bien il n'y auroit autre aduantage en cette diuine *pratique interieure*, que de nous fortifier contre nos ennemis, & nous affranchir de leurs atteintes ; il ne faudroit negliger de la pratiquer : & l'ame qui demeure dans ses sens aura bien de la

Pratique interieure pour vaincre les tentations.

peine d'en échaper; parce que le Demon étend là son regne; & c'est par là qu'il entre dans l'ame. En sorte que *toute la finesse* est d'apprendre à se retirer, & conuerser au dedans auec Iesus-Christ l'Amy fidele, sous la protection duquel tout est en asseurance.

2. Cependant ressentir la tentation n'est pas peché, ains vn instrument à éguiser la vertu: mais succomber à la tentation c'est tuer la vertu. En telle sorte que *le sentir & le consentir* font dans l'ame des effets bien differents: d'où vient que les ames qui en sont affligées ont besoin de bons Conducteurs, qui sçauent appliquer le remede; car de les inquietter, c'est donner prise au tentateur: & quoy que la perfection soit à porter vne *égalité d'esprit* dans tous les euenements, il ne s'ensuit pas de là que l'on ne les doiue ressentir dans la partie inferieure. Et c'est là en ce rencontre, là où la vertu est exercée & se fait remarquer en mortifiant les sentiments, & les étouffant dés le berceau. C'est en la pratique de ces genereuses mortifications d'esprit que l'ame fait progrez & s'affermit en la vertu, demeurant constante & paisible dans les attaques, *toute défiante d'elle-mesme, & toute confiante en Iesus-Christ,* parmy tous les differents estats qu'il plaist à Dieu nous faire porter; soit en joye ou en tristesse, en abondance ou en disette, en desolation ou consolation, en gousts ou en dégousts, dans la jouïssance des douceurs spirituelles ou dans les priuations, soit en tenebres ou en lumieres: enfin paix ou guerre doiuent estre également portées de *l'ame fidelle & abandonnée à la diuine Iustice, & à l'Amour* qui espreuuent les vertus, & les conduisent à leur noblesse.

Mortification des sens, & de toute attache.

3. Et partant quand on parle contre *les sens & les choses sensibles,* il faut entendre que ce n'est pas proprement contre les sens, mais contre la vaine & superfluë complaisance d'iceux, *estans obligez comme Chrestiens d'en retrancher tout le superflu & le dereglé*; car toute attache, pour iuste qu'on la voye, ne laisse pas de nous tenir en esclauage, empeschant nostre liberté. Car nous ne pouuons legitimement donner que ce que nous possedons: or toute attache nous possede

L'attache à sa propre vie, Tr. VI. Ch. VII. 529
& nous occuppe; puis qu'elle empesche nostre liberté, & qu'elle nous assujettit à elle, & nous retarde nostre Sacrifice, qui est de nous rendre tout & totalement à Dieu, libres & dégagez de tout; & par ainsi *sentir & ne pas consentir, c'est manifester sa vertu*. Il n'y a pas de mal à estre sensible, car cela est naturel & inseparable de la nature & de la vie; puis que toute chose viuante a sentiment. *Le mal n'est donc pas proprement au sens, mais à la sensualité tant corporelle que spirituelle:* & le sens n'est mauuais qu'à cause qu'on le recherche par delectation: mais il est profitable à l'ame touchée de Dieu. Car à quoy pourra-on connoistre qu'vn pecheur est conuerty, s'il n'a pas senty & ressenty la touche interieure de Dieu? D'où viendroiēt donc cette repentence & ces ruisseaux de larmes, de douleur & de contrition? sinon qu'vne *flèche* amoureuse, & amoureusement douleureuse tout ensemble, a blessé, attendry & amolly ce cœur; pour l'ouurir au rayon de la Grace diuine.

De la grace sensible en ses effets.

4. O heureuse, & mille fois heureuse l'Ame Chrestienne! qui sçait bien moissonner ce pain de douleur & d'amour au fond de son cœur, que nos bons Anges nous procurent, & que le Saint Esprit nous administre interieurement, pour nettoyer & purifier nos cœurs de l'ordure du peché, & en faire des vases de bonne odeur deuant le throsne de l'Agneau. C'est ce qui réjoüit nos bons Anges, lesquels nous portent vne sainte enuie dans l'estat de nos souffrances & de *conformité à l'Agneau Occis*. Ce qu'ils voudroient bien pratiquer, si cela estoit compatible à la pureté de leur nature, & à l'estat de leur gloire; tant ils ont de contentement de nous voir *diligens à la sainte mortification & recolleEtion interieure*? qu'ils nous persuadent sans cesse, si nous sçauions bien escouter.

XXx ij

SECTION TROISIESME.

Responſe à quelques ſpitituels, qui ſous pretexte de Foy nuë, diſent que la Grace eſtant inſenſible, il ne faut rien ſentir ny experimenter des dons de Dieu : où il eſt monſtré que l'Amour Diuin ſe faiſant ſentir à l'ame en des manieres bien differentes, elle a beſoin d'vne genereuſe eſgalité d'eſprit dans tous les eſtats de conſolations ſenſibles & de deſolations, de ſechereſſes, d'abondance & de pauureté ſpirituelle, par vnion intime à Ieſus Souffrant.

1. IL y a des perſonnes ſpirituelles, qui ſont, à ce qu'elles diſent, deuenuës ſi ſpirituelles, qu'elles ne veulent plus rien ſentir, ny reſſentir, ny experimenter des dons de Dieu, ſous pretexte d'vne Foy nuë, ſuiuant laquelle on deuient donc inſenſible à tout : parce que la Grace de Dieu opere imperceptiblement, ſans que l'on s'en apperçoiuë, & qu'il faut que l'ame ſoit nuë & dénuée de tout. Ie ne ſçay pas comme ils entendent cette nudité. Il eſt vray qu'il ſe faut deſnuer de tout ce qui n'eſt point Dieu, mais ce n'eſt pas, à mon avis, *pour demeurer ainſi tous nuds, mais pluſtoſt pour nous reueſtir de Dieu & de ſes dons.* Car j'ay autrefois ouy dire que celuy-là qui fut remarqué au feſtin n'auoir pas ſa robbe nuptiale, fut tanſé & enuoyé aux tenebres exterieures, pieds & mains liées. Donc il ne ſuffit pas d'eſtre nud, mais il faut encore eſtre reueſtu de la robbe nuptialle. Et qui nous pourra reueſtir de cette robbe, ſinon la Grace & la Charité de l'Agneau : laquelle *Grace* eſt vn enuoy, vn épanchement de ſa diuine vertu dans nos cœurs pour y operer la ſanctification; & partant ce qui opere doit auoir vie & vigueur, non ſeulement en ſoy, mais pour le ſujet qu'il touche : donc *la Gra-*

elle est non seulement viuante, mais aussi elle viuifie; & partant elle est capable de se faire sentir & sauourer dans l'interieur de l'ame recolligée; puis que mesme elle ressuscite & reuiuifie les ames mortes par le peché, pour d'insensibles les rendre *sensibles à la componction & douleur cordialle*, & par là les disposer à la touche interieure du pur Amour diuin : & à plus forte raison se pourra-elle faire sentir aux Ames qui sont dé-ja viuantes.

2. Il faut donc *prendre garde à telles nuditez, & insensibilitez*, de peur que ce ne soit plustost vne politique imaginée de nostre propre esprit, qu'vn effet de la Grace: Car *ceux qui ont l'experience sçauent à la verité qu'il se faut depoüiller de tout, & c'est à quoy tend tout cét œuure*; mais ils sçauent aussi qu'à la mesure que nostre vaisseau se vuide de toutes ses immondices, il est aussi à mesure remply de la Grace de Dieu; & *le Saint Esprit* est continuellement en operation, pour ne laisser rien de vuide en nous qu'il ne remplisse : & c'est à quoy il prend sa complaisance à nous perfectionner de jour en jour, si nous sommes fideles à nostre recollection interieure : à faute de quoy je ne m'estonne pas si on deuient insensible aux dons & graces de Dieu. Outre que de dire qu'on ne veut rien sentir ny experimenter des dons & graces de Dieu, c'est se vouloir façonner soy-mesme à sa volonté, au lieu de suiure les mouuemens interieurs de la verité (toujours auec le conseil d'vn sage Directeur) car *qui pourra empescher Dieu de donner, & de se faire sentir dans vne ame?* mais qui ne voudroit receuoir bien humblement ce qu'il plaist à Dieu de verser dans nos ames? & le moyen d'y receuoir les débords épanchez selon les largesses infinies de ce diuin Donneur, *sans s'en apperceuoir?* luy qui se plaist à donner à torrents. Non, Ame Chrestienne, ne dites pas que Dieu est chiche à donner, car c'est injurier sa liberalité infinie : mais sont nos cœurs pleins de nous-mesmes, & tout retressis de chagrins inquiets qui sont chiches à receuoir & à donner par leurs indispositions. Mais portez, pour voir, vn cœur ouuert, vuide, & dé-ja dilatté par la Grace

& par l'amour à vostre Dieu, & y ramassez vostre esprit interieurement à sa face, pour en estre le spectateur par la fidelle *attention*? & puis vous verrez si ce Dieu des grandes Misericordes s'est iamais laissé surmonter par bienfaits: & éprouuez vous-mesme *ses diuines liberalitez, que les hommes n'oseroient vous dire par respect*, & parce qu'aussi vous ne les croiriez pas, puis que vous en doutez.

3. Et par consequent *il ne faut pas forger des deuotions à sa teste*, ny se presumer de pouuoir affranchir la carriere de perfection: *sans estre repû par le chemin de quelque miette de consolation.* Tant s'en faut, Nostre Seigneur fust touché de la femme Cananeenne qui s'accorda auec luy d'auoir les miettes qui tomberoient de la table des Enfants: voire mesme de les partager auec les chiens. Et Nostre Seigneur mesme qui nous connoist mieux que nous mesmes; & partant qui sçait mieux que nous ce qu'il nous faut, eust pitié de ceux qui l'auoient suiuis *trois iours dans le desert*, & se retournant vers ses Disciples, il leur demanda, de quoy, & comme quoy il pourroit refectionner ce peuple lassé & harassé du chemin d'vn si penible desert; de peur que le cœur ne leur manquast au milieu d'vn lieu si affreux. Il demande à ses Disciples, où l'on pourroit trouuer de quoy repaistre cette multitude, *ce qui est tout plein de mysteres, aussi bien que toutes les autres paroles de Nostre Seigneur*: car en retournant vers ses Disciples, & leur demendant de quoy substanter ce peuple, il nous apprend par là que *les Prêtres* doiuent auoir le soin de distribuer le pain de la parole de Dieu au peuple lassé & fatigué dans le desert de ce monde; & qu'ils doiuent pouruoir à nos necessitez spirituelles: & que nous les deuons aussi suiure humblement, & nous contenter de ce qu'ils nous donnent sans murmurer. Car ils sont les dispensateurs du pain des Enfants de l'Eglise militante, qui n'est qu'vn exil & vn espece de desert à l'egard de la triomphante, à laquelle nous aspirons & deuons aspirer de tout nostre cœur. Il demanda aussi cela à ses Disciples pour esprouuer leur foy, & les y confirmer par ce miracle si merueilleux, qui

L'attache à sa propre vie, Tr. VI. Ch. VII.

le faisoit reconnoitre pour ce qu'il estoit en verité ; il le fist aussi effectiuement selon la necessité, & *pour la consolation de ce peuple harassé* en luy compatissant en vraye Pere.

4. C'est pourquoy quand Nostre Seigneur nous donne quelque chose, il le faut receuoir auec beaucoup d'humilité & de reconnoissance. Car tout ce qui vient de Dieu est saint ; c'est vn escoulement de ce bien infini qui fait & opere toûjours son bien dans l'ame fidelle, pourueû qu'elle n'y mette point d'empeschement, *tout ce que Dieu nous donne, ce n'est que pour nous auoir auec son don* c'est le fruit de toutes ses operations ; & partant il n'y a pas danger de receuoir, puis que nous luy pouuons aussi tout rendre, & nous conjointement : si bien que nous pouuons dire chrestiennement que *Dieu estant ce qu'il est,* c'est à dire veritable, & la verité mesme, il est le viuant, & essentiellement Vie & lumiere viuifiante, laquelle *se peut faire sentir,* jusques parmy les morts en leur rendant la vie, & partant le sentiment ; *car autrement quelle distinction de tenebres ou de lumiere,* de purgation ou d'vnion, d'amour ou de haine, d'humilité ou d'orgueil, de vanité ou de verité, d'operation ou de connoissance, d'abondance ou de disette, de priuations ou de consolations, d'ariditez ou de peines interieures à l'ame, qui n'en aura rien esprouué, ny ressenti ? mais de quelle nature pourroit estre le *desnuement spirituel,* ou mort de propre vie à l'ame, qui seroit sans sentiment. Et si Nostre Seigneur nous appellant apres luy, & nous disant, *Renoncez vous vousmesmes que pourra renoncer celuy qui sera insensible ? Si ce n'est à son insensibilité qui n'experimente rien ?* Mais quelle vertu peut-on attribuer à celuy qui n'est point exercé ? Et quel exercice trouuerons-nous conuenable à l'ame insensible, & sans experience ? Et quelle difference de force ou de foiblesse en celuy qui ne se connoist pas.

5. Car il arriue aucunes fois, que l'ame se trouue auec vne force capable, ce luy semble, de renuerser vn monde; & d'autres fois si foible & destituée, qu'elle ne se sent pas la force d'escraser vne mouche : *tantost elle ayme à l'excez,* &

d'autres fois elle ne ressent non plus d'amour que si elle n'auoit jamais aymé, & qu'elle ne doût jamais aymer ; quoy qu'elle ayme autant, & plus parfaitement en ce desnuement & *priuation* que dans les plus grandes *ecstases*: parce que *l'effet du pur amour est d'espurer & d'esprouuer* : & partant qui ne consiste pas tousjours à gouster la suauité, Mais aussi à boire le Calice de la priuation, de tel genre qu'il puisse estre. Parce que l'industrieuse Sagesse du saint Esprit s'estant emparée d'vn cœur ne cesse d'y operer, & de conduire l'ame par la voye de perfection de degré en degré, jusqu'à la consommation à trauers toutes les espreuues, jusqu'à vn amortissement total : si bien que *la perfection d'vne ame fidelle ne consiste pas à sentir ou à ne pas sentir*, mais à faire, & à garder dans chaque estat vne mesme contenance ou esgalité d'esprit dans les sentiments ou ressentiments, ou dans les priuations ; ne s'attachant ny à l'vn, ny à l'autre : mais y poursuiure son oraison selon la voye de mortification, de renoncement, de quietude, de mansuetude, d'humilité, & de Charité : car *celuy qui ne sçait marcher que par le beau temps est bien empesché quand il neige.*

6. Enfin il arriue aucunes fois dans l'ame des operations si embrasées, qu'elle se voit comme toute reduitte & consommée en amour ; d'autre fois si langoureuse & destituée, & *si estrangement amortie en pauureté spirituelle*, qu'elle se regarde comme vn bastiment tout desolé, & prest à tomber en ruine ; & cependant c'est pour lors que toute abismée & enseuelie qu'elle est, celuy semble, dans son impuissance, & extrême foiblesse, qu'elle participe dauantage à la puissance de Iesus-Christ, auquel elle apprend que la vraye solidité de cœur ne se peut rencontrer que dans l'ame libre, & parfaitement renoncée, laquelle ayant tout receu de Dieu, ne s'oublie pas aussi de luy rendre le tout par amour, & elle conjointement ; mais *l'ame attachée & imparfaite en l'exercice du saint Amour, s'estonne de tout, a peur de tout, & se défie de tout.* D'où vient son empressement qui la rend chagrine, soucieuse, retressie : non sans offenser le pur Amour, parce

L'attache à sa propre vie, Tr. VI. Ch. VII.

parce qu'il se plaist à donner largement quand il trouue vn bon cœur dilatté : car *l'Amour diuin a aussi plusieurs genres & manieres de s'exercer dans l'ame* ; parce que tantost il s'y fait sentir *aussi dur que le bronze, & autresfois parfaitement delicieux*; tantost il semble s'espancher tout en onction dans l'ame ; d'autre fois il coule vne secheresse & aridité inconsolable : par fois il fond tout en douceur, & s'y fait la mesme vie de l'ame ; & d'autres fois il la conduit à la mort par mille&mille détresses interieures. Et par ainsi il se fait sentir&ressentir en l'ame fidelle en toutes les façons & manieres, tant dans l'abondance, que parmy les priuations & espurements, soit en sa dureté ou suauité.

7. D'où vient, que *les ames d'oraison* & exercées en cette diuine milice *doiuent toûjours auoir les yeux de l'esprit interieurement fichez sur leur diuin & humain Exemplaire, sçauoir, Iesus-Christ crucifié*, le vray Patron de la parfaite patience ; & mesme parmy les horreurs de la mort : ainsi qu'il a fait parêtre dans toutes ses mortelles langueurs, agonies & souffrances ; où il n'estoit point insensible, mais tres-debonnaire & patient dans sa douleur, & ses sentiments. O Ame Chrestienne, qui pourroit exprimer & penetrer les pressures excessiues que *le pur Amour* exerçoit en son chaste cœur, tout desolé & penetré de la sueur mortelle de sa tressainte Mort & Passion, qui ne luy donnoit aucune relasche: jusqu'à ce que cette *diuine Hostie* fust toute consommée en l'interieur des diuines flammes de son Amour, & *à l'exterieur* par le feu des douleurs *de sa Croix*, de ses clous, des foüets, des opprobres, & de la mort. Mais peut-estre que l'on dira que Nostre Seigneur estant Dieu & homme, pouuoit bien menager tous ces estats facilement & parfaitement. Et il est vray, & *c'est pourquoy aussi qu'il ne le faut jamais quitter de veuë*, afin que luy estant ainsi attentif dans nostre cœur, il y puisse acheuer comme en ses membres, ce de quoy il a déja triomphé en sa propre Personne nostre Chef ; & parce que nous sommes membres viuants de son corps ; & qui *ne pouuons atteindre la vie de Grace que par sa Mort*, ny arriuer à la

Y Y y

perfection de membres viuants que par les diuines influences du Chef, qui seul nous peut communiquer sa vertu, & sa vie, & sa diuine sagesse ; de laquelle nous pouuons voir,& profiter tout ensemble comme de la merueille des exemples, comme aussi de la tres riche copie qui en a paru au monde dans les ames genereuses, & parfaitement renoncées, & qui ont experimenté la diuine touche intérieure.

8. Ce fust ainsi que les Amis de Iob le furent voir reduit sur vn fumier, comme spectacle formidable à la nature. Voir vn grand Prince, vn grand Patriarche ainsi chargé & surchargé d'afflictions sur afflictions, tant d'esprit que de corps ; croiez vous qu'il fust insensible ? non sans doute, mais tres-patient dans son accablement, & tres-patissant; aussi bien que tres-sensible à toutes les douleurs de son corps, & à toutes les peines de son esprit ; auec tout cela la moquerie de sa propre femme, & de ses Amis. Mais ce saint homme auoit appris à son ame de se retirer dans la forteresse interieure de son cœur pour y porter les vehemences de l'Amour crucifiant par dedans : & par dehors, exercé par la malice & la rage du demon ; dont Dieu se seruoit comme du ministere de sa iustice exercée sur luy en rigueur selon la nature, par toutes les grandes afflictions qu'il menageoit en son cœur tres-cherement au prix de son inuincible patience; Laquelle triomphoit de toutes ses differentes attaques, & luy fournissoit interieurement des torrens de Grace & de gloire qui affermissoient sa vertu : laquelle demeurant toûjours victorieuse, luy faisoit assembler & ramasser dans son cœur vn thresor de tres-riches & tres-belles perles de dessus son fumier sans estre apperceuës de tous ceux qui ne le regardoient que comme vn miserable, pour n'estre ny en son degré, ny en sa lumiere : car il n'appartient qu'au vray humble de posseder en paix le thresor du pur Amour & de le soustenir passiuement : ce n'est pas estre parfaitement humble que s'approprier le don de Dieu, mais c'est tout faire & tout dire que de chercher Dieu pour Dieu, sans meslange d'interrest propre : ce n'est pas estre

parfait que de se reseruer par amour propre quelque preference, mais plustost vne secrette presomption d'esprit; puis que Dieu estant seul, celuy qui est, & en qui toutes choses sont en verité, se donne tout à nous qui ne sommes rien, pour nous faire quelque chose.

9. Il faut donc aduoüer constamment qu'il n'y a rien qui allume & enflamme dauantage dans vn cœur les ardeurs du pur Amour, que la possession & jouïssance du *secret de la Croix*: lequel ne tend qu'à aneantir la creature & la faire mourir à son propre estime, pour laisser estre Dieu en elle selon ce qu'il est, c'est à dire souuerainement. Au sujet dequoy il est tres-important à l'ame de se bien connoistre elle-mesme, mais elle n'y pourra estre jamais suffisamment sçauante, si la clemence du Saint Esprit n'y intereuient, pour luy descouurir en son fond ce qu'elle est en verité. Non qu'il se faille beaucoup mettre en peine de ne pas toûjours bien connoistre nos estats, pourueu que nous conseruions toûjours *la paix & la tranquilité interieure*. Car le plus seur c'est de marcher selon nostre foy, portants passiuement tous les estats differents que la Prouidence nous fournit; parce qu'il est icy question de soustenir passiuement toutes sortes d'espreuues, pour operer la reduction interieure de l'ame selon les degrez participez de vie diuine.

10. Si bien que l'ame ainsi affermie en bon fond ne se trouble pas des extrauagances de l'esprit, qui arriuent par fois, aussi bien que des reuoltes en la partie inferieure, cependant mesme que l'ame possede le calme en son fond. Et cette paix sauoureuse & tranquilité interieure est vne marque euidente de la presence de Dieu & de la fidelité de l'ame. Si bien que le plus parfait & le plus asseuré, est d'aymer & d'accepter tous les estats indifferemment, qui sont signifiez par la diuine & interieure motion, reuestuë de la sagesse du *crucifié*, laquelle enseigne à porter esgalement la disette comme l'abondance, y joignant à chaque estat la pratique des vrayes vertus, qui nous font marcher droit à

Y Y y ij

la verité, & nous font viure dans la paix du cœur : assemblant la croix auec les delices, la paix auec la guerre dans vn mesme sujet, & le temps auec l'eternité.

11. C'est le moyen d'esprouuer bien tost la diuine ardeur de ce fourneau allumé du pur Amour, & voir par experience combien il est violant & industrieux à crucifier vn sujet abandonné, & soûmis à sa diuine ardeur : c'est ce que nous a acquis & merité nostre adorable Iesus, apres l'auoir si puissamment & si diuinement allumé & embrasé dans le sien, luy permettant d'estre impitoyable à son cœur pour le consommer & le distiller dans les nostres ; afin d'y planter & arrouser le germe de sa diuine vnion, comme principe de toutes les diuines alliances & interieures operations, ou espurements amoureux qui peuuent estre espanchez dans l'ame fidelle selon le cours de la diuine & interieure motion, par vn exercice tres-parfait de souuerain actuant, lequel fait & dit en l'ame tout ce qu'il y notifie, la reuestant des plus sublimes richesses de l'Agneau, pour la parer à l'auantage des plus nobles qualitez requises pour *la parfaite vnion*.

12. Et par ainsi, vne telle ame estant interieurement comme enchaisnée de la clemence du saint Esprit par la chaisne d'or de la Charité, & toute allumée de son brazier éternel, *laquelle s'écoule dans l'ame, & luy enseigne d'vne maniere diuine Iesus crucifié*, c'est à dire, amour, croix, mort & vie cachée en Dieu tres-intimément concentré & thrôné au plus intime de l'ame Chrestienne : Et c'est là en cette solitude secrette où il apprend à operer diuinement. Car l'Amour diuin penetrant la substance de l'ame, luy fait experimenter des angoisses interieures qui la lient & l'engagent au martyre d'amour, à dessein d'exercer & d'operer en elle tous les genres d'agonies, de croix, & de morts : de separations & d'ariditez spirituelles, & d'impuissance à aymer, que l'ame accepte & doit accepter pour vne tres-signalée faueur, pour l'enuie qu'elle a d'aymer ce que son cœur ne peut atteindre au point qu'elle l'apperçoit aymable : toutefois *elle se sert de son addresse accoûtumée*, qui est d'auoir re-

Voyez l'image.

L'attache à sa propre vie, *Tr. VI. Ch. VII.* 539
cours à ses armes ordinaires, sçauoir, la foy, la patience, la constance, la paix & l'humilité, & *sur toutes choses garder la tranquilité interieure*, auec diligence, douceur, & *vne patience inuincible* parmy tous les genres de croix & de morts, qui attaquent sa constance comme immobilisée *& affermie sur la pierre angulaire de l'Agneau occis*, & confirmée par les diuines émanations & benignes influences de ce beau Soleil d'Amour, comme par la voye la plus seure & la plus noble des participations diuines, se baignant dans le fleuue de ces amertumes comme dans vne pleine mer de delices, qui luy font mener dés icy bas vne vie tres-intime, tres-cachée, & diuine en souueraine dilection. Et par ainsi, épurée & perfectionnée, tranquile, simple, candide, vnie & bien ordonnée de la diuine & interieure motion: l'ame se voyant toute accoisée en son Estre, attendant passiuement son in- *Voyez l'image.* sinuation plus intime en la Diuinité.

SECTION QVATRIESME.

Eslans d'amour, transports & gemissemens ecstatiques de l'ame blessée & languissante d'amour, conuiant & appellant le saint Esprit pour venir acheuer & consommer l'œuure de la vie diuine du diuin Iesus en elle.

1. L'Ame estant noblement reuestuë des diuines lumieres, & abondamment remplie & toute regorgeante en dons surnaturels, elle succombe enfin aux *torrens d'amour prodigieux* qui la rauissent & la font entrer en excés, tirant de sa poitrine toute embrasée ces precieux *élans d'amour*, & de *semonces amoureuses*, auec des transports comme embrasez qui font gemir l'ame en ces termes, ou autres semblables, pour conuier & appeller le saint Amour du Pere & du Fils de venir acheuer & consommer son œuure de Vie diuine en elle.

2. Venez ô Douceur divine : ô immense & tres-saint Esprit, Amour tres-noble, Createur & souverain Visiteur des cœurs. Venez, ô tres-chaste Rempliffeur de poitrines de tous les merveilleux dons celestes que vous départez au prix des merites infinis du divin Agneau, selon vos dons septiformes.

3. Venez, ô Eternelle Douceur des ames fidelles, puis que l'on vous nomme Paraclet, & don de Dieu ineffable. Qu'il vous plaise d'operer dans le repos, en rejalissant de la tres-claire fontaine du Tres-haut, source vive ou feu flamboyant. O Amour tres-sacré, Canal écoulant les richesses divines comme à torrens, ainsi que le thresor de toutes les divines Onctions du cœur de l'Unité épanchées dans les cœurs purs & ouverts en dedans à la Divinité.

4. Venez donc, ô tres-sublime Docteur de la belle Eternité, épancher en nos cœurs tous les écoulemens de vos divines douceurs. Vous, ô Amour, qui estes le divin Sanctuaire de l'Union. Venez, ô sacré don ineffable du Pere & du Fils ; Vous, dis-je, qui avez resolu d'enrichir nos cœurs des immenses largesses de vos divines Grandeurs, & nos bouches steriles de vos discours profonds, pour tres-hautement publier les loüanges divines du Pere, la tres-sublime sagesse du Fils, & les profondes lumieres & intelligences divines de vous, ô Eternel Amour.

5. Venez, ô tres-ardente Fournaise embrasée d'amour, de vie & de lumiere pour éclairer & dissiper l'épaisseur de nos tenebres. O divin feu purifiant & embrasant nos cœurs de l'Onction infinie de vos celestes douceurs, affermissant nos cœurs au sein de vostre Unité, par le rayon

L'attache à sa propre vie, Tr. VI. Ch. VII.

viuant de voſtre vertu diuine, afin d'y rétablir entierement la verité de voſtre Loy diuine, en y purifiant amoureuſement tout ce qu'il y a d'imparfait, ſans y rien épargner de tout ce qui s'oppoſe à voſtre diuine Loy.

6. Venez donc, ô Amour ſans plus retarder, acheuer l'œuure de Vie; ô tres-diuin Reſtaurateur, ô tres-aymable Amant des ames fidelles. Venez, entrez, frappez, bleſſez, tuez, & donnez la vie, & operez ſans plus retarder efficacement, imperieuſement: Allumez, brûlez, enflammez & conſommez nos pauures interieurs tous languiſſans des foudroyantes ardeurs & feux étincellans de voſtre ſublime Charité, afin de les reduire tout en Eſſence diuiniſée au fourneau de voſtre Diuinité, & tres-profonde Vnité en Trinité.

7. Venez, ô tres-chaſte & tres-diuin Paradis de la Verité increée; vray Pere de ſanctification, & qui ſçauez donner la Paix aux vrais Amans parfaits, pour les rendre incontinent les ſujets legitimes de voſtre Empire amoureux dilatté par dedans. O vie! ô ſouueraine dilection! qui faites épanoüir nos cœurs de vos faueurs, en les rendant diligens de concourir à l'abondance de vos épanchemens, & ſaillies embraſées, pour épurer vos cheres Victimes d'amour dans l'alambic ardent de vos feux étincelans, qui vont conſommant l'ame toute reduite au dedans, juſqu'au point d'auoir affranchy tous les diuers degrez de ſes diuins épuremens.

8. Venez, ô tres-diuin Maiſtre, Enſeigneur par dedans, grand Chancelier de la diuine Eternité: Venez, ô tres-magnifique Ouurier d'Amour. Approchez-vous, ô

542 *L'Ame captiue sous le sixiéme sceau,* *tres-sublime Tresorier de nouueaux dons.* O Donneur de Vie, de Charité & de lumiere: Source originaire des nobles Vertus, & vray ciment de diuine Dilection, qui ne respirez qu'vnion. O grand Operateur de souueraine perfection. O tres-sublime Docteur de diuine Sagesse, qui nous manifestez le Pere & le Fils, d'où vous procedez. O tres-chaste Espoux d'Eternel Amour.

9. Venez donc, ô tres-diuin Pere des pauures, & orphelins: tres-fidelle Amateur des petits & des simples, & des humbles parfaits. O Prince amoureux des Enfans de la Paix. O tres-precieux Orateur interieur qui gemissez vos diuines Clameurs dans le sein de vos Espouses, où vous faites leur bon-heur. O tres-legitime Gouuerneur. O diuin Operateur de sainte Societé, qui voulez faire du cœur humain le Paradis de vos delices & de suprême felicité, en y faisant operer & reposer l'amour. O excés de Bonté.

10. Venez, ô tres-solitaire Amant, qui vous delectez d'operer par dedans: Déposez vostre Ministere amoureux dans l'ame passiue, & interieurement reduite au sein de son Amant, où elle s'est abbaissée du toict au fondement, & jusques aux plus profondes racines de son triple Firmament, où elle entre au point du jour de son Eternité dans le sein de celuy qu'elle ayme Vn en Trinité.

11. Venez, ô Maistre parfait du secret interieur, tres-ineffable & diuin Docteur d'Amour & de Loy nouuelle établie en Verité. Hastez-vous, ô precieux Maistre de la vie: Voyez ces pauures cœurs languissans sous l'effort de vos diuins gemissemens: Dépeschez d'assieger, d'inuestir, de prendre, d'enchaisner, de reduire & consommer tout en

amour

L'attache à sa propre vie, Tr. *VI. Ch. VII.* 543
amour au fourneau clarifiant de voſtre diuine Clemence, afin que tous les diuins Alliez ſoient en vn moment conſommez & tout reduits en Eſſence & en lumiere d'Amour.

12. VENEZ, ô tres-diuine flamme. O tres-profond Ocean de l'immenſe Charité, qui vous écoulez & débordez dans nos cœurs, comme vn diuin braſier rafraichiſſant. O tres-ardent Amour conſommant. O diuin Maiſtre, qui enſeignez diuinement la tres-precieuſe Loy d'amour, qui ſe va toûjours accroiſſant dans nos cœurs, pour y affermir noſtre bon-heur par les rapides écoulemens des torrens de vos delices, qui ſe débordent par dedans ſelon la Loy interieure de voſtre Amour. O diuin Maiſtre Tout-puiſſant, qui ne ceſſez d'enſeigner celuy qui vous ſçait écouter en aymant, mais pour vous complaire il faut moins dire que faire.

13. VENEZ, ô tres-diuin Sceau de l'Vnité. O tres-riche: O tres-Aymé: O tres-abondant Donneur des biens de l'Eternité. Pourquoy, de grace, retarder voſtre embraſement? Dépeſchez d'acheuer le cours de ce nouueau Firmament dont vous eſtes le Soleil lumineux & tres-éclatant, roulant ſa Sphere par dedans depuis la terre de nos cœurs juſques à l'Orient du Tout-puiſſant, pour y operer noſtre Occident. Vous, ô Amour qui deuez acheuer l'œuure du tres-haut Pere d'vnion & de repos.

14. VENEZ, ô tres-ſouuerain Pere des affligez & indigens; Laiſſez-nous, s'il vous plaiſt, échapper promptement les éclats lumineux de vos diuins écoulemens, afin que la terre ingratte de nos cœurs puiſſe cõmuniquer au bon-heur ancien & nouueau par le deſſein que vous auez d'épancher en nous la vie, & d'vne maniere infinie; mais auſſi

ZZz

544 *L'Ame captiue sous le sixiéme sceau,*
noblement que diuinement, sans y épargner vostre Amour, iusqu'au terme du celeste seiour que nos ames arriueront à leur tout.

15. Venez, ô tres-sçauant & tres-expert Medecin de la Loy interieure d'Amour. O tres-sacré Arrousoir du nouueau jour, qui sçauez humecter la secheresse d'amour, en rafraichissant la diuine ardeur toute allumée & embrasée, pour y guerir les playes & les blessures d'amour que ses diuins Messagers, sans y rien épargner, y ont faites: portans le coup & lançans la fléche embrasée iusqu'au mourir d'amour. O diuin glaiue de dilection qui frappez droit dans le fond pour y tuer la propre vie de vostre bonne Amie dans le fond du secret, auec le diuin attrait qui associe les deux Amans au plus intime du dedans, pour y établir en Aymant LA ROYALE VIE DV DIEV SOVFFRANT.

16. Apres que toutes ces semonces embrasées, ont suffisamment blessé & attendry le diuin cœur du pur Amour. Apres, dis-je, l'auoir si cordialement *appellé*, & si tendrement *inuité* d'épancher dans nos cœurs la tres-glorieuse vie du sien: il se vient enfin throner en cette ame, comme en vne tres-delicieuse habitation, qu'il a daigné choisir pour y operer le bel ouurage de perfection, conformément aux merites infinis de *Iesus-Christ crucifié*, qui luy seruent comme de *fond* en nos ames pour y soutenir & appuyer la sublimité ineffable de ses miraculeux effets & diuines *operations*, tres-conuenables à vn tel diuin Ouurier d'amour, qui enseigne si diuinement l'ame, qui le sçait bien écouter par dedans, où il l'instruit & luy apprend comme il faut cooperer & luy répondre en sa diuine maniere; c'est à dire, à aller à luy comme il vient à nous auec son vnique & tres pur Amour; si noblement & diuinement exercé par l'admirable residen-

L'attache à sa propre vie, Tr. *VI*. Ch. *VII*. 545

ce de ce souuerain Principe amoureux qui possede l'ame & l'occupe, l'annoblissant & en la viuifiant, & imprimant en elle la vie nouuelle & renouuelée : la vie surnaturelle & diuinisée par la diuine illustration glorieusement operée de ses imperieux regards, qui ne sont autre chose en sa Personne, en son Essence, en ses diuines productions, en son Nom, & en tous ses diuins effets, que rejallissemens & debords glorieux de ses torrens d'amour debordez en l'ame ; & qui la remplissant de toute sorte de richesses & de benedictions diuines, la justifient & la purifient, & l'vnissent, la simplifient & la reuniuifient, & *la rendent tout amour*, auec foy, esperance, noblesse en fond de charité & de vertu ; qui manifeste à l'ame la tres-glorieuse Image substancielle du Pere ; c'est à sçauoir, sa diuine splendeur, sa lumiere, sa doctrine, sa science, & sa tres-profonde Sagesse, *dans l'Vnique engendré du Pere*, auec toute la gloire de la diuine Personne du grand Maistre de la sainte Alliance de son Amour, & par son Amour auec les hommes : comme tres-loyal & tres-fidelle Precepteur de la sainte pauureté & humilité humiliante de l'humble Iesus ; lequel a pris à tâche de nous faire reposer dans le sein de sa pure Charité. C'est le vray & le legitime Donneur du pur Amour, de Foy, de Grace, de Verité & de salut Eternel.

17. Et partant, toutes ses diuines & tres-merueilleuses operations exercées en l'interieur, purifient & perfectionnent l'ame de degré en degré, autant qu'elles l'approchent & l'vnissent à son Principe viuant : comme *celle qui a la Diuinité pour centre & soûtien de son Estre, & Iesus pour fond & fondement*, & premier principe de tous ses mouuemens & operations interieures, qui produisent en elle vn tres-legitime Sanctuaire au pur Amour pour le receuoir, le supporter, & le pâtir en Dieu, & en la maniere de Dieu ; pour *rendre Dieu à Dieu selon Dieu*. C'est le digne Office des vrais & legitimes Adorateurs du Pere Celeste.

18. Aussi vne telle ame est toute pleine de lumiere d'amour clarifiante, de foy, de vie & de charité, & *éleuée interieure-* *Voyez l'Image.*

546　　　*L'ame captiue sous le sixiéme sceau,*

ment outre elle-mesme dans ce *Ciel lumineux*, où elle se trouue reuestuë, & angeliquement ornée des nobles vertus, dont elle est enrichie & diuinement comblée de toutes les largesses conuenables à la glorieuse residence de la puissance du Pere, de la Sagesse du Fils & de ses merites, & remplie des diuines bontez du *saint Esprit, lequel départ ses grandes faueurs selon les estats & degrez de chaque ame:* & tout cela parce que l'Esprit de l'homme estant écoulé de la puissance de Dieu, il doit par consequent y retourner pour y abysmer & y perdre sa foiblesse creée dans la force de la Toute-puissance increée, comme au terme de son vnique repos, auec *vn auant-goust des felicitez eternelles que l'ame commence de sauourer au plus intime de son Estre en Dieu*, selon les illustrations des plus sublimes motifs d'amour qui l'exercent, qui l'épurent, & la vont toûjours conjoignant, vnissant & viuifiant par les plus intimes operations & attouchemens merueilleux & imperieux qui insinuent interieurement l'ame de degré en degré en la jouyssance de la Vie Diuine.

Voyez l'image.

Voyez la quatriéme image.

TRAITÉ SEPTIESME.

L'AME CAPTIVE DV SEPTIESME ET dernier Sceau; mais la plus haute & la moins captiuante captiuité que toutes les precedentes, l'ame y participant vne vie éminente & toute diuine; mais finie n'en jouyssant que dans elle-mesme, & non encore dans Dieu en sa maniere infinie.

CHAPITRE PREMIER.

Esprit d'Audace Secretaire du septiéme Sceau, qui fait l'attache aux dons finis de Dieu dans l'ame, qu'elle doit laisser rompre par les operations amoureuses de l'Agneau occis qui la veut conduire interieurement, & éleuer outre soy-mesme jusques au thrône de l'Essence diuine.

1. JE dis que cette septiéme captiuité est plus haute & moins captiuante que toutes les autres; parce que les liens & les chaisnes y sont toutes d'or, & d'attache aux choses diuines, comme à ses dons, & graces, ou de son sçauoir diuin que l'ame possede en elle-mesme. Et partant, d'vne maniere finie; parce que l'Estre de toute Creature n'est parfait qu'en Dieu; & par ainsi la creature qui possede Dieu, ou les dons de Dieu *dans elle-mesme* ne les possede que selon son finy; &. partant non encore *en Dieu* selon sa maniere infinie & parfaite. Donc, tout ce que l'ame possede dans Dieu, elle en jouit parfaitement, & en quelque façon selon son infinité: C'est encore ce qui reste à l'ame à faire de rompre cet attache pro- *L'image vous fera conceuoir comme l'ame doit sortir, &.*

ZZz iij

546 *L'Ame captiue sous le septiéme & dernier sceau*, prietaire de la participation finie qu'elle a en soy de l'infinité de Dieu : En sorte que ces vertus & communications diuines l'éleuent bien au dessus d'elle-mesme, mais elle n'en jouït pas encore en Dieu ; & par ainsi elle est encore arrestée, quoy qu'à vn *filet d'or*, qui cependant l'assujettit encore, & la tient enfermée dans son finy, & *scellée* & marquée à son coin (quoy que diuin) lequel luy imprime bien des notions & des ardeurs diuines dans elle-mesme, mais non encore dans Dieu mesme, & selon ses ardeurs infinies.

se détacher d'elle-mesme, & de tous les dons de Dieu en elle, pour en aller jouyr dans Dieu mesme, outre soy-mesme.

2. Car c'est vne chose impossible que l'ame puisse entrer & demeurer dans la grandeur infinie de Dieu, sans perdre sa petitesse, & sortir de son finy pour entrer dans le vaste Ocean des puissances de Iesus, qui produisent en l'ame des torrents de Grace, des fleuues de paix, & de toutes sortes de biens spirituels, & de benedictions, & de delices d'Amour & de vie, par la diuine & ineffable participation d'vne *infinie jouïssance diuinement & puissamment participée*, & establie sur ses merites infinis : & que l'ame peut posseder dés le temps dans son *Royaume interieur*, les *habitans* duquel sont la paix, la simplicité, l'humilité, la mansuetude, la chasteté, la Charité, laquelle viuifie la Foy & la fait monter au faîte de sa noblesse ; puis qu'elle nous fait icy atteindre *nostre Objet infiny*, auec toute la suite de cette belle Cour royale des plus belles & diuines vertus, avantagée glorieusement de cét or tres-precieux & tres-conuenable à *la diuine & amoureuse société d'vn tel Roy, d'vn tel Regnant, d'vn tel Royaume*. Lequel Roy puissant s'est comme dépouillé de sa grandeur pour en reuestir nostre infinie petitesse ; si bien que nous ayant ainsi annoblis de sa noblesse, & affranchis de sa franchise & liberez de sa sainte liberté, & adoptez pour freres; il nous a voulu aussi aymer de son Amour & nourrir de sa vie.

Par ce mot d'infiny on entend par dessus toute comprehension, non pas simplement infiny, l'infinité n'appartenant qu'à Dieu seul.

3. C'est pourquoy comme *cette tres-precieuse vie de Dieu* & de Grace tient toûjours le haut bout dans l'ame, elle y est aussi *dans l'ame l'intime de son intime*, & outre l'ame dans la region surnaturelle & predominante sur la substance naturelle de

Voyez l'image.

L'attache aux dons de Dieu en elle Tr. VII. Ch. I. 549

l'ame : & comme l'ame ne reçoit dans elle cette pureté de vie de Dieu, que selon sa portée & capacité finie ; nous disons aussi par consequent que cette vie de Dieu dans l'ame, n'est qu'vne participation finie de l'infinité de Dieu dans l'ame, à *la joüissance de laquelle elle s'est attachée, & c'est ce que nous appellons le septiesme Sceau, & la septiesme captiuité que le Diuin Agneau Occis doit rompre & leuer* par l'industrie de la sagesse de son diuin Amour, & de nostre part d'y concourir, & d'y renoncer, & d'y tout quitter pour l'amour du pur Amour ; *en nous en laissant passiuement amortir, & imperieusement crucifier & mourir à toutes ces joüissances diuines*, & tres innocents & celestes plaisirs dont l'ame joüissoit dans elle, mais qu'elle s'estoit approprié, voulant toûjours viure de cette vie delicieuse & agreable ; car enfin si l'on s'attache facilement aux choses perissables pour quelque faux lustre que l'on y apperçoit : à plus forte raison à cette diuine Vie, & joüissance de vie si delicieusement possedée dans elle-mesme ; où elle s'y est tellement attachée & fait proprietaire, & non seulement par l'vsage profitant qui rend gloire à Dieu ; mais *elle s'y est tellement attachée & arrestée, qu'elle ne peut d'elle-mesme s'en défaire* ; mais il faut que *le saint Amour y interuienne & qu'il y opere*, & qu'ainsi l'ame pour s'en faire quitte & y bien reüssir, n'a point d'autre moyen que *le moyen sans moyen*. C'est vn langage qui ne peut estre entendu que des vrays amoureux, qui sçauent laisser brusler, embraser, & consommer leurs ames dans le diuin fourneau de la volonté ; tout ainsi que le bois se laisse brusler & consommer dans le feu sans se mouuoir ; car *tout agent agit conformement au patient* ; & par ainsi l'ame se doit icy tenir toute abandonnée aux imperieux debords du pur Amour trespassiuement. Mais *cela ne se peut conceuoir entierement que par la fidelle pratique*, c'est le premier tesmoin apres *le Saint Esprit* qui nous precede à tout, si nous y sçauons respondre. Il faut donc necessairement quitter tout le creé pour laisser estre en nous le bien increé, le pur Amour : d'autant que *personne ne peut rauir le Ciel, qui ne se soit laissé rauir du Ciel de*

L'ouuerture & la leuée du septiéme sceau se fait par le concours passif de l'ame auec l'Amour actif, & imperieusement operât de l'Amour de l'Agneau occis

550 *L'ame captiue sous le septiéme & dernier sceau,*

Voyez l'image. la Diuinité residente au centre de nostre ame, y faisant là l'intime de nostre intime, & partant il faut tendre à l'interieur, & s'y laisser engloutir passiueuement & infiniment.

4. D'où vient que ce septiesme & dernier sceau, ou renoncement & derniere crucifixion de l'ame, est dite la plus haute qui se peut en cette vie; d'autant qu'elle est de Dieu dans l'ame, & qu'elle est aussi de tout ce que l'ame y gouste, y sauoure ou possede de Dieu; & de ce que l'ame consent & quitte Dieu semblablement pour l'amour & le contentement du mesme Dieu; & *c'est proprement icy là où l'ame rend Dieu à Dieu*, tout ainsi qu'il s'estoit donné & abandonné tout à elle auec ses dons, pour en joüir & y estre possedé d'elle à son plaisir, & aussi innocemment que diuinement, mais non encore assez parfaitement, car il faut qu'elle le quitte & s'en priue, le rendant de cette façon finie, *en y mourant à elle pour y viure de luy dans luy-mesme*, & s'y abandonner tout à luy, comme il s'estoit aussi tout donné à elle, pour y viure en sa maniere infinie; & partant vne telle ame heroïque, pouuant aymer & posseder Dieu dans elle, & l'y possedant l'y auoir, l'y connoistre, l'y gouster, l'y sauourer si delectablement à son plaisir dans toute l'estenduë de sa capacité dilatée par l'amour, autant qu'elle le peut estre jusques là: neantmoins par vne genereuse fidelité enuers son Dieu, qu'elle ayme par dessus tout amour, & si noblement & veritablement, qu'elle se resout de pleine & entiere volonté à *consentir d'estre priuée de ce veritable goust tout diuin, de ce plaisir si delicieux, de cette joüissance si diuine qu'elle a de son Dieu dans elle-mesme*, qu'elle veut pourtant quitter; afin que cessant & consentant à ne le plus retenir dans les bornes de son finy, là où son amour l'auoit tenu comme prisonnier jusques là; maintenant elle se resout de se laisser tirer à luy, & *rauir* à son attrait imperieux jusques hors les

Voyez l'image. bornes & les limites de son finy, dans l'immense engloutissement de sa glorieuse infinité *outre l'intime de l'ame.*

5. Afin que sa diuine Majesté toute seule puisse auoir tout le plaisir de la gouster, & de la sauourer dans son propre

L'attache aux dons de Dieu en elle Tr.VII.Ch.I. 551

pre sein diuin, là où l'ame se trouue enfin engloutie, mais que dis-je? elle s'y trouue? Non, elle n'y voit, elle n'y sent, elle n'y gouste que Dieu, *& la diuinité dans le sein du Verbe Humanisé*, qui fait toute l'agreable dilection du Pere, & toute chose en luy, & rien hors de luy; car *l'ame y participe la Diuinité au prix de sa conformité à l'Agneau Occis vainqueur*, lequel *la conduit & libere de ce desert de sa captiuité*, qu'il amene captiue dans la diuine liberté; où elle reçoit ce tant digne titre d'Enfant du Pere Celeste: & c'est pour lors qu'elle peut dire auec verité, *Pater Noster qui es in Cœlis*. Ainsi l'ame ayant déposé toute seruitude, est entrée dans le droit d'heriter sa diuine franchise, non seulement de Duc ou de Comte, mais de Roy, & de Royaume, & de sujets tout diuinisez auec le Roy & le Royaume.

6. C'est enfin ce qu'vne telle ame rend cependant à Dieu par vne generosité plus qu'heroïque, laissant ainsi tout, & totalement à Dieu tout libre, & auec parfaite destitution & amour cordial en l'vsage, en la disposition & diuine possession, toute l'ame, & ce qu'elle a de Dieu, ce qu'elle en possede, ce qu'elle en gouste, & ce qu'elle en participe, & peut participer dans elle-mesme: en *faisant de tout cela vn tres-parfait Sacrifice*, puis qu'il est de la plenitude de Dieu possedée dans elle-mesme, luy laissant tout cela en propre & en proprieté eternelle, sans reflechir sur ce qui arriuera dans la perte d'vne telle vie de Dieu & de gloire. C'est enfin, ame Chrestienne, *le dernier & le plus sublime abandon*, le plus diuin, le plus haut, le plus magnifique, le plus genereux, le plus royal, & le plus liberal que l'Ame Chrestienne puisse jamais faire, ny en cette vie, ny en l'autre: & partant qui ne peut estre recompensé ny vrayement payé, à moins que du prix tout puissant de l'Infinité diuine; parce que le tout est justement balancé selon l'Estre du diuin Agneau, & l'infinie capacité de son Regne sur vne telle ame amortie de cette façon.

7. Et par ainsi Dieu estant de soy l'vnique bonté par excellence, l'vnique essence, l'vnique majesté, l'vnique

A A aa

550 L'Ame captiue sous le septiéme & dernier sceau, grandeur, & l'vnique Donneur de Biens eternels, il n'aura garde de se laisser surmonter en liberalité: estant infiniment plus liberal, plus fidelle, plus puissant, plus aymant, & infiniment bien-faisant & genereux enuers vne telle ame, que l'ame ne le peut estre enuers luy : d'où vient qu'il peut bien vser d'vn reciproque amour & tres-liberal enuers elle, qui egalle sa magnificence, en l'éleuant jusques sur *son throsne*, & luy en faisant vn l'y inthroniser glorieusement, & l'y faire regner diuinement dans son Royaume, dont il la fait heritier dans sa mesme infinité. Et par ainsi Dieu & l'ame s'entredesapropriant eux mesmes, s'entrelaissent l'vn à l'autre en mutuelle, reciproque, & immense possession.

Le throsne où Dieu esleue & inthronise l'ame c'est sa diuinité mesma, où il attire l'ame outre elle mesme pour en estre possedé & la posseder en sa maniere infinie & immanse.

SECTION PREMIERE.

Structure spirituelle de nostre maison interieure pour y contempler la diuinité par la Foy, qui fait la vision de Dieu dans l'Eglise Militante, ainsi que la gloire fait la vision intuitiue & beatifique des Anges & des Saints dans l'Eglise triomphante.

1. Apres auoir ouy, veu, & entendu tous ces ineffables agrandissemens d'vne Ame Chrestienne par la conduitte de l'infinie sagesse d'vn Dieu, *& la chetiue cooperation de l'ame*; ne serons-nous pas surpris des espouuentables lâchetez des Chrestiens creez à l'image, & semblance de Dieu, & auec la lumiere naturelle, raisonnable; & de plus, esclairez du flambeau de la Foy, & de la Lumiere Euangelique; auec vn cœur pour aymer Dieu? Et au lieu de tout cela en faire vne cauerne à larrons, demeurants volontairement dans cette region de tenebres, se traisnants contre terre, ou le nez dans la bouë & la fange de leurs pechez; où ils demeurent les années entieres comme endor-

L'attache aux dons de Dieu en elle Tr. VII. Ch. I. 553
mis sur le bord du precipice, sans ressentiment, sans contrition ny douleur: *preferants ainsi toutes leurs complaisances dereglées à l'Amour & aux diuines richesses de l'Agneau*; ausquelles ils pourroient participer auec delices. Helas! les Anges pleurent l'espouuentable ingratitude & lâcheté de telles ames, & les Diables mesmes en murmurent, & ne peuuent comprendre comme vne Ame Chrestienne peut si maltraitter Iesus-Christ, apres en auoir tant receu de bien faits. *Au moins retournez à vostre cœur*, & y restablissez la premiere partie spirituelle par la Foy; qui est le fondement, & la premiere structure de vostre maison spirituelle.

2. Mais pour cela il faut auoir vne disposition cordialle, & vn fond de bonne volonté, laquelle s'engendre par l'Amour diuin, & l'amour diuin par sa connoissance, & cette connoissance par la Foy; car *c'est la Foy laquelle doit ouurir l'interieure maison de nos cœurs*: & enfin par là elle ouure la maison celeste du Paradis. Mais qu'il ne suffit pas d'auoir la Foy, car il faut vne Foy efficace & *operante*; laquelle desire, cherche, & trouue dans soy au fond de son cœur vn lieu pour le Seigneur *Iesus, & vn Tabernacle à sa diuine Majesté*. Que si vous me dites qu'il y a de la peine à la construction de ce bastiment interieur: quelle peine ne faut-il point prendre pour l'amour de Dieu? Et enfin apres vn peu de temps & d'exercice, nous y trouuons, & y *goustons vn tres-intime repos par la diuine & interieure contemplation*: car c'est mesme de ce repos intime du fond du cœur de l'amoureuse speculation que l'ame y exerce, que procede l'exercice exterieur, & la bonne operation qui se perfectionne & se consomme dans ce repos interieur d'où elle est venuë, & où elle retourne, comme à son principe de Charité. Donc cette *maison interieure & spirituelle du fond de nostre cœur a son commencement dans la Foy & sa direction dans l'Esperance, & sa perfection dans la Charité*. Et partant ces trois vertus, la Foy, l'Esperance, & la Charité sont comme les compagnes indiuiduës qui doiuent concourir dans nos cœurs à l'exercice de toutes les autres vertus pour l'interieure structure de nostre edifice spirituel.

La contemplation interieure perfectionne l'action exterieure.

3. Mais n'est-ce pas la mesme Verité Eternelle, laquelle nous testifie que *les fideles ont dans le fond de leurs cœurs la maison de Dieu, & nous disent que le Regne de Dieu est dans nous-mesmes*? Et n'est-ce pas encore cette divine Sagesse, laquelle nous appelle dans cette interieure maison de nostre cœur auec tous ceux qui trauaillent, & sont chargez au dehors, de leur propre fardeau qui les escrase; pour venir & déposer leurs faix aux pieds de Iesus-Christ, & s'y recharger du sien auec joye, que l'ame porte legerement auec vne indicible refection spirituelle. Car au dehors de cette maison interieure l'ame colombine ne trouue pas où reposer son pied pamy les orages de ce monde, & les debordemens du deluge vniuersel de ses grands maux; en veuë desquels elle ne cesse de *gemir*. Et partant, cheres Ames, c'est dans cette maison interieure & Chrestienne, que les vrays Diciples de l'institution Euangelique se retirent, & s'accoustument à y porter le tres-suaue joug du Seigneur, & sa legere charge, laquelle n'est que des choses celestes, dont le poids & la pesanteur de la terre, & des choses terrestres, & mondaines est separé. C'est enfin *là où ils apprennent de ce cher Seigneur à y estre doux & humbles de cœur*, & à y trouuer & gouster le vray repos, & la vraye douceur de la vie diuine.

4. Peut-estre que l'on demandera pour qui est-ce cette maison interieure? à qui est-ce qu'elle est laissée en heritage? n'est-ce pas seulement aux Anges, qui voyent & contemplent sans cesse la Diuinité? les Anges voyent & contemplent la Diuinité: il est vray: Et ils sont confirmez dans ce diuin heritage par *la vision beatifique* & la possession de leur gloire, comme les celestes habitants de l'Eglise Triomphante; mais *les Chrestiens estants icy bas encore, le corps en terre, doiuent conuerser aussi auec la Foy au Ciel interieur de leur ames, là où habite le mesme Dieu des Anges; car la Foy est la vraye vision de Dieu dans l'Eglise Militante, & la plus asseurée*, & sur laquelle l'Ame Chrestienne doit affermir son edifice spirituel; puis que c'est l'office de la foy viuante & operante de nous conduire à Dieu au centre de nostre ame, & de là *outre*

L'attache aux dons de Dieu en elle Tr.VII.Ch.I. 555

noſtre ame dans cette maiſon ſuperieure de l'eternelle Patrie: *Voyez l'image.*
parce que Dieu conuoite & aggrée la beauté de l'ame, laquelle le cherche veritablement dans ſon cœur, auſſi ce diuin Maiſtre choiſit de telles ames pour ſon heritage; leſquelles comme d'autre Iacobs muës en ſimplicité d'eſprit, *habitent continuellement dans la maiſon de leurs cœurs*; car pour tenir le droit ſentier de la vie ſpirituelle, & s'y prendre par où il faut & comme il faut à la vraye eſtude de la perfection Chreſtienne, *il faut commencer, & perſeuerer par la ſolitude interieure du cœur* dans laquelle il faut faire deſcendre & abbaiſſer noſtre eſprit, pour s'y deſpoüiller de ſa propre ſuffiſance & s'y purger de toutes ſes proprietez & ſaillies naturelles.

SECTION SECONDE.

Que cette methode d'oraiſon interieure pour chercher, trouuer, & s'entretenir auec Dieu & Ieſus crucifié au fond du cœur, n'eſt pas une methode nouuelle, mais tres-ancienne, & authoriſée par la pratique des plus grands Saints, à laquelle les Prêtres & Directeurs doiuent inſtruire & exciter les ames Chreſtiennes.

1. MOyſe ayant mené & conduit ſes brebis juſques au fond du deſert, il arriua enfin à la montaigne de Dieu Oreb; & là Dieu luy apparut & traitta auec luy. Ainſi l'Ame Chreſtienne doit conduire & ramaſſer ſon trouppeau, qui ſont les ſens interieurs, & les Paſions du cœur, que chaque ame doit mener au recueillement au plus profond de ſon deſert interieur & de la ſolitude du cœur, & là y traitter auec Dieu, y paroiſtre à la lumiere de *ſa face*, c'eſt à dire, à ſon Fils Ieſus-Chriſt, qui eſt le grand Paſteur du

AAaa iij

556 *L'Ame captiue sous le septième & dernier sceau,* trouppeau Euangelique, où il nourrit l'ame de l'amour paternel de ses entrailles, il faut donc *approcher de Dieu en esprit, & par foy.* Mais où, Cheres Ames! C'est au fond de vostre cœur, là où vous vous deuez retirer en silence & humilité, pour y receuoir l'illustration du pur Amour dans *le miroir interieur de vostre ame,* duquel rayon lumineux & clarifiant, est reimprimée en vostre ame la diuine ressemblance: laquelle vous ouurira le droit hereditaire à l'heritage du Pere: & partant *entrons dans le cabinet de nostre cœur, & y establissons nostre demeure au plus profond de ce mysterieux desert,* lequel vaut mieux infiniment que tous les empires du monde, & là ainsi retirez & solitaires, vaquons par la foy & la confiance aux exercices de l'Amour, & y sanctifions les membres viuants de Iesus-Christ. Car *l'homme vrayement spirituel & recolligé interieurement fait de son cœur vn lieu d'estude & d'amoureux entretien auec Iesus-Christ* : & de plus, c'est qu'il en fait vne retraitte asseurée à son ame, dans laquelle elle reçoit des forces pour sortir & agir aux choses necessaires: & quoy qu'elle soit au milieu d'vne populace & d'vne assemblée, elle ne laisse pas de vaquer tousiours à son Dieu dans sa *solitude, qu'elle porte par tout auec elle,* où elle se peut retirer comme dans vn *Monastere* naturel, viuant, & portatif, dans lequel elle s'occupe, & renferme son esprit dans ce sien Monastere naturel, où elle ayme & *adore son Dieu en esprit & verité.* Et si l'ame fait autrement, & qu'elle agisse au dehors sans interieur, toutes ses occupations exterieures, quoy que bonnes, seront purement humaines, & non diuines, ny Chrestiennes.

2. Enfin *c'estoit l'estude & le lieu d'estude des grands Saints.* Voyez ce qu'il est dit de *Saint Anthonin,* lequel gardoit vn inuiolable repos dans son cœur; au fond duquel il retiroit son esprit auec Dieu, nonobstant son excessiue multitude d'affaires. Voyez ce qui est dit *du Pere Balthasar Aluarez, de la venerable compagnie de Iesus,* lequel estoit ainsi *enfermé continuellement dans son cœur auec son cher Iesus Crucifié.* Et il est dit dans le 38. chap. de sa vie, qu'il conseilloit tous ceux

qu'il ſtiloit à l'Oraiſon de faire ainſi ; & *leur diſoit, Penſez que vous n'aures encore rien fait juſques à ce que vous n'ayez Ieſus crucifié dans voſtre cœur.* Sainte Gertrude faiſoit cette priere à Dieu, Tirez moy à vous au plus ſecret de mon cœur ; afin que quand je m'appliqueray aux affaires exterieures, je ne ſois point diſtraitte de vous, & qu'apres que je les auray acheuées, je retourne incontinant à vous dans mon interieur. Il eſt dit du grand *Saint François*, qu'il eſtoit ſans ceſſe recueilli dans ſon cœur, & diſoit que *les Religieux* deuoient demander ce don là à Dieu par deſſus tous les autres ; & y exhortoit tous les Religieux. Car c'eſt là le reduit myſterieux là où l'ame ſe cache au monde, au Diable, à ſoy-meſme, & demeure preſente à Dieu. Il eſt encore dit dans les Chroniques de l'ordre de ce grand S. qu'il *portoit toûjours dans ſon cœur ſon cher Ieſus Crucifié.* S. *Iean Chryſoſtome* dit, que ce que le Soleil fait exterieurement au monde, *l'oraiſon* l'opere interieurement dans nos ames ; & que comme ſi l'on oſtoit le Soleil du monde, tout n'y ſeroit que tenebres, que triſteſſe & ombre de mort : tout de meſme dans vn cœur où l'ame n'eſt point retirée pour prier. *Saint Bernard* dit que le cœur humain eſt fait pour cela, ſçauoir pour voir ſon Createur. Et au meſme liure troiſieſme de la connoiſſance & amour de Dieu, chap. 7. le R. P. de S. Iure rapporte de luy que la preſence de Dieu eſt le fondement & la racine de toute perfection & vie ſpirituelle : & qu'il y a quatre façons d'exercer la preſence de Dieu, & que *la quatrieſme*, qui eſt la plus ſublime & la plus parfaite, eſt de l'auoir preſent, & le gouſter dans nos cœurs.

3. Sainte *Thereſe* l'enſeigne auſſi au chemin de la perfection chap. 28. & 29. qu'elle employe tout à cela, & *elle dit, qu'il faut ſe repreſenter dans ſon cœur Ieſus attaché à la Colomne, & ès autres Myſteres de ſa Paſſion, ſans ſe fatiguer l'eſprit de le voir ailleurs :* Et que ceux qui font ainſi, qu'ils s'aſſurent qu'ils vont par vn bon chemin ; & pour elle, elle confeſſe n'auoir ſceu ce que c'eſtoit de prier, juſqu'à ce qu'il plût à Noſtre Seigneur de luy apprendre cette façon d'Oraiſon.

On dit aussi du *Bien-heureux Henry de Suso de l'Ordre de saint Dominique*, qu'il conuersoit sans cesse auec Dieu dans le cabinet de son cœur. Ledit R.P. de saint Iure, liu. 3. ch. 4. au mesme Liure troisiéme de la Connoissance de Iesus-Christ, dit qu'au rapport de *saint Bonauenture*, que quiconque veut conseruer en soy vne deuotion inextinguible, *qu'il regarde toûjours & sans cesse des yeux de son cœur, Iesus-Christ mourant en Croix*. Cette petite collection m'a esté enuoyée par vn bon Religieux d'vn Ordre Reformé, qu'il dit auoir tiré d'vn Liure intitulé, de l'Amour & de la Connoissance de Iesus-Christ, fait par le R.P. Iean Baptiste de saint Iure Iesuite. C'est pourquoy j'ay pensé qu'il estoit bon de le rapporter icy, & la façon de prier de tous les grands Saints, afin que *les ames simples à qui cecy s'adresse particulierement*, puissent voir que de *se retirer dans son cœur pour prier*, n'est pas vne chose nouuelle ny inuentée de nostre teste: mais qu'elle a esté pratiquée deuant nous par les plus grands Saints. C'est enfin, ce que ce bon Religieux m'a enuoyé sur vn billet, sçachant que quelques personnes objectoient contre cette pratique interieure.

4. Et partant, toûjours chercher Dieu & ne le point trouuer, c'est toûjours semer & ne point recuëillir, & cela parce qu'*on le cherche mal le cherchant au dehors, & c'est au dedans qu'il se donne*. Ainsi, la cause estant d'elle-mesme mal-ordonnée & déreglée, non seulement ne produit pas du fruit dans l'ame; mais elle y cause vn effet contraire, qui est vne sterilité de cœur & distraction d'esprit. Car le moyen que des ames se conseruent en bonne intelligence sans se voir: ainsi si Dieu habitant dans vostre cœur touche vostre cœur, & que vostre esprit s'amuse au dehors à la picorée de sa propre complaisance. C'est vne grande pitié de voir vostre ame ainsi diuisée, répanduë & estre toûjours occupée du fatras des creatures; & partant, en quoy que ce soit que nous agissions, mesme corporellement selon l'état & le deuoir d'vn chacun; nous deuons employer tous nos sens à retirer & ramener nostre esprit des choses corporelles aux spirituelles,

L'attache aux dons de Dieu en elle, *Tr.VII.Ch.I.* 559

irituelles, & le reduire au fond de noſtre cœur: Car ſi no-
e eſprit s'éloigne de noſtre cœur, il n'y rencontrera que la *diſſi-
tion*, & ſera toûjours dans le trauail ſans profit, & jamais
trouuera *le repos du cœur*. Et la ſeule faute de faire ainſi
tte retraitte d'eſprit au fond de nos cœurs, cauſe tous les
ſordres, & fait que nous regardons & voyons beaucoup
choſes, & n'y profitons quaſi rien de ce que nous deuons
auoir, nous ſemons beaucoup & ne moiſſonnons que
es-peu.

5. Enfin, ſans cette retraite interieure à Dieu au fond de
os cœurs, nous ſommes dans nos exercices exterieurs &
rporels corporellement, *meſme la Pſalmodie ſans attention
terieure eſt ſemblable à ces troupes populaires*, qui enuiron-
oient, touchoient & empeſchoient noſtre Seigneur Ieſus-
hriſt, ſans pourtant en tirer, autant qu'elles l'euſſent pû,
y leur ſanté, ny leur ſainteté. Mais l'ame ſimple & recol-
gée en l'interieur par la retraitte de ſon eſprit dans ſon
œur reſſemble & eſt repreſentée comme cette pauure
mme qui toucha par derriere & comme en cachette la
ule frange du veſtement de Noſtre Seigneur, & en receut
e qu'elle deſiroit. *L'ame ſimple ſe retirant ainſi de la multitude de ſes penſées & de ſes ſoins qui empreſſent Noſtre
eigneur, & luy empeſchent d'operer dans nos cœurs, ſe
iſſera couler à trauers la preſſe & la foule de ſes penſées comme en
achette au fond de ſon cœur, pour s'y laiſſer toucher à Ieſus-Chriſt,
ui la déliurera de tous ſes ſoins ſuperflus*, & la guerira de toutes
es maladies: & tout ainſi que noſtre Seigneur diſoit eſtre
enu comme vn ſage *Medecin*, & qu'il a exercé cét office &
ur les corps & ſur les ames pendant ſon ſejour ſur la Terre:
l a auſſi laiſſé cét Office aux *Preſtres*, leſquels doiuent auoir
e ſoin d'appeller les ames Chreſtiennes, & de les inuiter à
uerir leurs maladies ſpirituelles, & pour ce faire *les exciter
 la recollection interieure*, & leur faire entendre comme ils
oiuent entrer dans ces Temples viuans d'elles-meſmes,
ous conſacrez à Dieu par le Bapteſme, & les autres Sacremens. Car c'eſt dans ces Temples interieurs là où ſe diſtri-

BBbb

L'Ame captiue sous le sixiéme & dernier sceau, buent les graces & dons de Dieu : & que c'est la Foy qui leur en ouurira la porte, & la simplicité les y introduira: & que les plus illustres & precieux de ces Temples viuans, sont les vrais pauures d'esprit. Car c'est le propre Office des Prestres de trauailler à la construction de ces Temples de Dieu ; c'est la gloire de tous les Prestres que le fondement interieur de cét édifice spirituel ; c'est le Mystere de Dieu, & l'Ouurage le plus cher à ses yeux, & le plus agreable à son cœur.

SECTION TROISIESME.

Des thresors infinis de Grace, de Charité, de Vertus & de lumieres que la tres-sainte Trinité communique à l'ame abstraitte, & interieurement recolligée en Iesus-Christ, dont sont priuées les ames distraittes & effuses à l'exterieur.

1. O Dieu immense de Charité, thresor infiny de toutes les Bontez : Est-il bien possible qu'vne ame Chrestienne puisse demeurer distraite de vous, & estre cependant en repos ? C'est ce qui n'est point conceuable de demeurer paisible sur le bord de l'abysme éternel, tout prest d'y estre englouty mourant en peché mortel ; Et demeurer là, dis-je, & pouuoir si facilement y remedier *en se rappellant du dehors au dedans aux pieds de Iesus-Christ, & s'y exerçant là enuers luy humblement en esprit, foy & amour, par l'attrait* duquel l'ame est interieurement regie, gouuernée, cherie, & aymée, tirée & retirée de l'étage inferieur de ses sens ; & de la vaine & tres-orde complaisance de toute sensualité, & qui retire l'ame de toute sensualité, & des complaisances des choses creées & mondaines, & luy fait tendre au Createur & aux choses celestes & spirituelles auec vn amour filial & sainte liberté. Au moyen de laquelle vne ame fidel-

L'attache aux dons de Dieu en elle, Tr.VII.Ch.I. 561

le possede autant de douceur d'esprit, de quietude & de repos, de paix & de suauité, que son recueillement interieur sera parfait, profond & intime. D'où vient qu'vne telle ame tient pour vn grand supplice d'en estre separée, voire pour vn seul moment: & c'est en cela que le saint Amour s'exerce. Car elle ne s'en distrait jamais qu'il ne luy en couste vn petit Enfer, puis que toute priuation de Dieu est vne espece d'Enfer. Et s'il est ainsi, comme il l'est, qu'vne telle ame souffre de telles & semblables douleurs & angoisses mortelles dans son cœur pour vn moment de priuation: Iugez de là, s'il vous plaist, Ames Chrestiennes, quel mal-heur déplorable d'en estre priué & separé éternellement, éternellement. *De l'horrible & angoisseuse priuation de Dieu.*

2. Mais que deuiendrons-nous donc, si nous ne *choisissons Iesus-Chr. dans nos cœurs pour nostre refuge*; & pour le bel Orient de toutes nos esperances, nous preparant vn repos éternel pour le jour de sa Gloire; & cela pour vn peu de patience: commençant dés cette vie à nous faire sauourer sa felicité dans le sein de son Amour, habitant en nos ames comme en son *Thrône Royal*, où il nous conuie de nous y retirer pour participer à sa diuine fecondité, conformément à ce Royal Donneur, tout liberal & plein de diuine Charité: & aussi riche en obeïssance, que jaloux d'humilité, & desireux de rétablir en nos ames la trine Architecture de son Image, auec amplitude de vertus consommées en Charité. Car encore bien que toutes les vertus d'vne suitte necessaire accompagnent l'ame fidelle pendant toute la vie, & jusqu'à la mort, comme des escortes tres-vtiles & necessaires pour la conduire & accompagner à sa fin. Si est-ce pourtant qu'elles n'entrent point en Dieu selon la distinction ou multiplicité que nous en faisons, *mais toutes reduites dans l'vnion de la Charité parfaite*. Parce que la Charité estant comme le Soleil des Vertus, & les autres Vertus comme les rayons de ce Soleil, à la mort elle retirera à soy toute la lumiere & l'influence de vie qu'elle leur auoit donnée; jusques-là *elles seront toutes reünies & concentrées dans la Charité, comme au centre de leurs merites*; laquelle Charité diuine commence & anti- *Reünion de toutes les vertus dans la diuine Charité.*

BBbb ij

562 *L'ame captiue sous le sixiéme & dernier sceau,*
cipe dés le temps à capaciter nos cœurs pour le jour de la
Gloire immense de ces éternelles demeures. *Il appartient au
saint Amour du Pere & du Fils d'operer la consommation de nostre
perfection sur le fond du diuin Agneau* ; lequel estant personnellement Dieu, produit sa vertu dans nos cœurs y épanchant
Voyez l'ima- sa tres-salutaire & tres-sauoureuse Onction qui rauit inte-
ge. rieurement & éleue les ames jusqu'au sejour de sa diuine
Origine en éternelle memoire, auec tous les assortissemens
dûs à la noblesse de la diuine Charité, & *en vnion parfaite &
consommée.*

3. Et afin que le tout fust fait & accomply selon la diuine
Sagesse, & le propre de leurs emplois personnels, trines &
vniques ; elles firent éclore hors d'elles-mesmes des ames,
pour y retourner & y estre graduées diuinement par l'em-
bellissement royal & *assorty de trois Puissances distinctes, corres-
pondantes aux trois diuines Personnes, sans blesser l'Vnité de leur
Essence* ; afin que ces belles ames innocentes & raisonnables
eussent en elles-mesmes le fond & le germe de leur éternel
bon heur, possedans au fond de leur Estre ce bien infiny
émané par voye d'amour & de diuine gratitude. *Cette diuine
Essence s'estant constituée leur centre & leur soûtien* en qualité de
Creatrice, de Principe, d'Estre & de Vie, de Viuant & de
Viuification ; pour y estre là leur fond de Grace & de Gloire, aussi-bien que le soûtien d'Estre, conformément à la
Majesté de cette diuine Essence, & selon les proprietez
Belle & subli- personnelles. Car c'est le propre du Pere d'engendrer,
me expression aussi-bien que d'estre fecond comme Principe Substanciel
*de la tres-
sainte Trinité.* & Paternel, qui nous découure & nous dénote vn autre
soy-mesme dans soy-mesme. Car qui dit Pere confesse vn
Fils, dont l'estat & proprieté personnelle est d'estre substantiellement engendré, pour répondre & entendre diuinement à la tres-feconde Substance Paternelle ; & qu'ainsi
*par cette mutuelle confluence & refluence substantielle en coëgalité
reciproque de diuine Nature,* est aussi diuinement produit de ce
sein Paternel & Filial ce grand Ocean de diuine dilection,
que l'on nomme l'Amour Personnel du diuin Engendrant

L'attacheaux dons de Dieu en elle, Tr. VII. Ch. I. 563
& du diuinement Engendré; ce qui s'appelle Trinité en Vnité, source originaire du pur Amour, qui prend sa diuine complaisance à verser & écouler amoureusement sa diuine Onction dans le sein de ses pauures Creatures humaines & raisonnables: pour y faire éclore le point du jour de son Eternité au plus intime de leur Estre: là où *se leve ce bel Astre lumineux* qui éclaire tout homme venant en ce monde interieur de la Grace: où il leur découure les thresors de ses diuines richesses, cachez dans le champ du plus intime de nos ames surnaturellement éclairées du bel Orient de cette Eternelle substance increée: laquelle y produit le germe de Vie, & de Resurrection, apres y auoir porté tous les épuremens & supporté tous les embrasemens assujettis à sa Sphere imperieuse: dont les diuines ardeurs deuorent & consomment l'ame jusques à la substance mesme.

4. O admirable Maistre diuin! O Eternel Amour *qui ne cherchez que l'occasion d'épancher vos ineffables thresors dans tous les cœurs simples* & soûmis à vostre Empire amoureux, & ouuerts intimement à vostre tres-delicieuse Onction: qui n'a autre fin que d'vnir, que de transformer & diuinifer les ames, & les faire entrer en possession de mesme vie, & de *mutuel commerce d'amour reciproque & diuin; & tout cela operé dans le sein de l'ame par l'Amour diuin, & outre l'ame en Dieu.* D'où vient que les vertus Chrestiennes ont pris leur vie & poussé leurs racines bien auant en Charité; & par ainsi penetrant tout son Estre, & dans tout son Estre l'occupant & la remplissant selon le rang & la disposition que sa pureté rencontre en l'ame, & selon son estat & d'amour & de pureté, elle participe la Diuinité plus purement, plus largement, plus hautement, plus noblement & plus excellemment; comme les perfections diuines diuinement receuës dans l'ame y glorifient Dieu, & l'y font regner plus absolument, & plus librement & diuinement.

Voyez l'image.

BBbb iij

SECTION QVATRIESME.

Comment l'ame acheue sa consommation, son éleuation & son ascension interieure en Dieu dans son troisieme Ciel outre elle-mesme, apres s'estre interieurement abbaissée en esprit au fond du cœur pour y laisser leuer les sept Sceaux qui la tenoient captiue, par les armes victorieuses de l'Agneau occis, & de son diuin Amour.

1. CEs sept sortes de Sceaux, ou de Captiuitez du Liure fermé de nostre Ame, & qui la fermoient à Dieu, & y empeschoient le cours & le concours de ses diuines influences, venans à estre ouuerts, & biffez ainsi l'vn apres l'autre, commençant par celuy qui nous éloigne le plus de Dieu; & par consequent qui nous est le plus obscur, le plus oppaque, le plus déplaisant à Dieu & le plus outrageux à nous; sçauoir, le peché, qui fait l'effroyable laideur & l'horrible déformité; & enfin ces épouuentables tenebres qui causent cette auersion de l'horrible priuation de Dieu, qui fait le mal-heur des mal-heurs. Et apres le peché vaincu, l'ame poursuiuant sa victoire auec les armes du diuin Agneau, se fait l'ouuerture de la captiuité des choses creées, mondaines & terrestres, qui déliure l'ame du poids & de la pesanteur de leurs tenebres les plus oppaques apres le peché; & par ainsi qui luy donne plus de liberté pour les choses celestes. De là suit la victoire des sens exterieurs & interieurs, ou passions du cœur, qui déliure l'ame de leurs captiuitez, des appetits sensuels, corporels & spirituels. En suite, la victoire des propres actes des puissances de l'ame & de l'amortissement de sa propre vie, qui détache l'ame de son finy, & luy fait participer l'infinité. Apres quoy le septiéme déliure l'ame & la met en pleine liberté & innocence de

Les victoires, & degrez de liberté operées par l'ouuerture des sept Sceaux.

vie, & regraduée par *les sept étages du monde spirituel.*

2. Et pour lors vne telle ame commence à gouster, & à voir & à joüir dans Dieu de Dieu mesme : *rauie qu'elle est interieurement outre elle-mesme dans le sein de la Diuinité*, elle commence à voir celuy qui est par excellence ; lequel vit puissamment en elle, & elle en luy ; *car elle l'y voit plus intime que son intime :* & toute sa capacité en est tellement remplie, qu'elle y voit Dieu plus qu'elle-mesme, puis qu'elle s'est toute consacrée & sacrifiée à luy sans resource. D'où vient qu'il s'en est emparé, & la reuest de soy, & la remplit de soy : & ses debords de gloire ont tellement inuesty la creature, & caché la creature à elle-mesme, qu'elle ne s'y reconnoist plus parmy tous ces brillans & éclats de gloire qui l'enuironnent, qui la remplissent, & qui la penetrent outre sa substance ; *en sorte qu'elle ne paroist plus que Diuinité, quoy qu'elle soit creature, mais diuinisée.* D'où vient qu'elle se voit deuenir dans Dieu plus elle & plus parfaitement elle, qu'elle ne l'estoit dans elle-mesme, lors qu'elle estoit à elle-mesme ; parce que *la creature est plus parfaitement dans Dieu ce qu'elle y est de luy, que dans elle-mesme.* Si bien que s'estant ainsi desistée d'estre dans elle ce qu'elle y estoit, elle deuient vnie à Dieu dans Dieu par ineffable participation : & partant à y estre plus en Dieu & plus à Dieu, qu'elle n'y est à elle mesme dans elle-mesme. Et *là luy est ouuert dans le sein de la Diuinité le thresor de toutes les sciences*, l'intelligence de toutes les lumieres, la connoissance fonciere de toutes les creatures auec leurs vertus & proprietez ; & on connoist que Dieu prend sa complaisance dans l'ame non seulement de l'ame, mais de toutes les choses creées qu'elle luy a rapportées au sein de son immensité. L'homme estant vn abregé de l'Vniuers dans sa composition, & dans lequel Dieu veut perfectionner toutes les choses creées pour s'en delecter dans l'ame de l'homme, pour lequel il les a creées, & dans lequel il les regarde, comme dans le *vaisseau* par lequel elles sont portées & rendües au Sein diuin, où elles sont parfaites & glorifiantes Dieu par l'ame.

Perte de l'ame interieuremēt abismée dans l'ocean de la diuinité.

Cét estat de l'ame ainsi attirée interieurement outre elle mesme par l'ouuerture de son cœur en Dieu vous parêtra euidēt par l'image.

3. Or c'est ainsi que ces sept estages ou rangs de Grace sont distribuez en l'ame par ordre & par degrez du pur Amour, selon les sept ouuertures des sept sceaux, qui ont liberé & affranchy l'ame des sept captiuitez : & *de ces sept ouuertures jaillissent comme sept torrents d'amour*, qui reuestent & penetrent l'ame de leurs ineffables lumieres, ainsi thrônée & esleuée sur le chariot d'or de la diuine Charité, sur lequel *elle est menée & conduite interieurement au pied du throsne de l'Agneau toute triomphante*, & toute chargée de lauriers victorieux de ce diuin Agneau, dont il la glorifie pour auoir seulement *adheré à luy*, & l'auoir laissé estre en elle ; pour cela, dis-je, il l'a graduée iusques à son throsne : & c'est ce que cette diuine Sagesse nous veut dire, quand il promet le Ciel pour vn verre d'eau ; c'est ainsi que l'ame a par son consentement comme abbreuuée & rafraichie l'ardeur de son amour, & étanchée la soif qu'il a de posseder les ames, & de se donner tout à elles par amour : & tout cela pour l'auoir souffert & laissé estre en elle à son plaisir, & l'y auoir laissé vaincre en elle par l'Empire imperieux de son diuin Amour tout Estre estranger, & iusques à l'aneantissement du sien propre, pour y *laisser estre celuy qui est*, *& le seul qui doit estre & regner en elle par luy-mesme*.

Voyez l'image.

Voyez l'image.

4. Et par ainsi *cette ame acheue sa consommation, & son éleuation, & son ascension interieure dans Dieu*, apres qu'elle s'est toute abbaissée & destituée, aneantie & desistée d'estre elle dans elle, pour n'estre plus qu'à Dieu dans Dieu, & pour Dieu ; où elle se perd, où elle s'abysme & s'engloutit dans cet abysme sans bornes ny sans limites : E ainsi consommée heureusement dans le sein de la diuinité, où elle commence d'y operer de luy & par luy, dans l'ineffable immobilité de ses amoureux mouuemens & immense dilection, elle y va croissant de plus en plus ; y goustant & sauourant la douceur de la diuine lumiere, & la clarté infinie de ce diuin Ocean *dans l'intime de ce Ciel interieur où l'ame est reduite, & où elle conuerse auec Dieu*, & voit les choses diuines & ineffables qui s'y operent, & qu'elle y experimente, jusques à ce qu'il plaise

Engloutissement intime de l'ame en Dieu.

plaise à Dieu en disposer par la mort: Et par ainsi *l'ame mene* *une vie à l'exterieur que les hommes voyent, & vne en l'interieur que Dieu voit*, & que Dieu aggrée, & que Dieu demande d'vne telle ame, qui l'a laissé regner en elle en sa façon infinie.

Vie diuine en-chée en l'inte-rieur.

CHAPITRE II.

A l'ouuerture du septième sceau, silence se fait au Ciel comme de demye heure, le temple de la diuinité s'y ouure, & l'Arche d'alliance s'y voit.

1. CE *silence de demye heure*, est le moment heureux auquel *l'ame est rauie au sein de la Diuinité*. C'est vn silence, parce que le propre de Dieu est d'operer dans le repos: & c'est encore vn silence, parce qu'il opere sur vn sujet passif qui fait la matiere paisible & spirituelle de l'œuure de Dieu. C'est encore vn silence, parce qu'il *y a suspension totale & d'a-me, & de corps, de sens & de puissance. Le temple de la Diuinité s'y* ouure pour faire entrer l'ame en tromphe par la porte centrale du fond du cœur, & y voir, & y joüir à son aise & à face descouuerte *la tres-sainte Humanité glorieuse de Iesus-Christ, qui est l'Arche admirable de la belle Alliance du Createur auec sa creature*, & dans laquelle, & auec laquelle, l'ame a vogué parmy les orages de ce monde sur la mer Rouge de son Sang; dans la grande nef de sa Charité: au moyen de laquelle elle est enfin arriuée heureusement dans l'Ocean immense *de la Diuinité* pour y joüir du repos au prix infini des victoires du diuin *Agneau Occis*, auquel il est donné d'ouurir le liure fermé.

Voyez, & con-siderez atten-tiuement l'as l'image l'hu-manité glo-rieuse de Iesus Christ condui-sant l'ame en triomphe dans le sein immense de la diuinité par l'ouuertu-re intime & centrale du fod du cœur.

2. Vous voyez donc cheres Ames, combien ce grand Dieu donne richement & liberalement tous ses thresors à vne ame *pour vn peu de fidelité & d'adherance à luy*; & qu'à me-

CCcc

568 *L'Ame captiue sous le septième & dernier sceau,*
sure qu'elle se retire dauantage des creatures & qu'elle se concentre à son Dieu, qui est sa fin & son repos : à mesure aussi elle s'espure, elle s'esleue ; elle se dilatte, & s'annoblit : & partant est preparée & disposée à receuoir de Dieu plus excellemment plus diuinement : elle entre en participation de ses grandeurs, & en possession de ses thresors & de luy mesme : où elle le gouste & le sauoure auec ses diuines perfections ; & luy aussi les luy communique de plus en plus, à mesure qu'elle s'epure dauantage, & qu'elle deuient plus interieure ; & que se retirant toûjours plus en dedans, elle s'approche aussi plus prez de luy : Et c'est pour cela que nous disons que nostre ame doit retirer son amour & sa volonté des choses exterieures & de ses sens, & puis d'elle mesme ; & que destournant sa volonté du dehors elle la tourne vers le dedans de son cœur, la tenant ouuerte,

Voyez la quatrième image. tenduë, & *attentiue vers son fond à Dieu, lequel est là le fond de son fond, & le centre diuin de son centre spirituel.*

3. Et enfin que l'ame se laisse vuider & espurer de tout ce qui n'est point Dieu en elle ; & s'y laisse dissoudre d'elle mesme, & s'y resoudre dans cette diuine infinité, & l'y participer, l'y posseder, & l'y gouster dans elle-mesme en sa façon immense & infinie. Car *pour lors les deux amants sont insinuez l'vn dans l'autre, l'ame dans Dieu, & Dieu dans l'ame, sans*

Voyez l'image. *bornes ny limites,* & par dessus toute façon & figure finie : & c'est alors aussi que ces paroles de nostre Seigneur sont accomplies, disant *si quelqu'vn entre par moy il sera sauué, il entrera ; & sortira, & trouuera pasturage tant au dedans, qu'au dehors* : car pour lors l'ame sort sans sortir, & ne distingue plus de dedans ny de dehors : parce qu'elle voit par tout Dieu, & n'y regarde plus que Dieu : d'autant qu'estant ainsi resoüe en Dieu : elle est auec luy dedans & dehors tout à la fois ; dans le fini & dans l'infini ; dans le temps & dans l'eternité ; parce que *les digues, & entre-deux interieurs qui separoient l'vn*

Consideres l'ouuerture des 7. sceaux dans l'image *de l'autre, c'est à dire le Createur de sa creature, sont ostez & enfoncez par l'ouuerture interieure des sept sceaux.* Ainsi ces estages & degrez d'Estre corporel purifiez & amortis, dans lesquels

L'attache aux dons de Dieu en elle Tr. VII. Ch. II. 569

l'ame comme forme informante estoit engagée & enclavée à l'interieur, sont devorez, absorbez, & consommez dans l'ame par l'immense fournaise du divin Amour comme à proportion le feu du dernier jour consommera les exterieures.

4. Et le fond central & passif de l'ame se repandant jusqu'à sa circonferance dans ses sens mesmes, où elle aboutissoit estoit limitée comme corporalisée, & laissera aussi répandre l'infinité divine que l'ame y participera, y trouvera & possedera, goustera du dedans & du dehors esgallement. Ainsi l'ame estant attaquée de ses ennemis invisibles & de toute autre tentation, n'a autre chose à faire que laisser estre l'Estre divin en elle, & d'vn clin d'œil tout sera dissipé : aussi l'ame en cet estat ne peut plus, ny ne veut plus gouster aucune chose des creatures, ny aymer, ny posseder que dans cette divine immensité & pureté divine. Mais jusqu'à ce que l'ame soit arrivée à cette divine consomption interieure, & que *toute entiere elle soit entrée dans cette Terre Promise de la Divinité,* conduitte par L'ADORABLE HVMANITÉ DE IESVS, elle doit toûjours y tendre, & y aller du dehors au dedans, & de la circonferance au centre. Mais y estant vne fois arrivée, & entrée en possession de la liberté de l'Agneau de Dieu acquise à l'ame par sa liberalité infinie; pour lors elle n'a plus que faire d'y aller, y estant des-ja, mais de s'y promener à loysir, & s'y accroistre: aussi alors elle verra, *elle experimentera & sentira que le centre est devenu circonferance,* & *la circonferance centre,* & que tout deux ne sont plus qu'vn dans l'vnion du saint Amour, qui ramasse tout les deux au point de son immensité. Mais pour dire vray *le nombre de ceux qui arrivent là est petit,* & tous ceux mesme à qui il est monstré & donné à entendre, n'y arrivent pas non plus que tous ceux à qui *la Terre Promise* fust monstrée n'y entrerent pas; mais seulement ils entendirent les merueilles de son abondance.

Estat sublime de l'ame en Dieu.

Voyez dans l'image Iesus-Christ insinüas l'ame en triomphe dans la Terre Promise de sa divinité. Aquel degré d'eleuation & d'vnion à Dieu & en Dieu peu arriuent.

CCcc ij

SECTION PREMIERE.

Comment le cercle intelligible, où le retour parfait de toutes les creatures à leur principe se doit faire par l'homme recolligé en Iesus-Christ au fond de son cœur lequel les ayant sanctifiez, & perfectionnèes dans son Estre humain & diuin les rend au sein de la diuinité par l'ouuerture centrale de l'ame. Laquelle aussi se sacrifiant auec les Creatures reunies à Iesus immolé sur l'Autel intime, & viuant de son cœur y rend le culte, & l'hommage le plus parfait dû à l'Estre souuerain de la majesté diuine; ce qui est sanctifier le nom de Dieu de la maniere plus parfaite.

1. SI nous considerons nostre diuin Saueur dans son immense Charité, *nous verrons qu'il n'a pas tenu à luy* que nous ne soyons faits infiniment riches auec luy. Car ce vray Pere, ce fidelle amy, n'a pas seulement voulu reparer nos pertes; mais il veut encore augmenter nos auantages. Sa bonté est infinie, & son amour immense; ce qui fait qu'ils ne peuuent estre pleinement satisfaits dans leurs communications, si elles ne sont infinies, si elles ne sont immenses: & par ainsi, c'est peu à ce diuin Adam, à cét aymable Reparateur, & Pere de nostre vie, de nous rendre la vie humaine & angelique, que nous auoit rauie le premier homme pere de nostre mort; mais il veut encore nous rendre vne *vie plus abondante*, vne vie diuine, & plus encore, vie de Dieu; se donnant & se rendant soy-mesme tout à nous, auec tout ce qu'il est & tout ce qu'il a. O bonté! ô Amour sans exemple! qui vous pourra loüer dignement?

L'attache aux dons de Dieu en elle Tr.VII.Ch.II. 571

2. Mais pourtant si nous en voulons voir la conduitte plus au long, voyons que lors qu'il fist l'homme il le fist parfait, & le doüa de toutes les perfections que le rang qu'il tenoit luy pouuoit permettre. Il le rendit viuant & *actua tout son passif naturel*, & esleua sa nature autant qu'elle peut estre esleuée naturellement; & il l'acheua de tout ce dont sa nature estoit capable, remplissant tout le vuide & toute l'auidité de sa volonté naturelle; & ne luy laissa rien à vouloir pour l'acheuement de son Estre naturel, ou l'accomplissement de sa felicité; & partant dans vn estat de grande liberté de respondre aux desseins de son createur pour l'y aggréer, & le contenter, & le delecter comme le chef-d'œuure de tous les ouurages de Dieu *portant son image & ressemblance au centre le plus interieur de son ame, là où il luy estoit libre de conuerser auec luy en esprit, & luy rendre là ses hommages*.

2. Mais la diuine bonté vouloit encore esleuer l'homme surnaturellement & d'vne maniere infinie; & partant pour le deslier de son fini, l'actuer, le viuifier, le perfectionner infiniment, & le faire participant de son Estre diuin & de toutes ses infinies perfections: & qu'ainsi *l'homme estant originaire du neant*, empruntoit de ce principe auec sa puissance passiue naturelle & finie dé-ja actuée vne infinie disposition ou puissance passiue actuable, inseparable de son Estre fini, & capable de receuoir & terminer tout le pouuoir & *l'infinie actiuité de l'Estre diuin*, pour *l'aggrandissement de l'homme, & toutes ses mesures prises sur la sacrée Humanité de Iesus*. Mais pour y arriuer, Dieu voulust que l'homme y abbaissast sa volonté sous l'infinie actiuité de son Amour & de sa volonté diuine, & qu'il luy en fist vne interieure & volontaire soumission, & qu'il détaschast & vuidast son cœur des choses naturelles & finies; pour luy fournir & preparer vn nouueau vuide surnaturel & infini, & que par cét interieur abbaissement de volonté dans l'abisme passif de son neant sous l'Estre diuin & les diuines inactions & infusions de sa vertu, il pût en estre actué, viuifié, esleué, & aggrandi infiniment: & pour

Desseins admirables de Dieu pour y agrādir l'homme qu'il auoit creé le Roy de lumiere

CCcc iij

572 *L'Ame captiue sous le septième & dernier sceau,*
luy donner vn sujet d'abbaisser sa volonté par vn motif surnaturel & diuin, & dans vn tel estat interieur : il luy deffendit de manger du fruit de science du bien & du mal ; car Dieu ne vouloit pas qu'il sortit à la science des creatures par luy mesme 'ny par elles *au dehors*, mais il vouloit qu'il entrast à *la science du vray bien au dedans, au centre de son ame, où Dieu luy vouloit donner la vraye sagesse*, & non seulement vne science superficielle telle que l'homme la peut auoir naturellement auec les forces de son propre esprit ; mais il luy vouloit donner vne science & vne connoissance fonciere de toutes les sciences dans leur souuerain principe qui est Dieu. Parce que l'homme auoit esté creé de Dieu sur la terre comme vn *Roy de toutes les creatures* que Dieu luy auoit assujetties pour les regir & gouuerner, & en vser à son plaisir. Mais auec ordre de les reconduire à leur Createur d'vne maniere parfaite. Ainsi *Dieu auoit tout fait pour l'homme & l'homme pour soy*, afin que l'homme estant obeïssant à Dieu selon la soûmission d'esprit & de volonté qu'il luy auoit expressément commandée, il demeurast attentif au vouloir de Dieu au centre de son ame.

4. Mais pour nous éclaircir dauantage, il faut sçauoir que tout ce grand Vniuers que nous voyons de nos yeux, sçauoir, le Ciel, la terre, la mer & les poissons, & tout ce qu'il y a de creé, & de visible, & d'inuisible, *depuis le fond de l'Enfer jusques au Ciel Empirée, tout cela dis-je, est en racourcy dans l'homme*, lequel est le parfait abbregé de tous ces œuures ; & non seulement il en est l'abbregé, mais il faut selon l'ordre de Dieu que toutes les creatures viennent se perfectionner dans l'homme, & que l'homme mesme se perfectionne au centre de luy-mesme auec toutes les creatures, & là les rendre à Dieu auec luy dans leur Estre parfait. Mais pour ce faire parfaitement & à la gloire de Dieu, il faut que l'homme entre en Dieu, où il y connoisse toutes les creatures dans leur Estre parfait ; & que là jouïssant de Dieu, il connoisse toutes choses en Dieu diuinement ; & qu'ainsi *reuenant à son Estre imparfait par l'Estre de Iesus, il puis-*

L'homme est l'abbregé par fait de toutes les creatures.

Voyez l'Image.

se sanctifier toutes les choses creées dans luy-mesme : parce que les creatures ont vn Estre plus parfait dans l'homme qu'elles n'ont en elles-mesmes : ainsi l'Estre parfait de l'homme est en Dieu, parce que c'est vn Erste spirituel, & par ainsi *l'homme atteignant à la Diuinité au centre de soy-mesme par l'Estre de Iesus ; il y reconduit par consequent dans soy-mesme l'Estre parfait des choses creées*, dont il glorifie Dieu ; & le fait glorifier par toutes les creatures, & d'vne maniere parfaite.

5. I'ay ouy dire auttesfois que les Philosophes ont appellé *l'homme petit monde* ; & ils auoient raison ; parce qu'ils ne l'ont connu que dans sa petitesse, c'est à dire auec les forces de l'esprit naturel : mais s'ils l'auoient connu *dans son origine*, ils l'eussent appellé *grand monde* ; car la plus noble partie de la grandeur de l'homme leur a esté cachée, n'ayans connu que le monde naturel dans l'homme ; parce que *le monde de la Grace qui fait sa grandeur est cachée en Dieu*, où ils n'auoient point esté, & partant ne l'ont point connu. *Et tout ainsi que nous voyons dans l'Vniuers corporel la terre pour centre, & la Diuinité pour circonference* ; de mesme par vn ordre renuersé, *nous auons la Diuinité pour centre de l'homme, & la terre & toutes les creatures pour circonference* : parce que l'homme est enuironné du plus terrestre de soy-mesme, & concentré du plus parfait & du diuin, puisque *Dieu est le centre intime de son centre*. Et partant si l'homme estoit au fond de l'Enfer, il faudroit pour en sortir & retourner au Ciel, qu'il sortit premierement du fond de l'Enfer, qui est le centre de la terre, sur la terre mesme & de dessus la terre, il faudroit trauerser tous ces espaces qu'il y a par les degrez d'Estre depuis la terre jusques au Ciel Empirée ; & que de là il montast à Dieu par ce chemin exterieur, lequel est d'vne si desmesurée grandeur, & d'vne si grande difficulté.

Voyez l'Image pour conceuoir la grandeur du monde interieur en l'immensité de Dieu.

Remarquez ce principe de lection interieur en Dieu.

6. Mais, cheres Ames, voicy ce que ce grand Dieu a fait. L'homme estant tombé & dechû de sa Grace par le peché jusqu'au fond de l'Enfer, sa diuine Sagesse ayant tout ordonné comme nous auons dé-ja dit, c'est à sçauoir, que *Dieu s'est fait le centre interieur de l'homme, & a fait la terre sa*

L'Ame captiue sous le septiéme & dernier sceau,
circonference; Et qu'enfin il a pris plaisir dans la structure de l'homme en ayant fait le parfait racourcy de tous ses diuins ouurages; en sorte qu'il a son Ciel au fond de son ame, puis que la Diuinité en fait le centre, & qu'ainsi pour aller à son Ciel, & de son Ciel à Dieu, c'est en descendant & abbaissant son esprit auec humilité au fond de son Estre, là où Dieu habite, & où il l'attend pour luy faire vn parfait sacrifice de toutes les creatures, & de luy-mesme, par vnion à Iesus immolé à la face du Pere Eternel sur l'Autel intime & viuant de son cœur : Tout ainsi que pour aller au Ciel, & y monter de l'exterieur depuis l'Enfer jusques au throsne de Dieu, il y faudroit trauerser tous ces espaces susdits, lequel chemin Dieu n'aggrée pas, puis qu'il en a si rigoureusement chastié les delinquants, comme l'Ange & l'homme, lesquels desobeïssants & voulants renuerser l'ordre de la diuine Sagesse, *dirent, nous montrons là sus aux Cieux, & nous nous assoirons au throsne de Dieu.* Tout beau, mal-avisez que vous estes, vous tournez le dos à Dieu, & l'auez oublié luy & ses preceptes, puis que vous preferez vostre volonté à la sienne. Et quoy homme auez-vous dé-ja perdu le sens, & fait banqueroute à vostre honneur, en vous détruisant ainsi vous-mesme, & détournant vostre volonté de celle de Dieu habitant au centre de vostre ame? ne sçauez-vous pas que Dieu vous a fait vn racourcy de toutes les merueilles de sa Sagesse, & qu'il *a fait du fond de vostre ame comme son Paradis & le vostre*; puis que là où est Dieu, là est le *Paradis.* D'où vient donc vostre aueuglement de vouloir monter au Ciel par le chemin des orgueilleux? & n'y voulez pas aller en descendant apres le vray humble, *lequel est retourné à son Pere en descendant dans l'abysme de son aneantissement*; & enfin abaissé jusques au tombeau, & du tombeau jusques aux Enfers; mais pour en triompher & confondre leur orgueil, & leur rauir la proye legitime de leurs victoires.

7. Voyez donc, cheres Ames, le tort que vous faites à Dieu & à vous-mesmes, en voulant chercher vostre Paradis au dehors : & ce faisant vous tournez le dos à Dieu, lequel est dans le fond de vostre ame comme dans son Ciel viuant,

Voyez l'Image ce que c'est que monter à Dieu en descendant en esprit au fond du cœur, & passant outre le cœur en Dieu comme s'abbaisser au centre de la terre c'est descendre & passer outre c'est monter.

l'attahe aux dons de Dieu en elle, *Tr. VII. Ch. II.* 575

viuant, pour y receuoir vos hammages & adorations, selon l'estat parfait de vostre Estre en Dieu, par lequel toutes les creatures sont sanctifiées en vous, & vous justifié & sanctifié en Iesus-Christ, & Iesus-Christ se rendant à son Pere & nous en luy, & par luy, c'est le parfait sacrifice. C'est l'accomplissement de cette parole, *Sanctificetur nomen tuum.* Car l'homme reconduisant ainsi les choses creés perfectionnées en luy au sein de leur Createur, c'est proprement sanctifier le nom de createur, en luy rendant tous les hommages des creatures perfectionnées dans l'Estre parfait de l'homme, & l'Estre parfait de l'homme dans l'Estre humain de Iesus, comme centre parfait de tous les Estres creés parfaits, & se rendant au sein de la Diuinité il mene auec luy en triomphe toutes les choses creés, & y rend à Dieu vne gloire infinie par luy-mesme, & par toutes les creatures *perfectionnées & diuinisées en luy.* Et par ainsi l'homme estant concentré en la diuinité selon son Estre parfait en Iesus-Christ, & par Iesus-Christ; Et l'homme estant veu & regardé du Pere dans l'Estre diuin de Iesus, où il est entré par conformité à ce benit Fils de Dieu, & s'y est laissé transformer: enfin, dis-je, *le Pere regardant son Fils, il nous voit comme son Fils dans son Fils* comme membres viuants & vnis parfaitement à leur Chef. Et enfin *il nous reçoit pour fils de Dieu dans l'vnion de son Fils;* & comme son Fils est celuy lequel a sanctifié son nom; il s'ensuit de là que l'homme parfait sanctifie le nom de Dieu en soy, ayant accomply la volonté du Pere dans la volonté du Fils, & selon le prix de son obeïssance parfaite, laquelle rend vne gloire infinie à la Diuinité. Ainsi, l'homme est obligé de sanctifier en soy le nom de Createur, tant pour soy, que pour toutes *les Creatures, qui ne peuuent retourner à Dieu, que dans l'Estre parfait de l'homme:* Dieu ayant ordonné à toutes les creatures de se rendre à l'homme parfait: & d'y estre viuifiées en luy par le rapport & le bon vsage qu'il en fait conformément aux desseins du Createur: qui demande à l'homme retribution de toutes ses œuures, & de toutes les choses qu'il luy a soûmises, *puis que Dieu à tout*

L'image vous fera voir comme tout cecy se fait, l'ame se concentrant & y attirant en esprit auec soy toutes les creatures aux pieds de Iesus-Christ qui les perfectionnant en soy, les rend par luy-mesme en hommage souuerain au sein de la Diuinité.

DDdd

L'ame captiue sous le septiéme & dernier sceau, creé pour l'homme, & l'homme pour Dieu par l'Estre de Iesus, en la veuë & en l'abord duquel il est parfaitement contenté & glorifié, & manifesté en l'Estre parfait de l'homme.

8. Il semble que les choses creées n'aboutissent qu'à l'existence qu'elles ont au dehors : Cependant comme elles ont leur Estre parfait au sein du Createur : nous ne pouuons les bien connoistre que par le monde interieur de la Grace, lequel aboûtit à Dieu ; & partant, *ce monde de la Grace estant le cœur & l'interieur de l'homme ; c'est par le cœur & le fond interieur de l'homme qu'il faut aller à Dieu pour Dieu*; & qu'ainsi resoût dans le sein de son Createur, il l'y possede, & en soit possedé dans l'Estre humain & diuin de Iesus ; dans lequel toute perfection est consommée & acheuée, & le nom de Pere sanctifié dans l'homme, & dans l'homme toutes les choses creées, selon leur Estre parfait en Iesus-Christ, en qui toutes choses sont en verité aymées & regardées du Pere, comme chose sienne. Et partant, cheres Ames, voyez que tout est fait pour l'homme parfait ; lequel est aussi tout à Dieu ; & qu'en luy Dieu est infiniment glorifié dans son parfait sacrifice. Car ce bon Dieu gouuernant tout par sagesse, a voulu se donner, & abandonner à nous, son Corps, son Ame & sa Diuinité, afin que l'homme le mangeant comme Aliment diuin, son ame en fust aussi diuinement nourrie. Et tout ainsi que nous changeons le manger des choses corporelles en nostre substance, & qu'elles sont faites nous auec nous-mesmes ; *parce que l'homme est plus parfait que ce qu'il mange* ; & que le manger estant fait pour luy, luy est aussi inferieur : de là vient aussi qu'en mangeant, la chose mangée est transformée en sa substance : Et ainsi rendant sa substance à Dieu, il luy fait vn sacrifice parfait : *luy rendant viuant & spiritualisé ce qui estoit de soy inanimé & corporel*: comme le boire & le manger transformé en l'homme : duquel il glorifie Dieu. Mais bien plus, lors que l'homme Chrestien vient à manger non plus le fruit défendu, mais permis ; voire mesme commandé ; c'est à dire, ce grain de froment Eternel, égrené du sein du Pere, plein de gloire

L'attache aux dons de Dieu en elle, Tr.VII.Ch.II. 577
& de Majesté. D'où vient que ce Verbe glorieux & cette semence de Vie & de Gloire, se voulant communiquer à l'homme, se laissa tomber dans le champ Virginal d'vne Vierge, pour y germer & s'y reuestir de la paille humaine, pour conuerser auec nous. Mais enfin, cette paille humaine estant bien meurie par ses souffrances, & ajoustée sur la Croix, elle a esté moissonnée dans le tombeau, & serrée dans ce grenier tout neuf; d'où il est enfin sorty tout glorieux. Et partant, la pauure paille de nostre nature humaine estant ainsi annoblie, glorifiée & diuinisée, & toute éclatante de gloire, nous n'eussions pû l'aborder ny conuerser auec luy, parce que sa gloire nous eust opprimée. Mais, ô diuine Sagesse incarnée, vostre Amour n'est point sans industrie lors qu'il y va de nous faire du bien; *Vous auez inuenté vn moyen admirable, non seulement pour conuerser auec nous; mais pour y demeurer dedans nous, & nous y faire demeurer dedans vous.* Vous, ô Amour cordial, qui vous estes fait; non seulement Pasteur, mais la diuine pasture substantielle de vos oüailles: laquelle nourriture glorieuse vous auez reuestuë & enueloppée de la paille des *especes*, pour nous la faire aualler plus commodement, & en cacher l'éclat à nos yeux, & pour en temperer la diuine ardeur, qui nous eust aneantis; & cette diuine portion estant ainsi apprestée, vous nous commandez de la manger & de la boire: mais comme ce diuin manger fait la vie spirituelle, surnaturelle & diuine de nos ames, il les transforme aussi en luy; en telle sorte que l'ame ayant mangé cette diuine & glorieuse bouchée, elle se laisse aussi remanger à la diuine bouche de *son saint Amour*, qui en fait la transformation, & nous fait entrer & *participer* à sa Diuinité; & par ainsi tout ce qui s'estoit fait nous dedans nous, est fait luy dedans luy, & y glorifie Dieu infiniment.

DDdd ij

SECTION SECONDE.

Comme l'Agneau occis Reparateur du Genre humain ayant ouuert le septiéme Sceau, & rompu tous les liens qui tenoient l'ame captiue & attachée aux sept differens objets hors de Dieu, la conduit enfin par cette voye interieure trauers l'ouuerture tres-intime & spirituelle du cœur dans la Terre promise de la Diuinité, où se fait la plus parfaite vnion & insinuation de l'ame en Dieu.

1. LEs desseins & la volonté de Dieu dans la Creation, ne furent pas suiuies de la volonté de l'homme. Car il se rebella, & tourna le dos à Dieu, transgressant son Commandement ; il desobeït, & il pecha en se retirant du joug de l'obeïssance, *cessant de tendre à Dieu interieurement, il détourna sa volonté vers le dehors, & s'attachant de complaisance aux objets creés*, il trébûcha enfin dans l'abysme du neant malicieux, & de la mort éternelle ; & perdit par consequent les moyens d'accroistre sa vie dans celle de Dieu de cette maniere surnaturelle & infinie ; perdant aussi celle qu'il auoit, & *dans cette perte il y trouua double mort, & de son corps & de son ame* ; & ainsi tombé au fond de l'Enfer, il y entraisna toute sa posterité, & profana l'œuure de Dieu en vsant mal des creatures, les faisant seruir à d'autres fins que celle pour laquelle Dieu les auoit creés, faisant tomber aux Enfers ce qui estoit creé pour le Ciel.

Effets malheureux du peché originel.

2. Mais enfin, le diuin *Iesus* trouua moyen dans cette mort de luy rendre la vie, & de changer mesme la mort en vie, & de faire de la peine de son peché l'objet de sa pitié, & l'exercice de sa pieté : le merite de sa vertu & la couronne de sa gloire ; pour confondre l'orgueil du Demon, qui

L'attache aux dons de Dieu en elle Tr. VII. Ch. II. 579

auoit seduit la femme; & pour apprendre à l'homme qui auoit desobeï, l'obeïssance; le Fils de Dieu se fit Homme, & homme obeïssant, & homme infiniment paisible & *dans sa Vie & dans sa Mort, & dans sa Passion*, reduisant sa sainte Humanité dans vn estat d'vn infiny abbaissement, & d'vne volontaire soûmission & passibilité infinie exterieure & interieure, & la rendit capable d'y terminer & receuoir à l'exterieur & à l'interieur toutes les infinies actiuitez de la vie & de la gloire, & des grandeurs de la Diuinité; & d'en estre *actuée*, viuifiée, glorifiée & agrandie infiniment. Comme en effet, elle le fut en sa Resurrection, & d'vne maniere inconceuable à l'entendement humain; pour nous apprendre que *l'v-l'vnique moyen, l'vnique voye que nous auons d'aller à la vie & à la gloire de la Diuinité, c'est la mort & l'ignominie de cette diuine Humanité*. Et tant plus que nous communiquerons & participerons à sa sainte Mort & Passion, en l'imitant à l'exterieur & à l'interieur, y amortissant nostre propre vie; plus aussi nostre vie en sera reuiuifiée & agrandie de la Vie de la Diuinité: Et enfin, si *dans l'vnion de la Mort de Iesus* nostre ame se resoût, & consent à mourir à sa propre vie au plûtost; si elle consent que son propre amour y meure, luy qui en fait toute l'imperfection, & qui attache encore l'ame à elle-mesme, auec tous les objets visibles. *Si, dis-je, l'ame se détache de toute proprieté, & si elle perseuere à rompre tous les liens qui la captiuent*; & à mortifier tous les faux appas & plaisirs qu'elle y goûte, alors elle sera affranchie d'elle-mesme, & de sa propre captiuité, & croistra à sa vie surnaturelle & diuine.

3. Que si l'ame est assez courageuse pour mourir parfaitement à elle-mesme, elle pourra esperer d'entrer *au septiéme degré de la Vie diuine*; & quoy bien que les estats precedens celuy-cy soient appellez surnaturels, & qu'ils soient tels en effet; attendu que c'est *la grace de l'Agneau de Dieu*, qui fait monter l'ame à Dieu dans son Ciel interieur, & qu'à mesure qu'elle y attire l'ame, elle la graduë successiuement: toutefois parce que sous ces estats jusques au sixiéme ne font que de remonter

voyez l'image.

DDdd iij

L'Ame captiue sous le septiéme sceau,

l'ame jusqu'à elle-mesme depuis le fond de l'abysme où elle estoit tombée par le peché, jusqu'à l'estat & degré de grace & d'innocence, dont elle fut doüée en la Creation : mais pour *le septiéme estat est plus abondant & plus diuin, & partant plus proprement dit surnaturel*, puis qu'il l'est & à l'égard de la Nature Humaine, & à l'égard du degré de Grace qu'elle eust en sa Creation. La vie de cét estat est appellée *Diuine*, parce qu'il faut que l'ame y perde la sienne propre, & qu'elle y meure en s'y perdant elle-mesme, pour se laisser enleuer interieurement dessus elle-mesme à cette participation finie de la vie de Dieu, & qu'elle en viue dans soy, quoy que non pas encore dans Dieu.

4. Enfin, ce septiéme étage a plus d'étenduë & de dilattement que les six autres precedens : puis qu'ayant *rompu l'entre-deux qu'il y auoit entre Dieu & l'ame*, elle est rauie interieurement trauers tous les six étages du monde spirituel, *& jusqu'à Dieu* : car comme de tous les neuf Chœurs des Anges qui y sont plusieurs tomberent auec Lucifer ; ainsi la diuine Prouidence voulant remplir leurs places vuides par les hommes, a voulu *qu'il y ait des hommes qui acquierent des degrez de Grace proportionnez à ces degrez de Gloire*. Mais quoy que ce ne soit pas à nous de choisir vne place aux nopces de l'Agneau : & que c'est plûtost à luy de nous la donner, ignorans celle à laquelle il nous destine ; nous deuons cependant nous hâter tant que nous pourrons d'entrer en ce repos, & d'en acquerir dés à present par amour les auant-gousts ; employans hâtiuement & courageusement toutes les graces & moyens qui nous sont offerts pour cela, crainte qu'vn autre ne prenne nostre couronne, qui nous y attend, & *ne point dire, sous pretexte d'humilité, de ne vouloir que la derniere place* : parce que ce n'est point à nous de choisir, mais de faire tous nos efforts pour nous accroistre en grace & perfection, puis que Dieu en est dauantage glorifié, & que *souuent ne voulant pas tendre au plus parfait, on tombe dans l'imparfait*.

Voyez l'image.

Fausse humilité des paresseux.

5. Dans ce septiéme estat ou étage de Grace, l'ame y reçoit des profusions ineffables que l'entendement humain

L'attache aux dons de Dieu en elle, Tr.VI.Ch.II.

ne peut point comprendre, & desquelles mesme *il n'est point licite de parler*; mais *seulement de nous instruire des moyens conuenables pour y arriuer.* Ie dis donc que l'ame estant arriuée à l'amortissement de son propre Estre pour laisser estre Dieu en elle, *& passer à ce septiéme degré de Grace*; il faut encore que l'ame sorte par démission de tous ces degrez finis de Grace, pour s'échapper entierement de sa captiuité. D'autant que (si vaste que puisse estre tout le finy) il est encore trop étroit pour vne telle ame dilattée interieurement à l'infiny, à laquelle Dieu veut ouurir son immensité; & luy veut donner tout cét espace pour voler à son plaisir, & y jouyr de sa franchise & de sa *pleine liberté*; & ainsi n'y trouuant plus rien qui la limite, elle se laisse enleuer & abysmer, par l'ouuerture interieure de son fond central dans l'Immensité diuine. *Voyez l'image.*

6. Si enfin l'ame fait en sorte que *ce filet d'or* qui l'arreste encore dans le finy puisse estre rompu; pour lors vous verrez cét *Aigle* genereuse s'essorer à perte de veuë dans cette diuine Immensité, & s'y resoudre & engloutir ainsi qu'vne goutte de rosée tombée dans l'Ocean, laquelle en s'y perdant, n'y perd que *sa petitesse*, & y regagne la grandeur de l'Ocean. Et par ainsi, cheres Ames, si vous conferez la hauteur infinie de ce dernier estat de *la liberté diuine* où l'ame peut estre éleuée auec l'intime profondeur du premier estat de sa *captiuité dans le cachot du peché* où elle estoit renfermée, rauallée & captiue des Enfers; comprenez, s'il vous plaist, le dessein de ce benist *Agneau de Dieu* dans ce grand œuure; & entendez & voyez clairement qu'il n'est autre que de prendre & retirer l'ame de cette profonde & malheureuse seruitude du peché, & *l'éleuer à soy de degré en degré, & la cõduire à la Terre promise de sa Diuinité par ce chemin & voye interieure*; & passer par ces sept estats & étages de Grace, & y rompre & consommer à mesure par les flammes de son Amour les sept sortes de liens, dont son propre Amour l'y attache & captiue, & retient à ces sept sortes d'objets; & enfin *ouurir les sept Sceaux* des sept étages de biens, de gra- *Voyez l'image.*

582 *L'ame captiue sous le septiéme & dernier sceau,*
ce, de vie diuine ; jusqu'à sa pleine & entiere liberté : apres
l'auoir éloignée & épurée de tout ce qui n'est point Dieu
par la pratique positiue exterieure & interieure de ses di‑
uins Commandemens & conseils Euangeliques.

7. Et tout cela en retirant ainsi nostre esprit de l'exte‑
rieur à l'interieur, du dehors au dedans, de la circonferen‑
ce au centre, & de nostre centre à l'Estre diuin, y reintro‑
duire nostre ame par voye d'amour, comme elle en estoit
sortie par voye de Creation, & l'inthrôniser dans le cœur
de son immensité pour y regner éternellement.

SECTION TROISIESME.

*Sommaire de cette pratique d'oraison interieure en Iesus‑
Christ, dont l'Humanité sainte est l'vnique Media‑
trice qui nous donne accés à la Diuinité, concentrée
au fond & plus intime du cœur, pour y viure d'vne
vie cachée auec Iesus-Christ en Dieu.*

1. NOstre ame n'a rien à faire en toute cette pratique
d'oraison de recueillement, que d'abaisser son es‑
prit & sa volonté deuant Dieu, qu'elle doit croire estre im‑
mense. Et partant, que son immensité le constituë par tout
present, & *qu'il est plus intimement dans nous-mesmes que nous-
mesmes ; & qu'il y est le Cœur de nostre cœur, le Centre de nostre cen‑
tre*, mais qu'elle n'y peut aborder la Diuinité que par *l'Humanité
de l'Agneau, & sa Ste Mort & Passion*, lequel *habite par la foy au
fond de nos cœurs* ; & qu'exerçans cette foy & cette croyance
en humilité de cœur & simplicité d'esprit, auec la mesme
docilité qu'vn enfant, l'ame s'essaye doucement & suaue‑
ment sans aucun empressement ny violence de conceuoir
par foy au fond de son cœur comme dans son secret Oratoi‑
Toute la pra‑ re, *dans vn Caluaire viuant*, le diuin *Agneau de Dieu dans ses*
tique à la‑
quelle on doit souffrances, & y *exercer cette foy* enuers luy par tous les actes
d'amour

L'attache aux dons de Dieu en elle, Tr.VII.Ch.II. 583

d'amour & d'humilité, qu'elle y exerceroit à l'exterieur si *plus s'arrester*
elle l'y rencontroit encore en telles souffrances : & détour- *qu'à la lecture*
nant ainsi son esprit du dehors) & premierement du peché, *tous ces subli-*
puis consecutiuement des autres objets) toute son atten- *mes eslats de*
tion, son affection, sa complaisance, les tourner en dedans, *dessein de ce*
les appliquer à *ce diuin Agneau conceu souffrant au fond du cœur.* *Liure n'est*
que de mon-

2. Et à cét effet s'y presenter & s'y abandonner tout à *trer le com-*
luy sous ses pieds comme vn petit enfant tout couuert de *mencement*
playes & de chaisnes, pour y estre guery & déchaisné, sou- *de l'Oraison*
haittant ardemment *& humblement qu'il daigne luy appliquer son* *Iesus souffrât.*
sang, ses larmes & ses merites infinis pour la déliurer des sept sortes *La Grace &*
de captiuitez susdites : ce qu'il fera de grand cœur : & le fera *voltre coope-*
auec des tendresses de vray Pere, & des ardeurs d'vn *ration inte-*
Amour ineffable. Car il ne souhaitte rien tant que de trou- *apprendront*
uer des cœurs à qui se communiquer : Et pour cela mesme *le reste.*
il a donné sa propre vie & tout son sang : donc l'ame y de- *Voyez l'ima-*
meurant là attentiue à luy, bien-tost luy par les viues ar- *ge.*
deurs de son Amour, luy consommera tous ces liens & toutes les inclinations, les affections & complaisances dont *l'A-*
mour propre s'attache au peché, & à toutes les autres captiuitez mondaines & sensuelles, exterieures & interieures, &
jusques à l'attache des biens surnaturels qu'elle possede
dans le fond d'elle mesme ; & ainsi liberée & affranchie de
tous ces liens, il la fera entrer & participer à son infinité, &
en sa maniere immense & infinie.

3. Le tout consiste donc apres la croyance d'vn Dieu im-
mense *& inaccessible, que c'est l'Humanité adorable du benist* *Voyez l'ima-*
Agneau de Dieu qui nous le rend accessible, & que c'est par Iesus *ge.*
que nous y auons accés, parce qu'il y est nostre Mediateur necessaire,
& le Soleil diuin de nostre ame, y estant dedans nous, & outre nous-
mesmes, comme Centre de nostre centre, par lequel il faut que le Cen-
tre de nostre ame passe, pour arriuer au Centre increé de la Diuinité.
Et partant, que sans luy nous ne pouuons rien faire, & que
comme *Chef,* c'est à luy d'operer dedans nous toutes nos œuures ; & que si nous nous ventons d'auoir la Foy, il la faut
donc exercer surnaturellement ; en détournant du dehors

EEee

584 *L'Ame captiue sous le septiéme & dernier sceau,*
nostre vaisseau, d'où nous le tenions tendu & ouuert aux choses exterieures, de là où vient la bise noire du propre amour, qui nous y gele & congele; & le tourner par amour vers le dedans, vers le fond de nous-mesmes, vers ce diuin Soleil, *lequel y reside par grace & par amour, si d'auanture nous ne sommes point en peché mortel.*

4. L'ame ainsi retirée au fond de son cœur, doit *d'vn œil interieur*, ferme, fixe & tranquile *contempler* comme la diuine Essence est tout nostre Estre; & comme nous sommes tout remplis d'elle : & là, comme *dans ce fond central*, comment la fecondité substancielle du Pere selon sa Conception ineffable y engendre incessamment son Fils, & le Pere, & le Fils par vn mutuel effort de leur volonté, produisent le saint Esprit comme lien d'amour substanciel & personnel qui en est *l'intime Vnité*; & partant, l'ame regardant & contemplant cette diuine Essence, comme *Centre de son centre, & dans elle Iesus-Christ, comme Chef mystique, dont nous sommes les membres qu'il viuifie*, qu'il remuë, qu'il gouuerne, comme Maistre de l'homme, comme Pere, comme Frere, comme Amy, *comme Espoux*, comme Medecin charitable, comme Docteur, comme Protecteur, & Lumiere, Vie & Verité; s'y exerçant enuers nous auec vn soin & vn amour incomparable; & correspondant à tous ces tiltres de Pere & de doux Redempteur : lequel *se plaist de demeurer dans l'ame du Iuste*; dans laquelle il s'y reçoit luy-mesme, & s'y contemple, s'y louë, s'y estime, s'y benist, & s'y rend vne gloire infinie auec son Pere & le saint Esprit, selon la Majesté de l'Essence diuine dans sa grandeur, sa bonté, sa beauté, sa sapience, sa puissance misericordieusement exercée selon la Iustice & l'Amour de l'Agneau.

5. Et partant, nous deuons appliquer tout nostre soin de bastir dans nostre cœur vne maison, vn lieu de demeure à Dieu, & comme vne retraite asseurée dans laquelle nous puissions nous retirer *en temps d'Hyuer*; & y estre à l'abry de la pluye de nos sens, des foudres de nos appetits, & des tempestes de nos passions déreglées; & poser & *édifier le fonde-*

Contemplation interieure de la tres-saincte Trinité.

L'attache aux dons de Dieu en elle, Tr.*VII*.Ch.*II*. 585

ment de nostre maison spirituelle & interieure sur le roc de la Foy, *Construction*
parce que la Foy est la pierre fondamentale du Palais inte- *spirituelle*
rieur de nostre ame, dans laquelle Dieu veut demeurer & *d'vne maison*
y regner en Maistre ; & pour cela, il y faut creuser les fon- *Dieu dans le*
demens auec la sainte humilité ; & si auant qu'ils y attei- *ames fondée*
gnent jusques à *la pierre ferme qui est Iesus-Christ conceu par la* *sur la pierre*
Foy au fond du cœur : apres en auoir soigneusement détourné *Christ conceu*
tout le faste & la terre mouuante de l'estime de nous-mes- *par foy au*
me ; & auoir assujetty & captiué nostre propre esprit & no- *fond du cœur*
stre entendement au seruage de la Foy. Car si la Foy ne domine sur nos puissances, nous ne pouuons pas dire auoir
l'humilité : Veu que *l'humilité demande que nous soûmettions nos*
cœurs à Iesus-Christ par la voye d'abaissement interieur : & c'est
proprement l'ouurir à sa verité pour y insinuer sa vie par
son Amour.

5. Mais, ô bon Iesus, qui pourra estre humble que vous ?
Mais qui le pourroit estre sans vous ; car vous seul estes
grand, puissant & parfait : & partant, qui tout seul pouuez
vous abbaisser ; mais n'est-ce pas vne chose étrange que
l'homme soit si humilié en son Estre propre ; & que cepen-
dant il soit si peu humble ? La raison est, qu'il n'applique pas *Iesus humilié*
son soin à l'apprendre de Iesus-Christ, le vray humble par *tenant l'Escole*
excellence, & le vray Maistre & le diuin Enseigneur par de- *de l'humilité*
dans *au fond du cœur, où il en tient Escole* : Car Dieu est toûjours *cœur.*
prest d'operer dans les cœurs purs & debonnaires, pourueu
qu'ils s'y rendent attentifs : Ainsi, Dieu ne manque jamais
d'estre *present à tous les cœurs* ; mais tous les Chrestiens ne mettent pas soin d'estre toûjours *presens à luy* ; car pour ce faire
il faut beaucoup se taire aux hommes, pour parler souuent
auec Dieu, & écouter son Amour dont le diuin langage *Le langage in-*
est paix & joye au saint Esprit : Car *le fond de l'ame du Chre-* *uin Amour.*
stien doit estre le lieu là où Iesus-Christ vit d'vne vie cachée en sa Di-
uinité : mais vne telle vie est vne vie superieure à la vie com- *Vie cachée de*
mune d'icy bas. Car c'est vne vie de Dieu dans Dieu mes- *Iesus-Christ*
me ; laquelle cependant l'ame peut posseder *en Iesus-Christ*, *l'Oraison cor-*
& par Iesus-Christ, dans lequel est nostre Estre parfait, & *diale.*

EEee ij

586 *L'Ame captiue sous le septiéme & dernier sceau*,
tous ces grands biens sont accordez & distribuez à l'ame dans la sainte Oraison, lesquels y sont tres-abondamment versez & confirmez à la face de Dieu, & à la grande table de son immensité toute remplie de ces diuins mets & delicieux contentemens, & d'vne gloire infinie de Dieu dans l'ame.

SECTION QVATRIESME.

Comme il faut marier la sainte oraison auec la frequente Communion sacramentalle, par laquelle se rememorent & se solemnisent interieurement les quatre principaux mysteres de Iesus-Christ dans l'ame; son Incarnation, sa Mort, sa Resurrection, & sa glorieuse Ascension.

1. IEsus-Christ se plaist à rememorer ses saints mysteres dans nos ames, mais particulierement lors que l'ame y celebre & y reitere par le tres-saint Sacrement sa diuine & tres admirable Alliance, & en nourriture substancielle: par laquelle *sont solemnisez les quatre principaux Mysteres de Iesus-Christ: celuy de son Incarnation*, par cette nouuelle reproduction qui se fait de luy dans le tres-saint Sacrement, & par luy dans l'ame qui le reçoit. *Celuy de sa Mort*, par l'immolation qui en est faite de luy-mesme. *Et celuy de sa Resurrection*, y ressuscitant dans l'ame, où il estoit comme mort par le peché. *Et celuy de son Ascension*, car il passe interieurement dans l'ame trauers tous les ordres & degrez d'Estre de l'Vniuers dont l'homme est composé, pour *y passer outre l'ame jusques à la Diuinité*, qui est *le centre du centre de l'ame*; & en y passant dans l'ame à dessein de l'y conduire en triomphe, *si l'ame estoit en disposition*, mais souuent l'ame n'ayant encore acquise sa liberté, elle n'y peut pas suiure Nostre Seigneur, retenuë qu'elle est à elle-mesme; car il *ne faut qu'vn petit filet*

Voyez l'image.

L'attache aux dons de Dieu en elle Tr. VII. Ch. II. 587

d'attache à la propre vie pour l'arrester. D'où vient que *nous auons besoin de Communier souuent, & de marier la sainte Oraison auec nos Communions,* parce que *dans l'Oraison l'operation interieure dissout les attaches, & la sainte Communion les enleue & les aneantit, & y laisse vn fond sauoureux pour l'Oraison.* Et enfin l'ame estant fidelle à l'vn & à l'autre, vient *le coup de Maistre.* Mais tout ainsi que la negligence des folles Vierges les endormit sans prouision d'huile ; & cependant qu'elles en estoient allé acheter, l'Espoux vient & elles demeurent frustrées de ce banquet nuptial ; de mesme *si vne ame est negligeante à l'Oraison,* qui est le vray temps à moissonner, & à ramasser l'huile d'Amour épanchée interieurement dans la lampe de nostre volonté, pour y brusler à l'arriuée de ce diuin Espoux, & y tenir l'ame bien éueillée & bien ornée de ses habits nuptiaux : il ne se faut pas étonner, dis-je, *si elle n'entre pas à la suitte de son Espoux,* par ce qu'elle n'est pas encore preste : & par ainsi il n'est pas possible que l'ame *sans Oraison puisse beaucoup profiter* en la reception de ce diuin Mystere, lequel a pour fin de nous vnir à Dieu en la maniere la plus parfaite, & cependant il n'est pas possible de s'vnir à Dieu, qu'en se détachant interieurement de tout ce qui n'est point Dieu & il est presqu'impossible de se détacher de tout sans *vne continuelle pratique de la sainte Oraison,* laquelle nous découure interieurement toutes nos attaches, & sans laquelle lumiere on ne les connoist point.

La fin principale du tres-S. Sacrement de l'Autel est de nous vnir parfaitement à Iesus-Christ.

2. O plûst à Dieu que les hommes connussent ces veritez fondées sur la pierre ferme, & si importantes à la perfection Chrestienne ; considerant comme il n'est pas possible de nous desgager de l'amour de nous-mesmes entierement sans vaquer à l'oraison & à la recollection interieure : parce que la lumiere surnaturelle n'est donnée que du dedans, & auec laquelle seule nous pouuons decouurir la subtilité de nostre nature, laquelle est si attachée & si fort engagée à l'amour d'elle mesme, & *si naturalisée à l'extrouersion* qu'elle estime vne *chose tout à fait rigoureuse de se recueillir seulement deux ou trois fois le jour ;* quoy bien qu'il deuroit estre aussi naturel à

noſtre eſprit de tendre en dedans vers Dieu ſon centre qui y habite, comme il eſt naturel à la pierre jettée en l'air de retomber à ſon centre, qui eſt la terre. Mais noſtre eſprit eſt tellement diſtrait & habitué à la diſtraction, qu'il s'eſt rendu vagabond, & comme naturaliſé & attaché à l'exterieur par ſes continuelles ſaillies effuſes & proprietaires, dans leſquelles il s'eſt arreſté & aueuglé de la diuerſité des *objets externes* qui luy ont fait oublier leur origine; & le tiennent continuellement comme le dos tourné à Dieu, ſuiuant les faux appas des creatures; & courant apres ſes penſées, & l'eſprit tout tendu en dehors & eſchappé ainſi que *le corbeau de l'Arche qui ſortit & ne reuint point* : de meſme noſtre eſprit demeure au dehors à la curée des creatures, & s'oublie de retourner à ſon cœur, qui eſt ſon *Arche* de repos & de vraye lumiere: & par ainſi il ſe voient peu de *colombes*, leſquelles reuenant du dehors au dedans de l'Arche de leurs cœurs en raportent le rameau d'Oliuier en leur bec, qui ſignifie paix & diuine alliance du Createur auec ſa creature.

L'ame effuſe à l'exterieur, & l'ame recueillie à l'interieur repreſentées par le corbeau & la colombe de l'Arche de Noé.

SECTION CINQVIESME.

Cette oraiſon de l'eſprit recolligé dans le cœur; & les ſept jours myſterieux de la Grace produits dans l'ame par l'amour de l'Agneau occis faiſant ouuerture des ſept ſceaux qui la tenoient fermée à l'infuſion de la lumiere diuine, deſcrits par le Prophete Ezechiel.

1. Les hommes ſont fort coupables negligents leurs cœurs, leſquels ils ſçauent cependant eſtre tout conſacrez à Dieu eſtants Chreſtiens. Car Dieu appelle, ſans ceſſe noſtre eſprit à noſtre cœur: mais nous manquons à y eſtre bien attentifs à luy pour l'y eſcoutter, & nous y laiſſer attirer & enſeigner interieurement des affaires les plus importantes de noſtre ſalut.

2. C'est possible ce que veut dire *le Prophete Ezechiel* si nous le sçauions bien entendre, lors qu'il dit parlant aux hommes par l'esprit de Dieu, & disant ainsi: *Mais le Prince qui est au milieu d'eux entrera auec ceux qui entrent, & sortira auec ceux qui sortent*: ce qu'il dit voulant parler de l'homme interieur lequel entre au dedans & au fond de son cœur sous les peids de son Prince Iesus-Christ throsné au beau milieu & au centre de son ame, où il entre auec elle, & elle auec luy jusques dans le Temple interieur de sa Diuinité: & de là en resortant *sans en sortir*: ce diuin Maistre sort aussi auec celle qui *sort à l'action* & aux bonnes œuures, suiuant la Charité l'amour de Dieu & du prochain; l'accompagnant aussi bien au dehors qu'au dedans; parce qu'vne *telle ame ne sort jamais que pour le necessaire*. Apres quoy, l'action accomplie, elle se rend interieurement à son Prince pour en estre, regie & gouuernée: car l'Ame Chrestienne doit de sa part tres-soigneusement *retrancher tout le superflu en toutes choses*, gardant vn deuot silence interieur & exterieur, autant que faire se peut: afin d'escouter & d'entendre de l'oreille du cœur ce diuin Maistre qui se plaist infiniment d'enseigner par dedans, & à nous y desgager & *deliurer de cette septuple chaisne qui nous y captiue* & qui nous y retient à nous-mesmes, & y empesche, borne, & limite les operations du Saint Esprit: voulant mesurer son infinité à l'aulne de nostre fini. Et cela parce que *quasi persöne ne veut entrer en cette solitude interieure*: ce qui fait escrier ce saint Prophete, nous disant; Le Seigneur dit ainsi telles paroles, qui sont, que *la porte de la salle du dedans qui regarde vers Orient, sera fermée pour six jours, esquels on trauaille, mais elle sera ouuerte au jour du Sabbath*. Cette porte de la salle du dedans qui regarde vers Orient est *le fond de nostre volonté*, laquelle doit estre ouuerte & tenduë vers *le gᵈ fond de l'ame*, pareillement ouuerte en dedans *vers son Orient Eternel*, qui en vient & qui l'y attire, & l'y veut conduire comme au centre de son repos. Car nostre ame est comme le Temple viuant & mouuant du Dieu viuant & immobile. Mais cependant *la porte de ce Temple interieur nous à este fermée*

Voyez l'ima-

Voyez l'ima-

590 *L'Ame captiue sous le septiéme & dernier sceau,*
par six jours en suitte du peché originel: en telle sorte que personne n'y a pû entrer de puis ce temps là, qu'apres le trauail de six jours, qui sont *les six objets ou estats de captiuité* qui sceellent nostre ame, & luy ostent la liberté d'entrer dans ce temple interieur de lumiere & d'amour. Et par ainsi la porte en a esté bouchée par l'obstacle tenebreux du peché; & par la vanité des complaisances terrestres & mondaines; & par le superflu & le dereglement des sens exterieurs & interieurs & des Passions du cœur; & par la complaisance des propres actes des puissances de l'Ame exercez selon la nature du propre esprit; & enfin par l'attache à la propre vie.

Necessité de l'ouuerture des 7. sceaux pour retourner interieurement dans le Temple de la diuinité outre nous mesme d'où Adam estoit sorti par son peché, & esfuser aux creatures & dehors, & à cause du peché originel toute sa posterité naist au monde bannie de ce Paradis interieur, où le nouuel homme nous reconduit faisant ouuerture des 7 sceaux par les merites de sa tressainte Mort, & Passion.

3. Et partant nous disons que la victoire du peché aquise par les armes victorieuses de l'Agneau, fait & *ouure le premier jour* & la premiere lumiere laquelle dispose l'ame à tendre en dedans, & s'essaier de tourner son esprit vers la porte de son Temple interieur, par vn abbaissement & recollection de nostre cœur, & de nos puissances; les desgageant de toutes les choses exterieures & terrestres *ce que fait & opere l'ouuerture du premiere sceau.* Et *le second jour de Grace* nous est pareillement ouuert, par la victoire des attaches & complaisances mondaines, qui nous deliure de cette seconde captiuité; la plus grossiere, la plus opaque, & la plus tenebreuse apres le peché. Et *le troisième jour* & la troisième ouuerture de Grace se fait dans nostre ame par la victoire de nos sens exterieurs; laquelle sensuelle rupture de ce troisiesme sceau de nostre liure fermé, y ouure aussi le troisiesme bien de Grace, conforme à cét estat, & à la fidelité de l'ame à y respondre. Et *le quatriesme jour* de lumiere de grace & de diuine liberté accordée à nostre ame par la victoire de nos sens interieurs, ou passions du cœur, donne aussi entrée au quatriesme bien de Grace, qui commence à establir & à faire regner dans l'ame la paix interieure. Et *le cinquiesme jour* encore plus clair, & plus lumineux que les precedents, nous est aussi accordé par la victoire des propres actes ou propres emplois naturels, & proprietaires des puissances de nostre ame. Et enfin *le sixiesme jour* encore plus lumineux,
& plus

L'attache aux dons de Dieu en elle, Tr.VII.Ch.II. 591
& plus clarifiant nous sera accordé par la victoire de la mort de propre vie arrachée jusques dans la racine du propre amour, dont elle est dissoute & affranchie. Et ainsi tout à mesure que l'ame se despoüille de ces six sortes d'objets qui la tenoient captiue, elle entre aussi à mesure dans les six sortes de biens de grace que merite chaque *victoire operée au fond du cœur, par la vertu & merites de l'Agneau de Dieu, l'ame y adherant seulement par amour & attention interieure à luy.* Et enfin l'ame passe de là au *septiéme iour, qui est le iour de repos, le iour du Seigneur, & le sabath diuin celebré dans l'intime, & outre l'intime de l'ame en Dieu par la sagesse incarnée, & le ministere interieur de son pur Amour*, qui fait le grand jour de la diuine clarification, & l'amoureuse solemnité des trois diuines Personnes.

3. Mais voicy que le Prophete continuant de nous instruire, nous donne cét auertissement, disant, le Seigneur dit ainsi, que ceux qui soustiendront Egypte trebucheront, & l'orgueil de son Empire sera destruit: voicy, j'en ay à Pharaon Roy d'Egypte; & mettray par pieces son bras fort, mais rompu: & feray tomber l'espée de sa main. *Ceux qui soustiennent Egypte*, c'est à dire la chair viuant dans le déreglement des sens, des passions, des appetits, des superfluitez, & des inclinations de la nature du propre esprit: tout cela ensemble faisant l'Egypte de la chair & de la charnalité, sous le regne & le gouuernement du *propre amour, qui en est le Pharaon,* c'est à dire le Roy tyran. Aussi le Prophete dit que de telles gens *trebucheront* tandis qu'ils viuront en cét estat de superfluité & de dereglement. Mais le Seigneur dit plus, I'en ay à Pharaon Roy d'Egypte, & mettray par pieces son bras fort, mais rompu, & feray cheoir l'espée de sa main. C'est à dire que l'amour propre qui est le Pharaon de cette Republique d'Egyptiens reuoltez; sçauoir, les sens & leurs sensualitez, les passions, & les appetits dereglez ou inclinations malignes de la nature vitiée, lesquels ayant esté amenés par la bonté de Dieu au *recueillement interieur*, y ont esté despoüillez de leur superflu & de leur charnelle complaisance & de tout dereglement, qui est propre-

592 *L'Ame captiue sous le septiéme & dernier sceau,*
ment *le bras droit du propre amour, qui est l'appetit sensuel*; au moyen duquel il atteignoit & pasturoit les fausses complaisances d'entre les creatures : laquelle rupture luy *fait choir l'espée de la main*; c'est à dire que cét vsurpateur se seruoit des sens comme de sa main, pour en manier l'espée de son appetit dereglé; duquel il en blessoit l'ame, iusques à ce que le Seigneur n'aye enerué & rompu ce bras, & desarmé ce Pharon pour mener la pauure Israëlite nostre ame en sa liberté, *& le tout per les merites du victorieux & triomphant Agneau de Dieu.*

4. Mais il ne suffit pas de bien *commencer*: il est tres-important de *perseuerer* & continuer le dépoüillement de l'ame & de la nature du propre esprit, *si nous voulons arriuer heureusement au huitiesme jour, qui est le jour de sainte liberté,* & où l'ame est deliurée de tout joug de seruitude : car autrement il ne faut point esperer de *vray repos, qui ne se trouue & ne se possede en cette vie que dans la vraye oraison.*

SECTION SIXIESME.

Que le deffaut de la vraye & bonne oraison est la source des scrupules, comme le remede & l'aneantissement de tout scrupule, c'est la recollection interieure de l'esprit en Iesus-Christ au fond du cœur, qui y donne force & lumiere pour les connoistre & dissiper.

sans la recollection interieure.

1. IL est impossible sans la recollection interieure, de preuenir *les ruses de l'amour propre*: & tout ainsi que *la vraye oraison* tend à nous vnir à Dieu, elle demande aussi à mesure le dépoüillement total de tout ce qui n'est point Dieu. Et comme le propre de nostre propre amour est d'aueugler l'esprit, & de le repaistre de vent & de vanité; il le remplit aussi de *scrupules causez d'vn fond de propre amour, & par vn défaut de vraye lumiere.* Et cela arriue aussi à certaines Ames par *vne forte attache à leurs propres pensées*; laquelle ne leur permet

pas de s'en croire ny confier à d'autres : mais qui les aheurte tellement à leur propre sens, que plus on s'essaie de les conuaincre par raisons, *plus l'amour propre leur fournit de matiere de scrupules* : & *tout cela faute de vray interieur.* Mais souuent telles ames sont seulement fondées sur vne certaine spiritualité, qui n'a que la lumiere de nature pour guide : d'où vient que *pour vouloir trop connoistre & trop discerner leurs pensées, elles tombent dans l'aueuglement & l'inquietude* ; & se mettent trop en peine d'examiner leurs pensées, ne cessants de refléchir sur elles mesmes, & souuent pour des choses de neant. Mais *nottez que ce qui les embarrasse le plus n'est pas leur plus grand mal*, lequel elles ne connoissent pas : parce que la racine en est interieure ; seulement elles s'arrestent à en retrancher comme les branches, & pour vne qu'elles couppent, il en rebourgeonne vne quantité de plus importunes, parce qu'elles n'ont point appris à consulter la vraye lumiere du dedans qui frappe à la racine, & qui fait voir jusqu'aux atomes dans la clarté interieure de son plein midy.

2. Ils sont en cela semblables à vn homme qui voudroit chercher *vn petit moucheron*, mais dans vn lieu vaste, fort obscur, & tout rempli d'ordure, & de foin, & de paille, à *la clarté d'vne petite bougie*, laquelle mesme n'a pas assez de lumiere pour discerner le foin d'auec la paille. Mais enfin posé qu'à la lueur de cette bougie elle puisse rencontrer son moucheron à l'entour duquel il s'arrestera & s'amusera à le considerer, & à luy arracher les aisles, & que cependant il y eut des *crapaux*, *des serpents*, & toute autre sorte de bestes venimeuses cachées dessous toutes ces ordures couuertes de foin & de paille, & tout prests de luy faire faire naufrage. Et que tout ce danger où il est exposé ne vint que d'vn deffaut de lumiere, & non seulement d'vn deffaut de lumiere, mais que *par obstination* il ne voulust ouurir les fenestres au Soleil qui luy feroit descouurir d'vn clin d'œil tout ce qu'il y a dans ce lieu : refusant dis-je cela pour se contenter de la lueur de sa petite bougie, ne diroit-on pas qu'vn

tel homme auroit perdu le sens, & la raison.

3. De mesme en arriue à certaines Ames, qui pour s'appuier trop sur leur raison, elles en deuiennent irraisonnables; puis qu'estant Chrestiens, & partant capables de voir de la lumiere surnaturelle, ils s'arrestent & s'attachent *à vne petite bougie de raison & de raisonnement selon la lumiere naturelle*: car la raison & le propre esprit doiuent estre soûmis à *la foy*, qui est vn instrument surnaturel donné à l'homme pour operer son salut, l'accompagnant de bonnes œuures confites en Charité, & pratiquées au fond du cœur; & non pas s'amuser au foin & à la paille de *nostre propre suffisance* & dans le grenier de nostre propre esprit, *cependant que l'amour propre occupe nostre cœur, & n'y laisse aucun lieu au pur Amour*: & par ainsi l'ame qui s'amuse apres ses propres pensées, & quasi toûjours refflêchie sur elle mesme, & qui à la lueur d'vne petite bougie de raison *croit voir clairement tous les replis de son ame, est bien aueuglée d'elle-mesme*. Car qui ne sçait que les choses naturelles sont inferieures aux surnaturelles: & partant que la nature ne peut aborder ny atteindre les choses diuines que selon sa portée naturelle & finie. D'où vient que *l'homme Chrestien doit interieurement abbaisser son propre esprit aux pieds de Iesus-Christ au fond de son cœur*, & y tourner & ouurir sa volonté en dedans vers son *centre d'où luy vient la lumiere surnaturelle*, laquelle fait voir à l'ame ce qu'elle est en verité dans son fond, & ce que Dieu luy est aussi par amour, & misericorde. D'où l'on peut facilement voir que l'ame manquant à la recollection de l'esprit à Iesus-Christ en l'interieur, afin d'y receuoir la force, & lumiere qui luy peut descouurir les ruses de l'amour propre, & du demon, elle demeure enuelopée dans ses tenebres & foiblesses; remplie de vaines craintes, de troubles & de *scrupules*.

SEPTIESME ET DERNIERE SECTION

Conclusion de cét œuure enseignant la pratique de recollection interieure de l'esprit en Dieu par Iesus-Christ au fond du cœur: ou par la vision que le Prophete Ezechiel eust des quatre abominations commises par les Iuifs dans le Temple de Ierusalem, sont representées les quatre sortes de profanations, que commettent journellement les Chrestiens dans les Eglises, & dans les Temples viuants de leurs cœurs consacrez à la diuinité pour y faire sa residance, & y receuoir de nous le culte parfait, & l'adoration interieure en esprit & verité

1. PEut estre que quelqu'vn s'estonnera de ce que *je dis & redis si souuent en cét œuure, que c'est dans le fond du cœur qu'il se faut retirer pour prier, & y rendre nos deuoirs à Dieu par son Fils Iesus-Christ*: Mais celuy qui en aura appris *l'importance* n'aura pas lieu de s'en estonner. Non, & je voudrois le pouuoir dire & redire incessamment à tout le monde, & que je pusse estre entendu des quatre coins de la terre, & jusqu'au jour du Iugement (pourueu qu'auec cela je pus profiter à quelqu'vn) & quand bien mesme je ne profiterois à personne, je ne voudrois pour cela cesser de le dire & redire jusqu'à l'importunité: afin qu'en ce dernier jour de fureur la cause de Iesus-Christ soit pleinement justifiée deuant touts les peuples. Et quand je voudrois cesser de le dire, je ne pourrois dire autrement; & si je l'auois dit autrement, toutes les creatures s'esleueroient contre moy, & publieroient hautement cette verité. Ouy *ô diuin Agneau de Dieu*, apres que vous auez tout fait & tout accompli ce que vous auez vou-

lu dire, & donné ce que vous nous auez voulu donner, & enuoyé tout ce que vous auiez à nous enuoyer, pour nous tefmoigner dauantage voftre diuin amour, & nous certifier voftre amitié ; je dis que voftre caufe fera juftifiée au grand jour de voftre Ire. Lors que vous ferez proclamé par les Anges & les juftes le Iuge irreuocable des Viuants, & des Morts : & que *vous ne ferez plus Agneau que pour les Saints; mais Iuge feuere pour les criminels.* Et lors les Anges auec tous les hômes qui n'ont point cônu l'Euangile, & auec tout le refte des *creatures s' efleueront contre les Chreftiens pareffeux & negligeans*, & leur reprocheront l'abus qu'ils auront fait des graces de Dieu, & des moyens fi fuaues pour arriuer à leur fin : & par *vne voye de grace* & de diuine onction fi douce ; fi facile, qu'il ne faut qu'aymer Dieu & le prochain ; & que pour y arriuer heureufement il ne faut que *le bien vouloir*, & y joindre *la pratique* tout fimplement ; & ainfi perfeueramment s'y conduire interieurement auec foy, efperance & amour ; & en la maniere qu'il a des-ja efté dit & redit par tout cét œuure, quoy qu'en plufieurs manieres, & felon noftre petite portee. *Car je n'ay point prefumé vous rendre vn œuure parfait ny accomply felon l'ordre de la fcience, n'eftant qu'vn ignorant vilageois, j'ay feulement couché par efcrit tout fimplement felon les lumieres, & les ouuertures qu'il a plû à Dieu de nous y donner, pour vous y fignifier la porte & l'entrée de grace par Iefus-Chrift Noftre Seigneur : & vous y découurir cette voye d'amour & de diuine onction; pour les cœurs fimples & dociles, qui voudront apprendre à conuerfer interieurement auec Iefus-Chrift au fond de leurs cœurs, en efprit, foy, & amour.* Car fi nos ames & nos cœurs font des temples au Seigneur, ne deuons nous pas les orner & embellir pour fon contentement : afin qu'au jour de fa vifitation nous puiffions eftre trouuez fidelles en ces petits exercices de foy, d'amour, & d'humilité, & de religion gardée au fond du cœur. En forte qu'elles ne foyent pas profanées, ainfi que le fuft autre fois *le Temple de Ierufalem* par les pechez des Iuifs : & que nous puiffions eftre prefts pour l'arriuée du Seigneur : vous fçauez comme il fift transporter *fon Prophete*

L'attache aux dons de Dieu en elle Tr. VII. Ch. II. 597
par vn Ange en Ierusalem pour luy monstrer, & luy faire voir *les profanations de son Temple* par les plus anciens du peuple Iuif : & combien en diuerses manieres ils irritoient sa diuine Majesté par toute sortes d'idolatries ; ainsi il appellera tous les Anges & toutes les creatures au jour du Iugement, pour luy faire voir combien les Chrestiens luy ont déplû en profanant *les Temples de leurs cœurs & de leurs ames, & de leurs corps,* auec vne confusion eternelle.

2. Et Dieu s'escriant apres *son Prophete* il luy dit, *Fils de l'homme, ne vois tu pas les grandes abominations que ceux cy font?* & que la maison d'Israël faict icy pour me faire retirer loin arriere de mon Sanctuaire ? Et quand tu seras retourné, encore verras-tu plus grandes abominations. Et enfin, dit ce Prophete, il me fist entrer en l'entrée du parc : & lors je regarday, & vis vn pertuis au parois : & quand j'eus percé le parois, apparut vne porte : puis il me dit, entre dedans, & regarde les tres-meschantes abominations que ceux cy font : & quand je fus entré, je regardé, & voicy toute espece de reptiles & vne abomination de bestes : toute idolle de la maison d'Israël estoit peinte en la paroy : & à l'entour de ces immondicitez estoient septante hommes des plus anciens de la maison d'Israël auec chacun vn encensoir en sa main ; & encensoient les peintures. Lors il me dit fils de l'homme, certes tu as veu ce que les plus anciens de la maison d'Israël font és tenebres, & vn chacun au secret de sa bouche. Car ils disent, le Seigneur ne nous voit pas : le Seigneur a laissé la terre. *Vision d'Ezechiel.*

3. Puis il me dit, Quand tu seras tourné, encore verras-tu plus grandes abominations que ceux cy font. Et me fist entrer par l'huys de la porte de la maison du Seigneur, qui regardoit vers Aquilon, & là les femmes estoient assises lamentants leur Adonies ; & me dit, Fils de l'homme, certes tu l'as veu. Encore si tu retourne tu verras plus grādes abominations que celles cy, & me fist entrer au paruis de la maison du Seigneur par dedans, en l'huys du Temple du Seigneur, & je vis entre l'allée de l'Autel enuiron 25.

hommes ayants le dos tourné contre le Sanctuaire du Seigneur, & adoroient vers le Soleil leuant ; & puis il me dit, Certes tu las veû, ô toy Fils de l'homme : cette chose est-elle de petit poids à la maison de Iuda, de faire ces abominations qu'ils ont icy faites ? car en remplissant la terre d'iniquitez, ils se sont tournez pour m'irriter ; & voicy ils touchent les branches à leurs nez ; c'est pourquoy aussi j'en feray à ma fureur, & mon œil n'espargnera rien ; & n'auray aucune pitié : ils crieront à haute voix à mes oreilles, & je ne les exauceray point. Iusques icy sont les paroles du Prophete.

4. Enfin Dieu se plaint que les peuples & les Anciens d'Israël *le contraignent de se retirer loin arriere de son Sanctuaire par quatre sorte d'abominations ; dont la premiere estoit l'idolle que l'on adroit à la porte du Temple du costé d'Aquilon*, pour prouoquer à indignation le Createur contre sa creature : & cette idole s'appelloit *l'idole de Zely* que les Iuifs adoroient publiquement à la porte exterieure du Temple ; ce qui nous figure & represente dans le Christinisme tous *les pecheurs qui professent publiquement le peché*, & l'adorants plus que Dieu, qu'ils ont oublié, en font ainsi *l'idole publique de leur ambition*, de leurs impudicitez, & de leurs auarices, & de toutes autres pechez commis publiquement à la face des peuples.

5. Ceux qui *adoroient dans le paruis du Temple*, & à couuert & comme en cachette toutes les peintures & les figures de toute sorte de bestes immondes, representent *la seconde abomination*, & sorte d'idolatrie de toute idole de la maison d'Israël peinte en la paroy du Temple : que des hommes les plus anciens d'entre le peuple encensoient. Et cette seconde est plus abominable que la premiere ; parce qu'ils y rendoient à des bestes immondes des honneurs, qui n'appatiennent qu'à Dieu seul. *Ce qui nous represente comme en figure* tout ce qui se fait chaque jour, non plus seulement parmy les anciens du peuple Iuif ; mais parmy *les Chrestiens*, qui laissent regner dans leurs cœurs les passions, les appetits & toutes soüillures *qu'ils adorent, & en font leurs Idoles*, qu'ils font

L'attache aux dons de Dieu en elle Tr. VII Ch. II.

font regner dans eux plus que Dieu ; y souffrants volontairement toutes les peintures des creatures, & y donnant de l'encens à leurs vices, desquels il font toute espece d'idoles. Et il est dit que ces idoles estoient seulement peintes contre la paroy ; ce qui represente les mauuais Chrestiens abandonnez à la chair & au sang, & qui n'ont que la peinture du dehors, & la paroy de creature, & l'apparence d'hommes ; mais ils sont tous morts au dedans & comme des peintures inanimées, estans amortis à toutes vertus : ils ont seulement quelque apparance de vie à l'exterieur ; mais ce n'est que pour continuer à offrir de l'encens à leurs idoles, pour vn peu de vain honneur & de toute sorte de pasture d'amour propre ; oubliants Dieu & ses benefices, pour le prouoquer à indignation par toute sorte d'*abomination*, dont ils profanent le temple interieur de leur cœur, disans à par-eux, que le Seigneur ne les voit pas ; & qu'il n'est plus icy bas en la terre ; ainsi ils font leurs vices comme en cachette des creatures ; croyants que Dieu ne les regarde pas ; mais ils seront bien estourdis à l'heure de la mort, quand ils verront que *Dieu est tout œil*, tout lumiere, & tout connoissance ; & qu'il leur sera en ce temps examinateur seuere & clair-voyant.

6. *La troisiesme abomination* que le Saint Prophete rapporte *fust de voir des femmes assises dans le Temple qui pleuroient, & lamentoient Adonis l'amant de Venus*. Ces femmes ainsi larmoyantes sur leurs amours, nous representent *les ames mariés de s'estre donnés à Dieu deplorans leur impuissance ;* voyant qu'il faut retrancher leur propre amour, duquel elles font leur Idolle, & le mignon de leur cœur, d'où vient, qu'elles deuiennent molles & delicates, *regrettantes de s'estre ainsi engagées au seruice de Dieu, où dans la Religion, ou de vœu, ou de pratique*. En sorte qu'elles n'osent plus aymer les creatures ; & ont de la peine à aymer Dieu, & le prochain pour Dieu. Il dit de plus, qu'elles estoient *assises*: ce qui signifie *se reposer dans la paresse* : Et la negligence & tiedeur, & lacheté au seruice de Dieu, & deuiennent aussi delicates & mollettes,

GGgg

Obligations des Prestres contre les causeurs & immodestes à l'Eglise.

En sorte qu'elles ne sçauroient plus entendre vne Messe à genoux, il faut s'asseoir dans le Temple du vray Dieu, & souuent jusques dans le sanctuaire : mais *ce qui est de plus abominable*, c'est qu'estant assises elles causent & y parlent tout haut, & souuent de choses qui ne sont gueres plus honestes que d'y pleurer & l'armoyer sur leurs folles affections : c'est à quoy *les Prestres doiuent prendre garde*: Et reprendre ceux lesquels estants assis dans les Eglises parlent les vns aux autres, & s'entretiennent d'affaires mechaniques contre tout respect deu à ce Saint Lieu. Et telles profanations *sont la cause d'irriter Dieu, & luy faire suspendre ses graces*. Car c'est vn aueuglement estrange parmy le grand monde. Ils prosternent tout leur corps deuant vne chetiue creature auec toute protestation de seruice, & deuant LE TRES-SAINT SACREMENT DE L'AVTEL, à peine les plus deuots ploient-ils vn genou : voire en ay-je vû qui sont entrés là où le tres-Saint Sacrement estoit exposé, & y saluer profondement quelqu'Idolle de creature, sans jamais fléchir le genou deuant Nostre Seigneur. Et c'est ainsi que *la plus part des grands du monde* traittent vne telle Maiesté jusques dans son sanctuaire. Mais bien-tost il faudra paroistre deuant ce juste Iuge irrité, qui sçaura rendre à vn chacun selon ses œuures.

7. Enfin *la quatriesme abomination* encore plus grande que toutes les autres, c'est qu'il vit enuiron *vingt-cinq hommes assés proches de l'Autel ; mais qui auoient cependant le dos tourné à Dieu & à son sanctuaire ; & leurs faces tournées vers l'Orient, & qui adoroient vers le Soleil leuant*, d'où vient la lumiere corporelle, & materielle. Ce qui represente bien *les ames, qui entrent bien & se laissent attirer dans l'interieur du Temple d'elle mesme, pour y faire oraison mentale, & y adorer Dieu*. Mais en luy tournant le dos. Car au lieu de tourner la face vers luy & vers le lieu, où il est, vers le fond du cœur, & l'intime de l'ame : où il est comme dans son *sanctuaire viuant* ; & d'où seulemēt comme du seul Orient de la lumiere surnaturelle, leur vient, & leur peut venir le rayon de la foy, & de la grace, & de l'amour, pour les y esclairer, & les conduire,

& les y tirer & vnir à Dieu. Au lieu, dis-ie, de cela, elles luy tournent le dos, & à son sanctuaire, & au diuin rayon qui en émane ; & aux diuins Oracles qui s'y prononçeroient si elles y estoient tournées en dedans, soûmises & attentiues, mais au contraire, elles tiennent leurs faces tournées à l'opposé vers le dehors, vers leurs puissances, & là où est *l'Orient de leur lumiere naturelle*, & corporelle ; & y adorer de ce costé là ; & des emplois de leur propre suffisance ; & dans la vigueur du propre esprit : & par ainsi elles en font ordinairement *leurs Idoles spirituelles*, *qu'elles adorent*; puis qu'elles les preferent, & qu'elles les suiuent plus que *l'attrait interieur de Dieu* ; & plus que son rayon de pure foy, qui attire l'ame à soy au fond du cœur.

Mais afin de nous esclaircir, & donner plus de iour à cecy, il faut remarquer, que le fils vnique de Dieu voulant venir en ce monde, & s'incarner, & se reuestir de nostre nature humaine ; & pour y conuerser, & commercer auec nous ; il voulut nous figurer visiblement la façon dont nous pourrions, & deurions conuerser, & commercer auec luy : & pour cela il fit faire *vn tabernacle à Moyse*, & *le Temple à Salomon* : & cela sur l'exemplaire qu'il leur en monstra, qui fust nostre nature *humaine regardée*, & contemplée dans ce merueilleux *original*, sçauoir, *l'humanité du Iesus*, qu'il deuoit prendre dans le temps ; & en tirer des coppies dignes de luy. Enfin le tout ordonné, & conduit de la diuine sagesse : elle fit placer le sanctuaire de ce tabernacle, & de ce Temple du costé de *l'Occident* : & la grande porte, & entrée du costé de *l'Orient* ; de telle sorte, que pour y entrer, & y adorer, il falloit necessairement *tourner le dos à l'Orient*, principe de la lumiere corporelle, & naturelle ; & auoir par consequent *la face tournée, vers le couchant, vers le sanctuaire, où Dieu reposoit sur l'Arche*, & y rendoit ses oracles.

Or *le fils de Dieu*, est la fin & la verité de toutes ces figures *l'Orient de la lumiere diuine*, & surnaturelle (laquelle comme vn Soleil dans son couchant, deuoit se coucher, se cacher, & s'abbaisser ds cette humanité & par cette humani-

602 L'Ame captiue sous le septième & dernier sceau,

té, dans le *couchant de son tombeau*, *& dans les ombres de la mort*; & comme dans le neant, où il deuoit s'aneantir infiniement, autant qu'il pouuoit l'estre pour faire entrer par voye d'abaissement, de douleurs, *& de mort*, de dénuëment, & d'aneantissement son HVMANITE' *dans l'estre de la gloire & dans les grandeurs*, la lumiere, les delices, la vie, les richesses, l'actiuité infinie, & la puissance de la diuinité, ET enfin l'informer, & la conformer & transformer infiniment dans ses infinies perfections. Et là & par la mesme, & *par telle voye d'abbaissement*, d'humiliation, de douleurs, & de mort, de dénuëment, & d'aneantissement; nous y faire ouuerture, & nous y faire le chemin pour y entrer apres luy & par luy, & pour luy, en eternel sacrifice d'adoration, de loüange, & de toutte sorte de culte dû à sa diuine Maiesté.

Et comme *vn chacun de nous*, *est vn Temple viuant de ce grand Dieu*, & que nostre cœur en est comme le *sanctuaire*; & que nostre ame en est l'*Arche d'Alliance*; & que nostre memoire & nostre entendement en sont les *deux Cherubins*; & que nostre volonté en est le *propitiatoire* : c'est là par consequent où ce grand Dieu reside, & preside dans nous plus intimement que nous mesmes; & l'à où il rend ses oracles d'amour, & *où nous deuons auoir accés à luy par cette* ADORABLE HVMANITE'; qui nous y fait cette *ouuerture*, & nous y fait ce passage, & cette entrée; il s'ensuit donc necessairement, que pour entrer dans le temple interieur de nostre ame, & pour y *adorer en esprit*, *& en verité*; il faut que nostre ame tourne le dos à l'exterieur, & à l'Orient de ses puissances, & de ses sens, d'où se leue dans elle toute sa lumiere naturelle; & qu'elle retourne face à l'interieur en dedans & vers le sanctuaire de son cœur; & vers le Dieu, qui y reside; & vers la lumiere de la foy, & de la grace, & de l'amour, qui luy en vient pour l'y conduire: & pour s'en laisser ainsi surnaturellement conduire *au fond de son cœur*, *& outre elle mesme dans ce fond central*, & abyssal de son Dieu en toute humilité, & abbaissement, & demission d'esprit: en douleur, en amortissement de volonté: en dénuëment, & aneantisse-

Voyez l'image.

Voyez l'Image.

L'attache aux dons de Dieu en elle Tr. VII. Ch. II. 603

ment de la memoire & de ses notions, pour y laisser regner la Foy, l'Esperance, & la Charité, *il faut necessairement qu'elle renonce à toute suffisance de propre esprit*, & qu'elle quitte toute humaine sagesse, & qu'elle desiste de l'exercer; afin que cessant les emplois naturels de ses puissances, elle les laisse surnaturellement exercer au SAINT ESPRIT par ces trois vertus surnaturelles; & y suiure en tout, & par tout, les traits de sa diuine volonté; & dans sa mesure infinie; & dans sa maniere immense; pour en estre intimement tirée hors de ses limites naturelles *dans l'immensité de Dieu outre elle mesme en dedans*. *Voyez l'Image.*

Car faire le contraire de propos deliberé, en se detournant de ce fond central, & de ce sanctuaire diuin, & de ces rayons surnaturels, qui en viennent; & de la soumission d'esprit, attention & dénuement qu'il y demande pour se tourner à l'opposite sur l'exercice naturel des puissances, & s'en façonner des notions, raisonnemens, & affections; c'est de propos deliberé *Se façonner des Idoles spirituelles*, ausquelles l'on deffere plus qu'à Dieu, & à sa foy: car il faut icy remarquer, que ceux qui adoroient le Soleil, & les astres du firmament, n'estoient pas moins idolastres, que ceux qui adoroient les serpents, & les autres bestes. Car encore que les obiets fussent differents, l'impieté estoit cependant esgale, & l'erreur semblable.

Mais, ô diuin Iesus, d'ou viennent donc tant de miseres, & d'aueugles conduittes parmy nous autres Chrestiens, qui voulons agir si humainement, & si bassement ? sinon que nous ne voulons point nous quitter nous-mesmes, *nous voulons tout faire, & tout agir, & ne voulons point patir*: nous nous plaisons dans nos propres emplois, qui ne peuuent que le fini & le neant. Toute action raisonnable est tousiours humaine, mais elle n'est pas tousiours Chrestienne : car l'action Chrestienne a pour soustien la Foy, laquelle est au dessus de la raison, & du raisonnement : & c'est elle, parlant Chrestiennement, qui doit dominer, & assuiettir nos puissances pour les conduire noblement, & seurement à la con-

GGgg iij

noissance de nostre fin derniere. La foy peut bien estre appellée pere ; puis qu'elle engendre les enfants de Dieu:& *l'Humilité* les conçoit:& *la Charité* les enfante : *l'Esperance* les esleue: *le Pain viuant* les nourrit, & *son amour* les transforme, & *les vnit à Dieu diuinement.*

Pourquoy donc cheres ames nous plaisons nous d'agir si mechaniquement par nous mesmes, *pouuans agir*, ou *plustost estre agis* si noblement, & si diuinement, & à si peu de frais, de peine, & de temps: n'ayants qu'à nous assuiettir & habituer peu à peu, suauement, & sans aucune inquietude, auec l'ayde de la foy & de la grace, de tourner visage en dedans, & *nos attentions*, & affections vers le fond de nostre cœur, & vers la face de Dieu qui est tourné vers nous, afin de nous y attirer & conduire ; pour nous y abandonner au rayon amoureux du Saint Esprit, en la façon que nous venons de dire, & sur le modelle & l'exemplaire de nostre diuin maistre; nous en laisser interieurement agir, & exercer & y produire dans nous toutes nos œuures, & actions selon son bon plaisir. *Et faire ainsi dans nos Oraisons, c'est y faire tout ce que les Saincts y ont fait, & c'est y faire ce qu'y faisoit S. Paul*, c'est aussi ce qu'enseignoit au peuple cette bouche toute de feu, cét organe du Saint Esprit, ce chef-d'œuure de sagesse & d'éloquence : cette bouche fertile & abondante en la Loy Euangelique: cependant elle s'estimoit muette & imbecille pour traitter auec Dieu. D'où vient qu'il laissoit faire & parler dans luy le Saint Esprit: aussi disoit-il *Le Saint Esprit ayde nostre infirmité* : car nous ne sçauons pas ce que nous deuons prier, ny en la façon qu'il le faut faire. Mais *le Saint Esprit demande luy mesme pour nous par des soupirs qui ne se peuuent exprimer & qui sont inenarables.*

Car *la veritable Oraison, & la plus agreable à Dieu & vtile à nous* c'est cette continuelle presence & assistance de l'ame, & de l'esprit recolligé à la face de Dieu au fond du cœur, dans cét aneantissement de nos propres actes, & abandonnement de nous mesmes, & de nos puissances à sa diuine volonté: à l'exercice de sa foy & à l'actiuité interieure de son

l'attahe aux dons de Dieu en elle, Tr. VII. Ch. II. 605
amour & *vnion de l'vn & de l'autre*; car dans cét abandon total, & abyſme de neant, où l'ame ſe plonge volontairement, elle rend vn hommage à Dieu, & *vn culte d'adoration parfaite & vn ſacrifice d'holocauſte* de tout ce qu'elle eſt, & de tout ce qu'elle a, & de tout ce qu'elle peut auoir, & de tout ce qu'elle peut agir & pâtir. Et partant elle y fait *dans ce ſeul acte*, mais diuinement, tous les actes de toutes les vertus enſemble ; d'obeïſſance, de chaſteté, d'humilité, d'eſperance, de reſignation, d'actions de graces, de demande, de patience, de deffiance d'elle méme, de cõfiance en Dieu, & de toutes les vertus tout à la fois : & enfin en s'y tenant & maintenant en tel eſtat; elle ſe maintient *en Oraiſon continuelle* & dans l'habitude fontale & diuine de toutes les vertus, que le Saint Eſprit reduit en acte dans les rencontres, quand il luy plaiſt, & comme il luy plaiſt, à ſa mode & en ſa maniere, *& dans ſa meſure*, qui ne peut eſtre que diuine & infinie. Enfin viure là interieurement auec ſon Dieu, c'eſt viure de la vraye & *bien-heureuſe vie cachée* au Diable & au Monde mais aſſociée à Ieſus-Chriſt, qui y eſt caché dans Dieu ſon centre & ſa ſource viuante & centralle : *où il repoſe & fait repoſer l'ame*. Et partant *celuy là a trouué la veritable voye d'aller à Dieu*, qui a retourné à ſon cœur, & qui eſt entré dans ſon cœur, où il a trouué ſon Dieu pour y marcher auec luy dans la voye de ſon cœur. Et par conſequent *qui poſe & diſpoſe dans ſon cœur des marches & aſcenſions interieures*, pour y monter en deſcendant, & y atteindre la diuinité, ſon amour l'y eſleuant par degrés au deſſus de tout ce qui n'eſt point Dieu luy meſme; pour l'y faire regner éternellement, éternellement.

O tres diuin, & tres-aymable Ieſus, beniſſés, s'il vous plaiſt voſtre œuure, & en rempliſſés tous les cœurs, qui s'y ouuriront interieurement à vous : frappez ô diuin maiſtre à la porte de tous les cœurs. Car le temps de la moiſſon approche, preparés, s'il vous plaiſt, des greniers pour loger le bon grain. Le preſſoir eſt tout preſt, & deſia le raiſin eſt meur : mais les fuſtailles ſont ſéches : enuoyés des ouuriers

666 L'Ame captiue sous le septiéme & dernier sceau, & l'onction de vostre grace, pour disposer des vaisseaux dignes de loger le sang du Iuste.

Au nom du Pere, & du Fils, & du Saint Esprit.

FIN.

EXPLICATION

EXPLICATION
DES IMAGES

Posées à chacun des trois entretiens de cét abbregé d'Oraison, pour plus grande facilité aux ames simples, & desireuses de pratiquer L'ORAISON DE RECVEILLEMENT INTERIEVR EN IESVS CRVCIFIE', conceu & regardé par foy viue au fond du cœur en cét estat, ou en quelqu'autre Mystere de sa tressainte Mort & Passion.

AVEC VNE BRIEFVE DECLARATION des SEPT SCEAVX DV LIVRE FERME' qui captiuent nos ames au seruage du Diable *&* du propre amour. Et ensemble les moyens d'en déliurer nos ames par trois sortes d'ENTRETIENS interieurs auec Iesus-Christ au fond du cœur, *&* par trois sortes d'EMPLOIS, *&* d'applications de son diuin amour: qui seront representés par ces trois Images, chacune expliquät en abbregé le contenu de châque entretien selon l'ordre necessaire à châque Estat

IESVS CRVCIFIE' NOVS SOIT TOVT EN TOVT

QVELQVES ADVIS TRES IMPORTANTS,
ausquels les ames plus desireuses de la practique, que curieuses de lecture, doiuent faire vne particuliere, & serieuse reflexion.

L'AVTHEVR n'auoit aucun dessein formé de mettre au jour ce Liure precedent qui traitte de l'Oraison & recollection interieure en Iesus Christ donné pour obiet de foy à l'esprit attentif & recolligé au fond du cœur, pour l'y conceuoir, l'y regarder, & s'y exercer par amour auec luy: parce qu'il ne croioit pas le pouuoir faire, (vû son insuffisance.) Mais s'estant laissé conduire à la sainte Prouidence, elle a ordonné, & fait naistre l'occasion d'en témoigner le desir à quelques-vns de ses amis, qui l'ont excité d'entreprendre l'ouurage tout simplement, & *seulement pour enseigner le commencement de bien faire l'Oraison interieure, & monstrer la porte & l'entrée facile de la voye, & vie interieure aux ames dociles & simples*, qui voudront chercher, trouuer, & posseder le souuerain bien, qui est Dieu mesme, au fond de leurs cœurs. Et pour cette cause il a desferé à tous leurs pieux sentimens, & cedé à leur pieté, en continuant ce petit ouurage, auec toute la *soubmission*, & l'obeïssance deuë, premierement à Dieu: & apres à son Eglise: & ensuitte à ceux qui administrent en icelle: ainsi qu'il l'a témoigné au commencement de ce Liure, dont on fait ce petit extrait pratique, en attendant l'impression d'vn abbregé d'oraison pratique plus accomply : lequel est desia tout disposé en faueur des ames simples, & pour la commodité de ceux qui ne pourroient pas facilement achetter ce grand œuure; lequel mesme sera fort portatif en la pochette pour s'en ser-

Suiet de cét ouurage.

Fin pretenduë de l'autheur tant dans le liure precedët que dans cét abbregé pratique d'Oraison

a ij

uir en tout lieu, & en tout besoin dans les occurences, selon la deuotion d'vn chacun. L'autheur a simplement entrepris cét ouurage, quoy que de sa part, il y eust assés de degoust & de repugnance : voyant premierement son incapacité, & en second lieu, qu'il y a desia tant, & tant de si bonnes choses écrites, & si peu bien pratiquées de la plus part des hommes.

Remarqué cét aduis pour la pratique. Et partant le deuot Lecteur est tres-humblement aduerti de ne pas s'attacher trop à la lecture, afin de donner assés de temps à la pratique. Parceque le discours ne fait pas l'ouurage : mais la fidelle, & sincere pratique fait les bons maistres. Fort peu d'entre les hommes manquent de sciences : ny aussi de bien dire : mais plusieurs manquent à bien faire ce qu'ils sçauent, & mesme les choses les plus importantes à leur salut. Or pour les bien faire, il les faut *faire en I. C.* la sagesse eternelle du Pere : mais vne sagesse cachée par dedás, & laquelle ne sort iamais dehors du sein du Pere vers la creature, que par la porte externe de sõ Verbe, qui est *la tres-sainte Humanité de I. C.* Car c'est par là que la diuine sagesse vient à nous, & que nous sont administrés les dons du Sainct Esprit : & c'est aussi par cette mesme porte, que nos ames retournent à Dieu leur centre. C'est dans elle, & par elle qu'il faut esuiter le nauffrage de la mer de ce monde : non seulement comme dans l'Arche du deluge fabriquée de *L'Arche d'alliance de la Sainte humanité de Iesus.* Noé sur ce parfait original, que Dieu luy fit veoir, & qui deuoit dans le temps voguer sur la mer orageuse de tous les pechés du monde pour en sauuer, & deliurer les hommes. Mais c'est dedans cette veritable *diuine, & humaine Arche d'Alliance,* que sont reconciliés tous les hommes. C'est enfin la verité abolissante les figures, & establissante la Loy interieure de Dieu au fond de nos cœurs.

D'où vient que *cette Humanité diuinisée par l'estroite alliance du Verbe est le milieu positif entre Dieu & nous, & entre nous & Dieu.* C'est le passage & le premier canal de l'abysme du neant à l'Estre en eternelle predestination ; & par où l'Estre de l'homme retourne à Dieu eminemment par le plus parfait de son origine. C'est enfin comme *le corps du Soleil*

en Iesus Crucifié conceu par foy au fond du cœur.

de sa Diuinité, trauers lequelles rayons de sa Grace, de son Amour, de sa lumiere & de sa gloire sont épanchez dans nos cœurs & dans nos ames. Mais comme cecy est vn mystere de la loy de Grace, lequel ne se peut découurir que par l'instrument surnaturel de la foy exercée par Amour au fond du cœur. L'Ame fidelle aura donc soin d'ouurir interieurement la porte de son cœur à la lumiere du diuin Agneau, laquelle jallit par dedans : & par consequent de fermer les fenestres de ses sens à tout le dehors, & à tout le visible pour donner lieu à l'inuisible, abbaissant le propre esprit auec toute sa propre suffisance. Car il est icy question de renouueller nostre cœur, & le dépoüiller des vieilles habitudes de corruption : & cette *vieille peau*, dont il se faut dépoüiller, vient d'vne certaine appropriation, au moyen de laquelle l'ame interessée de son propre amour, s'attache aux objets du dehors, & s'en occupe, & s'y complaist. Et ainsi interessée, elle attire tout à soy les choses creées & du dehors, & *oublie l'interieur de son interieur*, qui est son Dieu. C'est ce qui est fort brievement monstré en ce petit extrait de pratique interieure, auec la maniere d'en desgager l'ame, & la deuelopper de tous les voiles de tenebres par les armes victorieuses du diuin Agneau. *La pratique de cette oraison interieur*

C'est la consolation que j'ay voulu donner, à la fin de ce liure des sept sceaux, aux ames simples & desireuses de leur perfection ; leur offrant ce petit abbregé non pas comme vn œuure parfait ; mais *il leur est presenté seulement comme vne entrée & vne porte ouuerte*, tres-facile, & tres-efficace & fauorable aux Ames fidelles (*supposé la fidelle & serieuse pratique*) en s'exerçant ainsi interieurement, & humblement en esprit, & par foy & amour enuers *Iesus-Christ*, consideré dans les mysteres de sa tres-sainte *Mort & Passion au fond de leurs cœurs*. *Du contenu en cét abbregé*

Remarquez la pratique

Sans pretendre pourtant par là retressir, encore moins mespriser la deuotion, ny l'oraison de personne ; au contraire je ne desire que de vous donner des motifs pressants pour les bien faire, & les bien exercer en esprit & par foy.

HHhh iij

au fond de vos cœurs. Car cette deuotion, & pratique de recollection interieure de l'esprit à Dieu au plus intime du cœur, où il habite d'vne maniere speciale, n'estant autre que celle de Iesus Christ, & de sa tres-sainte Mere, de tous les Apostres, de tous les premiers Chrestiens, & de toute l'Eglise en general & en particulier : cela fait qu'elle se rencontre dans toutes les autres, & que toutes les autres se rencontrent en elle. Et par ainsi personne n'a besoin de sortir de sa deuotion pour entrer en celle-cy ; mais seulement il y est monstré d'en quitter l'imparfait, & d'en retrencher le superflu, au cas qu'il y en eust.

Antiquité de cette methode d'oraison de recueillement, & sa conformité à toutes les oraisons.

C'est pourquoy celuy qui dit auoir sa deuotion à la sainte *Enfance de Iesus* est inuité d'y perseuerer fidellement ; mais aussi interieurement, en esprit & par foy *au fond du cœur*, y conceuant par amour & par desirs ce benist Enfant : luy témoignant la par la foy tous les actes d'amour, d'humilité, de tendresse, de recognoissances, & de seruices interieurs, que vous luy voudriez rendre au dehors, l'y ayant encore trouué en cét estat d'enfance ; & bien-tost ce diuin Enfant & sa Mere vous apprendront à deuenir homme, mais *homme Chrestien*, c'est à dire, homme conuersant surnaturellement & interieurement auec son Dieu, & son Createur au ciel de son cœur, où doit estre nostre conuersation au rapport du grand saint Paul : & en faire ainsi de toutes vos deuotions, ramenant le motif & le sujet de vostre oraison du dehors au dedans, de l'exterieur à l'interieur, vers ce diuin Iesus nostre vnique exemplaire, pour vous y conformer en tout & par tout, selon la pratique de son saint Euangile.

Maniere interieure de mediter tous les mysteres, & sur toutes sort de sujets d'oraison.

Que si nous ne donnons icy qu'*vn objet interieur à vostre esprit*, sçauoir vn *Iesus Crucifié*, ce n'est pas pour mépriser ceux que vous auez déja conceus ; mais seulemét, afin de ne pas surcharger vos esprits de toutes les œuures, de la vie & des merueilles du diuin Iesus en détail : mais plustost pour vous *les faire tous voir d'vn clin d'œil dans leur consommation*, & dans le racourcy de ce beau tableau de toutes les grandeurs, & les infinies misericordes de ce Dieu fait homme, & de sa

en Iesus Crucifié conceu par foy au fond du cœur. 7

tres-sainte Mort & Passion ; comme dans l'abysme de toutes les graces, & la source feconde & originaire de tous les dons & faueurs diuines ; aussi bien que l'vnique thresor qui renferme en soy tous les infinis thresors de la sagesse & de la science du Pere des lumieres, & le thresor diuin de tous ses amours enuers les hommes.

Et croyez que ce n'est pas sans cause qu'on vous rebat tant cette pratique de recollection interieure à Iesus Crucifié au fond du cœur dans vos oraisons ; car ceux qui s'y rendront fideles en reconnoistront bien-tost la verité : & dé-ja beaucoup d'ames simples & dociles y ont fait vn tres-grand progrez (voire plus grand que celuy qui vous parle) y ayant eu plus de fidelité : & sans leur auoir dit autre chose, sinon qu'il falloit recolliger son esprit dans l'interieur, & luy donner là pour *objet de son attention & occupation interieure, Iesus-Christ Crucifié :* & s'y exercer là enuers luy par tous les actes de foy, d'amour & d'humilité, de compassion & de soulagement : & s'y prenans tout simplement, s'y sont fidellement appliquées. Aussi ont-elles fait en peu de temps vn progrez notable dans la connoissance d'elles-mesmes, & dans la connoissance de Dieu, & de ses tres-saints Mysteres.

Celuy mesme qui vous parle n'a pas eu d'autre instruction pour son commencement. Ayant appris qu'il falloit recolliger doucement son esprit dans l'interieur, y conceuant IESVS CRVCIFIE', ou souffrant dans quelques-vns des autres mysteres de sa tres-sainte Mort & Passion : les diuisant selon les sept jours de la semaine. Et là l'espace de quelque temps (l'esprit retiré de tous les objets du dehors, & des vaines pensées & inutiles) l'appliquer dans l'interieur vers Iesus-Christ, par les actes de foy, d'Amour, & de compassion, ainsi qu'il a dé-ja esté dit ; il fust mesme trois années entieres sans reuoir celuy qui luy auoit enseigné cette maniere d'oraison, n'y en parler à personne, & ne laissa pourtant pas, par la grace de Dieu, de profiter : tant il est vray que quand on est vne fois entré dans la bon-

8 *en Iesus Crucifié conceu par foy au fond du cœur*
ne voye interieure, il ne faut que continuer son chemin. Aussi dans cette pratique il n'est pas besoin de tāt rompre la teste à son Directeur: il ne faut que se recolliger, se tenant attentif, & *recourant doucement dans le cœur au bon Iesus*; & par ce moyen on retire l'esprit de ses distractions, & esgaremēts: on accoise ses saillies impetueuses au dehors. Et par ainsi aux empressements & inquietudes succede vn calme & vne paix interieure, qui tient l'ame dans vne grande serenité & quietude, à la presence de Dieu au fond de son cœur. Comme il est pourtant difficile & dangereux de se conduire soy mesme, (cela estant contre l'ordre de Dieu qui veut conduire les hommes par les hommes) il faut que chaque ame aye son Annanias; & les Directeurs sont absolument necessaires; & on leur doit vn grand respect & grande confiance, agissant auec candeur & sincerité, déferant & obeïssant sans replique à leurs aduis & bons conseils : mais ie veux dire seulement que cette pratique apprend à corriger les curiositez, timiditez, & autres vains scrupules, qui obligent certaines Ames à importuner trop leurs Confesseurs de leurs peines ; s'arrestans trop long-temps auec eux & vsants de dites & redites inutiles ; ce qui est contre la simplicité Chrestienne, qui veut qu'on dise simplement ce qui fait peine, pour en receuoir humblement le remede de son Directeur, & retourner incontinent à son deuoir. C'est ce que cette pratique d'oraison apprend auec auantage. Car dans les peines, ou les doutes qui peuuent arrester vne ame dans l'oraison, & dans la pratique des vertus, il ne faudra qu'vn mot pour la redresser, & mettre en estat d'auancer toûjours. Car à demy mot bien entendu, (si toutefois le Directeur est tel qu'il faut) C'est pourquoy souuenez vous icy de ce que le Pere d'Auilla, & le saint Euesque de Geneue le B François de Sales disent sur ce sujet.

Et quoy que *le commencement de cette methode d'Oraison* paroisse bien simple, ses effets dans vne ame fidelle & recueillie sont pourtant tout diuins & ineffables. Mais *vaquez, & voyez*: car le miel se connoist mieux au goust qu'à l'ouyr dire

en Iesus Crucifié conceu par foy au fond du cœur 9

re. Ainsi la pratique fidelle de l'oraison, & l'experiance des dons & faueurs diuines, que vostre cœur y receura, si vous y perseuerez, vous en apprendra mieux l'excellence, que tout ce que je vous en pourrois dire, escrirois-je jusques au jour du Iugement. Et mesme si vous suiuez l'aduis de celuy qui vous en parle, vous y profiterez incomparablement plus que luy, y estants plus fidelles. Car si Dieu s'est seruy de luy comme du plus indigne, du plus malotru & ignorant; ce n'a esté que pour y mieux faire voir sa diuine Sapience, & exciter les peuples à luy en donner loüange & gloire; voyants qu'il n'a pas besoin de l'eloquence de ses creatures pour se faire connêtre, ny publier ses grandeurs. Mais il fait parler, ou plustost il parle luy-mesme par la bouche de qui il luy plaist. Ainsi apert dans sa diuine conduite se seruant d'vn si indigne instrument de rebellion; qui n'a fait toute sa vie que resister à son Amour. C'est vne verité que je dois confesser publiquement; car aussi bien sera-elle connüe de toutes les nations au jour du Iugement : supliant cependant le deuot Lecteur d'interceder les diuines entrailles de misericorde pour ce pauure Auorton : à qui la *Verité Incarnée* a fait escrire cecy comme les principales pieces de son procez; qu'il a mis entre les mains de son Rapporteur pour en estre misericordieusement jugé à la mesure de sa diuine Iustice. O bon Iesus, toute nostre esperance est, que vostre Misericorde est infinie; ne nous jugez pas s'il vous plaist selon nos delicts, mais selon vos grandes misericordes. Reuenons de cette digression, & disons.

Que si vous ne lisez ces escrits que pour contenter vostre *curiosité*, c'est vn obstacle que vous metrés entre Dieu & vous, qui vous en cachera les diuines veritez, & vous y profiterez peu. Si d'autre part vous les lisez auec docilité & soumission d'esprit à la foy & à la grace, sans vous arrester à chicanner, voulant connoistre & penetrer la fin deuant que d'y auoir employé les moyens, c'est proprement vous aueugler vous mesme. Et je vous declare vne fois pour toûjours, que si vous ne pratiquez simplement cette recollection in-

b

terieure en Dieu par Iesus-Christ au fond de vostre cœur, que non seulement plusieurs verités contenues en ce liure vous demeureront toûjours voilées, & inconnues; mais que les plus belles veritez de l'Escriture sainte, & contenues sous les Mysteres de nostre Religion ne vous paroistront qu'obscurité; manquant de recourir au fond de vos cœurs à I. C. qui est la lumiere eclairante tout esprit entrant dans le monde interieur du cœur, pour descouurir à sa faueur toutes les veritez naturelles & surnaturelles auec vne facilité admirable, & comme en vn clin d'œil; lesquelles ne peuuent estre penetrées par l'effort du propre esprit, tout excellent qu'il puisse estre. C'est pour cette raison que l'Angelique saint Thomas, saint Bonauenture, saint Bernard, Albert le grand, & tant d'autres saints & doctes Peres de l'Eglise faisoient leur principalle & plus continuelle estude dans ce beau *liure du crucifié, qu'ils lisoient & relisoient sans cesse dans la Biblioteque de leurs cœurs*, où ils se retiroient en esprit pour fueilleter ce volume diuin IESVS CRVCIFIE'; lequel enseignant l'Oraison, y monstre les principes de toutes les sciences diuines & humaines, en estant luy-mesme la source lumineuse & inespuisable : où tous ces grands Docteurs ont puisé les brillantes, & diuines lumieres dont ils esclairent l'Eglise pour en chasser toutes les erreurs, & les heresies opposées à la verité de nostre sainte Religion. Et il ne se faut pas estonner si dans ce seule liure bien estudié dans l'interieur, on y puise tant de sciences, puisque c'est cette parole abbregée que le Seigneur a fait, laquelle *en son vnité contient toutes les veritez*, & lumieres multipliées qui en esmanent, comme de la source originaire dans les volumes de l'Escriture Sainte, & tous les escrits des Saints & Saintes, qui ont tiré de ce *liure du cœur*, tout ce qu'ils ont donné par leurs plumes pour l'instruction de tous les fidelles dans les matieres de la foy & des mœurs. C'est enfin en Iesus-Christ (en qui habite la plenitude de la Diuinité corporellement) que sont par consequent renfermez tous les thresors de la sagesse & science du Pere. Mais ce thresor est

En Iesus Crucifié conceu par foy au fond du cœur 11
caché au fond du cœur, & il l'y faut chercher de la maniere tant de fois reperée (& Dieu veille que ce ne soit pas
inutilement (ce qui sera sans doute, si à la lecture de tant de
liures, *vous faites de temps en temps des interruptions pour vous recolliger interieurement aux pieds de Iesus Crucifié au fond de vostre
cœur*; & là luy faisant vn sacrifice, & vn present de toutes
vos lumieres natureles & aquises, & les y aneantissant par
démission volontaire à ses pieds: vous y receurez de luy
le centuple en lumieres infuses, surnaturelles, & diuines.
Et ne dites pas que c'est demander des graces extraordinaires. Car
vû l'estat surnaturel de Chrestien, auquel nous auons esté
esleuez par le Baptême, toutes ces infusions de lumieres interieures & surnaturelles nous deuroient estre fort ordinaires & connaturelles. Et croyez moy, que le seul deffaut
de se recolliger interieurement vers ce *diuin Soleil caché au
fond de nos cœurs*, est la cause que nous ne sommes pas eclairez
interieurement de ses lumieres infuses. Et ce n'est pas merueille si nous en sommes priuez, puis que nous y auons le
dos tourné, & les yeux fermez, nous tenants toûjours distraits & effus à l'exterieur vers la lumiere naturelle, qui
nous esclaire en dehors, telle qu'est la lumiere du Soleil
pour les sens, & la lumiere de la raison pour l'esprit, qui ne
peut que nous rendre au plus que raisonnables & humains,
& non Chrestiens. Adioustons donc foy, & taschons d'imiter ces parfaits *Disciples interieurs du Docteur Crucifié tenant son
escolle dans la classe plus intime du cœur*, & nous esprouuerons
la verité de ce qu'auance le Deuot Thomas, à Kempis, qui
declare, qu'il ne faut qu'auoir & voir Iesus Crucifié dans
son cœur pour deuenir bien-tost & suffisamment sçauant.
Et c'est ce que beaucoup de Saints ont declaré deuant luy.
Seruez-vous donc de ce moyen pour deuenir bien-tost, &
& suffisamment sçauants. C'est vne estude qui ne casse, ny
ne fatigue pas la teste: Ce n'est pas vne estude sèche sans
saueur; elle est toute onctueuse & remplie des delices de
l'Amour qui innondent suauement les cœurs (IESVS-
CHRIST estant vne lumiere non telle-quelle, mais spirant

b ij

& inspirant interieurement l'onction de son diuin Amour dans l'ame) En quoy je ne pretends nullement détourner de la lecture des liures, & de l'estude ordinaire ; mais insinuer seulement la methode de bien estudier, & auec fruict: exhortant les sçauants, tels qu'ils puissent estre, de preferer à toutes leurs sciences acquises par tant d'efforts d'esprit, & de veilles continuelles, *la sublime & eminente science de Iesus-Christ & iceluy crucifié*, à l'exemple du grand Saint Paul, lequel estant dans son interieur transformé en Iesus Crucifié, portoit dans son cœur les stigmates de Iesus-Christ, comme cinq sources de diuines lumieres, lesquelles luy enseignant toutes choses, reünissoient pourtant & concentroient toutes les sciences en celle de Iesus-Christ, & iceluy Crucifié. Aussi oubliant toutes les sublimes lumieres qu'il auoit receu dans son rauissement au troisiesme Ciel, *il ne preschoit que Iesus-Christ, & iceluy Crucifié*. C'est le vray brillant du Christianisme. Et si on y auoit vn peu estudié dans l'escolle du cœur ; on apprendroit à mespriser tous ces faux brillants affectez, & indignes de la chaire de verité, & dont pourtant presque tout le monde se repaist l'esprit, parce qu'ils en sont repus : & on apprendroit à precher Iesus-Christ crucifié, pour exhorter les fidelles à la parfaite conformité, & imitation de ce diuin & vnique exemplaire des Chrestiens ; & on ne se precheroit pas soy-mesmes, ny ses belles pensées, qui par leur affection déguisent & voilent la verité de l'Euangile comme d'vn nuage espais & tenebreux. En quoy on ne blasme ny le bien dire, ny l'eloquence : mais seulement l'affectation & la façon de dire, aussi bien que les choses vaines & simplement curieuses dont on peut remplir les sermons : oubliant les veritez, & les maximes principalles & necessaires de la Religion Chrestienne contenuës dans le saint Euangile. Ce qui n'est que trop ordinaire, au grand mal-heur & prejudice du bien spirituel des ames fidelles, & au scandale de toute l'Eglise.

Disons donc que celuy qui voudra auancer en la saincte

en Iesus Crucifié conceu par foy au fond du cœur
Oraison, & profiter de cette lecture, fera sagement de *conjoindre la pratique à la lecture* : & dire auec saint Augustin, Pourquoy non aujourd'huy ? voire toute à l'heure ? lisant doucement auec attention interieure selon le mystere du jour, ainsi qu'il est marqué à la fin de cét abbregé pour chaque jour de la semaine, & selon l'entretien où l'on sera : Parce que *la pratique fidelle du premier Entretien donne ouuerture & lumiere au second* : & le second donne lumiere & intelligence au troisiesme, qui ne peut estre conceu autrement. Sujet pour lequel nous disons- & redisons si souuent par tout cét œuure, & en tant de façons, *Le commencement de l'oraison, & la porte ouuerte de la voye & vie interieure, la sçachant si importante* ; ce n'est pas sans raison que nous vsons de tant de redites pour ce point. Et ceux qui auront experience, nous entendrons bien : mais *que ceux qui ne pourront entendre croyent simplement, & se reduisent à la pratique, & bien-tost ils entendront, & trouueront jour à la pratique plus qu'on ne leur sçauroit dire*. Et puis qu'on vous aduertit si souuent que sans la pratique tout cela vous seruira peu ou point du tout ; & qu'au contraire vous reduisant seulement quinze jours, ou vn mois, plus ou moins, à la recollection & à l'attention interieure à Iesus Crucifié au fond de vostre cœur, vous y receurez beaucoup de graces, & plus grandes qu'on n'oseroit vous le dire. Vn bien si grand meriteroit bien *d'en faire l'essay*, puis qu'il n'y a rien à craindre d'vne pratique si authorisée par les Ecrits, & la pratique de tant & tant de Saints, & des plus doctes & sçauants de l'Eglise. Car ne prendroit-on pas pour trop incredule ou peu soigneux de son interest, vn homme qui refuseroit de creuser & foüiller dans vn certain endroit de son champ, où plusieurs personnes dignes de foy l'asseurent qu'il y a vn thresor caché, capable de le faire riche, & d'enrichir tous les siens à jamais. Et le thresor que vous trouuerez, Dieu aydant, dans le champ interieur & spirituel de vostre cœur, n'est autre que Iesus-Christ qui y habite par foy, & qui y veut estre cherché par desir & recollection interieure, & possedé par amour : lequel

b iij

dans son humanité & sa diuinité fait l'vnique thresor qui enrichit, & felicite tous les Iustes de l'Eglise Militante dans le temps, & dans l'Eternité tous les Anges & les Saints de l'Eglise Triomphante. Ne soyez donc pas incredules, & croyez tant de grands Saints ; mais nommement le deuot Thomas à Kempis, qui dit dans son quatriesme sermon aux Nouices, que le bon Religieux, quoy que priué des biens de la terre & de tous ses amis du monde, ne laisse pourtant pas d'estre tres-riche, possedant dans le coffre de son cœur vn celeste thresor, dont il joüit à plaisir, lequel n'est autre que Iesus Christ, & iceluy Crucifié ; ce sont ses mesmes paroles. Et partant tout dépend de bien commencer, & de munir vostre cœur des mysteres de la tres-sainte Mort & Passion de Iesus : ainsi que l'on vous en donne la maniere & les motifs pour chaque jour de la semaine, ou autrement selon vostre deuotion ; *pourueu que le tout se fasse auec attention à Iesus-Christ dans l'interieur, en la presence duquel on doit faire son oraison de quelque matiere, & sur quelque sujet que ce puisse estre.* Car c'est à la faueur de sa diuine lumiere répanduë dans le fond de nos ames, que nous décourons dans nos oraisons ce qu'il faut embrasser, & ce qu'il faut laisser ; les vertus qu'il faut pratiquer, & les vices qu'il faut fuïr ou vaincre. C'est luy qui nous y découure tout le sens caché des Mysteres (si nostre oraison est sur ce sujet) Et ce qui est le plus avantageux, c'est qu'estant ainsi vnis à luy dans nos cœurs par attention & recollection interieure, tout se fait d'vne façon bien plus noble, plus sainte, plus eminente, & plus diuine, qui est infiniment agreable au Pere Eternel ; lequel ayant mis toutes ses complaisances en son cher Fils, ne peut aggréer ny aymer que ce qui est vny à luy, & fait en vnion auec luy ; tant dans l'oraison que hors l'oraison, supposé qu'on aye dé-ja l'habitude de se tenir recueilly dans la solitude de son cœur auec cét aymable Iesus, durant les occupations mesme de la vie actiue.

Et comme *toute l'importance tant de cét œuure, que de ce petit abbregé ne consiste qu'à bien commencer*, & fidellement pratiquer

En Iesus crucifié conceu par foy au fond du cœur. 15

la recollection interieure, selon les trois Entretiens d'oraison susdits. Il est aussi necessaire que je vous donne en peu de mots, vne brieve explication de ces trois Entretiens, en attendant auoir vne plus ample declaration dans l'abbregé d'oraison fait à ce dessein, & qui sera bien-tost imprimé en faueur des Ames desireuses de pratiquer cette oraison de recueillement interieur en Iesus Crucifié au fond du cœur.

Premier Entretien d'Oraison purement actif.

NOus disons que le premier Entretien d'Oraison est purement actif: car l'ame y emploie toutes ses pensées, toutes ses paroles, tous ses actes, & puissances pour s'essayer d'auoir, & de conceuoir par foy au fond de son cœur IESVS-CHRIST CRVCIFIE', ou dans quelqu'autre Mystere de sa tres-sainte Mort & Passion: & là luy faire dire en esprit interieurement tout ce que nous luy ferions, & dirions à l'exterieur, si nous l'y auions trouué en cét estat de douleurs & de souffrances. Y exerçants enuers luy nostre foy cordialement, & par amour, & en toute humilité luy baiser ses benistes playes; en succer le sang precieux de nostre bouche & langue spirituelle; & y tenir nostre bouche collée: pretendants, & attendants par tous ces petits seruices d'amour, d'humilité, de compassion, & de soulagement; que la vertu, & l'efficace de ce sang precieux penetre nostre ame, & en chasse tout ce qui y deplaist à Dieu, en y admettant tout ce qu'il luy est plaisant, & *agreable.* Et *cela ce fait en s'essayant doucement, & suauement, & sans empressement, ny chagrin, ny inquietude, ny trop grande violance, à rapeller nostre Esprit du dehors au dedans;* mais souhaiter auec foy, & esperance d'auoir, & de conceuoir en esprit au fond de son cœur IESVS-CHRIST en quelque mystere de sa tres-sainte Mort & Passion, luy témoignant là en esprit, & par foy tous les seruices interieurs d'amour, &

Pratique de recollection interieure dãs le premier entretien d'Oraison purement actif.

d'humilité, de compassion, & de soulagement à ce tendre Agneau de Dieu: que nous auons, possible, attaché à la croix par nos pechés sur le Caluaire de nostre cœur : Et partant nous deuons nous y retirer à ses pieds, la larme à l'œil, le soupir au cœur ; la conuersion en volonté, la contrition en desir, pour luy demander tres-humblement pardon, souhaittant ardamment l'y soulager, & l'y détacher de ce dur crucifiement, qui luy est infiniment plus outrageux, que ne fut celuy des Iuifs sur le Caluaire.

Mais afin de nous accommoder en tout, & par tout à la simplicité des petits, nous dirons tout simplement, succintement, & en peu de mots en quoy consiste toute la preparation, & la pratique interieure de ce premier entretien auec tout ce qu'il *y faut faire pour bien commencer*, & mettre nostre esprit, nos puissances, & nos sens, & nos pensées en estat de vraye recollection interieure.

Et par ainsi, supposé que l'ame qui voudra commencer se soit disposée par vne bonne confession, en cas qu'elle en eust besoin, nous dirons ce qu'elle doit faire pendant le temps de l'Oraison en ce premier Entretien purement actif 1. il faut premierement se retirer en quelque lieu, où Oratoire de vostre maison deuant quelque Crucifix ou autre Image deuote de la tres-sainte Mort, & Passion de nostre Seigneur IESVS-CHRIST: pour vous faciliter dans ces commencements l'application interieure par la foy à Iesus souffrant au fond du cœur, dont vous aués regardé l'Image au dehors par les yeux des sens. 2. Et là s'estant mis à genoux (si cela ce peut.) 3. Faire le signe de la Croix. 4. Et baisser modestement les yeux ; afin de fermer les fenestres de vos sens aux choses creées, & estre par ce moyen plus libre pour tendre en dedans à Dieu au fond de vostre cœur en vous essaiant *sans empressement* ny chagrin, de *retirer peu à peu* ; de ramener ; de pacifier vos pensées, & toutes les saillies actiues de vostre esprit, qui s'est tout effus, & tout euaporé vers les obiets de dehors, s'y est attaché de complaisance ; & si est souillé dans ses sens, & les choses sensuelles ; au

grand

En Iesus Crucifié conceu par foy au fond du cœur. 17
grand détriment de sa perfection. 7. Mais il faut *luy donner là pour obiet interieur Iesus souffrant en quelque mystre de sa tres-sainte Mort, & Passion*; vous essayant pareillement de l'y auoir, & conceuoir en esprit, & par foy, & y exercer cette foy par amour enuers luy au fond du cœur; ainsi que nous l'auons dé-ja dit, & redit: Et par ainsi on peut veoir la conformité de cette Oraison auec toutes les façons d'oraison ordinaire, & qu'elle n'a rien de *particulier*, si non ce, qui est de *principal* de plus efficace, & plus necessaire dans l'Oraison, sçauoir, de rapeller l'esprit doucement dans l'interieur pour y representer son suiet; & s'y exercer par considerations, par affections, par colloques, & entretiens auec Dieu, & Iesus present par la foy au fond du cœur: se recolligeât ainsi dans l'interieur, sur quelque suiet que ce soit qu'on fasse l'Oraison. Car dans toutes les autres methodes on ne blâme que *le superflu* des raisonnements multipliés: auec trop d'actiuité, de continuité, & d'empressement, & la negligence de rapeller l'esprit par attention interieure à Dieu au fond du cœur: accoisant tous ses actes, qu'on ne cesse de rouller dans la teste par efforts d'esprit, & de raisonnements: faisant des reflections sur reflections, qui empeschent la grace d'attirer l'esprit & de le recüeillir à Dieu dans le cœur par Iesus-Christ, qui est l'vnique mediateur interieur en chaque ame en particulier, pour l'approcher de Dieu, qui nous y est rendu accessible par les merites de sa tres-sainte Mort & Passion; ainsi qu'il a esté mediateur en general pour tous les hommes sur le Caluaire, les reconciliant par sa mort, & l'effusion totale de son precieux sang auec son Pere.

Enfin pour ne rien obmettre en faueur des ames simples & leur faciliter la pratique: elles pourront s'employer ainsi deuotement en ces petits exercices interieurs enuers Iesus souffrant *enuiron vne demie heure à chaque fois*, au moins durant l'Oraison du soir, & du matin, & aussi de fois à autre *pendant la journée se recolliger*, comme nous l'auons desia dit; quand ce ne seroit qu'vn petit moment; comme pour tenir

C

toufiours la porte de son cœur ouuerte aux infufions de l'a-
mour diuin. Et mefme que les attaques des *tentations* vous
feruent comme de reueille-matin pour vous retirer promptement au fond de voftre cœur fous les pieds de Iefus-
Chrift, en luy difant deuotement, & interieurement: *Mon douloureux Iefus me voicy tout à vous, faites moy vaincre cette maudite tentation icy par voftre fainte Mort, & Paffion.* Et ainfi faifant y tenir voftre bouche fpirituelle collée fur l'vne de fes
playes iufques à ce que la tentation foit diffipée, ce qui fera
en vn moment, & ie vous puis affeurer, que faifant ainfi deuotement, diligemment, & auec perfeuerance, & humilité, les graces diuines ne vous manqueront point.

Voilà fubftantiellement tout ce qui concerne le premier
Entretien, lequel eft fi efficace pour vaincre les pechés, &
affoiblir les habitudes en peu de temps: & pour temperer,
& calmer les paffions; pour corriger les mœurs, & annoblir
les vertus que l'ame qui s'y exerce fidellement verra en peu
de temps vn tres notable progrés. Mais il fera bon de remarquer icy en paffant, que la docilité, & fimplicité d'efprit,
la facilité à fe foufmettre, & à croire les diuins myfteres
font neceffaires, & tres aduantageux à l'ame fidelle &
chreftienne. Et qu'au contraire *les efprits doubles, ou chicaneurs, & pointilleux y auanceront peu, ou point du tout* s'ils ne fe conuer-
tiffent pour deuenir enfants, tels que Noftre Seigneur de-
mande pour entrer dans le Royaume de Dieu qui eft en
nous. Car la porte eftant petite & eftroitte, les efprits gros
& enflés de leur propre fuffifance n'y pouront entrer; mais
s'aueugleront eux-mefmes s'euanoüiffants en leurs vaines,
& prefomptueufes penfées, & demeureront rempants dans
la nature du propre efprit.

Nous difons de plus que ce premier Entretien interieur
purement actif de l'ame auec fon diuin, & humain Iefus conceu par foy au fond du cœur, & que cette foy fidellement
exercée par motifs d'amour, fait auffi, & fert de fond au premier employ de l'amour diuin; l'operation duquel va détachant
l'ame des deux obiets du dehors, les plus eftoignés, & les

Ce qu'il faut faire & dire dans l'attaque des tentations

Auantages que l'ame tire de la pratique du premier entretien d'o-raifon.

Qu'elles font les ames propres à l'Orai-fon.

plus obscurs: sçauoir, le peché, & les complaisances des chofes superfluës, & mondaines: & luy fait aquerir *la premiere vnion auſſi purement actiue*: puis que l'ame y agit de ses actes; & y emploit ses puissances, ses œuures, & ses souffrances par vnion à celles de Iesus, & dans la conformité d'intention, & vnion de motifs qu'il auoit pour les siennes au regard de son Pere.

La premiere vnion de l'ame auec Iesus Chriſt aquise dans ce premier Entretiẽ d'Oraiſon par l'ouuerture, & la leuée des 2. premiers ſceaux.

Et par ainsi le premier moyen pratique produit en l'ame le premier exercice, ou genre d'employ du diuin amour qui nous ouure les deux premiers sceaux du Liure fermé de noſtre ame; Et la deliure de ces deux obiets, lesquels sont les plus externes, & les plus esloignées circonferences, qui esloignent, & reculent l'ame, & la tiennent separée de son centre; & partant de son repos qui eſt Dieu. Et ce en s'approchant interieuremẽt du diuin, & humain Iesus souffrant au fond de son cœur, qui nous y fait mourir au peché, & à toutes les choses mondaines; en y changeant la fin, & les mal-heureux motifs que l'ame y prenoit auec les demons, & les mondains, & la mondanité. Y suiuant en tout cela les appas, & les vaines complaisances de son propre amour dans toutes ses actions, œuures & souffrances. Mais il faut auſſi pour en changer la laideur & difformité par le beau luſtre des vertus, retirer ainſi l'ame peu à peu de la complaiſance, & des faux appas du peché; Et puis des choses mondaines; & de toutes les pensées, les attentions, & les affections que l'ame y donnoit, auec toutes les vaines complaisances qu'elle y prenoit, *la retirant peu à peu en dedans*, & la recolligeant suauement, & interieurement au fond de son cœur pour les y appliquer amoureusement à son diuin Iesus, qui l'introduit en sa façon dans le regne interieur de sa diuinité; où il luy fait viure, & respirer la sainte liberté sous le doux ioug &, l'Empire amoureux de ses saintes souffrances.

c ij

Second Entretien d'Oraison actif & passif.

AV moyen de ce second Entretien l'ame s'exerce *interieurement à aneantir l'actuité propre de ses puissances dans la mer rouge*, & pacifique des playes sacrées & puissances de Iesus; afin de nous apprendre à le laisser estre parfaitement en nous en sa façon, & non plus en la nostre.

Ce second moyen ou Entretien d'oraison interieur est actif, & passif & tendant à l'intime. *Il est actif*, parceque l'ame y continuë encore ses actes enuers Iesus souffrant au fond de son cœur; mais *plus succintement qu'au premier Entretien*. Parce que l'ame commence icy à s'exercer par des *poses, & attentes passiues* sous les debords interieurs de la tres-sainte *Humanité de Iesus-Christ*: qu'elle tient comme interposée aux abords du Pere, en luy monstrant, & découurant toutes ses playes, & meurtrissures; comme pour l'attendrir sur nous, & attirer par amour du sein du Pere quelques regards, ou œillades de compassion sur nos miseres, en veuë de l'estat pitoyable de son cher fils crucifié, mort, & sacrifié pour la satisfaction de nos pechés. Sur lequel estat sanglant, & digne de compassion s'exerce *le second genre d'employ de l'amour diuin*, détachant l'ame, & la liberant des deux obiets sensibles & corporels; sçauoir les sens exterieurs, & interieurs. Et par ce moyen luy fait acquerir *la seconde vnion aussi actiue, & passiue* de ses puissances, & de sa volonté à celles de Iesus dans l'information de mesme vertu, & de mesme amour, C'est à dire que l'ame s'employant icy à moderer, amortir, aneantir, *& retrancher le superflu de ses actes empressés, par l'exercice des poses, & attenies passiues d'enuiron la longueur d'vn Pater*, comme pour donner temps, & lieu au diuin attrait interieur, elle donne lieu peu à peu à la foy, & à son exercice surnaturel; par lequel elle se rend à la grace, & à son effusion amoureuse dans son cœur, pour

Pratique de l'Oraison dās le second entretien où s'acquiert la 2. vnió par l'ouuerture, à la lenée du 3. & 4. sceaux.

En Iesus crucifié conceu par foy au fond du cœur. 21

laisser estre, viure, & regner Iesus-Christ en elle : auquel elle abandonne à cette fin ses puissances amorties en leur propre, & naturelle vigueur, auec le libre employ de leurs actes *pendant le temps de l'Oraison, ou tout du moins pendant les pauses, & attentes passiues*; ainsi qu'il a desia esté dit; afin que par cette demission volontaire il s'en empare à son plaisir; & qu'il vienne enfin à les exercer par luy mesme pendant le temps de l'Oraison, & l'operation, qu'elles luy doiuent estre abandonnées, pour en vser en sa maniere diuine & surnaturelle, & non plus en nostre façon proprietaire, & naturelle.

Mais ne croiés pas cependant que nous entendions par la exclure & anneantir ny les puissances de l'ame, ny leurs actes : Mais *seulement leurs emplois proprietaires, & leurs proprietés empressées, & superfluës*, pour les laisser enproye, & en exercice à l'amour du diuin Iesus, qui les amortit dans les siennes, & les reuiuifie au surnaturel, & au diuin : qui rompent les bornes du fini proprietaire, & dilatent la capacité de l'ame pour participer son infinité. C'est à dire par dessus toute comprehension humaine, & Angelique; l'ame luy laissant & abandonnant ses puissances, & ses actes libres pour les exercer quand il veut, & comme il le veut, selon toute l'estenduë du surnaturel, & du diuin que nous y pouuons participer pleinement (posée cette demission volontaire, & amoureuse pour laisser estre Iesus en nous, & pour l'y laisser operer en sa façon) qui est proprement le glorifier autant qu'il peut-estre glorifié de sa creature en cette vie, & nous y faire aussi porter le nom chrestien à vray tiltre : parce qu'il veut estre inseparable de nous, & que nous soyons inseparables de luy : ainsi que le sarment l'est de sa souche pour porter fruits en abondance: estant le chef viuant, & influant la vie dans tous les membres de son corps mystique.

Comment l'on doit entendre l'aneantissemēt des actes & des puissances de l'ame dans l'Oraison.

c iij

Troisiesme Entretien purement passif.

CE troisiesme entretien, que nous appellons passif, est vn estat surnaturel, dans lequel l'ame ne peut passer d'elle mesme, si elle n'y est attirée & rauie de l'amour diuin: & tout ce que l'ame doit, & peut faire pour y tendre, & y paruenir c'est de pratiquer fidellement le second entretien auec les offres, & attentes passiues, qui y sont prescrites, *adherant continuellement à l'attrait interieur*, pour se tenir interieurement approfondie, & intimement ouuerte à Dieu son centre.

D'où vient que ce troisiesme entretien de l'ame en cét estat, commence d'y estre moyen sans moyen; l'ame n'y faisant autre chose que de s'y tenir interieurement attentiue, ouuerte, vuide, & toute accoisée, & amortie en ses propres actes, pour donner lieu *au troisiesme employ de l'amour diuin*; lequel s'y exerce librement, & auec empire: détachant, & déliurant l'ame des trois obiets spirituels, intimes, & diuins: sçauoir des propres actes de ses puissances: de l'attache à sa propre vie; & de la participation finie qu'elle a dans elle de la vie de Dieu. Et partant luy faire aquerir *la troisiesme vnion aussi purement passiue* de la transformation de sa substance dans la diuinité par vnion d'amour consommé dans l'operation du mesme esprit, & de mesme vie diuine participée de l'ame, autant qu'elle le peut estre en cette vie. Car cette transformation ou insinuation de l'essence de l'ame espurée dans l'essence diuine fait vne vnion si admirable entr'elles, qu'il semble qu'il n'y ayt plus que Dieu, & diuinité, quoy que l'ame ne cesse pas d'estre; mais cesse seulement de paroistre ce qu'elle est, estant toute penetrée de lumieres infinies & des ardeurs embrasées de la diuinité, A peu prés comme l'air de la lumiere du Soleil, le fer de

En Iesus crucifié conceu par foy au fond du cœur.

l'ardeur, & de la couleur du feu, qui semblent en cét estat plustost lumiere, & feu, que ce qu'ils sont en effet.

Mais je crains que ce langage d'amour ne soit mal entendu de plusieurs, ou peu, ou point du tout : parce que la plufpart des hommes se tenants volontairement dans la disette, ne goustent jamais les diuines richesses de l'abondance : se contentans seulement d'vne vie molle, tiede, & paresseuse. Et par ainsi Dieu leur laisse le peu, parce qu'ils ne veulent pas le plus. Et cependant c'est vn épouuantable mépris, qui fait pleurer & gemir les Anges de paix sur la lâcheté & dureté des hommes Chrestiens, qui ne daignent pas se tourner vers Dieu au fond de leurs cœurs (tant ils sont occuppez & distraits parmy les choses exterieures) ausquelles ils s'attachent de complaisance, & s'oublient de retourner à leur diuine origine. *Negligence criminelle des hommes de se conuertir interieurement à Dieu au fõd du cœur.*

Que si les hommes du commun déplaisent infiniment à Dieu en cét estat de tiedeur à l'Amour diuin ; *à plus forte raison les Prêtres, les Religieux & Religieuses, & toutes personnes consacrées à Dieu par Vœu* : Et par consequent obligez à vne vie angelique ; puis qu'il est impossible de demeurer, ny de perseuerer dans son integrité religieuse sans oraison, & recueillement interieur. Car vne Ame Religieuse, qui a *choisy Iesus-Christ pour son Espoux* & pour son tout, doit estre continuellement en tres-humble abbaissement d'esprit aux pieds de ce diuin Agneau dans *le Monastere, ou Temple interieur & viuant de son cœur* ; lequel a vaincu, afin qu'il vainquit dans ses Espouses tout ce qui s'oppose à son regne interieur. Donc l'ame pour y respondre y doit estre fort attentiue, silencieuse, & recueillie : ou autrement il ne faut point comter de Cloistres, ny pour les Religieux ny pour les Religieuses, car l'esprit distrait, & dissipé passe à trauers les murailles, pour s'aller recréer au dehors parmy les obiects visibles, desquels il se repait *faute de meilleure pasture dans l'interieur*, où il ne s'est jamais assis à la table de son cœur pour y sauourer, & s'y rassasier des mets delicieux que le diuin Espoux à coûtume d'y preparer à ses fidelles Espouses, recueillies auec *Necessité de l'Oraison.*

luy dans cette sale royalle, où il n'espargne pas les profusions, & les escoulemēts sauoureux de ses precieuses playes, qui sont autant de sources de vin delicieux emanées du cueau de l'espoux qui est le sacré cœur du mesme Iesus. Mais ô aueuglement estrange : on se contente d'vne vie molle, & faineante, fondée sur ce qu'il ne faut point offenser Dieu mortellement, & qu'il faut bien garder ses regles, Et c'est bien fait de se garder d'offense mortelle, & de bien suiure ses regles. Mais ne voyés vous pas, cheres ames, que *la perfection*, voire la substance de toutes les regles & de toutes les bonnes conduittes, c'est la possession de l'amour diuin ; & par exprés commandement de Dieu : & que Dieu ne donne point, voire mesme il ne peut donner, selon les ordres, & les regles qu'il s'est luy mesme prescrites au niueau de sa diuine sagesse, ny ses dons, ny son amour aux cœurs tiedes, lâches, & paresseux. Mais qu'au contraire il les abandonne à l'amour d'elles mesmes, & à tous les artifices de leur propre interest, *les vomissant de la bouche de son cœur*, comme luy estants tout à fait insupportables. Et quoy que les chrestiens soient obligés de viure parfaitement, chacun selon son propre estat, toutes-fois, les Religieux, & Religieuses le sont doublement à cause de l'excellence de leur estat, qui ne demande pas vne vie mediocre, ou telle quelle, mais vne vie tres parfaite, & tres-sainte.

Et quoy ne poura-on pas faire dans les Cloistres ce que tant de bonnes ames ont pratiqué dans le monde, entre lesquelles *la venerable Mere Ieanne Fremiot Fondatrice de l'Ordre de la Visitation de sainte Marie*, peut estre iustement proposée pour modelle, & exemplaire tres parfait à toutes les ames, tant seculieres que Religieuses, qui desirent humblement s'appliquer à l'Oraison de recueillement interieur dans les playes sacrées de l'humanité sainte de Iesus, que l'esprit doit prendre pour obiet interieur dans ses Oraisons ; ainsi que le pratiquoit fidellement, & tres-parfaitement cette sainte ame, laquelle au rapport de Monseigneur Henry de Maupas du Tour tres-digne Euesque du Puy, dodans le chapitre

en Iesus Crucifié conceu par foy au fond du cœur 25
pitre dix septiéme de la premiers partie de sa vie) *estant encore vesue dans le monde*, fust sejourner dix jours à Sales pour communiquer de son ame auec son bien-heureux Pere Directeur, qui luy changea ses exercies de deuotions, & luy en donna d'autres plus parfaits & plus conuenables à l'estat de cette Ame angelique. Entre lesquels le principal regardoit l'oraison & la recollection interieure dans les sacrées playes des Iesus-Christ au plus intime de son cœur, où elle faisoit sa retraitte, pour s'y occuper dans la consideration amoureuse de la sainte Humanité de Nostre Seigneur, aupres duquel elle demeuroit recueillie sans cesse dans son interieur, nonobstant ses occupations exterieures à l'égard du prochain. Voicy ce qui y est dit, mot pour mot, de la pratique journaliere de cette pieuse Dame.

Auant le souper elle faisoit vne petite collation spirituelle, rentrant plus specialement dans vne des playes de Nostre Seigneur, où elle faisoit chaque jour sa retraite, & disoit son chappelet. Et plus bas, *elle auoit pour cabinet de retraitte (comme nous auons dit) vne des playes de Nostre Seigneur: mais auec cette sainte œconomie:*

LE DIMANCHE, *elle se retiroit dans celle du costé.*

LE LVNDY, *dans celle du pied gauche.*

LE MARDY, *dans celle du pied droit.*

LE MERCREDY, *dans celle de la main gauche.*

LE IEVDY, *dans celle de la main droitte.*

LE VENDREDY, *dans les cicatrices de son adorable chef.*

LE SAMEDI, *elle entroit dans celle du costé, pour finir la semaine par où elle l'auoit commencée.*

Et pour faire voir que c'estoit dans son interieur, qu'elle s'approchoit de cette Adorable Humanité, pour entrer & sejourner dans ces amoureuses cauernes de la pierre, ainsi qu'vne chaste colombe: ce digne Prelat dit plus haut dans le mesme chapitre, que.

Son occupation interieure estoit pour lors la meditation de l'Humanité sacrée de Nostre Seigneur, auprès duquel demeurant sans

d

cesse, elle se rendit imitatrice parfaite de ses diuines vertus; ne se presentant jamais deuant le Pere Eternel qu'appuyée sur les merites infinis de ce bien-aymé Sauueur de son ame, auec lequel elle commençoit, & finissoit toutes ses prieres: ce sont les mesmes termes couchez dans sa vie.

Ce qui nous monstre euidemment qu'il ne faut iamais quitter de veuë interieure l'Humanité de Iesus-Christ dans l'Oraison de recueillement; & que les parfaits aussi bien que les commençants en ont toûjours besoin. C'est pour ce sujet qu'elle demeuroit sans cesse recueillie auec ce doux Iesus dans son interieur.

Peut-on rien trouuer de plus conforme à la pratique que nous insinuons & taschons de persuader dans cét œuure. Car fondez sur le mesme principe de Foy, que le bien-heureux Euesque de Geneue, & sa fidelle Disciple, nous disons que l'ame voulant aprocher de Dieu dans son interieur (où il veut estre cherché & trouué pour nous vnir à luy, là où il est l'intime de nôtre intime) doit se seruir de *l'humanité sacrée de I.* comme de sa mediatrice necessaire pour la conduire, & la presenter au Pere Eternel dans le Ciel de son cœur. Laquelle a conserué ses sacrées playes ouuertes, pour nous seruir de porte & de passage interieur en Dieu; nous introduisant & insinuant interieurement par la playe de son costé dans son sacré cœur, & de son cœur dans le sein de la diuinité, dont la plenitude habite personnellement & corporellement en luy: aussi est-ce de cette plenitude que tous nos cœurs doiuent esperer les escoulements diuins & intimes de sa grace, de ses lumieres, & de son amour: si toutefois à l'imitation de cette fidelle amante de Iesus, nous y voulons faire nostre retraite interieure, pour y boire dans la source, & dans les fontaines du Sauueur les eaux de la grace qui en jallissent en vie Eternelle.

Enfin l'ame qui voudra entrer en cette voye, & pratique interieure auec Iesus-Christ au fond de son cœur, & s'y tenir là tres-attentiue & interieurement recolligée, simple, & ouuerte au rayon de sa Grace, & tres-humblement assu-

en Iesus Crucifié conceu par foy au fond du cœur   27
jetté aux diuins emplois & impressions de son Amour, pourra voir & considerer en ce qui suit, comme en vn clin d'œil, tout le contenu du liure precedent, & de cét abbregé d'Oraison pratique ; Et premierement.

Les trois dispositions requises à l'Ame Chrestienne pour s'appliquer à l'Oraison, qui sont.
1. Pureté de cœur.
2. Simplicité d'esprit.
3. Droiture d'intention.

Les sept captiuitez de l'Ame sous les sept sceaux fermez par le peché du premier Adam.
1. Captiuité sous le 1. sceau   Du peché.
2. Captiuité sous le 2. sceau   L'attache aux biens de la Terre.
3. Captiuité sous le 3. sceau. L'attache au plaisir des sens exterieurs.
4. Captiuité sous le 4. sceau. Des Passions, & sens interieurs.
5. Captiuité sous le 5. sceau. L'attache à l'employ proprietaire de ses puissances.
6. Captiuité sous le 6. sceau. L'attache à sa propre vie.
7. Captiuité sous le 7. sceau. L'attache aux dons de Dieu.

Les sept sortes ou degrez de liberté, operées par la grace du second Adam, l'Agneau Occis ouurant les sept sceaux.
1. Liberté par l'ouuerture du 1. sceau.
2. Liberté par l'ouuerture du 2. sceau.
3. Liberté par l'ouuerture du 3. sceau.
4. Liberté par l'ouuerture du 4. sceau.
5. Liberté par l'ouuerture du 5. sceau.
6. Liberté par l'ouuerture du 6. sceau.
7. Liberté par l'ouuerture du 7. sceau.

Car il faut estre libre de toute attache, pour aller interieurement outre le fond central du cœur, & joüir de la souueraine liberté en Dieu-mesme auec Iesus-Christ.

Les trois fins où tend l'ame dans l'Oraison, qui sont trois degrez d'vnion auec Iesus-Christ, correspondants aux trois Entretiens d'Oraison de la part de l'ame ; & aux trois genres d'employ de l'Amour diuin de la part de Dieu.

1. Vnion interieure d'œuures & de souffrances purement actiue, selon le premier Entretien.
2. Vnion intime de puissances & de volonté, actiue & passiue, selon le second Entretien.
3. Vnion plus qu'intime d'essence à essence par liens de Charité consommée, purement passiue, selon le troisiéme Entretien.

Les trois moyens, ou entretiens d'Oraison, requis de la part de l'ame.

1. Entretien purement actif.
2. Entretien actif & passif.
3. Entretien purement passif.

Les trois moyens ou employs de l'Amour diuin, requis de la part de l'Agneau Occis.

1. Employ de l'Amour diuin ouurant les deux premiers sceaux, & operant la premiere Vnion.
2. Employ de l'Amour diuin ouurant les 3. & 4. sceaux, & operant la seconde Vnion.
3. Employ de l'Amour diuin ouurant les 5. 6 & 7. sceaux, & operant la troisiesme Vnion.

Vous pouuez voir encore plus sommairement que le tout consiste en trois choses seulement.

1. *En foy* croyant que Iesus-Christ habite par foy dans nostre cœur.
2. *En pratique* abordant Iesus Crucifié par la recollection interieure au fond du cœur.
3. *En Amour pur* s'exerçant en des actes d'amour &c. vers l'aymable Iesus dans cette solitude interieure au commencement. Et dans le progrez, suspendant ses actes de temps en temps par des pauses & attentes passiues ; pour donner loisir à l'attrait, à la motion, & operation de l'Amour diuin, qui attirent l'esprit au recueillement à Dieu

au plus intime du fond du cœur. Et dans le troisiesme estat de l'ame plus parfait, l'ame se tenant purement passiue sous les efforts de l'amour imperieux, n'apportant autres actes de sa part qu'vne simpe attention à l'Amour operant dans son interieur, & adhesion à l'attrait qui attire, & recollige l'esprit à Dieu au fond du cœur. Et enfin vn consentement & abandon libre de tout soy-mesme aux amoureuses violences de l'amour purifiant, detachant, & illuminant, & vnissant l'ame intimement à Dieu, selon le bon plaisir du saint Esprit principal moteur, & la fidelle correspondance de l'ame à ses diuines & intimes motions d'amour.

LA PREMIERE IMAGE

Pour le premiere entretien d'oraison purement actif, où par l'ouuerture des deux premiers sceaux s'opere la premiere union interieure & purement actiue de l'ame auec Iesus-Christ.

Vous estes digne Seigneur de prédre ce Liure, et d'ouurir les 7. Sceaux qui le ferment parceq Vous aués esté
Occis. apoc. 5.

EXPLICATION DE LA PREMIERE IMAGE
Par la declaration de saint Iean en son Apocalipse Chap. 1.

en Iesus Crucifié conceu par foy ou fond du cœur

Puis je vis en la main dextre de celuy qui estoit assis sur le thrône un liure ferme écrit dedãs & dehors, & scellé de sept sceaux. Ie vis aussi un fort Ange annonçant à haute voix ; Qui est digne d'ouurir le Liure, & de deffermer les sept sceaux d'iceluy ? Et nul ne pouuoit ny au Ciel, ny en la terre, ny sous la terre ouurir le Liure, ny le regarder. Dont je pleurois tres-fort, pour ce que nul n'estoit trouué digne d'ouurir ce liure, ny de le voir. & un des anciens me dit, ne pleure point voicy le lyon de la lignée de Iuda, la racine de Dauid qui a vaincu pour ouurir le Liure, & deffermer les sept sceaux.

C'est ce que saint Iean annonce *aux Eglises*, c'est à dire, à toutes les Ames fidelles, qui sont autant d'Eglises consacrées au culte diuin, interieur & exterieur. Interieur dans elles-mesmes, & exterieur par l'employ de leur corps, qui doit entrer en communication auec l'ame de la gloire du corps glorieux de IESVS. D'où vient que *nous posons des images à l'exterieur auec la tres-sainte Eglise*, comme par maniere demonstratiue, ou figuratiue des veritez, que le saint Amour opere, ou doit operer dans le fond de nos ames assujetties à son diuin Empire.

Et partant la premiere image posée icy au commencement & qui seruira pour ce premier Entretien d'oraison purement actif ; est ainsi que vous le pouuez voir *une forme de cœur*, dans lequel il a un *Crucifix*, qui est la premiere, & la derniere image vtile & necessaire dans la loy de Grace. *La premiere*, par ce que c'est par la croix, & en la croix que nous naissons comme tres-chers Enfants de nostre aymable *Crucifié* : & c'est aussi entre ses bras que nous mourons, & deuons mourir, & acheuer cette chetiue vie passible & mortelle, pour entrer & joüir de *Iesus ressucité* dans sa Vie de Gloire. Impassible & immortelle. Ouy c'est *la derniere image* que la tres-sainte Eglise nous presente deuant nos yeux à l'heure de la mort, apres qu'elle nous à administré le Sacrement de *l'extreme Onction* ; afin que la mort suruenant, elle nous trouuast *occupez interieurement, & extérieurement à la croix*, & vnis de cœur, & d'affection à nostre tres-cher *Crucifié* ; par la viue impression qui s'en est faite, ou qui s'en doit faire, pendant toute nostre vie recueillie & ramassée au fond de nos cœurs, *là où nous deuons expirer*.

Et voila, cheres ames, le dessein charitable & tres amoureux de la tres-sainte Eglise. Laquelle conduitte du Saint Esprit, comme la bonne Mere des Croyants, nous presente *à la mort* l'image visible de nostre Pere inuisible, pour réueiller nos cœurs en l'amour de cet *objet crucifié*: pour nous garantir à son aspect de l'Ange Deserteur, qu'elle sçait estre en colere contre les premiers nez, non plus de l'Egypte, mais de la loy de Grace ; non plus pour les tuer seulement, mais pour les entraisner aux enfers, s'il ne les trouue pas marquez au front du T. Et s'ils n'ont leurs cœurs rougis & nettoiez au Sang de l'Agneau.

Enfin je dis encore que nous posons vn Crucifix dans cette forme de cœur, ou image crucifiée à l'entrée de ce premier Entretien actif ; par ce que Iesvs Crvcifié est le grand liure vniuersel des Chrestiens, quoy que tres-durement, & tres-impitoyablement rellié sous la presse de la Croix ; & dans lequel liure interieurement, & spirituellement bien fueilleté, se trouue *le fond essenciel de toutes les deuotions, & la plus fidelle & solide pratique de toutes les oraisons*. C'est l'abbregé de tous les volumes, & le racourcy de tous les Mysteres. Mais aussi, tres-cheres ames, vous serez Chrestiennement aduerties, que cette diuine & *interieure estude de Iesus Crucifié au fond du cœur*, est particulierement la classe des ames simples, & des humbles & cordialles, tout ainsi qu'elle est la pierre d'achoppement des orgueilleux, & la confusion de *l'esprit suffisant*.

Et au bas du Crucifix dans ce mesme cœur *vn liure fermé de sept sceaux*; auprés duquel vous voyez *vne forme d'Agneau comme Occis* auquel il est donné *d'ouurir le liure*, par ce qu'il a vaincu.

En Iesus Crucifié conceu par foy au fond du cœur 33

Ce *liure fermé*, *c'est nostre ame scellée* cachetée, liée, prisonniere & captiue sous les fers du peché, & le seruage du propre amour, qui la en esclauage sous les appas trompeurs de ses vaines complaisances.

Et *saint Iean pleure*, parce qu'il ne voit personne digne d'ouurir ny mesme de voir ce liure. Ce grand saint ne pleuroit point pour neant, sçachant *l'importance de cette ouuerture*. Il dit que *ce liure est escrit dedans & dehors* ; & cependant qu'il estoit fermé, & scéellé de sept sceaux. Ie l'ay vû, parce que je l'ay connu, & que ce tendre & debonnaire Agneau auoit déja fait cette operation en moy. Il me le fist connoistre dé-lors mesme que I. me permit l'honneur de *reposer sur son sein*, mais il acheua cette sublime operation *dans l'Isle de Pathmos*: & je pleurois, parce que non seulement je ne voyois personne digne d'ouurir le liure ; mais mesme, je n'en voyois pas aussi qui se disposassent pour le laisser ouurir. Et c'estoit le sujet de mes larmes: & mon cœur aymoit, & mes yeux versoient des larmes pour les choses à venir. Il estoit escrit dans mon cœur A M O V R pour le tendre cœur de l'Agneau; & *par dehors* L A P A I X auec mes enfants, & mes freres. Mais dans les hommes du siecle il est escrit par dedans P E C H E', & *par dehors*, S C A N D A L L E. D'où vient que Dieu les regard e en sa fureur ; & pas vn n'en eschappera que ceux sur qui regne l'Agneau, que je vis là *comme* O C C I S *au milieu des anciens, & des quatre animaux*, qui signifient les quatre Euangelistes. *Il estoient pleins d'yeux deuant & derriere*, dit le Saint, qui signifient les innombrables lumieres de l'Euangile, & la multitude des peuples qui en sont esclairez.

Enfin saint Iean dit que L'A G N E A V prist le liure de la main dextre de celuy qui estoit assis au throsne ; & quand il eust ouuert le liure, *les quatre animaux, & les vingt & quatre anciens* se jetterent deuant l'Agneau, ayant chacun des harpes, & des *phioles d'or*, pleines d'odeurs, qui sont *les oraisons des Saints*, & chantoient vne chanson nouuelle, disant. *Tu és digne Seigneur de prendre le liure, & d'ouurir ses sceaux; car tu as esté occis, & nous as rachettez à Dieu par ton Sang* de toute li-

e

gnée, & langue, & peuple, & nation, & nous faits à nostre Dieu *Royaume, & * Sacrificateurs. Lors je vis, & ouis la voix de plusieurs Anges à l'entour du throsne, & des animaux, & des Anciens, tout leur nombre estoit mille fois mille, disants à haute voix. L'AGNEAV qui a esté occis est digne de prendre Puissance, & Diuinité, & Sapience, & Force, & Honneur, & Gloire, Louange, és siecles des siecles, Amen.

Ainsi, cheres ames, *vous voyez qu'il est donné au seul Agneau d'ouurir le liure fermé de nos ames,* pour y effacer LE PECHE', & y rescrire LA VERTV : & saint Iean dit qu'il estoit au milieu du throsne; pour nous apprendre qu'il est Dieu, & qu'il estoit aussi au milieu des quatre animaux; c'est à dire principe de l'Euangile, pour nous annoncer qu'il est Iuge. Et il estoit encore au milieu des vingt & quatre Anciens, qui sont les Patriarches, & les Prophetes qu'il a retirez des limbes; par ce qu'il s'est fait appeller le Dieu d'Abraham, & le fils de Dauid, & a voulu descendre d'eux dans le temps selon la chair, faisant l'office de *Redempteur.*

Aussi L'AGNEAV DE DIEV ayant ouuert le liure, les quatre animaux, & les vingt & quatre Anciens se prosternerent deuant l'Agneau, luy offrants la bonne odeur de leurs oraisons, & luy rendirent gloire de *son Occision & de son Sang :* & de ce qu'il auoit desfermé leurs liures; & les auoit faits royaume & Sacrificateurs à son Pere. Car *les quatre Euangelistes* sont comme les quatre Heraults de la loy de Grace tout pleins d'yeux; c'est à dire pleins de lumieres du Ciel, & de la clarté infinie de l'Agneau; & ils ont esté si clairvoyants, qu'ils ont percé à jour les quatre parties du monde, & y ont allumé le diuin flambeau de l'Euangile; la lumiere duquel fait voir mesme les choses inuisibles & d'vne maniere ineffable.

LES VINGT, ET QVATRE ANCIENS sont *Adam, Abel, Seth, Noé, Abraham, Isaac, Iacob, Iob, Tobie, Moyse, Aaron, Iosuè, Zacharie, Simeon, Dauid, Io-*

En Iesus crucifié conceu par foy au fond du cœur. 35
seph, Ezechiel, Elie, Isaye, Ieremie, Daniel, Ionas, S. Ioseph,
& Saint Iean Baptiste.

Qui ferment *l'ancien Testament*, & donnent ouuerture à celuy de la Grace que l'on appelle *nouueau*; parce que les ames y sont regenerées au Sang du diuin Agneau que Saint Iean nous monstra au doigt, disant, *voila l'Agneau de Dieu occis dés le commencement du monde* pour en oster les pechez, & y mettre les ames en liberté, les deliurant par ce premier entretien des deux sceaux les plus obscurs, sçauoir le peché & ses complaisances.

Le premier sceau le plus obscur est la grosse chaisne septuple, l'enchainement le plus tenebreux; & par consequent qui deplaist le plus à Dieu; & qui est aussi le plus odieux à la nature, *c'est le peché mortel*; puis que sa malignité, & son infamie nous separe de Dieu vraye vie, & vraye lumiere pour nous enseuelir dans les tenebres de la priuation de Dieu, & nous precipiter dés cette vie dans cét affreux tombeau des enfers sous la cruelle tyrannie de Lucifer Prince mal-heureux des tenebres.

Le second sceau le plus tenebreux apres le peché, & qui nous esloigne le plus de Dieu c'est *l'attache, & la complaisance en la possession des choses mondaines & terrestres*; qui nous aueuglent de leurs faux appas, & nous arrestent à la terre comme des taupes, qui passent toute leur vie à foüir la terre, & à l'amasser par petits monçeaux, sans s'apperceuoir de l'ennemy qui les guette & qui les surprend dans leur aueuglement.

De mesme en est des ames mondaines qui passent toute leur vie à remuer & à foüiller les choses terrestres, & à enterrer leurs cœurs dans le bourbier de la sensualité; cependant que l'ennemy du Ciel les guette, & *les attend à la mort*, où ils se trouuent souuent pluftost qu'ils ne pensent, & sans y auoir bien pensé. Et comme en ce destroit l'espouuente, & les horreurs de la mort les saisissent & les surprennent au deffaut de la cuirace; les diables ne manquent jamais de s'y

e ij

trouuer, tant pour les folliciter au defefpoir, que pour les vifiter, & voir s'ils font bien *marquez au coin du Crucifié*, ou bien *au fien*; car chacun eft liuré à celuy duquel il porte la marque & les armes: & trouuants l'ame defgarnie de Grace & de vertus, & remplie de pechez & de propre amour; ils l'occupent, & luy jettent aux yeux la poudre terreftre qu'elle a aymée toute fa vie. Et ainfi aueuglée ils luy font aualler le poifon du *defefpoir*, & la precipitent dans leur abifme pour vne eternité. D'où fuit l'importance de *retourner à Dieu interieurement*, & de s'approcher de cét abifme infini de bonté, de grandeurs, de lumieres, de gloire, & de delices, & d'amour, & de fainteté, & de toutes perfections, *habitant au centre de noftre ame*; mais il faut qu'elle quitte d'affection les objets exterieurs, qui l'en tiennent encore efloignée, & qu'elle en retire fes fens, fon attention, fon affection, & qu'elle la recueille, & la ramaffe *au fond de fon cœur* fous l'empire de IESVS.

Et *voila ce que contient en abbregé cette premiere jmage* appliquée au premiere Entretien purement actif, par lequel l'ame s'exerce interieurement & *actiuement en efprit*, *& par foy à conceuoir au fond de fon cœur Iefus-Chrift crucifié* en fimplicité de cœur; & y exercer enuers luy cette foy par amour, & luy tefmoigner là au fond de fon cœur *tous fes actes d'amour* d'humilité, & de foulagement, & de compaffion fur fes fouffrances: comme feroit de vous y jetter à fes pieds, y detefter vos pechez, y verfer des larmes cordialles fur fes playes, & des fanglots d'vn cœur contrit, & tout attendry fur fes douleurs, que vous luy auez caufées par vos pechez. Et là vous exerçant amoureufement, luy effuier le fang qui coule de fes playes pour vous, de la langue fpirituelle de voftre efprit; & vous y habituer ainfi peu à peu, & *vous y exercer enuers cette* SAINTE HVMANITÉ *par tous ces actes fufdits d'amour*, *& d'humilité enuiron vne demie heure le foir*, *& le matin*, *& de fois à autre pendant la journée*; fi voftre office, ou propre eftat ne vous oblige de differer à vne heure plus commode, & plus conforme à voftre deuotion; mais fur toutes chofes

en Iesus Crucifié conceu par foy au fond du cœur. 37
auec diligence, & pourtant *sans empressement* ny violence, ny chagrin, ny inquietude; mais dans toute la suauité, liberté, & simplicité possible.

Ainsi vous exerçant fidellement à rappeller vos pensées du dehors au dedans, à y *appriuoiser vostre esprit peu à peu sans le trop presser*, ny contraindre du commencement; mais auec foy & humilité vous accoustumer à la recollection interieure, y rappellant vostre esprit *autant de fois* qu'il s'en distrait, & luy donner là pour objet Iesus-Christ CRVCIFIE', *ou en quelqu'autre mystere de sa tres-sainte Mort & Passion*, ou *selon vostre deuotion*. Ou bien vous seruir des *motifs d'amour que nous y donnons à la fin de cet abbregé pour chaque jour de la semaine*; estant diuisez en quatre, pour quatre differentes heures du jour, pour vous seruir d'entretien auec le diuin Iesus au fond de vos cœurs.

Et par ainsi, cheres ames, nous essaions de vous faire *atteindre les choses inuisibles par les visibles*; & surnaturelles par les naturelles; & les diuines par les humains; & *les interieures par les exterieures*: & vous conduire ainsi du temps à l'Eternité. Ainsi que nous voirons dans la suitte des deux autres Entretiens. Voila en substance tout ce que demande ce premier Entretien purement actif; puis que l'ame y employe ainsi ses puissances en foy, & en amour, & humilité *enuers Iesus conceu par foy au fond du cœur*. Et ce faisant fidelement *l'ame y est affranchie des deux premiers sceaux*, sçauoir le peché & les choses mondaines, & partant en estat de passer au second.

Car (le peché quitté, & les choses mondaines mesprisées) il sera facile de n'agir plus, ny de ne souffrir plus pour icelles, mais d'agir & de souffrir *pour Dieu*, & d'offrir toutes nos œuures & souffrances au Pere Eternel, *en vnion* & action de graces de celles de son Fils, & *par les mesmes motifs* sçauoir pour la gloire de son Pere, & pour son infinie complaisance & pour nostre salut. Et dans cette conformité & vnité de motifs, nous auons acquis la.

PREMIERE VNION INTERIEVRE ET *purement actiue de nos œuures & souffrances, aux œuures & souffrances de Iesus.*

e iij

38 *Abbregé pratiq. de l'Oraiſ. de recueillement inter.*

LA SECONDE IMAGE
Pour le second entretien d'oraiſon actif, & paſſif: où par l'ouuerture du 3. & 4. ſceaux s'opere la ſeconde Vnion intime, actiue, & paſſiue de l'ame auec Ieſus-Chriſt.

La grace, et La paix infuſes dans nos ames de dieu le Pere par N.S.I.C. qui s'eſt offert Soy meſme pour nos péches.
P. ad gal. 12

EXPLICATION DE LA SECONDE IMAGE
Quoy que vous demandies en mon nom à mon Pere je le feray, afin que le Pere ſoit glorifié par le Fils.

En Iesus crucifié conceu par foy au fond du cœur. 39
Et derechef : *Si vous me demendez quelque chose en mon nom, je le feray.*

Considerez, cheres ames, la Charité infinie de Iesus-Christ, & comme tres-amoureusement il nous preuient, & nous offre, & nous promet de nous octroyer *tout ce que nous demanderons au Pere Eternel en son nom.* Et comme cette Verité eternelle nous asseure, ouy demandez confidamment en mon nom, & je vous feray selon ma promesse. C'est donc en cette confiance, cheres ames, que nous vous inuitons à *demander par ce second Entretien actif & passif* ; & non seulement *en ce tres-saint & tres-adorable nom de* IESVS, mais encore *par toutes ses paroles, par toutes ses larmes, & par toutes ses œuures, & auec tout son Sang, & auec toutes ses playes & souffrances,* & auec tout son corps, auec tout son esprit, & auec toute sa tres sainte & tres adorable Personne diuine, & auec tous ses infinis merites.

Et encore auec tout cela nous y demandons, & nous *nous y soûioignons auec la tres-sainte Vierge,* & auec toutes ses œuures & souffrances, & auec tout ce que son cœur virginal est au cœur vierge de son Fils, & auec tous ses merueilleux & ineffables motifs. Nous nous y soûioignons encore en la maniere qui se dira cy apres, auec tous les cœurs du Ciel & de la terre, qui tiennent par vnion & lien d'amour au tres-tendre cœur de Iesus.

Enfin ce tres-diuin Iesus grand Orateur du sein du Pere, & le fidele amateur des cœurs, nous inuite & nous apprend à demander à son Pere *l'aduenement de son Royaume en nous; mais en son nom;* parce que personne ne peut aller au Pere que par luy, & en luy. D'où vient qu'il dit : Ce que vous demanderez en mon nom à mon Pere, *ie le feray,* & il ne dit pas, mon Pere le fera : pour nous apprendre *les diuines relations des Personnes diuines* ; & comme par leur sagesse elles entrent dans tous leurs diuins ouurages, & y *operent l'vne par l'autre, l'vne auec l'autre, & l'vne dans l'autre* : afin de nous faire voir des œuures diuines, & nous apprendre que DIEV

EST VN ET TRIN. Mais comme cette diuine Sageſſe, cette Vnique Eſſence, s'eſt preſcrit des Loix diuines, gardant vn bel ordre dans toutes ſes operations: pour y faire reluire ſa Sageſſe, elle a commencé tous les grands & admirables ouurages, tant de la Nature que de la Grace; du temps que de l'Eternité *par ſon Verbe*; lequel Verbe auſſi pour cette fin en eſt fait l'appuy, & le ſoûtien, & la colomne eternelle & inébranlable.

D'où vient, cheres ames, qu'il eſt auſſi de *ſon employ perſonnel* de miniſtrer, & adminiſtrer à tous les Eſtres creés, tant au Ciel qu'en la terre, toutes les choſes côuenables à la bienſeance, & pour la ſubſiſtance de leur Eſtre. C'eſt pourquoy il dit *Ie le feray*, mais qu'il le faut demander au Pere afin de l'obtenir du Fils; & que le Pere ſoit glorifié par le Fils; parce que le pere & le fils donnent tout ce qu'il dõnent, & font tout ce qu'ils font dans la diuine clemence de leur bonté Infinie; & dans l'vnion eſſencielle de leur amour, qui eſt le ſaint Eſprit: & par ainſi *les trois Perſonnes concourantes par Indiuis & vnité d'eſſence* dans tous les ouurages de la creation, de la reſtauration, & conſommation des Eſtres, (cependant, les attributs ſont toûjours gardés à chacune des perſonnes diſtinctes) comme *au Pere la Creation; au fils, la Redemption; & au ſaint Eſprit, la bonté, l'amour & la ſanctification* Et partant le fils eſt celuy, par lequel nous allons au Pere par lequel auſſi nous attirons du Pere & du ſein de la Diuinité, toutes les graces & dons ſurnaturels, miniſtrés dans nos ames par l'amour eſſenciel, le ſaint Eſprit.

Car, dit ſaint Iean, IESVS-CHRIT eſt *le premier nay d'entre les morts* c'eſt à dire le premier vainqueur, le premier victorieux, & le premier affranchi des liens de la vie mortelle & paſſible; & *le premiere viuant*. De la vie impaſſible, & glorieuſe, & immortelle; & dans luy, & par luy toutes les creatures humaines & angeliques; ce que contient en abbregé, & en ſubſtance la demonſtration figuratiue de cette ſeconde image dont nous allons traiter côme d'vn objet pratique des choſes interieures, mais repreſẽtées par les exterieures,

pour

En Iesus Crucifié Conceu par foy au fond du cœur. 41
pour ayder les simples, & les faire passer aux choses Inuisibles par les visibles, & au diuin par l'humain.

Cette *seconde Image* posée à l'entrée du second entretien est aussi vne *forme de cœur*, dans lequel est representée *Nostre-Dame de pitié, tenant son cher fils mort* estendu, & tout couuert de sang & de playes; là retirés, & profondement abbaissés *au fond de nos cœurs en esprit, & auec foy, & feruer d'amour nous nous soûjoignons interieurement, auec cette tres-humble, & tres-desolée Mere, pour offrir & presenter par elle, & auec elle au Pere Eternel cette tres-digne, & tres-Puissante victime pour attirer du sein paternel, & par elle dans nos cœurs, toutes les graces des merites du diuin Agneau*; ouurant les thresors du Ciel par son occision; & à cét effet, vous y voyés vne figure sur le haut du cœur *representant le Pere*; pour nous faire voir, qu'il y doit regner, & dominer souuerainemēt, & pour l'y faire voir aussi comme dans vne posture, qui monstre l'aggrément & l'infinie complaisance, qu'il prend à receuoir cette tres-digne offrāde filiale, & materielle, à laquelle nous deuons estre interieurement & spirituellement, & *soûjoints conioints en esprit au fond de nos cœurs*; en silence, en foy, en esperance, & ardeur d'amour: & par ainsi, *y pratiquer fidellement, & le passif; & l'actif: l'actif en nous soûjoignants* interieurement à la tres-sainte Vierge, & y mōstrants au Pere ce pitoiable objet; afin de l'attirer à cōpassion sur nous en veuë de son Fils; *& le passif, en y demeurants interieurement*, ouuerts silencieux, & intimemēt attētifs à receuoir passiuemēt dans nos cœurs tout ce qu'il luy plaira d'y verser pour sa gloire, & nostre salut.

Et pour cét effet, & venir à la pratique. *vous y voyés encore tout au bas du cœur vne figure representant l'ame qui prie, & tres-humblement soûjointe à la tres-sainte Vierge, pour y offrir par elle, & auec elle cette toute puissante victime* interposant ainsi à la face du Pere ce tres-digne & tres ineffable sacrifice, lequel a merité nostre redemption, en remettant & abolissāt les pechez. Et afin aussi qu'en *son aspect & en sa veuë pitoiable* & humiliée, ses diuines entrailles de charité, de misericorde, & de clemence paternelles, soient tendrement at-

f

teintes, & amoureusement blessées de toutes les flêches d'amour & de justification sortantes à foulle & comme à l'enuie, de toutes ses *playes ensanglantées*, & de toutes ses cruelles meurtrissures, comme par *autant de bouches d'amour* reconfiliantes ; dont les voix amoureuses sont aussi comme autant de *flêches embrasées* qui atteignent, qui percent, & qui penetrent tres-amoureusement, puissamment, noblement, & diuinement *le cœur du Pere* ; & le font fléchir tout en cōpassion sur nos miseres ; & tout en misericorde sur nos indigences ; & tout en tendresse d'amour sur nos duretez pour amollir nos cœurs, & les faire fléchir à sa clemence: & ensemble pour verser en eux tous les infinis merites, & la tres-precieuse onction du Sang de son Fils ; & sur tous les autres pecheurs, que nous y soûjoignons dans l'ordre de la charité chrestienne ; ainsi que l'image suiuante vous le fera voir plus clairement.

Enfin l'ame en cette posture est abbaissée, & profondement humiliée sous l'humilié Iesus, & au dessous de la tres-sainte Vierge, & de tous les ordres celestes, Anges & Saints, & au dessous des hommes, & mesme des pecheurs, comme s'estimant la plus grande pecheresse ; & partant la plus indigne de participer à tous les diuins debords du Pere espanchez sur vn tel Fils, & sur vne telle mere Vierge ; & d'elle sur les Anges sur les Saints, & des saints sur la tres-sainte Eglise ; & de la tres-sainte Eglise sur les deuots de la Passion, & d'eux sur les pauures pecheurs, & puis sur *l'ame qui prie au fond de son abbaissement*, & de son aneantissement humiliée.

Mais comme ce mystere icy, est comme le racourcy qui ramasse tous les mysteres de Iesus-Christ, & qui les contient en substance, auec le fond de toutes les diuines veritez qui en esmanent, *nous n'en pourrions pas loger dans cette image, ny representer toutes les figures necessaires*: c'est pourquoy afin de n'y rien embroüiller, & d'y garder quelque ordre pour la facilité de la pratique, *nous y placerons encore tout exprez vn autre cœur*, dans lequel *il sera monstré & marqué les neuf degrez*

en Iesus Crucifié conceu par foy au fond du cœur.

d'abbaissement, & d'humiliation de l'ame qui commence dé-ja en cét estat à la contemplation, & partant vous voyez l'ame au fond de son abbaissement, & comme aneantie sous les pieds des pauures pecheurs *dans le centre de son neant*, *& là esperant & attendant de receuoir les debords de Dieu, trauers tous ces ordres qu'elle y tient interposés, & exhibés au dessus d'elle, & qui tirent, & attirent du sein du Pere, comme* auec des mains d'amour, tous les torrents de delices, qui en escoulent, & qu'elle desire participer auec eux, & par eux, & par leurs merites : & à ce sujet elle s'y tient là profondement humiliée, & silencieusement prosternée en esprit, & en foy, en amour, & en humilité.

44 *Abbregé pratiq. de l'Oraiſ. de recueillement inter.*

IMAGE QVI REPRESENTE

L'ordre que l'ame doit garder au commencement dans cette pratique d'abbaiſſement interieur au fond de ſon cœur durant l'Oraiſon.

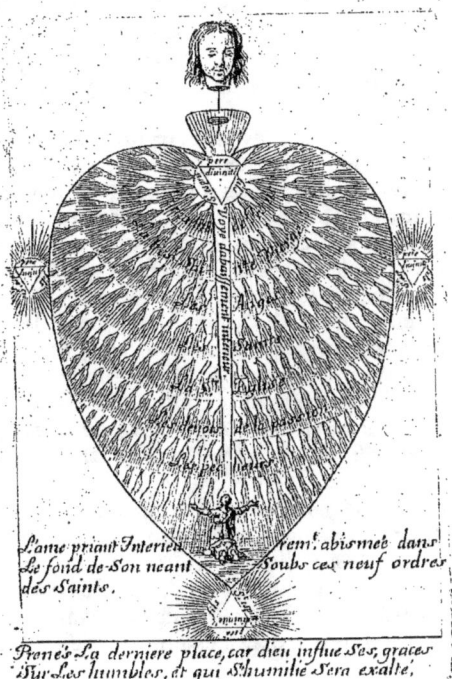

Prenés La derniere place, car dieu influe ſes graces ſur Les humbles, et qui S'humilié ſera exalté.

L'Ame doit premierement ſe recolliger profondement dãs la veuë de ſon diuin objet crucifié pour y decendre par ces neuf degrez d'humiliation, & d'abbaiſſement interieur deuant ſa diuine face, pour luy offrir ce tant digne ſacrifice. Et pour y reüssir il *se faut garder de l'empressement*, mais s'y appliquer doucement auec paix, suauité, & tranquillité d'esprit, & s'y accoustumer ainsi *peu à peu interieurement* spirituellement en foy, en amour, & en humilité.

Car, cheres ames, c'est icy *la vraye eschelle de Iacob*. Dont le haut bout atteint la diuinité, & le bas bout à la terre des pauures pecheurs, lesquels nous y posons comme spectateurs des merueilles qui s'y operent pour les y attirer par amour.

Mais *les Anges*, c'est à dire les ames styllées à l'oraison y montent, & descendent en odeur de suauité, & y sauourent les infinies delices de Dieu au plus intime de leurs ame.

1. L'ame estant ainsi prosternée en Oraison, & humblement recolligée & ramassée dans son cœur, se voyant tres-indigne d'approcher de si prés *de la Diuinité*, que la foy luy apprend estre au dessus de toutes choses souuerainement, elle se retire en cette veuë, & s'abbaisse tres-humblement.

2. *Au dessous de la tres-sainte Humanité de Iesus*, & se voyāt encore indigne de particier de si prés les benignes influences de cette tres-sainte Humanité, elle s'abbaisse encore.

3. *Au dessous de la tres-sainte Vierge*: puis se voyant encore indigne d'estre si prés de la tres-sainte Vierge, elle s'abaisse.

4. *Au dessous des Anges*; puis se voyant encore indigne d'approcher si prés des Anges, elle s'abbaisse encore.

5. *Au dessous des Saints*; puis se voyant encore indigne d'approcher de si prés les Saints, elle s'abbaisse encore.

6. *Au dessous de la tres-sainte Eglise* puis se voyant encore indigne d'approcher de si prés la tres-sainte Eglise, elle s'abbaisse.

7. *Au dessous des deuots de la Sainte Passion*; puis se voyant encore indigne d'aprocher de si prés ces ames fidelles, toutes contrites, & attendries sur les douleurs de Iesus, elle s'abbaisse encore.

8. *Au dessous des pauures pecheurs*, & enfin là en silence.

9. L'ame s'estant abbaissée dans le fond de cét abisme d'abbais-

sement où elle prie toute attentiue, & ouuerte interieurement y rend le vaisseau de sa volonté en toute humilité ainsi sousjointe, & conjointe à tous ces ordres, & degrez qui demandent, & attirent du cœur du Pere, par le cœur du Fils, sous les debords duquel tous ces cœurs sont ouuerts, auec celuy de l'ame, qui prie, pretendant y receuoir auec eux, & par eux, les diuines influances de sa grace trauers tous ces ordres, & degrez, qui mandient deuant le Pere, & pour eux, & pour nous.

Ainsi faisant fidellement, bien tost l'ame experimentera dans tout son estre les glorieux debords de grace, liberallement, & tres-abondamment *espanchés du cœur de la diuinité*, & là en cette posture approfundie, l'ame s'y doit tenir tres-passiue, & vniquement *conjointe à cette glorieuse victime* par lien d'amour, & vnion d'Esprit, comme au diuin objet des plus cheres complaisances du Pere, & qui nous y tient aussi *en vnion, & charitable societé de tous ces autres cœurs*, ainsi faisant fidellement, & Dieu voyant l'ame humiliée, & profondement abbaissée, *& aneantie au dessous de toutes choses*; il prend vn infini plaisir de la congratuler, & de l'innonder d'vn deluge de grace, au moyen duquel sont *leués, & biffés les deux sceaux suiuants*, sçauoir, la complaisance des sens interieurs, ou passions du cœur. Et partant l'ame mise en disposition de passer au troisiesme entretien purement passif; apres auoir aquis en ce second entretien.

LA SECONDE VNION INTIME, ACTIVE & passiue de nos puissances, & volonté, à celles de Iesus dans l'information de mesme vertus, & dans l'vnité de mesme amour, & charité.

en Iesus Crucifié conceu par foy au fond du cœur 47.

LA TROISIESME IMAGE

Pour le troisiesme entretien purement passif: où par l'ouuerture du 5. 6. & 7. sceaux s'acquiert la troisiesme vnion plus qu'intime, & purement passiue de l'ame auec la Diuinité par Iesus Christ.

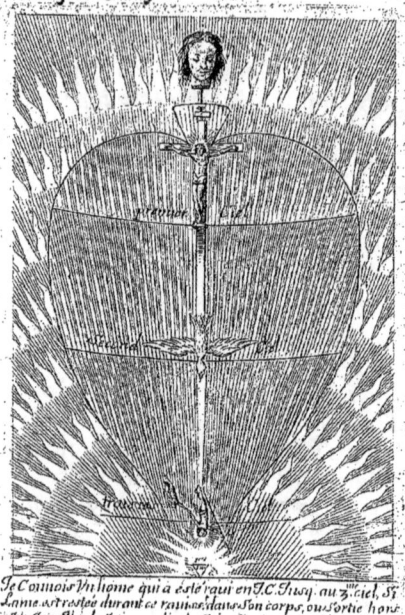

Je Connois vn home qui a esté raui en I.C. jusq. au 3.me ciel, Sⁱ l'ame est restée durant ce rauiss. dans son corps, ou sortie hors son corps, ie ne sçais, ie le sçais par dieu le S^{ait}. Cor. 2. 12.

EXPLICATION DE LA TROISIESME IMAGE

Voicy, Ie suis à l'huys, & frappe: si quelqu'vn oyt ma voix, & mouure l'huis, i'entreray à luy, & souperay auec luy, & luy auec moy.

Noſtre diuin Ieſus exerçant la Charité accouſtumée nous ſollicite tendrement, & amoureuſement, nous diſant, *qu'il eſt à l'huis de noſtre cœur* attendant l'ouuerture, & qu'il frappe auec le diuin inſtrument de ſa charité à *la porte interieure de noſtre volonté* ; là où, ſi nous voulons tant ſoit peu pancher & ſuauement incliner l'oreille de noſtre cœur, & nous y rendre ſilencieuſement *attentifs*, nous y oyrons ſa voix, laquelle vient du dedans, & nous y ſemond d'entendre à luy, & à tout ce qu'il y vient operer : en nous diſant. *Ouure moy l'huys de tes puiſſances, en les fermant exterieurement à tout le dehors*, & par ainſi aux choſes creées: elles ſoient ſeulement ouuertes à Moy ſeul, & que i'y entre; & que y aneantiſſant leurs propres actes, Ie m'en puiſſe emparer imperieuſement, & les mouuoir, & les manier à mon plaiſir, & à ma maniere diuine, & Infinie.

PREMIER CIEL OVVERT.

Mais outre cela, Ame Chreſtienne, il faut encore pour conſommer ta perfection, & me donner par cela meſme vn contentement infini, que tu m'ouure *la porte centralle de ton ame, afin que i'y entre à toy dans ta propre maiſon* ; & que i'y ſouppe auec toy, & que ie m'y resjoüiſſe ; & que ie m'y delecte ; & qu'en fin i'y raſſaſie la ſoif inſatiable de ma Charité, & ma faim infinie de manger du feſtin ſauoureux de ta propre vie, finie, bornée, naturelle, & humaine. Et partant qui me retient, & qui m'empeſche d'y d'eſployer, & d'y eſlargir la vaſtitude immenſe de mon infinité ; & enfin la glorieuſe participation de mes infinies perfections.

Toy, dis-je, ô ame, que i'ay preferée à ma propre vie, & à tout mon ſang, & à toutes mes larmes, & à toutes mes œuures & ſouffrances ; & dans vne humiliation, & aneantiſſement inconceuable.

O ingratte & des naturée creature, *qui me laiſſes les dizaines d'anneées, les vingtaines, les trentaines, les quarataines, & les cinquantaines, & les ſoixantaines d'années, à la porte de ton cœur, ſans daigner m'ouurir: quoy que i'y heurte ſans ceſſe, & coup ſur coup*; comme vne mere preſſée d'allaicter ſes petits,

&

en Iesus Crucifié conceu par foy au fond du cœur.

& cependant tu resiste. O cruelle, que t'ay-je fait? pour traiter ainsi si ingratement, & si durement ma tendresse, & l'infinie douceur de mon amour? Mais dis, *pecheur*, encore, iusques à quand te plairas tu à m'attrister, & angoisser mon cœur par la dureté du tien? Escoute donc vn peu de temps, ie te prie, & si ton cœur ne fleschit à l'infinie tendresse du mien: écoute, l'heure approche que tu t'aduiseras de me prier, *& moy qui suis*, à mon tour ie feray la sourde oreille, & ne t'exauceray point. *Qui a oreille oye ce que l'Esprit dit au cœur ingrat.*

Mais toy, ô ame fidelle, qui a oüy ma voix, & m'as ouuert de bonne heure, & auec amour, & laissé entrer en toy, & m'y as laissé estre le paisible possesseur, & m'y as laissé faire à mõ plaisir & en ma maniere diuine, & m'y as plû, & m'y suis delecté dans toy, ô ame, pourqui i'ay sué le Sang, & pourqui ie n'ay rien espargné: mais ie m'en tiens bien payé, si tu continues, si tu perseuere à *me laisser estre en toy le paisible possesseur de ton cœur*.

Mais, bien dauantage, ô ame bien aymée, *sois fidele*, sois simple, docille à ma voix; *sois prudente en tes voyes*; sois humble sur toute chose, & mon amour reposera en toy. Et ie te dis derechef, ie m'y delecteray. Et parce que *tu m'as laissé regner en toy*, ie veux aussi te faire regner en moy; & cõme ie t'ay possedé, ie veux que tu me possede, & comme ie me suis delecté en toy, ie veux aussi que tu te delectes en moy; & ie t'y veux faire sauourer mes delices, & ie t'y veux nourrir de ma vie ressuscitée, glorieuse, & diuine; afin que tu sois *vn auec moy, comme ie suis vn auec mon Pere. Car mon Pere est en moy, & ie suis en moy, & ie suis en mon Pere; & toy en moy, & moy en toy* dans l'effusion de mon amour: sois fidelle car ie viens bien-tost.

SECOND CIEL OVVERT.

Qui vaincra ie le feray seoir auec moy, ainsi que i'ay aussi vaincu, & suis assis auec mon Pere en son throsne.

O immense Charité de Iesus! ô Sagesse inscrutable! ô

infinie Bonté sans exemple : Mais qui sera l'œil assez espuré pour profonder vos infinies misericordes ? Vous prometés vn thosne, O diuine Sagesse, à celuy qui vaincra, dites vous : mais O tres-aymable Iesus, qui est celuy qui a vaincu, & qui vaincra ? Sinon vous, O amour infini ? *qui vous plaisés de vaincre dans nous-mesmes Pour nous-mesmes* ; & puis vous nous en appliqués le merite.

Et par ainsi *vous nous rendez victorieux de vos victoires*, & puissants de vostre puissāce, & sages de vostre sagesse, & tous lumineux de vostre lumiere, & tous diuins de vostre Diuinité, & *Roys dans vostre Royaume, & assis dans vostre mesme throsne*, & seulement, parce que vne telle ame vous a laissé asseoir, & reposer dans le throsne de son cœur : & vous appellez cela des victoires. O bon Iesus, & pour cela maintenant vous la faites seoir auec vous, & reposer dans vostre mesme repos, & aymer, de vostre mesme amour ; & viure de vostre mesmes vie dans vous-mesme.

TROISIESME CIEL OVVERT.

Cette troisiesme Image, que nous posōs à l'ētrée du troisiesmes Entretien est encore *vne forme de cœur, tout enuironné d'vn globe de lumiere, qui represente la diuine immensité*, & par dedans il est vû tout flamboyant de l'Amour diuin, *& tout ouuert & percé à jour d'outre en outre, par la puissance imperieuse du diuin attraict*, lequel y fait cette vaste ouuerture, afin que *le diuin Iesus venant du dehors* par la reception du tres-saint Sacrement dans l'ame, il y puisse passer en triomphe, & y *faire vne nouuelle ascension outre le fond de l'ame en sa diuinité*, & si l'ame est libre & affrāchie, il l'amene auec soy : & à ce sujet vous y voyez aussi *vne figure representant l'ame*, que le diuin Iesus mene en triomphe comme sa glorieuse trophée, & le prix de ses victoires, pour la faire aussi passer outre elle-mesme auec luy en sa Diuinité, qui l'enuironne, & qui la penetre des ardeurs lumineuses de son pur Amour, dilatant le cœur à l'infini : & pour lors l'ame s'y voit comme abismée, & engloutie d'vn *globe de lumiere qui l'insinue, & la perd dans l'immensité de ce diuin Ocean*, & là y estant despoüillée de son fini, elle *en Iesus Crucifié conceu par foy au fond du cœur* y perd son infinie petitesse, & entre glorieusement auec son victorieux Iesus dans les espaces infinies de sa Diuinité : où l'ame est reuestuë, & remplie, & aggrandie dans la grandeur de Dieu mesme.

Et parce que la diuine Bonté ne s'est iamais laissée vaincre en bien-faict; Dieu voulant faire voir à vne telle ame combien il est infiniment liberal enuers ceux qui le craignent; & comme il est fidelle enuers ceux qui l'ayment en verité, recompensant richement les moindres vertus pratiquées en Charité; & parce qu'il est infiniment bien-faisant: il se plaist aussi à donner infiniment, & à ne cesser de bien faire. D'où vient qu'il est infiniment delecté à donner à *l'ame fidelle qui la laissé estre en elle, & qui l'y a laissé viure, & l'y a laissé regner paisiblement dans son cœur*: & voicy aussi qu'à son tour il l'appelle, & luy donne selon toutes ses promesses, & tout ainsi que cette ame luy a volontairement, *librement*, & amoureusement liuré, & abandonné son cœur pour luy seruir de *throsne royal*, il la fait aussi en recompense entrer en son diuin Palais, & la conduit glorieusement en triomphe parmy les infinies delices de sa diuinité; & enfin iusques à la placer, & la faire seoir en son throsne, disant, *sieds toy, ô ame bien-heureuse & te repose de tes victoires*, & entre en possession de mon *heritage que nul ne te sçauroit oster*.

Vous voyés par cét abbregé cheres-ame comme ces trois moyens de chercher, trouuer, & posseder nostre aymable Iesus au fond de nos cœurs, & par luy, & en luy, sa diuinité, sont les vrais, les solides, & les tout puissants moyens, qui vont *vnissans l'ame à Dieu* par les trois genres d'employ du diuin amour, conformes & raportants à ces trois moyens, qui sont tres-faciles, tres-suaues, tres-solides, & conformes a la foy, & à *la volonté de Dieu*; laquelle est de ruiner de fond en comble dans nos ames *le regne du Demon, & du propre amour*, & enfin de tout ce qui empeche le regne absolu de son saint amour personnel,

partant, cheres ames, embrassant, tels moyens auec les conditions requises, & vous y soûmettant simplement, & auec docilité d'Esprit, & humilité de cœur, comme des en-

g ij

fants à qui appartient le Royaume des cieux, vous donnerés vn infini contentement à sa diuine majesté, & en receurez des graces infinies. Car le diuin Agneau ayant dans ce 3. entretien fait ouuerture des trois derniers sceaux, mene l'ame en triomphe outre elle mesme dans le sein immense de sa diuinité où elle s'acquiert.

LA TROISIESME VNION PVREMENT
passiue, & plus qu'intime de l'essence de l'ame auec l'essence diuine, par insinuation tres-intime & amoureuse de l'vne dans l'autre.

RESPONSE A VNE OBIECTION SVR
cette pratique d'oraison & de recollection interieure, en Iesus Crucifié, conceu & regardé attentiuement par foy au fond du cœur, & cette foy exercée interieurement par amour vers cét obiet diuin & humain dans l'interieur.

PEut-estre que l'on nous proposera *cette difficulté, sçauoir, que nous ne donnons icy qu'vn seul obiet à nostre esprit, & encore vn obiet crucifié,* & partant crucifiant ; & que cela est triste & ennuyeux de faire tousiours vne mesme chose, ainsi qu'il appert en cette pratique. Et que *la tres-sainte Eglise celebre tous les autres saints Mysteres de Iesus-Christ, comme sa naissance, sa circoncision, son jeusne, sa vie conuersante, sa vie cachée, sa vie ressucitée & glorieuse:* & que comme enfans de l'Eglise nous la deuons suiure: non seulement dans toutes les diuerses Festes de nostre-Seigneur, mais aussi dans toutes les Festes dediées à la tres-sainte Vierge, & dans celles aussi de tous les Saints ; c'est l'obiection que l'on peut faire, & mesme que quelques-vns ont déja fait.

A quoy nous auons aussi déja humblement respondu, mais non encore par écrit iusques à present: nous dirons donc que *nostre intention est telle, de suiure & de respondre de point*

en Iesus Crucifié conceu par foy au fond du cœur.
en poinct à l'intention de nostre Mere la sainte Eglise. Mais, tres cheres ames, ie vous demande aussi auec vostre permission vne grace touchant ce sujet; & la conformité que nous deuons auoir à tous les saints Mysteres, que la tres-sainte Eglise celebre; & vous demander en toute humilité & auec respect, & dans la charité de Iesus-Christ; *sçauoir ce qui se fait de plus grand, & auec plus de deuotion, de solemnité, & de magnificence dans la tres-sainte Eglise, tant le iour de la sainte natiuité de Iesus, que le iour de la Circoncision, de l'adoration des Mages; que le iour de Pasques, de l'Ascension, que de la Pentecoste: qu'aussi toutes les Festes de la sacrée Vierge, & de tous les saints, tant en particulier qu'en general.* Et par apres le tout bien consideré, vous trouuerez que le iour de la sainte naissance de Iesus-Christ, chaque Prêtre celebre trois Messes, & selon l'ordre gardé en la tres-sainte Eglise: & partant en bonne charité, ie vous demande qu'est-ce que la tres-sainte Messe? Sinon, *la viue representation non sanglante du Sacrifice tres-sanglant, que nostre-Seigneur à fait de soy-mesme sur le Caluaire, & l'Autel de sa Croix.*

Et par ainsi cheres ames, demandez donc s'il vous plaist à la tres-sainte Eglise, pourquoy le iour de la naissance du Fils de Dieu chaque Prêtre reïtere trois fois cét ineffable Sacrifice? Car quelle raison de celebrer le mystere de sa mort dés le premier iour qu'il naist au monde: il semble que pour bien faire & bien garder l'ordre des Festes, il faudroit seulement se contenter en ce saint jour de *dresser vne créche dans l'Eglise,* auec tout le particulier & le general de ce Mystere; & là luy rendre nos deuoirs auec tous les témoignages d'amour & de tendresse deûs à ce tres-saint Mystere de son enfance. Ce qu'il faut aussi faire sans doute, mais d'vn culte interieur passant de la figure à la verité, residante par foy & par amour au fond de nos cœurs: & c'est mesme ce que font toutes les communautez mieux reglées, se representans ce Mystere à l'exterieur pour l'attirer en l'interieur, & du hors au dedans, & de la figure à la verité; sans pour cela cesser leurs attention interieure au *saint sacrifice de la*

Messe, laquelle se celebre tous les iours par ordre de l'Eglise; parce que cette Hostie propitiatoire est le propre testament de Iesus-Christ, *autant de fois que vous mangerez ma Chair & boirez mon Sang, vous rememorerez ma sainte Mort & Passion, iusques à ce que ie vienne.*

O ames chrestiennes, c'est l'effet de la sagesse du Dieu fait homme, lequel a si bien fait, que *tous les saints Mysteres conuiennent ensemble*, estans comme enclauez l'vn dans l'autre, & l'vn pour l'autre, sans la moindre *contradiction*; parce que le saint Esprit en est le diuin Oeconome. C'est pourquoy on celebre tous les iours le saint mystere de la Messe, sans qu'il soit ennuieux, mais plustost il est tous les iours renouuellé, parce qu'il conuient à toutes les Festes, & en contient l'origine, & en fait la perfection, & de toute la Loy de grace; & l'essentiel de l'Eglise, & la perfection, & la consommation de tout Sacrifice. En telle sorte que la tres-sainte Messe est la colomne & la fermeté de l'Eglise, d'autant que ce quelle represente, qui est *la tres-sainte Mort & Passion de Iesus-Christ*, fait le fond de tous les Sacremens & la stabilité de la Loy de grace, & les arrhes de l'Eternité bien heureuse. Car la Passion de Iesus-Christ, c'est le grand vase d'honneur de Dieu, lequel fait, *& contient en abregé & en fond tous les autres Mysteres*; parce quelle fait la consommation & la reduction de toute la vie, œuures, & souffrances, & merites de Iesus-Christ.

Car *s'il est mort* c'est parce qu'il a *vescu* d'vne vie mortelle; & s'il a vescu de cette vie, c'est parce qu'il y est *nay au monde*; & s'il a esté né, il faut aussi qu'il y aye *esté conceu*: or qu'il y aye esté conceu; c'est la nouuelle d'vn Archange portée à la plus pure, à la plus noble, à la plus sainte, & à la plus humble de toutes les Vierges: & afin de nous donner vne plus grande estime & du Fils, & de la Mere Vierge; il nous asseure que c'est l'operation du saint Esprit; l'esprit de pureté, & de diuine sainteté. De mesme si vous nous dites qu'il est *resuscité*, nous vous respondrons que *c'est parce qu'il est mort*, & s'il nous *a enuoyé son saint Esprit*, c'est parce qu'il nous l'auoit

en Iesus Crucifié conceu par foy au fon du cœur. 55
merité par sa tres-sainte Mort & Passion: si bien que sa tres-sainte Mort & Passion, est comme le grand & tres vaste *vaisseau contenant eu fond toute la gloire, & la sainteté des hommes, & voire des Anges*; car si vous me dites qu'ils n'ont point eu affaire de *liberateur*, ils ont tousiours eu affaire de *glorificateur*; & dauantage ils n'ont estez preseruez de cheute, que parce qu'ils se sont abaissez aux pieds du throsne de L'AGNEAV, auquel toute creature est tributaire & redeuable, parce que toute chose subsiste en luy, & par luy.

Et tout ainsi que *la tres-sainte mort, & Passion de Iesus-Christ* fait hurler de rage & d'enuie *les demons*, elle delecte & glorifie *les Anges* ineffablement, à cause qu'ils ont esté Ministres, & Ambassadeurs spirituels de tous les Saints Mysteres de Iesus-Christ, & les témoins inuisibles de toutes les particularitez, de toute nostre redemption; Car, cheres ames, ne croyez pas que la Ierusalem terrestre fut toute seule à regarder *le sanglant spectacle du Caluaire*, mais sçachez qu'il y auoit incomparablement plus de spectateurs inuisibles de la Ierusalem celeste, qui fondoient en larmes d'amour, sur l'innocence, & le tres-tendre cœur de ce DIVIN AGNEAV, qui fait la felicité des Anges, aussi bien que la sainteté des hommes. Et mesme les Anges assistent encore tous les iours au saint Sacrifice de la Messe pour en estre tesmoins & nous reprocheront au jour du jugement *nos irreuerences, & indeuotions* à la face du Ciel, & de la Terre.

Vous pouuez donc voir comme les ordres gardez en tous les saints Mysteres de *l'Eglise, tant triomphante que militante, rendent leurs hommages & gloire à* L'AGNEAV OCCIS. Et par ce qu'il a vaincu, le Pere luy a tout donné. D'où vient que sur cette pierre, l'Eglise est affermie & inébranlable; & par ainsi elle celebre la memoire de sa tres-sainte Mort dans tous les autres saints Mysteres, & *en fait mesme le principal des Festes*: Puis que la sainte Messe, est le plus haut & le plus grand de tous les cultes que nous puissions rendre à l'altesse de la Diuinité, pendant cette vie, & mesme dans la gloire.

Il est vray qu'il n'est licite qu'aux *seuls Prestres de consacrer* mais aussi que *tous les Chrestiens sont Prêtres pour offrir, & glorifier le Pere de cette ineffable offrande sur l'Autel de leurs cœurs.*

Enfin cette tres-sainte Passion de Iesus-Christ, est la derniere action & la consommation de toutes les actions de sa vie mortelle & paisible : *& laquelle renferme en elle tous les thresors des autres Mysteres*, auec le germe de nostre Resurrection, & fait ensemble tout le salaire & le payement infiny de la dette de nostre eternité ; nous faisant par là passer dans son passage, pour nous consommer dans sa consommation : puis que c'est de ce passage de mort qu'il est entré dans l'estat impassible de son immortalité. Et par ainsi nostre Seigneur qui sçait tout peser au bon poids ce que chaque chose vaut, *ne nous a point laissé d'autre memorial*, ny d'autre testament d'aucun de ses Mysteres, *que de celuy de la tres-sainte mort & Passion*. C'est la pierre ferme de l'Eglise, & l'origine des saints Mysteres qui s'y celebrent, lesquels s'operent *tous auec des signes de Croix*, c'est la premiere action que l'on doit apprendre aux Enfans que de se signer. Et c'est ce que l'on fait aussi pour leur apprendre, que c'est en la Croix & par la Croix qu'ils succent le germe de la nouuelle vie, de leur vie spirituelle & chrestienne ; & qu'ainsi *ils doiuent viure & mourir dans cet objet*.

D'où vient que la sainte Eglise conduite du saint Esprit *nous arme du Crucifix aux abois de la mort*: parce qu'il n'y a rien de semblable pour espouuenter les Demons, (posé que l'ame en aye fait vn bon vsage pendant sa vie.) Et c'est pourquoy cheres ames, vous voyez que *le iour de la Resurrection de nostre-Seigneur on celebre le Mystere de la Croix*, & tous les autres iours de l'Ascension, de la Pentecoste, tout ce qui se pratique auec plus d'attention, de deuotion, & de magnificence dans la sainte Eglise, c'est le saint Sacrifice de la tres-sainte Messe. *Ce n'est donc pas contreuenir aux ordres de l'Eglise que de rememorer ce qu'elle rememore* ; & que de celebrer ce qu'elle celebre auec tant de reuerence. Outre que cela n'empesche nullement, ny ne contreuient en aucune façon au mystere du jour ; mais plûtost c'en est toute l'essence &

en Iesus Crucifié conceu par foy au fond du cœur.

la noblesse, & *la cause foncière.* D'où vient que nostre-Seigneur ne se glorifie de riẽ tant, ny mesme n'est de rien dauãtage glorifié, que de sa tres-sainte Mort & Passion : puisque l'Eglise en fait *tous les iours* si grande feste par le saint sacrifice de la Messe, & on ne celebre tous les autres saints Mysteres qu'vne fois l'an ; & encore tout *le principal de ces Festes,* c'est d'y celebrer le tres-saint sacrifice de la Messe.

Et partant si *l'on vous donne icy vn obiet interieur à vostre esprit, qui est Iesus-Christ crucifié conceu, par foy au fond du cœur,* ce n'est point pour contreuenir aux desseins de la sainte Eglise : puis qu'elle mesme le rememore tous les iours par tant, & tant de Prêtres qui le celebrent : ce n'est non plus aussi ombrager la memoire des autres Mysteres ; mais plustost pour les illustrer & les glorifier dauantage ; *le recueillant tous en union & en abregé dans le vase de leur consommation,* ce qui est mesme vn tres-grand auantage à l'ame, s'arrestant, & s'appliquant *à vn seul obiet,* dans lequel elle y trouue la racine de tous les autres ; car aussi bien *faut-il quitter la multiplicité, si nous voulons arriuer à l'vnité ;* & pour vray dire, on ne voit que les degoutez chercher, & rechercher des sauces & des ragouts, parce qu'ils ont peu de santé : mais les ames abandonnées au diuin *attrait interieur ;* elles s'en laissent tirer, & retirer, y supportans passiuement tous les estats de disette, & d'abondance ; & non point selon leurs sens, ny leurs caprices ; mais selon l'ordre, & la distribution du diuin amour. Car *il faut apprendre à manger de tout ce qui se sert sur la table de nostre caluaire interieur ;* où l'on ne sert que des viandes solides, & la peine de ceux qui n'ont point encore d'experience est *plus imaginaire que veritable.* Mais pour bien faire il s'en faut croire, & raporter à ceux qui en ont experience, qui vous diront que *le seul objet de Iesus-Christ au fond du cœur, vaut mieux tout seul, que tous ceux que tous les hommes, voire tous les Anges pourroient inuenter* pour les grands biens que l'ame fidele y rencontre, & les graces qu'elle y aquiert, & les victoires qu'elle y emporte *par l'assistance de ce diuin Agneau !*

Ce que nous en faisons donc en cecy, outre l'obligatiõ que

h

nous auons comme Chreſtiens, de nous nourir de ce pain de ſalut, nous en renouuellants touſiours la memoire; cauſe auſſi vn autre grand bien, en s'appliquant à ce ſeul objet qui eſt ſi abondant, & qui ſoulage ſi puiſſamment l'Eſprit humain, & l'annoblit, *& le tire, & le fait abbaiſſer au fond du cœur* aux abords de ce riche threſor de toutes les diuines onctions de noſtre ſalut; ce grand vaiſſeau de Charité *dans lequel l'ame peut tout d'vn coup offrir au Pere eternel* plus de richeſſes, plus de merites, plus de complaiſances, que tous les hommes, & tous les Anges enſemble ne luy en pourroient rendre à toute eternité, *& d'vne ſeule pauſe d'vne ſeule exhibition, l'ame s'y tenant ſeulement interieurement attentiue*, & à cœur ouuert aux glorieux debords du Pere, pour en receuoir les diuines emanations, & les eſcoulements de Charité, d'amour, & de lumiere, qui produiſent en l'ame plus de grace, & de l'argeſſes d'amour, qu'il n'en faudroit pour ſanctifier vn million de mondes: parce que le propre de la bonté, & clemence du Pere eſt de *ne rien refuſer à ſon fils* en vne telle occaſion: mais pluſtoſt il y fléchit tout en tendreſſe, & s'y eſpanche tout dans ſon ſein, auec toutes les immenſes richeſſes de ſa diuinité.

C'eſt pour ce ſujet que *ie puis dire qu'il eſt comme impoſſible*, que l'ame qui s'eſſaiera en toute humilité, & ſoûmiſſion d'eſprit dans ces offres interieurs, & paſſifs de Ieſus-Chriſt au fond de ſon cœur n'en reçoiue des biens infinis; *& ie ne connois perſonne, laquelle l'ayant fidellement pratiquée, n'en diſe autant, ou plus*. C'eſt le teſmoignage que ie ſuis obbligé d'en rendre au cher lecteur, qui s'en voudra ſeruir. Car les paroles ne font pas l'ouurage; mais la fidelle pratique fait les bon Maiſtres.

Enfin *l'eſprit ſufiſant* a beau ſe camper ſur le fort de ſes raiſonnemens tandis qu'il y demeurera attaché, il ne boira iamais dans la ſource des eaux viues; & s'il ne quitte ſa propre ſageſſe, il n'en trouuera iamais le ſecret; cependant que *les pauures idiots, & les ſimples malotrus rempliront le feſtin*, & regorgeront de delices. Car *les eſprits extrouertis ſont touſiours*

En Iesus crucifié conceu par foy au fond du cœur. 91
secs & arides, & arides, ou inquiets parmy les embarras de leur multitude. Car pour l'ordinaire ceux qui s'addonnent à la *Meditation, quoy que bonne, quand on s'en sert bien*; cependant aucuns de ceux qui l'enseignent *surchargent les esprits,* & les occupent tellement en pensées & en raisonnements, que le plus souuent *ils employent tout le temps de leur Oraison dans vn actif empressement multiplié*, pour retenir & ramasser dans le magazin de leur memoire vne infinité d'articles, de points, d'Actes, de preparations, de reflexions, de temps, de lieux, de moyens, de fins, & de principes; qu'vn pauure esprit tout accablé sous le poids de cette multitude de raisons raisonnées ne peut auoir *aucun moment d'attention* dās vne pure & tranquille liberté; mais employant toute l'actiuité de son Estre à ramasser, & à remplir sa capacité intelligible de tous ces oignons d'Egypte; dont il s'occupe sa demie heure, ou trois quarts d'heure d'Oraison; mais pour mieux dire de raisons raisonnées, *sans profiter autre chose le plus souuent, que de se renuerser la ceruelle*; & partant vne telle façon de faire pouroit estre plus proprement appellée *vne estude, qu'vne oraison*; car l'Oraison en bon tiltre *consiste à demander, à receuoir, à escouter, & à sacrifier d'vn seul acte.* C'est enfin s'ouurir interieurement à Dieu nostre centre, & se rendre attentif à luy au fond du cœur par Iesus-Christ diuin Maistre de l'Oraison interieure: & non pas à force de teste, ainsi que l'on fait pour l'ordinaire. C'est pourquoy on ne blasme que le superflu; tout cela estant bon si on en sçait vser discretemēt.

Car c'est le grand mal general de la plus grande partie des hommes qui *veulent tout faire,* & tout dire, & tout ordonner, comme si vn tel glorieux commerce de Dieu auec les hōmes & des hōmes auec Dieu, dépādoit de leur politique, & humaine prudēce. Cela est apparemment bon pour l'exterieur; mais *pour la vie interieure*, vous n'y entrerés iamais qu'en vous abbaissant, & quitant vostre propre Esprit; en aneantissant toute humaine sagesse; afin de donner lieu au Saint-Esprit, le maistre du festin, enuoyé du Pere & du Fils pour nous manifester *Iesus-Christ dans nos cœurs, & y operer toutes*

h ij

ses merueilles sur le fond de ses merites infinies, selon la vertu de son enuoy, & le propre de sa personnelle Mission: laquelle porte d'enseigner nos cœurs en tout ce qui est de Iesus-Christ. Et cependãt *quasi personne ne s'y veut abbaisser pour y escouter, & y estre enseigné*; mais tant s'en faut, la plus part au lieu de l'escouter interieurement, comme Escoliers de cette diuine Classe, semblent enseigner leur Maistre interieur au lieu de l'escouter. Ils s'atachent à y *composer de si beaux discours, dans leurs testes*, cependant qu'ils demeurent, & tiennent *le cœur fermé* à toutes ses amoureuses atteintes.

Mais il faudroit bien mieux s'abbaisser & descendre, & se retirer bien humblement en esprit, & par foy *au fond de son cœur auec amour* & soûmission pour y escouter attentiuement le diuin Maistre, & s'y laisser enseigner la vraye sagesse, qui ne s'apprend que dans le silence du cœur, & la totale abstraction de toute complaisance de propre Estre, de propre estime: & enfin de tout ce qui n'est point purement Dieu.

Cependant en tout cecy, ie ne pretends point retresſir les moyens d'aller à Dieu qu'un chacun trouuera bon; mais seulement faire voir le plus ou le moins parfait de chaque estat, & les moyens proches ou esloignez, & ensemble *ce qu'il faut faire pour reduire la multiplicité à l'vnité*, le naturel au surnaturel, & l'humain au diuin, pour le soulagement des ames qui voudront s'exercer en l'interieur, & apprendre à *conuerser en esprit, & par foy au fond de leurs cœurs enuers ce diuin, & humain obiet*, comme sur nostre original & exemplaire victorieux, & tout puissant, pour nous affranchir & deliurer de tout seruage, & nous faire sauoûrer la sainte liberté des enfans de Dieu.

Mais *vne Dame delicate* nous dira, peut-estre, *pour moy i'ay grande deuotion à la tres-sainte Vierge, & à la sainte Enfance de Iesus, ie m'entretiens doucement auec la tres-sainte mere, & son benist Enfant. Mais de se representer Iesus crucifié, & se remplir tousiours de ses souffrances, cela est triste & ennuieux*. Hâ pauure ame, vous ne sçauez pas ce que cela fait, puisque

En Iesus Crucifié conceu par foy au fond du cœur 93
vous en parlez de la sorte. Mais courage, ie suis bien consolé de vous entendre, & de vous voir témoigner vos respects, hommages, & seruices enuers la tres-sainte Vierge, & son saint Enfant Iesus; car *i'ayme bien aussi cette deuotion là*; & tant s'en faut que ie m'en voulusse essoigner, i'en veux faire pluftost *le cher obiet de mon cœur*. Mais cependant aggreez s'il vous plaist, que ie vous en dise ma pensée.

Vous sçauez, tres-cheres ames, que *toute Oraison doit premierement regarder sa fin*, & par consequent *qu'elle doit tendre à son vnion, ou bien ce n'est point Oraison, mais pluftost dissipation*. Que si vous tendez de tout point à vous vnir à Dieu voftre centre & voftre fin, c'est le moyen d'arriuer heureusement à voftre consommation: & partant vous pouuez facilement vous representer le saint Enfant Iesus encore dans la crêche. Car sa bonté & son amour, luy font s'accommoder à nous & à noftre foible portée, & y condescend auec plaisir au desir de l'ame fidelle, *pourueu qu'on le cherche où il veut estre cherché, qui est dans la crêche de voftre cœur*; car si vous demeurez au dehors, & à l'exterieur parmy les obiets sensibles, vous y demeurerez touſiours foible en spiritualité, & vous n'agreerez de tout point au saint Enfant, n'y à la mere: le but de ce saint Enfant est de vous conduire à l'âge parfait pour vous seurer, & vous apprendre à manger les viandes solides, & à vous repaistre du pain d'angoisse, & à vous faire boire voftre petite portion du Calice. Car fuyons tant que nous voudrons les Croix; il nous y faudra tost ou tard arriuer, & nous y laisser crucifier; & si nous ne mourons fortement à nous mesmes, nous n'aurons point de part à la vie ressuscitée de Iesus, parce que luy mesme n'a point voulu entrer en sa gloire, que par sa Croix & ses souffrances.

Et si vous voulez bien-tost profiter, & croiftre en voftre deuotion, *faites bien humblement & deuotement vne amoureuſe crèche à ce tres-saint Enfant au fond de voftre cœur*, & la profterné en toute humilité, esprit, foy, & amour à ses pieds, rendez-luy là tous les petits seruices d'amour, d'humilité, de

h iij

caresse, de tendresse, & de bon accueil: tout ainsi que vous luy voudriez rendre *à l'exterieur*, si vous l'y auiez encore trouué Enfant ; & vous y vnissant à luy interieurement auec sa tres sainte Mere, afin quelle vous y apprenne ce qu'il faut faire pour aggréer à son cher Fils, & là interieurement, & spirituellement *vous sousjoindre auec la Mere & le saint Enfant, pour l'offrir & presenter au Pere eternel, comme l'vnique victime destinée pour la remission des pechez* ; & faisant ainsi fidellement vous croistrez en âge parfait, en forces spirituelles, & en vertu interieure pour manger le pain de la Croix detrempé en amertume. Et ainsi entrant & cheminant sur le patrimoine de la vie souffrante de Iesus Enfant, c'est le chemin tout droit pour arriuer bien-tost à la vie ressuscitée de son tres-delicieux Paradis d'amour.

Enfin acheuons en peu de mots *declarant la maniere de celebrer toutes les Festes* de la tres-sainte Vierge, & de tous les Saints dans nos deuotions, & tres-auantageusement; & pour ce faire, *il faut sçauoir & poser pour fondement que Iesus-Christ estant homme Dieu & personnellement Dieu, il est aussi par consequent fonciérement principe de toute Sainteté sanctifiante* ; & partant qu'il n'y a, ny au Ciel, ny en la Terre aucun Saint qui n'aye sa source & son origine de sainteté *en Iesus-Christ*: & par consequent, l'eau n'estant iamais plus belle, plus nette, plus claire, plus fresche que *dans sa source*; il s'ensuit de là, que la plus haute gloire & le plus grand plaisir, & le plus grand honneur que nous puissions rendre aux Saints, c'est *de les aller chercher dans leur diuine origine de sainteté*; pour les y venerer, & les y congratuler de leurs victoires, & nous y recréer là auec eux *dans le sein de Iesus-Christ*, comme dans le throne de leur gloire & le propre siege de leurs delices, & le comble de leur souueraine felicité, à laquelle nous esperons par leurs merites.

A la gloire du Pere, du Fils, & du saint Esprit. Amen.

F I N.

LES POINCTS DE LA SACREE PASSION

DE IESVS-CHRIST A REMEMORER au fond du cœur: diuisez en sept pour les sept iours de la sepmaine; & chaque point diuisé en quatre pour quatre differentes heures du Iour, DEDIES AVX AMES SIMPLES, & dressez en leur faueur.

POVR LE DIMANCHE, *la priere au Iardin des oliues, & la sueur de Sang.*

POVR LE LVNDY, *la sanglante, & tres cruelle flagellation.*

POVR LE MARDY, *le couronnement d'Espines.*

POVR LE MERCREDY, *comme il receut son Arrest en silence.*

POVR LE IEVDY, *comme il fut chargé de sa Croix.*

POVR LE VENDREDY, *comme il y fut attaché.*

POVR LE SAMEDI, *comme il en fust detaché, & posé entre les bras de sa tres-douloureuse Mere, & Vierge.*

1. I'ay regardé voir si quelqu'vn auroit compassion de mes douleurs, & ie n'en ay point trouué.

2. Et derechef I'ay cherché quelqu'vn pour me consoler dans le cœur du pecheur, & ie n'ay trouué personne.

3. Tous les hommes sont si fort occupez d'eux-mesmes, qu'ils n'ont point de temps pour moy, & aussi peu de cœur, & ie suis delaissé seul en eux, comme dans vn desert fascheux, & crucifiant mon amour.

LES SEPT PRINCIPAVX
MOTIFS D'AMOVR

ET DE COMPASSION, A REMEMORER au fond du cœur enuers Iesus souffrant, pour s'y entretenir & s'y exercer spirituellement auec luy, tres propres, & grandemeut efficaces pour ceux qui commencent. Et premierement.

POVR LE DIMANCHE.
La priere aux iardins des oliues, & la sueur de Sang.

L'Ame chrestienne humblement recolligée, & ramassée en esprit & parfoy au fõd de son cœur, y verra d'vn œil interieur son diuin & tres aymable Iesus souffrant, tout affligé & retiré parmy les tenebres, & l'épaisseur d'vne obscure nuict *dans le jardin des oliues*; & là s'attristant, & agonizant dans la viue representation de ses horribles douleurs: priant dans toute l'ardeur de son cœur angoissé; la face prosternée contre terre; & si fort pressé & oppressé de frayeur, & d'anguoisse mortelle, & incomprehensible; qu'il en iaillit & coula par tout son corps vn horrible, & inouie sueur d'eau & de sang, qui coula iusqu'à terre.

2. Et au milieu de tant de mortelles langueurs & de cruelles agonies, le voir desnué de tout soulas diuin & humain; & de celuy mesme de sa tres-sainte Mere: mais tout remply d'vne inuincible patience, & d'vne incroyable charité enuers ses chers Disciples, tous morfondus, tous langoureux & endormis; & enfin dans vne tiedeur sans doute tres indeuote; pendant laquelle ce Pere de toute benignignité vient à eux les reueiller, les exciter, & dans vne douceur & charité incomparable, laquelle le faisoit s'oublier de soy-mesme, pour les venir reueiller à diuerses reprises, & les exciter doucement à veiller vne heure auec luy.

3. O tres doux & tres suaue IESVS, qu'il fait bon vous acompagner & vous assister en vos souffrances, ne fust-ce
que

en Iesus Crucifié conceu par foy au fond du cœur.

que d'vne deuotion toute engourdie, puisque tant de fois, & coup sur coup, & tout angoissé, & tout desolé que vous y estiez, vous y visitiez cependāt si charitablement ceux qui ne vous y assistoient qu'en dormant: que ferez-vous donc, ô tres diuin Iesus, à ceux qui veilleront & aymeront? A ceux qui compâtiront & vous y soulageront dans leurs cœurs en foy, & en amour, & de toute l'estendue de leurs affections, vous y ouuriront leurs volontez pour vous y consoler, & pour s'y confier tout à vous, & s'y donner & abandonner tout à vous *au plus intime de leurs cœurs*.

4. O Ames Chrestiennes, voyez & considerez, s'il vous plaist, ce tres-diuin & tres-patient Agneau, nuitamment enfermé dans vn jardin pour prier, & à son exemple *enfermez-vous aussi dans le jardin le plus interieur de vostre cœur, lieu destiné pour la vraye Oraison*; & là retirées en cette secrette solitude, contemplez d'vn œil de foy viue ce diuin Maistre d'Oraison, & remarquez bien sa posture prosternée, & treshumblement humiliée; & apprenez aussi, & moy auec vous, à vous abbaisser profondément auec luy sous ses pieds: voyez comme il perseuere en l'Oraison iusqu'à en suer l'eau & le sang; & vous confondez tres-humblement de toutes vos tiedeurs & lâchetez.

POVR LE LVNDY.
La sanglante & cruelle flagellation.

1. VOIR ce tendre Agneau honteusement despoüillé, & cruellement *attaché à la Colomne*, & tres-durement garoté par le commandement de Pilate; & en ce pitoyable estat abandonné à la rage, & à la furie enragée d'vne cohorte de Bourreaux sans pitié, & descharger auec furie sur ce saint Corps tres-tendre & delicat, vn horrible & *tres-cruel deluge de coups d'escourgées, de verges, & de foüets entretissus de rosettes de fer, qui l'outragerent tellement de playes*, de meurtrisseures, & de douleurs tres-sanglantes & tres-aigues; deschirans ainsi tout ce saint Corps, comme loups affamez & carnaciers.

2. Enfin cette cruauté felonne & barbare, fust si horri-

ble & si vniuerselle sur ce tres tendre Agneau de Dieu, qu'ils luy ouurirent plus de *cinq mil & quatre cens playes*. En-sorte que toute sa peau fust mise en piece & en lambeaux, & toute sa precieuse Chair déchirée iusqu'à y faire paroistre ses Os, ses Costes, & toutes ses precieuses entrailles découuertes à force de coups sur coups, & redoublez à milliers. O cruauté incomparable! O excez espouuentable, tres durement & impitoyablement exercé sans aucune pitié, sur ce tres-innocent & tres-patient Agneau, tout moulu & cruellement froissé de cette estrange, & plus qu'outrageuse flagellation : ensorte qu'estant délié de la Colomne, il tomba par terre tout pasmé & affoibly.

3. Voyez encore comme il rempe à terre tout debille pour y chercher & ramasser ses vestemens dispersez çà & là ; & ce faisant arrouser abondamment tout le paué de son Sang précieux decoulant de toutes parts ; & se reuestir ainsi tout foible & halettant, & si deschiré de coups qu'à peine se pouuoit-il tenir debout. O cruelle ame chrestienne, iusques à quand déniera-tu vne larme de pitié à cét objet de douleur qui verse tant de Sang pour toy ? Regarde, regarde comme ces inhumains Bourreaux le délierent de la colomne apres s'estre tous lassez & recrus ; non pour la pitié qu'ils eussent de luy ; mais parce qu'ils n'en pouuoient plus tout faschez de ce que leur rage forcenée ne pouuoit vaincre l'inuincible patience de ce benist Agneau, infiniment plus ardent à souffrir qu'ils n'auoient de felonie à l'outrager. Et enfin sa constance inébranlable les rendit tout lâches, tous recrus & tous hors d'haleine ; & tout effarez comme dépossedez ; cependant que ce tres-doux Agneau sans se plaindre de leur tyrannie estoit tout palpitant contre terre, à cause de l'abondance de sang qui decouloit de son precieux Chef sur sa beniste Face, & qui luy offusquoit tous les yeux.

4. Voyez, tres-cheres ames, combien de patience il exerce pendant tout le temps d'vne si cruelle barbarie, & si durement & impitoyablement exercée contre le tres-in-

nocent Agneau de Dieu; & pour l'amour de nous pecheurs ingrats, qui n'auons encore donné vne larme de compassion sur ses douleurs, confondons-nous tres-humblement en la veuë de nôtre honteuse delicatesse qui nous fait plaindre & gemir pour la moindre douleur, & mesme iusques à nous impatienter à la moindre parole de mespris. Helas lâches que nous sommes; comment souffririons-nous les coups? Humilions-nous profondément & recourons à luy au fond de nos cœurs en toute confiance, & confessons & reconnoissons-là à ses pieds nos impuissances à faire le bien, & detestons l'inclination à faire le mal.

POVR LE MARDY.
Le Couronnement d'Espines.

1. VOir d'vn œil interieur poser sur son Chef venerable vne horrible & adorable *Couronne d'Espines tres-poignantes*; & pour la faire enfoncer dauantage, ils la pressent, & la frappent violamment auec leurs, armures & gantelets de fer, dont ils remplirent son Chef sacré de pointures tres-profondes, & tres-duremét douloureuses; y faisant ruisseler le Sang de tout costé, qui luy rougit tout le visage, & luy ofusqua tous les yeux; & en cét estat reuestu d'vne vieille robe de pourpre, toute trouée, & chargé d'Ordures pour irrision intolerable à sa Royalle Majesté.

2. Ainsi dé-ja tout défiguré de coups, & tout froissé de meurtrissures, & dans ce pitoiable estat luy voir mettre en main, par moquerie, & derision de sa Royauté eternelle, *vne cane pour sceptre*; & en estre frappé sur son Chef auec autant de cruauté, que de contumelie; pour l'accabler ainsi de mespris & de toutes sortes d'outrages: & encore pour enfoncer dauantage les pointures des espines, & luy redoubler sa douleur, & le couurir de plus en plus de honte & de vergogne deuant toutes les nations; & prostituer ainsi son honneur (autant qu'ils le pouroient), sans y rien espargner.

3. Le voir enfin entre les mains de ces villains & inhumains bourreaux lesquels tous d'vn accord, & par vne infame irreuerence, vomirent sur sa face venerable, diuine, &

adorable, & comme vne pluye de puants crachats, pour luy faire plus de honte & de vergogne, & exciter plus d'horreur de luy au cœur de ceux qui le verroient en cét estat, & ainsi le voir frappé, bufeté de toutes parts sans se plaindre de leurs insolences, mais plustost leur tendre debonnairement, en silence, les ioües, la face, & tout son corps à tous ceux qui le vouloient outrager.

4. voyons, tres-cheres Ames, combien Nostre-Seigneur a aymé les souffrances, les opprobres, les mespris, & l'humiliation, pour condamner nostre orgüeil, & nostre infinie vanité. O Ames Chrestiennes, cessons nos dereglements: quittons ces vieilles habitudes, qui nous font courir apres les honneurs mondains, & cessons, derechef d'esplucher les defauts de nos prochains; mais regardons souuent au fond de nos cœurs, de beau pourtrait nostre parfait exemple humain, & diuin; ce miroir de toute pureté, qui a voulu chastier dans sa tres-pure & innocente chair, l'insolence des nostres, & nous confondons de nostre peu de mortification.

POVR LE MERCREDY.
Comme Iesus-Christ receut son Arrest en silence.

1. Voyés d'vn œil de pitié ce tres-doux & tres-patient Agneau de Dieu, touché, & garoté, & amené en cét estat deuant Pilate son inique Iuge; & auec tous ses ennemis à l'entour de luy criants de toutes leurs forces, *Tolle, Tolle, Crucifige*; & luy entrant parmy toutes ces buées, & tintamarre du peuple dans le Pretoire, la face baissée, & prosternée; & ainsi reduit en vne extreme abjection, mespris, & confusion; & là y estre condamné par Pilate definitiuement à mourir en Croix au milieu de deux infames voleurs.

2. Et en suitte le voir, ô ames Chrestiennes, *obeir Ponctuellement à cét inique arrest de mort dãs vne soumissiõ tres-hũble, sans repartir vn seul mot*, mais acceptant sans contredict, & en silence, tres patiamment sa condamnation, quoy que tres-inique, & tres-cruelle, & exercée cõtre l'innocẽt pour desgager

nos ames de la condamnation des enfers : O humilité inconceuable de Dieu viuant ! O abaissement espouuantable de sa diuine majesté ! O silence admirable excellemment pratiqué par ce tres-doux Agneau.

3. Le voir enfin liuré, & abandonné à la volonté, & cruelle tyrannie des infames bourreaux, & executeurs non de Iustice, mais d'iniustice, & au gré, & consentement de de tous ses Sanguinaires ennemis, qui s'ejoüissent, & plaudissent par excés, de l'auoir eu en leur pouuoir pour le faire mourir, & cruellement crucifier, à quoy ils se preparent auec grande diligence.

4. Regardons, ames Chrestiennes, contemplons, & admirōs cette diuine sagesse Incarnée nous instruire au parfait silence ; & comme elle ne se defend point d'vne seule parole, pour se descharger d'vn si iniuste jugement. Mais il l'accepte, & s'y soûmet, & y meurt sans tesmoigner aucun sentiment contraire, ny faire aucune resistāce. Confondons nous tres-humblement, cheres ames, de toutes nos vaines excuses, ou raisons, pour nous iustifier dequoy que ce soit : mais acceptons à son exemple toutes les accusations, à nous imposées, en veuë, & pour l'amour de *Iesus condamné*.

POVR LE IEVDY
Comme Iesus-Christ fust chargé de la Croix.

1. Voir ce tendre Agneau tout chancelant, & haletāt sous le pesant fardeau de cette grande Croix, & desia si froissé, si moulu, & attenué par les excez, & ces outrages receus, qu'il en tombe sept fois à terre, *& ces sept cheutes nous signifient l'ouuerture des sept sceaux de nostre liure fermé, qui firent pleurer saint Iean* ; mais ils ont fait suer le sang à Iesus-Christ. O force incomparable de Iesus ! est-il donc vray que vous succombez ainsi sous la pesanteur, & l'effort de mes crimes ? Hé, qui pourra donc supporter le poids infini de vostre fureur contre nostre malice ? Si vous mesme dans vostre force indomptable, vous pliés, & succombez sous sa pesanteur ?

2. O divine force de Iesus si vous peinez tant à supporter le Iugement des hommes, tout innocent que vous estes, tout infini & tout puissant que vous estes en force, & en vertu ! Helas comment les hommes chetifs soustiendront-ils dans leur condammation eternelle l'effort immense de vostre divine Iustice vengeresse, & implacablement irritée ; tous criminels & impuissants, qu'il sont, & tout abandonnez qu'ils y seront à la rage des bourreaux d'Enfer, & à la forcenerie de Lucifer, & de tous les Demons.

3. O Dieu de redoutable grandeur ! Si je vous vois avoir tant de rigueurs, pour le Fils de vos delices & de vos complaisances ; pour le Fils d'obeïssance, d'humilité, & de douceur incomparable ; enfin pour l'innocence mesme ; qu'aurezvous donc pour les pecheurs vos ennemis iurez ? Et dont les cœurs sont comme autant d'Enfers où ils vous ont tant de fois crucifié ; & leurs ames sont comme les prostituées de Sathan, & marquées à son coin ; faisant de leurs corps, & de leurs ames des cavernes affreuses propres à loger les Dragons d'Enfer. Helas où pourront-ils trouver place !

4. O ames chrestiennes, contemplons vn peu d'vn œil serieux le poids infini de la divine Iustice contre le peché & les pecheurs : & comme elle s'est exercée à toute rigueur sur l'innocent Agneau, pour avoir seulement esté, nostre plège. Helas à plus forte raison sur nous, qui pechons malicieusement, si nous ne nous convertissons promptement : hé pauure pecheur obstiné, que deviendras-tu en ce destroit. Si vne puissance toute puissante a courbé & plié sous l'horrible pesateur de tes pechez, en quelle abisme seras-tu enfoncé irreuocablement, si tu ne fais penitence quand tout l'effort d'vne force infinie se vengera de toy invariablement ? Et quand d'vn debord precipité tous les feux, & les foudres d'vn courroux eternel s'esleueront sur toy, & dans toy, & dans tous les moments d'vne interminable eternité.

En Iesus crucifié conceu par foy au fond du cœur. 103

POVR LE VENDREDY
Comme Iesus-Chrtst fust attaché, & esleué en Croix.

1. Voir ce tres-doux, & tres-manſuet *Iesus renuersé sur la Croix d'vne* furie felonne, cruelle & barbare, par des bourreaux impitoiables : & là couché, & eſtendu tres-durement, n'ayant pour tout cheuet ſur icelle que la couronne d'eſpines tres-poignante, & pour toute delicateſſe la dureté de ce bois : & pour tout ſoulagement les bourreaux, qui l'y foulent, & qui l'y attachent ſans pitié & les pieds, & les mains, auec de gros clous impitoiablement frappez à grands coups de marteau, & trauers les parties les plus ſenſibles de ſon corps.

2. Et en ce funeſte eſtat voir ce tendre Agneau tout deſchiré, & leué, en haut, comme vne languiſſante *victime toute deſigurée, & toute mourante ſur cette Croix, comme ſur l'Autel de ſon funeſte ſacrifice tres-ſanglant* ; & pour luy redoubler de plus en plus ſes douleurs, & ſes confuſions. O qui ſeroit le cœur chreſtien, lequel en vuë d'vn tel ſpectacle douloureux ne s'attendriroit vn peu ? Le voyant ainſi tendu comme vn arc ſur ce potteau, & ſes pieds, & ſes mains ſe deſchirer par l'effort de ſon extenſion, & par la peſanteur de ſon corps.

3. Le voir ainſi tout mourant, & ſes Os paſſer, & parroiſtre trauers ſes precieuſes playes, & ſes entrailles de charité incomparable, toutes deſcouuertes, & quaſi preſtes à tomber. O qui ſera l'homme Chreſtien qui pourra jamais enuiſager d'vne amoureuſe tranquilité, & *attention paiſible ce pauure crucifié au fond de ſon cœur* ſans remplir ſon ame d'vne ſuaue amertume, & ſes yeux de douces larmes de pitié & de compaſſion ſur ſes douleurs : voyant ce beniſt Agneau plein de tendreſſes, & de benignité infiniement amoureuſe, qui luy fait leuer ſes yeux & ſon eſprit à ſon Pere, & le prier & le ſupplier de tout ſon cœur pour le pardon de ſes ennemis.

4. O mon ame ſi tu es ſage, ne quitte jamais de veuë ce precieux exemplaire : *contemple vn peu au fond de ton cœur*

comme ce diuin Iesus s'est abandonné jusqu'à la mort de la Croix pour te donner la vie. Voy comme il t'enseigne le pardon des ennemis, & la nudité totale de toutes complaisances creées, comme il ne s'est rien reserué pour soy, que les douleurs & l'humiliation. Car il rend son esprit à son esprit à son Pere, son corps au tombeau, & sa beniste Mere à saint Iean, & ses habits aux bourreaux. Cependant que sa sainte Ame descend aux lymbes pour en retirer tous les saints Peres anciens. Et ainsi Chrestien ne t'attache à rien d'icy bas, quitte la terre d'affection, & monte au Ciel de ton ame en esprit & par foy, pour y adorer le Pere en esprit & verité.

POVR LE SAMEDY.

Comme Iesus-Christ fust destaché, & descendu de la Croix, & posé mort entre les bras de sa tres-douloureuse Mere, & Vierge.

1. Contemple, ô mon Ame, cette beniste Dame de pitié, toute flestrie d'ennuis mortels, & tres-viuement attaquée des plus dures transes d'agonies, que jamais pure creature puisse ressentir sans mourir, Voyant & receuant le benist Fils de ses entrailles au pied de la Croix, de laquelle on le descendit; & le poser ainsi entre ses bras tout défiguré, & couuert de sang & de playes. Et voy comme cette pitoiable Vierge luy essuioit deuotement auec sa langue tous les crachats meslez de sang qui luy couuroient la face, cependant que les autres saintes Dames qui l'accompagnoient, faisoient le mesme sur tous les autres membres.

2. O mon ame, pourquoy n'en fera-tu pas de mesme, toute retirée, & interieurement ramassée au fond de ton cœur rends luy ce mesme seruice de compassion, d'amour, & d'humilité en esprit, & auec elle humblement par amour, en t'y vnissant de cœur, d'esprit, & de volonté, & là te confiant à elle; puis qu'elle a bien daigné estre la bonne mere des pauures pecheurs repantants de leurs offenses: & qu'elle a consenti de plein gré à la mort de son propre Fils vnique pour en obtenir le pardon.

Ainsi

en Iesus Crucifié conceu par foy au fond du cœur.

Ainsi mon ame, reueille-toy de ton assoupissement, & fois toute confiante en Iesus & en Marie: & en cét estat r'entre dans ton cœur tres-amoureusement, ardemment, & perseueramment en foy viue; y conceuant ce tendre AGNEAV DE DIEV OCCIS, & là en esprit, te iettant à ses pieds embrasse-le tres-humblement & tendrement; mais sois aussi douloureusement confite en larmes de pitié, de compassion, & de componction pour la grandeur de tes crimes: & là tres-humblement anneantie & outrée de douleur comme vn autre Caïn qui a tant de fois tué ce iuste Abel, dis-luy du profond de ton ame. O Mere de grace permettez-moy s'il vous plaist d'vnir mon cœur au vostre, & à celuy du tres-patient Iesus vostre cher Fils, & ainsi fournissant de vostre part toute la force, & la puissance de vostre amour, & moy de la mienne toute la multitude de mes miseres, auec toutes les playes sanglantes de ce tendre Agneau, pour attendrir le cœur du Pere.

4. Et partant ainsi vnis & munis de vostre faueur, attaquons puissamment, mais amoureusement les diuines entrailles du Pere: & si peut-estre il arriue qu'il fremisse de tendresse à vostre obiet, toute attendrie & attentiue que vous estes sur les douleurs de vostre Fils & du sien; presentez-moy aussi à luy s'il vous plaist interieurement associé à vostre cœur Virginal; & luy en ma faueur, ô ma tres-chere Mere, dites-luy, dis-je, que voicy ce chetif Caïn repentant de ses crimes, & tout enfoncé dans l'abisme de son neant sous les pieds de Iesus-Christ son Fils & le Vostre, tout couuert de sang, & de playes qui saignent encore pour moy. Oüy, ô Mere d'esperance & de pardon, & de vie, dites luy en ma faueur; le voicy ce chien mort, tout confit en douleur; la larme à l'œil, la contrition au cœur, l'amertume en l'ame; la conuersion en volonté: le peché en horreur & la vertu en desir. Et ainsi tout plongé dans les douleurs de Iesus regardez-le en pitié, en veuë de cette di-

K

gne Hostie toute puissante sur les pechez, & tres liberalle en pardon.

FIN.

REFLECTION SVR CE QVI SE PASSA LORS QVE IESVS-
Chrift rendit l'Efprit en la Croix.

1. COnfiderés, cheres ames, l'infini abaiffement de Iefus-Chrift dans la feparation de fa fainte ame d'auec fon corps. Sa tres-fainte ame defcendant iufques dans les abifmes pour y triompher de cette captiuité, & l'amener captiue dans l'immenfe liberté de fon amour ; prenant fon vol du fond de cét abifme pour monter à l'alteffe de fa diuinité, & fon Saint Corps vni à la diuinité (enfermé cependant pour trois jours dans vn tombeau) en forte que le principe de la vie fe laiffa enfeuelir dans la mort, pour y faire germer noftre vie reffufcitée dans la fienne ; & faire ainfi de fa mort le paffage à noftre nouuelle vie.

2. Mais, fi vous venés à confiderer combien fuft efpouuentable & terrible à toute la nature cette diffolution DE L'HVMANITÉ SACRÉE DE IESVS ; vous n'y voyrés que prodiges ? car comme elle fait alliance dans l'Eftat de fa compofition auec tous les ordres de l'Vniuers, voyés auffi cheres-ames, comme elle y iette l'effroy par fa mort, l'horreur, le defordre, & fa diffolution, & iufques dedans le fanctuaire mefme, le lieu le plus faint, car elle y fit rompre de haut en bas *le voille du temple*, qui y cachoit ce qui eftoit là de plus augufte, & de plus diuin.

3. Mais elle y fait encore pleurer en haut *les Anges* de paix ; ces dignes ambaffadeurs de noftre diuine alliance, meffagers diligents des bonnes nouuelles : ces efprits purs, & tout confacrés à l'Agneau : & tout transformés dans fes interets, ils y pleurent non feulement la mort de Iefus : mais la mort des Chreftiens pareffeux, qui n'ont donné aucun lieu à l'Agneau dans leurs cœurs, pendant toute leur vie. D'où vient qu'ils les abandõnent à la mort, & les laiffent celuy de qui ils ont pris la marque.

4. Cette épouuantable diffolution fit encore obfcurcir

K ij

& offufquer le *Soleil*, parce que l'origine de fa lumiere s'eſ-toit eclypſée, elle fit noircir *l'air*, trembler *la terre*, fendre *les pierres*, entr'ouurir *les rochers*, ouurir *les ſepulchres*, & reſſuſciter *les morts*, hurler tous *les enfers*, & ſur tous *les Demons* d'effroy, de terreur, d'eſpouuante, & deſtonnement. Elle eſbranla tout *l'Vniuers*, depuis la profondeur de ſes *abiſmes*, iuſqu'au plus haut du *celeſte*, elle remua tous les indiuidus, & fit agiter & mouuoir ce qui eſtoit de ſoy immobile : elle fracaſſa l'or-gueil de *lucifer*, & le demonta de ſes preſomptueuſes, & vai-nes, pretentions touchant la Principauté du Monde.

5. Ainſi, cheres ames, vous pouués voir combien tes ef-fers vont declarant & ſignifiant excellemment, & ſenſible-mét la gradeur merueilleuſe de cette SAINTE HVMANITÉ : car comme elle eſt la *ligne originelle*, ſur laquelle ſont eſten-duës, & eſtablies admirablement toutes les baſes de l'Vni-uers, comme ſur *la colomne* richement eslabourée par la diuine operation du grand Architecte de tous les beaux ou-urages de la nature, & de grace, le perſonel, l'eſſentiel, amour de la diuine eſſence : il a auſſi tellement conduit le compas, & ordonné les regles de ſa diuine mathematique, & emploié l'addreſſe de ſa geometrie *qu'il a fait atteindre cette ligne de bout en bout du ſein de la diuinité iuſqu'au centre des abiſmes trauers tous les ordres créés, qui y medient, & s'appuient ſur icelle*, & partant cette diſſolution du corps de l'ame de Ieſus deuoit, non ſeulement faire trembler l'Vniuers, mais diſſoudre dans ſa diſſolution tout le Monde vniuerſel. Et ne doutés pas, cheres ames, qu'elle ne l'euſt fait, ſi ſa main toute puiſſante, par vn miracle inconceuable, ne l'euſt re-ſerué à vne autre occurance par les reſſorts de ſa diuine ſa-geſſe, & de ſa bonté infinie : laquelle attend les hommes à pe-nitence iuſqu'au temps determiné ; *qui a oreille entende que eſt Dieu preſt*.

6. Mais-toy, ô Pecheur endurci, & enuieilli dans tes cri-mes, comme vn monſtre deſnaturé. Hé quoy ne te vois-je pas plus rebelle à ton Dieu, que toute la nature enſemble ? tu fais la ſourde oreille à ſa diuine operation par vn ſtratage-

en Iesus Crucifié conceu par foy au fond du cœur. 109
me de l'enfer, & vn effort de ta malice plus infolente que
celle mefme des demons, tu refifte depuis tant d'années à
la douceur infinie d'vn Dieu Agneau pour l'amour de toy,
& tout confommé d'amour, de douleurs, & de langueurs
pour ton falut.

7. O Cruelle, voila que *le voille du fanctuaire fe fend de bout
en bout pour te permettre plus au large les abords de Dieu dans ton
cœur*; & toy pecheur obftiné, tu y redreffe fans ceffe entre
Dieu, & toy, non feulement vn fimple voille de quelques
defauts legers qu'il y puiffe rompre fans ton adueu, mais *vne
forte muraille de refiftance*, vn fort de rebellion, de tenebres,
& de peché, refolument oppofés à fon commerce de luy
à toy: luy fermant ainfi la porte, & à toutes fes graces, &
manifeftations dans ton cœur.

8. Les Anges pleurent, & lamentent, & toy tu ne donne
aucune larme de pitié à fes douleurs, mais tant s'en faut,
tu te plonge journellement dans toutes tes brutalles complaifances, & l'affouuiffement de tes paffions: les aftres
s'obcurciffent en veuë de cette mort; & toy il te femble creuer les yeux à la prefence de Dieu, faignant qu'il ne te voit
pas, & ne fonde pas la peruerfité de ton cœur.

9. O Pecheur meurtrier de toy-mefme, que fais tu, voulant par tes crimes, & horrible noirceur de leurs tenebres
obcurcir dans ta chair la pureté, l'efclat, la gloire, & la fainteté DE LA SACRE'E HVMANITE' DE IESVS? tu y def-ho-
nore fes fouffrances, lafchant la bride à l'impetuofité de
tes Sens. Et au contraire tu y releue, & magnifie les info-
lances de fathan, en continuant tes pechés; tu profeffe par
effet fes defobeïffances, & enfin tu t'efforce de verifier dans
toy ouuertement toute la peruerfité, & abomination du
prince des tenebres.

10. Mais, chofe efpouuantable, voicy que la terre s'ef-
coule, & tremble en veuë de cette mort; les rochers fe fen-
dent, & s'ouurent, & *ton cœur s'endurcit dans les malignes habitudes du peché*, les foldats mefme des payens s'en retournent
frappants leurs poitrines tout repentants, & attendris; &

K iij

enfin se conuertissent en vûe de cette mort: & toy *mauuais Chrestien*, pour qui ce Sang est respandu, tu te peruertis par tes abominations.

11. *Les Sepulchres* s'ouurent & rendent les morts. Et ton cœur plus affreux qu'vn sepulchre se ferme à la lumiere de la vie; & par obstination il ne se veut iamais ouurir à la vraye componction: les morts ressuscitent par l'effort de cette mort; & toy ô Pecheur, tu veux mourir, & remourir par autant de crimes mortels que tu commets de pechez pour enfin remourir vne derniere fois qui durera les siecles eternels.

12. Les *Diables* s'effrayent, hurlent & tremblent, & se precipitent de crainte, tout vaincus & tout saisis d'espouuente: & toy ô Pecheur ingrat, plus endurcy & plus impitoyable que tous les Diables, tu y resiste, & tu ne fléchis à l'amour ny à la peine ny à la veuë de cette mort: au contraire d'vne insolence effrontée, tu es sans crainte dans l'acte mesme de tes pechez, & à la face de cette mort du diuin Iesus.

13. Mort qui doit estre vangée & reuangée de la diuine Iustice: & dans chaque moment d'vne interminable eternité. Vengeance sur tout le mespris que tu en fais, & sur tous les crimes que tu commets, & à la mesure de toutes tes ingratitudes. Mort dans laquelle, & par laquelle tu seras retranché & separé de Dieu, irreuocablement pour toute eternité; puis que tu l'as mesprisée dans le temps qu'elle te deuoit estre fauorable, & n'as point voulu faire penitence. O mespris! O méconnoissance épouuantable de la creature enuers son Createur!

SENTENCES SPIRITVELLES

Et pratiques pour les ames addonnées à l'Oraison.

1. Quoy que l'hôme chrestien puisse faire, il doit croire n'auoir rien aduancé, *s'il n'a trouué Iesus-Christ dans son cœur*, auquel il se doit conformer, comme à celuy seul qui merite les diuins abords du Pere ; & si par malheur quelqu'vn estoit trouué sans Iesus-Christ à la mort, il peut dire qu'il est perdu : parce que tout ce qui est separé de luy est indignation deuant le Pere & l'obiet de son ire.

2. Puisque *le Royaume de Dieu est dans nous-mesmes*, il est necessaire de nous y retirer, pour y entrer, & en prendre possession, & le Royaume n'y est point sans le Roy, & le Roy ne se plaist point de regner que dans l'ame paisible, & totalement desnuée de la recherche de soy-mesme.

3. Car encore que l'homme fasse beaucoup de penitences exterieures, & beaucoup d'autres bonnes œuures, si cependant il ne s'adonne à *la mortification de l'esprit*, & à renoncer sa propre volonté, il ne fera pas grand progrez à la perfection.

4. Le propre de la vie naturelle est de respirer en dehors, mais le droit fil de *la vie surnaturelle est d'aspirer en dedans*, pour y expirer diuinement au fond de *son Estre*; où l'ame se doit reduire & concentrer à son point; d'où elle s'écoulle en Dieu, en se retirant de tout le creé *outre elle-mesme*.

5. Si nous sommes entrez dans le repos du cœur, *Iesus-Christ nous suffira & il nous apprendra la vraye solitude*, qui fait reposer l'ame sur son sein, où elle apprend d'aneantir toutes les attaches spirituelles, par vne simple attention amoureuse vers luy au plus intime de son cœur.

6. Il faut auoir sur toutes choses vn grand *soin d'imiter les nobles vertus de I C. nostre diuin & humain exemplaire*, ensuiuant tous ses appas diuins en l'interieur & à l'exterieur y suiure les pas

qu'il nous a tracez au prix infiny de tout son Sang precieux, en nous depouillant de la complaisance de nostre vie mortelle; si nous pretendons estre reuestus de son immortalité.

7. Que tant ceux qui *commencent* à seruir Dieu, que ceux qui sont *profitans* ou *parfaits* doiuent tous s'estudier tres-particulierement à *se ioindre à Iesus-Christ au fond de leurs cœurs*, *pour s'y vnir à Dieu* dans vne amoureuse tranquillité, car iouïr de Dieu au fond de son ame, c'est le fruit commun des bien-heureux du Ciel, & des iustes qui sont sur la terre.

8. Et de là paroist le grand aueuglement de ceux qui sont tousiours en peine de chercher Dieu, & soupirent tant qu'ils peuuent pour le trouuer criant dans leurs Oraisons vocales, afin qu'il les oye, & ne remarquent pas, *qu'en estant les Temples viuans*, il est au fond de leurs cœurs pour y estre trouué & possedé, & par ainsi celuy-là est bien insensé qui cherche bien loin de sa maison ce qu'il a au dedans d'elle.

9. Ainsi l'ame retirée au fond de son cœur en la presence interieure & spirituelle de Dieu, toutce qui est d'elle dans elle parle de Dieu, son Estre, ses puissances, son cœur, ses desirs, ses entrailles, son sçauoir, son pouuoir, ses fins, ses trauaux, *tout cela parle à Dieu en se taisant*, & ne faisant que s'espancher deuant les yeux diuins de ce Seigneur; & l'ame qui sçait pratiquer vn tel silence, est vn grand thresor en la presence de Dieu.

10. Peut-estre que ceux qui ne sont point *stilez* en cette maniere d'Oraison interieure, empescheront les autres d'y entrer & les en destourneront, mais qu'ils sçachent qu'en cela ils seront coupables deuant Dieu, & pour cela mesme Dieu abbregera leurs iours.

11. Nottez qu'en priant il ne faut point beaucoup parler puisque la priere est d'autât plus efficace qu'elle est passiue, & est plustost vn *acte du cœur que de la bouche*; car Dieu ne regarde pas tant les paroles, mais seulement le cœur de celuy qui prie, car prier Dieu c'est le chercher, & celuy prie mal qui cherche autre chose que luy, puisque toutes choses sont

dans

en Iesus Crucifié conceu par foy au fond du cœur
dans luy, & qu'il est dans toutes choses.

12. Que les *deuis familiers de l'ame auec Dieu, & de Dieu auec l'ame au fond de son cœur* la retiennent & la desgoutent des choses temporelles, & l'instruisent des eternelles, & l'inuitent à leur iouissance, & luy en donnent mesme les auantgousts, dont la diuine douceur l'attire tousiours de plus auant en plus auant dans l'interieur desert de son cœur iusques dans le sein de la diuinité outre elle-mesme.

13. Mais *lors que Dieu veut consommer l'vnion, ou Mariage spirituel de l'ame auec soy*, il l'attire dans le septiesme estat, dans le secret de son Palais, où est sa diuine demeure, & le throne Royal de sa diuine Majesté, & là où seule, elle reside & preside, & où l'ame luy est habitation & luy sert de Ciel en Terre.

14. Et c'est proprement *là où l'ame a la communication de toutes les trois diuines personnes*, qui la remplissent & qui la possedent vniquement en trinité & vnité: donnant à entendre à l'ame ces paroles de nostre-Seigneur. *Et nous viendrons à luy le Pere & Moy, & le saint Esprit, & ferons nostre demeure chez luy*.

15. Et cette diuine sagesse prepare en l'ame ainsi approfondie vne amplitude infinie de richesses diuines dans le supreme de son Estre; où elle ne voit ny borne ny limite; laquelle du fond de sa simplicité & diuine noblesse, fait & dit toute chose essentiellement & vniquement dans l'ame: mais aussi est-ce assez dire qu'elle est diuine pour nous faire entendre *qu'elle ne s'apprend pas par estude ny propre operation*.

16. Ainsi l'ame bien espurée ne se laisse point *enuelopper de tant de reflexions* sur les choses exterieures; ny sur ellemesme; mais elle ne se retire seule auec son Dieu interieurement, & dans le secret de son cœur où elle conuerse & communique auec ce Prince de Paix & de suauité, qui dilate sa capacité spirituelle pour l'acquisition du Royaume eternel.

17. Mais lors que l'homme s'estimera estre fort; c'est pour lors qu'il sera le plus foible, estant ainsi trop prés de

I

soy-mesme, il se trouuera esloigné de Dieu qui est sa force & sa vie, & si nous voulons apprendre, & sçauoir *la raison pour laquelle nous sommes obligez de veiller continuellement sur nous mesmes*; c'est parce qu'il nous en faut défier sans cesse comme de nostre plus dangereux ennemy.

18. Car l'ame sans soin, & *qui neglige de se recolliger souuent au fond de son cœur*, sera semblable à vn chemin battu & frayé, dans lequel la semence ne pourra point porter de fruit pour la grande multitude de passans qui la foulent. Quiconque se fiera à soy-mesme tombera infailliblement, & peut-estre ne se souuiendra-il pas de se releuer, pour auoir trop confié son eternité à sa vaine prudence.

19. Mais l'Office du pur amour est d'operer en secret dans le secret, parce qu'il a sa racine au fond de l'ame; & là où il s'exerce & prend ses chastes esbats à espurer son aymée, pour la rendre libre de voler apres luy vers l'Orient de sa Sphere eternelle.

A la plus grande gloire de Dieu.

TABLE DES MATIERES.

A

Abandon.
Voyez attrait, operation, motion, espreuues.
L'ame abandonnée à la sainte Prouidence de Iesus-Christ. page 215.

Abstraction.
Desister d'estre à nous, pour nous abandonner tout à Iesus 74.
Pourquoy Abraham figure Iesus Christ dans son Incarnation. 120.
Iesus-Christ Homme-Dieu saint liberateur promis à Abraham, à sa Foy & à sa semence. 120

Abraham
La signification de ce mot d'abstraction cachée à plusieurs, qui n'en sont pas dans l'actuelle pratique. 123
Industrie de l'Amour diuin pour s'emparer de l'ame abstraite. 311
L'ame abstraite paroist quelquefois au monde & à son propre corps comme vne beste feroce, 168

Actes.
Comme auec nos propres actes & puissances nous ne pouuons posseder Dieu que selon nostre finy. 275
Quand & comment il faut vser de prudence en la production des actes. 187
Ceux qui ne sont point arriuez au pur passif peuuent posément produire quelque parole interieure, & pourquoy. 188
Mauuais vsage des actes redoublez & multipliez, & sans objet interieur. 190
Comme aucuns fomentent le regne des propres actes au lieu de les desnuer 189
Le retranchement de propre actiuité de ses puissances, est vne angoisse & vne espece de mort pour l'ame. 182
L'Ame qui n'est point attirée à l'interieur se peut seruir de ces actes, mais posément. 170
Tesmoignage de Iob sur l'amortissement des propres actes. 182

Adoration.
Ce que c'est de la parfaite Adoration & d'vn culte souuerain rendu à Dieu. 348
Quand vous voudrez Adorer Dieu, entrez en vostre chambre, c'est à dire en vostre cœur. 504
Adorer Iesus dans la creche de nostre cœur. 103
Quand l'ame est en estat d'Adorer en esprit & verité. 345
C'est en esprit & verité qu'il faut Adorer Dieu au fond de son ame. 465
L'Adoration du vray Dieu n'est point tellement attachée à l'Eglise, qu'il ne faille aussi Adorer dans son

l ij

cœur. 144

Agneau.

Titre d'Agneau, symbole familiere & obligeant du Createur enuers sa creature. 288

L'Agneau occis seul digne d'ouurir le liure fermé de nostre cœur. page 5

De l'Agneau occis reparateur du genre humain. 578

Comme Iesus-Christ est appellé Agneau, & qui dit Agneau dit douceur. 411

Iesus-Christ vray Agneau & tres digne hostie de reconciliation. 121

Offrandes du benist Agneau de Dieu à son Pere Eternel, l'ame soûjointe sur l'Autel de son cœur. p. 179

Conuerser auec Iesus-Christ fait Agneau au fond de nos cœurs. 96

Le patrimoine de l'Agneau de Dieu dans nos ames. 140

Agneau de Dieu conducteur de l'ame en la terre promise par le desert interieur. 569

L'Agneau occis vainqueur du peché & de ses malignes habitudes. p. 9

Que l'Agneau de Dieu oste les pechez du monde, le choisissant au fond du cœur. 407

Attaque pressante de l'Agneau de Dieu dans l'ame recolligée contre le demon & l'amour propre. 138

L'ame iustifiée de la iustice de l'Agneau est gouuernée par la clemence du saint Esprit. 345

Il faut recourir à Iesus au fond du cœur tandis qu'il se fait appeller Agneau. 83

La grande patience de l'Agneau de Dieu à nous souffrir. 437

Le diable craint le passage interieur de l'ame par la mer rouge du precieux Sang du diuin Agneau. 132

Il faut estre vestu de vestement blanc pour suiure l'Agneau de Dieu. 222

Que ce n'est pas à nous de choisir places aux nopces de l'Agneau. 580

Malheur du pecheur au iugemēt qui aura méprisé la douceur de l'Agneau deuenu son Iuge. 41

Ame.

L'Ame vne en essence, & distincte en puissances & operations. 22, 157, 470.

Importance de donner des puissances à l'ame, encore qu'elle soit vn point indiuisible 473

Ses differentes operations en diuers organes. 479

Necessité de donner vn centre à l'Ame comme fond de l'agent spirituel. 470

Comment nous auons vendu nostre Ame pour vn neant en pechant. 510

Laideur & difformité de l'Ame défigurée par le peché, luy ostant l'humain & le raisonnable. 385

Sous la face de Lyon paroist la fierté, & l'ire, & la colere défigurant l'ame. 385

Sous la face de Bœuf y paroist la laideur des complaisances terestres défigurant l'Ame. 385

Sous la face d'Aigle la deformité du propre esprit naturel & voltigeant. 386

Desseins de l'Amour Eternel sur nos Ames. 563

Beauté du thresor & richesses de l'Ame Chrestienne est par dedans elle-mesme. 14

L'Ame autant ou plus consacrée à Dieu, que ne sont les temples materiels. 23

Aggrandissement admirable de l'Ame pour auoir adheré à Dieu. 552

L'Ame remplie des debords glorieux du pur amour. 545

L'Ame prise pour vn soleil à cause des torrents de graces & de lumieres. 482

Amour diuin.

Amour diuin produit dans les cœurs par le canal de la vraye oraison. 156

L'Amour diuin est vn fort bastió à l'ame recolligée. 434

Mal-heur au cœur qui refuse amour du diuin Iesus. 496

Que la pureté de l'Euangile veut l'amour des ennemis.

Nostre impuissance à aymer. 180

Dispositions surnaturelles de l'homme pour répondre à l'Amour diuin. 563. 571.

Pourquoy il nous est commandé d'aymer Dieu de tout Nostre cœur 33. 73.

Dieu nous commande d'aymer, plus desireux d'amour cordiale que d'intelligences.

Le Chrestien qui n'ayme pas Iesus & Marie est ingrat & desnaturé 234

Chercher l'amour diuin dans la fournaise du cœur nauré de Iesus-Christ. 274

Moyen de donner vn contentement infini à l'amour diuin. 309

Effet bien different de l'amour diuin & de l'amour propre. 160

C'est le propre employ de l'amour personnel, d'eclairer, de purifier & exercer les ames jusques à l'vnité consommée. 144

Comme l'ame est espurée dans la fournaise de l'amour diuin 384

L'ame outrée & occupée de la vie du pur amour diuin. 400

L'amour diuin aydé de nostre cooperatiō chasse le propre amour du thrône de nos cœurs. 369

Comment la connoissance precede l'amour. 159

Diuine inuention de la sagesse pour aprendre à l'ame à soustenir le pur amour. 213

Conduite interieure du diuin amour. 210

Trois nobles emplois de l'amour diuin dans nos cœurs. 277

Diuers effets de l'amour operant. 535

L'amour diuin comparé aux flots d'vne mere irritée dans l'ame passiue. 382

Dispositions de l'ame pour s'abandonner aux abords de l'amour diuin. 212

Laisser faire l'amour diuin en soy c'est tout faire & tout dire en se taisant. 272

Comparaison de la chaleur du Soleil corporel faisant fructifier la la terre à l'amour diuin faisant fructifier l'ame en vertus, & bonnes œuures. 184

Premiere regard du diuin amour en l'ame est d'ordinaire tres sensible & pourquoy. 277

Effets du diuin amour, detachāt

TABLE.

purifiant, & confômant. 212
L'Amour diuin capable de conuertir l'enfer en Paradis. 52
L'Ame toute reduite & foûmife à la diuine milice d'amour. 459
Amour feraphique qui bleffe faint François au cœur. 517
Violent affaut de l'amour diuin fort & imperieux. 461
Le cœur de Iesus parlant au cœur des Saints le langage d'amour. 69
Langage d'amour peu entendu que des vrays amoureux. 312
L'empire du diuin amour fur l'ame pacifique eft humble. 209
Les Diables croyent Dieu & n'en font pas meilleurs, eftans priuez d'amour. 294
Chofe efpouuantable d'eftre eternellement priué d'amour 206

Amour propre.

Definition de l'amour propre & de fa malignité empeftée fous la figure d'vn arbre. 493
Le regne du propre amour deftourne l'ame de fon fouuerain bien. 161
L'amour propre met toute fa felicité d'eftre poffeffeur & proprietaire de foy-mefme. 161
Maladie cachée & peu connuë l'amour propre. 364
Appropriation de fon Eftre par amour propre. 48
Danger de nourrir & entretenir le propre amour. 112
Regne tyrannique du propre amour immortifié oppofé au pur Amour. 265. 353. 160.
Malignité de l'amour propre enraciné jufques au fond du cœur 338

Mauuaife doctrine du propre amour. 114
L'amour propre remplit l'ame de chofes vaines, d'interestes, & de diuifion. 139
Rien ne nous peut nuire ny empefcher noftre liberté, que noftre propre amour. 235
Remede pour fe garentir du propre amour. 357
L'amour propre ne peut eftre furmonté que par le pur amour 446
Le propre amour répand fon poifon dans tous ces fept eftages de biens apparens. 162
Trahifon de l'amour propre feruant de Iudas, & vendant l'ame au Diable. 483
Comparaifon de l'ame proprietaire à la terre couuerte de neige 184
Le laron domeftique eft plus dangereux que l'eftranger. 256
Fineffe de l'amour propre fous de beaux pretextes pour n'eftrpas découuert. 242. 309
Ingenieufe Maxime du propre amour pour fomenter la diuifion. 353
Comme l'amour propre eft vn faux monnoyeur 358
Les fineffes de l'amour propre representé fous le cours de la fauffe monnoye & defcriant la bonne 359
Que l'amour propre eft expert en toute forte de fabrique. 358
Que l'amour propre a fes Partifans & fes correfpondances. 353
Fond d'amour propre bureau d'addreffe aux Partifans de Luci-

DES MATIERES.

fer. 21
L'intrigue & les courriers de l'amour propre. 419
De l'amour propre & de ses déguisemens. 352
Propre amour lieutenant de Pharaon infernal.

Aneantissement.
Dieu estant celuy qui est, toute creature se doit aneantir deuant luy. 454
Abbaissement infini de Iesus-Christ. 518
Aneantissement interieur de l'esprit de la vieille vie. 75
Il faut que l'humain succombe au diuin, & le naturel au surnaturel par l'aneantissement interieur. 456
Effet du propre aneantissement dont l'ame est reuiuifiée. 454

Ange.
Les Anges & les saints sont nos aisnez en la cour celeste. 258
Horrible changement de la nature angelique par le peché. 207
Pour plus grande punition Dieu a laissé aux anges la science de l'esprit ayant perdu celle de l'amour. 207
L'ange du Seigneur alloit deuant l'ost d'Israël, ce que signifie. 135
Archanges messagers de double nouuelle. 71

Appetits
Les appetits déreglez sont contre nostre ame vn fort de rebellion, dont le Diable s'empare. 113
Le Demon excite les appetits, & reueille les habitudes. 115
L'ame doit mortifier les appetits & delicatesses de son corps. 168
Raison pourquoy il faut mortifier ses conuoitises spirituelles des extraordinaires extases, rauissemens reuelations &c. 446

Ascension.
Que c'est en descendant que l'on monte à Dieu. 574
Sage celuy qui dispose dans son cœur des marches & ascensions pour monter à Dieu en descendant 605
Comme l'ame commence de monter les dégrez de son ascension interieure. 457
L'ame monte les six estages de son ascension interieure auec son victorieux & triomphant Iesus. 345
Que Dieu n'agrée pas la montée exterieure de l'homme. 574

Attache.
L'importance du détachement total. 183
Tout attache tient l'ame imparfaites & empesche en elle l'amour diuin. 162
L'homme attaché à soy-mesme ou à tels autres objets que ce soit empêche la grace d'operer en luy selon la diuine liberalité. 287
Attaches desordonnées ne sont propres qu'à ceux du premier estage. 271
Attaches ou complaisances proprietaires des actes des puissances 126
La pierre de touche qui fait connoistre à l'ame les secrettes attaches à elle-mesme. 349
Le principal office du saint amour dans l'ame est de la dissoudre de toute attache. 235

TABLE.

Maniere de diſſoudre toute attache par la vertu inperieuſe de l'amour. 229

Attache proprietaire comparée à la gelée qui reſerre & reſtraint. 183

Inſtruction du ſaint homme Iob ſur le ſujet des attaches, 162

Attention interieure.

L'eſprit attentif & tourné en dedans au fond du cœur à Ieſus-Chriſt tant dans l'oraiſon, & de temps en temps hors l'oraiſon. 738

Le deffaut de tous les deffauts c'eſt de n'eſtre point attentif à ſon cœur, 513

Soin de tenir attentif à Ieſus-Chriſt au fond du cœur luy eſt agreable, 192

Continuer attention interieure à Ieſus-Chriſt de temps en temps hors l'oraiſon, 8

Quand l'ame doit demeurer paiſible en ſon fond attentiue & ſilencieuſe, 285

Attention interieure requiſe meſme pour la priere vocale. 79

Attrait interieur.

L'adherence interieure de l'ame à l'attrait diuin eſt ſa diſpoſition, & ſon attention eſt ſa cooperation pour rauir le Ciel, & en eſtre rauie. 190

Ce que l'ame doit faire n'eſtant müe d'aucun attrait interieur, 192. 389

Ce que l'ame doit faire le diuin attrait interuenant pour ne le point empeſcher, 192

L'ame entierement deſapropriée adhere à Dieu, & ſuit ſon atrait interieur, 171

Impuiſſance & pauureté naturelle de l'ame à ſupporter l'attrait diuin. 462

L'ame enleuée par l'attrait imperieux du pur Amour. 268

Auarice.

Aueuglement de l'ame mondaine & auare. 20

Le Diable attaque les auares & ambitieux, & les mene captifs. 500

Auares vaſſaux du Dieu des richeſſes. 21

Des cœurs bas & rauallez de l'affection des choſes terriennes 419

Taupes aueuglées d'auarice qui ne ceſſent de fouiller & amaſſer terre ſur terre, 20

Aueuglement.

Aueuglement de l'ame dans ſon choix, & l'attache à elle-meſme. 399

Aueuglement eſtrange parmy le grand monde. 600

Aueuglement de l'eſprit naturel parmy les eſpines du propre amour. 343

C.

Captiuité.

L'ame attachée & captiue n'eſtant pas à ſoy, ne ſe peut donner toute à Dieu. 474

Les ſept captiuitez qui attachent nos ames à l'amour d'elle-meſme 235

La premiere chaiſne eſt celle du peché mortel qui nous captiue & nous lie à tous les genres de pechez. 267

La ſeconde, c'eſt la chaiſne de l'intereſt qui nous captiue & attache aux choſes mondaines, & toute

té vanité, 367
La troisiesme c'est l'interest des sens exterieurs qui nous captiue & engage à la complaisance des objets sensibles. 367
La quatriesme c'est l'interest des sens interieurs ou passions du cœur captiuant l'ame & comment. 376
La cinquiesme captiuité, c'est l'interest des propres emplois naturels des puissances de l'ame. 367
La sixiesme captiuité, l'interest de la propre vie de l'ame & la complaisance d'en joüir. 367
Operation deliurant l'ame de la sixiéme captiuité. 462
La septiesme captiuité, l'interest des dons de Dieu, & l'attache à en joüir. 468
Ce que c'est que nous appellons septiesme sceau ou captiuité. 549
Pourquoy cette septiesme captiuité est moins captiuante que toutes les autres. 547
Pourquoy Dieu permit la captiuité corporelle sous la Loy escrite. 78
Cœur humain lieu des complaisances diuines, changé en vn lieu de supplice plus outrageux que ne fut jamais le Caluaire. 38

Centre interieur.

Ce que l'on doit entendre par ce mot de centre de l'ame. 156. 474
Comme la Diuinité s'est fait centre de l'homme pour y estre cherchée & trouuée. 329
Retour de l'ame à Dieu son centre par la recollection interieure. 471
L'ame concentrée en l'interieur de son Estre, y abouche le principe d'Estre & de vie. 16
Dieu est le repos & la paix de tous les centres creez. 471
Faire tendre le propre esprit vers son centre interieur. 331
Toutes les creatures enseignent l'importance de la reunion de l'ame à son centre interieur. 24
S'esloigner de son centre interieur, c'est s'esloigner de Dieu & de sa paix. 436

Charité.

Tout ce qui n'est point marqué au coin de la Charité est vne monnoye qui n'a point de cours au Ciel. 417
Diuines excellences de la Charité enracinée dans l'ame. 233
Le propre office de la Charité dans l'ame, est d'épurer, & dénuer & vnir. 404
C'est au dedans que s'exerce la noble Charité. 427
La Charité excessiue de Iesus pour nous, nonobstant toutes nos ingratitudes. 77. 422. 351. 215
Des thresors de grace & de Charité communiquées à l'ame recolligée. 560
Proprietez de la Charité pour disposer le champ interieur de nostre cœur à la semence de la grace surabondante. 421
La Charité de Iesus-Christ nous presse & nostre salut nous sollicite d'estre tout à luy, & intimement vnis à luy. 406
Combien la Loy Chrestienne est pure, & comme il faut faire toutes nos oeuures en Charité. 186
Comparaison pour faire voir la necessité de la Charité en toutes
m

TABLE

nos oeuures. 351

La Charité fournit toutes les viues couleurs pour former le beau tableau des vertus dans l'ame Chreſtienne. 346

Comme toutes les vertus ſont reunies en charité. 361

L'ame portant les liurées de la noble Charité comparée à l'Eſtoille d'Orient. 403

Introduction de la Charité de Dieu nous attirant à ſoy intimement outre nous-meſmes. 522

Chreſtien.

Ce qui ſe doit entendre par le S. nom de Chriſt. 322

Quelle perfection demande de nous le nom Chreſtien. 408

Celuy peut eſtre appellé Chreſtien qui a Ieſus-Chriſt en ſoy au dire de ſaint Auguſtin, 503

Le ſigne du Chreſtien eſt Ieſus-Chriſt au tombeau de ſon coeur. 411

Importance de reflêchir ſur noſtre nom Chreſtien, taſchant de l'entendre de coeur. 84

Si la vie Chreſtienne eſt vne Religion, elle nous oblige par conſequent à nous relier en Charité, & r'allier intimement à Ieſus-Chriſt noſtre chef. 141

Excellences de la vie Chreſtienne qui nous aſſocie à Dieu. 197

C'eſt deroger à la qualité de Chreſtien, que de n'apporter que des fruits d'amour propre. 343

La raiſon donnée à l'hôme pour eſtre homme raiſonnable, & la foy pour eſtre chreſtien. 320

L'exercice ſurnaturelle de la foy faiſant la vie chreſtienne. 69

L'ame chreſtienne obligée de répondre aux matieres de foy & de charité. 392

Qu'il faut eſtre homme ſurnaturel & chreſtien, & non ſeulement homme naturel & raiſonnable. 55

Les actions de l'ame chreſtienne doiuent tenir du ſurnaturel. p. 474

Comment les Chreſtiens doiuët répondre aux neuf choeurs des Anges par l'exercice de l'oraiſon & leur ſainteté de vie. 71

Que toute action raiſonnable eſt humaine, mais elle n'eſt pas toûjours chreſtienne. 603

La vie mondaine fondée ſur le menſonge n'a rien de chreſtien que le nom 163

Le Chreſtien ne ſe doit pas contenter de la vie commune, & pourquoy. 197

Que perſonne ne ſe peut excuſer de viure chreſtiennement. 66

La pluſpart des Chreſtiens neglige de viure ſelon leur foy & les Veritez Euangeliques. 218

Negligence épouuentable des Chreſtiens tres-déplaiſante à Dieu. 560

Pourquoy les pechez des Chreſtiens plus enormes que ceux des Iuifs. 80

Vie payenne des Chreſtiens baptiſez

Moyens de ſe tenir & entretenir dans l'integrité de la vie chreſtienne. 253

Humble ſoûmiſſion au ſaint Siege & à l'Egliſe neceſſaire au Chreſtien. 357

Comme Ieſus ſouffre en ſes mëbres, quoy qu'il ſoit glorieux &

DES MATIERES.

resuscité. 196

Ciel Interieur.

Trois cieux mystiques de l'ame. 26

Premier ciel a pour Soleil Iesus-christ, & pour Lune la Vierge sacrée, & pour estoilles nos Patrons & nos bons Anges. 26

Second ciel a pour Soleil le saint Esprit, & pour Lune l'imitation de l'Humanité souffrante de Iesus. 28

La tres-sainte & adorable Trinité Soleil du troisiesme ciel. 30

Lune mysterieuse du troisiesme ciel de l'ame, où elle luy communique ses influences. 31

Quels sont les Astres du Firmament interieur de l'ame chrestienne. 62

La foy & la charité dans le Ciel de nos ames comparée au Soleil & à la Lune. 402. 403

Cercle de nostre triple Firmament interieur, intime, & plus qu'intime ou central. 344

Que c'est en descendant au centre interieur du cœur que l'esprit recolligé monte au Ciel outre l'ouuerture intime de l'ame en Dieu. 123

Estre de corps en terre & d'esprit au ciel. 72

Cœur.

Le cœur humain est le premier à viure & le dernier à mourir & comment. 472

Bouche cordiale, entendre de cœur & ouïr de l'oreille interieure ce que l'amour dicte au cœur. 28

Cœur humain choisi de Dieu pour sa demeure son repos & liesse. 37

Le fond de nostre cœur est le passage pour entrer au cœur de Iesus-Christ. 98

Que c'est par le cœur souffran & angoissé de Iesus qu'il faut chercher la Diuinité au fond des nôtres. 175.

Cœur de Iesus haure asseuré où doit aborder la nacelle de nostre esprit recolligé, & trauerser la mer rouge de son Sang. 94

Le diuin Iesus nous demande place dans nos cœurs pour nos cœurs. 155

Cœur humain vaisseau propre & preparé à receuoir nourriture du precieux Sang de l'Agneau. 54

Saint Bernard dit que le cœur humain n'est que pour y voir son Createur. 557

Que c'est par l'oraison interieure que le cœur s'ouure à Dieu. 325

Que le cœur du Chrestien est la Maison d'oraison 478. 516

Qu'il est important de se retirer dans son cœur pour prier. 595. 558

Le Saint Esprit demande à l'ame qu'elle luy tourne en dedans la face de son cœur. 515

Le cœur humain est vn Oratoire viuant, lequel nous auons par tout en commodité. 143. 487

Comment l'esprit doit répondre au cœur par son abbaissement & recollection interieure. 67

Disposition des cœurs dilattez par amour agreable à Dieu. 423

Prophanation du cœur chrestien lieu saint & consacré à l'honneur de Iesus-Christ. 37

Cœur mensonger double & suffisant, opposé au tendre cœur de

m ij

l'Agneau de Dieu. 153
Menées du diable & du peché dans le coeur contre les vertus. 38

L'inclination de la colombe est de se nicher dans le trou de la piere figure de l'ame qui se plaist à faire sa demeure spirituelle & interieure dans les sacrées playes de Iesus. 276

Comme Iesus-Christ s'interesse dans nos combats, & mesme il nous y garit de nos blessures. 271

Combat du saint amour contre l'amour propre la volonté presente & la victoire est du costé qu'elle panche. 387

Trahir vostre Redempteur par vaines complaisances hors de luy. 107

Eloignement du createur par complaisance aux creatures en dehors. 21

Conformité

L'ame ne se doit rien reseruer en cette vie que la conformité à l'Agneau de Dieu. 445

Conformité à Iesus delaissé agonisant d'amour & de douleur. 77. 306. 314. 175. 75. 60.

La conformité à l'Agneau de Dieu doit estre nostre pain quotidien. 202

Comme l'ame se doit comporter en tous les differens estats par conformité à Iesus crucifié. 285

C'est porter en vain le nom chrestien que de n'auoir aucune conformité à l'Agneau de Dieu. 154

Toutes les graces sont pour operer la conformité de l'ame à Iesus-Christ. 525

Que la felicité du bon chrestien est de se conformer à Iesus-Christ. 61

Nos bons Anges se rejoüissent de nous voir dans les souffrances & conformité à l'Agneau. 529

Communications interieures

Communications d'amour centralles & diuines operées dans l'ame. 465

Les richesses & communications de l'Agneau de Dieu ne sont point espargnées à l'ame recolligée. 343

Les comerces interieurs de Dieu auec l'ame ne se descouurent point par aucun artifice humain. 188

L'ame pleine de lumiere, d'amour de foy, de vie, & de charité. 545

Merueilleux effets & épanchemens du pur amour dans l'ame. 382 544.

Merueille inouye qui estonne les Anges & rauit les hommes. 196

Communion

La communion spirituelle est vn commerce interieur d'esprit à esprit. 323. 324

L'oraison cordialle vraye disposition pour la communion sacramentalle. 324

Les communications spirituelles dans l'oraison seruent de fond à la communion sacramentalle. 347

Comme il faut marier la sainte oraison auec la sainte communion. 586

Que la sainte communion nous oblige à rememorer dans nos coeurs la mort & passion de Iesus-Christ. 289

Pourquoy Iesus-christ se communia soy-mesme le premier. 526

Sauourer la manne de la tres S. communion. 105

Communier rarement est vn de-

DES MATIERES.

faut d'appetit & de santé spirituelle. 159
Quatre principaux mysteres de Iesus-christ celebrez dans d'ame par la sainte communion. 586
Ver de conscience qui ne meurt jamais. 4
Mauuais conseil de ceux qui destournent les simples de l'oraison. 12
Mauuais conseils de ceux qui degoutent les commençans, disans que cela n'est pas pour tout le monde. 8
Il est à propos de ne rien entreprendre d'important sans vn sage conseil. 427
Conseils de la Sapience pour les ames d'oraison en ce qu'ils doiuent faire pour la garde de la Loy. 219

Consommation

Estat de l'ame approchant de sa consommation. 539
Filet de propre vie qui tient l'ame comme suspanduë, & retarde sa consommation 548
Iesus-Christ fait d'aliment substanciel de nos ames pour consommer l'ouurage diuin en nous. 203
L'œuure du saint amour est d'operer la consommation. 362
Comme l'ame acheue sa consommation. 564
Par l'amour reciproque des deux amans s'acomplit & se consomme la diuine alliance. 492
Où se consomme l'hostie, & acheue le sacrifice parfait de l'ame, au sixiesme degré de recollection interieure. 461
Peu arriuent à la consommation parce que peu perseuerent à la victoire entiere d'eux mesmes & de leur amour propre. 267

Contemplation.

Que Iesus est la porte des sublimes contemplations, & comment 370
Chemin asseuré pour contempler la diuinité & la trouuer par tout & en toute chose. 16
Que les objects n'empeschent point la contemplation. 363
Les plus aduancez dans la contemplation n'ont pas moins besoin de Iesus-Christ que les pecheurs 371
La representation spirituelle de la Vierge sacrée ny celle des saintes n'empesche point nostre contemplation. 255
La contemplation perfectionne l'action. 555
L'ame à couuert de la piere viue de l'humanité glorieuse de Iesus pour contempler la diuinité 370

Consolations

La mamelle des consolations sensibles communiquée aux commençans en suplement de leur peu de foy. 319
Du bon ou du mauuais vsage des gousts, saueurs & diuines consolations interieures. 201
L'ame ne doit sauourer que le necessaire des delices spirituelles escoulées en elle, afin d'en euiter les attaches. 196
Qu'il ne faut pas tant crier contre les diuines consolations innocentes d'elles mesmes. 269
Les consolations diuines sont d'elles-mesmes tres-pures & innocentes, la seule attache y fait le

m iiij

TABLE

Les personnes lâches & negligentes nourrices de la curiosité des diables. 206

Que la curiosité est vne marastre qui conçoit & enfante le peché. 331

Dieu resiste aux orgueilleux, & refuse ses dons aux curieux, & amateurs d'eux-mesmes. 447

De la curiosité enragée du demõ à tenter. 498

Le diable se tourmente de curiosité pour sçauoir ce qui se passe dãs l'interieur. 426

Le diable menace du defaut de la cuirasse, ce qu'il entend par là. 432

D

Deuotion

Trois choses composent la deuotion parfaite. 105

La vraye & solide deuotion est de destruire en nous le propre amour. 256

Comme toutes les deuotions doiuent auoir leur principe en Iesus-Christ. 253

Comme il faut vnir nostre cœur à Iesus-christ, & l'y trouuer dans toutes nos deuotions. 265

Deuotion speciale à vn ternaire de Saincts Vierges, & à vn ternaire de Saincts Penitens. 258

Le sage Directeur doit prendre garde à ces deuotions dereglées. 443

Il se faut contenter de fleurs dãs ceux qui commencent la deuotion. 336

Du dereglement de certaines deuotions. 442

Paralitique de l'Euangile figure de ceux qui languissent dans la deuotion. 352

Malices du diable pour distraire ou inquieter les ames deuotes. 429

Desert

Saint Iean est la voix de celuy qui crie dans le desert de nos cœurs. 514

Diuin & humain Moyse qui conduit l'ame & la fait trauerser son desert interieur. 190

Suiure Iesus-christ dans son desert interieur, & l'importance où y marche tousiours deuant nous. 156. 107

Importance que Iesus-christ marche deuant nostre esprit trauers le desert de nostre cœur. 155

Nostre ame doit estre conduitte au desert interieur par le Saint Esprit. 186

L'ame doit auancer trois iournées dans le desert interieur pour y sacrifier à Dieu. 129. 507

La seule pensée de ce desert interieur épouuente les lâches. 130

Pour s'échapper du Pharaon infernal, il faut trauerser la mer rouge du sang de l'Agneau de Dieu, & entrer dans le desert interieur. 130

Desnuement, Despouillement, Detachement.

Comment l'ame recolligée se depouille de sa vieille peau. 59

Le plus excellent de tous les ouurages du saint amour dans l'ame, c'est d'y operer le total desnuement. 489

Iusques là où va le vestement de la vieille creature, & comme il le faut depouiller. 450

Le cinquiesme degré de recollection desnue peu à peu les propres actes

DES MATIERES.

actes. 126
Le despuement total des propres actes. 180
Façon de traiter l'ame pour la dénuer de l'amour de sa propre vie. 308
Maniere d'entendre le détachement de l'ame. 366
Le saint homme Iob parlant dans l'amertume & total dénuement & abandon à son ame angoissée. 165
Détachement de tout pour paruenir à estre vniquement à Dieu. 365
Que l'ame ne se peut d'elle-mesme détacher sans le concours de la Grace. 549
Cœur de Iesus diuin fourneau embrasé où l'ame se laisse épurer & dissoudre d'elle-mesme. 17
Le faux & apparent détachemēt des simples Philosophes. 186
Comparaison de la couleuure changeant de peau, monstrant le dépouillement de la vieille creature. 58

Dieu

Dieu seul peut feliciter nos ames créées à son image. 283
Le bon desir est de desirer vne chose qui est Dieu seul. 449
Iesus le Dieu caché de nostre cœur pour luy faire participer sa vie diuine. 142
Où il faut chercher & trouuer Dieu pour en ioüir. 441
Chercher Dieu, & le rencõtrer, & l'y voir auec l'œil interieur de la foy. 99
Negligence de l'homme Chrétiē à chercher son Dieu où il veut estre cherché. 363

Que l'homme qui cherche Dieu à la naturelle ne fait que tournoyer
Dieu veut estre cherché par les solitudes & lieux secrets. 98
Le saint Prophete cherchoit & recherchoit sans cesse la face de Dieu. 515
Que ce n'est pas assez que Dieu voye nos coeurs, mais il faut aussi que nos coeurs voyent Dieu en nous. 64
Rechercher sans cesse la face de Dieu, & en sauourer aussi sans cesse l'infinie douceur dans le cœur. 33
D'où vient que tant d'ames cherchent toujours Dieu, & n'en ioüissent iamais ne le pouuant trouuer. 321
Dieu donne ses graces à ceux qui se retirent au fond du coeur pour prier. 501
Où il faut chercher Dieu & s'en approcher en esprit & par foy 556
Que c'est dans le fond de l'ame où l'ame trouue & possede Dieu. 465
Comme l'ame commence à ioüir de Dieu dans luy-mesme. 565
Celuy qui a trouué Dieu dans son coeur, il en ioüit & ne le demande plus à personne. 182
Dieu a voulu posseder l'homme, & se donner aussi à posseder à luy. 463
Ce que nous sommes à Dieu, & ce qu'il nous est par Iesus-Christ. 450
Dieu nous laisse estre à nous parce que nous refusons d'estre à luy. 395
Bien arriué dans l'ame pour auoir laissé estre Dieu en elle. 566

n

TABLE

Les personnes lâches & negligentes nourrices de la curiosité des diables. 406

Que la curiosité est vne mere-stre qui conçoit & enfante le peché. 331

Dieu resiste aux orgueilleux, & refuse ses dons aux curieux, & amateurs d'eux-mesmes. 447

De la curiosité enragée du demõ à tenter. 498

Le diable se tourmente de curiosité pour sçauoir ce qui se passe dãs l'interieur. 496

Le diable menace du desfaut de la cuirasse, à ce qu'il entend par là. 432

D

Deuotion.

Trois choses composent la deuotion parfaite. 105

La vraye & solide deuotion est de destruire en nous le propre amour. 256

Comme toutes les deuotions doiuent auoir leur principe en Iesus-Christ. 253

Comme il faut vnir nostre cœur à Iesus-christ, & l'y trouuer dans toutes nos deuotions. 265

Deuotion speciale à vn ternaire de Saintes Vierges, & à vn ternaire de Saints Penitens. 268

Le sage Directeur doit prendre garde à ces deuotions dereglées. 443

Il se faut contenter de fleurs dãs ceux qui commencent la deuotion. 336

Du dereglement de certaines deuotions. 442

Paralitique de l'Euangile figure de ceux qui languissent dans la deuotion. 352

Malices du diable pour distraire ou inquieter les ames deuotes. 429

Desert.

Saint Iean est la voix de celuy qui crie dans le desert de nos cœurs. 154

Diuin & humain Moyse qui conduit l'ame & la fait trauerser son desert interieur. 100

Suiure Iesus-christ dans son desert interieur, & l'importance où il y marche tousiours deuant nous. 156. 107

Importance que Iesus-christ marche deuant nostre esprit trauers le desert de nostre cœur. 155

Nostre ame doit estre conduite au desert interieur par le Saint Esprit. 186

L'ame doit auancer trois iournées dans le desert interieur pour y sacrifier à Dieu. 129. 107

La seule pensée de ce desert interieur espouuente les lâches. 130

Pour s'échapper du Pharaon infernal, il faut trauerser la mer rouge du sang de l'Agneau de Dieu, & entrer dans le desert interieur. 130

Desnuement, Despoüillement, Détachement.

Comment l'ame recolligée se dépoüille de sa vieille peau. 59

Le plus excellent de tous les ouurages du saint amour dans l'ame, c'est d'y operer le total desnuement. 489

Iusques là où va le vestement de la vieille creature, & comme il le faut dépoüiller. 450

Le cinquiesme degré de recollection desnue peu à peu les propres actes

actes. 126
Le denuement total des propres actes. 180
Façon de traiter l'ame pour la dénuer de l'amour de sa propre vie. 308
Maniere d'entendre le détachement de l'ame. 366
Le saint homme Iob parlant dans l'amertume & total denuement & abandon à son ame angoissée. 165
Détachement de tout pour paruenir à estre vniquement à Dieu. 365
Que l'ame ne se peut d'elle-mesme détacher sans le concours de la Grace. 549
Cœur de Iesus diuin fourneau embrasé où l'ame se laisse épurer & dissoudre d'elle-mesme. 17
Le faux & apparent détachemẽt des simples Philosophes. 186
Comparaison de la couleuure changeant de peau, monstrant le dépoüillement de la vieille creature. 58

Dieu

Dieu seul peut feliciter nos ames creées à son image. 283
Le bon desir est de desirer vne chose qui est Dieu seul. 449
Iesus le Dieu caché de nostre cœur pour luy faire participer sa vie diuine. 142
Où il faut chercher & trouuer Dieu pour en joüir. 441
Chercher Dieu, & le rencõtrer, & l'y voir auec l'œil interieur de la foy. 99
Negligence de l'homme Chrétiẽ à chercher son Dieu où il veut estre cherché. 363

Que l'homme qui cherche Dieu à la naturelle ne fait que tournoyer
Dieu veut estre cherché par les solitudes & lieux secrets. 98
Le saint Prophete cherchoit & recherchoit sans cesse la face de Dieu. 515
Que ce n'est pas assez que Dieu voye nos coeurs, mais il faut aussi que nos coeurs voyent Dieu en nous. 64
Rechercher sans cesse la face de Dieu, & en sauourer aussi sans cesse l'infinie douceur dans le cœur. 33
D'où vient que tant d'ames cherchent toûjours Dieu, & n'en joüissent iamais ne le pouuant trouuer. 321
Dieu donne ses graces à ceux qui se retirent au fond du cœur pour prier. 507
Où il faut chercher Dieu & s'en approcher en esprit & par foy 556
Que c'est dans le fond de l'ame où l'ame trouue & possede Dieu. 465
Comme l'ame commence à joüir de Dieu dans luy-mesme. 505
Celuy qui a trouué Dieu dans son coeur, il en joüit & ne le demande plus à personne. 182
Dieu a voulu posseder l'homme, & se donner aussi à posseder à luy. 463
Ce que nous sommes à Dieu, & ce qu'il nous est par Iesus-Christ. 459
Dieu nous laisse estre à nous parce que nous refusons d'estre à luy. 395
Bien arriué dans l'ame pour auoir laissé estre Dieu en elle. 566

TABLE

Il n'est pas si difficile de traiter auec Dieu, comme aucuns s'imaginent. 284

Que les personnes d'oraison sont & doiuent estre familierement auec Dieu. 340

L'ame desire que Dieu soit connu de cette façon intime. 511

Perte de l'ame interieurement abysmée en Dieu. 565

Quelle est la chose la plus chere aux yeux de Dieu & la plus agreable à son coeur. 560

Le moyen le plus court pour plaire dauantage à Dieu. 480

Les prudens & les sages du monde se contentent de parler de Dieu. 61

Quand est-ce qu'il faut quitter Dieu pour Dieu. 429

De l'horrible & tres-angoisseuse priuation de Dieu. 561

Directeur.

Conduite & direction necessaire à l'ame qui vaque à l'oraison. 193

Importance que les ames d'oraison ayent vn directeur qui entende leur voye. 193

Inconueniens de la multitude dereglée de directeurs. 439

Des qualitez requises aux directeurs. 337

Aduis aux sages directeurs pour l'égard de leurs penitents. 441

Grande discretion requise tant aux directeurs qu'à ceux qui sont dirigez. 310

Grande douceur & discretion pour la direction des ames. 340

Le meilleur directeur est celuy qui vous aidera à mourir à tout. 310

De la parfaite obeissance deuë aux directeurs prudens. 339

Importunitez de quelques ames vers leurs directeurs. 89

Il y en a qui changent leurs confesseurs en martyrs. 90

Importance de ne se pas conduire par son propre esprit, ny se découurir deuant le temps. 448

Tout le peuple doit prier pour ceux qui ont la charge des ames. 337

Diuinité.

Diuinité inaccessible à l'homme sans le secours de l'humanité sacrée de Iesus. 404. 583

La diuinité est nostre terre promise attenduë & esperée. 329

L'ame connoit de grandes choses de la diuinité qu'elle ne peut exprimer. 348

Engloutissement de l'ame en la diuinité sans bornes ny limites. 566

Estat auquel l'ame ne voit & ne gouste que Dieu & sa diuinité. 551

Distraction.

Pitoiable estat de l'homme dans la vie extrouertie & effuse en dehors. 208

L'esprit distrait de son coeur est éloigné de Dieu. 97

L'ame d'oraison se doit défier de tout ce qui la distrait de son interieur. 378. 427

L'ame s'apperceuant estre distraite de son Dieu, s'y doit promptement retirer en l'interieur. 302

Mauuais effets de l'extrouersion ou épanchement de nostre esprit au dehors. 226. 239

Prudence & discretion pour appriuoiser & rappeller l'esprit distrait.

DES MATIERES.

Esprits distraits & vagabons sous la domination du diable & pourquoy. 506

Le diable espie l'occasion de surprendre l'ame à l'extrouersion. 497

Finesses & astuces du Demon pour distraire & retirer l'ame de l'interieur. 434

Distraction & effusion exterieure cause de diuision. 473

Docilité.

C'est vne bonne chose de s'en croire auec docilité à ceux qui en ont experience. 364

Chacun se plaist à enseigner, & peu se trouuent pour bien écouter auec docilité d'esprit. 342

L'amour propre immortifié ne veut point souffrir de maistre. 94

Dons de Dieu

Se disposer à receuoir les dons du saint Esprit. 110

Le saint Esprit don du Pere & du Fils enuoyé en la terre à la mesure des merites de Iesus-Christ. 45

Ce que le diuin Iesus nous a merité & donné. 538

Comme Iesus-Christ nous a tout donné tout ce qu'il estoit & tout ce qu'il auoit. 376. 376

Pourquoy Dieu nous a donné son Fils. 117

Le Pere nous a donné tout ce qu'il nous pouuoit donner, & le Fils merité tout ce qu'il nous pouuoit meriter. 47. 76

Le saint Esprit répand ses dons selon l'estat de l'ame. 546

L'ame toute langoureuse desire le saint donneur des biens de l'Eternité. 543

Dieu veut toûjours donner en Dieu, c'est à dire infiniment. 361

Pourquoy Dieu donne abondamment à celuy qui a dé-ja. 197

Dons superieurs qui font aymer Dieu & adherer à luy. 97

La marque infaillible des vrays dons de Dieu. 444

Ce que Dieu nous demande, & ce qu'il luy faut donner pour luy plaire. 481

Comme il faut receuoir de Dieu ses dons & les rendre à Dieu. 444

Il ne suffit pas à l'ame fidelle de receuoir de Dieu, mais il luy faut rendre. 518

Dieu se donnant tout entier à nous, il faut aussi nous rendre tout entier à luy. 21

Que l'ame se doit détacher d'elle mesme & des dons de Dieu. 548

C'est dans l'interieur où Dieu se veut donner à l'homme tout luy-mesme. 441

Que les dons de Dieu ne nous sont pas donnez pour nous y delecter, mais comme arrhes de plus grands trauaux & espreuues. 447

Ce n'est pas vne petite peine à l'ame fidelle d'auoir empesché le don de Dieu en elle. 361

Negligêce épouuantable de l'homme enuers Dieu apres tant de biens & dons receus. 303

Qui reçoit plus il luy sera plus demandé. 361

Comment la pluspart des hômes ne font que souïller tous les biens & dons que Dieu leur fait. 36

Mauuais vsage des dons & bienfaits receus de Dieu. 77

Effets estranges causez par l'abus des dons de Dieu. 81

ã ij

TABLE.

Il est tres difficile que le cœur double soit sauué. 164

Eglise.

L'Eglise maison de Dieu, maison d'oraison. 143

Ce que nous voyons de l'Eglise n'est pas le principal de l'Eglise. 145

Sortie de l'Eglise du saint cœur nauré de Iesus-Christ mort. 280

Du respect auec lequel il faut assister au seruice diuin dans l'Eglise. 441

Ceux qui veulent reformer l'Eglise deuroient commencer par soy mesme. 355

C'est la vertu, la pieté & la sainte oraison qui soustiennent les interets de l'Eglise. 354

Trinité est la vraye colomne de l'Eglise, & pourquoy. 354

Prerogatiue de la foy dans l'Eglise militante. 554

Il faut prendre garde à l'esprit qui murmure de la decoration des Eglises. 379

Piege du propre amour dans la Philosophie critique sur les beaux edifices & ornemens d'Eglise. 380

De la sainte & ancienne coustume de decorer les Eglises. 380

Chemin royal de l'Eglise militante à la triomphante. 257

Endurcissement.

Quels sont les cœurs impenetrables au tendre cœur de Iesus. 151

Dureté incomparable du cœur de Iudas aux tendres semonces de Iesus pour le conuertir. 152

Enfer.

Trois genres d'enfer opposez aux trois diuines personnes selon leur proprietez distinctes. 41. 42

Le premier enfer appelle des diables dans l'ame qui peche mortellement & qui s'oppose à la puissance du Pere. 42

L'enfer du pecheur opposé à la seconde Personne. 44

Troisiesme enfer du peché opposé au sainct Esprit comme Sanctificateur. 45

Comment le peché est l'enfer de l'enfer & le double enfer des diables. 41

L'ame separée de son corps en peché mortel ne peut demander que l'enfer. 3

L'enfer se changeroit en Paradis s'il y pouuoit entrer vn esteincelle du pur amour. 207

Entretiens d'oraison.

Les trois estas ou entretiens d'oraison appuiez des trois genres d'e puremens amoureux. 212

Trois employs de l'amour diuin dans l'ame au moyen des trois entretiens d'oraison. 129

Estat d'amour sensible au premier entretien actif. 279

Exercices de l'actif & passif en mesme oraison dans le second entretien. 280

Dans le second entretien actif & passif l'ame deliurée du troisiesme & quatriesme voile de tenebres les sens interieures & exterieurs. 278

Maniere de pratiquer le second entretien actif & passif de l'oraison. 168. 279

Despoüillement du cinquiesme & sixiesme voile de tenebres dans le troisiesme entretien. 279

Escolle interieure.

DES MATIERES

Que l'homme spirituel fait de son cœur vn lieu d'estudes. 556

Iesus enseigne à faire l'oraison dans l'escolle du cœur pacifique. 373

L'importance d'escouter & de laisser parler Iesus-Christ dans nos cœurs. 106

Que la bonne & profitable estude doit estre entremeslée d'oraison. 68

Entendre la voix de Iesus-Christ nous appellant en dedans. 391

Heureuse est l'ame qui sçait incliner l'oreille du cœur à la voix secrette du bien aymé. 119

Negligence criminelle d'escouter le bon Maistre qui enseigne l'oraison en dedans. 442

C'est bien estudier Iesus-Christ que de le bien imiter à l'interieur & à l'exterieur. 153

Solitude requise pour escouter en silence la voix de Dieu au fond du cœur. 320

L'escholle du saint Esprit, où sont enseignées les sciences sublimes. 291

L'ame aduouë que l'amour diuin ne cesse d'enseigner à celuy qui sçait escouter. 543

Comme il faut entendre les choses diuines de l'entendement cordial. 272

Pernicieuse classe où l'homme a voulu estudier auec le diable. 207

Quels sont les Escholliers de Sathan. 53

Disposition requise pour escouter vtilement la parole de Dieu. 513

Que celuy qui parle aux autres n'est pas exempt d'escouter Dieu dans l'interieur. 513

Escriture sainte.

L'Escriture est appellée sainte parce qu'elle est dictée du saint Esprit. 154

L'Escriture sainte bien receuë dans vn cœur y sert de tesmoin à Iesus-Christ, & pour cela est appellée testament. 134

Esleuations de l'ame.

Iusques là où Dieu esleue, & introduit l'ame fidelle. 552

Ce que l'ame doit faire dans les plus hautes eleuations d'esprit. 458

Des transports diuins de l'ame blessée d'amour. 339

Espoux Espouse.

L'Espoux appellant son Espouse la conuie de luy monstrer sa face dans l'interieur. 515

Introduction de l'ame dans le caueau du bon vin de l'Espoux. 16

Merueille operée du saint amour dans le sein de son Espouse. 493. 511.

Tresors & diuines richesses confiez à l'Espouse. 497

Transport de la sainte Epouse de posseder son bien aymé & de l'auoir. 490

Le saint Espoux fauorise son espouse de la parfaite vnion. 492

Il n'est pas croiable combien l'amant fidele compatit à son Espouse. 491

Personne ne peut guarir l'ame amante que celuy qui l'a blessée. 297

La bonne odeur du baume des vrayes vertus delecte le saint Espoux. 22

aiij

TABLE

Espreuues.

Region d'épreuues, de delaissement & angoisses mortelles, mourir & remourir. 313

Estats de tenebres, de tentations affligeantes l'ame amante, jusques à croire que tout est perdu. 306

L'ame estonnée de sa pauureté spirituelle & de la soustraction du diuin amour. 313

Comme il faut tost ou tard passer par l'espreuue, il y faut disposer son cœur. 201, 214, 372

L'ame éprouuée & exercée du saint amour & pourquoy. 296

L'effet du pur amour est d'éprouuer & d'épurer. 534

Se garder de l'excez de consulter tant de directeurs dans les épreuues & pourquoy. 309

Que l'ame ne se doit pas troubler des euenemens dans les épreuues. 308

Le plus vtile à l'ame est de boire son calice toute seule entre Dieu & elle. 314

Constance dans les dégousts sans se relâcher, bonne marque. 202

Constance de l'ame dans les espreuues, & perseuerance en l'oraison necessaires. 312

Sçauoir ensembler les roses auec les espines auec égalité d'esprit dās les épreuues. 202

Fidelité à manger le pain d'angoisse & d'amertume. 305

L'ame doit accepter interieurement, passiuement, & patiemmēt toutes les priuations. 306

Ce que l'ame doit faire parmy les estats d'abandons & destitutiōs interieures. 305

Ne rechercher aucune consolatiōdes creatures durant les épreuues de l'amour destituant. 306

Il ne faut pas combattre ce que l'on doit porter passiuement dans les estats d'épreuues. 313

Abondantes recolletes & heureuse prouision pour le temps de l'épreuue. 296

Les euenemens ny de la nature ny de la grace ne dependent point de nous. 201

L'ame doit attendre patiemment le retour de son bien-aymé. 297

Apres la tempeste de la tentation l'ame est recreée du saint amour. 195

Viue & sainte expression des paroles de Iob touchant l'abandon & les priuations. 307

Le saint homme Iob nous témoigne ce grand abandon vniuersel. 307

Iob en son estat de delaissement apelle ses amis conseillers facheux, parce qu'ils n'entendoient pas ses estats. 310

Pourquoy Dieu permet ces penibles épreuues aux bonnes ames. 307

Esprit Diuin & humain.

Saint Amour personnel enuoyé sur toute l'Eglise. 140

Le saint Esprit est la souueraine dilection épanoüissant les coeurs. 541

Ce que le saint Esprit enseigne à l'ame du Chrestien recolligé 538

Le saint Esprit n'opere iamais dans l'ame sur d'autre fond que celuy de Iesus-Christ. 254

Iesus nous liure à son saint Esprit

DES MATIERES

conducteur fidele dans la voye interieure. 96

Le saint Esprit missionaire ineffable du Sanctuaire de l'ame. 23

L'esprit diuin soufle où il luy est ouuert & opere où il est appellé. 378

Effets de la plenitude du saint Esprit dans l'ame Chrestienne. 300

Comme le saint esprit ne se communique que dans l'interieur. 465

Que les graces de la mission personnelle du saint Esprit sont les dernieres de nostre sanctification. 46

Le saint Esprit parle à l'ame en aymant, car son parler est amour. 119

L'ame appelle le saint Esprit comme souuerain visiteur des cœurs & Sanctuaire d'vnion. 540

Le saint Esprit est appellé comme medecin de la loy interieure d'amour qui sçait blesser & guerir. 544

Comme l'ame conuie amoureusement l'esprit d'amour d'acheuer ce qui est commencé. 539

L'esprit humain est l'agent de l'ame. 232

Mal-heur de la plus part des hômes s'arrestans à l'humain & à la nature du propre esprit. 57

La nature du propre esprit est de ne connoistre presque jamais les choses pource qu'elles sont en verité. 191

Que l'esprit de l'homme seul ne peut atteindre les choses diuines. 443. 469

Abus des grands esprits rechercchants la multitude des belles pensées pour s'y complaire & s'en repaistre. 90

Nostre propre esprit deuient tel que la nouriture dont il se repaist. 123

Propre esprit saillie actiue de l'ame picorant les faux plaisirs à l'exterieur. 59

De l'actiuité empressée du propre esprit nuisible en l'oraison. 388

Gens qui ont trop d'esprit & n'ont pas assez d'humilite ny de docilité pour se laisser instruire de la vie interieure. 64

Descendre en esprit & foy au fond du cœur pour y escouter humblement celuy qui dit tout en aymant. 13

Escoulement interieur de l'esprit en dedās vers le benist Agneau de Dieu. 293

Demission de propre esprit, desnuement de propre puissance. 55

Que le propre du chrestien est d'abbaisser son esprit aux pieds de Iesus-Christ dans son interieur. 594

Abbaissement de propre esprit & volontaire demission à la souueraineté du diuin Agneau dans nos cœurs. 35

Raison pour la demission totale du propre esprit dans l'interieur sous les loix surnaturelles de la foy. 318

Tourner l'esprit en dedans vers Dieu qui y habite. 97

Foy, esperance & charité habits sacerdotaux de l'esprit recolligé dans son temple interieur. 24

Merueilleux effets de l'abbaissement de l'esprit au fond du cœur sous les pieds de Iesus-Christ. 270

Diuision de l'ame & de l'esprit

TABLE.

& comment. 210
Maniere de discerner le bon ou mauuais esprit. 436

Estats de l'ame.
Comparaison des trois temps qui amenent le fruit à leur perfection aux estats de l'ame par l'oraison. 334
Le temps de la fleur qui se rapporte aux commençans. 334
Le temps de verdeur & grosseur qui se rapporte au progrez. 334
Le temps de maturité qui se rapporte aux parfaits. 334
Tous les autres estats precedans de l'ame ne sont qu'vn acheminement au sixiesme. 229
Estat sublime de l'ame en Dieu. 569
En quel estat l'ame peut dire en verité *Pater noster qui es in cœlis*. 551
Qu'il ne se faut pas tourmenter de toujours connoistre nos estats. 537

Estre.
Dieu est ce qu'il est, c'est à dire veritable & la verité mesme. 533
Iesus fond & fondement soustien & conseruateur de nostre Estre. 545
C'est vanité à l'homme de vouloir estre ce qu'il n'est pas en verité. 453
Quiconque voudra estre, qu'il soit en Iesus-Christ & non jamais ailleurs. 454
L'ouuerture du passage de l'eternité bien-heureuse. 233
Des deux eternitez bien-heureuse. 84

Euangile
Iesus-Christ venu pour nous reformer suiuant l'Euangile. 380
Estudier le saint Euangile dans son principe qui est Iesus-Christ. 153
Qui sont les diciples de l'institution Euangelique. 554

Examen.
Trois sortes d'examens enuers Dieu, enuers le prochain, & enuers nous-mesmes. 105
Examen de nos comportemens enuers le Pere. 106
Examen de nos comportemens interieur enuers le Fils. 106
Examen des pechez contre le saint Esprit. 108
Examen sur nos comportemens enuers le prochain. 111
Examen sur nos comportemens enuers nous-mesmes. 112
Comme l'ame doit faire son examen retirée & recolligée au fond de son cœur. 112

Exemple.
L'obligation d'estre exemplaires 17
Fruit notable de la vertu exemplaire des personnes eleuées en dignité ecclesiastique ou seculiere. 66
Nous ne deuons non plus escarter nostre veuë interieure de Iesus-Christ nostre exemplaire dans l'oraison qu'vn Peintre de son original. 193

Femmes.
Deux sortes de femmes bien differentes. 251
Paroles superfluës, cocardes & affectées de femmes dangereuses à escouter. 252

Froment.

DES MATIERES

Froment diuin.

Le froment diuin de l'humanité bien meurie & aoustée sur la croix est moissonnée dans le tombeau. 577

Bon-heur des Chrestiens dans la joüissance du pur froment des Elûs mangé au Saint Sacrement de l'Autel. 423

Du bon grain de froment semé par amour dans le cœur chrestien. 419

Fidelité

La colombe represente les ames chastes & fidelles à retourner dans l'arche de leurs cœurs. 118

Ineffable communication que Dieu fait de soy aux fidelles à la vie interieure. 134. 552

Fidelité à l'amour diuin opere le total dénuement. 272

Se rendre fidele à l'operation de l'Amour diuin dans l'ame. 139

Fidelité de l'ame à resister aux attaques des tentations. 426

Les ames fidelles doiuent estre courageuses & perseuerantes dans l'oraison. 434

Foiblesses.

L'Ange peche par malice, & l'homme par foiblesse. 164

L'ame desireuse de se conuertir à Dieu ne se doit décourager de ses foiblesses. 102

Comme Nostre Seigneur supporte l'ame qui ne peche que par infirmité. 151

Besoin que nous auons de la cõtinuelle assistance de Iesus-Christ à cause de nos foiblesses. 256

Forces d'vne ame appuyée de Iesus-Christ & profondement recol-

ligée à luy dans son cœur qui ne seroit separée de luy que par foiblesse. 275

Que nous ne sommes point contraints à pecher par aucune fragilité. 281

Celuy qui tombe par infirmité & foiblesse ne se doit décourager, mais s'humilier. 104

Facilité de guarir nos maladies & foiblesses spirituelles. 356

Forme.

Pourquoy la diuine Sagesse s'est seruie de formes. 239

Pourquoy le saint Esprit a pris forme de colombe & de langue de feu. 238. 240

Que ce ne sont point les formes ny les images qui nous empeschent d'estre à Dieu. 239

L'ame fauorisée de la pure lumiere de la foy & de l'amour ne s'occuppe plus des formes. 237

Foy.

En quoy consiste la foy à commencer par son principe. 316

De l'origine de la foy, de son essence, & de sa souueraineté. 315

Proprietez & stabilité de la foy issue de Dieu qui est de soy immuable. 318

Que la foy est absolue & regente en souueraine sur l'Ame Chrestienne. 317

La foy est le grand sceau des diuins secrets scellé du precieux sang de Iesus-Christ. 317

Noblesse de la foy illuminée de la clarification d'amour. 48

Necessité de l'instrument surnaturel de la foy pour atteindre la diuinité. 324

TABLE

D'où vient qu'il n'est donné qu'à la seule foy d'atteindre la diuinité 315

Comme la foy nous fait atteindre Dieu, & voir en vnité d'essence les trois diuines Personnes. 318

Office surnaturel de la foy. 46

Exercer la foy par amour & humilité enuers Iesus au fond du cœur 140

La foy éleuée par la vie d'amour fait le noble instrument du nouuel homme pour connoistre les choses diuines. 402

Qu'il faut commencer tout à l'heure à faire valoir l'heritage interieur de la foy donnée de Dieu. 343

Que la foy ne nous a pas esté donée pour les choses visibles. 48

La foy nous est donnée ainsi que fut autrefois l'estoille aux Mages d'Orient pour chercher & trouuer Iesus-Christ dans la creche de nostre cœur. 402

Ce n'est pas assez d'auoir la foy, mais il la faut surnaturellement exercer. 553

La foy interieurement exercée au fond du cœur vaut infiniment mieux que la raison. 367

Effets merueilleux de la foy dans l'ame chrestienne. 317

Exercice surnaturel de la foy necessaire à l'ame chrestienne. 216

Nous croyons plus de Dieu par la foy, que par ce qui nous est autrement manifesté. 403

Iesus-Christ venu en ce monde pour chercher de la foy parmy les hommes. 316

Le Peché ne destruit pas le principe de la foy, mais il l'affoiblit & la degrade de charité. 404

Fermeté dans la foy & dans l'esperance. 72

La robbe de Iesus-Christ touchée par foy d'vne femme payenne opere sa guarison. 373

Foy plus imaginée que infuse & plus humainement acquise, que diuinement donnée. 57

Ce que quelques-vns disent qu'il faut aller par la foy nuë, ce qui doit estre bien entendu. 91

G.

Gemissemens.

Sçauoir gemir du gemissement du saint Esprit. 119

L'ame s'écrie sous l'effort de ces diuins gemissemens du saint Esprit 542

La vraye generosité consiste à bien souffrir & non pas à se vanger. 66

Gibet amoureux qui epure la patience & consomme l'hostie. 237

Comment Iesus est la gloire des Chrestiens. 467

La sainte Vierge est le temple de la gloire du Seigneur Iesus-Christ. 469

Qu'il faut entrer dans le champ de son cœur pour y voir la gloire de Dieu. 446

Gourmandise volupté bestiale qui excluë la grace. 411

La Balaine figure des gourmands & pourquoy. 410

Gousts.

Goust de Dieu donné à l'ame pour la dégouster d'elle-mesme. 14

Auant-goust des felicitez eternelles sauourées de l'ame amante. 564

DES MATIERES.

Souuent l'ame entend Dieu en se gouſtant ſans le voir. 156

Grace.

La grace eſt vn enuoy de la diuine vertu dans l'ame. 530

Prerogatiues de l'ame en eſtat de grace. 487

Des ſept eſtages ou rangs de grace diſtribuées en l'ame. 566

Belle ſource ruiſſellant le ſang & la grace dans nos ames. 330

Eſcoulement des graces diuines à trauers tous les ordres celeſtes juſques à nous. 257

Noſtre Seigneur n'épargne point ſes graces aux ames recolligées & amoureuſes de la ſainte Oraiſon. 204

L'ame conduite interieurement parmy tous debords de graces. 350

Que Dieu de ſa part ne manque jamais de verſer dans nos cœurs l'huile de ſa miſericorde & de ſa grace. 560

A quel deſſein Dieu donne ſa grace à la creature humaine. 445

Comme l'ame ſe doit rendre au domaine de la grace en l'interieur tout accoiſée. 185

On cherche la grace dans la teſte & c'eſt dans le cœur qu'elle ſe donne. 356

Reflexion à faire ſur les nouueautez maſquées ſur les matieres de la grace & autres. 360

Il ne faut pas trop donner à la nature ny luy oſter le concours de la grace. 475

En quelles ames la grace n'eſt pas efficace. 354

D'où vient que l'on ſe plaint que la grace n'eſt point efficace. 360

Qu'il faut vn concours mutuel de noſtre ame auec la grace pour operer chreſtiennement. 343

Noſtre infidelité à la grace fait le fond de nos diuiſions & aueuglemens. 355

Là où eſt l'eſprit de Dieu, là eſt la paix, là eſt la grace. 355

Le cœur de Pharaon endurcy réſiſtant à la grace. 78

De la ſemence de la grace. 418

Differentes manieres ou diſpoſitions des cœurs où eſt verſée la ſemence de grace. 419

Comparaiſon des quatre parties de la terre aux quatre influences de la grace ſur l'ame. 300

La ſemence tombée dans la bonne terre d'vn cœur humble & paciſique. 422

La troiſiéme partie de la ſemence qui tombe dans les épines. 421

La ſemence pour bonne qu'elle ſoit ne peut pas produire dans les grands chemins & pourquoy. 420

De la ſemence tombée ſur les pierres qui ſont des cœurs endurcis. 420

Qui ſont les vaiſſeaux fermés à la ſemence de la grace. 420

Comme l'on ne cueille pas les fruits de la grace ſur le tronc de pure nature. 216

La grace ne ſe conduit pas ſelon le propre caprice de l'homme. 354

Graces ſenſibles comparées aux premieres fleurs du Prin-temps. 279

Raiſon pour laquelle les graces ſenſibles rejalliſſent au dehors. 280

La grace ne ſe fait pas toûjours également ſentir. 285

o ij

TABLE

Qu'il faut mortifier l'appetit d'auoir des choses ou dons extraordinaires. 444

Tout esprit operant à l'extraordinaire doit estre éprouué, & pourquoy. 442

Habitudes.

L'ame eschappée des chaisnes du peché reste encore liée des mauuaises habitudes. 17

Engagemens de l'ame par les mauuaises habitudes du peché. 385

Ce que doit faire le pecheur de son ame habituée à pecher. 387

L'ame solicitée par les mauuaises habitudes doit veiller sur ses appetits. 18

Moyen de purifier la glace congelée & penetrée de toutes sortes de saletez representant les mauuaises habitudes dans l'ame.

Heretiques preuaricateurs de la pureté Euangelique. 77

Faire valloir l'heritage de Iesus-Christ dans nos cœurs. 76

Homme interieur.

L'homme par excellence c'est Iesus-Christ vray homme, vray Dieu. 164

Deux parties differentes dans la composition de l'homme. 157

L'homme assorty de trois puissances pour responde à la trine distinction des trois diuines personnes. 375

Pourquoy l'homme a esté appellé des Philosophes petit monde. 208

Des desseins de Dieu sur l'homme dans la creation. 209. 374

L'homme chef-d'œuure des plus signallez & admirables ouurages de la diuinité. 374

Bonté infinie de Dieu enuers l'homme qui se veut donner tout à luy. 445

L'homme creé de Dieu bon & raisonnable à dessein d'y prendre ses complaisances. 35

Industrieuse sagesse du Dieu d'amour pour fauoriser l'homme. 525

L'homme logé dans le Paradis terrestre auec les agreables delices de sa situation. 375

Comme tout est faict pour l'homme parfait, il doit aussi estre tout à Dieu. 576

L'homme estant la plante des plantes venue de Dieu doit retourner à Dieu. 158

Dieu a ordonné à l'homme de luy rapporter toute chose pour signifier sa dependance. 575

Pourquoy les Philosophes ont ignoré l'excellence de l'homme. 573

Ce que saint Paul appelle l'homme interieur par excellence. 96

Auantage de l'homme interieur portant par tout auec soy son oratoire viuant. 198

Converser dans nostre homme interieur auec Iesus-Christ. 12

Tout ce que nous enseigne la sainte Escriture tend à perfectionner nostre homme interieur. 133

Comme le peché mortel soüille & profane le double Paradis corporel & spirituel de l'homme. 51

Humanité de Iesus-Christ.

Appannage glorieux de la sacrée humanité de Iesus. 240

Excellences de l'humanité sainte de Iesus par l'vnion hypostatique du Verbe. 501

DES MATIERES

Eleuation infinie de l'humanité de Iesus par ses plus grands abbessemens. 692

La seule diuinité est inaccessible à l'homme sans l'humanité sacrée. 238

Humanité sacrée de Iesus-Christ mediatrice necessaire de nous à Dieu. 257

Humanité de Iesus-Christ instrument visible de l'inuisibilité de sa diuinité. 423

Importante verité à sçauoir touchant la sacrée humanité de Iesus-Christ. 464

Que l'humanité de Iesus est la forme la plus expresse manifestant la diuine Sagesse. 240

Mauuaise entente de certaines personnes qui enseignent à quitter l'humanité sacrée de Iesus. 254

Eaux salutaires descoulées en nos cœurs par la sacrée humanité de Iesus. 253

Pourquoy la substance humaine de Iesus est la necessaire mediatrice entre l'essence de l'ame & l'essence diuine. 174

Raison pour laquelle aucune substance creée ne peut aborder la diuine que par la substance humaine de Iesus. 174

Eclats lumineux sortant de l'humanité de Iesus-Christ dans l'ame receueillie en son interieur. 468

L'ame fauorisée dans les embrasemens du diuin amour par la sacrée humanité de Iesus. 213

Ordre de la structure du temple de Salomon figure de l'humanité de Iesus-Christ. 601

Humanité de Iesus l'arche de la belle alliance. 567

Substance humaine de Iesus destinée reconcilier & pacifier la colere du Pere. 191

La splendeur du Pere enfermée dans l'humaine nature. 404

Abus de certaines personnes spirituelles touchant la sacrée humanité de Iesus. 365

Moyen de surmonter les demons c'est la sacrée humanité de Iesus conceuë & regardée par foy dans nos cœurs. 135

Il ne faut jamais oublier l'humanité de Iesus-Christ dans l'oraison non par attache, mais par deuoir. 28

La nuée & colomne de feu seruants au peuple d'Israël dans le desert figure de l'humanité de Iesus-Christ pour nostre desert interieur. 93

Raison pour laquelle il estoit expedient que Iesus montast au Ciel pour montrer son humanité à son Pere. 149

Saint Thomas reprimendé non pour auoir touché la sainte humanité de Iesus, mais pour auoir esté incredule. 147

La pensée de la sacrée humanité de Iesus tres-vtille à l'ame dans l'oraison. 93

Il ne faut jamais laisser ny quitter esciemment la sacrée humanité de Iesus en l'oraison. 254

Que la sainte humanité de Nostre Seigneur n'est point obstacle au saint Esprit. 259

L'ame rend ses fruicts meurs dans la terre sainte de la sacrée humanité de Iesus. 300

o iij

TABLE.

Qu'il y a certains esprits critiques qui ont pluſtoſt prononcé l'arreſt que connu la cauſe de quelque imperfection apparente qu'ils voyent dans le prochain, 336

Inaction.

Eſclairciſſement ſur vne objection faite ſur le mot d'inaction, 475

En quoy conſiſte la liberté au libre concours de l'ame dans l'eſtat d'inaction. 477

Incarnation

Le ſecret diuin de l'incarnation declaré à la Vierge ſacrée & choiſie du Pere, 251

Myſtere de la diuine incarnation dans le ſein virginal de Marie. 94

Expreſſion de l'incarnation du Verbe dans le ſein virginal de Marie, 418

Autre expreſſion amoureuſe du myſtere de la ſainte incarnation, 251

Pourquoy la ſeconde perſonne diuine s'eſt incarnée. 47

Excellences des merueilleux abbaiſſemens du Verbe incarné. 284

Le Fils s'eſt incarné, & non le Pere ny le ſaint Eſprit, & pourquoy 149

Excellences du Verbe incarné, & la ſageſſe de ſes merueilleux deſſeins. 196

Merueille de la diuine ſageſſe dans le myſtere ineffable de l'incarnation. 241, 247

Comparaiſon ſignifiant la deſcente du Verbe au ſein de Marie. 467

Ineffable communication d'amour dans la ſainte incarnation du Verbe, 519

Biens ineſtimables arriuez aux hommes par la ſainte incarnation, 210

Illuſtrations des diuines ſplendeurs du Verbe incarné dans l'interieur, 397

Ingratitude

Ingratitude de l'homme enuers Dieu tant dans la Loy eſcrite que dans la Loy de nature, 36

Ingratitude continuelle de l'homme enuers Dieu infiniment liberal, 34

Ingratitude des hommes Chreſtiens enuers Ieſus-Chriſt, 216

La protection de Dieu ſur ſon peuple Eleu payé d'ingratitude. 79

Dieu ayme infiniment l'homme, quoy que l'homme ingrat aye peine à aymer Dieu, 488

Intereſt.

Impoſſibilité d'auancer à la perfection auec les attaches de propre intereſt, 184

Mauuais effets du propre intereſt fils aiſné du propre amour. 189

Grand chemin de l'intereſt dangereux. 2

Interieur.

Ce que c'eſt que l'homme interieur ſelon la ſcience de ſaint Paul, 399

Aucune puiſſance ne peut atteindre le fond de l'ame que le createur d'icelle, 488

Le diable ne connoiſt pas ce qui ſe paſſe dans l'interieur & pourquoy, 432

Deſert interieur heriſſé d'eſpines, ſterille & habité des beſtes ſauuages qui ſont les paſſions. 27

Dieu,

DES MATIERES

Dieu a toûjours pris plaisir de se faire chercher au dedans. 141

Forme de bâtir en l'interieur dés la primitiue Eglise. 227

Que c'est par le fond interieur de l'homme qu'il faut retourner à Dieu. 576

Pratique excellente du jardinier interieur de nos ames. 555

Toutes les choses de Dieu sont peu connues & admirées des hommes negligents leur interieur. 227

L'ame ouuerte au dehors se ferme à tout le bien du dedans. 102

Douceur de la manne des delices de la vie interieure. 8

Saint Ioseph.

Eloge des grandeurs de saint Ioseph chef Vierge de la sainte famille vierge de Iesus-Christ. 259

Deuotion de saint Ioseph releuée en ces temps & pourquoy. 259

Saint Ioseph premier homme d'oraison & de silence apres Iesus & Marie. 260

Saint Ioseph capitaine de la diuine trouppe qui marche par tout apres l'Agneau de Dieu. 259. 260

L'obligation des vierges à vne speciale deuotion & veneration à saint Ioseph. 259

Iubilation interieure.

Iubilation generalle de toute la cour celeste à l'entrée de l'humanité triomphante de Iesus dans le Ciel. 140

Tressaillement de ioye de l'ame que loge Iesus-Christ en soy. 156

Excez d'amour partant de la force de la vraye sagesse, mais cachée à la suffisance mondaine. 295

Exuberance amoureuse & spirituelle qui fait iubiler l'ame & paroistre iusque à l'exterieur. 295

Prudence requise à l'ame dans ses excez de iubilation interieure. 295

Iugo. iugement. iustice.

Iesus resuscité prend le titre de juge des viuants & des morts. 411

Ceux qui sont sages vont de bonne heure au tribunal de l'Agneau preuenant la justice de son jugement rigoureux. 412

Qu'il faut attendre auec ioye la grande journée du Seigneur. 409

Regard amoureux des cinq playes glorieuses de Iesus sur les elûs au iour du iugement. 409

Les cinq playes de Iesus sont comme cinq portes de gloire qui commenceront la felicité des Elus au jour du jugement. 409

Respondre au Iuge irritté contre nous & nos pechez. 406

Les reprouuez penetrés d'vne amertume desesperée & infernalle au jour du jugement. 410

Qu'il ne se faut pas estonner du jugement du monde. 337

La iustice de l'homme prise toute seule n'est qu'imperfection deuant Dieu. 413

Personne ne peut marcher en iustice sinon celuy là qui vit de la vie de l'Agneau de Dieu. 486

Personne ne doit se reposer sur sa propre iustice. 412

Liberté, liure, loy.

Iesus-Christ le liberateur diuin & humain du peuple chrestien. 28

Comme l'ame liberée & affranchie de l'attache à sa propre vie n'est plus sujette aux loix du pro-

P

TABLE.

pre amour. 322

L'ame vraye spirituelle interieure & passiue possede sa liberté. 236

L'ame domptée sans estre forcée est engagée à l'amour & adherence intime à Dieu. 459

souueraine liberté de l'ame captiue de l'amour diuin. 475. 477

Hors de l'vnion il n'y a point de vraye liberté.

Iuge exacte & rigoureux visitant le liure de nostre ame. 333

Laisser ouurir le liure de nostre cœur cependant que le juge se fait appeller Agneau. 333

Loy interieure dont Iesus-Christ est le principe & la vie. 96

Que la loy de grace est vne milice continuelle. 87

Lumieres.

Iesus-Christ dans l'interieur chrestien y sert de lumiere à descouurir ses diuines veritez. 179

Clarté lumineuse & eternelle du sein du pere enuoyée au monde pour nous esclairer dans l'interieur 407

Estoille matutinalle leuée de l'orient du sein du pere dans nos cœurs pour nous conduire interieurement au midy de son saint Esprit. 87

Pourquoy la lumiere luit dans les tenebres de nostre cœur sans y estre comprise. 88

Connoissance des choses de Dieu est refermée aux ames interieures penetrées & blessées des diuines ardeurs de l'amour. 228

La bonne lumiere est celle qui se voit au dedans du cœur. 377

La lumiere interieure enseigne à se détacher de tout. 235

Certitude des lumiers de la foy surnaturellement exercée en l'interieur. 320

Lumiere qui ne peut estre contrefaite par l'Ange de tenebres. 59

La fausse lumiere est la marque du mechant esprit selon nostre Seigneur. 377

Clarté admirable pour discerner toutes les attaintes du propre amour. 452

Comme l'ame vient à connoistre sa laideur à la faueur de la diuine lumiere. 383

Il faut descendre le grain de la diuine connoissance au moulin de nostre cœur pour y estre broyé. 356

De la souueraineté de la foy sur toutes les lumieres. 402

Maison interieure.

Construction interieure de nostre maison fondée sur la piere viue qui est Iesus-Christ. 314. 552. 585

Maison interieure desolée par le peché & rebastie par l'Adã celeste. 227. 553

Que l'ame doit connoistre le desordre de sa propre maison. 242

La foy, l'humilité & la charité sont les trois colomnes de nostre bâtiment spirituel. 388

Le propre amour larron domestique de la maison interieure de Dieu. 235

Addresse d'vn malade de l'Euangile pour estre guary de Iesus Christ 270

Manne, sainte Marie Magdelaine.

Manne sauoureuse ou pain quotidien de l'oraison vraye nouriture de l'esprit recueilli. 323

Ce qu'il faut faire pour sauourer

DES MATIERES

la manne au tres-saint Sacrement de l'Autel. 271
Conduite de la sagesse de Iesus-Christ pour nostre refection spirituelle. 39
Nourriture quotidienne & repletion spirituelle pleines de paix & de tranquillité. 400
Manne du desert interieur qui change les hommes en Anges. 136
Eloges de sainte Magdelaine fidelle amante de Iesus-Christ. 264
Perseuerance de la Magdelaine à suiure Iesus-Christ iusques à la mort & au tombeau. 264
La penitence continuelle de la Magdelaine encore qu'elle fust asseurée de la remission de ses pechez. 264

Mediateur interieur.

Substance humaine de Iesus mediatrice necessaire & interieure entre l'ame & Dieu. 173
Iesus mediateur & conducteur interieur de l'ame en Dieu par le droit de sa mission en terre. 88
L'ame ne peut aller interieurement à Dieu que par Iesus-Christ mediateur. 397, 398, 524
Iosué & mediateur fidelle introduisant interieurement l'ame dans la terre promise de sa diuinité outre elle-mesme. 101

Medisances, merites.

Mauuaise habitude de parler & juger mal du prochain. 426
Scandaleux rapporteurs de nouuelles souuent coupables de medisance. 426
Comme la medisance des personnes pieuses est tres-preiudiciable à la deuotion. 378

Richesse inestimable des thresors & infinis merites de Iesus-Christ. 211
Ocean miraculeux des merites de Iesus-Christ debordez dans l'ame. 408
Tous les auantages de l'ame sont par les merites de Iesus-Christ. 214

Mariage spirituel.

L'amour dispose peu à peu l'ame passiue au mariage spirituel. 295
L'ame receuant les arrhes de mariage auec les promesses de vie. 491
Mariages & nopces spirituelles. 490
Lieu preparé pour solemniser les nopces du diuin Agneau. 492

Messe, Saint Michel, Misericorde.

Le saint sacrifice de la messe represente le sacrifice sanglant de la Croix. 415
La Messe sacrifice non sanglant pour la remission des pechez. 414
La Messe est la representation de la mort & passion de Iesus-Christ nous en appliquant les merites. 414
Maniere de bien entendre la sainte Messe selon l'intention de l'Eglise. 416
Personne n'a droit de parler pendant ce sacrifice de la Messe que le Prestre & celuy qui répond. 441
Que le temps de la sainte Messe ne doit pas estre employé aux prieres vocales sans quelque necessité & pourquoy. 419
Maniere d'oraison qui montre ce que l'ame doit faire pendant la

p ij

TABLE.

sainte Messe. 417
Eloge de l'Archange saint Michel grand protecteur de la sainte Eglise. 294
Deuotion à saint Michel l'Ange du Seigneur. 135
Se regarder dans le miroir qui ne flatte point. 85
L'excellence de la misericorde de Dieu se fait voir dans la rencontre des sujets miserables. 417
Ne se jamais desesperer de la misericorde de Dieu, laquelle est infinie. 109
Monde interieur & particulier de chaque ame. 26

Mort mystique, mortification.

Plusieurs morts mystiques de l'homme interieur. 221
Mort mystique de l'ame pour renaistre à la vie ressuscitée de Iesus. 311. 486
Comme se doit entendre la mort de la propre vie ou desistement du propre Estre. 221. 450
Comme il faut entendre tu as le bruit de viure & tu es mort. 222
L'espece de mort necessaire pour voir la gloire de Dieu. 468
Mort mystique à la vie naturelle pour entrer en la surnaturelle & diuine. 472
Subtils attouchemens qui retirent l'ame à son centre, & la reduisent en estat de mort. 347
Quel'ame doit mourir à tout ce qui n'est point Dieu. 55. 222
Continuellement mourir & continuellement reuiure. 223
On dit l'ame morte par le peché quoy qu'elle soit immortelle. 158
Mort de la sainte Vierge à sa vie propre pour viure de la vie glorieuse de son Fils. 30
Faire mourir toutes les inclinations de la nature du propre esprit. 223
Que la plus-part des hommes sont surpris à la mort. 436. 435. 543
Estat espouuantable de l'ame pecheresse à l'heure de la mort. 3
Maniere de destacher nos ames de nos corps pour les conduire de la mort à la vie. 221
C'est dans nostre maison interieure que nous apprenons à mourir à nous-mesmes. 139
Comme l'ame fidelle à mourir de plusieurs morts. 221
De la mortification des appetits. 438
La mortification des sens & passions necessaires auec la sainte oraison. 140
Il ne faut jamais suiure ces appetits de quelle nature qu'ils soient sans les mortifier. 439
Necessité de mortifier la saueur des choses creées si nous voulons gouter Dieu. 168
L'importance de mortifier les mauuaises habitudes. 115
Pratique genereuse de la mortification d'esprit où l'ame fait progrez. 528

Motion interieure Moyse.

Comme il se faut laisser exercer en l'interieur par la diuine motion.
Iesus-Christ Moyse diuin & moteur principal de nos œuures & pensées. 507
Sagesse de Dieu exercée en faueur de Moyse touchant la vision de son essence. 213

DES MATIERES.

Priere brieue & efficace, quoy que courte de Moyse pour obtenir la vision de Dieu. 115

Moyse liberateur du peuple Iuif figure de Iesus redempteur du genre humain. 84

Moyse éleue sa verge sur la mer & la diuisé figuratif. 132

Murmure des enfas d'Israël contre Moyse & Aaron. 145

Iesus-Christ Moyse diuin, & nostre guide dans le desert interieur. 93

Multiplicité, mysteres.

La multiplicité est opposée á l'vnion & tire l'ame de son repos interieur en Dieu. 440

Tous les actes multipliez de l'ame reduicts en vn seul. 477

Comme l'ame empresse Iesus-Christ par la multitude de ses pensées & n'en est point soulagée. 559

Les saints mysteres celebrez dās l'ame. 23

Il faut estudier les saints mysteres au fond du cœur aux pieds de Iesus-Christ. 235

Que les mysteres diuins ne sont pas compris de nous qu'en nous laissant comprendre à eux. 381

Que les paroles de Iesus-Christ sont pleines de mysteres. 532

Il descouure les saints mysteres de sa diuine loy aux petits. 215

Que les mysteres diuine partant du sein de l'vnité ne se peuuent contredire. 325

Negligence, noblesse, nudité spirituel.

L'abus des Chrestiens est de negliger leur propre habitation interieur & comment. 490

Estat de la vraye noblesse chrestienne. 64

Renonciation à la noblesse du viel homme par le Baptesme. 65

Noblesse & bassesse du cœur chrestien en quoy, & comment. 479

Pernicieuse & damnable maxime des nobles qu'ils appellent duels. 65

Comme il faut entendre la nudité de l'ame. 530

Comme la nudité ne consiste pas à n'auoir point de pensée, mais à n'y estre point attaché. 186

Qu'il faut prendre garde à telles nuditez & insensibilitez. 531

L'antiquité de la noblesse du viel homme tronée en roture par le peché. 66

O.

Obiet interieur.

Que la seule diuinité ne nous est point proposé pour exemplaire, & pourquoy. 424

Iesus doit estre l'objet de nostre cœur dans l'oraison, que l'ame ne doit point quitter. 535

Necessité d'vn objet interieur à nostre esprit pour l'arrester recueilli. 90. 321

Le mal ne se rencontre que dans l'attache ou complaisances dereglées aux objets. 236

L'ame surnaturellement éclairée voit toute chose en simplicité d'objets. 236

Operations interieure, & diuine.

De l'intelligence des operations de Dieu en l'ame. 450

Dieu seul peut operer de la simplicité de sa substance. 171

Dieu opere toûjours dans le fōd

p iiij

TABLE

de l'ame cependant qu'elle est en grace. 489

Operation puissante des trois diuines Personnes dans l'ame. 118. 409

L'amour operant toûjours selon la disposition du sujet qu'il atteint. 384. 74. 229

Glorieuses operations de l'amour de Iesus-Christ dans nos ames. 96. 197

Sublimes operations recueillant l'ame & informant les puissances. 453

L'ouurage du saint Esprit en nos ames est de nous y manifester la diuinité. 397

Comme le pecheur par le peche il arreste & empesche dans son cœur l'exercice amoureux de Iesus. 175

Operation qui destituë l'ame passiue, & la dissoud de toute attache. 269. 358. 538

Deuoir de l'ame est de demeurer paisible & recueillie en son fond interieure durant l'operation. 171. 192. 210

Laisser faire le saint amour dans nos cœurs sans autre action que de nous y rendre attentifs. 470

La Vierge sacrée soûmise & abandonnée à l'operation du saint esprit. 247

Onction, œuures, orgueil, oysiueté.

Onction diuine rayonnante en l'ame abstraicte. 75

Onctions diuines du regne glorieux de Iesus-Christ dans l'ame. 156

Quel estat de spiritualité necessaire pour sauourer interieurement la diuine onction. 291

Propre amour bourreau des bonnes œuures les derobant à Dieu. 429

Orgueil fille aysnée de lucifer. 5

Source du peché d'orgueil transplanté en nous par vn funeste jardinier dans le cœur d'Adam. 494

La superbe craint l'humiliation. 9

L'oysiueté & la negligence sources de tout peché. 198

L'oysiueté & superfluité de paroles ouurent la porte au peché. 252

Oraison interieure.

Comment la grande oraison eternelle c'est Iesus-Christ. 154

En quoy consiste la vraye oraison & ses propres effets. 266. 444

Dispositions pour l'oraison docilité de cœur & simplicité d'esprit. 130

Que la bonne oraison est vn vray magazin de toute sorte de vrays biens. 387

De l'oraison de l'esprit recolligé dans le cœur. 588

Oraison de foy exercée interieurement & par amour. 57

Conduite de la diuine sagesse sur les ames qui commencent de s'adonner à l'oraison. 204

Qu'il faut aller interieurement à Iesus-Christ maistre de l'oraison parfaite. 393

Iesus-Christ la porte de la vraye oraison. 90

Degrez de la sainte oraison dans tous les estages spirituels de nostre propre maison interieure. 15

A quoy on peut connoistre la bonne oraison. 199

Proprietez interieures de la vraye

DES MATIERES.

oraison preparant l'ame à la semence de la grace. 266

Necessité de l'oraison pour reformer les mœurs, & cultiuer les vertus. 63

Pour connoistre son ame & Dieu en son ame, il faut la sainte oraison de recüeillement interieur. 325

Obligation specialle des personnes consacrées à Dieu de s'exercer en la sainte oraison. 69

Oraison interessée des hommes qui les arrestent à eux-mesmes. 395

Moyen de rendre nostre oraison plus receuable & meritoire. 257

Il ne faut rechercher dans l'oraison qu'à contenter Dieu seul. 184 274

Que l'oraison est le temps de moysonner & amaser l'huile d'amour dans la lampe de nos cœurs. 587

Ce n'est pas vne nouuelle inuention de prier dans son cœur. 558

Comparaison du feu & de sa nature actiue auec l'oraison. 199

Aduantages de l'ame fidelle dans l'exercice de la sainte oraison. 319

Fruits de la bonne oraison interieure 389

Desir de Nostre Seigneur de communiquer le don d'oraison à ceux qui le demandent humblement. 69

Triste consolation que l'Ange apporta à Iesus-Christ dans son oraison au jardin des oliues 394

Instruction de l'ame pour demander à Dieu, pour receuoir de Dieu, & pour rendre à Dieu par amour dans l'oraison. 212

L'ame d'oraison doit faire estat de solitudes interieures, silence & simplicité. 440

L'eau douce de l'oraison formée dans les nuages de la foy. 422

Merueilleuse oraison auec laquelle Iesus noüa l'alliace de Dieu auec les hommes. 393

Qu'il ne faut iamais quitter de veuë interieure Iesus-Christ dans l'oraison de recueillement. 85

Maniere d'exercer noblement & chrestiennement nostre fond d'oraison. 425

Que la plus excellente façon de prier est s'appliquer interieuremēt à Dieu par Iesus-Christ. 413

Oraison qui demande, reçoit & obtient. 232

Ce que c'est que vraye oraison, & ses propres effets. 444

De l'vnion que doiuent auoir nos oraisons auec celles de Iesus-Christ. 392

Que l'oraison de Iesus-Christ est la vraye oraison qui demande & obtient. 373

Comme l'ame doit prier de l'oraison de Iesus-Christ. 231

Nostre Seigneur nous apprist au jardin des oliues la bonne oraison. 392

Confronter nos oraisons auec celles de Iesus-Christ pour nous confondre & humilier en la presence de nos tiedeurs & lachetez. 393. 395

Qu'il faut toûjours prier, la vraye oraison estant au dessus du temps. 266

Aduantage que l'ame tire de la sainte oraison qui fait qu'elle ne trouue iamais lieu d'en sortir. 198

Effets propres de l'oraison inte-

rieure & retraits cordialles. 383
Que l'ame ne se doit retirer de l'oraison, pource qu'elle y souffre. 313
Terreur panique qui destourne certaines ames de l'oraison. 270
Maxime des ames paresseuses & dégoustées de l'oraison pour s'en dispenser. 63. 131
Mauuaise entente de l'oraison & de ses appartenances éclaircie & rendue pratiquable. 364
L'oraison de raisonnement superflu comparée à vn arbre infructueux. 389
Lassitude de l'oraison de raisonnement qui casse la teste & sa cause. 388
La veritable oraison est cette continuelle assistance de l'ame recollīgée à la face de son Dieu. 604
Plusieurs ont bien parlé de tous les hauts effets de l'oraison, mais peu en ont bien enseigné l'entrée. 89
Porter par tout nostre oratoire vivant & nostre prestre eternel dans nous. 276
Trois façons de demander l'aumosne adaptées à l'oraison. 480
D'où vient la facilité de demeurer continuellement en oraison. 346

P.

Pain, paix, Paradis, paroles.

Pain substanciel du tres-saint Sacrement de l'Autel. 56
Pain sauoureux pain noble & spirituelle de l'oraison. 56
Pain solide mangé par la foy pur & viuifié d'amour. 56
Pain de la parole increée seruy sur la table de nostre temple interieur. 25
La paix de l'ame est d'habiter au dedans de la salle interieure. 471
Pour posseder la paix interieure il ne faut qu'oster l'amour propre. 237. 186. 237. 281
Il faut nous quitter nous mesmes pour auoir & posseder la paix interieure. 255
L'esprit de Dieu estant esprit d'vnion enseigne la paix. 358
L'ame ne jouit pas toujours de la paix dans sa partie inferieure. 510
La destruction de la fausse paix de la terre du cœur. 53
Les hommes demandent paix auec la bouche & font la guere auec cœur. 506
Qu'il faut sortir aux bonnes œuures sans sortir de sa paix interieure 516
Paradis interieur que Dieu confia au premier homme. 126
Ce que fit Adam pour estre chassé de son Paradis interieur & exterieur. 226
Paradis terreste figure du cœur Chrestien. 522
L'ame apprend à parler à Dieu auec la bouche interieure du cœur. 154
Que la parole vient du dehors mais Dieu frappe du dedans voire si on luy ouurira. 514
Effets de la parole de Nostre Seigneur dans l'ame. 568

Passif.

Le mot de passif ne doit pas estre seulement pris pour vne cessation d'actes, mais il comprend l'attrait interieur. 169. 171

Estat

DES MATIERES.

Estat passif de l'ame interieurement abandonnée à l'amour imperieux. 30

En quoy consiste l'estat passif & porté passiuement. 182. 170

Noblesse de l'estat passif tiré des merites de celuy de Iesus-Christ. 424

Pratique interieure de l'actif & passif & du pur passif. 179

Passer du naturel au surnaturel de l'actif au passif & de l'humain au diuin. 169. 271. 188. 476

Comme il se faut comporter en l'entretien purement passif. 275

Il se faut défaire de tout empressement en amortissemēt de propres actes dans l'estat passif. 273

Estat passif de la Vierge Marie 30

Disposition du saint homme Iob sur l'estat passif. 311

L'ame amortie en son propre Estre vit à la diuine vie. 485

Comme l'ame se doit tenir trespassiue & attentiue en son fond en estat d'adherer à Dieu. 311

Necessité de la perseuerance en l'oraison passiue. 319

L'ame arriuée au pur passif ne peut plus receuoir de regle pour son oraison, & pourquoy. 188

Aduantages de l'ame passiue exercée du pur amour. 286

Generalle purgation qui ne se peut acheuer que dans l'ame passiue 45

Comment l'ame merite par son consentement libre en cet estat passif. 477

Aucune puissance creée ne peut supporter le tout puissant regard de Dieu comme Dieu. 405

Le diable ne connoist point ce qui se passe dans le fond de l'ame passiue. 205

Passion de Iesus-Christ. Passions de l'ame.

Iesus-Christ dans son exstaze traicte de sa passion. 517

Iesus par sa mort repare nos pertes & nous merite & donne de surcroist plusieurs aduantages. 224

Iesus-Christ a sanctifié & annobli toutes nos souffrances dans ses souffrances. 286

Richesses & prix infini des merites de la passion de Iesus-Christ appliquée à l'ame interieure. 15. 511

Comme Iesus ne nous a point laissé d'autre passage que la tres-sainte mort & passion pour aborder sa diuinité. 174

Resentiment de toute la nature en la mort & passion de Iesus-christ 291

Cruauté exercée sans pitié sur l'innocent Iesus. 395

L'ame ne peut compatir aux souffrances de Iesus que autant qu'elle a d'amour pour luy. 103

Voir comme Iesus s'est luy-mesme traité impitoyablement pour nostre amour. 405

Merueilleux effets de la sacrée passion de Iesus-Christ. 579

De la compassion des souffrances de Iesus & desir de le soulager dans le cœur du pecheur. 107

Tous les hommes pecheurs coupables du Sang du Fils de Dieu. 82

Examiner ce que chacun a contribué à la mort de Iesus dans son cœur. 85

q

TABLE

Quels ont esté les plus coupables à la mort de Iesus-Christ.

Le cœur ingrat ne se laisse point toucher de la passion de Iesus-christ. 290

Combat spirituel de l'esprit recueilly en l'oraison contre ses passions. 145

Vigilance de l'ame à gourmander ses sens & passions. 498

Mutinerie des passions reuoltées. 138

Effets des passions & de l'amour propre immortifié dans l'ame. 139

Patience, S. Paul, Pauureté spituell.

Iesus-Christ crucifié vray patron de la parfaite patience. 335

Patience necessaire pour attendre toute chose en sa saison. 336

Effets propres de la vertu de patience. 454

Eloge du grand saint Paul Apostre des gentils. 263

Saint Paul le vaisseau esleu de la sagesse incarnée pour porter son nom à toutes les nations. 263

Saint Paul le parfait Docteur de la Grace. 263

Excessif amour de l'vnique engendré du Pere precepteur de la sainte pauureté. 543

La pauureté humiliée du diuin Agneau fait nostre sublime richesse. 399

Pauureté spirituelle. Voyés espreuues.

Peché, Pecheur.

Comme le peché est pere de la haine, pere de l'enfer, & pere des diables, & l'ennemy juré de Dieu. 37

Combat interieur du peché contre Iesus-Christ dans le cœur humain. 37

S'obstiner dans son peché, c'est prendre la marque de Lucifer. 109

L'homme croupissant dans le peché plus cruel à soy-mesme que tous les diables ensemble. 83

Le peché outrageant la lumiere de grace, la lumiere d'amour, & la lumiere d'onction dans l'ame. 46

Laideur de l'ame & de l'Ange changé en diable par le peché. 2

Changement & degradation de l'ame par le peché. 495. 45. 43. 35

D'où viennent les pechez que l'on appelle contre le saint Esprit. 46

Le peché mortel depuis le Baptesme est le plus signalé affront que l'on puisse faire à la mission personnelle du Fils. 44

Horreur épouuantable du peché mortel. 42

L'homme son propre bourreau par le peché & son ingratitude. 43

Comme le peché ne veut point de Dieu, Dieu aussi ne veut ny ne peut vouloir le peché. 36

Le peché pere des Athées. 5

Comment le peché nous dépouille de la pourpre royale du diuin Agneau. 65

Le plus puissant moyen contre les pechez. 52

Toutes sortes de bestes immondes s'engendrent parmy l'ordure du peché en l'ame. 386

Triomphe de Iesus-Christ sur le peché. 6

Le peché dernier rauallement où peut tôber la creature humaine. 43

L'insolence de l'homme enuers

DES MATIERES.

Dieu dés le commencement du monde. 78

Le pecheur impenitent ne peut attendre sinon confusion eternelle à la mort. 405

Auiliſſement eſtrange & prodigieux du pecheur dans l'acte de ſon peché. 495

Bonté infinie de Ieſus-Chriſt à l'endroit des pecheurs. 496

Penitence. penſées.

La bonne penitence & ſa vraye marque. 111

Fruict notable de la ſainte penitence. 211. 496

Diſpoſition interieure de l'ame penitente receuant l'abſolution du Preſtre. 524

Marie Magdelaine miroir des vrayes penitentes. 517

Penitences indiſcrets paſture d'amour propre le plus ſouuent. 338 427

Ruſe du demon pour ſe deffaire des gens de bien, & comment par des penitences indiſcrettes. 499

Penſer à Dieu ou aux choſes de Dieu ou à toute autre choſe qui nous puiſſe porter à Dieu. 181

Reponſe à vne demande ſçauoir s'il eſt bon de ſe forcer de ne penſer à rien pendant l'oraiſon. 181

Ce qu'il faut faire pour ſurmonter les mauuaiſes penſées. 195

Perfection. Perſeuerance.

Que toute noſtre perfection conſiſte à aymer & poſſeder Ieſus-Chriſt. 452

Deſir de la perfection eſt d'apprendre à ceder l'amour. 211

Moyens de la part de Dieu & requiſe de la part de l'ame pour arriuer à la perfection. 99. 219

Moyen le plus proche & le plus court, & qui plaiſt dauantage à Dieu pour arriuer à la perfectio 16

Chacun participe la perfection ſelon ſon don & ſa fidelle correſpondence. 384

La perfection de l'oraiſon ne s'acquiert qu'à meſure de l'amortiſſement du propre amour. 167

Il ne faut demander impatiemment la perfection deuant le temps 335

La perfection s'opere dans le ſilence du cœur dont la fidelle pratique eſt vn bon enſeignement. 439

Propre recherche oppoſée à la perfection. 218

Pourquoy il faut du courage aux vrays amoureux de leur perfection. 312

Aduantage de l'ame conſtante & réſoluë de pourſuiure ſa perfection 209

Perfection conſommée de l'ame operée des trois diuines perſonnes. 340

Dieu prend plus de complaiſance dans vne ſeule ame parfaicte que dans vn million d'imparfaites. 430

L'homme n'eſt point impeccable en cette vie à quelque perfection qu'il arriue & pourquoy. 494

Perſeuerance en cette recherche interieur & cordiale de l'Agneau de Dieu. 14

Qu'il ne ſuffit pas de bien commencer mais qu'il faut auſſi bien perſeuerer car la fin couronne l'œuure. 442

Vaine apprehenſion ſuggerée par

q ij

de demon de ne pouuoir perseuerer dans ce genre de vie recolligée & abstraite. 18

Bel exemple de la perseuerance de Iesus-Christ dans son agonie où il ne quite pas son oraison. 393

La perseuerance se prend pour l'automne qui ameine les beaux fruicts à maturité. 332

Comme Iesus compatit au cœur chrestien dans son affliction. 196

Iob comme spectacle de patience à toute la nature sur son fumier. 536

La vertu de Iob demeura toujours stable & victorieuse de toute attaque. 536

Saint Pierre.

Eloge de saint Pierre premier Apostre & chef de l'Eglise de Iesus-Christ. 262

Saint Pierre le parfait contrit, & le vray penitent. 263

Aduertissement salutaire de saint Pierre comme pasteur vniuersel de l'Eglise. 425

Pierre viue découlant les torrens de grace sur la terre ingratte de nos cœurs. 63

Playes sacrées de Iesus.

Les cinq playes de Iesus Christ sont les cinq porches de la Loy de grace pour la retraite des malades. 363

Pratique d'oraison ou recueillement interieur dans les playes de Iesus-Christ. 92

Les playes glorieuses de Iesus sources de diuines lumieres dans l'interieur de nos ames. 63

Aduantages de l'ouuerture du precieux costé de Iesus-Christ. 281

C'est par la porte ouuerte du precieux costé de Iesus-Christ que nos cœurs ont abord au sien. 351

Source d'amour intarissable des playes sacrées de Iesus-Christ. 203

Approcher interieurement nôtre bouche spirituelle du precieux costé ouuert de Iesus pour y boire dans la tranquillité diuine. 282

Passage de nostre cœur au sacré cœur de Iesus par la precieuse playe de son costé ouuert. 4

Les playes de Iesus sont comme autant de bouches sacrées tres puissantes & eloquentes pour fléchir le cœur du Pere 179

Escoulemens de grace & de gloire par les playes sacrées de Iesus-Christ dans nos ames. 350

Saint Thomas attaché à son sens veut toucher les playes sacrées de Iesus pour croire. 147

La veuë interieure ou exterieure des playes de Iesus-Christ annoblit la foy. 151

Difference de toucher les sacrées playes de Iesus à l'exterieur, ou à l'interieur en esprit recolligé. 148

Iesus inuitant les ames à venir voir les eaux de salut dans les diuines sources de ses sacrées playes. 357

Tourner nostre esprit vers la mer rouge du Sang de Iesus-Christ dans l'interieur. 92

L'ame recueillie fait son azyle asseuré des playes sacrées de Iesus-Christ à tous ses besoins, peines d'esprit, & tentations. 290. 353

Pratique de l'oraison interieure en Iesus Crucifié.

Pratique interieure de l'ame auec Iesus crucifié au fond de son cœur

DES MATIERES.

necessaire pour l'oraison. 396
Du tesmoignage de quelques Saints touchant cette pratique d'oraison interieure. 502
Saint François estoit sans cesse recueilly dans son cœur 557
Saint Bonnauenture, qu'il faut regarder sans cesse des yeux de nostre cœur Iesus-Christ mourant en croix. 558
Verité positiue de cette pratique d'oraison & le moyen de s'y exercer 582
La simple pratique nous incline à estre enfans aux pieds de Iesus-Christ au fond du cœur. 476
Qu'il se faut reduire à la pratique pour bien entendre le contenu de cét œuure. 583
Le premier tesmoin de la bonne vie apres le saint Esprit, c'est la fidelle pratique qui nous apprend à faire oraison. 549
La pratique de la sainte oraison cordiale suiuie de l'amour des vertus & de la perseuerance. 88
Sommaire de cette pratique d'oraison. 322
Qu'il se faut instruire des moyés conuenables pour arriuer à nostre fin 581

Presence de Dieu & de Iesus dans l'ame.

La plus sublime façon de se rendre Dieu present est dans le cœur. 557
Dieu est plus intimement dans nous mesmes que nous mesmes. 143
Que Dieu est dans l'homme pour l'homme, & pour se communiquer à luy. 440
Trois sortes de presence de Iesus Christ qui contribuent à nostre sanctification. 372
Iesus caché & se rend present dans nos cœurs par son diuin sacrement 142
Charité inouye & incomparable de Iesus pour demeurer réellement present auec nous. 288
Que Iesus veut reposer dans nos ames comme vaisseaux viuans propres à receuoir le diuin aliment transformant de son precieux corps & sang. 289
Iesus-Christ vient de l'intime de l'exterieur de l'Eglise, dans l'intime interieur de nos ames. 147
Que Iesus reside par foy, par grace & par amour dans nos cœurs. 142
Que la conception de Iesus Christ par la foy au fond du cœur n'empeche pas sa presence sacramentalle ny au dehors ny au dedans. 325
Renaissance spirituelle de Iesus & presence specialle de Dieu au fond de l'ame. 489
Raison pour laquelle Iesus Christ veut habiter nos cœurs pour y estre nostre vnique tout. 60. 376
Amoureuse generation de Iesus reengendré dans nos cœurs. 423
Voir Dieu de l'œil interieur tousjours present au fond du cœur par Iesus-Christ. 13
Iesus-Christ dans le cœur le vray thresor du Chrestien. 74
Ce que dit saint Paul de Iesus-Christ en nos cœurs. 50
Ce que dit vn saint personnage de la presence de Iesus dans son cœur. 502
Objection touchant la conception de Iesus-Christ par la foy au

TABLE

fond du coeur. 323
Presence spirituelle de Iesus-Christ par foy, & reelle par le S. Sacrement dans nos coeurs. 146
Necessité de l'assistance & presence interieure de Iesus-Christ dans l'ame. 370
Iesus habitant en nos ames comme en son throsne royal. 361
Ouuerture des plus intimes demeures de l'ame pour y loger le vray amy du coeur Iesus. 293
Bon-heur incomparable d'auoir Iesus logé en son coeur.
Aymable recherche de Iesus-Christ dans nos coeurs. 479

Perte. Porte. Prêtres.

L'ame perduë à elle-mesme & comment. 128
Passage estroit de l'ame recolligée en Dieu où elle est dilatée. 62
S'apetisser pour passer par la porte estroicte de l'oraison. 390. 522
La porte mysterieuse qui regarde vers la voye orientale. 589. 466
Les prerogatiues & excellences des Prestres qui leur sont communiquez de Iesus-Christ. 456
De la dignité, puissance, & obligation des Prestres à bien exercer leur saint Ministere. 415
Le Prestre vny à Iesus-Christ doit estre hostie sacrificateur, & sacrifice. 117
L'obligation des Prestres à reprendre les causeurs dans les Eglises. 416
Du grand respect deu aux Prestres exerçants & celebrants le diuin office. 415
Conseil donné aux Prestres Leuites du Seigneur par le Roy Ezechias. 116

Priuation. Progrez. Pureté.

Soustraction de l'amour selon le goust, mais jamais selon la grace sinon par le peché. 460
Eternité mal-heureuse de la priuation de Dieu. 2
L'ame échappée & retirée de l'abisme des tenebres de la priuation de Dieu. 17
L'ame qui pretend faire progrez à la recollection ne s'en doit retirer legerement. 433
L'ame reconnoist que pour auancer son progrez il faut qu'elle porte la sueur de la mort. 167
La poursuite du bon progrez arriue à la fin par les moyens surnaturels. 127
Demon en alarme pour s'opposer à vne si sanglante deffaicte l'amour propre & au progrez de l'ame 167
Comparaison d'vn arbre fruictier monstrant le progrez de la grace dans l'ame. 327
Mal-heureux effets du peché contre la diuine prouidence. 476
Pureté de l'ame interieurement lauée au precieux sang de L'Agneau. 222
L'homme spirituel doit sans cesse trauailler à la pureté de son coeur. 98
Pourquoy le purgatoire n'est que pour les saints. 70

R.

Rauissement. Redemption. Renouation spirituelle.

Dispositions de l'ame au rauissement. 483
Liberté de l'ame dans le rauisse-

DES MATIERES.

ment disposée par amour. 268. 362
Dessein admirable de l'Agneau de Dieu dans l'œuure de la redemption. 585
Excellences de Iesus au ministere de nostre Redemption à quoy participe l'ame passiue. 213. 370
Le peché renuerse l'œuure de la redemption dans l'ame. 46
Renouuellement spirituel de l'ame par la recollection. 334
De l'homme nouueau & de la vie & noblesse de son Estre regeneré. 406
Renouation de la mort du peché à la vie de la grace. 125
Cœur nouueau donné du saint Esprit à l'ame recolligée. 119
Nous n'attiuerons point à la vie nouuelle que par la mort de la vieille. 507
Obligation de l'ame renouuellée de viure selon la noblesse de sa foy & de la vie renouuellée de Iesus-Christ. 391
Aduantages de nos ames renouuellées par l'excellence de la liberalité Iesus-Christ. 408
De l'excez de l'amour operé dãs l'ame renouuellée. 452
Reduction de nostre esprit dans le tombeau de nostre cœur pour y reunir nostre ame à l'Estre ressuscité de Iesus. 230
Escoulement de l'ame en l'Estre ressuscité de Iesus. 231

Recollection ou recueillement interieur.

Explication de ces mots de recollection & d'abstraction. 122
Ce mot de recollection vsité parmy les ames d'oraison. 123

Sept degrez de recollection de plus interieure en plus interieure. 122
L'ame chrestienne doit suiure son diuin & humain Moyse descendant par les sept degrez de recollection. 124
Oraison de recueillement pratiquée de Iesus-Christ & de ses saints. 54
Recollection interieure en Iesus-Christ vtile à tout. 90. 382
Raison de l'importante necessité de l'oraison de recueillement interieur. 24. 22. 32. 449. 568. 516
Plusieurs veritez confirmées par l'Escriture Sainte prouuant la recollection interieure de l'esprit à Dieu au fond du cœur. 463
La fin là où tend l'ame par cette recollection interieure. 128
L'oraison, la foy, & l'amour fructifient en l'ame recolligée. 326
L'ame addonnée à l'interieure recollection est toûjours profondement ouuerte à Dieu. 293
Les poissons se retirant dans leur element nous enseignent nostre retirement interieur à Dieu nostre vray element. 301
Toute chose enseigne la recollection interieure de l'ame en Dieu outre le fond de nostre cœur. 302
Protection de Iesus-Christ sur l'ame amoureuse de se recolliger dans son cœur. 54
Repos des diuines personnes dãs l'ame comme ils firent au septiesme jour de la creation. 30
Repos de Iesus-Christ dans l'ame apres ses victoires. 93
Les six jours mysterieux de la

TABLE

fond du coeur. 323
Presence spirituelle de Iesus-Christ par foy, & réelle par le S. Sacrement dans nos coeurs. 146
— Necessité de l'assistance & presence interieure de Iesus-Christ dans l'ame. 370
— Iesus habitant en nos ames comme en son throsne royal. 361
— Ouuerture des plus intimes demeures de l'ame pour y loger le vray amy du coeur Iesus. 293
— Bon-heur incomparable d'auoir Iesus logé en son coeur.
— Aymable recherche de Iesus-Christ dans nos coeurs. 479

Perte, Porte, Prestres.

L'ame perduë à elle-mesme & comment. 128
Passage estroit de l'ame recolligée en Dieu où elle est dilatée. 62
S'apetisser pour passer par la porte estroicte de l'oraison. 390. 522
La porte mysterieuse qui regarde vers la voye orientalle. 589. 466
— Les prerogatiues & excellences des Prestres qui leur sont communiquez de Iesus-Christ. 456
De la dignité, puissance, & obligation des Prestres à bien exercer leur saint Ministere. 415
Le Prestre vny à Iesus-Christ doit estre hostie sacrificateur, & sacrifice. 117
— L'obligation des Prestres à reprendre les causeurs dans les Eglises. 416
Du grand respect deu aux Prestres exerçants & celebrants le diuin office. 415
Conseil donné aux Prestres Leuites du Seigneur par le Roy Ezechias. 116

Priuation. Progrez. Pureté.

Soustraction de l'amour selon le goust, mais jamais selon la grace sinon par le peché. 460
Eternité mal-heureuse de la priuation de Dieu. 2
L'ame échappée & retirée de l'abisme des tenebres de la priuation de Dieu. 17
L'ame qui pretend faire progrez à la recollection ne s'en doit retirer legerement. 433
L'ame reconnoist que pour auancer son progrez il faut qu'elle porte la sueur de la mort. 167
La poursuite du bon progrez arriue à la fin par les moyens surnaturels. 127
Demon en alarme pour s'opposer à vne si sanglante deffaicte l'amour propre & au progrez de l'ame 167
Comparaison d'vn arbre fruictier montrant le progrez de la grace dans l'ame. 327
Mal-heureux effets du peché contre la diuine prouidence. 476
Pureté de l'ame interieurement lauée au precieux sang de L'Agneau. 222
L'homme spirituel doit sans cesse trauailler à la pureté de son coeur. 98
Pourquoy le purgatoire n'est que pour les saints. 70

R.

Rauissement. Redemption. Renouation spirituelle.

Dispositions de l'ame au rauissement. 483
Liberté de l'ame dans le rauisse-

DES MATIERES.

ment disposée par amour. 268. 362
Dessein admirable de l'Agneau de Dieu dans l'œuure de la redemption. 585
Excellences de Iesus au ministere de nostre Redemption à quoy participe l'ame passiue. 213. 370
Le peché renuerse l'œuure de la redemption dans l'ame. 46
Renouuellement spirituel de l'ame par la recollection. 334
De l'homme nouueau & de la vie & noblesse de son Estre regeneré. 406
Renouation de la mort du peché à la vie de la grace. 125
Cœur nouueau donné du saint Esprit à l'ame recolligée. 119
Nous n'arriuerons point à la vie nouuelle que par la mort de la vieille. 507
Obligation de l'ame renouuellée de viure selon la noblesse de sa foy & de la vie renouuellée de Iesus-Christ. 391
Aduantages de nos ames renouuellées par l'excellence de la liberalité Iesus-Christ. 408
De l'excez de l'amour operé dans l'ame renouuellée. 452
Reduction de nostre esprit dans le tombeau de nostre cœur pour y reunir nostre ame à l'Estre ressuscité de Iesus. 230
Escoulement de l'ame en l'Estre ressuscité de Iesus. 231

Recollection ou recueillement interieur.

Explication de ces mots de recollection & d'abstraction. 122
Ce mot de recollection vsité parmy les ames d'oraison. 143

Sept degrez de recollection de plus interieure en plus interieure. 122
L'ame chrestienne doit suiure son diuin & humain Moyse descendant par les sept degrez de recollection. 124
Oraison de recueillement pratiquée de Iesus-Christ & de ses saints. 54
Recollection interieure en Iesus-Christ vtile à tout. 90. 382
Raison de l'importante necessité de l'oraison de recueillement interieur. 24. 22. 32. 449. 568. 516
Plusieurs veritez confirmées par l'Escriture Sainte prouuant la recollection interieure de l'esprit à Dieu au fond du cœur. 463
La fin là où tend l'ame par cette recollection interieure. 128
L'oraison, la foy, & l'amour fructifient en l'ame recolligée. 326
L'ame addonnée à l'interieure recollection est toujours profondement ouuerte à Dieu. 293
Les poissons se retirant dans leur element nous enseignent nostre retirement interieur à Dieu nostre vray element. 301
Toute chose enseigne la recollection interieure de l'ame en Dieu outre le fond de nostre cœur. 302
Protection de Iesus-Christ sur l'ame amoureuse de se recolliger dans son cœur. 54
Repos des diuines personnes dans l'ame comme ils firent au septiesme jour de la creation. 30
Repos de Iesus-Christ dans l'ame apres ses victoires. 93
Les six jours mysterieux de la

TABLE

grace iusqu'au septiesme qui est le repos. 590

Le repos interieur de l'ame à l'ombre de son bien aymé Iesus. 491

S'appliquer en l'interieur c'est s'appliquer au repos de Dieu. 119

L'esprit éloigné du coeur ne sera iamais en repos. 558

L'ame ne trouuera point de repos qu'apres son crucifiment. 396

En quel estat l'ame ne peut auoir le vray repos interieur. 41

Pratique de saint Antonin où il cherchoit son repos. 556

Renoncement, Roy, Royaume.

Renoncement de Iesus-Christ à tout pour l'homme.

Que les croix iournalieres ne se peuuent porter auec douceur & quietude que des ames renoncées. 177

Moyen de se posseder d'vn general renoncement. 201

Pourquoy il se faut renoncer soy mesme pour suiure Iesus-Christ. 177

Apres les plus saints emplois l'ame doit demander encore quelque retraitte, & pourquoy. 428

Qu'il faut deuenir enfant pour entrer au Royume interieur de Dieu. 68

Excellences du regne de Iesus-Christ victorieux dans l'ame. 326

La Cour du grand Roy se tient au fond de l'ame. 497

Dieu veut regner sur nous par ces trois excellens titres, de Createur, de Redempteur, & de Sanctificateur. 110

Iesus regne en l'ame selon le titre d'Espoux & d'Amy. 486

L'Amour diuin regnant en l'ame abandonnée à sa douce violence. 344

Laisser regner Iesus-Christ dans son coeur. 2

Royaume de Iesus-Christ, paix & ioye au saint Esprit. 500

Le Maistre de la verité nous a dit que le Royame de Dieu est dans nous-mesmes. 503

Sacerdoce, Sacrifice, Socrement.

Iesus-christ exerçant son diuin Sacerdoce dans l'interieur. 459

Puissance du baston pastoral de la Prêtrise Eternelle de Iesus-christ 15

L'estat du sacerdoce demande étroite imitation de Iesus-Christ. 117

Sacrifier est le propre des Prêtres & comment. 117

Du sanglant sacrifice de Iesus-christ sur l'Autel de la croix. 413

En quoy consiste le sacrifice parfait. 118

Parfait sacrifice de l'ame & de tout ce qu'elle possede de Dieu. 551

Dieu nous demande le sacrifice volontaire de nostre propre vie. 13, 113

Sacrifice sanglant & immolation d'amertume dans l'oraison de Iesus au iardin des oliues. 394

Immolation perpetuelle de Iesus-christ sur l'Autel de son coeur en nostre faueur. 232

L'ame qui doit sacrifier à Dieu doit sortir de l'Egypte de sa chair & de ses sens figuré par ce que fit Moyse. 129

L'ame

DES MATIERES.

L'ame en estat de continuels sacrifices sur l'Autel de son cœur. 322. 268. 133.

Excellences du tres-saint sacrement de l'Autel. 51

La manne figure du tres-saint sacrement de l'Autel qui se doit recueillir de jour, c'est à dire au jour de la grace. 146

A quel dessein Nostre Seigneur s'est laissé au tres-saint Sacrement de l'Autel. 171. 288. 456

Necessité de la foy viuifiée d'amour pour la reception du tres-saint Sacrement. 290

Sacrement adorable institué tout exprez pour nous alimenter de Dieu. 29

La fin principalle du saint Sacrement est de nous vnir estroitement & parfaitement à Iesus-Christ. 587

Nobles & sublimes effets du tres saint Sacrement dans l'ame fidelle, & recolligée apres la sainte Communion. 346

Iesus-Christ nous est donné à manger au saint Sacrement de l'Autel pour entrer solemnellement au dedans de nous. 347

Comme il suruient en l'ame vn attouchement sacré de la substance diuine & humaine de ce pain de salut. 347

Pourquoy Iesus Christ s'est caché sous les especes au saint Sacrement de l'Autel. 464

Iesus-Christ comme en estat d'eclypse sous les especes du pain & du vin au saint Sacrement de l'Autel. 292

Comme Iesus vient du dehors par la Communion dans nos ames & du dedans par l'ouuerture intime & centralle du cœur quoy que differente maniere. 464

Le diable a plus de foy que les Heretiques touchant la transsubstantiation au saint Sacrement de l'autel. 499

Le Sang de Iesus est fait la substance de nos Sacremens. 142

Comme la grace se communique à nos ames par les Sacremens. 488

Sagesse, ou Sapience.

Admirable sagesse de saint Paul dans la découuerte de la diuine sapience. 457

La sapience de Dieu fait entrer & croistre en la vie interieure & diuine. 164

Lieu où Dieu veut donner la vraye sagesse. 572

La raillerie doit estre bannie de la bouche du sage & commune aux aueugles de cœur. 68

Nobles effets de la sagesse diuine enuers l'homme. 225

Pourquoy la crainte de Dieu est dite le commencement de la sagesse. 216

Moyen facile d'acquerir la diuine sagesse. 199

La sagesse nous appelle à nous conuertir de tout nostre cœur au cœur. 200

Comme la diuine sagesse n'a rien fait de superflu. 174

Sagesse à sainte Marie Magdelaine pour auoir choisy la bonne part. 200

Aduantage de conuerser auec le sage. 200. 378

Ce n'est point par la propre suffisance acquise qu'il faut chercher

TABLE

s'est basty en nos ames où il veut estre adoré d'vn culte special & spirituel. 26

Structure interieure du tabernacle du grand Roy dans nos ames. 225

Quel mal c'est de destourner la face interieure du tabernacle du Seigneur, qui est le fond de l'ame. 116

Que nos cœurs & nos ames sont des temples au Seigneur. 596. 602

Raison pour laquelle les temples de nos ames doiuent estre bien edifiez. 225. 430

Les ardents écoulemens, les gracieuses & diuines influences dans nostre temple interieur. 29

Temple corporel là où se rend le culte visible à la diuinité. 25

Raison pourquoy il est necessaire d'auoir des temples exterieurs & materiels. 145

Comment par l'oraison cordialle on doit entrer du temple exterieur dans le temple interieur, & n'en faire des deux qu'vn. 144

Respecter les lieux saints & consacrez à Dieu. 108

Ce que l'on doit entendre par les femmes assises dans le temple. 599

Explication familiere de la visió d'Ezechiel touchant les abominations du temple. 598

Tentation

Dieu permet les attaques, mais il preserue de chûtes l'ame humble. 165

La tentation sert à nottifier les vertus & éprouuer la constãce. 194

Les plus parfaits ne sont point exempts des attaques de la tentation. 194

Ce qui fait peine à quelque bonne ame dans les attaques des tentations. 193

Resentir l'attaque de la tentatiõ n'est pas peché, mais vne pierre à éguiser la vertu. 528

Importance de l'ame d'estre retenue, sobre & vigilante, & zelée dans les attaques des tentations. 19

Iesus protecteur des ames interieures contre les attaques du demon. 132. 9. 384

Ce qu'il faut faire dans l'attaque des tentations. 527. 435

Il se faut garder d'inquietude dãs les attaques des tentations 193

L'ame fidelle ne se doit estonner des tentations, mais s'en humilier profondément. 432

Nous tenir aux pieds de Iesus-C. tout humilié & amorty pendant la tentation. 136

L'ame attaquée des demons ou de leurs tentations ne se doit inquieter, mais recourir à Iesus-Chr. dans son interieur, & s'y cacher en esprit recueilly dans ses sacrées playes. 9. 135

Que les diables superieurs sont employez pour tenter en ces matieres d'esprit. 421

Aduis & moyens aux ames d'oraison pour connoistre quelqu'vne des ruses du demon. 425

Le diable ne manque point de beaux pretextes pour nous faire differer nos oraisons. 428

Le tentateur se cache souuent du manteau de la charité & comment. 430

Que les demons ne peuuent mesme toucher la partie inferieure sans

DES MATIERES.

diuine permission ou le consentement de l'ame. 432
Pourquoy le demon tenta Iesus-Christ le voyant si recueilly. 499
Tentation du demon ensuite du delaissement de l'ame. 314
Le diable estudie les comportemens exterieurs de l'homme pour coniecturer s'il a receu sa tentation 205
Abus de croire que les diables ont quelque aduantage au plaisir dans le pouuoir de tenter. 206
Differentes tentations du demon dont l'ame se doit deffier 494
C'est bon signe quand le diable maltraite les ames d'oraison, & pourquoy. 194
Quand le diable frappe fort par dehors auec la tentation, c'est vne marque qu'il n'est pas dedans, & qu'il ne peut pas nuire à l'ame fidelle. 427
Tranquilité du cœur durant la tempeste de la tentation. 165
Moyen de vaincre facilement toutes les tentations du diable, du monde, & de la chair, & de leur couper racine. 113. 501. 52
Tromperies. Voyez Illusions.
Espreuues des ames trompées. 338
Demission proprietaire d'actes & de puissances pour donner lieu à la transformation. 219
Que nostre ame se doit dissoudre d'elle mesme & se resoudre tout en Dieu. 452

Touche interieure.

Dieu nous frappe & nous appelle en l'interieur d'vne voix de pere & de cordial amy. 14

En quelle disposition doiuent estre nos cœurs pour la touche du pur amour. 275. 524
D'où vient que plusieurs ames touchées de Dieu au cœur ne se couertissent pas. 11
Thresor interieur de toutes les diuines richesses caché au fond de l'ame. 276
Tresors de science & intelligence de lumiere à fond. 565
Iesus se plaint de tristesse mortelle sous le poids de nos pechez. 394
Les deux lumieres du Firmament representent les deux Testamens, l'Ancien & le Nouueau. 375
L'ame doit fuir la tiedeur & la lascheté où elle sera surprise. 435

Trinité.

Belle expression de la tres-sainte Trinité mistere sublime & caché. 315
Distinction des commerces de la diuinité dans elle mesme d'auec ceux du dehors appropriez à chaque personne. 149. 519. 562
Notion interieure de la tres-sainte Trinité reposant dans l'ame du iuste. 584
Les trois diuines Personnes distinctes ne constituent qu'vn seul objet essenciel. 111
Des torens lumineux & norions sublimes des trois diuines Personnes dans l'ame. 346
Toutes les trois diuines Personnes n'operent que d'vne mesme puissance, d'vne mesme essence. 111
La sainte Vierge temple virginal de la tres-sainte Trinité. 519

TABLE

La liberté de la vraye spiritualité est la nudité de toute attache. 569

Dangereuse jalousie du bien spirituel d'autruy quand on l'empeche. 109

Mauuais vsage de la spiritualité des Anges qui les fit deuenir diables. 292

En voulant trop spiritualiser on pourroit ruiner le principe & la fin de toute spiritualité. 237

Comme il est bon d'estre spirituel, il est aussi conuenable se defier du superflu à spiritualiser. 134

Mal-heur de Caluin qui pour auoir voulu faire le spirituel subtil, a mangé son pain en fumée 143

La complaisance dans les sens exterieurs est vn grand obstacle à la spiritualité. 101

Comparaison du corbeau & de la colombe sortant de l'arche representant les ames sensuelles, & spirituelles. 588

L'ame arriuée à vn degré de spiritualité non commun. 224

Discerner les vrays spirituels d'auec les imagineres. 337

Marque de la fausse spiritualité quand ont voit attache qui resiste à l'obeïssance. 339

Vie spirituelle & deuote seulement en apparence & à l'exterieur dangereuse. 342

Difficulté d'arriuer à la perfection par certaines methodes spirituelles. 185

L'office des Prestres est d'exciter les ames chrestiennes à l'exercice de l'oraison. 559

Silence. Simplicité.

Silence interieur de Iesus-Christ, de Marie & de Ioseph dans leurs continuelle oraison. 232

Proprietez du silence interieur de l'ame & les effets merueilleux 433

Le diable fournit toute sorte d'occasions pour tirer l'ame de son silence interieur. 14

Ce qui se doit entendre par le silence de demye-heure en l'Apocalipse. 567

Celuy qui parle trop n'a pas loysir d'escouter ce que l'esprit de Dieu dit au cœur. 141

L'homme d'oraison doit estre sobre en paroles comme en toute autre chose. 141

De la simplicité & docilité de l'ame 512

La docilité & la simplicité sont aussi rares qu'éminentes en vn grād esprit. 512

Pourquoy les esprits suffisans méprisent la simplicité Chrestienne 61

Soleil interieur

La diuinité est nostre Soleil interieur par son Verbe humanisé. 329

Iesus-Christ diuin & humain Soleil de nos ames fertilisant nostre arbre interieur. 61

Comme le Soleil diuin n'éclaire pas seulement par nature & par raison, mais par grace & par amour dans le monde interieur de l'ame recueillie & disposée interieurement à ses diuins rayons. 304

Faueurs du Soleil diuin dans l'ame profondement recueillie. 214

L'ame enuisagée du Soleil d'a-

DES MATIERES.

mourir en deux manieres bien differentes. 280

Fauorables regards du soleil d'amour sur les iustes & les coupables quoy que differents. 304

Soleil de verité penetrant les tenebres de nostre ignorance pour luire au fond de nos cœurs. 254

Comparaison du soleil corporel au soleil d'amour rayonnant dans l'interieur de l'ame. 102

Comparaison des diuerses couleurs du fruict operées par le Soleil corporel. 332

L'ame interieurement exposée aux ardeurs rayonnant du Soleil d'amour. 29

Eclypse de la Lune à l'arriuée du soleil interieur & comment. 403

Solitude. Souffrances.

Solitude du cœur maison de vraye oraison. 14

Solitude interieure par l'oraison tres-vtile. 67

Se rappeller en l'interieur solitude & desert spirituel. 333

Belle solitude où il ne se rencontre que Dieu & l'ame, & en luy toute chose parfaite. 433

Les empeschemens actifs à la solitude interieure. 169

Pourquoy Iesus-Christ veut estre cherché par l'oraison en solitude interieure. 170

Qu'il faut entrer seul dans la solitude de son cœur auec Dieu. 479

Qu'il faut conduire tous les petits ruisseaux de nos souffrances dās l'ocean de celles de Iesus. 418

Pourquoy le demon maltraite souuent les ames d'oraison. 498

Surnaturel. Suspension.

La loy d'amour au cœur chrestien y faisant regner le surnaturel. 55

Desnuement du propre esprit naturel pour donner lieu à l'esprit diuin sous la loy surnaturelle. 55

Comment les choses naturelles sont inferieures au surnaturelles. 594

Comme le chrestien doit conduire son Estre naturel au surnaturel en dedans tendant vers son origine. 54

Que l'homme ne peut atteindre au dessus de soy-mesme qu'auec la lumiere surnaturelle. 209

Mourir à l'imparfait de la vie surnaturelle. 108

Opposition à l'ordre surnaturel de Dieu & de sa grace. 208

L'homme qui agit par soy-mesme vers Dieu agit mecaniquement & non surnaturellement en Chrestien. 604

Le septiesme estat est le plus diuin & le plus proprement appellé surnaturel. 580

Comme la suspension de l'ame se doit entendre, & ce que l'ame y souffre. 401

Comme les propres puissances sōt suspenduës par la diuine operation. 183

Interdiction de toutes les facultez de l'ame où elles sont vnies & remplies. 482

De quel estat parle Iob quand il dit, Mon ame a esté d'elle penduë. 401

Temple interieur & exterieur.

Temple interieur que Dieu

r iij

Dieu. 134
La trop grande quantité de maiſtres empeſche l'eſprit de la vraye ſapience. 440

Sanctuaire. Sang. Scrupules. Secheresses.

Dieu ſe plaint des anciés d'Iſraël qui le contraignent de s'eſloigner arriere de ſon ſanctuaire. 598

Ce que c'eſt que tourner le dos au diuin ſanctuaire. 601

L'efficace du Sang precieux de Ieſus-Chriſt. 7

Ieſus-Chriſt nous laiſſe pour nourriture interieure l'effuſion ſpirituelle de ſon Sang. 202

Vaiſſeaux dignes de loger le ſang du juſte. 606

Ce qui embaraſſe le plus les ames ſcrupuleuſes n'eſt pas leur plus grand mal. 593

De la vraye & bonne oraiſon du deffaut de laquelle viennent les ſcrupules. 192

D'où viennent les inquietudes & ſechereſſes dans l'oraiſon; voyez eſpreuues. 75

Sanctifier Sainteté.

Ce que c'eſt de ſanctifier le nom de Dieu en nous. 575

L'ame candide le cœur droit & l'eſprit ſincere diſpoſent beaucoup à la ſanctification. 201

Ieſus-Chriſt cauſe infaillible & originaire de toute ſainteté. 424

La vie crucifiée de Ieſus en nos cœurs y ſert de fond à toute la ſainteté. 76

La communion des ſaints en Ieſus-Chriſt ſource originaire de toute ſainteté. 261

Que la charité opere la vraye ſainteté & le vray ſolide de l'ame. 447

Obligation en chaque Chreſtien de venerer le ſaint de qui il porte le nom & ſon Ange Gardien. 261

Sceau.

Comme il faut entendre les ſept ſortes de ſceaux ou attaches à ſept ſortes de bien creez. 161

La rupture des ſept ſceaux fait le paſſage libre dans l'interieur pour aller à Dieu. 161

Ieſus-Chriſt ouurant les ſept ſceaux de noſtre cœur pour y eſtablir ſon Royaume. 87

Les victoires & degrez de liberté operée par l'ouuerture des ſept ſceaux. 564

L'ouuerture du premier ſceau. 411

L'ouuerture interieure du ſecond ſceau. 52

L'ouuerture interieure du troiſieſme ſceau. 125

L'ouuerture interieure du quatrieſme ſceau. 166. 167

L'ouuerture du cinquieſme ſceau. 220

Ouuerture interieure du ſixieſme ſceau l'attache à la propre vie. 344. 348. 482

De l'ouuerture du ſeptieſme ſceau. 567

Dieu ſe repoſe en l'ame apres l'auoir liberée & affranchie des ſept ſceaux. 484

Recapitulation de la leuée des ſept ſceaux. 564

Science.

Que peut ſçauoir l'homme quād il ne ſçait pas Dieu en ſon ame. 453

DES MATIERES.

La science amoureuse & sauoureuse de Dieu n'est point de la fabrique de nostre esprit. 189

Qu'il y a infiniment plus de science cachée en Dieu qu'il n'y en a de descouuerte au monde. 458

Sensibilité, Sensualité.

Ce qu'il faut entendre quand on parle contre le sens & les choses sensibles. 528

La perfection de l'ame fidelle ne consiste pas à sentir ou à ne pas sentir. 534

Sentir & ne pas consentir c'est manifester la vertu. 529

Faute de vray interieur on entre dans ces sortes d'insensibilitez à la grace. 531

Qu'il n'y a point d'exercice conuenable à l'ame insensible. 533

L'importance de fermer nos sens aux vaines complaisances du dehors. 113

Aueuglement estrange de l'homme sensuel. 4

Sathan aux aguets à la porte de nos sens pour y rentrer. 114

Passage d'Ezechiel exprimant par l'Egypte ceux qui viuent en la chair. 591

Le corbeau sort de l'arche & ne reuient point, figure de l'ame sensuelle & charnelle. 118

Dieu ne peut demeurer auec les hommes de terre & tous charnels. 34

Glaiue du feu de l'amour diuin immolant tous les vains plaisirs des sens & de la chair. 24

L'ame pleure sa multitude des faux plaisirs se voyant mourir de faim dans son desert interieur. 146

Vendre Iesus pour vn chetif plaisir c'est moins le priser que Iudas qui le vendit trente deniers. 38

L'homme sensuel perd souuent la qualité d'homme raisonnable. 101

Spiritualité.

Complaisance des trois diuines personnes dans le sein de l'ame. 462, 463

L'ame reuestue des vrayes qualitez spirituelles afin d'en mener la vie. 166

D'où naist la vraye vie spirituelle surnaturelle & diuine de nos ames. 577

Maniere d'estre vray spirituel & non imaginaire. 234

La vraye spiritualité est libre & sans attache. 237

L'ame recolligée est enseignée à cheminer en l'interieur en vray spirituel. 171

Quelle est le vray sentier de la vie spirituelle. 555

Reponces à quelques spirituels. 530

Plus l'homme est spirituel, plus l'amour propre est delicat. 239

Finesse de l'amour propre dans les ames les plus spirituelles. 443

Qu'il faut estre veritablement & profondement interieur, & non seulement spirituel. 292

Ce qu'il faut faire pour entrer par la vraye porte de la voye interieure & spirituelle. 92

Diligence de l'ame dans le temps de sa moisson spirituelle. 296

La vraye porte de la vie spirituelle enseignée de Iesus-Christ mesme. 296

τ ij

TABLE

Vanité, Verité, Vertus.

Vanité masquée des fausses felicitez. 5

Vanité de toutes les choses de la terre qui n'ont de prix que dans l'estime des hommes. 379

Vaines & criminelles occupatiõs des hommes negligents. 276

Verité de Dieu manifestée aux hommes dans le temps 381

Saint Paul abbatu & conuaincu de la lumiere de verité. 512

On ne peut aller droit à Dieu que par la verité qui est Iesus-Christ. 238

Bel ordre produit dans l'ame par l'esprit de verité. 230

Gens haïssant la lumiere de verité comme le hibou fait celle du Soleil. 421

Sçauoir de quelle lumiere il faut chercher la verité. 593

Se maintenir en habitude d'oraison continuelle est la fontaine de toutes les vertus. 605

Ango isseux desir de courir aux solides vertus de conformité à Iesus. 460

Que les vertus viuifiées en charité sont les vrays biens solides de l'ame. 448

L'on ne peut ioüir du pur amour sans auoir les vertus. 294

Amour propre gouuerneur tyran & le vray bourreau des la vertu. 140

Vengeance, Victoire.

Que la vraye vengence du Chrestien est de rendre le bien pour le mal. 66

Qu'il se faut approcher de Iesus-Christ au fond de nos cœurs pour estre victorieux en tous. 272

La manne cachée est vn caillou blanc donné au vainqueur. 115

Il est donné à l'ame victorieuse puissance sur les quatre parties de la terre, ce qui est mysterieux. 167

Vie nat. surn. int. act. & contempl.

Dieu est celuy qui est par excellēce vie de toute vie sans dépendance

Ce que c'est de propre vie, & comment il la faut entendre. 508

La vie naturelle est vne grace qui répond à la creation. 294

Maniere de faire valoir le talent de la vie naturelle. 473

Du bon vsage de la vie naturelle figurée par le talent de l'Euangile. 509

Pour entendre ce que c'est de propre vie, quoy qu'ils en viuent iournellement. 228

De la maniere de viure de la vieille & nouuelle creature, naturelle & surnaturelle. 471

Quelle est la vieille & nouuelle vie selon la doctrine de Iesus-Christ. 341

L'ame cessant de viure à elle & pour elle commence de viure à Dieu & pour Dieu. 127. 177

La vie euangelique demandant le total amortissement de la vie d'Adam. 76

La vie nouuelle, la vie de grace, la vie surnaturelle répond à la redemption. 294

Personne ne sçaura ce que c'est de mort de propre vie iusques à ce que luy mesme n'y soit mort, c'est le secret. 228

Supplice amoureux affligeant, dénuant, épurant & amortissant la propre

DES MATIERES.

propre vie de l'ame. 165
Il semble trop peu au diuin Adam de nous rendre vne vie humaine ou angelique, mais il nous donne vne vie diuine. 224
Ce que l'ame doit faire pour croistre en la vie diuine. 579
Pour entrer en la vie de gloire il faut estre mort à tout ce qui n'est point Dieu. 509
La vie interieure & diuine estant vn don si precieux merite bien d'estre vn peu recherché. 315
Toute l'intention de cette œuure ne tend que à vous descouurir & ouurir la porte estroite de la vie interieure. 25
Bien-heureuse vie caché dans le desert interieur où l'ame vit inconnuë au monde & familiere auec Dieu & associée à Iesus-Christ. 22. 387
Noblesse de vie cachée dans le cœur de Iesus-Christ en sa diuinité au plus intime du cœur. 156. 211
Marie & Marthe vie actiue & contemplatiue. 515
Du cœur chrestien recueilly sort la bonne vie actiue & contemplatiue. 198

La Sainte Vierge.

Eloge des grandeurs de Marie. 244
Titre d'honneur de la tres sacrée Vierge Marie 247
Excellence & merites de la Vierge sacrée Mere, Fille & Espouse. 250. 518
Emplois ineffables du Pere auec la sainte Vierge incomparable au plus intime sanctuaire de son cœur diuin. 250

Pureté & beauté rauissante de Marie qui surprend & estonne les Anges. 245
Sein Virginal de Marie Oratoire du saint Esprit. 243
Graces eminentes dont la Vierge sacrée a esté aduantagée. 248
Eminente majesté de la Vierge sacrée temple de Dieu. 469
La sainte Vierge Reine des Anges, & des Saints tenant le premier rang au Ciel. 258
La sainte Vierge ornement du Ciel & de la Terre reuestuë de diuines splendeurs. 246
Chrestiens inuitez à se rejoüir des grandeurs de Marie. 244
Excellentes vertus diuinement pratiquées de Marie. 248
La Vierge souueraine Mere de graces & de toute virginité. 245
La Vierge proclamée bien-heureuse par tous les Princes du Ciel & de la terre. 248
Comme la sainte Vierge a cherché & trouué Dieu dans son cœur. 248
Pratique charitable de la tres-sainte Vierge enuers son fils à nostre égard. 247
La tres sacrée Vierge a esté creée pour aymer & pour estre aymée.
Aduantages d'estre en la protection de la sacrée Vierge. 244
Offrande toute puissante de la Vierge sacrée au Pere Eternel. 230
La sainte Vierge aduocate des paures pecheurs intercedant pour eux deuant son fils. 27
Tendresse du cœur virginal de Marie enuers les paures pecheurs estant leur bonne aduocate enuers

f

TABLE

son cher fils. 27. 246
La Vierge sacrée par l'exemple de sa vie nous esclairant en qualité de Lune dans la nuit de tribulations.
Il n'est pas bon chrestien qui n'aye deuotion à la Vierge sacrée. 244. 245
La sacrée Vierge estimée comme la Lune de la nouuelle generation spirituelle. 492
Deuoir des vierges consacrées à Dieu. 252

Violence. Vision. Vocation.

Qu'elle est la douce la libre & la tranquille. Violence qui rauit le Ciel. 190
Comme se rendre interieurement à Iesus-Christ pour affermir sa vocation en tous estats. 730
Vision d'Ezechiel de la gloire de Dieu entrant dans son temple interieur. 466

Volonté

Cœur humain organe central de la volonté enuisageant l'Estre diuin en dedans. 58
La volonté dame & maîtresse de son petit vniuers. 455
La volonté est dite vne puissance aueugle & pourquoy. 59
La volonté est comme la lampe propre à l'huile de la grace. 352
La volonté comparée à vne lune éclairant la nuit & comment. 482
La volonté maîtresse du donion inuite sa famille au recueillement. 497
Volonté, maîtresse puissance receuant par dedans l'infusion amoureuse du saint Esprit. 56
Entendre de cœur ouurant interieurement nostre volonté à Dieu. 65

Resistences de la mauuaise volonté à la toute-puissance diuine. 287

Voye interieure.

Le commencement, le progrez le principe, & la fin de cette voye interieure c'est Iesus-Christ. 398
Voye la plus courte & la plus seure pour aller de nous à Iesus, & de Iesus à sa diuinité. 176
Le chemin asseuré du Paradis est d'aller interieurement à Dieu par Iesus-Christ. 93
Nostre Seigneur dit: Entrez par la porte estroicte, car le chemin spacieux meine à perdition. 335
Veritable voye d'aller à Dieu que d'auoir trouué Iesus-Christ dans son cœur. 32
La voye sure pour aller de nous à Iesus c'est la foy surnaturellement exercée en l'interieur par la sainte oraison. 229
Establissement de la voye de Iesus-Christ. 256
Comment marcher en assurance dans la voye & dans le chemin de son salut. 381
Il faut marcher par le chemin frayé de Iesus-Christ, de ses Apostres & saints martyrs. 255
Que Iesus-Christ est l'vnique voye. 520
Que la multitude des demeures qui sont au Ciel ne font diuerses voyes. 521
Les paresseux se figurent plusieurs voyes & n'entrent en aucune. 521
Iesus nous apellant pour le suiure par le chemin royal de la foy exer-

cée en l'interieur. 76
Voye extraordinaire de ne vouloir manger ou dormir. 338
Le diable suggere de retourner à la vie commune & par soy, & par les hommes ses supposts.
Chemin interieur dans lequel la seule raison n'y voit goute. 124
Vnion intime à Dieu & à Iesus-Christ.
L'vnion hypostatique du Verbe, deux natures en vn seul suppost. 173
251
Estroite vnion operée entre les deux amans auec notion amoureuse 458
Admirable tranquillité & vnion tres intime. 169
Ce que c'est qu'vnion parfaite ou nopces spirituelles.
Que la plus haute vnion s'opere par la tres-sainte Communion. 371
Bien qui nous reuient de l'vnion de nos cœurs au cœur de Iesus. 418
Ainsi que l'esprit de Dieu est vn, aussi est-il amateur d'vnion & de concorde. 453
L'amour imperieux occupant l'ame pour y establir l'vnion de sa diuinité. 398
Recueillement interieur de l'ame requis pour l'vnion intime à Dieu. 363
L'importance de cette pratique d'oraison en Iesus-Christ pour arriuer à vne parfaite vnion selon le tesmoignage d'Albert le grand. 505
Raison pour laquelle nous sommes obligez à nous vnir à Iesus-Christ. 198
Le Pere regarde de son œil de clemence ce qu'il voit dans son fils,
& vny à son fils. 481
Premier degré d'vnion & iouissance de la douceur benigne de l'Agneau de Dieu. 27
Possession vnique de l'amour & entre-possession des deux amans. 469
L'ame recolligée en son interieur dans l'oraison retourne & s'vnit à Dieu son origine par Iesus-Christ. 141
Le temps de la vie ne nous est prolongé que pour la reunion de l'ame auec Dieu. 23
Excellences de la reunion des puissances de l'ame. 231
L'ame vnie, affermie en Iesus-Christ & toute à Dieu & pour Dieu 488
Les chrestiens baptisez entez en IesusChrist. 341
Comme le sauuageon de la vile creature a esté enté en Iesus-Chrst. 330
Estre separé de Dieu eternellement, c'est la chose horrible des plus horribles 207
Qu'il faut auoir vn cœur, vn, pour aymer vn Dieu, vn, de tout son cœur & comment. 28
Sainte Marie Magdelaine collée aux pieds de Iesus-Christ ne parle que de la bouche interieure de son cœur. 200
Reunion de tous les cœurs dans le diuin cœur de Iesus. *Ainsi soit-il*

FIN.

Corrigez ainsi les fautes survenuës en l'Impression.

Page 6. l. 3. lisez milice au lieu de malice. p. 22. l. 4. mœurs au lieu menaces. p. 31. l. 33. lisez est veuë throsnée. p. 173. l. 4. effacez fait, & lisez vny personnellement à Dieu. p. 177. mal chiffré 175. l. 7. lisez neuf mois au lieu de six. p. 208. lisez section cinquiesme au lieu de troisième. p. 230. l. 25. effacez l'ame, & lisez l'Estre ressuscité de la vie de Iesus. p. 279. l. 5. effacez l'amortissement, & lisez l'attache à la propre vie. p. 324. l. 6. lisez enseignée au lieu d'éloignée. p. 245. l. 3. lisez richesses au lieu de recherches. p. 346. l. 12. lisez qu'il sçache au lieu qu'il souffre. p. 445. l. 25. lisez fortune est perduë. p. 489. l. 21. lisez comme essentielles. p. 558. l. 27. lisez des hommes au lieu des ames. p. 560. l. 26. lisez qui retire l'ame de tout le sensible. p. 567. l. 17. apres aise adjoustez, comme à face decouuerte la tres-sainte humanité. p. 572. l. derniere, lisez parfait au lieu d'imparfait. p. 577. l. 6. lisez aoustée au lieu de ajoustée.

En la p. 3. l. 5. de l'explication de la grande & premiere Image, lisez où l'on ne presume d'atteindre au lieu de deseperer.

De l'Abbregé p. 41. l. 18. lisez maternelle au lieu de materielle. p. 46. l. 22. apres cœur adjoustez la complaisance des sens exterieurs. p. 72. l. 35. lisez affectation au lieu d'affection. 108. l. 11. lisez tels effets, au lieu de ses effets. p. 39. l. 14. lisez apres diuines, & humaines.

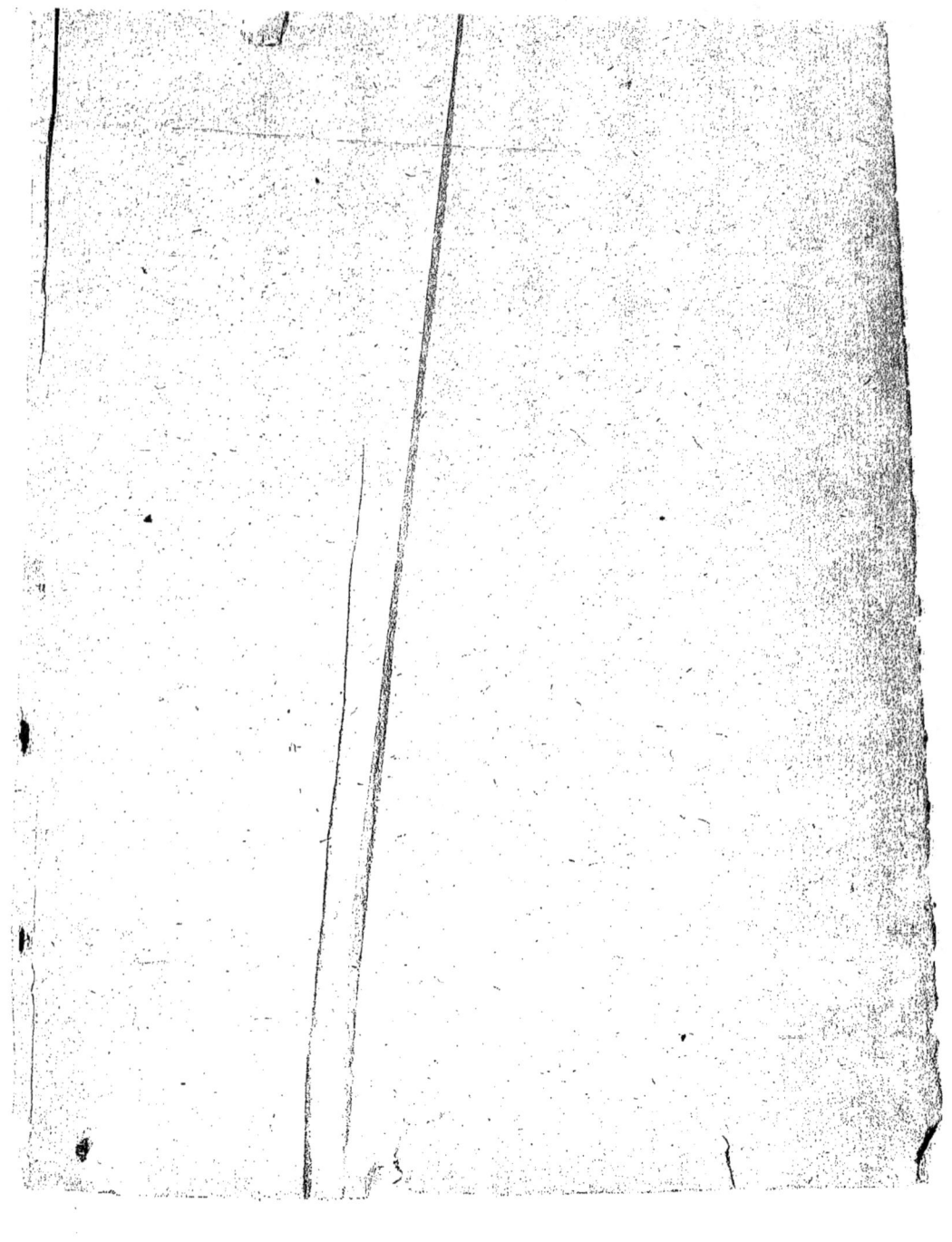

www.ingramcontent.com/pod-product-compliance
Lightning Source LLC
Chambersburg PA
CBHW061731300426
44115CB00009B/1174